中外文化常识
一本通

东云　主编

中国华侨出版社
北京

图书在版编目 (CIP) 数据

中外文化常识一本通：不可不知的 1500 个文化常识 / 东云主编 .—北京：中国
华侨出版社，2016.5（2019.8 重印）

ISBN 978-7-5113-6061-8

Ⅰ. ①中… Ⅱ. ①东… Ⅲ. ①世界史 – 文化史 – 通俗读物 Ⅳ. ① K103-49

中国版本图书馆 CIP 数据核字（2016）第 103111 号

中外文化常识一本通：不可不知的 1500 个文化常识

主　编：东　云
责任编辑：紫　夜
封面设计：韩立强
文字编辑：朱立春
美术编辑：盛小云
经　销：新华书店
开　本：720mm×1020mm　1 / 16　印张：27.5　字数：870 千字
印　刷：北京市松源印刷有限公司
版　次：2016 年 8 月第 1 版　2019 年 8 月第 2 次印刷
书　号：ISBN 978-7-5113-6061-8
定　价：68.00 元

中国华侨出版社　北京市朝阳区静安里 26 号通成达大厦 3 层　邮编：100028
法律顾问：陈鹰律师事务所
发 行 部：（010）58815874　　　　传　真：（010）58815857
网　　址：www.oveaschin.com　　E－m a i l：oveaschin@sina.com

前　言

文化是人类创造的所有物质财富和精神财富的总和。它既是人类社会在过去时间内的发展进化成果，也是孕育人类辉煌未来的基础。正是文化的一脉相传才造就了人类社会源远流长的历史和光辉灿烂的文明。

学习掌握必要的文化常识，不仅是开阔视野、启迪心智、增加知识储备、提高个人素质的必经之路，同时也是推动文化发展繁荣和社会进步的重要因素。因此，掌握必要的文化常识已然成为一个人综合素质和能力的体现。可以说，文化是每个人的根，它已经渗透到我们每个人的生活当中。然而，许多人往往缺少足够的文化常识基础，有些人即使知道一些常识，也是一知半解，这不仅给学习和工作带来诸多的不便，生活中也可能处处遭遇尴尬。比如，缺乏文化常识，在读历史作品时难免对人物来历、官职性质、宗法礼俗等不了解，自然就无法体会其人其事的种种妙处；缺乏文化常识，就会对生活中许多与文化有关的现象感到费解，甚至在工作或生活中错误百出。可见，掌握一些基本的文化常识，对每个人来说都是很有必要的。

然而，中外文化是一个庞杂的知识体系，包罗万象，浩如烟海，面对它，大多数人都会感到力不从心，很难在短时间内掌握其底蕴及脉络。即便是专业人士，所掌握的文化常识也不过是冰山一角。的确，再强大的个体在面对厚重的文化时都是渺小的，尤其是在信息膨胀的今天，新事物、新知识、新文化日新月异，如何用较短的时间获取较多的文化知识和信息，是一个十分重要的问题。这除了个人的努力和恰当的学习方法之外，知识信息的载体及其表现形式是否科学、简明，也是一个非常重要的因素。

为了帮助读者更方便、更轻松、更快捷地了解和掌握必要的文化常识、提高人文修养，为成功的人生打下坚实的基础，本着权威实用、生动有趣的原则，编者选取了中外文化中具有代表性的知识和史料，辑成本书。所选内容涵盖了文学、哲学思想、历史、艺术、体育娱乐、出版传媒、教育、政治法律、医药、名胜古迹等各个方面的点点滴滴，囊括了人们想知道、需要知道、应该知道的基本文化常识。编者在广泛收集资料的基础上，力求在"新、奇、趣"上下功夫。"新"就是鲜为人知的，很少被其他书籍提到的知识；"奇"就是不一般，是能让人的精神为之一振的事物；"趣"即趣

1

味，是人们想看、愿意看的东西。同时，书中还选配了百余幅包含多种文化元素的精美图片，与文字相辅相成，呈现给读者一幅颇具趣味性的中外文化图景，使读者身临其境，从中体味到世界文化的博大精深。

本书既是一部浓缩中外文化知识精粹的工具书，具有很强的参考性与指导性，又是休闲生活不可或缺的文化快餐，集趣味性、科学性、实用性于一体。一书在手，即可轻松掌握必备的中外文化常识，给你以有益的启迪，使你充分地感受到文化的魅力。

目 录

外国卷

文学

哲学思想

民俗文化

中国卷

中国古

❧ 文学 ❧

诗 歌

世界各民族文学发展史都证明，诗是出现得最早的一种文学样式。

那么诗是怎样产生的呢？原来，在文学未形成之前，我们的祖先为把生产斗争的经验传授给别人或下一代，以便记忆、传播，便将其编成顺口溜式的韵文，这就是诗最初形成的原因。当时，诗起着记事的作用。据闻一多先生考证，诗与志原是一个字。"志"上从"中"，下从"心"，表示停止在心上，实际上就是记忆。文学产生以后，有了文字的帮助，不必再死记了，这时把一切文字的记载叫"志"。志就是诗。

歌的称谓又是怎样来的呢？诗和歌原不是同一种东西，歌是与人类的劳动同时产生的。它的产生远在文字形成之前，比诗早得多。考察歌的产生，最初只是用感叹来表示情绪，如啊、哦、兮、唉等，这些字当时都读同一个音："啊"。歌是形声字，由"可"得声。在古代"歌"与"啊"是一个字。人们就把在劳动中发出的"啊"叫作歌。因此，歌的名字就这样沿用下来。

既然诗与歌不是一回事，后来为什么又把二者连在一起以"诗歌"并称呢？这只要弄清它们的关系就明白了。歌，最初只用简单的感叹字表示情绪，在语言产生之后，人类对客观事物的认识逐步深化，情绪更加丰富，用几个感叹字表达远远不够用了，于是在歌里加进实词，以满足需要。在文字产生之后，诗与歌的结合又前进了一步，用文字书写的歌词出现。这时，一支歌包括两个部

《诗经·周颂·昊天有成命》南宋 马和之

《诗经》自诞生之日起，便成为历代艺术家着力表现的题材。在众多的艺术作品中，以绘画为首，其中最为著名的属南宋马和之所绘的《诗经图册》。图为《诗经·周颂·昊天有成命》的诗句大意，人物造型准确生动，笔法古朴流畅，是画家对两千年前《诗经》这种文学作品的艺术再创作。

分：一是音乐，二是歌词。音乐是抒情的，歌词即诗，是记事的。这就是说，诗配上音乐就是歌，不配音乐就是诗。最初的诗都能配上音乐歌唱，歌就是诗，诗就是歌。由于这种情况，后来人们就把诗与歌并列，称为"诗歌"。目前，"诗歌"已经成为诗的代名词了。

赋

赋是文体的一种，它兼有韵文和散文的特点，是汉魏六朝重要的文学样式之一。

刘勰《文心雕龙·诠赋》说："然赋也者，受命于诗人，拓宇于楚辞也。"这是说，赋是由《诗经》《楚辞》发展而来的。《诗经》是赋的远源，《楚辞》是赋的近源。

赋的另一个渊源是战国时代游士的"设辞"。游士们为了在各国君主面前表现自己的主张和才能，达到说服对方的目的，往往随意编造故事，以夸张的对话体来展开论辩，这就是所谓的"设辞"。在《战国策》和其他书中，这种例子是很多的。到了战国晚期，出现了荀子的赋篇和旧题为屈原的《卜居》《渔父》，以及宋玉的《对楚王问》《风赋》等，在精神实质上也受到了设辞的影响。

赋的主要特点在于铺陈事物，即刘勰在《文心雕龙·诠赋》中所说的"铺采摛文，体物写志"。从汉赋到唐宋的赋都是如此，可以说这个特点贯串了整个赋史。例如司马相如的《上林赋》，其内容就是细腻夸张地描写上林苑的水势、山形、虫鱼、鸟兽、草木、珠玉、宫馆等景物和皇帝在苑中进行田猎、宴乐等情况，真可谓极尽其铺陈夸张之能事。

从形式上看，诗、骚和赋都是押韵的，这是三者的共同点。但是一般地说，诗以四言为主；骚一般是六言，或加兮字成为七言；赋则字数不拘，但多数以四言六言为主。典型的汉赋多夹杂散文句式，诗、骚则基本上没有散句。诗、骚在句与句之间，特别是段与段之间，偏重内在的联系，极少用联结的词语。而赋则与散文一致，多用联结的词语。

汉代著名的赋家有：贾谊、枚乘、司马相如、东方朔、王褒、扬雄、班固、张衡、赵壹、蔡邕、祢衡等。

散 文

散文是文字产生后出现的最适于使用的文学形式。与中国古典诗歌一样，中国古代散文也历史悠久，成就斐然。

中国古代散文的雏形可以追溯到殷商时期的甲骨卜辞，《易经》中的卦、爻辞已经有了文学意味，《尚书》中出现的生动的叙事说理和比喻笔法，可看作中国散文的开端。春秋战国时期，伴随着社会的巨大变革，散文出现了勃兴的局面，《左传》《国语》《战国策》等优秀历史散文和《论语》《墨子》《孟子》《庄子》《荀子》《韩非子》等优秀诸子散文，构成了中国散文史上的第一个黄金时代。这一时期的散文，内容上融文史哲于一体，作者也不是专门的散文家，但结构严整，文句精粹，光彩焕发，风致优美，对后代散文发展产生了极为深远的影响。

两汉时期，在封建大一统的广阔社会背景下，不仅散文的品种在前世基础上更加繁多，而且文质相生，异彩纷呈。优秀的作家们将直接的实用性与审美的艺术性有机地统一在一起，创作出了大批反映现实、抒发理想的优秀作品。贾谊、晁错等作家针砭时弊、笔锋犀利的政论散文，司马迁、班固的秉笔直书、爱憎分明的史传散文，形成了中国古代散文的又一个黄金时代。尤其是司马迁的伟大巨著《史记》，不仅以无与伦比的史学成就被公认为"史家之绝唱"，而且在文学领域里开创了我国传记文学的先河，并一举登上无人企及的高峰，令汉代散文愈加散发出璀璨的光辉。

两汉之后，散文走向骈化，骈体文成为官方文章正体，散文受到压抑，变得无足轻重。但骈文片面追求形式，文风轻浮奢华，虽有妙文奇句，但终难取得令人叹服的成就。

在骈文显露出种种弊端之后，文坛出现了两次大的反骈、复古革新运动，这就是中唐韩愈、柳宗元领导的古文运动和北宋欧阳修主盟的古文运动。

韩柳古文运动，上承先秦两汉质朴优美的散文，高举复古旗帜，向六朝骈体文发起猛烈的攻击。他们以自己杰出的文学理论和丰硕的创作实绩，在文坛建立了"摧陷廓清"之功，造成了蔚为大观的古文大潮。韩愈的《送孟东野序》《答李翊书》《师说》《进学解》和柳宗元的《封建论》《捕蛇者说》《段太尉逸事状》《三戒》，以及由他首创的游记散文，都可称为千古佳作。

北宋前期，作为文坛盟主的欧阳修，继承中唐古文运动的复古革新精神，以更为成熟、更具科学性和前瞻性的散文革新理论以及令人瞩目的散文创作成就，掀起了北宋的"古文运动"。加上王安石、曾巩和"三苏"的积极应和，使"古文"创作达到了更高的水平，古文运动取得了全面胜利并泽及元明清各代。欧阳修的《五代史伶官传序》《醉翁亭记》，王安石的《答司马谏议书》《游褒禅山记》，苏洵的《六国论》，苏轼的《教战守策》《石钟山记》等都成为脍炙人口的传世之作。欧、王、曾、"三苏"及其先驱韩柳被尊称为唐宋八大家。

值得一提的是，在韩愈身后，韩门弟子背离先生的初衷，逐渐步入形式主义泥潭，文学的政治锋芒和反映现实的功能顿见衰弱之时，皮日休、陆龟蒙、杜荀鹤等唐末作家，从理论和创作实践上，继承中唐古文运动的精神，创作了大量即情言志的小品文，成为连接中唐和北宋散文之间的一座桥梁，使古文运动的精神在唐末再度显示了辉煌，并为北宋古文运动的散文风格奠定了坚实的基础。

元明清三代，新兴的戏曲、小说呈现出勃勃生机，散文处于江河日下局面，但仍然出现了像刘基的《卖柑者说》、归有光的《项脊轩志》、黄宗羲的《原君》、方苞的《狱中杂记》等经世致用、文风朴实的好文章。晚清时期，一些启蒙思想家、改良主义者都写过不少揭露黑暗现实，鼓吹进步政治主张的散文。龚自珍的《病梅馆记》表达了作者对人格自由和精神解放的渴求。梁启超的《少年中国说》洋溢着改革现实的热情，他所开创的"平易畅达，杂以俚语"的新文体，有力地冲击了传统散文，解放了明清文体，为"五四"的白话文铺平了道路，使散文的发展进入了一个新的历史阶段。

骈 文

骈文是汉以后产生的一种特殊的文体，又称"骈俪文"。刘勰在《文心雕龙》一书里认为从司马相如、扬雄以后就有了骈体文，清代李兆洛的《骈体文钞》把贾谊的《过秦论》、司马迁的《报任安书》、扬雄的《解嘲》等都收录进去。的确，司马相如、扬雄等人的文章是用了许多平行的句子，东汉班固、蔡邕等人的文章更讲究句法的整齐，可以认为是骈体文的先河。但是上述诸家作品里的平行句法，只是为了修辞的需要，还没有形成固定的格式，不能算作一种文体。明代王志坚在《四六法海序》中说，骈文体从魏晋才开始形成，这是有道理的。南北朝是骈体文的全盛时代，这时候，骈体文成为文章的正宗。唐宋以后，骈体文的正统地位被"古文"代替了，但是仍旧有人写骈体文。

骈体文的主要特点是要求通篇文章句法结构相互对称，词语对偶；在语音上要平仄相对，音律和谐；在修辞上讲究用典和藻饰。因骈文句式多以四、六字句为主，故又称骈文为"四六文"。

乐 府

乐府本来是汉武帝时所创立的音乐机关的名称，后来用以指由这个官署所搜集、保存、流传并且能够入乐的诗歌。习惯上，我们也称这种诗歌为乐府诗，或者简称乐府。再后来，就连并不入乐而只是在体裁上模仿

《孔雀东南飞》图
《孔雀东南飞》是汉乐府中最杰出的篇章。

这种歌辞的作品也称为乐府或乐府诗了。乐府诗歌来自下层文化土壤，所以它有语言朴素、风格直爽的特点，可以算是当时的民间通俗文学。

武帝时，汉帝国政治稳定，经济繁荣，这位雄才大略的君主在此基础上完成了许多事业，如伐匈奴、通西域、尊儒术、立制度等。建乐府以采集音乐和歌辞就是其文化建设工作的一部分。班固《两都赋序》说："大汉初定，日不暇给。至武、宣之世，乃崇礼官、考文章，内设金马石渠之署，外兴乐府协律之事。"这说明到那个时候，才有了"制礼作乐"的需要和条件。《汉书·礼乐志》也说："至武帝定郊祀之礼，乃立乐府，采诗夜诵，有赵、代、秦、楚之讴，以李延年为协律都尉。"可见乐府的任务最主要的是采诗，也就是对民间音乐及歌辞的采集和整理。其实周代早已有这种做法，采集来的歌诗除了

作为宫廷贵族的风雅娱乐品外，也能从中了解政治得失、民心向背，所谓"观风俗以知盛衰"。汉朝立乐府，就是对周代重视民间歌谣的传统的继承和发扬。这使当时的民歌由民间进入庙堂，进入文人的视野，使这份文化遗产有了广泛流传和长远保存的可能，从而普遍成为作家们学习和加工的对象，所以是有其积极意义的。

有一首名为《上邪》的乐府诗，写一个女子对自己爱人至死不渝的感情，十分感人。原诗如下：

上邪！我欲与君相知，长命无绝衰。山无陵，江水为竭，冬雷震震，夏雨雪，天地合，乃敢与君绝！

这种朴实有力的语言、真诚不二的情感，体现了乐府诗歌的本色。

律　诗

律诗就是依照一定的格律写成的诗。所谓"律"，明王世贞《艺苑卮言》卷四说："律为音律法律，天下无严于是者，知虚实平仄不得任情而度明矣。"清钱良择在《唐音审体》中又说："律者，六律也，谓其声之协律也，如用兵之纪律，用刑之法律，严不可犯也。"从这两段话来看，不管律诗之"律"解释为"法律""音律"，还是"用兵之纪律"，都肯定了律诗是一种有着严格规定的诗体，这种规定表现在诗的体制、声韵和对仗诸方面。概括起来有以下四点：（1）除排律外，五、七言律诗每首四韵八句，五律共40字，七律共56字；（2）押平声韵；（3）诗中每一句的平仄都有规定；（4）每首诗中必须有对仗，对仗的位置也有规定。

律诗之名正式确立于唐代，此前的"永明体"诗虽然讲究声韵和对仗，但与律诗还是存在着区别。

一、五言律诗

五言律诗简称五律，是近体诗的主要诗体。每句五字，每首八句，共四十字。古人

对于五律非常看重。宋黄彻《巩溪诗话》卷五引刘昭禹的话说，"五言如四十个贤人，着一字如屠沽不得"。意思是说五律40个字要字字精当，以一当十。这是有道理的。钟嵘的《诗品》早就说过："五言居文词之要，是众作之有滋味者也。"所以古今诗人都喜欢写五律，成功者也特别多。清施补华甚至认为要学会写诗，非从五律入手不可。《岘佣说诗》云："学诗须从五律起，进之可为五古，充之可分七律，截之可为五绝，充而截之可为七绝。"意思是说，只要学会五律的写法，就可以举一反三，多方变化，从中悟到其他各体诗的写作诀窍。

五言律诗源于齐梁时代。当时谢朓等人的诗，讲究声韵和对仗，从词藻到声调已酷似初唐人诗。到陈、隋时期，阴铿、何逊、庾信诸人的诗与唐律更为接近。例如阴铿的《新成安乐宫》：

> 新宫实壮哉，云里望楼台。
> 迢递翔鹍仰，取翻贺燕来。
> 重檐寒雾宿，丹井夏莲开。
> 砌石披新锦，花梁画早梅。
> 欲知安乐盛，歌管杂尘埃。

明胡应麟评此诗"气象庄严，格调鸿整，平头上尾，八病或除。切响浮声，五音并协。实百代近体之祖"（《诗薮·内编》）。与后世五律不同的是，此诗五韵十句：这表明律诗到此时尚未定体。所以王世贞说："五言律六朝阴铿、何逊、庾信已开其体，但至唐沈佺期、宋之问，始可称律。"（《艺苑卮言》）

二、七言律诗

七言律诗简称七律，也是近体诗的主要诗体，其形成晚于五律。七言律每首四韵八句，共56个字。每句比五律多一个声节，是五言律的扩展，其句法结构与五律没有区别。但由于多了两个字，形式比五律复杂，写作的难度也就大于五言律。胡应麟说："五律规模简单。即家数小者结构易工。七言律字句繁靡，纵才具宏者推敲难合。"（《诗薮·内编》）从近体诗创作的实际情况来看，七律的数量大大少于五言律。但自唐以来，也有些诗人专工七律，如李商隐、杜牧、陆游等。

三、排律

篇幅超过八句的长篇律诗就称为排律。排律最突出的文体特色是篇幅较长，短的也有十韵、二十韵，长的达几十韵，甚至超过一百韵。一般在题目上标明韵数，如杜甫《风疾舟中伏枕书怀三十六韵》，白居易《代书诗一百韵寄微之》等，最长的排律是宋人王禹偁《小畜集》里的《谪居感事》，竟长达一百六十韵。但不管篇幅多长，必须一韵到底，而且除了尾联和首联以外，中间必须按照律诗的黏对规则，用对仗的形式一联一联地排比铺陈，这对于作诗的人，难度是很大的。

排律以五言最为常见，七言排律很少。按照常情推测，五言排律的出现应该早于五言律诗。因为五律是从五言古诗演变而来的，而五言古诗绝大多数是超过八句的。自中唐以后的科举考试有诗赋一门，诗限用五言排律，称为试帖诗。唐人的试帖诗都是六韵、十二句的五言排律。

绝　句

何谓绝句？一种观点认为绝句产生于律诗形成之后，是"截律诗之半"而成的一种近体诗，因此又名截句。清赵翼《陔馀丛考》引《诗注源流》云："绝句，截句也。如后两句对者，是截律诗的前半首，前两句对者，是截律诗的后半首，四句皆对者，是截中四句，四句皆不对者，是截前后四句也。故唐人称绝句为律诗。"清施补华《岘佣说诗》也说："绝句，盖截律诗之半：或截首尾两联，或截前半首，或截中二联而成。"持这种看法的人的根据是绝句的句法与律诗相同，且先有律诗然后才有绝句。

另一种观点认为绝句产生于律诗定型之前。《声调四谱》云："绝句之名，唐以前即有之。徐陵撰《玉台新咏》，另为一卷，实古诗之支派也。至唐而法律愈严，不唯与律体异，即与古体亦不同，或称'截句'，或称'断句'，世多谓分律诗之半即为绝句，非也。盖律由绝而增，非绝由律而减也。"

按照这种观点，绝句不仅不是截律诗之半而成的，恰恰相反，律诗是由绝句扩充而成的。所谓两句为联，四句为绝，两绝合为一律。

上述两种观点针锋相对，各有所据，但皆不全面。王力先生在详细分析绝句的句法、平仄及对仗特点后得出结论："古体绝句产生在律诗之前"，"近体绝句产生在律诗之后"，我们认为绝句和律诗都经历了一个逐步律化到最后定型的过程。绝句的律化稍晚于律诗的成熟，但也不是等律诗成熟之后再截取而成的，两者各有所本，不能一概而论。

一、五言绝句

简称五绝。又分古绝和律绝两体。古绝以仄韵居多，不拘平仄。《玉台新咏》卷十收录了不少五绝式的诗。律绝直到唐代才发展成熟，五绝每首四句，共 20 个字，由于字数太少，写作难度就大，因为在如此狭小的范围内要做到语短意长，客观上不容易，所以历代五绝的创作数量远较七绝为少。

二、七言绝句

简称七绝。每首四句，共 28 个字。明胡应麟《诗薮·内编》上说："七言绝起四杰，其时未有七言律也。但六朝短古概曰歌行，至唐方曰绝句。又五言律在七言绝前，故先律后绝耳。"如果这种说法成立，那么七言绝句就是从律诗演变而成的。明许学夷《诗源辨体》卷十三云："七言绝自王杨卢骆再进而为杜沈宋三公，律始就纯，语皆雄丽，为七言绝正宗。"证之以初唐至盛唐时人所写的绝句，五绝往往不合乎近体诗的格律，常有押仄韵的，七绝虽然偶尔也出现仄韵（如

王维的名作《送元二使安西》），但合律的居多。这种情况似乎也表明，七绝在形成的时候受律诗的影响更深，一开始就形成了一套固定的格律格式。

词　牌

所谓词牌，就是词的曲调名称。词牌总共有 1000 多个。初期的词，曲调与内容每每是一致的，如白居易的《忆江南》三首。到了后来，曲调、内容才分开，词牌只标明曲调，不再作为题目。

词牌的由来，尽管纷繁复杂，但也不外乎以下几种情况：一是取于原本的乐曲名称。如"清平乐"，它是汉代乐府中清乐与平乐两种乐调。"菩萨蛮"相传是唐朝宣宗大中初年，女蛮国使者梳着高高的发髻，戴着金冠，满身佩挂珠宝，像菩萨般来大唐帝国进贡。当时的音乐机关——教坊，谱成"菩萨蛮"曲来款待使者，后来，"菩萨蛮"也就成了词牌。二是截取词中名句命名。"忆秦娥"，李白用这个格式写出了第一首词，词中有"箫声咽，秦娥梦断秦楼月"的句子，词牌"忆秦娥"由此得名。"蝶恋花"是从南梁简文帝词句"翻阶蛱蝶恋花情"而来。三是原来就是词的题目。如"浪淘沙"咏淘金人的劳动生活，"踏歌词"是一种合着脚步歌唱的曲调。"抛球乐"说的是抛绣球等。四是直接用词的字数来命名。"十六字令"全词共 16 个字。"百字令"全词共 100 个字。五是以人名、事物名或故事为背景作词牌的。如"沁园春"，据说东汉明帝女儿沁水公主有座园林，名为"沁园"，后被外戚窦宪仗势夺去，有人作词咏此事，词牌"沁园春"也就产生了。"念奴娇"，因唐明皇有个歌女名念奴而得名。"浣溪沙"亦作"浣溪纱"，以春秋时西施浣纱的故事为背景而得名。

散　曲

继宋词之后，散曲以其新鲜的曲调和歌词形式成为中国文学史上的新的抒情诗样式。

它勃兴于 13 世纪前期，到了 14 世纪末叶逐渐走向低潮。古典戏曲包括杂剧、戏文及传奇中的歌唱部分，由于音乐上存在地域性的区别，有北曲和南曲之分。在散曲方面，也同样是如此。从 1234 年到 1367 年，由于蒙元政权在北中国和南中国的相继建立，其音乐歌词是以北曲为主的。以南曲来写作和歌唱的散曲，直到明代即散曲创作的高潮已经过去之后，才开始流行。在散曲中，以北曲为主的元人的作品最有代表性。

在体制上，散曲大体上可以分作小令和套数两种。小令绝大多数是以一篇歌词即一篇抒情诗为一个独立的单位，间或有以两个或三个宫调相同而曲调不同的歌词组合起来写成一篇诗的带过曲，如无名氏的《中吕十二月带尧民歌》或以若干个相同的曲调写成一篇诗的重头曲，如《雍熙乐府》中所载《小桃红》（《西厢百咏》）就是以小令百篇歌咏崔莺莺和张生的故事。套数则是以同一个宫调（宫调虽异而乐调风格相近者亦可）中的多个曲调联结起来，由长短不等的各段构成有起头有尾声、首尾一韵的篇幅较长的诗。从诗史上看，散曲中的小令近于词，而套数则近于赚词或诸宫调。散曲，特别是套数，常被应用到戏曲中，就成为它的歌唱部分。杂剧每一折中的唱词，多数是用一套散工构成的。

作为继词而起的歌词，散曲的音乐成分相当复杂。它包括当时来源不同的各种可唱的乐曲：旧有的或新创的，本土的或外部来的，宫廷的或民间的。但其中旧有曲调并不很多，主要的来源乃是当时民间流行的里巷歌曲以及异域传来的胡夷之曲。从 12 世纪初期开始，北中国先后处于女真族和蒙古族统治之下，其文化也不可避免地受到这些民族的影响。正如《南曲叙录》所说的："今之北曲，盖辽、金北鄙杀伐之音，壮伟狠戾。武夫马上之歌流入中原，遂为民间之日用。宋词既不可被弦管，南人遂亦尚此。"

这一方面说明了北曲的来源之一是胡夷之曲，另一方面也说明了里巷之曲与胡夷之曲的统一过程。而散曲，就是根据这些音乐写作的新诗体。

这一种来自民间的、生气勃勃的新样式，在当时被各阶层的人普遍爱好着。其作者上至达官贵人，下至伶工妓女。同时，由于前人受文学正统观念的局限，视散曲为小道，不加重视，因而作品亡佚甚多，但就现存的作品来说，其思想品质和艺术水准仍然相当可观。它是关于那个时代人们的生活、思想和心理的一面镜子。

在元代汉人地位低下，汉族读书人的社会地位尤其低下。宋遗民谢枋得《送方伯载归三山序》说："滑稽之雄，以儒为戏者曰：我大元制典，人有十等．一官，二吏，先之者，贵之也。七匠，八娼，九儒，十丐，后之者，贱之也。吾人品岂在娼之下、丐之上乎？"九儒十丐的说法，又见于郑思肖的《心史》，虽未必有法律明文规定，却反映了当时的某种大众观念和社会现实。这就决定了元曲作家们沉沦下位的命运。另外，元曲作者又以平民和小吏为主。除了作品以外，他们的生平事还往往湮没无闻，无从详考。这也间接说明了他们在当时的卑微地位。

正是由于多数元散曲作家身处下层，他们才有机会接近人民，熟悉并运用民间的活的语言，丰富了文学语言的内涵，推动其进一步向前发展，从而奠定了近代文学语言的基础。散曲作家们在创作中大量使用方言、土语、行话、外来语，不避俚俗，造就了元曲崭新的美学风貌。相对于诗词来说，散曲在文学语言和美学追求上做了双重革新，其语言通俗流利，风格泼辣放肆，有对世态的嘲笑，发出相当深刻的讽刺；也有对于性爱的描写，大胆而少有顾忌，有时也不免轻薄无聊。总之，其艺术表现是朝俚人俗语的方向更迈进了一步，而在这种俚俗中，往往又同时蕴含着清新、生动、活泼的美。

杂 剧

中国真正的戏剧，始自元代的杂剧。杂剧的产生，在中国的戏曲史上，成为一个新纪元。但杂剧的出现并不是偶然的，也不是一两个天才创造出来的。它是在前代各种讲唱文学和舞曲歌词的基础上，在民间渐渐演化而成的。宋代歌舞戏中如大曲、曲破等项，所用曲词，虽单纯少变化，所述情节虽为事体，但其中有歌有舞，有念白表演；到了诸宫调的出现，在戏曲史上，显出了很大的进步。据董西厢看来，戏剧的形式初步形成。而最重要的，在董西厢的散文中已带有代言体的倾向。由董西厢转入元剧，实已相差不远。吴梅说元剧的来历，远祖是宋时大曲，近祖是董西厢，这是不错的。

戏剧为表演于舞台上的综合艺术，音乐歌舞虽为其中之要素，但动作与对话是戏剧必备的条件。更为重要者，因为要把一件故事活跃地在舞台上表演出来，故戏剧的体裁必为代言体。宋、金的杂剧院本，不能称为真正的戏剧，实际只是各种杂戏的综称。据《东京梦华录》所记："杖头傀儡任小三，每日五更头回小杂剧，差晚看不及矣。"可见还包括傀儡戏。因此，宋代的杂剧是缺少这些完整的条件的。到了元代的杂剧，发展成为纯粹的代言体。有做作，有宾白，有歌曲，再加以角色化装及布景的进一步讲求，于是由从前歌唱说话分工的大曲、曲破等舞曲，由讲唱的诸宫调，而变为真正登场扮演的舞台艺术了。

将前代未完成的戏曲加以改革，由叙事体而入于代言体，完成元剧的体裁，前人多归功于关汉卿，称他为杂剧的创始者。《录鬼簿》列关于杂剧之首。朱权《太和正音谱》评关云："观其词语，乃可上可下之才，盖所以取者，初为杂剧之始，故卓以前列。"对他的评价，我们暂且不谈，把他作为杂剧之祖，却是一致。关汉卿在杂剧方面的贡献，有很大的成就，但也不能说杂剧是由他一人创造

出来的。

戏曲是民众文娱的艺术，便于与民众发生更密切的关系。在文人创作以前，杂剧早就在民间发育成长，而得到市民的喜爱。据《辍耕录》所载金院本 720 余种，可见当时戏曲的盛况。在这种情形下，为供应这种需求，有所谓专编剧本的才人所组织的书会产生。《录鬼簿》中李时中云："元贞书会李时中、马致远、花李郎、红字公，四高贤合捻《黄粱梦》。"李时中、马致远都做过官，花李郎、红字公皆是伶人。据贾词所说，他们都是大都书会中人。又另萧德祥词云："武林书会展雄才。"萧德祥是杭州的医生，据此他也是书会中人。这样看来，当时的元剧作家，或许不少都是书会中人。这些人便是改良旧剧、创作新剧的中坚。他们所编的剧本的好坏，与剧场的营业及伶人的名誉衣食，都有关系。在这种环境下，各书会的编剧者，自然都是彼此竞争。并且他们都与舞台关系密切，自然都有丰富的舞台经验，他们由这种实际的经验，知道旧剧本有什么缺点，有什么好处，要怎样才能迎合民众，要用什么题材才能吸引观众。

在这种彼此竞争的状态中，剧本为适合于舞台表演而获得较好的声誉与报酬，自然是时时刻刻在改进之中。这一种改进的工作不是一时成功的，也不是一人成功的，是当代许多剧团人员、各种演员乐工，以及许多编剧家长期合作的成绩。这种集体工作的成

《汉宫秋》插图 马致远

元剧《鲁斋郎》及《金线池》的插图 关汉卿

果，便是杂剧的产生、提高与发展。关汉卿是戏剧的天才，他有丰富的生活体验，他在这方面的成就最为突出，加之他生活的年代比较早，从这方面来说，前人称他为杂剧的创始者，也是可以理解的。

在《辍耕录》《院本名目》中，称"教坊色长魏、武、刘三人鼎新编辑。魏长于念诵，武长于筋斗，刘长于科泛"。可知这些人，都是当时有名的演员。王国维疑心其中的刘，便是教坊刘耍和。据《录鬼簿》所载，花李郎、红字公俱为刘耍和的女婿，他们又同是艺人，并且都写过剧本。这样看来，王国维所推测的，虽无法证明其必然，却很合情理。我们不管魏、武、刘三人中的"刘"，是不是刘耍和，但由此使我们明了当时教坊中人，有如魏、武、刘者，正在那里热心从事改良戏曲的工作。刘耍和自然也是参加工作的一员，所以他选的女婿，也都是能执笔写剧本的人物，绝非那些普通的演员可比。在这戏曲改进的趋向下，别于金代院本、诸宫调的杂剧，便渐渐形成。同时有许多爱好戏曲的文人也加入这种工作的集团，如每日与伶人为伍的关汉卿，同刘耍和的两个女婿合作《黄粱梦》的马致远，都是最好的例证。这样一来，杂剧在文学上的地位提高了。音乐的配置、结构的安排也日益严密，从此杂剧便日趋于发达和成熟。这样看来，元剧是起于教坊行院的伶人、乐师以及和他们合作的无名编剧者改革旧剧而成。最早的杂剧，都是些无名氏的作品，那些作品比较粗糙，

大概是后来散佚的原因之一。等到文人站出来与艺人合作、为教坊行院编剧时，才促进剧本的提高与发展。

八股文

八股文是明清科举考试所采用的一种专门文体，又叫制艺、制义、时艺、时文（相对于古文而言）、八比等。它要求文章必须有四段对偶排比的文字，总共包括八股，所以称八股文。"股"或"比"，都是对偶的意思。

八股文滥觞于北宋。王安石变法，认为唐代以诗赋取士，浮华不切实用，于是并多科为进士一科，一律考试经义，文体并无规格，不要求对仗排偶。但有的考生不自觉地运用排比笔法，写成与八股文类似的文章。元代科举考试，基本沿袭宋代。明代洪武元年（1368），记重开科举，对制度、文体都有了明确要求。不过写法或偶或散，初无定规。成化年间经王鏊、谢迁、章懋等人提倡，八股文更为兴盛，并逐渐形成比较严格的程序。此后，一直沿用下来，由明前期而泛滥整个清代，直到戊戌变法后，至清末，才随着科举制度的停止而废除。

八股文的基本特点是：题目一律采用《五经》《四书》中的原文；内容必须以程朱学派的注释为准；体裁结构有一套固定的格式，全文由破题、承题、起讲、入题、起股、中股、后股、束股、大结等部分组成。字数也有限制——明初制乡试、会试，用《五经》义一道，500字，《四书》义一道，300字；清康熙时要求550字，乾隆以后一律以700字为准。书写亦有格式。

八股文虽有大量排偶，却不是骈体文，不用四六句式，不求押韵，不事藻饰。通常禁用类似诗赋中的形容夸张华丽词语。虽然属于议论文，都不许引证古史，不许巧设比喻，严重束缚思想感情，文章寡淡无味。因为这个缘故，现在"八股文"也用来指称那些空洞死板的文章、讲演等。

小 说

"小说"一词最早见于《庄子·外物》篇。作者在此篇中编造了一则极富浪漫主义色彩的寓言。这则寓言是为说明下面的道理："饰小说以干县令，其于大达亦远矣。"意思是：修饰浅识小语以求取高名，那和大智明达就相距很远了。这里的小说是指浅薄的言论。

直到中古，"小说"仍然是不登大雅之堂的东西。班固说："小说家者流，盖出于稗官，街谈巷语，道听途说者之所造也……闾里小知者之所及，亦使缀而不忘。如或一言可采，此亦刍荛狂夫之议也。""稗官"是一种负责采集街谈巷语的小官。后来因以"稗官"作为野史小说的代称词。"刍荛"指割草打柴的人。这里所说的"小说"，指一种民间传说，是出自里巷平民和农户樵夫之口，经过稗官收集整理，以供帝王了解民风民俗做参考的。鲁迅先生《中国小说史略》一书指

《聊斋志异图》册页之《画皮》

《聊斋志异》是中国最富有创造性、文学成就最高的短篇文言小说集，郭沫若曾评曰："写鬼写妖高人一筹，刺贪刺疟入骨三分。"

出："诸书大抵或托古人，或记古事，托人者似子（诸子之书）而浅薄，记事者近史而悠谬者了。"所以从正统观念出发的班固认为："诸子十家，其可观者九家而已。"后来，凡是丛杂的著作统统称之为"小说"。但把"小说"视为"丛残小语"的性质依然未变。

"小说"作为有故事情节的文学体裁之专称，是宋以后的事。随着宋代"民肆伎艺"的兴起，出现了平话、话本一类源于"说话"艺人演唱底本的文学形式。"说话"的范围共有四类：小说、讲史、讲经、合生或说诨话。其中说"小说"的最多，又最受听众欢迎。"小说"原名"银字儿"，最初也是有乐器伴奏的。后来逐渐减少以至于脱离了音乐的成分，独立发展演成为宋元"话本"。说话艺人往往在故事情节最引人入胜的地方中止，以吸引听众下次再来听讲。这又成为后来章回小说的缘起。明清以后，章回小说盛行，古典白话小说的创作也随之进入了顶峰。《三国演义》《水浒传》《西游记》《红楼梦》《聊斋志异》《儒林外史》等具有深远影响的作品的出现，使小说完全摆脱了"丛残小语"的无足轻重的地位，屹立于文学艺术之林。进入20 世纪以来，小说无论在内容、语言和表现手法方面，都有了新的发展。

"小说"作为文学体裁的专称虽自宋始，但穷本溯源，古代神话传说、寓言故事、魏晋志怪小说之类，实为后代小说之滥觞。

回文诗

宋朝的李禺写过一首七言律诗：

枯眼望遥山隔水，往来曾见几心知？
壶空怕酌一杯酒，笔下难成和韵诗。
途路阻人离别久，讯音无雁寄回迟。
孤灯夜守长寥寂，夫忆妻兮父忆儿。

这首寻妻诗，写得感情凄切真挚，颇为摧肝动脾。然而，这首诗的妙绝之处，还在于它可以倒过来读：

儿忆父兮妻忆夫，寂寥长守夜灯孤。

迟回寄雁无音讯，久别离人阻路途。
诗韵和成难下笔，酒杯一酌怕空壶。
知心几见曾来往，水隔山遥望眼枯。

这样读来，感情与意境仍如其旧，却成了一首儿子寻父诗。这种正读、倒读都能成诗的诗体就是回文诗。

回文诗，作为一种别具情致的文学形式，在我国流行已有很长的历史，其首创者为十六国时前秦的女诗人苏蕙。据资料记载，苏蕙的丈夫窦滔任安南将军，镇守襄阳。滔携带宠姬赵阳台赴任，苏蕙不肯同行。窦滔竟同她断绝了音信往来。苏蕙自伤，便织锦为《回文璇机图》以赠。滔感动，便遣去赵阳台而接苏蕙同居。唐代的女皇帝武则天在《璇机图序》中称它"五色相宣，纵横八寸，题诗二百余首，计八百余言。纵横反复，皆成章句"。后来有人为之寻绎，得诗更多。

回文，又称"回环"，它是运用词序往复的语句，表现两种事物或情理的相互关系的修辞方法。这种修辞方法，往往刻意追求文字次序形式上的回绕，造成语意上的缠绵往复，不但使语言章节和谐有致，也可形成联想和对比、从而增强描绘的气氛与表达效果。如"雷鸣夹着闪电，电闪带着雷鸣""骄傲不进步，进步不骄傲""人炼钢，钢炼人"等。

有人认为，回文是一种文字游戏，应予否定。其实不然，回文作为一种修辞格，与其他修辞一样，只是一种表现手段。它们都是为一定的内容服务的。正如酒瓶子，固然有优劣之分，但归根结底，还在于它里面装的是什么酒。

打油诗

人们常把一些以俚语俗语入诗，不讲平仄对仗，所谓"不能登大雅之堂"的诗作，称为"打油诗"。那么，打油诗是怎样来的呢？

原来，中唐时代，有一位姓张名打油

的人，他就爱作这样的诗，他的诗"别树一帜"，因而引起人们的注目。

有一年冬天，一位大官去祭祖，刚进大殿，便看见粉刷雪白的墙壁上面写了一首诗：

六出九天雪飘飘，
恰似玉女下琼瑶，
有朝一日天晴了，
使扫帚的使扫帚，
使锹的使锹。

大官看罢大怒，便下令把写诗的人抓了来。

这写诗的便是张打油，他上前一揖，不紧不慢地说："大人，我张打油确爱诌几句歪诗，但本事再不济，也不会写出这类诗来嘛。不信，小的情愿面试。"那大人听他口气不小，便决定试张打油一下。正好那时安禄山兵困南阳郡，便以此为题，要张打油作诗。张打油脱口便吟："百万贼兵困南阳"，那位大人一听，连说："起句便不寻常！"张打油微微一笑，再吟："也无援救也无粮。"大人摸摸胡子说："差强人意，再念。"张打油马上一气呵成了后两句："有朝一日城破了，哭爹的哭爹，哭娘的哭娘。"这几句，与在庙堂上写的如出一辙，大家听了，哄堂大笑。

张打油的"打油诗"的称谓从此不胫而走，一直流传至今。

诗　话

在我国古今浩瀚的书籍中，有许多书在标题上注有"诗话"，如《六一诗话》《欧公诗语》《随园诗话》等。

有人以为，"诗话"就是诗歌。这是一种误解。其实，"诗话"并非指诗歌创作，而是指评论诗歌、诗人、诗派以及记录诗人议论、行事的著作。据《四库提要》载云，诗话的特点是"体兼说部"，即兼有笔记小说的性质，文章精短、生动活泼，既具有学术性，又具有趣味性。

写诗话之风，兴起于宋朝，并以宋朝为最盛。明朝也很多。《六一诗话》，就是由宋代欧阳修所写的，而《随园诗话》则是清朝袁枚的著作。

另外，"诗话"还是古代说唱艺术的一种。宋、元时印行的《大唐三藏取经诗话》，便是我国现在最早的一部"诗话"作品，里面韵文、散文并用，讲的是唐三藏取经的故事。

谚 语

谚语作为一种口头文学，在文字出现之前就产生了。《文心雕龙·书记篇》记载了几条，说是"上古之世"流传下来的。其中有一条是"惟忧用志"，意思是困难和挫折可以使人发愤。这可能是我国文字记录下来的最早的谚语之一。

在我国几千年的漫长历史中，多少朝代兴衰更迭，多少历史事件此起彼落，这些都是产生谚语的丰厚基础。例如三国之后，有关三国的谚语就多达数十条，而且有的是脍炙人口、家喻户晓的。比如："三个臭皮匠，抵个诸葛亮""万事俱备，只欠东风""黄忠七十不服老""说曹操，曹操到"等。除三国以外，中国好多历史事件和历史人物都在谚语中得到了反映，如"韩信将兵，多多益善""项庄舞剑，意在沛公"等。

谚语，有的可以明确说出作者是谁。这部分谚语来自历史名人的诗词、文章、警句。人们常用的"醉翁之意不在酒"这句谚语，就来自欧阳修的《醉翁亭记》。"兼听则明，偏信则暗"来自魏征与唐太宗的对话。但是，绝大多数谚语是无法说出具体的作者来的。这些谚语由广大人民群众在实践和生活中口口相传、世代相沿而成。

谚语是人民创造的口头相传的文学形式，这一点决定了谚语的种种特点。

谚语有单句的，也有两句或两句以上的复句的。虽寥寥数字、十几字，或稍多一点的文字，但所包含的内容极其丰富。如"骄者必败""满招损，谦受益"等。可以看得出来，这些都是从大量的社会现象中概括出来，

经多少代人的不断锤炼升华而成的。

很多谚语都运用了比喻的手法。用来做比喻的，大多是风雪雨露、花草树木等常见事物，但是借以表达的思想却不平常。例如："甘瓜苦蒂，物无全美"。我们可以联想到，正如甜瓜也有苦蒂一样，世界上任何事物和任何人都不可能是十全十美的。

有些谚语幽默含蓄。"为寻一文钱，照完一支烛"，讽刺不辨得失、因小失大的人。"雨后送伞，贼去关门"，讽刺专放"马后炮"的人。

有相当一部分谚语对仗、押韵，朗朗上口。如"树老半心空，人老百事通""火要空心，人要实心"，等等。谚语流传之深远广泛，这跟谚语通俗易记的特点是分不开的。

小 品

翻开报纸杂志，我们经常可以看到有"历史小品""时事小品""知识小品""科学小品""讽刺小品"等栏目。其实，小品并不是一种新的文学体裁。小品属于散文的一种，其内容一般是深入浅出、夹叙夹议地讲一些道理，或简明生动地叙述一件事情。早在我国古代，即有这种体裁了。如"六朝小品""唐人小品""明人小品"等。因为小品具有隽永警辟的特点，文章短小，写来容易，所以一直沿用至今，并有所发展。

至于"小品"一词的来源，则是出自古老的佛教经典。因为在佛经中，有全本和节本之分，全本称之为"大品"，节本称之为"小品"。如后秦高僧鸠摩罗什（344～413）等翻译的《摩诃般若波罗蜜经》，就有二十七卷本和十卷本两种。二十七卷本称为《大品般若经》，十卷本称为《小品般若经》。文学中的"小品"，便是由此而来的。

民间文学

文学，分为作家文学和民间文学。作家文学（书面文学）是指作家个人创作，用文

字表达的一种语言艺术。民间文学则是指人民群众口头创作、口头流传不断修改、加工的语言艺术。历史流传的神话、传说、故事、歌谣、评话、说唱、戏曲、谚语和谜语等，都属于民间文学的范畴。

追根溯源，民间文学是一种最为古老的文学，早在人类还没有文字时就产生了，它源远流长，有着悠久的历史和优良的传统。因此，历来深受广大劳动人民的热爱。可以说，历代各种文学体裁的出现与发展，大多来自民间。

我国诗歌无论四言、五言、七言诗及后来的词、曲都起源于民间。我国的说唱文学和白话小说以及其他文学形式，也都是在民间文学的基础上形成和发展起来的。历代的文学高潮，不论是诗经、楚辞、建安文学、唐代诗歌，还是宋词、元曲、明清小说，都同民间文学有着深厚的渊源关系。

民间文学是作家文学的源流，大凡优秀的文学艺术，总是产生在民族、民间文学的基础上。

两千多年前，我国第一个伟大诗人屈原的名篇《九歌》《天问》《离骚》《九章》等作品，都深受当时楚地民歌、神话的影响，特别是《九歌》《天问》，跟民间文学的关系更为密切。

格调说

"格调"一词源于南宋诗论家严羽。格调说由清康乾年间沈德潜倡导，主张思想感情是形式格调的决定因素，认为创作要有益于温柔敦厚的"诗教"，有补于世道人心的"中正和平"，故而归之于有法可循、以唐音为准的"格调"。它与神韵说、性灵说、肌理说并为清代前期四大诗歌理论派别。

格调说的创作多为歌咏升平、应制唱和之类，具有维护封建统治的色彩，有一定保守性。另一方面他也提倡"蕴蓄""理趣"诗的化境及重视作品主导作用等具有审美理论价值的有益观点。

性灵说

性灵说是中国古代诗论的一种诗歌创作和评论的主张，是对明代以公安派为代表的"独抒性灵，不拘格套"诗歌理论的继承和发展，以清代袁枚倡导最力。

性灵说的核心是强调诗歌创作要直接抒发诗人的心灵，表现真情实感，认为诗歌的本质即是表达感情的，是人的感情的自然流

袁枚像轴

袁枚是清朝性灵派代表人物，时与纪昀齐名，有"南袁北纪之称"。

露。袁宏道曾说好诗应当"情真而语直""非从自己胸臆流出，不肯下笔"。

神韵说

神韵说为清初王士禛所倡导。"神韵"一词，早在南齐谢赫《古画品录》中就已出现。但是一直到王士禛，才把神韵作为诗歌创作的根本要求提出来。

他提倡诗要入禅，达到禅家所说的"色相俱空"的境界。认为植根于现实的诗的"化境"和以空空为旨归的禅的"悟境"，是毫无区别的，而最好的诗歌，就是"色相俱空""羚羊挂角，无迹可求"的"逸品"，特别强调冲淡、超逸和含蓄、蕴藉的艺术风格。

肌理说

清代翁方纲提出的诗论主张。他在《延晖阁集序》中说："诗必研诸肌理，而文必求其实际。"他还说："为学必以考据为准，为诗必以肌理为准。"（《志言集序》）所谓"肌理"就是"义理之理，即文理之理，即肌理之理也"。义理即思想意义，文理即组织结构，肌理即学问材料，肌理说将三者统一起来，认为作诗不在求神韵、守格调、谈性情，而应以学问为根底。肌理说将诗歌创作引向了"考据入诗"的路套之中，使诗歌成为学问诗，背离了诗歌创作的艺术规律。他们这种"误把学问当作诗"（袁枚《随园诗话》）的创作态度也引起了同时代人的嘲笑和不满。

意　境

意境是中国古典美学的重要范畴，它是指抒情性作品中呈现的那种情景交融、虚实相生、活跃着生命律动的韵味无穷的诗意空间。王国维《人间词话》中提出的"境界说"集前人论述之大成，将"意境"问题归结为系统的理论。

意境是诗人的主观情思与客观景物相交融而创造出来的浑然一体的艺术境界。诗歌

创作离不开意象，意象是诗的基础；组合意象的目的是创造出"意与境谐"的艺术境界。意境与意象在本质上有一定的联系，它们都是主观与客观统一的产物，都是情与物的结合体。但它们又有区别：从形式上看，意象与词句相关，意境则与全篇对应。

意境的结构特征是虚实相生。意境由两部分组成：一是"如在目前"的"实境"；二是"见于言外"的"虚境"。虚境是实境的升华，体现着实境创造的意向和目的，制约着实境的创造和描写，处于意境结构中的灵魂、统帅地位。但是，虚境不能凭空产生，它必须以实境为载体，落实到实境的具体描绘上。

建安文学

建安（196～220）是东汉末年汉献帝的年号。在这前后的文学统称为建安文学。重要的作家有"三曹""七子"和女诗人蔡琰。"三曹"指曹操、曹丕、曹植；"七子"之称最早见于曹丕的《典论·论文》，指孔融、陈琳、王粲、徐干、阮瑀、应玚、刘桢七人，成就最高的是王粲。

孔融像
孔融为建安七子之首，文才甚丰。现存作品只有散文和诗。散文如《荐祢衡表》《与曹公论盛孝章书》辞藻华丽，骈俪气息较浓。

他们所创作的诗歌因事而发，悲壮慷慨，具有鲜明的时代色彩。他们在感伤离乱中，悲悯百姓，激发及时建功立业的豪情，显得"志沉笔长""慷慨多气"。建安文学对后世产生深远影响，李白有"蓬莱文章建安骨"之句，表现出对其追慕之情。

南北朝民歌

南北朝长期处于对峙的局面，在政治、经济、文化以及民族风尚、自然环境等方面又存在着明显的差异，因而南北朝民歌也呈现出不同的情调与风格。南朝民歌清丽缠绵，更多地反映了人民真挚纯洁的爱情生活；北朝民歌粗犷豪放，广泛地反映了北方动乱不安的社会现实和人民的生活风习。南朝民歌中的抒情长诗《西洲曲》和北朝民歌中的叙事长诗《木兰诗》，分别代表了南北朝民歌的最高成就。

南朝乐府民歌大部分保存在清商曲辞中，其中最重要的是"吴声歌曲"和"西曲歌"两类。"吴声歌曲"产生于江南吴地，"西曲歌"产生于长江中游和汉水两岸的城市。北朝乐府民歌保存于乐府横吹曲辞的横吹曲中。横吹曲是军队中应用的音乐，要求雄伟悲壮。

南朝的吴声西曲，在北魏孝文帝宣武帝时即已传入北朝，成为北朝上层阶级常常欣赏的娱乐品。北朝的乐曲，也自东晋时代开始陆续传入南朝。横吹曲中的梁鼓角横吹曲，就是长时期从北入南的乐歌被梁代乐府官署所采用演唱的部分。

玄言诗

玄言诗是东晋的诗歌流派，约起于西晋之末而盛行于东晋。其特点是玄理入诗，以诗为老庄哲学的说教和注解，严重脱离社会生活。

自魏晋以后，社会动荡不安，士大夫托意玄虚以求全身远祸。到了西晋后期，这种风气逐步影响到诗歌创作。尤其是东晋时代，更因佛教的盛行，玄学与佛教逐步结合，许多诗人都用诗歌的形式来表达自己对玄理的领悟。玄言诗的代表作家有孙绰、许询等。由于他们的诗大多"理过其辞，淡乎寡味"，缺乏艺术形象及真挚感情，文学价值不高，所以作品绝大多数失传。

山水诗

山水诗渊源于先秦两汉，产生于魏晋时期，并在南朝至晚唐随着中国诗歌发展与文学环境变迁而不断演变。

山水诗脱胎于玄言诗，由谢灵运开创，把自然界的美景引进诗中，使山水成为独立的审美对象。他的创作，不仅把诗歌从"淡乎寡味"的玄理中解放出来，而且加强了诗歌的艺术技巧和表现力，并影响了一代诗风。山水诗的出现，为中国诗歌增加了一种题材，而且开启了南朝一代新的诗歌风貌。山水诗标志着人与自然进一步的沟通与和谐，标志着一种新的自然审美观念和审美趣味的产生。

田园诗

田园诗是盛唐诗歌的主要流派之一。其融诗歌画于一体，优美清丽，情趣盎然，描绘出乡间生活和田园山水景色，表现了远离尘世、倾情自然的出世心态。王维、孟浩然是盛唐田园诗派的杰出代表。

在中国诗歌发展史上，田园诗具有独特的地位，体现了传统的文人精神。从东晋时代的

陶渊明像
陶渊明的出现，给东晋诗坛带来一丝曙光，而后照耀一代诗坛。

17

陶渊明到盛唐时代的王维、孟浩然，一直到南宋的范成大，田园诗形成了一个"美的历程"。它以其颇有"意味"的内容和形式引起了古往今来不知多少文人骚客的赞叹和共鸣。

边塞诗

边塞诗是唐代诗歌的主要题材，是唐诗当中思想性最深刻、想象力最丰富、艺术性最强的一部分。边塞诗创作主要源于两个渠道，一些有切身边塞生活经历和军旅生活体验的作家，以亲历的见闻来写作；另一些诗人用乐府旧题来进行翻新的创作。

边塞诗创作贯穿初唐、盛唐、中唐、晚唐四个阶段，一时蔚为风气。著名的边塞诗人有高适、岑参、王昌龄、李颀、王维，代表的诗篇有高适《燕歌行》、岑参《白雪歌送武判官归京》《走马川行奉送封大夫出师西征》等。七言长篇歌行代表了盛唐边塞诗的美学风格，即雄浑、磅礴、豪放、浪漫、悲壮、瑰丽。

新乐府运动

新乐府运动，是中唐时期由白居易、元稹倡导的，以创作新题乐府诗为中心的诗歌革新运动。

所谓新乐府，是相对古乐府而言的。这一概念首先由白居易提出来。其含义就是以自创的新的乐府题目咏写时事。体现了汉乐府的现实主义精神。

除白居易而外，元稹、李绅、张籍、王建也是这一运动中的重要作家。白居易的《新乐府》五十首、《秦中吟》十首，元稹的《田家词》《织妇词》，张籍的《野老歌》，王建的《水夫谣》，都是新乐府运动中的优秀作品。新乐府运动的精神，为晚唐诗人皮日休、聂夷中、杜荀鹤所继承。他们的诗作深刻地揭露了唐朝末年的社会现实。

江西诗派

江西诗派是中国文学史上第一个有正式名称的诗文派别。

北宋后期，黄庭坚在诗坛上影响很大，追随和效法黄庭坚的诗人颇多，逐渐形成以黄庭坚为中心的诗歌流派。宋徽宗时，吕本中作《江西诗社宗派图》，认为陈师道等 25 人与黄庭坚是一脉相承的，因为他们大部分的籍贯为江西，故被称为"江西诗派"。

宋末方回因为诗派成员多学杜甫，就把杜甫称为江西诗派之"祖"，而把黄庭坚、陈师道、陈与义三人称为诗派之"宗"，提出了江西诗派的"一祖三宗"之说。

江西诗派的诗歌理论强调"夺胎换骨""点铁成金"，即或师承前人之辞，或师承前人之意；崇尚瘦硬奇拗的诗风；追求字字有出处。在创作实践中，"以故为新"。作为宋代最有影响的诗歌流派，它的影响遍及整个南宋诗坛，余波一直延及近代的同光体诗人。

台阁体

"台阁体"是明朝永乐年间出现的一种诗体，其倡导人即杨士奇、杨荣、杨溥，号称"三杨"，都是"台阁重臣"，故其诗被称为"台阁体"。

他们要求创作必须起到"施政教，适性情"的功能，内容上要歌颂圣德，在表达一己的感情时，要"适性情之正"，抒写爱亲忠君的思想。这种由压抑的道德和平庸的人格出发的文学，既缺乏对自我内在情感的切入，也缺乏艺术创造的热情，更缺乏对社会生活的关怀。

宋诗派

宋诗派是中国近代诗流派之一。清代，由于改良运动对封建的政治和思想文化的冲击力的不足，随着新派诗、新体文的出现和发展，各种拟古主义与形式主义的诗派、文派也争立门户，愈来愈多。势力最大的是宋诗派，即所谓的"同光体"诗人，代表作家有陈三立、陈衍等。其中成就较高的是陈三立。但是同光体诗人更多是注重艺术趣味，或者生涩奥衍，或者清苍幽峭，大量诗作缺乏时代的内容与气息。

花间派

花间派是中国晚唐五代词派。五代后蜀赵崇祚选录唐末五代词人18家作品500首编成《花间集》，其中词人都是集中在蜀地的文人，他们的词风大体相近，后世因而称之为花间派。

温庭筠、韦庄是其代表作家，二人虽都侧重写艳情离愁，但风格不同，温词浓艳华美，韦词疏淡明秀。其余词人，内容不外歌咏旅愁闺怨、合欢离恨，多局限于男女燕婉之私，格调不高。但花间词文字富艳精工，艺术成就较高，对后世词作影响较大。

婉约派

婉约派是中国宋词流派之一。明人张綖明确提出词分婉约、豪放。婉约，即婉转含

千秋绝艳图之李清照像 明 佚名
南宋初年，李清照别是一家，为婉约派词人的代表。

蓄。词本为合乐而歌，娱宾遣兴，内容不外离愁别绪，闺情绮怨。

五代即已形成以《花间集》和李煜词为代表的香软词风。北宋词家承其余绪，代表作家有晏殊、欧阳修、柳永、秦观、周邦彦、李清照等，他们的词作虽在内容上有所开拓，运笔更精妙，且各具风韵，自成一家，但仍未脱离婉转柔美之风。故明人以婉约派来概括这一类型的词风。其特点主要是内容侧重儿女风情，结构深细缜密，音律婉转和谐，语言圆润清丽，有一种柔婉之美。

豪放派

豪放派是中国宋词风格流派之一。第一个用"豪放"评词的是苏轼。据南宋俞文豹《吹剑续录》载："东坡在玉堂，有幕士善讴，因问：'我词比柳词何如？'对曰：'柳郎中词，只合十七八女孩儿执红牙拍板，唱杨柳岸晓风残月。学士词，须关西大汉，执铁板，唱大江东去。'公为之绝倒。"这则故事，表明两种不同词风的对比。苏轼、辛弃疾可以说是豪放派的代表。

豪放派特点大体是创作视野较为广阔，气象恢宏雄放，喜用诗文的手法、句法写词，语词宏博，用事较多，不拘守律。南渡之后，悲壮慷慨的高亢之调应运发展，陈与义、张孝祥、陈亮等人承流接响，蔚然成风。豪放词派不但震烁宋代词坛，而且广泛地影响了词林后学。

古文运动

古文运动是唐代中叶及北宋时期以提倡古文、反对骈文为特点的文体改革运动。因同时涉及文学的思想内容，所以兼有思想运动和社会运动的性质。这一运动发起于中唐，它的成功却在北宋。先秦两汉通行散文体文言文，唐人把散文称为古文。魏晋南北朝以来盛行骈文。这种文体讲究声韵、辞藻、对偶、典故，以四字句和六字句组成；形式僵化，内容空洞，不能自由表达思想、反映现

实。古文运动名义上是要恢复先秦两汉的古文，实际上是在继承古代优秀散文的基础上，创造一种适于反映现实、表达思想的新文体。其主要代表人物是韩愈和柳宗元。

公安派

公安派是明代后期以袁宏道及其兄袁宗道、弟袁中道三人为代表的文学流派，因三人是湖北公安人而得名。他们提出"世道既变，文亦因之"的文学发展观，又提出"性灵说"，要求作品能直抒胸臆、不事雕琢。他们的散文以清新活泼之笔，开拓了中国小品文的新领域。在晚明的诗歌、散文领域中，以"公安派"的声势最为浩大。其中袁宏道声誉最高，成绩最大。

桐城派

桐城派，又称桐城古文派、桐城散文派。因其主要代表人物戴名世、方苞、刘大櫆、姚鼐等均为安徽省桐城人，故名。桐城派是清代文坛最大散文流派，其作家之多、播布地域之广、绵延时间之久，为文学史所罕见。方苞、刘大櫆、姚鼐被尊为"桐城三祖"。

桐城派的文章，内容多是宣传儒家思想，尤其是程朱理学；语言则力求简明达意，条理清晰。不重罗列材料、堆砌辞藻，不用诗词与骈句，力求"清真雅正"，颇有特色。桐城派的文章一般都清顺通畅，尤其是一些记叙文，如方苞的《狱中杂记》《左忠毅公逸事》，姚鼐的《登泰山记》等，都是著名的代表作品。

章回小说

章回小说是中国古典小说的主要形式，其特点是分回标目，段落整齐，首尾完整。它是由宋元讲史话本发展而来。说话人不能把每段故事有头有尾地在一两次说完，必须连续讲若干次，每讲一次就等于后来的一回。在每次讲话以前，要用题目向听众揭示主要内容，这就是章回小说回目的起源。从章回小说中经常出现的"话说"和"看官"字样，可以看出它和话本之间的继承关系。

章回小说到明代中叶，小说的回目正式创立，采用工整的偶句，逐渐成为固定的形式。自此以后直至近代，中国的长篇小说和中篇小说，普遍采用这种形式。

讲史小说

讲史小说是中国古代话本小说的一种，产生于宋元时期，成熟于明代。它以记叙历史故事、描写历史人物为主要内容，往往以前代正史、野史和民间故事传说为素材进行艺术加工而成。

宋元时期讲史小说一般称"平话"，如《三国志平话》。这类小说作品在产生之初情节结构比较松散，缺乏完整性，到明代逐渐定型，出现了成就较高的作品。明代讲史小说主要有两种形式：一是历史演义，以《三国演义》为代表；二是英雄传奇，以《水浒传》为代表。

神魔小说

神魔小说，又称神怪小说。这一说法最早是鲁迅提出的，该类小说在明清时期较为兴盛，优秀作品有《西游记》《封神演义》《镜花缘》等。其语言风格不拘一格，想象力丰富，背景或为虚幻或为海外某地假托，综合宗教、神话等民间喜闻乐见的形式，至今广为传颂。

世情小说

世情小说是中国古典白话小说的一种，就是以"极摹人情世态之歧，备写悲欢离合之致"为主要特点的小说。

小说涉及世情，可追溯到魏晋以前，但从晚明批评界开始流行的"世情书"的概念来看，主要是指宋元以后内容世俗化、语言通俗化的一类小说。从鲁迅《中国小说史略》起，学术界一般又用世情小说专指描写世俗人情的长篇。于是，鲁迅称为"最有名"的《金瓶梅》，就常常被看作世情小说的开山之作。之后明清两代的世情小说，或写情爱婚姻，或描绘广阔的社会生活，或专注于讥刺儒林、官场、青楼，内容丰富，色彩斑斓。

才子佳人小说

才子佳人小说是以青年男女爱情婚姻为题材的小说，在明末清初之际，大约七八十年间，极度繁荣。才子佳人小说从内容上看，多为有才华的读书人与才貌双全的官宦富家小姐的爱情婚姻故事。常见的如《玉娇梨》《平山冷燕》《娇红记》等。

从叙事情节的形式上来看，有4种模式：

一见钟情式。男女主人公偶然相遇，都惊羡对方的才貌，暗生情谊。

私订终身式。相遇之后，男女主人公以诗词为媒，传达爱慕之情，私订终身。

及第团圆式。即使处于困顿潦倒的生活中，男主人公依然努力寻求功名，最终金榜题名，或者奉旨完婚，或者取得双方父母认可，结局都是皆大欢喜的大团圆。

拨乱离散式。私订终身之后，或者是由于小人搬弄是非、挑拨离间，或者是由于一方父母坚决反对，或者是由于一方的家庭遭遇重大变故，使得男女主人公从此天各一方，饱尝艰辛。

公案小说

公案小说是中国古典白话小说的一种，由宋公案类话本演义而成，盛行于明末。

以反映冤狱为其主要情节，以颂扬和赞誉"清官"为主题。

公案小说中的清官不仅清廉不苟，而且持法平慎、秉公执法。崇"法"是清官文化的代表，清官一定意义上成了"理"的代表，替天行道。公案小说的创作素材，许多袭自前代的法律文书、案例汇编，而这些小说很多成为封建官吏案头阅读之物，许多还

明确表明是为官员审案理刑而编写的，供他们参考，并且有许多官员能够从中受到启示，使疑狱的决断获益匪浅。这一类小说主要有《包公案》《施公案》《狄公案》《海公案》等，小说情节生动曲折，人物形象丰满，艺术技巧圆熟，代表了明清公案小说的最高成就。

三 曹

三曹是指汉魏间曹操、曹丕、曹植三父子。因他们政治上的地位和文学上的成就对当时的文坛很有影响，所以后人合称之为"三曹"。

曹操是建安时期杰出的文学家，开创了建安文学的新风气。曹丕擅长诗文及辞赋，代表作《燕歌行》全诗均用七言，句句押韵，在中国七言诗的发展史上占有重要地位。曹植是第一个大力创作五言诗的文人，把文人五言诗推到了一个前所未有的高峰，他的五言诗作品标志着文人五言诗的完全成熟，他的散文和辞赋也表现出了很高的思想性和艺术性，最著名的就是《洛神赋》。

建安七子

"建安七子"是东汉末年建安时期七位文学家的合称。"七子"之称始自曹丕的《典论·论文》。他们分别是鲁国孔融、广陵陈琳、山阳王粲、北海徐干、陈留阮瑀、汝南应玚、东平刘桢。又因七人同居当时的邺中，故又称"邺中七子"。

建安七子图
最早提出"七子"之说的是曹丕（见《典论·论文》）。"建安七子"之文都具有慷慨多气的建安风格，后被誉为"建安风骨"。

"七子"的创作各有其独特的风貌。孔融长于奏议散文，作品体气高妙。王粲诗、赋、散文号称"兼善"，其作品长于抒情。刘桢擅长诗歌，所作气势高峻、格调苍凉。陈琳、阮瑀，以章表书记闻名当时。徐干诗、赋皆能，文笔细腻、体气舒缓。应玚能诗、赋，其作品和谐而多文采。

这七人大体上代表了建安时期除曹氏父子而外的优秀作者，所以"七子"之说得到后世的普遍认可。

竹林七贤

"竹林七贤"是指魏晋时期的嵇康、阮籍、山涛、阮咸、向秀、刘伶、王戎 7 位文士。他们经常在竹林里携手共游，开怀畅饮，高谈阔论，所以被人们称为"竹林七贤"。

当时的社会动荡不安，司马氏和曹氏争夺政权的斗争异常激烈，民不聊生。文士们不仅无法施展才华，而且时时担忧性命安全，因此崇尚老庄哲学，在虚无缥缈的神仙境界中寻找精神寄托，用清谈、饮酒、佯狂等方式来排遣苦闷的心情。"竹林七贤"就是这些文士们的代表。在文学上，竹林七贤的作品基本上继承了建安文学的精神，但由于当时的血腥统治，作家不能直抒胸臆，所以不得不采用比兴、象征、神话等手法，隐晦曲折地表达自己的思想感情。

初唐四杰

初唐文学家王勃、杨炯、卢照邻、骆宾王合称"初唐四杰"。《旧唐书·杨炯传》说，杨炯与王勃、卢照邻、骆宾王以文诗齐名，海内称为王杨卢骆，亦号为"四杰"。

他们都是官小而名大、年少而才高的诗人，在初唐诗坛的地位很重要，上承梁陈，下启沈宋，其中卢、骆长于歌行，王、杨长于五律。后人所说的声律风骨兼备的唐诗，从他们才开始定型。

高 岑

盛唐诗人高适和岑参合称"高岑"。"高岑"并称，始于杜甫的一首诗："高岑殊缓步，沈鲍得同行。"是说他们两人成名较晚，而才学堪比沈约、鲍照。

高适、岑参的诗以"悲壮为宗"。他们都积极进取，但长期功名失意。一再出塞谋求报国立功，对仕途坎坷和边塞生活有着深刻体验。所作主要以边塞战争、塞上风光和仕途艰难为题材，善于运用七言古诗等体裁，表现报国安边、治国安民的壮志和奋发进取的精神，或抒发怀才不遇、功业无成的悲愤。其诗意气豪迈，情辞慷慨，奇偶相生，手法多样。

高适善于反映战士和农民的疾苦，暴露现实，笔调严谨，直抒胸臆，以常语感人；岑参擅长描绘奇境，抒发豪情，寓情于景，以奇语动人。

大历十才子

大历十才子是唐代宗大历年间 10 位诗人所代表的一个诗歌流派。据姚合《极玄集》和《新唐书》载，十才子为李益、卢纶、吉

骆宾王像

杨炯像

王勃像

卢照邻像

中孚、韩翃、钱起、司空曙、苗发、崔峒、耿沣、夏侯审。格律规整、字句精工也是他们作品中最明显的特点。

大历十才子大多是失意的中下层士大夫，他们大都以王维为宗，秉承山水田园诗派的风格，歌颂升平、吟咏山水、称道隐逸是其诗歌的基本主题。但他们在仕途失意和战乱宦旅生活中，也间有反映现实和体验真实的作品。

郊寒岛瘦

郊寒岛瘦指唐朝著名的两位诗人孟郊和贾岛。二人以苦吟著称，因其平生遭际大体相当，诗之风格清奇悲凄，幽峭枯寂，格局狭隘窄小，破碎急促，且讲究苦吟推敲，锤字炼句，往往给人以寒瘦窘迫之感，故被后世并称为"郊寒岛瘦"。最早提出这一评语的是苏轼："元轻白俗，郊寒岛瘦。"

元 白

元白是中唐诗人元稹、白居易的并称。二人同为新乐府运动的倡导者，文学观点相同，都强调诗歌的讽喻作用，写有大量反映现实的作品；都擅长于新乐府、七言歌行、长篇排律等诗体，注意诗歌语言的平易浅切和通俗性，在中唐诗坛影响很大。对元白的评价，历来有扬有抑。扬者始自张为，抑者始自杜牧。

唐宋八大家

唐宋八大家包括唐朝的韩愈、柳宗元，宋朝的欧阳修、苏洵、苏轼、苏辙、曾巩、王安石。

八大家之名始于明初朱右，他将以上八大家的文章编成《八先生文集》。明中叶唐顺之所纂的《文编》，仅取唐宋八位散文家的文章，其他作家的文章一律不收。以后不久，推崇唐顺之的古文家茅坤根据朱、唐的编法选了八家的文章，并加以整理和编选，辑为《唐宋八大家文钞》。唐宋八大家之称遂固定下来。

苏门四学士

苏门四学士是北宋文学家黄庭坚、秦观、晁补之和张耒的并称，他们都是苏轼的门生，受到过苏轼的指导。

《宋史·文苑（六）黄庭坚传》记载："（黄庭坚）与张耒、晁补之、秦观俱游苏轼门，天下称为四学士。"在众多门生中，苏轼最欣赏并重视的就是这四人。他自己也说："如黄庭坚鲁直、晁补之无咎、秦观太虚、张耒文潜之流，皆世未之知，而轼独先知。"由于苏轼的推誉，四人很快名满天下。

四学士造诣各异，受苏轼影响的程度有差别，文学风格也大不相同。黄庭坚的诗自创流派，与苏轼并称苏黄；秦观的主要成就在词，多抒情，亦有感伤身世之作，风调婉约清丽，辞情兼胜；晁补之的词作，以伤春惜别、相思忆旧之传统题材居多，并颇具清新蕴藉韵味与柔丽绵邈情调；张耒对诗文亦有自己的观点，其核心则是以理为主，辞情翼之。

永嘉四灵

永嘉四灵指南宋中叶生长于浙江永嘉（今浙江温州）的4位诗人：徐照（字灵晖）、徐玑（号灵渊）、赵师秀（字灵秀）、翁卷（字灵舒）。因他们同出永嘉学派叶适之门，其字或号中又都带有"灵"字，故称永嘉四灵。他们是中国南宋中叶的诗歌流派，代表了南宋后期诗歌创作上的一种倾向。其中赵师秀为"四灵"之冠，声望地位最高。

他们的诗风承袭晚唐，以清新刻露之词写野逸清瘦之趣。同时继承了山水诗人、田园诗人的传统，满足于啸傲田园、寄情泉石的闲逸生活。在艺术上，又能刻意求工，忌用典，尚白描，轻古体而重近体，尤重五律。他们的成就极有限，但在当时的诗坛却引起广泛的反响。

元曲四大家

元曲四大家是关汉卿、郑光祖、马致远和白朴。

关汉卿，号已斋叟，为元曲四大家之首。作品内容具有强烈的现实性，弥漫着昂扬的战斗精神。慷慨悲歌，乐观奋争，构成其剧作的基调。贾仲明称他为"驱梨园领袖，总编修师首，捻杂剧班头"，代表作为《窦娥冤》《救风尘》《拜月亭》《单刀会》《调风月》等。

马致远，字千里，晚号东篱，以示效陶渊明之志，有"曲状元"之誉。青年时期仕途坎坷，中年中进士，后在大都（今北京）任工部主事，晚年隐居田园。其作品以《汉宫秋》最为著名。

白朴，字太素，号兰谷。作品题材多出自历史传说，剧情多为才人韵事。现存的《唐明皇秋夜梧桐雨》，写的是唐明皇与杨贵妃的爱情故事；《鸳鸯间墙头马上》，描写的是一个"志量过人"的女性李千金冲破名教、自择配偶的故事。前者是悲剧，写得悲哀怛恻、雄浑悲壮；后者是喜剧，写得起伏跌宕、热情奔放。这两部作品，历来被认为是爱情剧中的成功之作，具有极强的艺术生命力，对后代戏曲的发展具有深远的影响。

郑光祖，字德辉，他的剧目主要有两个主题，一是青年男女的爱情故事，二是历史题材故事。其代表作为《迷青琐倩女离魂》。

江左三大家

江左三大家是明末清初人们对当时著名文学家钱谦益（字牧斋）、吴伟业（字梅村）、龚鼎孳（字芝麓）三人的并称。三人皆由明臣仕清，籍贯都属旧江左地区，诗名并著，故时人称江左三大家。

在诗歌创作上，他们都宗唐，反对宋诗及宋、元、明以来的剽窃模拟的萎靡诗风。

钱谦益崇尚杜甫，其《投笔集》中几乎是杜甫《秋兴》八首的和韵，是最有功力的代表作。吴伟业的诗，辞藻优美，音调铿锵，尤长于七言歌行，创制了"梅村体"的叙事诗风格。龚鼎孳也工于诗、词、文，但在当时和后世影响都不是很大。

岭南三家

岭南三家是清初广东诗人屈大均、陈恭尹、梁佩兰的合称。三人在创作上互相推重，在当时岭南地区最享盛名。

在诗歌的内容和风格上，屈、陈有共同的民族思想，诗歌有郁愤不平之气，他们本人也终生不仕清廷；梁则热衷功名，其诗多酬赠和吟咏景物之作，风格平淡。唯有在浓厚的地方色彩方面，三家有共同之处。

屈 原

屈原（前340 ~ 前278），名平，字原；又自名正则，字灵均。战国时期楚国人，是中国文学史上第一位伟大的爱国主义诗人。其作品文字华丽，想象奇特，比喻新奇，内涵深刻。主要代表作有《九章》《九歌》《离骚》《天问》等，其中《离骚》是中国最长的抒情诗。

屈原像

屈原吸收楚地民歌的形式，创造出句法灵活、结构富于变化的"楚辞"诗体。《楚辞》是地域性很强的文学作品。

屈原早年为楚怀王所信任，任左徒、三闾大夫，常与怀王商议国事，主张章明法度，举贤任能，改革政治，联齐抗秦。同时主持外交事务。但由于他人谗言与排挤，屈原逐渐被楚怀王疏远，并被逐出郢都，流落到汉北。怀王三十年（前229），屈原回到郢都。后怀王客死秦国，楚襄王即位实施投降政策，屈原再次流放江南。公元前278年，秦国大将白起挥兵南下，攻破了郢都，屈原在绝望和悲愤之下怀抱大石投汨罗江而死。

贾谊

贾谊（前200～前168），西汉初年著名的政论家、文学家。18岁即有才名，20余岁被文帝召为博士。不到一年被破格提为太中大夫。但是在23岁时，因遭群臣忌恨，被贬为长沙王的太傅。后被召回长安，为梁怀王太傅。梁怀王坠马而死后，贾谊深自歉疚，抑郁而死。其著作主要有散文和辞赋两类。散文如《过秦论》《论积贮疏》《治安策》等；辞赋以《吊屈原赋》《鵩鸟赋》最为著名。

司马相如

司马相如（约前179～前117），原名司马长卿，因为仰慕战国时代的名相蔺相如而改名。西汉大辞赋家，代表作品为《子虚赋》。其作品辞藻富丽，结构宏大。司马相如是汉赋的代表作家，后人称之为"赋圣"。他与卓文君的故事也广为流传。

班固

班固（32～92），字孟坚。东汉史学家班彪之子，在父亲的影响下研究史学。居丧在家时，着手整理父亲的《史记后传》，并开始撰写《汉书》。东汉明帝永平年间，被告私改国史，入狱。其弟班超将书稿送至京师，明帝阅后，很赏识班固的才学，召为兰台令史，成《汉书》，开创了"包举一代"的断代史体例，为后世"正史"之楷模。

蔡文姬

蔡文姬（约177～?），名琰，东汉末年大名士蔡邕之女。她自幼就聪颖过人，博学多才，尤其在文学和音律方面更是出众，是个出了名的才女。父亲死于狱中以后，文姬孤苦无依，只好跟着难民到处逃亡。有一天文姬在逃难中正好碰上匈奴兵，被其掠去。

从此，她流落匈奴，成了左贤王的夫人。

左贤王很宠爱文姬，夫妻感情很好。蔡文姬在南匈奴一住就12年，生有两个孩子，但是仍然十分思念故乡。她靠着自己的音乐天赋创作了《胡笳十八拍》，并且经常演奏，借以抒发自己的思乡之情。琴曲中有《大胡笳》《小胡笳》《胡笳十八拍》琴歌等版本。曲调虽然各有不同，但都反映了蔡文姬思念故乡而又不忍骨肉分离的极端矛盾的痛苦心情。音乐委婉悲伤，令人陶醉。

后来，曹操派朝臣周近出使南匈奴并赎迎文姬。文姬经过激烈的思想斗争，挥泪与左贤王和两个孩子告别后踏上了归乡的道路。经过长途跋涉，数月之后，她终于回到了曹操的大本营邺城。

陶渊明

陶渊明（约365～427），字元亮，号五柳先生，谥号靖节先生。东晋末期南朝宋初期文学家。曾做过几年小官，后辞官回家，从此隐居，田园生活是陶渊明诗的主要题材，文学史上称其为"田园诗人"。

诗多描绘自然景色及其在农村生活的情景，兼有平淡与爽朗之胜，语言质朴自然，而又极为精炼，具有独特风格。

代表作品有《饮酒》《归园田居》《桃花源记》《五柳先生传》《归去来兮辞》《桃花源诗》等。

谢灵运

谢灵运（385～433），东晋末期刘宋初年的文学家。中国山水诗的开创者，第一个大量创作山水诗的诗人。与颜延之齐名，并称"颜谢"。

《宋书》本传称其"少好学，博览群书，文章之美，江左莫逮"。与族弟谢惠连、东海何长瑜、颍川荀雍、泰山羊璿之，以文章赏会，共为山泽之游，时人谓之四友。因被诬"谋叛"之罪诛于广州，后当街斩首。

陈子昂

陈子昂（659～700），初唐诗文革新人物之一。字伯玉。因曾任右拾遗，后世称为陈拾遗。其诗风骨峥嵘，寓意深远，苍劲有力。

陈子昂青少年时家庭较富裕，轻财好施，慷慨仁侠。成年后始发愤攻读，博览群书。24 岁时举进士，升右拾遗，直言敢谏。父死居丧期间，权臣武三思指使射洪县令段简罗织罪名，加以迫害，致使陈子昂冤死狱中。

在文学方面针对初唐的浮艳诗风，他力主恢复汉魏风骨，反对齐、梁以来的形式主义文风。他自己的创作，如《登幽州台歌》《感遇》等共 38 首诗，风格朴质而明朗，格调苍凉激越，标志着初唐诗风的转变。《登幽州台歌》："前不见古人，后不见来者。念天地之悠悠，独怆然而涕下！"独步千古。

孟浩然

孟浩然（689～740），唐代诗人。襄州襄阳（今湖北襄阳）人，世称孟襄阳。前半生主要居家侍亲读书，以诗自适。曾隐居鹿门山。40 岁游京师，应进士不第，返襄阳。在长安时，与张九龄、王维交谊甚笃。有诗名。后漫游吴越，穷极山水，以排遣仕途的失意。因纵情宴饮，食鲜疾发而亡。

孟浩然诗歌绝大部分为五言短篇，题材不宽，多写山水田园和隐逸、行旅等内容。虽不无愤世嫉俗之作，但更多属于诗人的自我表现。他和王维并称，其诗虽不如王诗境界广阔，但在艺术上有独特造诣，而且继陶渊明、谢灵运、谢朓之后，开盛唐田园山水诗派之先声。孟诗不事雕饰，清淡简朴，感受亲切真实，生活气息浓厚，富有超妙自得之趣。如《秋登万山寄张五》《过故人庄》《春晓》等篇，淡而有味，浑然一体，韵致飘逸，意境清旷。孟诗以清旷冲澹为基调，但冲澹中有壮逸之气，如《望洞庭湖赠张丞相》"气蒸云梦泽，波撼岳阳城"一联，精力浑健，俯视一切。但这类诗在孟诗中不多见。总的来说，孟诗内容单薄，不免窘于篇幅。现通行的《孟浩然集》收诗 263 首，但窜有别人作品。

王 维

王维（701～761），盛唐山水田园诗派代表人物。他继承和发扬了谢灵运开创的山水诗而独树一帜，使山水田园诗成就达到高峰，在中国诗歌史上具有重要的地位。

王维五律和五绝、七绝造诣最高，亦擅其他各体，在唐代诗坛很突出。其七律或雄浑华丽，或澄净秀雅，为明七子师法。七古形式整饬，气势流荡。散文清幽隽永，极富诗情画意，如《山中与裴秀才迪书》。王维生前身后均享有盛名，有"天下文宗""诗佛"美称。对后人影响巨大。

正是由于他常以一位禅者的目光览观万物，才使他的诗有了一种其他诗人难以企及的静美、澄旷、寂悦。特别是他描写的大自然一刹那间的纷纭动象，是那样的清净、静谧，禅韵盎然，如，"人闲桂花落，夜静春山空。月出惊山鸟，时鸣春涧中"。

李 白

李白（701～762），字太白，号青莲居士，又号"谪仙人"，中国唐代伟大的浪漫主义诗人，被后人称为"诗仙"，与杜甫并称为"李杜"。

李白生活在唐代极盛时期，怀有"济苍生""安黎元"的理想，他的大量诗篇，既反映了那个时代的繁荣气象，也揭露和批判了统治集团的荒淫和腐败，表现出蔑视权贵，反抗传统束缚，追求自由和理想的精神。在艺术上，他的诗想象新奇，构思奇特，感情强烈，意境奇伟瑰丽，语言清新明快，气势雄浑瑰丽，形成豪放、超迈的艺术风格，达到了中国古代浪漫主义诗歌艺术的高峰。唐朝文宗御封李白的诗歌、裴旻的剑

太白醉酒图 清 改琦

唐代大诗人杜甫于唐玄宗天宝五年（746）初至长安，分咏当时八位著名酒徒的个人性情和艺术成就。其中有"李白斗酒诗百篇，长安市上酒家眠。天子呼来不上船，自称臣是酒中仙"的诗句，淋漓尽致地描绘了李白作为"诗仙"的狂妄和放逸不拘。此图是清代著名画家改琦为这一诗句所作的人物画，再现了李白的洒脱和轻狂。

舞、张旭的草书为"三绝"。

杜 甫

杜甫（712～770），字子美，自号少陵野老，世称杜少陵，曾任左拾遗、检校工部员外郎，因此后世称其为杜工部。杜甫是伟大的现实主义诗人，与李白并称"李杜"。

杜甫以古体、律诗见长，作品的风格"沉郁顿挫"。杜甫生活在唐朝由盛转衰的历史时期，其诗多涉笔社会动荡、政治黑暗、人民疾苦，一生写诗一千四百多首，其中很多是传颂千古的名篇，他的诗被誉为"诗史"，后人尊称他为"诗圣"。对后世影响深远。

名篇有"三吏"和"三别"，其中"三吏"为《石壕吏》《新安吏》和《潼关吏》，"三别"为《新婚别》《无家别》和《垂老别》。

韩 愈

韩愈（768～824），字退之，唐代文学家、哲学家、思想家。祖籍河北昌黎，世称韩昌黎。晚年任吏部侍郎，又称韩吏部。

在散文方面，韩愈与柳宗元同为唐代古文运动的倡导者，他们反对过分追求形式的骈文，提倡散文，强调文章内容的重要性。宋代苏轼称他"文起八代之衰"，明人推他为唐宋八大家之首，与柳宗元并称"韩柳"，有"文章巨公"和"百代文宗"之名。

在诗歌方面，韩愈善于用强健而有力的笔触，驱使纵横磅礴的气势，夹杂着雄奇诡谲的情趣，渲染上一层浓郁瑰丽的色彩，形成奔雷掣电的壮观。

柳宗元

柳宗元（773～819），字子厚，唐代文学家、哲学家。与韩愈共同倡导唐代古文运动，并称为"韩柳"。与刘禹锡并称"刘柳"。王维、孟浩然、韦应物与之并称"王孟韦柳"。

柳宗元出身于官宦家庭，后入朝为官，积极参与王叔文集团政治革新，迁礼部员外郎。永贞元年（805）九月，革新失败，贬永州司马，在此期间，写下了著名的《永州八记》（《始得西山宴游记》《钴鉧潭记》《钴鉧潭西小丘记》《小石潭记》《袁家渴记》《石渠记》《石涧记》《小石城山记》）。柳宗元的散文论说性强，笔锋犀利，讽刺辛辣，富于战斗性。游记写景状物，多所寄托。

李 贺

李贺（790～816），字长吉，祖籍陇西，体貌细瘦，巨鼻，通眉，长指爪。因避父讳，不得举进士，虽然韩愈为此作《讳辩》，李贺仍未能应试，遭谗落第。一生愁苦多病，仅做过3年从九品微官奉礼郎，因病27岁卒。

李贺诗多揭露时弊，发愤懑不平之音。既有昂扬奋发之气，也有感伤低沉之情；既有热烈奔放的抒怀，也有凄冷虚幻的意境。他的诗属意创新，形成了想象奇特、思维奇谲、辞采奇丽的独特风格，启迪了晚唐的诗歌创作。

杜 牧

杜牧（803～约852），晚唐杰出诗人，字牧之，号樊川居士，官至中书舍人。有抱负，好言兵，以济世之才自诩，曾注释《孙子》。

杜牧主张为文以意为主、以气为辅、以辞采章句为兵卫，对作品内容与形式的关系有比较正确的理解，并能融化、吸收前人的长处，以形成自己独特的风貌。在诗歌创作上，尤以七言绝句著称，与李商隐齐名，并称"小李杜"。他的古体诗受杜甫、韩愈的影响，题材广阔，笔力峭健；他的近体诗则以文词清丽、情韵跌宕见长。擅长文赋，所作《阿房宫赋》为后世传诵。

李商隐

李商隐（约812～约858），字义山，号玉溪生，又号樊南生、樊南子，晚唐著名诗人。因处于"牛李党争"的夹缝之中，一生不得志。

在诗歌创作上，构思新奇，风格浓丽，尤其是一些爱情诗写得缠绵悱恻，为人传诵。包括大多数无题诗在内的吟咏内心感情的作品是李商隐诗歌中最有特色的部分，也获得了后世最多的关注。李商隐和杜牧合称"小李杜"，与温庭筠合称"温李"，因诗文与同时期的段成式、温庭筠风格相近，且3人都在家族里排行第十六，故并称为"三十六体"。

温庭筠

温庭筠（约812～866），字飞卿，唐代花间词派的重要作家之一。官终国子助教，性喜讥刺权贵，多触忌讳，又不受羁束，纵酒放浪。因此一生坎坷，终身潦倒。

其诗词工于体物，有声调色彩之美。诗辞藻华丽，多写个人遭际，于时政亦有所反映，吊古行旅之作感慨深切，气韵清新，犹存风骨。词多写女子闺情，风格浓艳精巧，清新明快，被称为花间鼻祖。其诗与李商隐齐名，并称"温李"；词与韦庄齐名，并称"温韦"。

李 煜

李煜（937～978），字重光，五代十国时南唐国君，史称李后主。诗文均有一定造诣，以词的成就最突出。

其作品内容主要可分作两类：第一类为降宋之前所写，主要反映宫廷生活和男女情爱，题材较窄；第二类为降宋后，李煜因亡国的沉痛，对往事的追忆，以自身感情而作。此时期的词作大都哀婉凄绝，主要抒写了自己凭栏远望、梦里重归的情景，表达了对"故国"、对"往事"的无限留恋。千古杰作《虞美人》《浪淘沙》《乌夜啼》皆成于此时。

他继承了晚唐以来花间派词人的传统，但又通过具体可感的个性形象，反映现实生活中具有一般意义的某种意境，将词的创作向前推进了一大步，扩大了词的表现领域。李煜在中国词史上占有重要的地位，被称为"千古词帝"，对后世影响甚大。

柳 永

柳永（约987～约1053），北宋词婉约派最具代表性的人物之一。原名三变，后改名永，字耆卿。官至屯田员外郎，故世称柳屯田。他自称"奉旨填词柳三变"，以毕生精力作词，并以"白衣卿相"自许。

由于仕途坎坷、生活潦倒，他由追求功名转而厌倦官场，沉溺于旖旎繁华的都市生活，在"倚红偎翠""浅斟低唱"中寻找寄托。作为北宋第一个专力作词的词人，他不仅开拓了词的题材内容，而且制作了大量的慢词，发展了铺叙手法，促进了词的通俗化、口语化，在词史上产生了较大的影响。

晏 殊

晏殊（991～1055），字同叔。北宋著名词人。14岁以神童入试，赐同进士出身，历任要职，更兼提拔后进，如范仲淹、韩琦、欧阳修等，皆出其门下。

他以词著于文坛，尤擅小令，风格含蓄婉丽，多表现诗酒生活和悠闲情致，颇受南唐冯延巳的影响，与欧阳修并称"晏欧"。其代表作为《浣溪沙》《蝶恋花》《踏莎行》《破阵子》《鹊踏枝》等，其中《浣溪沙》"无可奈何花落去，似曾相识燕归来"为千古传诵的名句。

欧阳修

欧阳修（1007～1072），字永叔，自号醉翁，晚年号六一居士，谥号文忠，世称欧阳文忠公，北宋时期政治家、文学家。

在政治和文学方面都主张革新，既是范仲淹庆历新政的支持者，也是北宋诗文革新运动的领导者。又奖掖后进，苏轼兄弟及曾巩、王安石皆出其门下。

诗、词、散文均为一时之冠。散文说理畅达，抒情委婉；诗风与散文近似，重气势而能流畅自然；其词深婉清丽，承袭南唐余风。

苏 轼

苏轼（1037～1101），字子瞻，号东坡居士，世人称其为"苏东坡"。北宋著名文学家、书画家、诗人，豪放派词人代表。

嘉祐二年（1057）与弟苏辙同登进士。熙宁二年（1069），父丧守制期满还朝，为判官告院。与王安石政见不合，反对推行新法，出为杭州通判。迁知密州，移知徐州。元丰二年（1079），罹"乌台诗案"，责授黄州团练副使。哲宗立，高太后临朝，被复为朝奉郎知登州；4个月后，迁为礼部郎中；任未旬日，除起居舍人，迁中书舍人，又迁

题竹图 明 杜堇

此图根据宋代文学家苏轼题诗竹子的故事所作。苏轼爱竹而常常咏之，他善画竹，所作新诗，也喜题竹上。画中苏轼手执毛笔，长髯飘逸，站于竹前，兴笔题之。旁有一友，两书童相侍。

翰林学士知制诰，知礼部贡举。元祐四年（1089）出知杭州，后改知颍州，知扬州、定州。元祐八年（1093）哲宗亲政，被远贬惠州，再贬昌化军。徽宗即位，遇赦北归，建中靖国元年（1101）卒于常州。

作为杰出的词人，苏轼开辟了豪放词风，同杰出词人辛弃疾并称"苏辛"。在诗歌上，与黄庭坚并称"苏黄"。

李清照

李清照（1084～1155），号易安居士，宋代女词人，婉约派代表词人。父李格非，

为元祐后四学士之一，夫赵明诚为金石考据家。李清照创词"别是一家"之说，创"易安体"，为宋词大家。

李清照的词可以南渡为界，分为前后两期。前期词主要描写伤春怨别和闺阁生活的题材，表现了女词人多情善感的个性。后期的词则充满了"物是人非事事休"的浓重感伤情调，从而表达了她对故国、旧事的深情眷恋。

辛弃疾

辛弃疾（1140 ~ 1207），字幼安，号稼轩，中国历史上伟大的豪放派词人，与苏轼齐名，号称"苏辛"，与李清照一起并称"济南二安"。有人这样赞美过他：稼轩者，人中之杰，词中之龙。

其词热情洋溢，慷慨悲壮。笔力雄厚，艺术风格多样，而以豪放为主，独特的词作风格被称为"稼轩体"，成为南宋词坛一代大家。有集《稼轩长短句》流传后世。

陆　游

陆游（1125 ~ 1210），南宋诗人。字务观，号放翁。虽然仕途不断受到当权派的排斥打击，在政治上始终坚持抗金。中年入蜀抗金，长期的军事生活丰富了他的文学内容，作品吐露出万丈光芒，"气吞残虏"。

陆游 12 岁即能诗文，一生作品丰富，自言"六十年间万首诗"，今尚存 9300 余首，是中国现有存诗最多的诗人。他的作品内容主要有两类：一类是悲愤激昂，要为国家报仇雪耻，恢复丧失的疆土，解放沦陷的人民；一类是闲适细腻，咀嚼出日常生活的深永的滋味，熨帖出当前景物的曲折的情状。许多诗篇抒写了抗金杀敌的豪情和对敌人、卖国贼的仇恨，风格雄奇奔放，沉郁悲壮，洋溢着强烈的爱国主义激情，在思想上、艺术上取得了卓越成就，不仅成为南宋一代诗坛领袖，而且在中国文学史上享有崇高地位，是中国伟大的爱国诗人。

关汉卿

关汉卿（约 1220 ~ 1300），号已斋叟，元代杂剧作家。是中国古代戏曲创作的代表人物。与马致远、郑光祖、白朴并称为"元曲四大家"，列"元曲四大家"之首。

关汉卿像

关汉卿的杂剧内容具有强烈的现实性和昂扬的战斗精神，反映生活面十分广阔；既有对官场黑暗的无情揭露，又热情讴歌了人民的反抗斗争。慷慨悲歌，乐观奋争，构成关汉卿剧作的基调。其中《窦娥冤》《救风尘》《望江亭》《拜月亭》《鲁斋郎》《单刀会》《调风月》等，是他的代表作。

汤显祖

汤显祖（1550 ~ 1616），明代戏曲作家。字义仍，号海若，又号若士，晚号茧翁，自署清远道人。

汤显祖出身书香门第，早有才名。在文学思想上，汤显祖与公安派反复古思潮相呼应，明确提出文学创作首先要"立意"的主张，把思想内容放在首位。

汤显祖虽然也创作过诗文等，但成就最高的还是传奇。他是继关汉卿之后的又一位伟大的戏剧家。他的戏剧创作现存主要有"玉茗堂四梦"（或称"临川四梦"）及《紫箫记》。"玉茗堂四梦"即《紫钗记》《牡丹亭》《邯郸记》《南柯记》。这四部作品中，影响最大的当数《牡丹亭》。

吴敬梓

吴敬梓（1701 ~ 1754），字敏轩，晚年自号文木老人，清代小说家。

吴敬梓既无心做官，又对虚伪的人际关系深感厌恶，无意进取功名。安徽巡抚推荐他应博学鸿词考试，他竟装病不去。他不善持家，遇贫即施，家产卖尽，一直过着清贫的生活。吴敬梓一生创作了大量的诗歌、散文和史学研究著作，确立他在中国文学史上的杰出地位的，是他创作的长篇讽刺小说《儒林外史》。

曹雪芹

曹雪芹（1715～1763，一说为1724～1764），名霑，字梦阮，号雪芹、芹圃。他出生于号称"百年望族"的大官僚地主家庭，从曾祖父起三代世袭江宁织造一职达60年之久。后来父亲因事受株连，被革职抄家。家族的衰败使曹雪芹饱尝人生的辛酸，他以坚韧不拔的毅力，"披阅十载，增删五次"创作的旷世杰作《红楼梦》"字字看来皆是血，十年辛苦不寻常"。《红楼梦》内容丰富，思想深刻，艺术精湛，把中国古典小说创作推向最高峰，在世界文学发展史上占有十分重要的地位。

中国最早的民歌

中国古代最早的民歌是《击壤歌》。《击壤歌》最早见于东汉王充的《论衡》一书。相传唐尧时有老人击壤而歌，词云：

吾日出而作，日入而息。凿井而饮，耕田而食。帝力于我何哉？

其大意是：我每天太阳一出就开始劳动，太阳落山才回家休息。自己动手凿井而得到水饮，自己动手耕作才得到饭吃。帝王对我又能怎么样呢？

这首民歌，文字简朴，明白晓畅，抒发了劳动者的自豪之情。

《诗经》

《诗经》是我国最早的一部诗歌总集，共305篇。原本只称《诗》，后被儒家列为经典之一，故称《诗经》，也称《诗三百篇》。

"诗经"分为"风""雅""颂"三大类："风"有十五国风，"雅"有大雅、小雅，"颂"有"周颂""鲁颂""商颂"。"诗经"的作品大抵产生在周初至春秋中叶，据《史记》等书记载，《诗经》全书系孔子所删订。

周朝朝廷设有专门采集民间歌谣的官员，称"行人"，他们四出采访，收集民歌，以供朝廷考察民情风俗，政治得失。采诗的工作由于得到各诸侯国地方官的协助，公卿士大夫在某种场合要给天子献诗。《诗经》中的不少"雅"诗，就是这样汇集到一起来的。

《诗经》中的诗当初都是配乐的歌词，保留着古代诗歌、音乐、舞蹈三者结合的形式。可惜经过春秋战国的社会大变动，乐谱和舞姿失传，只剩歌词，就是现在所见到的一部诗集。

由于《诗经》曾经过孔子的删订，儒家学派人物把它当作教科书，传授不绝，虽经秦始皇焚书，仍因为学者的口头传诵，得以流传。汉初传授《诗经》的有四家，即鲁人申培公、燕人韩婴、齐人辕固生、赵人毛苌，其中《毛诗》最为盛行。魏晋以后，《毛诗》独行于世，以至于今。

《楚辞》

《楚辞》，顾名思义就是楚人所为、楚地所生之辞。在兴起之初，它原没有一个固定的名称。楚国诗人在作品中或者自称为诗，或者自名为诵（颂），或者因袭乐章之名，称为九辩、九歌等。"楚辞"之名始见于汉初的《史记·酷吏列传》，以后沿用不变，就固定为这种文体的名称。

西汉末年，大学者刘向将战国时代楚国诗人屈原等的创作和汉人的一些拟作，包括屈原《离骚》《九歌》《天问》《九章》《远游》《卜居》《渔父》《招魂》、宋玉《九辩》、景差《大招》、贾谊《惜誓》、淮南小山《招隐士》、东方朔《七谏》、严忌《哀时命》、王褒《九怀》、刘向《九叹》，计 16 篇，汇为一编，名为《楚辞》。于是，《楚辞》又成了仅后于《诗三百篇》的一部古代诗集。东汉王逸又为《楚辞》作《章句》，并附入己作《九思》，全书遂成了 17 卷，就是现在流传的本子。

《楚辞》的产生在我国文学史上具有划时代的意义。首先，其诗歌已不再是群体创作，而是诗人的独立创作，特别是屈原的作品，塑造了具有崇高理想和伟大人格的、个性鲜明的自我形象，标志着古代诗歌从集体歌唱进入诗人独立创作的新阶段。其次，《楚辞》的作品以参差灵活、具有地方色彩的语言和宏伟的结构，抒写复杂的思想感情，表现出主观与客观的激烈冲突，实现了诗歌语言和体式的重大解放。尤其突出的是，《楚辞》重在以华美的文辞、奇特的想象来抒发诗人的主观激情，开创了古代诗歌的浪漫主义创作道路，从此使中国诗坛进入了一个新的时代。《楚辞》和《诗经》分别代表了中国古代文学的两个传统，对后世文学影响十分深远。

《古诗十九首》

《古诗十九首》，组诗名，汉无名氏作，非一时一人所为，一般认为产生于东汉末年。南朝梁萧统合为一组，收入《文选》，题为《古诗十九首》。《古诗十九首》的作者既非一人，所以它们反映的思想内容是很复杂的，其主题有闺人怨别、游子怀乡、游宦无成、追求享乐等，但有一个共同的特征，就是对人生易逝、节序如流的感伤，大有汲汲遑遑如恐不及的忧虑，这些都反映了社会大动乱的前夕，失意士人对于现实生活和内心要求的矛盾和苦闷。

《古诗十九首》的艺术成就十分突出，被誉为"惊心动魄，一字千金"。其主要艺术特色是长于抒情：融情入景，寓情于景；又善于通过某种生活情节抒写作者的内心活动，抒情中带有叙事意味；同时善于运用比兴手法，着墨不多而能言近旨远，语短情长；语言不假雕琢，浅近自然，但又异常精练，含蓄蕴藉，余味无穷。《古诗十九首》是五言诗已经达到成熟阶段的标志，被刘勰誉为"五言之冠冕"。

19 首以句首为标题，分别为：《行行重行行》《青青河畔草》《青青陵上柏》《今日良宴会》《西北有高楼》《涉江采芙蓉》《明月皎夜光》《冉冉孤生竹》《庭中有奇树》《迢迢牵牛星》《回车驾言迈》《东城高且长》《驱车上东门》《去者日以疏》《生年不满百》《凛凛岁云暮》《孟冬寒气至》《客从远方来》《明月何皎皎》。

《玉台新咏》

《玉台新咏》是东周至南朝梁代的诗歌总集，历来认为是南朝徐陵在梁中叶时所编。收诗 769 篇，计有五言诗 8 卷，歌行 1 卷，五言四句诗 1 卷，共为 10 卷。除第 9 卷的《越人歌》相传作于春秋战国之间外，其余都是自汉迄梁的作品。

据徐陵《玉台新咏序》说，本书编纂的宗旨是"选录艳歌"，即主要收集男女闺情之作。入选各篇，皆取语言明白，而弃深奥典重者。同时又比较重视民间文学，如中国古代长篇叙事诗《孔雀东南飞》就首见此书。它重视南朝时兴起的五言四句的短歌句，对于唐代五言绝句这一诗体的发展有一定推动作用。同时选录了梁中叶以后不少诗人的作品。这些诗作比"永明体"更讲究声律和对仗，可以较清楚地看出"近体诗"的成熟过程。

《搜神记》

《搜神记》是一部记录古代民间传说中神奇怪异故事的小说集，为晋代干宝所著，原本已散，今本系后人缀辑增益而成。

《搜神记》内容十分丰富，有神仙术士的变幻，有精灵物怪的神异，有妖祥卜梦的感应，有佛道信仰的因果报应，还有人神、人鬼的恋爱，等等。其中保留了相当一部分西汉传下来的历史神话传说和魏晋时期的民间故事，优美动人，深受人们喜爱。

《搜神记》语言雅致清峻、曲尽幽情，确是"直而能婉"的典范。其艺术成就在两晋志怪中独占鳌头，对后世影响极大。它不但成了后世志怪小说的范本，又是后人取材之渊薮，传奇、话本、戏曲、通俗小说每每从中选材；至于其中故事被用为典故者，更是不可胜计。如唐代传奇故事，蒲松龄的《聊斋志异》，神话戏《天仙配》及后世的许多小说、戏曲，都和它有着密切的联系。

《世说新语》

《世说新语》是中国南北朝时期的一部主要记述魏晋人物言谈轶事的笔记小说，由南朝刘宋宗室临川王刘义庆组织一批文人编写的。《宋书·刘道规传》称刘义庆"性简素""爱好文义""招聚文学之士，近远必至"。

该书原名《世说》，因汉代刘向曾著《世说》，后人为将此书与刘向所著相别，故又名《世说新书》，大约宋代以后才改称今名。全书原8卷，刘孝标注本分为10卷，分为德行、言语、政事、文学、方正、雅量等36门。

《世说新语》主要记叙了士人的生活、思想及统治阶级的情况，反映了魏晋时期文人的思想言行、上层社会的生活面貌，记载颇为丰富真实，这样的描写有助于读者了解当时士人所处的时代状况及政治社会环境，更让我们明确地看到了所谓"魏晋清谈"的风貌。

干莫炼剑图轴 清 任颐 纸本
干莫即干将、莫邪夫妇。据《搜神记》记载，楚王命干将造宝剑，三年铸成雌雄双剑，雄名干将，雌名莫邪。干将自知剑成必死，故藏雌剑，后二人果被楚王所杀。其子赤鼻后为父报仇。图绘干将夫妇精心炼剑的情景。

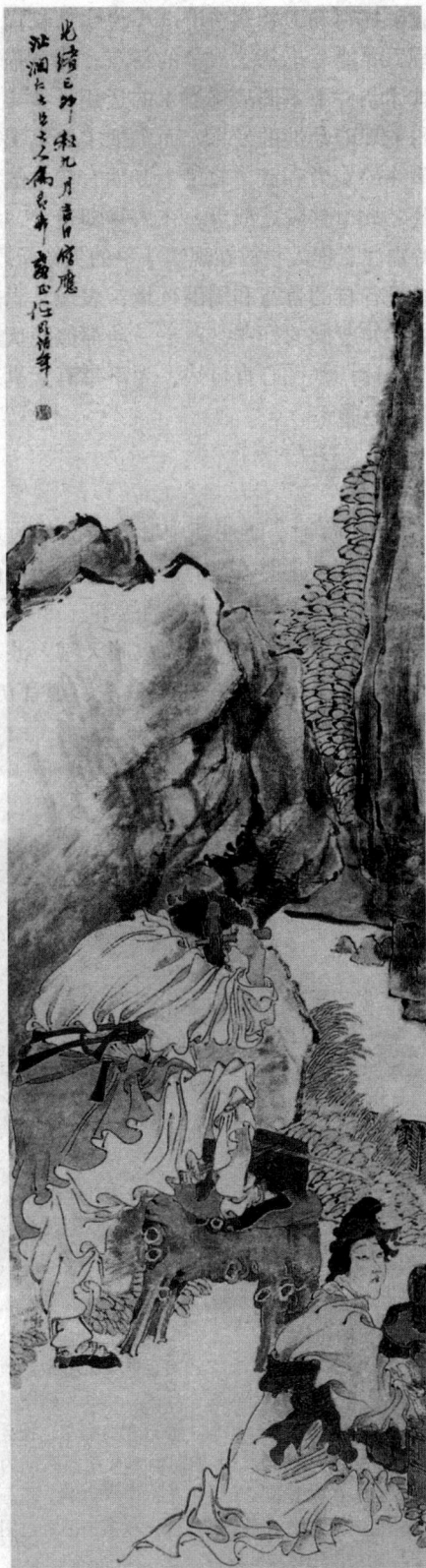

《水浒传》

《水浒传》为元末明初施耐庵所作，取材于北宋末年宋江起义的故事。

宋代说书伎艺兴盛，民间流传的宋江等36人故事，很快就被说书人采来作为创作话本的素材，南宋末龚开的《宋江三十六人赞并序》里说："宋江事见于街谈巷语。"现在看到的最早写水浒故事的作品，是《大宋宣和遗事》，这时的水浒故事已由许多分散独立的单篇，发展为系统连贯的整体。

《水浒传》的艺术成就，最突出地表现在英雄人物的塑造上。全书宏大的历史主题，主要是通过对起义英雄的歌颂和对他们斗争的描绘中具体表现出来的。

清初文学批评家金圣叹将《水浒传》与《离骚》《庄子》《史记》《杜诗》《西厢记》合称为"六才子书"。冯梦龙将《水浒传》与《三国演义》《西游记》《金瓶梅》定为"四大奇书"。后世将其与《三国演义》《西游记》《红楼梦》并称为"中国古典四大名著"。

《三国演义》

《三国演义》为元末明初小说家、戏曲家罗贯中所作，是中国古代历史演义小说的经典之作。小说描写了东汉末年和整个三国时代以曹操、刘备、孙权为首的魏、蜀、吴三个政治、军事集团之间的矛盾和斗争。在广阔的社会历史背景下，展示出那个时代尖锐复杂又极具特色的政治军事冲突，在政治、军事谋略方面，对后世产生了深远的影响。

《三国演义》不仅是较早的一部历史小说，而且代表着古代历史小说的最高成就。小说采用浅近的文言，明快流畅，雅俗共赏；笔法富于变化，对比映衬，旁见侧出，波澜曲折，摇曳多姿。又以宏伟的结构，把百年来头绪纷繁、错综复杂的事件和众多的人物组织得完整严密，叙述得有条不紊、前后呼应，彼此关联，环环紧扣，层层推进。

《三国演义》的艺术成就更主要的是在战争描写和人物塑造上。小说最擅长描写战争，并能写出每次战争的特点。注意描写在具体条件下不同战略战术的运用、指导作战的主观能动性的发挥，而不把主要笔墨花在单纯的实力和武艺较量上，如官渡之战、赤壁之战、彝陵之战等。在人物塑造上，小说特别注意把人物放在现实斗争的尖锐矛盾中，通过各自的言行和周围环境，表现其思想性格。如曹操的奸诈，一举一动都似隐伏着阴谋诡计；张飞心直口快，无不带有天真、莽撞的色彩。

《西游记》

《西游记》于明朝中叶，由明代吴承恩编撰而成。此书描写的是孙悟空保唐僧西天取经、历经九九八十一难的故事。

小说以整整7回的"大闹天宫"故事开始，第八至十二回写如来说法、观音访僧、

《西游记》图册　清

明代《西游记》问世后，各种表现唐僧师徒取经故事的艺术题材相继涌现，如诗歌、绘画、书法、雕塑、建筑等，不仅有巨大的美学价值，而且在民俗学、社会学上也有不小成就。《西游记》图册由清代康熙时期的四大书法家之一的陈奕禧书写上简单的文字说明，图画生动传神，富有想象力，图文并茂，使故事情节经过图画与文字得到更好的体现和延伸。

魏徵斩龙、唐僧出世等故事，交代取经的缘起。从第十三回到全书结束，讲述仙界一只由仙石生出的猴子拜到菩提门下，命名孙悟空，苦练成一身法术，却因醉酒闯下大祸，被压于五指山下。五百年后，观音向孙悟空道出自救的方法：他须随唐三藏到西方取经，作其徒弟，修成正果之日便得救；孙悟空遂紧随唐三藏上路，途中屡遇妖魔鬼怪，二人与猪八戒、沙僧等合力对付，展开一段艰辛的取西经之旅。

《西游记》向人们展示了一个绚丽多彩的神魔世界，人们无不在作者丰富而大胆的艺术想象面前惊叹不已。

《金瓶梅》

《金瓶梅》是明代长篇世情小说，成书约在隆庆至万历年间，作者署名兰陵笑笑生。它是中国文学史上第一部由文人独立创作的长篇小说。《金瓶梅》的书名，一般认为是各取书中女主角潘金莲、李瓶儿、庞春梅三人名字中的一个字而成的，但还有更深层的含义。

这部小说通过西门庆一家荣辱盛衰的始末，实际上反映了一个新旧交替的历史转折时期。西门庆这个集官僚、富商、恶霸于一身的典型，是那个时代的畸形儿。在他身上，读者看到了旧时代的末日即将来临，新时代的曙光已经升起，好像最早报告春天信息的梅花。可是，这枝梅花并没有在大自然里经历风雨，却安插在豪华富丽的金瓶之中，生活在骄奢淫逸的氛围中，因而显得缺乏生机和活力，终于不免过早地夭折，这就是小说全部的悲剧意义所在。

《红楼梦》

《红楼梦》为清代曹雪芹所作。原名《石头记》，又名《情僧录》《风月宝鉴》《金陵十二钗》等。是中国古代最伟大的长篇小说，也是世界文学经典巨著之一。书中以贾、史、王、薛四大家族为背景，以贾宝玉、林

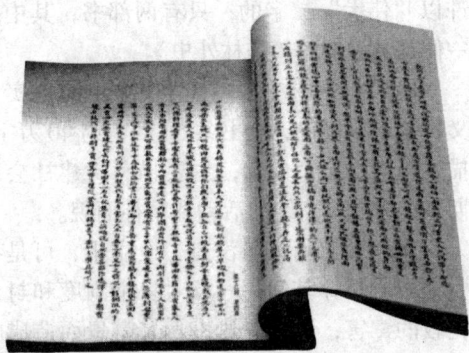

《红楼梦》书影 乾隆年抄本

《红楼梦》为曹雪芹毕生心血所注，代表了我国古典长篇小说的最高成就。曾有人评曰："字字看来皆是血，十年辛苦不寻常。"

黛玉爱情悲剧为主线，着重描写荣、宁二府由盛到衰的过程。全面地描写封建社会末世的人性世态及种种无法调和的矛盾。

《中国大百科全书》评价说，红楼梦的价值怎么估计都不为过。《大英百科》评价说，《红楼梦》的价值等于一整个的欧洲。

《聊斋志异》

《聊斋志异》，清代文言短篇小说集，是蒲松龄的代表作。"聊斋"是他的书屋名称，"志"是记述的意思，"异"指奇异的故事。全书共有短篇小说491篇。题材非常广泛，内容极其丰富。多篇作品通过谈狐说鬼的手法，对当时社会的腐败、黑暗进行了有力批判，在一定程度上揭露了社会矛盾，表达了人民的愿望。蒲松龄的同乡好友王士祯为《聊斋志异》题诗："姑妄言之姑听之，豆棚瓜架雨如丝。料应厌作人间语，爱听秋坟鬼唱诗。"

《聊斋志异》的艺术成就很高。它成功地塑造了众多的艺术典型，人物形象鲜明生动，故事情节曲折离奇，结构布局严谨巧妙，文笔简练，描写细腻，堪称中国古典短篇小说之巅峰。

《儒林外史》

在浩若烟海的中国古典小说中，被鲁迅

许以"伟大"二字的，只有两部书，其中之一便是吴敬梓的《儒林外史》。

《儒林外史》是中国清代杰出的现实主义长篇讽刺小说，全书共56回，约40万字，描述了近200个人物，主要描写封建社会后期知识分子及官绅的活动和精神面貌。

全书故事情节虽没有一个主干，可是有一个中心贯穿其间——反对科举制度和封建礼教的毒害，讽刺因热衷功名富贵而造成的极端虚伪、恶劣的社会风习。这样的思想内容，加上它那准确、生动、洗练的白话语言，栩栩如生的人物形象塑造，优美细腻的景物描写，出色的讽刺手法，艺术上也获得了巨大的成功。

这是一部讽刺迂腐与卖弄的作品，是世界上最不引经据典、最饶诗意的散文叙述体之典范。它可与意大利薄伽丘、西班牙塞万提斯、法国巴尔扎克等人的作品相媲美。

《窦娥冤》

《窦娥冤》，元代关汉卿的代表作，是中国十大悲剧之一的传统剧目。是一部具有较高文化价值和广泛群众基础的名剧。据统计，中国约86个剧种上演过此剧。

《窦娥冤》全名《感天动地窦娥冤》，故事渊源于《列女传》中的《东海孝妇》。主要讲述的是窦娥被无赖诬陷，又被官府错判斩刑的冤屈故事。

全剧四折一楔子。楚州贫儒窦天章因无钱进京赶考，无奈之下将幼女窦娥卖给蔡婆家为童养媳。窦娥婚后丈夫去世，婆媳相依为命。蔡婆外出讨债时遇到流氓张驴儿父子，被其胁迫。张驴儿企图霸占窦娥，见她不从便想毒死蔡婆以要挟窦娥，不料误毙其父。张驴儿诬告窦娥杀人，官府严刑逼讯婆媳二人，窦娥为救蔡婆自认杀人，被判斩刑。窦娥在临刑之时指天为誓，死后将血溅白绫、六月降雪、大旱三年，以明己冤，后来果然一一应验。三年后窦天章任廉访使至楚州，见窦娥鬼魂出现，于是重审此案，为窦娥申冤。

本剧成功塑造了"窦娥"这一悲剧主人公形象，使其成为元代被压迫、被剥削、被损害的妇女的代表，成为底层善良、坚强而走向反抗的妇女典型。

荆刘拜杀

"荆刘拜杀"是元代南戏《荆钗记》《白兔记》《拜月亭》《杀狗记》的合称。

《荆钗记》一般认为是柯丹丘作。讲述王十朋与钱玉莲的婚姻故事。钱玉莲鄙弃富豪孙汝权的求聘，宁嫁一贫如洗、以荆钗为聘的书生王十朋。婚后半年，十朋赴京考中状元，因拒绝丞相逼婚，被改调烟瘴之地潮阳任职。孙汝权偷改十朋家书为"休书"，继续纠缠玉莲不止。后母逼迫玉莲改嫁，玉莲不从，投河遇救，跟随恩人远去他乡。十朋闻玉莲"死"讯后，决意终身不另娶。玉莲误听十朋病亡噩耗，也执意不再嫁。数年之后，于吉安重逢，夫妻团圆。

《白兔记》为永嘉书会才人编撰。写后汉开国皇帝刘知远幼年失父，落魄马王庙中，李文奎见他相貌不凡，收留家中牧马，并将女儿三娘许配给他。李文奎夫妇去世后，三娘兄嫂不容他。知远只得弃家投军，又被岳节度使招赘为婿，后成就功名。三娘不肯改嫁，被兄嫂逼迫，日挑水，夜推磨，受尽苦辛。她磨坊咬脐产子，托窦公送往军营。16年后，咬脐郎猎白兔而遇三娘，母子夫妻得以团圆。

《拜月亭》一般认为是元人施惠作。全剧以蒋世隆与王瑞兰的爱情婚姻波折为主线。写金朝末年，蒙古兵南下，金迁都汴梁。兵荒马乱中，书生蒋世隆与兵部尚书王镇女儿瑞兰旷野相逢，结伴同行，患难中结为夫妇。王镇议和归来，强行拆散恩爱夫妻。瑞兰思念丈夫，幽闺拜月祷祝重聚。后蒋世隆考中状元，破镜重圆。

《杀狗记》作者未详。写财主孙华与市井小人柳龙卿、胡子传结为兄弟，受二人调唆，视胞弟孙荣为仇敌，致使孙荣寄身破窑，乞食街头。华妻杨氏多方劝说无用，设杀狗劝夫之计，暴露结义兄弟危难时不肯相救的真面目，才使孙华醒悟，兄弟和好，共受旌表。

临川四梦

"临川四梦"，又称"玉茗堂四梦"，指明代剧作家汤显祖的《牡丹亭》《紫钗记》《邯郸记》《南柯记》。前两者是儿女风情戏，后两个是社会风情剧。

"临川四梦"是汤显祖毕生思考人世现实与生命意义的结晶。文辞优美，对人生的深刻反思亦超越了同时代的文学著作。汤显祖同时代人王思任在概括"临川四梦"的"立言神旨"时说："《邯郸》，仙也；《南柯》，佛也；《紫钗》，侠也；《牡丹亭》，情也。"

"临川四梦"的四个梦境演绎了纷繁世间事。《紫钗记》描写的是霍小玉与书生李益喜结良缘、被卢太尉设局陷害、豪侠黄衫客从中帮助，终于解开猜疑、消除误会的悲欢离合的幻梦。《牡丹亭》描写杜丽娘因梦生情，伤情而死，人鬼相恋，起死回生，终于与柳梦梅永结同心的痴情。《南柯记》讲述了书生淳于梦于梦中做大槐安国驸马，任南柯太守，荣华富贵梦醒而皈依佛门的故事。《邯郸记》则表现了卢生梦中娶妻，中状元，建功勋于朝廷，后遭陷害被放逐，再度返朝做宰相，享尽荣华富贵，死后醒来，方知是一场黄粱梦，因此而悟道的警醒。

《西厢记》

《西厢记》全名《崔莺莺待月西厢记》，元代著名杂剧作家王实甫的代表作。这个剧一上舞台就震惊四座，被誉为"西厢记天下夺魁"。

《西厢记》故事最早起源于唐代元稹的传奇小说《莺莺传》，叙述书生张生与同时寓居在普救寺的已故相国之女崔莺莺相爱，在婢女红娘的帮助下，两人在西厢约会，莺莺终于以身相许。后来张生赴京应试，得了高

《西厢记·惊梦》插图 清 任颐

官，却抛弃了莺莺，酿成爱情悲剧。亦相传为元稹假借张生的自传体小说或故事。这个故事到宋金时代流传更广，一些文人、民间艺人纷纷将其改编成说唱和戏剧，王实甫的改编使故事情节更加紧凑，融合了古典诗词，文学性大大提高，并将结尾改成老夫人妥协，答应其婚事，以大团圆结局。

《牡丹亭》

《牡丹亭》全名《牡丹亭还魂记》，即《还魂记》，也称《还魂梦》或《牡丹亭梦》，是明朝剧作家汤显祖的代表作之一。

贫寒书生柳梦梅与南安太守之女丽娘于梦中在牡丹亭畔幽会。杜丽娘从此愁闷消瘦，一病不起。她在弥留之际要求母亲把她葬在花园的梅树下，嘱咐丫鬟春香将其自画像藏在太湖石底。三年后，柳梦梅赴京应试，借宿梅花庵观中，在太湖石下拾得杜丽娘画像，发现杜丽娘就是他梦中见到的佳人。杜丽娘魂游后园，和柳梦梅再度幽会。柳梦梅掘墓开棺，杜丽娘起死回生，两人结为夫妻，前往临安。陈最良看到杜丽娘的坟墓被掘，就告发柳梦梅盗墓之罪。发榜后，柳梦梅由阶下囚一变而为状元，经皇帝恩准，杜丽娘和柳梦梅二人终成眷属。

汤显祖曾说："一生四梦，得意处唯在牡

丹。"明朝人沈德符称："汤义仍《牡丹亭梦》一出，家传户诵，几令《西厢》减价。"

《桃花扇》

《桃花扇》是清初作家孔尚任经十余年苦心经营，三易其稿写出的一部传奇剧本。

通过男女主人公侯方域（朝宗）和李香君的爱情故事，反映明末南明灭亡的历史戏剧。所谓"借离合之情，写兴亡之感，实事实人，有凭有据。"剧本中绝大部分人物是真人真事，从深度和广度反映现实，并且有很高的艺术表现力，是一部对后来影响很深的历史剧。

明末，东林党人逃难到南京，重新组织"复社"，和曾经专权的太监魏忠贤余党、已被罢官的阮大铖斗争。其中复社中坚侯方域邂逅秦淮歌妓李香君，两人陷入爱河，侯方域送李香君一把题诗扇。阮大铖匿名托人赠送重金以拉拢侯方域，被李香君知晓坚决退回。弘光帝即位后，起用阮大铖。阮大铖趁机陷害侯方域，并强将李香君许配他人，李香君坚决不从，撞头欲自尽未遂，血溅诗扇，侯方域的朋友杨龙友利用血点在扇中画出一树桃花。南明灭亡后，李香君入山出家，侯方域也出家学道。

《长生殿》

《长生殿》，清初洪昇历10余年，三易其稿始成，初名《沉香亭》，继改称《舞霓裳》，三稿始定今名。

《长生殿》讲述了唐明皇与杨贵妃的爱情故事。唐明皇继位以来，励精图治，国势强盛，他却从此寄情声色，下旨选美。宫女杨玉环才貌出众，于是被册封为贵妃，两人对天盟誓，并以金钗钿盒为定情之物。但后来唐玄宗又宠幸杨玉环的妹妹虢国夫人，私召梅妃，引起杨玉环不快。最终两人和好，于七夕之夜在长生殿对着牛郎织女星秘誓永不分离。为讨杨玉环的欢心，唐玄宗不惜耗费大量人力物力从海南岛为杨玉环采集新鲜荔枝，一路踏坏庄稼，踏死路人。安禄山反叛，唐明皇奔逃蜀中避难，在马嵬坡，军士哗变。唐明皇被迫赐杨玉环自尽。自此他心灰意冷，有一天做了一场噩梦后，访得异人为杨玉环招魂。临邛道士杨通幽奉旨作法，找到杨玉环幽魂。八月十五夜，杨通幽引唐明皇魂魄来到月宫与杨玉环相会。玉帝传旨，让二人永为夫妇。

《文赋》

《文赋》是西晋著名文学家陆机所作，是中国最早系统探讨文学创作问题的论著。

在《文赋》中，陆机生动地描述和分析了创作的心理特征和过程，表达了他的美学美育思想。主要包括：

1. "情因物感，文以情生"。《文赋》认为，情感是文学创作冲动的来由和起点。

2. "笼天地于形内，挫万物于笔端"。《文赋》充分肯定了艺术想象的作用，即"观古今于须臾，抚四海于一瞬"，"笼天地于形内，挫万物于笔端"。

3. "应感之会，通塞之纪"。《文赋》强调灵感在文学创作中的作用，认为灵感具有"来不可遏，去不可止"的特征。

4. "其会意也尚巧，其遣言也贵妍"。《文赋》在艺术风格上，崇尚华丽之美，强调"丽辞"。

《文心雕龙》

《文心雕龙》是刘勰所撰的文学理论著作，成书于南朝齐，是中国文学理论批评史上第一部有严密体系的"体大而虑周"的文学理论专著。

《文心雕龙》全书包括4个重要方面。

上部《原道》至《辨骚》的5篇，是全书的纲领，而其核心则是《原道》《征圣》《宗经》3篇，要求一切本之于道，稽诸于圣，宗之于经。从《明诗》到《书记》的20篇，以"论文序笔"为中心，对各种文体源流及作家、作品逐一进行研究和评价。以有韵文为对象的"论文"部分中，以《明诗》《乐府》《诠赋》等篇较重要；以无韵文为对象的"序笔"部分中，则以《史传》《诸子》《论说》等篇意义较大。

下部《神思》到《物色》的20篇，以"剖情析采"为中心，重点研究有关创作过程中各个方面的问题，是创作论。《时序》《才略》《知音》《程器》等4篇，则主要是文学史论和批评鉴赏论。下部的这两个部分，是全书最主要的精华所在。

以上四个方面共49篇，加上最后叙述作者写作此书的动机、态度、原则，共50篇。

《昭明文选》

《昭明文选》即《文选》，是中国现存的最早一部诗文总集，由南朝梁武帝的长子萧统组织文人共同编选。萧统死后谥"昭明"，所以他主编的这部文选称作《昭明文选》。

全书共60卷，分为赋、诗、骚、墓志、行状等38类。书中选录先秦至梁的诗文辞赋，不选经史子，编者已初步注意到文学与其他类型著作的区分，认为只有"事出于沉思，义归于翰藻"者方可入为文学作品，在艺术形式上，尤注重骈俪、华藻。

首先对《文选》作注释的是《文选音》，这是萧统的侄子萧该对《文选》语词作的音义解释。隋唐时期的曹宪、许淹、李善、公孙罗等人将其发展成为一门"文选学"。唐玄宗开元年间，吕延济、刘良、张铣、吕向和李周翰五位文臣又作五臣注。所有的注中以唐高宗显庆年间的李善注被认为最好。

"选学"在唐朝与《五经》并驾齐驱，盛极一时。士子必须精通《文选》。时至北宋年间，民间尚传谣曰："文选烂、秀才半。"《文选》在宋代有"文章祖宗"之说。

《诗品》

钟嵘，字仲伟，在齐梁时代曾做过参军、记室等小官。《诗品》是钟嵘品评诗歌的一部文学批评名著。

《诗品》所论的范围主要是五言诗。全书共品评了两汉至梁代的诗人122人，计上品11人，中品39人，下品72人。他强调赋和比兴的相济为用，并坚决反对用典，以及沈约等人四声八病的主张。

钟嵘论诗善于概括诗人独特的艺术风格。他概括诗歌风格主要是从以下几方面着眼：一是论赋比兴，例如评阮籍的诗"言在耳目之内，情寄八荒之表"；二是论风骨和词采，例如论曹植诗"骨气奇高，词采华茂"；三是重视诗味，认为诗应该使人"味之者无极，闻之者动心"；四是注意摘引和称道诗中佳句，谈到曹操诗时，说他"甚有悲凉之句"。

《容斋随笔》

《容斋随笔》是南宋洪迈著的史料笔记，被历史学家公认为研究宋代历史必读之书。

《容斋随笔》是全书的总名，分为《随笔》《续笔》《三笔》《四笔》《五笔》。是积40多年的时间写出一部巨著。其内容繁富，议论精当。有对宋代典章制度、官场见闻、社会风尚的记述；对宋以前王朝废兴、人物轶事、制度沿革的记述。其中对一些历史经验的总结颇有见地，许多资料为官方史志所不载，是中国古代笔记小说中不可多得的珍品。

明人李翰说："洪迈聚天下之书而遍阅之，搜悉异闻，考核经史，捃拾典故，值言之最者必札之，遇事之奇者必摘之，虽诗词、文翰、历谶、卜医，钩纂不遗，从而评之。"其被《四库全书总目提要》推为南宋笔记小说之冠。

《太平广记》

《太平广记》是宋代李昉、扈蒙等12人奉宋太宗之命编纂。开始于太平兴国二年（977），次年完成。因成书于宋太平兴国年间，和《太平御览》同时编纂，所以叫作《太平广记》。

全书 500 卷，目录 10 卷，取材于汉代至宋初的野史小说及释藏、道经等和以小说家为主的杂著，属于类书。

《太平广记》引书大约 400 多种，一般在每篇之末都注明了来源。许多唐代和唐代以前的小说，就靠《太平广记》而保存了下来。

《录鬼簿》

元代的戏曲史料性著作。作者钟嗣成（约 1279 ~ 约 1360），号丑斋。曾多次参加"明经"考试，不中。后在江浙行省任掾史，但是不得升擢，他也不屑于去追求官禄，于是杜门著书。《录鬼簿》反映了钟嗣成比较进步的文艺观点。它是元杂剧蓬勃发展形势下的产物，适应了中国戏剧发展的需要。

《录鬼簿》分上下两卷，共记述 152 位杂剧及散曲作家，大略以年代先后排列，录 400 余种剧目。整个元代曲家的情况，都赖以传世。同时，在书中一些零星的记载中，他还揭示了元代杂剧作家的活动和组织情况，并且透露了元代戏曲发展的线索。

《录鬼簿》为元代戏曲的研究提供了宝贵资料，至明初戏曲家贾仲明又增补了吊词。

《古文观止》

《古文观止》是清初吴楚材、吴调侯两人编选的一部古文选本。这本书选材十分广泛，兼顾各种文章体裁的艺术风格。

"观止"二字最早出自《左传》：春秋时吴国季札在鲁国观乐，见舞《韶箾》，称赞说："观止矣！若有他乐！吾不敢请已。"意思是说，这些音乐舞蹈妙极了！其他的不必看了。后来人们便使用"观止"称赞所见事物尽善尽美，无以复加。

《古文观止》的意思是指这部书所选辑的古代文章都是最好的，其他文章都超不过这些文章水平。

《随园诗话》

袁枚（1716 ~ 1797），清代诗人、诗论家。晚年自号苍山居士，与赵翼、蒋士铨合称为"乾隆三大家"。

袁枚倡导"性灵说"，代表作《随园诗话》有很强的针对性。从诗人的先天资质，到后天的品德修养、读书学习及社会实践；从写景、言情，到咏物、咏史；从立意构思，到谋篇炼句；从辞采、韵律，到比兴、寄托、自然、空灵、曲折等各种表现手法和艺术风格，以及诗的修改、诗的鉴赏、诗的编选，乃至诗话的撰写，凡是与诗相关的方方面面，无所不包。

他主张写诗要写出自己的个性，直抒胸臆，写出个人的"性情遭际"。以性情、天分和学历作为创作基本，以"真、新、活"为创作追求，这样才能将先天条件和后天努力相结合，创作出佳品，认为"诗文之作意用笔，如美人之发肤巧笑，先天也；诗文之征文用典，如美人之衣裳首饰，后天也"。主张文学应有时代特色，反对宗唐宗宋。主张骈文和散文并重，认为骈文与散文正如自然界的偶与奇一样不可偏废，二者同源而异流，它们的关系是双峰并峙、两水分流。

《古文辞类纂》

清代姚鼐编的各类文章总集。全书 75 卷，选录战国至清代的古文，依文体分为论辩、序跋、奏议、书说、赠序、诏令、传状、碑志、杂记、箴铭、颂赞、辞赋、哀祭等 13 类。所选作品主要是《战国策》《史记》，两汉散文家，唐宋八大家及明代归有光，清代方苞、刘大櫆等的文章。书首有序目，略述各类文体的特点。

《艺概》

刘熙载（1813 ~ 1881），字伯简，号融斋，"自六经、子、史外，凡天文、算术、字学、韵学及仙释家言，靡不通晓。而尤以躬行为重"。清道光二十四年（1844）进士，官拜翰林院庶吉士，后改授编修。晚年寓居上海，一直担任龙门书院主讲。

《艺概》是刘熙载平时论文谈艺的汇编，成书于其晚年。全书共6卷，分为《文概》《诗概》《赋概》《词曲概》《书概》《经义概》，分别论述文、诗、赋、词、书法及八股文等的体制流变、性质特征、表现技巧和评论重要作家作品等，是中国近代文学史上的一部经典性的文艺理论著作。

作者自谓谈艺好言其概，故以"概"名书。"概"的含义是，得其大意，言其概要，以简驭繁，使人明其指要、触类旁通。这是《艺概》一书的特色。

《人间词话》

《人间词话》是王国维关于文学批评的著述中最为人所重视的一部作品，也是晚清以来最有影响的著作之一。"境界说"是《人间词话》的核心，统领其他论点，又是全书的脉络，沟通全部主张。

这是接受了西洋美学思想洗礼后，以崭新的眼光对中国旧文学所作的评论，但又脱弃西方理论之局限，力求运用自己的思想见解，尝试将某些西方思想中之重要概念融入中国固有的传统批评中。

《人间词话》已初具理论体系，在旧日诗词论著中，称得上屈指可数。许多人把它奉为圭臬，把它的论点作为词学、美学的根据，影响深远。

王国维旧照
引入了叔本华和康德的哲学思想、美学思想，强调"超然于利害之外"的"文学自己的价值"，要求文学成为独立的存在。

艺术

书法的起源

中国书法起源于春秋末期。当时传统文字的艺术化现象开始出现，为求视觉上的美观，原有笔画开始被加上圆点、波折或鸟形装饰等，成为后世"鸟篆""虫篆"或"缪篆"的起源。进入战国后，除了广泛应用的草篆，连同重要礼器上的铭文，一改春秋之前的工整与刻板，普遍进行了美化处理。

书 品

中国古代对书法家及其作品作出品评的著作，或分品论述而第其高下；或不分品第而评其优劣，是早期书论中的一种体裁。

这种体裁是受魏晋时期士族阶层对人物进行识鉴、品藻的习尚影响而产生的，盛于六朝、隋、唐，元明之后著述渐为稀少。南梁袁昂所撰《古今书评》，凡列 25 人，各以简括语句评其风格，是为书品之发端。庾肩吾《书品》，载汉至齐梁能书者 123 人，冠以总序，效《汉书·古今人表》之例，分上中下品，每品中又分上中下，合而为九品，各系以论，体例严谨。

随着书法理论的深入发展，其后论书之著多不拘泥于品评一体，而渐融于内容更为广泛、繁富的书论之中。

文房四宝

在中国历史文化长河中，很早就已有"文房"之称，笔、墨、纸、砚被誉为"文房四宝"。

"文房"之名起源于南北朝。当时所谓"文房"，是指国家典掌文翰之处。唐宋以后，文房则专指文人书房而言。

南唐后主李煜，喜好文学，收藏甚丰，今见其所藏的书画皆押有"建业文房之印"。北宋雍熙三年（986），翰林学士苏易简以笔墨纸砚"为学所资，不可斯须而阙"，撰《文房四谱》五卷，分笔谱二卷，砚、纸、墨各一卷。各卷分述：叙事、制造、杂说、辞赋诸事，博收约取，内容详赡。故文房从此有"四谱"之名。南宋初，叶梦得撰《避暑录话》谓"世言徽州有文房四宝"，故"文房四谱"又称《文房四宝谱》，以笔、墨、纸、砚为文房之宝用。

四宝品类繁多，丰富多彩，名品名师，见诸载籍。长期以来，浙江湖州之湖笔，广东肇庆（隋唐时为端州）之端砚，安徽泾县（旧属宣城郡）之宣纸，歙县（旧为徽州府治）之徽墨，至今仍负盛名，被说成"四宝"代表。

毛 笔

2000 多年以前的中国，就已经出现了毛笔。

据《史记》记载，"秦始皇命太子扶苏与蒙恬筑长城以御北方匈奴，蒙恬取山中之兔毛以造笔"，"文房四谱"上也记载，"昔日蒙恬造笔，以拓木为管，鹿毛为柱，兔毛为被，此乃谓苍毫也"，《博物志》云，"秦之蒙恬将军取狐狸毛为柱，兔毫为被以书"，因此，我们通常称蒙恬将军为毛笔的始祖。其实毛笔的发明权不能归功于蒙恬一人。

迄今虽然尚未见到西周以前的毛笔实物，但从原始社会的彩陶花纹、商代的甲骨

石砚和毛笔 西汉

文上可觅到些许用笔的迹象。东周的竹木简、缣帛上已广泛使用毛笔来书写。湖北省随州市擂鼓墩曾侯乙墓中出土的春秋时期的毛笔，是目前发现最早的毛笔。

墨

墨汁是中国古代书写、作画的必需品。关于墨汁的起源有这样一个传说。

传说在周朝时，有一个擅长诗画的人，名叫刑夷。一天，刑夷在河里洗手时，看见河面上漂着一件黑乎乎的东西，他怀着好奇心捞起一看，原来是一块尚未燃尽的松炭，便又随手丢进河里。刑夷突然发现，自己一双刚刚洗干净的手染上了一道黑黑的颜色。"松炭既能染色，是否可以用来写字呢？"刑夷不禁思忖道。他赶紧追到下游，把那块松炭捞了起来。

刑夷把松炭带回家，用砖头将它捣碎，研成粉末。

从此，刑夷便用松炭粉末调成的液体写诗作画，这种液体就是中国最原始的墨汁。

纸

纸起源于中国，是西汉时期发明的。到了东汉和帝时，蔡伦又对造纸技术进行了重大改进。

人们将树皮、破布、破旧渔网等加水蒸煮捣碎，直到成为均匀的纸浆，再把纸浆薄薄地倒在预先做好的筛网上，水渐渐流走了，筛网上便留下来薄薄的一层纸坯。将纸坯晾干，涂上一些苔胶，就制好了一张纸。

到了公元3世纪，造纸技术有了很大进步，并且发现植物纤维可用作造纸原料。这种造纸的基本原理连同原料一直沿用到今天。

砚

砚台的起源最早是从研磨器开始的。在原始社会，人们已经开始使用研磨器，用以磨制工具或研磨粮食作物。后来，为了便于书写，需要将墨色及颜料研磨至细，于是便出现了专门研墨的砚台。

考古学家曾在陕西省临潼姜寨一处原始社会的遗址中，发现了一套原始人用于陶器彩绘的工具，其中有一方石砚，砚有盖，砚面微凹，凹处并有一根石质磨杵，砚旁留存数块黑色颜料。很显然，这是早期砚台的形制。

汉代纸的发明，使制砚工艺得到较大发展，砚台上甚至出现了雕刻纹饰。从此以后，砚台步入传统的书画艺术行列，品种日益增多，至魏晋时期就有瓷砚、铜砚、银砚、漆砚、铁砚等。

唐代，有端石、歙石等精制宝砚。宋代雕砚工艺有进一步发展，宋人把端砚、歙砚、洮河砚以及红丝石砚列为四大名砚。后因红丝石停采，于是澄泥砚便被列入四大名砚。

徽 墨

东汉年间，出现了较大规模的制墨作坊，制造出正式的墨。五代时，易水墨工奚超和儿子奚廷圭搬迁到歙州（今歙县），对制墨技术进行了改良，精制了"丰肌腻理，光泽如漆"的贡墨，受到南唐后主李煜的赏识，赐姓李氏，从此名满天下。宋代，安徽歙州改名为徽州，因此便有徽墨之称。宋、明两代的徽墨基本分松烟、油烟两种，在当时，制墨流派、名工也相继出现。清代制墨的数量和质量又超过了历代水平，并且向"精鉴墨"（即专供鉴赏的墨）和"家藏墨"（多用收藏或馈赠品）的状态发展。清代以曹素功、汪近圣、汪节庵、胡开文四家为代表，他们所制的墨不仅质量精绝，而且极具艺术价值，使徽墨之名流传至今、闻名中外，成为墨中之冠。

甲骨文

甲骨文是商、周时期刻在龟甲兽骨上的文字，又叫"契文""卜辞""龟甲文字""殷墟文字"。最早出土于河南安阳小屯村的殷墟，1899 年被学者王懿荣首次发现。清末孙诒让著《英文举例》，开始对甲骨文加以解释。1928 年后经多次发掘，先后出土达 10 余万片。这些文字都是前人利用龟甲兽骨占卜吉凶时写下的卜辞和与占卜有关的记事文字，为盘庚迁殷到纣亡 200 多年间的遗物，是研究商朝社会历史的重要资料。现已发现的甲骨文单字在 4500 字左右，人们认识的约有 1700 字。

刻辞卜骨 商 康丁时期 公元前 12 世纪
此为牛骨，河南省安阳市殷墟出土（传）。北京市中国历史博物馆藏。中国书法和散文的最早源头都可以追溯到甲骨卜辞。

金 文

金文是铸刻在青铜器的钟或鼎上的一种文字，它产生于商代，盛行于周代。钟多是乐器，鼎多为礼器。铸刻于上面的文字，多为记事或表彰功德的内容。这种铭文，有

的是凹下的阴文，称为"款"，是"刻"的意思；有的是凸出的阳文，称为"识"，是"记"的意思，所以金文也可统称为"钟鼎款识"。书法"款识"或"款式"的名称即由此演化而来。

金文一般是铸，少数是刻。金文的铸是先把文字书写在软坯上制成范模，然后用烧熔的铜液浇铸。在金文刻范和铸的过程中，对原来书写的笔画虽有所损益，但仍能更多地保留和显示书写时的笔意、字画丰腴、体势凝重，有极高的艺术性。

篆 书

篆书主要指"大篆"和"小篆"。而广义的"大篆"指"小篆"以前的文字和书体，包括甲骨文、钟鼎文、籀文和六国文字等；狭义专指周宣王太史籀厘定的文字，即"籀文"。

大篆的代表作品有《石鼓文》和《秦公簋》铭文等。"小篆"与"大篆"对称，亦称"秦篆"，即秦始皇统一天下文字，李斯所制，小篆笔画圆转流畅，较大篆整齐。秦时刻石如泰山、峄山、琅琊台等，传为李斯所书，为小篆之代表作品。唐代李阳冰、五代徐锴与清代的邓石如均是小篆大家。

隶 书

隶书也叫"隶字""古书"，它起源于秦朝，也有说法称隶书起源于战国时期。分"秦隶"（也叫"古隶"）和"汉隶"（也叫"今隶"），它是在篆书基础上，为适应书写便捷的需要产生的字体。

隶书结体扁平、工整、精巧，书写效果略微宽扁，横画长而直画短。讲究"蚕头燕尾""一波三折"。到东汉时，折、捺等笔画美化为向上挑起。轻重顿挫富有变化，具有书法艺术美，风格也趋多样化，极具艺术欣赏价值。隶书的出现是中国文字的又一次大改革，使中国的书法艺术进入了一个新的境界，奠定了楷书的基础。

草 书

草书是为书写便捷而产生的一种字体，其特点是结构简省、笔画连绵，始于汉初。

草书有章草、今草、狂草等。章草起于西汉，盛于东汉，字体具隶书形式，笔画省变，有章法可循，字字区别，不相纠连；今草起于东汉末期，风格多样，不拘章法，笔势秀丽流畅，晋王羲之、王献之父子擅长今草；狂草亦称大草，笔意奔放，体势连绵，如唐朝张旭《千字文》、怀素《自叙帖》等，字字区别，不相连接，而笔意活泼、秀媚。草书自狂草起开始成为完全脱离实用的艺术创作。

楷 书

楷书形成于汉末、魏晋，全盛于隋唐，也称"真书""正书"。它吸收隶书结构匀称明晰的优点，把隶书笔画的"波折"改为平直，把隶书形体的扁平改方正，书写时比隶书更方便，一直沿用至今。我们现在看到的魏晋时的楷书，离篆隶不远，形体古朴自然，但无严谨的法度约束。隋代以后，楷书注意法度，结构整齐、方正，书家层出不穷，以颜真卿、柳公权等人成就最高。宋元明清的书法家都以唐以前楷书为规范，近代以至当代学书者更是如此。

行 书

行书是介于今草和楷书之间的一种字体，可以说是楷书的草化或草书的楷化。它不像草书那样难写难认，也不像楷书那样严谨端庄，所以古人说它"非真非草"。它的特点是运用了一定草法，部分地简化了楷书的笔画，改变了楷书笔形，

草化了楷书的结构，行书中带有楷书或接近于楷书的称为"行楷"，带有草书或接近草书的则称为"行草"。最著名的行书作品是东晋书法家王羲之的《兰亭序》，被誉为"天下第一行书"。

永字八法

永字八法是中国书法用笔法则。相传为隋代智永所传，一说为东晋王羲之或唐代张旭所创，因其为写楷书的基本法则，后人将八法引为书法的代称。它是以"永"字八笔顺序为例，阐述正楷笔势的方法，分别是"侧、勒、弩、趯、策、掠、啄、磔"八画。

点为侧，侧锋峻落，铺毫行笔，势足收锋。

横为勒，逆锋落纸，缓去急回，不可顺锋平过。

直笔为弩，不宜过直，太挺直则木僵无力，而须直中见曲势。

钩为趯，驻锋提笔，使力集于笔尖。

仰横为策，起笔同直划，得力在划末。

长撇为掠，起笔同直划，出锋稍肥，力要送到。

短撇为啄，落笔左出，快而峻利。

捺笔为磔，逆锋轻落，折锋铺毫缓行，收锋重在含蓄。

魏 碑

十六国北朝时期的书法艺术，深受钟繇和王羲之等人的影响，并在这一基础上有所发展和创新。敦煌石室发现的十六国和北朝写的佛经中，虽多微掺隶法，但字迹工整，颇有笔力，达到了较高的艺术水平。近百年来，出土的许多北朝的墓志、墓碑、造像题记等，其书体虽各有不同，但大多结体扁方、构架紧密、方笔折角、骨力雄劲，这就是"魏碑"的字体。由于用笔厚实，字形稳健有力，给人一种独特的美的感觉。

瘦金体

瘦金体是宋徽宗创造的书法字体，亦称"瘦金书"，也有"鹤体"的雅称。他早年学薛稷、黄庭坚，参以褚遂良诸家，出以挺瘦秀润，融会贯通，变化二薛（薛稷、薛曜），形成自己的风格，号"瘦金体"。

其特点是瘦直挺拔，横画收笔带钩，竖

划收笔带点，撇如匕首，捺如切刀，竖钩细长；有些联笔字游丝行空，已近行书。其用笔源于褚、薛，写得更瘦劲；结体笔势取黄庭坚大字楷书，舒展劲挺。现代美术字体中的"仿宋体"即模仿瘦金体神韵而创。瘦金体作品代表有《楷书千字文》《秾芳诗》等。

宋体字

宋体字的创始人（准确的说法是代表者）是宋人秦桧。秦桧，状元出身，曾随高宗为相。他不仅博学，而且在书法上造诣很深。他综合前人书法之长，自成一家，创立了宋体字。秦桧早年为官，官声尚好。在金人攻陷东京（今开封）之后，曾冒死赴金营，反对立伪楚帝张邦昌，几乎被砍了脑袋。但后来在高宗手下为相，迎合高宗偏安政策，镇压抗金将领，以"莫须有"的罪名在风波亭害死岳飞父子，天怨人怒。老百姓把南方炸油条称为"油炸桧"，还让他和妻子王氏的石像长年累月跪于岳飞墓前。至于他的字，由于人们厌恶他的人品德行，他所创的字体不叫"秦体"，而被称为"宋体"。

拓 片

用墨把石刻和古器物上的文字及花纹拓在纸上后的成品。这种拓印行为也称为拓片。拓片是从原物直接拓印下来的，大小和形状与原物相同，是一种科学记录的方法。除有凹凸纹饰的器物外，甲骨文字、铜器铭文、碑刻、墓志铭、古钱币、画像砖、画像石等，都广泛使用这种方法记录。拓印技术在中国已有 1000 多年的历史。许多已散失毁坏的碑刻，因有拓片传世，才能见到原碑刻的内容及风采，如《汉西岳华山庙碑》，在明嘉靖三十四年（1555）地震时被毁，传世拓片遂为珍品；唐柳公权书宋拓《神策军碑》，因原碑已佚，仅有一册拓片传世，就成为孤本。

飞 白

飞白原指枯丝平行、转折处笔路毕显的书法字体，笔画中间夹杂着丝丝点点的白痕，且能给人以飞动的感觉，故称为"飞白"，也叫飞白书。宋黄伯思《东观余论》记载："取其若丝发处谓之白，其势飞举谓之飞。"

后用于绘画，指用干枯笔触来描绘的绘画方法。"飞白"可以显现苍劲浑朴的艺术效果，为作品增加情趣，丰富画面的视觉效果。

钟 繇

钟繇（151～230），字元常，颍川长社人。魏明帝时受太傅衔，故世称"钟太傅"。钟繇所处的正是隶楷错变的时代，因此他的真书中也带有浓厚的隶意。他的小楷体势微扁，行间茂密，点画厚重，笔法清劲，醇古简静，富有一种自然质朴的意味。

其书学曹喜、蔡邕、刘德升等人，能书隶、草、真、行诸体，尤以真书绝世。存世墨迹，最著名的有以王羲之临本翻刻的《宣示表》《荐季直表》等。

王羲之

王羲之（303～361，另一说 321～379），字逸少，东晋书法家，琅琊临沂（今山东临沂）人，因任过右军将军，故后人称其"王右军"。

王羲之少年时就曾经师从卫夫人学习楷书，后改变初学，草书学张芝，楷书学钟繇，并博采众长，精研体势，推陈出新，一变汉魏以来质朴的书风，形成妍美流变的新体，最终成为一代大家。他的书法兼备诸体，尤善楷书、行书，字势雄奇而多变化，为历代书法家所崇尚，对后世影响极大，王羲之也因此享有"书圣"之称。其《兰亭序》流传千古，被后人誉为"天下第一行书"。

欧阳询

欧阳询（557～641），字信本，潭州临湘（今湖南长沙）人。官至弘文馆学士，与虞世南、褚遂良、薛稷并称为"初唐四家"。他博览古今，书则八体尽能，尤工正、行书。他的楷书笔力险劲，结构独异，后人称为"欧体"，以《九成宫醴泉铭》等为代表。

欧阳询最大的贡献，是他对楷书结构的整理。相传欧阳询总结了有关楷书字体的结构方法共36条，名为"欧阳询三十六法"。

颜真卿

颜真卿（709～785），字清臣，琅琊孝悌里（今山东费县）人，唐代大臣、书法家。颜真卿为开元年间的进士，任殿中侍御史。安禄山发动叛乱后，他联络从兄颜杲卿起兵抵抗。后官至吏部尚书、太子太师，封鲁郡公，人称颜鲁公。颜真卿的书法初学褚遂良，后师从张旭。正楷端庄雄伟，气势开张，行书遒劲郁勃，古法为之一变，开创了新风格，对后代影响很大，人称颜体，与柳公权并称"颜柳"。

柳公权

柳公权（778～865），字诚悬，京兆华原（今陕西耀州区）人。幼年嗜学，12岁能为辞赋，由于擅长书法，被穆宗李恒召为翰林院侍书学士。穆宗曾问其如何运笔最佳，他说："运笔在心，心正则笔正。"这句名言被后世传为"笔谏"。柳公权书法以楷书最著，与颜真卿齐名，并称"颜柳"。他上追魏、晋，下及初唐诸家笔法，又受到颜真卿的影响，在晋人劲媚和颜书雍容雄浑之间，创造出自己的风格，人称"柳体"。其遒媚劲健的书体，可以与颜书的雄浑宽裕相媲美，后世有"颜筋柳骨"的称誉。

颠张醉素

张旭（生卒不详），盛唐时期人，字伯高，吴郡人。他少年时即好书法，出仕后初为常熟县尉，后官至金吾长史，故人称"张长史"。张旭为人洒脱不羁，豁达大度，才华横溢，学识渊博，与李白、贺知章交情甚密，杜甫将他三人列入"饮中八仙"。张旭的书法

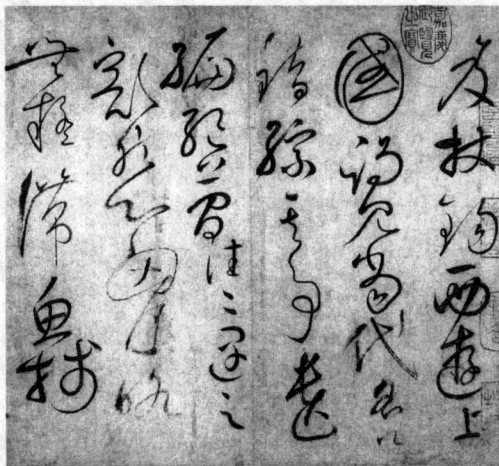

自叙帖 唐 怀素

此帖草书共126行，698字。首6行早损，为宋苏舜钦补画。书于大历十二年，内容为自述写草书的经历，和当时士大夫对他的书法的评论及赞颂。所书狂草，用笔宛转自如，刚劲有力。正如《宣和书谱》云："字字飞动，圆转之妙，宛若有神。"字的形体结构极富变化，是怀素狂草的代表作品。怀素是唐朝著名的诗僧。

始于张芝、二王一路。他的楷书端正严谨，规矩至极，黄庭坚誉之为"唐人正（楷）书无能出其右者"。

张旭把当时流行的"今草"书体，发展成为笔法放纵、字形变化繁多的"狂草"体，做到笔未落而意在先、书虽尽而心相连，成为中国狂草书体的奠基人。其代表作《草书古诗四首》笔画丰满，行文跌宕起伏，动静交错，满纸如云烟缭绕，是草书中的巅峰之作。

张旭"狂草"书法的出现，打破了中国汉字的基本构成，把中国书法推到了纯艺术的高峰。

怀素（737～799），唐朝书法家，字藏真，俗姓钱，永州零陵（今湖南零陵）人。以"狂草"名世，史称"草圣"。怀素7岁时为僧，自幼对书法怀有浓厚兴趣，经禅之余，勤学书法。因为无钱买纸练字，他就在寺旁空地种下许多芭蕉，以蕉叶代纸练字，故名其庵为"绿天庵"。经长期勤学精研，秃笔成堆，埋于山下，名曰"笔冢"。旁有小池，常洗砚水而变黑，名为"墨池"。怀素草书，笔

法瘦劲，飞动自然，如骤雨旋风，随手万变。他的书法虽率意颠逸，千变万化，而法度具备。怀素传世书迹有《自叙帖》《苦笋帖》《食鱼帖》等。米芾《海岳书评》云："怀素如壮士拔剑，神采动人，而回旋进退，莫不中节。"

后人评其书法，继承张旭笔法，而有所发展，所谓"以狂继颠"，并称"颠张醉素"。怀素与张旭形成唐代书法双峰并峙的局面，也是中国草书史上两座不可企及的高峰。

米 芾

米芾（1051～1107），北宋书法家。曾任校书郎、书画博士、礼部员外郎。工于书法，擅长篆、隶、楷、行、草等书体，长于临摹古人书法，能够达到以假乱真的程度。初师欧阳询、柳公权，字体紧结，笔画挺拔劲健；后转师王羲之、王献之，体势展拓，笔致浑厚爽劲，自谓"刷字"，与苏轼、黄庭坚、蔡襄并称宋代四大书法家。其绘画擅长枯木竹石，尤工水墨山水。以书法中的点入画，用大笔触水墨表现烟云风雨变幻中的江南山水，人称"米氏云山"，富有创造性。米芾传世的书法墨迹有《向大后挽辞》《蜀素帖》《苕溪诗帖》《拜中岳命帖》等。

宋四家

宋四家，即苏轼、黄庭坚、米芾、蔡襄，此四人被认为是最能代表宋代书法成就的书法家。

"宋四家"中，从书法风格上看，苏轼丰腴跌宕，天真烂漫；黄庭坚纵横拗崛，昂藏郁拔；米芾俊迈豪放，沉着痛快。列于四家之末的"蔡"，一般认为是指蔡襄，他的书法取法晋唐，讲究古意与法度。其正楷端庄沉着，行书淳淡婉美，草书参用飞白法，谓之"散草"，自成一体，非常精妙。还有人认为"蔡"原本是指蔡京，只是后人厌恶其为人，才以蔡襄取代。

赵孟頫

赵孟頫（1254～1322），元代文学家、画家、书法家。字子昂，号松雪。湖州（今浙江湖州）人。宋宗室。宋亡后入元，经举荐仕元，官至翰林学士承旨，封魏国公。他博学多才，工古文诗词义，通音律；精鉴赏，书画方面造诣尤深。其书法篆、籀、隶、真、行、草，冠绝一时。

赵孟頫在书法上提倡复古，博采众长，初学赵构，后上追魏晋诸家，于钟繇、王羲之等用功尤深，晚年又研习蔡邕、颜真卿、米芾诸家，兼容包蓄，发展变化，形成结构严整、笔法圆熟、气势浑健的独特书风。人称赵体，代表作有楷书《洛神赋》《胆巴碑》等。

祝允明

祝允明（1460～1526），字希哲，号枝山、枝指生，长洲（今江苏苏州）人。曾任应天府通判，故史称"祝京兆"。与唐寅、文徵明、徐祯卿合称"吴中四才子"。博采晋唐宋名家之长，自家个性鲜明。小楷最工，直追晋唐。行书、行草、章草、今草诸体皆善，草书成就更大。传世作品有小楷《出师表》《赤壁赋》，草书《行草书千字文卷》以及《章草长门赋》《草书洛神赋卷》等。

文徵明

文徵明（1470～1559），号衡山居士，长洲（今江苏苏州）人。曾授翰林院待诏，人称"文待诏"。其书法"始亦规模宋元之撰。既悟笔意，遂悉弃去，专法晋唐"（文嘉《先君行略》）。小楷法王羲之，草书法怀素，行书法黄、米，篆法李阳冰，尤工行书和小楷。代表作有《跋刘中使帖》《西苑诗册》等。又擅绘事，山水、花草、人物皆能，与沈周、唐寅、仇英合称"明四家"，为"吴门派"巨擘，对后世影响颇大。

王 宠

王宠（1494～1533），字履仁，后字履吉，号雅宜子、雅宜山人。吴县（今江苏苏州）人。博学多才，工书法、篆刻，山水画与唐寅齐名，诗文誉于当时，可谓诗书画"三绝"。楷书以拙取巧，婉丽遒逸。代表作有小楷《滕王阁序》等。

董其昌

董其昌（1555～1636），字玄宰，号思白、香光、香光居士、思翁等，华亭（今上海松江）人。工诗文书画，亦精鉴赏。书法由唐宋而上溯晋人，楷、行、草皆工，用笔有弹性，显韵致，率意而秀雅，一时从者如流，与邢侗、米万锺、张瑞图并称"晚明四大家"。擅作山水，师董源、巨然，以黄公望、倪瓒为宗，笔墨清润。著有《画禅室随笔》，以禅论画，首倡"画分南北二宗"之说。代表作有《跋米芾蜀素帖》《潇湘图卷跋》《临阁帖册》等。

傅　山

傅山（1607～1689），被尊为"清初第一写家"。他书出颜真卿，并总结出"宁拙毋巧，宁丑毋媚，宁支离毋轻滑，宁直率毋安排"的经验。他的画也达到了很高的艺术境界，所画山水、梅、兰、竹等，均精妙，被列入逸品之列。《画征录》就说："傅青主画山水，皴擦不多，丘壑磊珂，以骨胜，墨竹也有气。"他的字画均渗透自己品格孤高和崇高的气节，流溢着爱国主义的气息，为后人所高度赞赏。

何绍基

何绍基（1799～1873），字子贞，号东洲、猿叟，湖南道州（今道县）人。通经史，精律算，工诗词，嗜金石。书法初习颜真卿，后遍临汉魏碑版，尤得力于《张黑女墓志》。行书自成风格，结体灵变，用笔轻重自如，气韵天成。著有《东洲草堂金石跋》等。

赵之谦

赵之谦（1829～1884），会稽（今浙江绍兴）人。工诗文，擅书法，初师颜真卿，后取法北朝碑刻，所作楷书，笔致婉转圆通，人称"魏底颜面"。篆隶法邓石如，后自成一格，奇倔雄强，别出时俗。善绘画，花卉学石涛而有所变化，为清末写意花卉之开山。篆刻初摹西泠八家，后追皖派，参以诏版、汉镜文、钱币文、瓦当文、封泥等，形成章法多变、意境清新的独特风貌，并创阳文边款，其艺术将诗、书、画、印有机结合，在清末艺坛上影响很大。

中国画

中国画这个概念，广义上指运用中国的传统绘画工具（笔、墨、纸、砚、颜料等）所绘的画，简称"国画"。中国画按题材又可分为人物画、山水画、花鸟画、动物画等；按使用材料和表现方法，主要分为工笔、写意和兼工带写三种；按照画幅大小和形状及折叠方式，可以分为横向的长卷、横批，纵向展开的条幅、中堂，仅有一尺左右见方的册页、斗方，画在折扇、团扇等扇子上的扇面。

中国画在创作上重在传达出物象的神态情韵和画家的主观感受，造型上讲求"妙在似与不似之间"和"不似之似"，对那些能体现出神情特征的部分往往会采取夸张甚至变形的手法加以刻画，而不是追求实际的"相像"。在构图上，中国画讲求经营，重视虚与实、疏与密的配合与平衡，力求打破时空的限制，构造出一种画家心目中的景象。中国画善用水墨，创造出极为丰富的笔法和墨法，同时墨还可以与色相互结合，形成墨色互补的多样性。以这些独特的笔墨技巧，如点、线、面作为状物传情的表现手段，描绘对象的形貌、骨法、质地、光暗及情态神韵，传情达意，具有独特的审美价值。中国画，特别是中国文人画，讲求诗、书、画、印的有机结合。画面上题写的诗文跋语，既是画面的有机组成部分，同时还能表达画家对社会、人生及艺术的思考和认识，在深化主题的同时，提升画作的文化品位。

中国画在观察认识、形象塑造和表现手法上，与西方绘画相比，有着迥异风格和独特的艺术趣味。中国画对客观事物的观察、体认、再现，以及借物传情的艺术构想，渗透着画家的社会意识，使绘画具有相应的认识作用、教育作用和高度的审美价值，体现出中国人独特的思维方式、哲学观念和审美情趣。

人物画

人物画是以人物活动为主要描写对象的绘画，它是中国画的三大画科之一。早在周代，就已经出现了以劝善戒恶为目的的历史人物壁画。

按题材分类，人物画可分为历史人物画、宗教人物画和现实人物画3种。按艺术手法可分为有工笔重彩、写意、白描、泼墨等多种。按画面人物的多少，一般分为群像画和肖像画。群像画以突出人物活动为主，肖像画以描绘人物形象的酷肖为主。各种人物画所表现的侧重点虽有所不同，但都要求形神兼备，人物形象要符合人物的形体、比例、场景透视原理等，更重要的是传达人物的性格、气质和神态。人物画通常要求人物显得逼真传神、气韵生动，常常把人物安排在一定的场景中。描绘重点是人物的面部，同时处理好人物之间、人物与环境之间的关系，以求画面整体的统一。战国楚墓出土的《人物龙凤图》与《人物驭龙图》帛画，是表现战国时期神话人物的经典作品，也是目前最早的独幅人物画作品。我们公认的著名古代人物画有东晋顾恺之的《洛神赋图》《女史箴图》，唐代韩滉的《文苑图》，五代南唐顾闳中的《韩熙载夜宴图》，北宋李公麟的《维摩诘像》等。

山水画

山水画是中国三大画种之一。它所表达的是古人对自然的崇拜和热爱，表达了天人合一的境界和追求，在一定程度上反映出作者对自然的思考以及对人生社会的认识；在用写实或艺术的手法表现自然之美的同时，也间接反映当时的社会生活状态。在技法上，山水画有水墨山水、青绿山水、金碧山水、浅绛山水、淡彩山水、没骨山水等形式。在题材和内容上，名山大川、田野村居、城市

洛神赋图 卷（局部）东晋 顾恺之
顾恺之（约345～406），字长康，无锡人，东晋画家。博学多才，工诗善画，尤长于描绘人物、肖像、山水等，并有《论画》等理论著作。此图取材于魏国曹植名篇《洛神赋》，表现文章作者由京师返回封地的途中与洛水女神相遇而爱恋的故事。全图采用长卷形式，分段描绘赋中情节：开始是曹植在洛水边歇息，女神凌波而来，轻盈流动，欲行又止；接下来表现女神在空中、山间舒袖歌舞，曹植相观相送的情景；最后女神乘风而去，曹植也满怀惆怅地上路。

园林、寺观舟桥、历史名胜等皆可入画。

晋代，山水画从人物画中分离出来，成为独立的画料；隋唐的李思训、王维等人完善了山水画的画理、画法、章法，中国山水画的传统就此形成。五代以及北宋时期，山水画大兴，荆浩、关仝、李成、董源、巨然、范宽、米芾等人以水墨山水闻名，王希孟、赵伯驹等人以青绿山水闻名，山水画在这时发展到高峰。山水画的技法基本上有"勾""皴""染""点"四个步骤，首先用墨线勾出山石的大致轮廓，再用各种皴法画出山石明暗向背，然后用淡墨渲染，加强山石的立体感，最后用浓墨或鲜明的颜色，点出石上青苔或远山的树木。

现存最早的山水画名作是隋代展子虔所作的卷轴画《游春图》，此画绢本设色，现为北京故宫博物院藏品。

花鸟画

花鸟画是中国绘画的三大画种之一，它的描绘对象包括花卉、竹石、虫鸟、游鱼等。早在原始时代的陶器上，就出现了简单的鸟鱼图案，这算是中国最早的花鸟画。东晋、南朝宋时，花鸟画成为独立的画种，唐代趋于成熟。经过长期发展，花鸟画总体上形成了写实为基础，寄托情感和寓意为归依的传统。画家通常以花鸟来表现人的精神和气节韵致，以及对现实的种种寄托，具有强烈的抒情性。同时也间接表现社会生活，反映时代精神。按艺术手法，花鸟画可分为工笔和写意等多种；按照用墨用色的不同，可分为水墨花鸟画、泼墨花鸟画、设色花鸟画、白描花鸟画及没骨花鸟画等。

在构图上，花鸟画突出主体，善于剪裁，常常通过枝叶来对画作进行整体的布局安排和调整，讲究虚实相对，相互呼应。此外，配合对画作内容进行解说或烘托的诗文，也是花鸟画的一大特点。五代到宋朝，中国花鸟画达于繁盛。南宋及元代相继出现了水墨写意"四君子画"（梅、兰、菊、竹），与此同时兴起了以线描为主要手段的白描花卉。明朝后期，徐渭以草书入画，开创了强烈抒写个性的先河。到清初朱耷，这种表达个性的花鸟画达到高峰水平。数千年的积淀，使花鸟画成为世界美术史上独特而优雅的存在。

文人画

文人画，也称"士大夫甲意画"。是中国传统绘画的风格流派之一，画中带有浓烈的文人情趣，流露着浓烈的文人思想。早在魏晋南北朝时期，文人画的某些创作思想和艺术实践就出现了，但"文人画"作为一个正式的名称，是由明末画家董其昌提出来的。

书卷气或称"诗卷气"是文人画评画的一个标准，也就是说，文人画讲究在画作中体现出诗意。文人画的作品大都以山水、古木、竹石、花鸟等作为题材，以水墨浓淡设色写意为表现手法。在墨和色彩的选择和使用上，文人画比较重视水墨的表现力，讲究墨分五色，善于通过墨浓淡干湿的不同变化，描绘不同的物象，抒发不同的情感，寄寓作者的情怀。文人画独特的创作思想和绘画风格是中国画的宝贵经验和传统，以特有的"雅"而独树一帜。

文人画的代表人物有唐代王维，元朝倪云林，明代董其昌，清代八大山人、吴昌硕等。文人画讲究诗情画意，"画中有诗，诗中有画"是文人画一致的追求，画中往往还有题诗，诗画合璧，体现出浓郁的画家雅趣与文人才情，具有极高的审美价值。

笔 法

笔墨是中国画的最大特色，从广义上讲，笔墨指利用笔墨达到的效果，诸如色彩、章法、意境、品位等都要通过笔墨来实现；从狭义上讲，笔墨专指用笔用墨的技巧。这里我们先说说笔法。

中国画用笔分为中锋、侧锋、逆锋、拖笔等。中锋也叫正锋，方法是将笔管垂直，用笔时笔尖在墨线中间，中锋的线没有明显粗细变化，显得连贯一致；侧锋是指行笔时笔尖不垂直于纸，笔尖在墨线一边，侧锋笔墨容易产生飞白效果，线条有切削感；顺锋是指笔按照由左向右、由上向下的走势运行；逆锋是将笔向笔锋方向逆行，适于画树干山石时使用，线条显得苍老滞涩；拖笔是指执笔时稍稍放松，引着笔管拖行，线条显得轻柔飘逸。笔锋的运用还有："提按""转折""滑涩""虚实""顿""戳""揉"等方法。中国画的笔法主要体现在对线的运用上。"以线造型"是中国画的基本原则。经常利用毛笔线条的粗细、长短、浓淡、刚柔、疏密等变化，来表现物体的形态和画面的节奏韵律。关于运笔方法，黄宾虹曾提出"五笔"之说，"五笔"即"平、圆、留、重、变"。要求用笔画线时注意粗、细、曲、直、刚、柔、轻、重的变化和对比，从而做到画人物"传神写照"；画山水刚柔相济，有质有韵。中国画的笔法必须服从客观形象造型的要求，笔法不同，画作的风格就不同；对象不同，使用的笔法也应该不同。同时，笔法必须接受画家思想感情的指挥，画家个性感情的不同，自然会运用不同的笔法，产生不同的艺术效果。

墨　法

中国画的墨法，主要是运用墨色变化的技巧。中国画素有"五墨六彩"的说法，五墨是指墨的浓度，即焦、浓、重、淡、清。六彩是指墨的变化，即黑白、干湿、浓淡。用墨是中国画的基本技法，处理好笔与墨、墨与色的关系，是技法中的关键问题。还可以通过笔中墨与水的比例、含墨水的多少、蘸墨方法以及行笔速度等，变换出各种不同的笔墨效果。中国画用墨，主要在于运用墨色变化的技巧，以墨代色，让不同的墨色在纸面上体现出来，更巧妙的是让一支笔中产生各种墨色的变化。

中国画用墨的技巧随着时代的不断发展和历代画家的总结而日趋成熟，逐渐产生了泼墨法、积墨法和破墨法等多种表现手法。积墨法是先画一遍或浓或淡的墨，干了之后再画一层，让墨色积叠起来，画面苍润浑厚，如龚贤的《山水图》。泼墨法是用笔蘸满墨色，大片涂抹，像泼出去一样，不重复，画面淋漓湿润，多用于作大写意画时使用。破墨法又分为浓破淡、淡破浓、干破湿、湿破干四种。具体操作是先画出墨色，在墨未干的时候，再在上面施加墨、色，可使墨色呈现湿润、丰富、浓厚而变化莫测的效果。画家作画的时候，往往将三种方法融合在一起。此外，还有焦墨法、宿墨法、用矾法等。

水墨写意

写意俗称"粗笔"，是与"工笔"相对的一种绘画技法，可分为"大写意"和"小写意"两种。通过简练概括、放纵恣肆的笔墨，着重表现描绘对象的意态神韵。它出现于工笔人物画成熟之后，是由宋代的梁楷创造的。明代中期，水写意画迅速发展，泼墨大写意画非常流行，出现了很多名家，如人称"青藤白阳"的徐渭和陈淳，就是当时成就突出的两位画家。

徐渭是明代著名的书画家，是当时最有成就的写意画大师。他的写意花鸟，用笔豪放，笔墨淋漓，注重内心情绪的抒发，如《墨葡萄图》等。他独创的水墨写意画的新风，对后世产生了极大的影响。陈淳擅长泼墨大写意的花鸟画，他的作品不讲究描画对象外表的形象，而是追求画面的生动，在淡墨运用方面有一种特殊效果，如《红梨诗画图》等，其人物画寥寥数笔，令人回味，山水画水墨淋漓。

工　笔

工笔，又称"细笔"，与写意相对，为细致写实的中国画技法，特点是注重线条美，造型严谨，一丝不苟。工笔的技法又可分为描、分、染、罩。描，即白描，就是先分别用浓墨、淡墨描出底稿；分，即用墨色上色，用清水分蕴开来，以表现出画面的层次；染和分的程序一样，但用的不是墨色，而是用彩色来分蕴画面；罩，指的是整体上色。

中国的工笔画起于战国，到两宋走向成熟。工笔画是中国画中追求"形似"的画种，关注"细节"，注重写实，图人状物"尽其精微"，力求"取神得形，以线立形，以形达意"，获取神态与形体的完美统一。历代工笔画名家有唐代的周昉、张萱，五代宋朝的黄筌、赵佶，明代的仇英等人。著名作品有《簪花仕女图》《虢国夫人游春图》等。

白 描

白描，指中国画中单用墨色线条勾描形象而不施彩色的画法。白描可分为单勾和复勾两种。单勾即用线一次勾成，或用一色墨，或根据不同对象用浓淡两种墨；复勾则仅以淡墨勾成，再根据情况进行复勾，其线条并非是依原路刻板地复送，要求流畅自然，以达到加强画面质感和浓淡变化的效果，使得物象更具神采。由于物象的形、神、光、色等都要通过线条来表现，所以白描画法有着较高的难度，但是其具有朴素简洁、概括明确的特点，因而常用于人物画和花鸟画，顾恺之、李公麟等都是中国古代著名的白描大师。

十八描

"十八描"，指中国画中衣服褶纹的18种描法，分别为：1.高古游丝描：为工笔画法，线条细而均匀，多为圆转曲线，顿笔为小圆头状。2.琴弦描：比高古游丝描略粗，用颤笔中锋，线中有停停顿顿的变化，多为直线，有写意味道。3.铁线描：比琴弦描粗些，用笔中锋，转折处方硬似铁丝弄弯的形态，顿笔也是圆头。4.混描：基本上是一种写意画法，先用浓墨皴衣纹，墨未干时，间以浓墨，讲求"浓破淡"的墨法变化。5.曹衣出水描：来自西域画家曹仲达，其画佛像衣纹下垂、繁密，贴身如出水状，故称"曹衣出水"，受印度犍陀罗艺术的影响，用笔细而下垂，成圆弧状，讲求线条之间的疏密变化。6.钉头鼠尾描：行笔方折多，转笔时线条加粗，收笔尖而细。7.橛头钉描：是一种写意笔法，用秃笔，侧锋入笔，线条粗而有力，顿头大而方。8.蚂蟥描：顿头大，行笔曲折柔软，但很有力。9.折芦描：多为直线，用笔粗，而转折多为直角，折笔时顿头方而大。10.橄榄描：顿头大如同橄榄，行笔稍细，粗细变化大。11.枣核描：顿头如同枣核状，线条行笔中亦有枣核状的用笔变化。12.柳叶描：用笔两头细，中间粗。13.竹叶描：与柳叶描类似，有时不相区分。14.战笔水纹描：如山水画水纹之画法，表现薄而褶多的衣纹。15.减笔描：大写意笔法，极为简练，用笔粗而一气呵成，一笔中有墨色变化。16.枯柴描：水墨画笔法，用笔粗，水分少，类似皴法，笔势往往逆锋横卧。17.蚯蚓描：用篆书笔法，线条圆转有力，粗细均匀，曲折多而柔软。18.行云流水描：表现软而弯转的衣纹。

用 色

中国画历来十分讲究色彩的运用。早在南齐谢赫的《画品》中，就把"随类赋彩"作为"六法"之一。这种以区分物象种类并赋予不同色彩的理论，即是中国画用色的基础。此外，用色还十分重视环境对物象的影响，随着环境的不断改变，物象的色彩也相应发生变化。南朝萧绎是中国画论中提出色调冷暖、色与光关系的先驱者之一。他在《山水松石格》中说"炎绯寒碧，暖日凉星……高墨犹绿，下墨犹赭"，意思是说绯红色看来让人感到炎热，碧绿则使人感到寒意。高处的墨色犹如翠绿的颜色，下面的墨色则与赭石色的土地颜色近似。他用简单的句子概括了冷暖色调，使人产生的感觉不同和景物高下、远近对色彩的影响。

中国画用色有勾线重彩填色、水墨淡彩、淡彩与重彩结合3种方法，设色的具体方法包括干染、湿染、平染、分染、罩染、碰染、衬染、用水、用胶、用矾等。

色学原理中，红、黄、蓝为三原色。中国画调色也是在原色与原色之间互相调配，可调成间色，间色与间色相调配成为复色。曙红、藤黄、花青是中国画色彩中的基本三原色。由于中国画讲究用墨，而赭石能在墨与色之间起到调节作用，所以赭石是应用最多的颜料之一。此外，其色彩丰富性还体现在基色配比不同所产生的相应变化上。如用三分花青与七分藤黄，就可调配成嫩绿，当改变配比时，还可以产生草绿、新绿、老绿等多种绿色。加入墨色后，又能产生不同色调的墨绿等。总体而言，中国画的色彩要求是体现出大气、典雅、稳重的特色，表现干净而和谐的美。

构图与透视

中国画的构图，又称章法，即合理安排景物所在位置，画面形象不能任意罗列、填塞，必须按照事物的客观规律加以安排。同时需要注意景物的大小、深浅、虚实等多种对立统一的关系，不能过分拘泥于章法，按照客观事物的自然形态，结合主观意识自由创作。

中国画的作画要领，通常是作画之前，首先要确定好表现的内容和作品的主题，考虑主宾远近的取势，然后根据画面需要，进一步考虑留白、气势、色彩、题词、用印等细节安排。同时还要注意自身所处的位置和视点移动，将所得视觉形象巧妙地取舍、综合，使之形成一种意境，达到突出主题、表达情感的最佳效果。书法中有计白当黑的说法，中国画上很注意对空白的利用和表现。每一处空白都是精心布置，看似无意其实有意。在中国画上，我们常常能见到不同的留白，这些空白有的是严守真实的画面空间和布白，有的是打破真实，依据画家的构图需要而平列的空间和布白，这样做的结果就是能够让描画对象按照艺术的需要拉长或缩短

形象，或者变换位置，从而呈现出最佳视觉效果。

在透视方面，中国画焦点透视法和散点透视法都有，但最常用和常见的还是散点透视法，多视点的散点透视法在中国画中最为主流，又称"移步换影"。如《清明上河图》的长卷，既有俯视的图景，又不乏仰视和平视的图景，它把街市、人物、桥梁、船只等都合理地安排和表现在一个画面上。中国画透视的方法还有一种是"以大观小"，也就是把辽阔的景物缩到极小的空间内，让人能够一目了然地看到景物或人物群体的全貌，同时尽量缩小作画对象透视上的大小差别，使物象超越空间的约束。

题款与印章

自元代以后，多数中国画都形成了画面、题款、印章并举的传统形式。题款，也称落款、款识、题画、题字，等等。凡在书画上标上姓名、年月、诗文等都称为题款。它对构图起着稳定平衡作用，能弥补绘画构图的不足，是整幅作品的重要组成部分，同时还能增添诗情画意，补充画者想要表达的内容。

具体而言，在画面上题写诗文，叫"题"，题画文字，有题画赞、题画记、题画跋、题画诗（词）等。在画上标志年月、签署名号、盖章等，叫作"款"。款文也可以记写籍贯、年龄等，若为他人作画，往往要写上受赠者的称谓。题款对款文的文采和书法的水平都有很高要求，字体不限，但是必须与画的内容、风格和意境相配合。

中国画的印章有姓氏章、姓名章、名章、字号章、年代章、收藏章、闲章之分，印章的书体有大篆、小篆、隶书、草书、行书之分，印章的字体与形式也必须和画相偕。所有形式的章，其位置和内容都有相应的要求，不能随便，但唯独闲章的位置可以较为灵活，内容也可以活泼，警句、诗词、成语、短句等都可以，但正所谓"闲章不闲"，它并

非可有可无。在一些古画名画上，我们常能见到繁多的收藏章，有的甚至在空白处盖满了收藏章，元代钱选的《浮玉山居图》流传到清末时，画上已经有300余方印章，作为鉴别真伪的证据，它们起了巨大的作用。

顾恺之

顾恺之（348～409），东晋著名画家，字长康，小字虎头，晋陵无锡（今江苏无锡）人。顾恺之多才多艺，工诗赋、书法，尤擅绘画，尝有"才绝、画绝、痴绝"之称。他的画多是人物肖像及神仙、佛像、禽兽、山水等。顾恺之人物画的特色是"传神"，也就是能画出人物的精神，使画中的人物看起来栩栩如生。

顾恺之的代表作有《洛神赋图》《女史箴图》等，皆为后代摹本。《洛神赋图》取材于曹植的名篇《洛神赋》。画卷从曹子建和他的随从在洛水看到洛神起，到洛神离去为止，全卷交织着欢乐、哀怨、怅惘的感情。图中，曹子建依依难舍，怅然沉思，而宓妃回眸顾盼，含情脉脉，可以说达到了"悟通神化"的地步。《女史箴图》线条非常纤细，若"春蚕吐丝"。

顾恺之的画对后世影响深远，其笔法如春蚕吐丝，线条似行云流水，轻盈流畅，遒劲爽利，称为"铁线描"。顾恺之与南朝陆探微、梁代张僧繇，并称"六朝三杰"。世人曾这样评价3人的作品："像人之美，张得其肉，陆得其骨，顾得其神，神妙无方，以顾为最。"顾恺之还著有《论画》《魏晋胜流画赞》等绘画理论作品，提出并阐发了"以形写神""迁想妙得"的理论观点，对中国画的发展产生重大影响。鉴于他在绘画方面的卓越成就，国画界尊崇他为画祖。

展子虔和《游春图》

展子虔（约550～604），隋朝著名画家，渤海（今山东省）人，人物、车马、楼阁、山水等，都是他的长项，但最擅长的还是人像。据说他画的人物描法细致，生动逼真；画马则站立者有走动之势，伏卧者呈起跃之状；画山水，则有方寸中尽显天地的气概。《游春图》解决了以往山水画"人比山大，水不容泛"的问题，准确地把握住了山、水、人物、舟车的比例关系，大大促进了山水画的发展。

在中国美术史上，展子虔画作中影响最大的是他的山水画。他尤其善于表现自然山水的深远空间感，能充分表现出山水的美和气势。在中国目前存世的山水卷轴画中，展子虔的《游春图》是人们迄今发现的年代最早、保存最完整的一幅。展子虔的《游春图》，描绘的是贵族们游春时的情景。图中展现了水天相接的情形，上有青山叠翠，湖水融融，也有士人策马山径或驻足湖边，还有美丽的仕女泛舟水上，令人感到熏风和煦，水面上微波粼粼，岸上桃杏绽开，绿草如茵，美不胜收。整个画面显得场景阔大、视野辽远，这就是画史中所说的"咫尺千里"。展子虔在山水画上所达到的成就及绘画方法之精妙在当时无人能及，开创了青绿山水派，被唐代李思训、李昭道所仿效学习。展子虔被后世誉为"唐画之祖"。

阎立本兄弟

提到唐代书画，不能不提阎立本兄弟。唐代的评论家张彦远曾说："阎则六法该备，万象不失。"他所说的阎实际上是指阎立本、阎立德兄弟，在这弟兄二人中，阎立本得到的评价更高。

阎立本（601～673）唐朝著名的画家和书法大家，无论书画，均得美名。他的画的特点是极其形似，取材甚广，宗教人物、山水、动物无不涉足，他最为擅长的是人物画。著名代表作有《步辇图》《历代帝王图》等，其中《历代帝王图》是中国古典绘画中最重要的作品之一。这幅画描绘了自汉到隋的13位帝王形象，画中用精细的笔法表现出了各位帝王各自的性格特征，其中寓含着作者或褒或贬的强烈的感情色彩。阎立本所画的宫女，形象多曲眉丰颊，线条优美且神采如生。阎立本的画作描法富于变化，有粗有细，有松有紧，极富表现力。

阎立德不仅是画家，还是当时优秀的建筑师。他曾受命营造唐高祖陵，负责监督建造翠微、玉华两宫，此外还参与营建昭陵，也曾主持修筑唐长安城外郭和城楼等。阎立德在工艺美术和绘画方面都造诣颇深，曾担任御用服装设计师，主持设计帝后所用服饰。他的绘画才能方面，以人物、树石、禽兽见长。

画圣吴道子

吴道子（685～758），原名吴道玄，画史尊称吴生，阳翟（今河南禹县）人。幼年家境贫寒，起初为民间画工，年轻时就已经小有名气了。后来漫游洛阳，开始从事壁画创作，名声更显。当时人将张旭草书、裴旻舞剑、吴道子作画称为"三绝"。开元年间被唐玄宗召入宫中，以后一直为宫廷服务。

吴道子擅长画佛道、神鬼、人物、山水、鸟兽、草木、楼阁等，尤其是佛道、人物。吴道子的一生，主要从事宗教壁画的创作。他曾于长安、洛阳两地寺观中绘制了 300 多幅壁画，而且没有雷同，其中以《地狱变相》最为著名。他的山水画也很著名。唐玄宗曾派他去画四川的山水，他没有打一张草稿，回来一气呵成。他的画具有独特风格，所画人物衣褶飘飞，潇洒秀逸，被人们称为"吴带当风"。《天王送子图》是吴道子的代表作。这幅画描写的是佛祖释迦牟尼降生以后，他的父亲净饭王和母亲摩耶夫人抱着他去大自在天神庙朝拜，诸神向他行礼的故事。现存的是宋人李公麟的临摹本。

李公麟

李公麟（1049～1106）北宋著名画家。字伯时，号龙眠居士。曾任中书门下省删定官、御史台检法、朝奉郎。后因病辞官，隐居桐城龙眠山庄。李公麟博学多才，富文辞，有建安风格；工书法，得晋宋人韵致；家富收藏书画古器，精于鉴赏，为修养全面的文人画家。他擅道释、人物、鞍马、宫室、山水、花鸟等，亦精于临摹。其画初学顾恺之、陆探微、吴道子，后广泛师法历代名家。他师古能化，以为己有。他将过去的线描粉本（草稿）加以发展提高，使其成为独立的具有高度概括力与表现力的艺术形式——白描。他重视对客观物象的观察与体验，所画人物能成功地表现其不同地区、民族、阶层的特点，且各具神态形貌，性格突出。画道释人物，将观音、维摩诘描绘成人间少女和现实中的文人士大夫，使宗教绘画进一步世俗化。有《五马图》《临韦偃牧放图》《维摩诘像》等传世。

张择端和《清明上河图》

张择端（1085～1145），北宋著名画家，字正道，早年游学汴京（今开封），宋徽宗时在翰林图画院任职。他擅画风俗画，尤擅绘舟车、市肆、桥梁、街道、城郭等，是北宋末年杰出的现实主义画家。其作品大多失传，存世的《清明上河图》《金明池争标图》为中国古代的艺术珍品，现存北京故宫博物院。

《清明上河图》以精致的工笔记录了北宋末叶、徽宗时代首都汴梁（今开封）郊区及城内汴河两岸的建筑和民生。该图描绘了清明时节，北宋京城汴梁以及汴河两岸的繁华景象和自然风光。作品以长卷形式，采用散点透视的构图法，将繁杂的景物纳入统一而富于变化的画面中，画中人物 550 多个，衣着不同，神情各异，其间穿插各种活动，注重戏剧性，构图疏密有致，注重节奏感和韵律的变化，笔墨章法都很巧妙。

全图分为 3 个段落。首段，汴京郊野的春光；中段，繁忙的汴河码头；后段，热闹的市区街道。除 550 多个各色人物外，还绘

清明上河图（局部）北宋 张择端 绢本 长 528.7 厘米 宽 28.4 厘米 故宫博物院藏

这是一幅巨幅风俗画，描绘的是北宋都城汴京（今河南开封）清明时节汴河及其两岸的风光。作品生动地记录了中国 12 世纪城市生活的面貌，这在中国乃至世界绘画史上都是独一无二的，堪称中国绘画史的骄傲。

有牛、马、骡、驴等牲畜五六十匹，大量车、桥，大小船只多艘。房屋、桥梁、城楼等也各有特色，体现了宋代建筑的特征。可以说，《清明上河图》是一幅描写北宋汴梁城一角的现实主义的风俗画。

马 远

马远（1140～1225），南宋光宗、宁宗时任画院待诏，出身绘画世家，擅山水、花鸟、人物画，其山水师法李唐，多画江浙山水，树木杂卉多用夹笔，用大斧劈皴带水墨画山石，方硬严整；构图取自然山水之一角，山峦雄奇峭拔，或峭峰直上而不见顶，或绝壁直下而不见其脚，或近山参天而远山则低，或孤舟泛月而一人独坐，风格独特，富有诗意。其花鸟作品善于在自然环境中描绘花鸟的神情野趣。所画人物，取材广泛，多画佛道、贵族、文人雅士、渔樵、农夫等，娴雅轩昂，神气盎然。

马远在当时影响极大，有独步画院之誉，与李唐、刘松年、夏圭并称"南宋四家"，又与夏圭并称"马夏"。有《踏歌图》《水图》《梅石溪凫图》等传世。

唐 寅

唐寅（1470～1523），字伯虎，号六如居士、桃花庵主，自称江南第一风流才子。

明代画家、文学家。少时读书发愤，青年时中应天府解元，后赴京会试，因舞弊案受牵连入狱，出狱后又投宁王朱宸濠幕下，不久返回苏州，从此绝意仕途，潜心书画，形迹放纵，性情狂放不羁。擅山水、人物、花鸟，早年随周臣学山水画，后师法李唐、刘松年，又加以变化，画中山重岭复，以小斧劈皴为之，雄伟险峻，而笔墨细秀，布局疏朗，风格秀逸清俊。人物画多为仕女及历史故事，师承唐代传统，线条清细，色彩艳丽清雅，体态优美，造型准确；亦工写意人物，笔简意赅，饶有意趣。其花鸟画长于水墨写意，洒脱随意，格调秀逸。有《骑驴思归图》《山路松声图》《王蜀宫妓图》《秋风纨扇图》等作品传世。

徐 渭

徐渭（1521～1593），明代杰出书画家，字文长，号天池，晚号青藤，山阴（今浙江绍兴）人，青年时屡试不第，曾在胡宗宪府中任幕僚，一度发狂，自杀未遂，后因失手杀妻而入狱。徐渭晚年以书画为生，生活贫困。一生潦倒不得志。

徐渭多才艺。其画擅山水、人物，尤长于大水墨写意花鸟，师法林良、周之冕、陈淳，融合前人泼墨、破墨、积墨、简笔、写意手法，挥毫泼洒，随意点染，画面水墨交融、淋漓酣畅、气势豪放、充满激情，充分表达了他孤傲不群的个性和激昂郁愤的思想感情。所绘物象意态生动，简明精练，有《墨葡萄图》《牡丹蕉石图》《榴实图》等传世。其书法长于行草书，兴之所至，笔走龙蛇，狂放恣肆。

八大山人

八大山人原名朱耷，江西南昌人，清代画家、僧人。明宗室后裔，明亡后出家。他性情孤傲倔强，行为狂怪，以诗书画发泄其悲愤抑郁之情。作为明宗室后裔，身遭国亡家破之痛，一生不与清王朝合作。

八大山人擅花鸟、山水，其花鸟承袭陈淳、徐渭写意花鸟画的传统，发展为阔笔大写意画法。其特点是通过象征寓意的手法，并对所画的花鸟、鱼虫进行夸张，以其奇特的形象和简练的造型，使画中形象突出，主题鲜明，甚至将鸟、鱼的眼睛画成"白眼向人"，以此来表现自己孤傲不群、愤世嫉俗的性格，从而创造了一种前所未有的花鸟造型。其画笔墨简朴豪放、苍劲率意、淋漓酣畅，构图疏简、奇险，风格雄奇朴茂；他的山水画初师董其昌，后又兼取黄公望、倪瓒之长，多作水墨山水，笔墨质朴雄健，意境荒凉寂寥。

八大山人亦是元明以来写意派画家中的大师，他的绘画艺术对中国画坛影响很大，后世的大笔写意派画家，或多或少都受了他的影响，如扬州八怪、吴昌硕等。

在中国绘画史上，与石涛、髡残、弘仁号称清初"四画僧"。

石　涛

石涛（约 1642 ~ 1707），本姓朱，名若极，清代画家。石涛工诗文，善书画。其画擅山水，兼工兰竹。其山水不局限于师承，而广泛师法历代画家之长，将传统的笔墨技法加以变化，又注重师法造化，从大自然吸取创作源泉，并完善表现技法。作品笔法流畅凝重，松柔秀拙，尤长于点苔，密密麻麻，劈头盖面，丰富多彩。用墨浓淡干湿，或笔简墨淡，或浓重滋润，酣畅淋漓，极尽变化，构图新奇；或全景式场面宏阔，或局部特写，景物突出，变幻无穷。画风新颖奇异、苍劲恣肆、生趣盎然。

其花鸟、兰竹，亦不拘成法，直抒胸臆，笔墨爽利峻迈，淋漓清润，极富个性。石涛的绘画，对清代以至现当代的中国绘画发展产生了极为深远的影响。有《搜尽奇峰打草稿图》《淮扬沽秋图》《惠泉夜泛图》《山水清音图》等传世。

吴昌硕

吴昌硕（1844 ~ 1927），名俊卿，字昌硕，亦署仓硕、苍石，别号缶庐、老苍、苦铁、大聋、石尊者、破荷亭长等。吴昌硕少时喜刻印，得其父指点；青年时曾四处避战乱，在务农的同时，读书习印，钻研书法；往来于江浙、上海等地，结交文人、画家，临摹书法名画。后定居上海，与叶为铭、丁仁、王提等人发起成立西泠印社，被推为社长。

吴昌硕工诗词，善书法、绘画，精篆刻，其画擅花卉，间作山水，曾得任颐指点，并师法赵之谦、徐渭、朱耷、扬州八怪诸家，以篆书和草书笔法画梅、藤、竹、菊、石等，笔墨老辣，苍劲深厚，富有金石气，设色浓艳鲜丽，注重诗、书、画、印的有机结合，对近现代大写意花鸟画的发展有极大影响。其书法、篆刻亦有很高成就。

米氏云山

米派是中国古代山水画流派之一。由宋代著名书法家米芾所创，他的儿子米友仁加以发展，形成在当时影响很大的特色画派。米芾父子在绘画界被称为"大米""小米"，或合称"二米"。他们在中国书画史上占有非常重要的地位。

米芾打破了传统的山水画用笔多以线条为主的常规，以卧笔横点成块面，被叫作

"落茄法"。这种画法的特点是用水墨点染的方法，描绘烟云掩映的山川景色，米芾称为"墨戏"，体现一种烟雨云雾、迷茫奇幻的景趣，显得亦真亦幻，美妙独特，世人将这种风格称为"米氏云山"。米友仁的山水画传承了父亲的画法，更可喜的是青出于蓝而胜于蓝。他的作品云烟缭绕，林泉点缀，看似草草，实含法度。米派的大写意风格对后世影响很大，南宋的牧溪，元代的高克恭、方林义等人都是米派弟子。如今珍藏在故宫博物院的米友仁的《潇湘奇观图》，为纸本，墨笔，纵19.7厘米，横285.7厘米。所描绘的是瑰丽的潇湘景色，山峦连绵，烟云渺茫；画中一改青绿山水画的"线勾填彩"画法，而是点画水墨，纵横落点，虚实结合，尽情渲染；连山头的点子皴，也改为"淡墨细点"。米氏云山是中国绘画史上独特而亮丽的存在，是父子画家的代表和典范。

北宋山水画三大流派

北宋山水画派中的李成、范宽、董源以不同的画风和卓越的贡献，创立了当时三大主要流派。

李成（919～967），其水墨山水，善用淡墨的情韵，体现山水的灵秀，展现的是文秀的一路。李成所创造的"卷云皴"，是最早也是影响最深远的山水画皴法之一。

范宽的山水，强调主峰突出，以一种雄伟峻厚的气势，显示一种咄咄逼人的威严。同时，又十分重视具体景物深入细致的刻画，精心经营山坳深壑中的飞瀑流泉和山峦顶端密密层层的树木。特别是正面的山体以稠密的小笔，皴出山石巨峰的质与骨。这种皴法被称为"钉头皴"或"雨点皴"，稍大一点的被称为"豆瓣皴"。传世作品有《溪山行旅图》《雪景寒林图》等。

董源（？～约962），其笔下描绘的是江南景区。董源创造了最能表现江南山石形质的皴法"披麻皴"，同时又十分讲究淡墨的渲染，使湖山增强了湿润的感觉。代表作有《夏山图卷》等。

元代画坛四大家

"元四大家"是指元代的黄公望、吴镇、倪瓒和王蒙，他们的山水画代表了中国山水画史上的一个高峰。

黄公望（1269～1354），常熟人，得到舅舅赵孟𫖯的传授，融合宋代各大家之所长，形成自己"气清质实，骨苍神腴"的艺术风格。代表作品《富春山居图》。

吴镇（1280～1354），浙江嘉兴人，博学多识，性情孤傲，师承巨然，善用湿墨，他的画风沉郁苍莽。传世作品有《嘉禾八景图》《水村图》等。

倪瓒（1301～1374），无锡人，主要表现太湖一带风光，取平远法构图，简略旷远。善用侧锋淡墨，干笔皴擦，作品笔墨精粹，意境幽远。代表作品有《渔庄秋霁图》《紫芝山房图》《江岸望山图》。

王蒙（1308～1385），湖州人，喜用焦墨渴笔，点细碎苔点，画面繁密充实。他善画江南林木丰茂的景色，湿润华滋，意境幽远。代表作品有《夏日山居图》《春山读书图》等。

吴门画派

在吴门画派中，最著名的有沈周、文徵明、唐寅、仇英，后人称他们为"吴门四家"。

沈周和文徵明的作品都具有传统的文人画风格，其作品题材丰富，尤以山水画为胜，大都描写江南秀丽的风景和文人生活，注重笔墨，讲究诗书画的结合。文徵明的作品有《绿荫清话图》《松下高士图》等。唐寅和仇英均为职业画家，创作内容丰富，技法全面，功底深厚，他们的作品都有很高的趣味性，深受人们喜爱。他们所描绘物象精细真实，强调意境，雅俗共赏。唐寅的山水画笔墨细秀，风格清逸，如《骑驴思归图》《山路松声图》等。人物画多为仕女和历史故事，造型准确，色彩艳丽。仇英擅长青绿山水和工笔人物画，传世作品有《桃源仙境图》《观榜图》《松溪横笛图》等。

吴门四家在山水画方面的成就对南宋院体绘画是新的突破，他们在人物画和花卉画方面各自有特点和成就。除仇英之外，吴门四家的另外三人非常重视将诗、书、画有机结合，这一做法促使了文人画更臻完美、更加普及，对明代后期直至清初画坛产生了非常有力的影响。

西泠四家

丁敬、蒋仁、黄易和奚冈四人，被称为"西泠四家"。他们在当时的影响很大，一直延续到清末，对日本书法篆刻界也有较大影响。

丁敬（1695～1765），字敬身，号钝丁，别号龙泓山人、孤云石叟、胜怠老人、玩茶叟、砚林等。丁敬画梅能得古趣，尤长于篆刻。他的书法以隶书最受推崇，接近汉隶的朴实淳厚，其字形、用笔略近于《曹全碑》，喜欢夸张撇画的波磔，有时以小隶书作跋尾。所作行草则聚散参差，横斜错落，清奇瘦劲，不拘绳墨。

蒋仁（1743～1795），于扬州平山得一枚刻着"蒋仁之印"的古铜印，于是改名为仁，字阶平，号山堂、吉罗居士、罨罗溪山院长等。一生风雅清贫，嫌恶权贵。他善画山水，书法则出于米芾而直追二王。

黄易（1744～1802），字大易，号小松、秋盦等。他精于古拓本、钟鼎、钱、镜的鉴赏，又将《汉石经》《范式碑》《三公山碑》加以双勾而介绍于世，促进了碑学的发展。黄易擅长篆隶，最精于隶书，以沉着闻名。

奚冈（1746～1803），字纯章，号铁生、萝龛、鹤渚生、蒙泉外史、蒙道士、散木居士等，精干诗词，善书行书。山水画宗董其昌，花卉画学恽寿平，能得其风趣。书、画、诗文、篆刻皆精，称为"四绝"。

清初"四画僧"

在中国绘画史上，朱耷、石涛、髡残、弘仁号称清初的"四画僧"，他们的艺术成就，为清代沉寂已久的画坛引入了一股清流，开创了时代的新风，并赋予中国绘画革新求变的时代精神，是中国清代绘画发展的高潮。这四位因为遭逢时代剧变而遁入空门的画僧，之所以在艺术上成就非凡，可以说与他们波澜不息、血泪交集的生平有着极大的关联。

朱耷，号八大山人。擅花鸟、山水，其花鸟承袭陈淳、徐渭写意花鸟画的传统。山水笔墨质朴雄健，意境荒凉寂寥。

石涛，工诗文，善书画。其画擅山水，兼工兰竹。其山水广泛师法历代画家之长，将传统的笔墨技法加以变化，又注重师法造化，从大自然吸取创作源泉，并完善表现技法。其花鸟、兰竹，不拘成法，自抒胸臆，笔墨爽利峻迈，淋漓清润，极富个性。

髡残，善画山水，亦工人物、花卉。山水画主要继承元四家传统，尤其得力于王蒙、黄公望。构图繁复重叠，境界幽深壮阔，笔墨沉酣苍劲。

弘仁，从宋元各家入手，推崇倪瓒画法，为新安画派奠基人。

新安画派

最早提出"新安画派"名称的是清朝康熙年间的艺术理论家张庚。

明末清初，在徽州区域的画家群和当时寓居外地的主要徽籍画家，善用笔墨，貌写家山，借景抒情，表达自己心灵的逸气，提倡画家的人品和气节因素，绘画风格趋于枯淡幽冷，具有鲜明的士人逸品格调，在中国画坛独放异彩。因为这群画家的地缘关系、人生信念与画风都具有同一性质，所以时人称他们为"新安画派"。

新安画派先驱有程嘉燧、李永昌、李流芳；画派领袖为僧渐江；鼎盛期主要成员有方式玉、王瘝素、吴山涛、程邃、汪家珍、戴本孝、吴龙、顺田生、程正揆、郑昉、汪之瑞、孙逸、查士标、汪洪度、雪庄；现代后继者为黄宾虹。

扬州八怪

扬州八怪一般指金农、郑板桥、黄慎、李鱓、李方膺、汪士慎、罗聘、高翔8人，是清代乾隆年间活跃在江苏扬州画坛的革新派画家总称，即"扬州画派"。

"扬州八怪"的共同特点是，他们愤世嫉俗，不向权贵献媚，了解民间疾苦，重视思想、人品、学问、才情对绘画创作的影响。他们画题以花卉为主，也画山水、人物，在于继承宋、元以来等写意的传统，摆脱了画坛上保守派遵从清规戒律的影响，高度发挥了即景写生，即景抒情的创造意志。他们也都擅长书法、文学、印章。因之形成诗、书、画综合艺术的整体，人称"三绝"，为绘画艺术的发展开辟了新的途径，与当时所谓的"正统"画风迥然不同。

海上画派

海上画派，通常是指19世纪中叶至20世纪初期，一群活跃于上海地区的画家。海派画家集中在清末民初的上海，因为地域之便，他们有机会不断接触外界的新鲜事物，这为艺术的发展提供了丰厚的土壤。海派画家以传统文化为基础开拓了新的画风。这些画家性格迥异，画风多样，代表人物有"海上三任"、虚谷、吴昌硕等。

"海上三任"指的是名扬中外的晚清上海著名画家任熊、任薰和任颐。其中任颐在艺术上成就最高、影响最大。任熊，海上画派早期的领袖人物之一，人物、花卉、山水无不擅长，特别以肖像画著称。他的笔法清新活泼，画作很有装饰趣味，深受当时人们喜爱。代表作品有《自画像》等。任薰是任熊的弟弟，特别善画花鸟，用笔风格劲挺，任熊的人物画画风与任熊非常相近。任颐，

浙江萧山人。专工人物、花鸟，常以风土人情和民间传说入画，画中融汇了艺术与现实。任颐的人物画题材广泛，具有非常独特的风韵，很注重写生。山水也是他所擅长的题材。任颐的通景屏《群仙祝寿图》是近代绘画中少见的佳作，特点是构思奇妙，人物形象生动，精美程度令人惊叹。任颐以他自身中西贯通的极高绘画素养，最终成为晚清画坛上最杰出的画家之一。画僧虚谷的山水画《观潮图》《日长山静图》等作品，笔法冷峻，风格洒脱清秀。吴昌硕作为海派的中坚人物，将书法、篆刻融入绘画创作当中，韵味独特。

总而言之，海上画派艺术特点是题材以花鸟画为多，其次人物，再次山水，在笔法墨法的应用上，简逸明快，追求意境。习惯于借古喻今，借物寓意，讲究内涵充实。他们的画作兼有商业价值和欣赏收藏价值。

清末"四任"

晚清"海上四任"，即任熊、任薰、任颐、任预。

任熊（1820～1864），山水、人物、花卉、翎毛、虫鱼、走兽，无一不精。其笔力雄厚，气味静穆，深得宋人神髓。尤擅长人物，堪与陈洪绶并驾。传世作品有《十万图册》十页、《姚燮诗意图册》《自画像》轴等，现藏故宫博物院。

任薰（1835～1873），兼工人物、花鸟、山水、肖像、仕女，画法博采众长，面貌多样，富有新意。《张旭草书图》《簪花饮酒图》《出征遇仙图》等，运笔有如行草，气势沉雄；花鸟画如《松鹤图》《荷花鸟》等，工写兼善，取景布局，能突破前人规范，富有奇趣。

任颐（1840～1896），所画题材，极为广泛，人物、花鸟、山水、走兽无不精妙。他的画用笔用墨，丰富多变，构图新巧，创造了一种清新流畅的独特风格。主要成就在

于人物画和花鸟画方面。

任预（1853 ～ 1901），擅长人物、花卉及山水，尤以山水见长，风格接近文人画派，仿古中有创新。其画纯以天分秀山尘表，尽变任氏宗派，自有一种风趣。

岁寒三友

岁寒三友指松、竹、梅。经冬不凋且迎寒开放，因称"岁寒三友"，常比喻友谊的忠贞。

松树四季常青，姿态挺拔，象征着青春常在和坚强不屈。

竹是高雅、纯洁、虚心、有节的象征，古往今来，"不可一日无此君"已成了众多文人雅士的偏好。

梅花姿、色、香、韵俱佳。宋人林和靖的诗句"疏影横斜水清浅，暗香浮动月黄昏"，将梅花的姿容、神韵描绘得淋漓尽致。

以松竹梅合成的岁寒三友图案是中国古代器物、衣物和建筑上常用的装饰题材，也成为诗人、绘画常见的表现对象。

《洛神赋图》

《洛神赋图》是根据曹植著名的《洛神赋》而作，为顾恺之传世精品，宋摹本现藏于北京故宫博物院收藏。全卷分为三部分，曲折细致而又层次分明地描绘着曹植与洛神真挚纯洁的爱情故事。人物安排疏密得宜，在不同的时空中自然地交替、重叠、交换，而在山川景物描绘上，无不展现一种空间美。全画用笔细劲古朴，恰如"春蚕吐丝"。山川树石画法幼稚古朴，所谓"人大于山，水不容泛"，体现了早期山水画的特点。此图卷无论从内容、艺术结构、人物造型、环境描绘，还是从笔墨表现的形式来看，都不愧为中国古典绘画中的瑰宝。

《女史箴图》

《女史箴图》为中国东晋顾恺之的作品。"女史"是女官名，后来成为对知识妇女的尊称；"箴"是规劝、劝诫的意思。西晋国家大权为皇后贾氏独揽，其人善妒忌，多权诈，荒淫放恣。朝中大臣张华便收集了历史上各代先贤圣女的事迹写成了九段《女史箴》，以为劝诫和警示，被当时奉为"苦口陈箴、庄言警世"的名篇，流传甚广。后来顾恺之就据文章的内容分段为画，每段有箴文，各段画面形象地揭示了箴文的含义，故称《女史箴图》。

《女史箴图》现有两个绢本，一本藏于故宫博物院，专家认为是南宋摹本，艺术性较差；大英博物馆收藏的《女史箴图》是中国唐代的摹本，神韵最接近顾恺之的原画，因而被后人奉为经典摹本。

《游春图》

《游春图》，现藏故宫博物院。

这幅经宋徽宗题写为展子虔所作的《游春图》卷，是展子虔传世的唯一作品，也是迄今为止存世最古的画卷。画面上湖光山色，春光明媚。画家用青绿重着山水，用泥金描绘山脚，用赭石填染树干，遥摄全景，人物布局得当。《游春图》的出现，结束了"人大于山和水不容泛、树木若伸臂布指"的早期幼稚阶段，使山水画进入青绿重彩，工整细巧的崭新阶段。开唐代青绿山水之先河。

《步辇图》

《步辇图》，为唐代著名画家阎立本所绘，北京故宫博物院馆藏珍品。

《步辇图》是以贞观十五年（641）吐蕃首领松赞干布与文成公主联姻的历史事件为题材，描绘唐太宗接见来迎娶文成公主的吐蕃使臣禄东赞的情景。

图卷右半是在宫女簇拥下坐在步辇中的唐太宗，左侧三人前为典礼官，中为禄东赞，后为通译者。画中的唐太宗面目俊朗，目光深邃，神情庄重，充分展露出盛唐一代明君的风范与威仪。

《虢国夫人游春图》

《虢国夫人游春图》，原作已失，宋摹本现藏于辽宁博物馆。

此图描绘的是天宝十一载，杨玉环的三姊虢国夫人及其眷从盛装出游的场景。全画共九人骑马，前三骑与后三骑是侍从、侍女和保姆，中间并行两骑为秦国夫人与虢国夫人。

作品通过劲细的线描和色调的敷设，浓艳而不失其秀雅，精工而不板滞。全画构图疏密有致，错落自然。以湿笔点出斑斑草色以突出人物，意境空灵清新。图中用线纤细，圆润秀劲，在劲力中透着妩媚。设色典雅富丽，具装饰意味，格调活泼明快。画面洋溢着雍容、自信、乐观的盛唐风貌。

《簪花仕女图》

《簪花仕女图》为唐代画家周昉所作，是一幅用笔朴实、气韵古雅的人物画长卷。此图与周昉其他传世作品主题相近。表现了贵妇阶层的悠闲自在与寂寞孤独。全图可分三部分。此图用笔和线条细劲流动自然传神，设色浓丽柔和，较好地表现出贵族妇女的娇嫩细腻和丝织物的轻巧薄软。图中每一细部都勾画点染得准确无误、精致入微，充分展示了"周家样"的高超技法。

《挥扇仕女图》

《挥扇仕女图》现藏北京故宫博物院。

这是一幅全卷所画人物共计13人，分为五个自然段落。

第一段为"挥扇"：一位戴玉莲冠的妃子按纨扇慵坐，其右一女官紫袍束带，两手横扇，另有两女持梳洗用具侍立于左侧。

第二段为"端琴"：一拖髻者抱琴至，另一垂鬟女子在协同解囊抽琴。

第三段为"临镜"：一个戴唐巾的人持镜却立，一姬拥髻对镜，衣锦灿若云霞。

第四段为"围绣"：其中一姬持团扇，倚绣床，支颐有倦态，两女对绣。

第五段为"闲憩"：一妃妆者背坐挥小纨扇，引颈远眺，另一姬倚桐凝伫，茫然出神。

五个段落似离还合，从不同的侧面刻画了人物在不同场景中的各种心理状态。画面结构井然，线条秀劲细丽，赋色柔丽多姿，艳而不俗。

《历代帝王图》

《历代帝王图》是中国唐代画家阎立本人物画代表作。又称《古帝王图》。现藏于美国波士顿美术馆，全卷共画有自汉至隋13位帝王的画像，包括汉昭帝刘弗陵、汉光武帝刘秀、魏文帝曹丕、吴主孙权、蜀主刘备、晋武帝司马炎、陈废帝陈伯宗、陈宣帝陈顼、陈后主陈叔宝、北周武帝宇文邕、隋文帝杨坚、隋炀帝杨广，加上诗人共四十六人。帝王均有榜书，有的还记述其在位年代及对佛道的态度。

阎立本既注意到刻画封建统治者的共同特性和气质仪容，而又根据每个帝王的政治作为、不同的境遇命运，成功地塑造了个性突出的典型历史人物形象，体现了作者对这些帝王的深刻认识。从画像来看，虽仍有程式化的倾向，但在人物个性刻画上表现出很大的进步，不落俗套，而显得个性分明；画中按等级森严的封建伦理观念，处理人物的大小。

《辋川图》

《辋川图》是唐代诗人王维晚年隐居辋川别业时所作，现存为唐人摹本。图中绘群山环抱中的一处别墅，庭院中有亭台楼阁，树木掩映；庭院外有云水流肆，舟楫过往。整幅作品创造出一种淡泊超尘的意境。王维的作品被宋代苏轼赞为"诗中有画，画中有诗"，这也成为后来文人画追求的最高境界。

韩熙载夜宴图 五代 顾闳中 绢本

韩熙载，南唐大臣，原为北方豪族，避乱到南唐。初有恢复中原的大志，但未得重用，后因李后主猜疑北方人，便放浪杯酒，沉湎声色，最终抑郁而终。此卷共分 5 段，分别为"听乐""观舞""暂歇""清吹""散宴"，各段之间用屏风、床榻等相隔，但构图是连续的。人物刻画精致入微，神态细腻，个性尽显，尤其是主人公韩熙载的描绘极为深入，将其超然自适、放荡不羁而又沉郁的心理表现得淋漓尽致。画面赋色清丽典雅，用笔工整，充分显示出作者高超的艺术水平。

《韩熙载夜宴图》

《韩熙载夜宴图》是画家顾闳中奉南唐后主李煜之命，夜至韩熙载的宅第窥视其夜宴的情景而作的。全图采用了中国传统表现连续故事的手法，随着情节的进展而分段，以屏风为间隔，主要人物韩熙载在每段中出现。通过听乐、观舞、歇息、清吹、散宴等情节，叙事诗般描述了夜宴的全部情景。画家在构图上做了精心安排，每段一个情节、一个地点、一个人物组合，每段相对独立，而又统一在一个严密的整体布局当中，繁简相宜，虚实相生，富有节奏感。

《千里江山图》

《千里江山图》为北宋王希孟所绘的山水画作品。王希孟 18 岁为北宋画院学生，曾得到宋徽宗赵佶的亲自传授。

画中描写岗峦起伏的群山和烟波浩渺的江湖。依山临水，布置以渔村野市，水榭亭台，茅庵草舍，水磨长桥，并穿插捕鱼、驶船、行路、赶脚、游玩等人物活动。形象精细，刻画入微，人物虽细小如豆，而意态栩栩如生，飞鸟虽轻轻一点，却具翱翔之势。山石皴法以披麻与斧劈画法相结合，综合了南、北两派的特长。设色继承了唐以来的青绿画法，于单纯统一的蓝绿色调中求变化。用赭色为衬托，使石青、石绿颜色在对比中更加鲜亮夺目。整个画面雄浑壮阔，气势磅礴，充满着浓郁的生活气息，将自然山水描绘得如锦似绣，分外秀丽壮美，是一幅既写实又富理想的山水画作品，是中国传统山水画中少见的巨作。

《富春山居图》

《富春山居图》是元代画坛宗师、"元四家"之首黄公望晚年的杰作，也是中国古代水墨山水画的巅峰之笔，两段分藏台北故宫博物院和浙江省博物馆，被誉为浙江博物馆"镇馆之宝"。

画家以长卷的形式，描绘了富春江两岸初秋的秀丽景色，峰峦叠翠，松石挺秀，云山烟树，沙汀村舍，布局疏密有致，变幻无穷，以清润的笔墨、简远的意境，把浩渺连绵的江南山水表现得淋漓尽致，达到了"山川浑厚，草木华滋"的境界。

《汉宫春晓图》

《汉宫春晓图》，中国重彩仕女第一长卷。是中国人物画的传统题材，主要描绘了宫中嫔妃的生活。

仇英在绘画上以"重彩仕女"著称于

世，《汉宫春晓图》是仇英重彩仕女画的杰出代表。此图勾勒秀劲而设色妍雅，画家借皇家园林殿宇之盛，以极其华丽的笔墨表现出宫中嫔妃的日常生活，极尽勾描渲敷之能事。《汉宫春晓图》不仅是仇英平生得意之作，在中国重彩仕女画中也独树一帜，独领风骚。

画 品

画品，中国古代对画家及作品作出品评的文体。一般分品论述，鉴赏优劣得失。

画品盛于六朝、隋唐。南朝梁谢赫所著的《画品》是保存至今的最早一部著述。其序中提出的"六法"作为品评绘画的标准，对后世影响极大。唐朱景玄《唐朝名画录》分神、妙、能、逸四品，拓宽了画品囿于识鉴的程式。五代的《五代名画补遗》及宋刘道醇《圣朝名画评》，更以画家专擅分门别类，条缕清晰，形成评传风格。

《考工记》

《考工记》是中国目前所见年代最早的手工业技术文献，记述了齐国官营手工业各个工种的设计规范和制造工艺，保留有先秦大量的工艺美术资料。该书在中国工艺美术史和文化史上都占有重要地位。

据传西汉时《周官》缺《冬官》篇而以此补入，得以流传至今。全文7000多字，记述了木工、金工、皮革工、染色工、玉工、陶工等6大类、30个工种，其中6种已失传，后又衍生出1种，实存25个工种的内容。书中分别介绍了车舆、宫室、兵器以及礼乐之器等的制作工艺和检验方法，涉及数学、力学、声学、冶金学、建筑学等方面的知识和经验总结。

篆 刻

篆刻又称为"玺印""印"或"印章"等，是用篆书刻成的印章，是一种特有的传统艺术和实用艺术品。篆刻艺术是书法、章法、刀法三者完美的结合。在一方印中，既有书法笔意，又有绘画构图，还有刀法雕刻，可谓"方寸之间，气象万千"。篆刻在两千多年中出现了两个高度发展的阶段。一是战国、秦汉、魏晋六朝时期，被称为"古代篆刻艺术时期"，其用料主要为玉石、金、牙、角等。这一时期尤以汉代玺印为代表。汉印结体简化，笔画平整方直，并以鸟虫书入印，装饰性很强。汉代铸印庄重雄浑，凿印健拔奇肆，成为后世篆刻艺术的重要渊源。

二是明清时期，这一时期篆刻艺术大放异彩。明代中叶，印章由实用品，或书画艺术的附属品，发展为一门独立的篆刻艺术。自从明篆刻家文彭之后，篆刻艺术繁荣起来，形成了徽派、浙派、皖派等很多篆刻流派，出现了何震、程邃、丁敬、邓石如、黄牧甫、赵之谦、吴昌硕等篆刻艺术家。

徽派篆刻

明代初期，徽州印坛充斥着极为庸俗怪异的风气，经常有篆刻者擅自杜撰篡改篆字形义，使得篆刻艺术和作品极为混乱，作品芜杂。到了明中叶，著名篆刻家何震认为，作篆治印的关键在于用笔运刀的方法，建议篆刻章法要整齐、活泼。他本人能娴熟地把握刀与石的性能，做到刀随意动，意指刀达；他的篆刻作品，刀法猛利，气势宽宏，具有汉印的雄健风貌。此外他还注重刀法与书法、内容与风格的和谐统一，一改当时的怪异风格，使人耳目一新。何震的创新很快得到社会认可，人们开始追捧研习。由此，何震开创徽派篆刻。

何震的篆刻风格流风甚远，后世徽派篆刻名家辈出，其中苏宣的作品典雅雄健，金光先的浑朴静穆，汪关的平和清丽，朱简的生涩刚劲，江臣的秀劲苍润，胡正言的端重工稳，但都不失徽派的崇古思想，注重学养并追求雅逸平和的审美意趣。清代中期，徽州人程邃、汪肇龙、巴慰祖、胡唐，继承了前辈篆刻家的诸多优点，并在掌握众家之长的基础上不断创新，自成一体，人称"歙四子"。晚清时期，黟县黄士陵崛起，并以其深厚的金石学修养，再创新意。

浙派篆刻

浙派篆刻又叫作"浙江印派"，是中国历史上著名的篆刻流派之一。清代乾隆年间，浙派篆刻崛起于中国印坛，与徽派一起成为清代时期主要的两大流派。它有深厚的传统基础和完整精湛的技法，蕴含着巨大的艺术能量。

丁敬是浙派篆刻的创始人，著有《武林金石录》。他最为擅长篆隶，创造了"古拗峭折"的篆刻风格。他的篆刻艺术在广泛撷取秦汉印章、元明诸家精华的基础上，去除了明人书坛上的不良习气，是入古出新的创举。此外，他在运用篆法、刀法等方面作出了重要的贡献。他的作品篆法繁就简，参以隶法；在印文体势方面，则体现出平方正直和方圆互参的风格，颇显出简古平淡的韵味，高古含蓄，最得汉印精神。这种苍劲质朴、古拙浑厚的风格引领了浙派篆刻的形成，也成为浙派篆刻的主要面目。丁敬稍后，蒋仁、黄易、奚冈、陈豫钟、陈鸿寿、赵之琛、钱松等篆刻名家崛起，因他们与丁敬都是杭州人，篆刻风格相近，所以人们把他们合称为"西泠八家"。再后来，凡是在篆刻艺术上继承这种风格的篆刻家都被称为"浙派"。浙派在篆刻史上传承 200 多年，影响深远。

篆刻家文彭

文彭，字寿承，号三桥，别号渔阳子或三桥居士，著名书画家，文徵明的长子。文彭曾经担任南京国子监博士之职，因此也被世人称作文国博。他是一个艺术上的全才，能书擅画，尤其善写墨竹，其风骨直追宋代文同。他的山水画也别有韵味，比如《桐阴避暑图》，很有他父亲的画风。但是，作为一个彪炳千古的杰出艺术家，文彭最大的贡献在篆刻。

早期，中国篆刻主要在于实用，宋元时期，虽有了艺术化的苗头，但并未发展起来，到了明中叶，文彭提出一系列的篆刻理论，并积极实践，引导时风，从而使篆刻成为一门与书法、绘画并立的独立艺术。

文彭在篆刻艺术史上的贡献主要在下几个方面：第一，他主张改革时弊，提出"复古出新"的理论，追求高雅古朴，力主恢复秦汉古印简括、空灵、平正、端庄的自然古朴的风格。第二，在具体的方法上，又提出以"六书为准则"的主张，把印章中的"刀"与书法中的"笔"结合起来，意义重大。第三，实践上，文彭继承汉印传统，"直接秦汉之脉"，结字秀丽典雅，简洁圆润，古朴自然；刀法明快自如，既体现笔意，又颇见刀味；章法安排也颇具匠心，并开创了在印侧用双刀法刻边款的先例。第四，治印运用新材。文彭首创以青田冻石为印材进行刻印，使石质印材被广泛使用。总之，文彭的理论和实践丰富了篆刻艺术的观赏内容和审美标准。由于文彭的影响，篆刻艺术"一时靡漫，畅开风气"，文人治印，风气大盛。文彭也以精湛的技艺和独特风格，开创了印学史上第一个流派"吴门派"。故而，他被奉为文人篆刻流派的开山鼻祖。

印 章

印章也称印信，古时候它是权力的象征。据《史记》中记载，战国时代，以主张合纵抗秦而著称的政治家苏秦曾佩戴过六国相印，由此证实官吏用印在当时已成为一种制度。

秦时，秦始皇为了巩固自己帝王的威望和地位，对印章进行了严格的规定：皇帝的印信称为国玺，大臣的印信称为章或印，各有专称，不能混淆。秦始皇统一中国前，曾夺得赵国的"蓝田玉"，即"和氏之璧"，并把它制成了有名的传国玺。到汉朝，印章的制作逐渐发展成为一种艺术。有的将军死后，他们随身携带的象征身份的印章也一起被埋入土中，所以现在我们还能看到相当数量的古代印章。

宋朝以后，印章的应用多和书画联系在一起，题款盖印，成为习惯。我们至今还能看到苏东坡、黄庭坚、宋徽宗等人的许多印章。印章不仅是书画艺术的一个组成部分，还是一门独立的艺术。

印　泥

印泥是中国特有的文房之宝，无论是文件签署，还是历史文物以及金石书画之钤记，都需要使用印泥。根据史书上记载，印泥的发展已有2000年的历史，早在春秋秦汉时期就已使用印泥，那时的印泥是用黏土制的，临用时用水浸湿，这就是当时称封泥的原因。到了隋唐以后，随着社会的进步，人们又改用水调和朱砂于印面，印在纸上，这就是印泥的雏形，到了元代，人们开始用油调和朱砂，之后便渐发展成我们现代的印泥了。

印章边款

边款一般泛指刻于印侧或印背的文字、题记。起源于隋唐，当时制印部门的工匠，只是在一些官印周围刻上制印年记、编号和释文等内容。明清流派纷呈，风格各异。

边款在形式上有阳款与阴款之分，在用刀上有单刀、冲刀、切刀及冲切兼用之别，在书体上融真草隶篆于一体，在风格上雄强与婉约并存，在内容上则由作者单刻印的年月和署名，发展为或有感而发，或叙事抒情、考辨，涉及面极其广泛，是整个篆刻艺术不可分割的部分。

秘色瓷

古代名窑进贡朝廷的一种特制瓷器精品。据记载，吴越国钱氏割据政权控制了越窑场，命令这些瓷窑专烧供奉用的瓷器，秘不示人，庶民更不得使用；且釉药配方、制作工艺保密，故名"秘瓷"。秘色瓷"其色似越器，而清亮过之"。从出土的典型的秘色瓷看，其质地细腻，原料的处理精细，多呈灰或浅灰色。胎壁较薄，表面光滑，器形规整，施釉均匀。从釉色来说，五代早期仍以黄为主，滋润光泽，呈半透明状；但青绿的比重较晚唐有所增加，其后便以青绿为主，黄色则不多见。

青花瓷

青花瓷又称白地青花瓷器。目前发现最早的青花瓷标本是唐代的（也有学者称唐青花并非青花瓷）；成熟的青花瓷器出现在元代；明代青花成为瓷器的主流；清康熙时发展到了顶峰。明清时期，还创烧了青花五彩、孔雀绿釉青花、豆青釉青花、青花红彩、黄地青花、哥釉青花等品种。

中国古代青花瓷，各个时期的款识均有鲜明的时代特征，根据青花瓷款识的形式、种类，主要可分为纪年款、吉言款、堂名款、赞颂款和纹饰款五大类。

粉　彩

瓷器釉上彩装饰手法的一种，又名"软彩"。是在清康熙年间在五彩的基础上受珐琅彩的影响而产生的新品种，是在彩绘时掺加一种白色的彩料"玻璃白"。玻璃白具有乳浊效果，画出的图案可发挥渲染技法的特性，呈现一种粉润的感觉。

唐三彩

唐三彩是一种盛行于唐代的陶器，以黄、白、绿为基本釉色，故称为"唐三彩"。

唐三彩吸取了中国国画、雕塑等工艺美术的特点，采用堆贴、刻画等形式的装饰图案，线条粗犷有力。以造型生动逼真、色泽艳丽和富有生活气息著称。

唐三彩分布在长安和洛阳两地，在长安的称西窑，在洛阳的则称东窑。

瓷都景德镇

景德镇是中外著名的瓷都，与佛山、汉

口、朱仙镇并称四大名镇，由于制瓷历史悠久，瓷器产品质地精良，对外影响大，"瓷都"两字成了景德镇的代名词。

景德镇从汉朝开始烧制陶器，距今1800多年，从东晋开始烧制瓷器，距今1600多年。景德镇瓷器以"白如玉，明如镜，薄如纸，声如磬"的独特风格蜚声海内外。青花、玲珑、粉彩、色釉，是景德镇四大传统名瓷。

五大名窑

宋时的制瓷业发展到一个新阶段，烧制技术、产量、质量以及瓷窑的数量和规模都大大超过前代，大小瓷窑遍布全国，出现了定、汝、官、哥、钧五大名窑。宋代瓷器加彩已较盛行，并掌握了窑变、裂冶技术，南北各瓷窑产品均各具特色，成为畅销国内外的商品。

玉 雕

玉石经加工雕琢成为精美的工艺品，称为玉雕。玉雕是中国最古老的雕刻品种之一。早在新石器时代晚期，就有了玉制工具。商周时期，制玉成为一种专业，玉器成了礼仪用具和装饰佩件。

玉雕的品种很多，主要有人物、器具、鸟兽、花卉等大件作品，也有别针、戒指、印章、饰物等小件作品。

牙 雕

牙雕是一门古老的传统艺术，也是一门民间工艺美术，始于新石器时代。辽、金、元、明、清历代帝王都把象牙作为皇家供品，明代的果园厂和清代的造办处都有为皇宫做象牙制品的作坊。

牙为大象身上最坚固的部分，其光洁如玉、耐用，珍贵堪与宝玉石媲美，因此象牙又有有机宝石之美誉。而象牙雕刻艺术品，以坚实细密、色泽柔润光滑的质地，精美的雕刻艺术，备受收藏家珍爱，成为古玩中独

具特色的品种之一。

木 雕

木雕是雕塑的一种，原材料一般选用质地细密坚韧、不易变形的树种，如楠木、紫檀、樟木、柏木、银杏、沉香、红木、龙眼等。

木雕有圆雕、浮雕、镂雕等技法，或几种技法并用。有的还涂色施彩用以保护木质和美化器件。战国和汉代即有大量木雕俑和动物雕刻，唐宋时有人物、仙佛、鸟兽等木雕。明清时代小型木雕摆件、建筑木雕装饰和木雕日用器物大为发展，并形成地方特色，如东阳木雕、广东金漆木雕、福建龙眼木雕等。

缂 丝

缂丝，又称"刻丝""克丝"或"丝"，是中国丝绸艺术品中的精华，有"千年不坏艺术织品"之称。据考证，中国的缂丝织物远在彩陶土器时期就存在，到商代缂丝织物制作已很精良。

由于织造的作品在图案与素地接合处微显高低，呈现一丝裂痕，犹如镂刻而成，故称"刻丝"。其成品正反两面如一，与苏绣双面绣有异曲同工之妙，二者一起被誉被"苏州织绣双璧"。与刺绣、玉雕和象牙雕、景泰蓝并称为"中国四大特种工艺品"，并与云锦合称为"中国两大珍品手工丝织物"。古有"织中之圣"和"一寸缂丝一寸金"的美誉。

扎 染

扎染又称绞缬，是一种古老的扎结染色的工艺，也是中国传统手工染色技术之一。据记载，早在东晋，扎结防染的绞缬绸已经有大批生产，当时绞缬产品，有较简单的小簇花样，如蝴蝶、蜡梅、海棠等；也有整幅图案花样，如白色小圆点的"鱼子缬"，圆点稍大的"玛瑙缬"，紫地白花斑酷似梅花鹿的

"鹿胎缬"等。

蜡 染

蜡染，是中国古老的民间传统纺织印染手工艺。与绞缬（扎染）、夹缬（镂空印花）并称为中国古代三大印花技艺。

蜡染是中国苗族古老而独特的手工绘染艺术，起源于秦汉，盛行于隋唐。蜡染是用蜡刀蘸熔蜡绘花于布后以蓝靛浸染，既染去蜡，布面就呈现出蓝底白花或白底蓝花的多种图案，同时，在浸染中，作为防染剂的蜡自然龟裂，使布面呈现特殊的"冰纹"，尤具魅力。

中国四大名绣

苏绣已经有 2000 多年的历史。苏绣自古以精细、素雅著称，构图简练，主题突出。其技巧特点可概括为"平、齐、细、密、匀、顺、和、光"8 个字。最细的将一根丝线掰成 48 股，一般人用肉眼无法看清。在种类上，苏绣作品主要可分为零剪、戏衣、桂屏三大类。其中以"双面绣"作品最为精美。双面分是在绣品的正反两面绣图案，两面的形象、针法相同，针脚藏而不露。

湘绣创始于楚国，清代时成为长沙城乡的主要手工艺。它在湖南民间刺绣的基础上，吸收苏绣和广绣的优点而发展起来的。它以彩色散丝做绣线，除运用"齐针""接针""打粉针"等针法外，独创"掺针"法，掺针针脚参差自如，使不同色的线相互掺和，逐渐变化，色彩丰富饱满，色调和谐。湘绣的图案借鉴了中国画的长处，所绣多为山水、人物、花鸟、翎毛、走兽，生动逼真，长于绣狮、虎题材。

粤绣在唐代时水平已经很高。艺人以孔雀羽毛扭为绒缕，绣制服饰，金翠夺目，用马尾缠绒，作为勒线，绣制轮廓，增强了表现力。新中国成立以后，粤绣得到进一步发展，不断出新。粤绣构图饱满，繁而不乱，装饰性强，色彩浓郁鲜艳，绣制平整光滑，金银垫绣富于立体感，富丽堂皇。粤绣题材广泛，以百鸟朝阳、龙凤、博古类最多。

蜀绣集中于四川成都。蜀绣在晋代被称为蜀中之宝。蜀绣以软缎和彩丝为主要原料，用晕针、切针、拉针、沙针、汕针等 100 种针法，充分发挥手绣的特长，形成了浓厚的地方风格。蜀绣题材多为花鸟、走兽、山水、虫鱼、人物，品种除纯欣赏品绣屏以外，还有被面、枕套、靠垫、桌布、头巾、手帕等。

云 锦

南京云锦是中国优秀传统文化的杰出代表，因其绚丽多姿，美如天上云霞而得名，至今已有 1500 余年的历史。南京云锦与成都的蜀锦、苏州的宋锦、广西的壮锦并称"中国四大名锦"。

吴村梅有一首词描写南京云锦："江南好，机杼夺天工，孔雀妆花云锦烂，冰蚕吐凤雾绡空，新样小团龙。"南京云锦配色多达 18 种，运用"色晕"层层推出主花；富丽典雅、质地坚实、花纹浑厚优美、色彩浓艳庄重，大量使用金线，形成光彩纷呈的独特风格。

泥人张

天津泥人张彩塑是一种深得百姓喜爱的民间美术品，它创始于清代道光年间，流传、发展至今已有 180 余年的历史。泥人张的创始人张明山，自幼随父亲从事泥塑制作，练就一手绝技。18 岁即得艺名"泥人张"，以家族形式经营泥塑作坊塑古斋。他只需和人对面坐谈，抟土于手，不动声色，瞬息而成。面目径寸，不仅形神毕肖，且栩栩如生，须眉欲动。

"泥人张"的彩塑，把传统的捏泥人提高到圆塑艺术的水平，又装饰以色彩、道具，形成了独特的风格。

剪 纸

剪纸是具有独特艺术风格的民间艺术，它用手工刻制，再点染以明快鲜丽的色彩而成。劳动人民把它作为年节的装饰，贴在纸窗上，所以又叫作"窗花"。

剪纸的历史源远流长。《史记》中"剪桐封弟"的故事，叙说了西周初期，成王将梧桐叶剪成玉圭图样，送给其弟姬虞，封他为唐国（今山西西南部）的诸侯。据说，这是中国最早的剪纸记载。南朝梁宗懔《荆楚岁时记》云："正月七日，为人日。以七种菜为羹，剪彩为人，或镂金箔为人，以贴屏风，亦置头之鬓。"可见，南北朝时剪纸已成为民间美化生活的主要活动之一。

盆 景

盆景起始于新石器时期，形成于汉代，兴盛于唐代。新石器时期以草木盆栽为主，汉代木本盆栽出现树石盆景、缶景，夏商的玉雕、石玩对汉代树石盆景、缶景的形成影响深远，唐代是封建社会的繁盛时期，文化艺术辉煌发达，盆景技艺随之突飞猛进，其历程经过了由草木盆栽转化到木本盆栽，由原始盆栽转化到艺术盆栽，由以生产为目的转向以观赏为主，以及由一般艺术盆栽升华到高级盆景这几个阶段。原始盆景经过了唐宋的意境飞跃、元代的体量飞跃和明清的理论飞跃才发展至今。中国盆景艺术总体形成五大流派，分别为苏派、扬派、川派、徽派和岭南派，代表了中国盆景艺术的最高成就。

指 画

指画，又称指头画、指墨，是用手指头画的中国画。指画的创始人是清代的高其佩。在高其佩之前，唐代张文通也曾用手指头修改画中局部，但没有系统地用手指头画出完整的国画。高其佩早年也用传统的毛笔画过画，但久久未能创造自家的风格，在他发明

了指画后才独创一格，成为指画的开山鼻祖。高其佩的指画题材包罗万象，山水、人物、花卉、虫鸟，有的气势磅礴，有的刻画细微，有很高的成就。

火笔烫画

火笔烫画又称"烙画""火笔画"，是中国流传下来的一种民间艺术。

据史书记载，火笔烫画起源于西汉，兴盛于东汉，鼎盛于明清。据考证，东汉光武帝刘秀曾下诏指定火笔烫画为朝廷贡品，亦称"火针刺绣"，这是世界上最早的关于火笔烫画的记载。

火笔烫画就是在木板上，利用电烙铁的热度，用巧妙的手法和熟练的绘画技巧，将木板面烫糊而呈深浅不同的褐色图案。火笔烫画作品一般呈深浅褐色，古朴典雅，清晰秀丽，其特有的高低不平的肌理变化具有一定的浮雕效果，别具一格。经渲染、着色后，还可产生更加强烈的艺术感染力。

桃花坞年画

桃花坞年画源于宋代的雕版印刷工艺，由绣像图演变而来，到明代发展成为民间艺术流派，形成了独特的风格。

现在最早的桃花坞木版年画，是在日本刊行的《支那古版画图录》中收录的《寿星图》，画面上刻有"万历廿五年（1597）"的刊记。从其画面来看，作品的构图、刻工、印制均已达到了相当的水平。日本的"浮世绘"也深受桃花坞木刻年画的影响。

杨柳青年画

杨柳青年画为中国著名的民间木版年画，产生于元末明初，当时有一名长于雕刻的民间艺人避难来到杨柳青镇，逢年过节就刻些门神、灶王出卖，镇上的人争相模仿。在不断的发展中，杨柳青年画不仅继承

了宋、元绘画的传统，还吸收了明代木刻版画、工艺美术、戏剧舞台的形式。在中国版画史上，杨柳青年画与南方著名的苏州桃花坞年画并称"南桃北柳"。

古 琴

琴又称瑶琴、玉琴、绿绮，现代一般称为古琴、七弦琴。琴历来被认为是高雅的艺术，古人常以"琴、棋、书、画"并称，把它看作君子必备的文化修养，因此中国文人多擅弹琴，如孔子、嵇康、欧阳修等。

琴在中国至少已有3000多年的历史，现在考古发现的最早实物，是湖北随州出土的战国初期的十弦古琴和湖南长沙马王堆出土的七弦汉琴。琴的全身为扁长共鸣箱，面板多用梧桐木制作。琴头有承弦的岳山，琴尾有承弦的龙龈和护琴的焦尾，整个显得宽头窄尾。在面板的外侧有13个圆点状的徽，它是音位和泛音的标志，一般由贝壳制成。琴上有7弦，古代用丝弦制成。琴的声音清脆悦耳，表现力强。传说伯牙志在山水的时候，琴声能"峨峨兮若泰山，洋洋兮若江河"；遇雨心悲的时候还能"为霖雨之操，更造崩山之音"，琴的表现力可见一斑。琴有独奏、琴箫合奏、琴歌、雅乐合奏4种传统的演奏形式。著名的琴曲有《流水》《酒狂》《广陵散》等。

编 钟

编钟又叫歌钟，是中国古代一种重要的打击乐器，是钟的一种，由若干个大小不一的钟按照音阶有序地排列悬挂在木架上而构成的，每个钟的音高各不相同。编钟的历史能够上溯到3500年前的商代，但当时编钟较为简单，多见的是三枚一套。后来整套编钟的数量开始不断增加，形成较大的规模。

古代的编钟是帝王和贵族专用的乐器，是等级与地位的象征，多用于宫廷演奏。每

编钟

逢重大事件如征战、朝见或祭祀等活动时进行演奏。1978年从湖北省随州市西郊曾侯乙墓出土了一套曾侯乙编钟。这套编钟的音域可以达到5个八度，音阶结构基本上与现代的C大调七声音阶接近。它规模宏大，制作精美，整套共65件，其中有19件钮钟，45件甬钟以及一件镈钟，总重达2500多千克。全套钟保存完好，可随意拆卸。钟上有大量关于音乐知识的篆体铭文，这些铭文是研究先秦音乐史的珍贵文字资料。经专家演奏测试，曾侯乙编钟的音响已构成倍低、低、中、高4个色彩区，能演奏任何音阶的乐曲，同时能够胜任采用和声、复调以及转调手法的乐曲，称得上音乐奇迹。编钟是中国古代音乐艺术和青铜铸造工艺的完美结合，令世人无法不为中国古代音乐辉煌的成就而惊叹。

磬

磬是一种中国古代的石制打击乐器，通常悬挂在架子上，演奏时用木槌敲击，可发出悦耳动听的鸣响。磬的历史非常悠久，出现年代可追溯到母系氏族社会，也叫作"石""鸣球"等。当时的人们常常会在猎取劳动成果后，敲击石头，以其清脆悦耳的声音来烘托气氛。这就是磬最初的原型。磬出现以后，被广泛用于历代统治者的各种宫廷场合的音乐中。

磬拥有非常古朴的造型和精美的外观。

按照它的使用场所和演奏方式，可分为特磬和编磬两种。特磬专门用于皇帝祭祀时的演奏，编磬由若干个磬编成一组而成，挂在木架上进行演奏，主要在宫廷音乐中使用。寺庙中也使用磬。在出土曾侯乙编钟的曾侯乙墓中，出土了有古代楚文化特点的编磬32枚。这套完整的编磬是用石灰石、青石和玉石制成的，悬挂在青铜磬架上，共分两层，具有清脆响亮的音色。相关部门曾经制作出曾侯乙编磬的复制品，严格按照原件的规格和形制进行制作，验证了编磬动听的音色。磬是中国音乐史上独特的一种乐器，古老而优美。

箜篌

箜篌历史悠久，是中国古老的弹拨乐器，又称"坎侯"。早在春秋战国时期，就已经出现了箜篌的雏形。盛唐时期，箜篌的演奏技艺随着经济文化的飞速发展达到了相当高的水平。古代的箜篌既是宫廷乐队使用的乐器，也是深受民间喜爱的乐器，一度广为流传。箜篌还曾经传入日本、朝鲜等邻国，并受到人们的喜爱。在日本东良大寺的寺院中，至今还保存着两架中国唐代的箜篌残品。中国古代流传的箜篌主要分为卧式箜篌和立式竖箜篌两种，后来又出现了雁柱箜篌。竖箜篌的形状像半截弓背，在向上弯曲的曲木上设曲形共鸣槽，整体结构中还有脚柱和肋木支撑着20多条弦。演奏时演奏者将箜篌竖抱于怀，从两面用双手的拇指和食指同时弹奏，这个弹奏姿势，唐人称之为"擎箜篌"。新型的雁柱箜篌是仿照古代立式竖箜篌的基本造型，在其基础上改进研制而成。其外形近似于西洋竖琴，不同的是它有两排琴弦，每排有36根弦，每根弦都是由人字形的弦柱支撑，看上去，这种箜篌的形态比较像天空中飞翔的雁阵队形，所以得名为"雁柱箜篌"。箜篌拥有宽广的音域和柔美的音色，表现力丰富，既能演奏旋律，也能很好地演奏和弦。

古 筝

古筝是中国一种具有优美音色和丰富表现力的民族拨弦乐器。它有着悠久的历史，早在战国时期，古筝就在秦国流行，所以它又被称为"秦筝"。古筝的流传甚广，从岭南至内蒙古，几乎遍及整个中国。最初的古筝是从战国时期一种竹制的五弦乐器演变而来，秦汉时期，五弦发展为12弦，隋唐时期为13弦，元明时期为14弦，清代时期为16弦。后经改良，由17、19弦不等而发展到21～25弦，筝弦也由原来的丝弦改为钢丝弦等。这样，古筝的音域和表现力得到很大提高，深受人们欢迎。它既可用作独奏、重奏、合奏，也可用作戏曲、曲艺和舞蹈等的伴奏。古筝的音色清越、高洁、典雅，婉转动听，具有一种幽远的神韵。轻拂宛如行云流水，重扫势若山崩海啸。它既能细致微妙地刻画人们的内心感情，也能描绘激动人心的壮观场面；无论是如泣如诉，还是慷慨激昂，或是激越高歌与浅声吟唱，它都可以表现得淋漓尽致。左手的揉、按、点等手法尤能体现古筝的音韵特色。

古筝在长期的流传过程中，与当地戏曲、说唱和民间音乐相融汇，形成了各种具有浓郁地方风格的流派。传统的筝乐被分成南北两派，其中以陕西、山东、河南和客家筝曲最为著名。《渔舟唱晚》和《汉宫秋月》是古筝中的名曲。

琵 琶

琵琶是一种历史悠久的常用弹拨乐器。秦朝时，在民间流传着一种圆形的、带有长柄的乐器。弹奏这种乐器主要有两种方法：向前弹叫"批"，向后挑起叫"把"，当时人们就把它叫作"批把"，后来改称为琵琶。当时的琵琶形状为直颈，圆形音箱，音位和弦数不固定。南北朝时，从西域地区传入一种曲项琵琶，其形状为曲颈，梨形音箱，有四柱四弦。人们就把它和中国的琵琶结合起来，制成了一种新式曲颈琵琶。到了唐代，琵琶从制作到演奏上都得到了很大的发展。琵琶构造方面的改变是把原来的4个音位增至16个，同时把琵琶颈部加宽，下部共鸣箱变窄。在演奏方法上改横抱演奏为竖抱演奏，改拨子演奏为手指直接演奏。此后，琵琶的制作和演奏技法不断得到改进，最后形成如今的四相十三品和六相二十四品两种琵琶。

琵琶音域广阔，演奏技巧丰富繁多，具有丰富的音乐表现力。适合琵琶演奏的曲风有多种，基本上有文曲、武曲、大曲三种。文曲以抒情为主，曲调柔美，代表曲目如《春江花月夜》《汉宫秋月》等。武曲则风格豪放，《十面埋伏》《霸王卸甲》等都是其代表作。大曲的曲调以活跃、欢畅为主。

笛 子

笛是中国最古老的乐器之一，早在8000年前的远古时期，中国就已经出现用鸟禽肢骨制成的竖吹骨笛。横笛大概在汉朝时出现，相传是在汉武帝时张骞从西域传入，当时叫作"横吹"，是鼓吹乐的重要乐器，以竹制成。秦汉后，笛子成为竖吹的箫和横吹的笛的共同名称，这种状况一直延续到唐代。宋元时期，笛成为词曲和曲艺伴奏的重要乐器。

笛子的声音具有悠扬、婉转的特点，容易给人以一种缠绵思乡的感觉。唐代诗人李白曾经写过这样的诗句："谁家玉笛暗飞声，散入春风满洛城。此夜曲中闻折柳，何人不起故园情。"李益也有诗云："回乐峰前沙似雪，受降城外月如霜。不知何处吹芦管（芦笛），一夜征人尽望乡。"充分显示了笛声动人的艺术魅力。

笛的品种有很多，其中使用最为普遍的是曲笛和梆笛。曲笛又叫苏笛，因伴奏昆曲和盛产于苏州而得名。曲笛管身粗长，音色柔和，善于表现江南的柔婉情致。梆笛以伴

奏梆子类戏曲得名，管身细短，音色明亮，善于表现北方的刚健气质。

箫

"黄河远上白云间，一片孤城万仞山。羌笛何须怨杨柳，春风不度玉门关。"这是著名诗人王之涣的《出塞》，也是唐代七绝的压卷之作。诗中幽怨的羌笛，就是现在人们所说的箫。箫原称"洞箫"，是中国古老的吹奏乐器之一。箫和笛一样，都是源于远古时期的骨哨。因此很长一段时间人们把箫称作笛，直到唐代，两者才开始分离，横吹为笛，竖吹为箫。箫的音量较小、音色轻柔，

吹箫图轴 明 唐寅
图中女子高挽发髻，复戴以碧冠，面容白皙却现愁容。其双手捏箫，唇未启而意先生，二目凝视前方，忧郁神情甚浓，令人如闻箫声，随之更容。

比笛声更有一股缠绵不尽的幽怨之意，因此箫比较适于独奏和重奏。著名的独奏曲目有《鹧鸪飞》《妆台秋思》《柳摇金》等，另有琴箫合奏曲《梅花三弄》《平沙落雁》等。

二　胡

二胡是唐代由西域胡人传过来的弦乐器，来自北方的奚部落，因此又称"胡琴"。后来，胡琴发展出了二胡、中胡、京胡、坠胡、板胡等十几个品种，二胡就是其中比较重要的一种。二胡基本上都是木质的，整体由琴杆、琴筒、琴轴等基本部件构成。二胡的琴筒有圆形、六角形等多种形状，琴筒的一端蒙有蛇皮或蟒皮，另一端则设置雕花的音窗。在乐队中，二胡作用很大，它既能独奏，也适合合奏。既能演奏风格细腻深沉、柔美抒情的乐曲，也能够演奏风格欢快活泼的乐曲，有非常丰富的表现力和艺术感染力。无锡民间艺人阿炳创作的《二泉映月》，是中国著名的二胡曲，这首乐曲饱含着作者悲伤的命运和内心的疾苦和希望，具有强烈的艺术感染力。

六代乐舞

宫廷雅乐在周朝的代表作品当数"六代之乐"：《云门》《咸池》《大韶》《大夏》《大濩》《大武》。由于它们都是歌舞乐三位一体，又称为"六舞"。

第一代乐舞：《云门》，歌颂黄帝的丰功伟绩，以黄帝所在氏族的图腾为云彩而得名。第二代乐舞：《咸池》，亦称《大咸》，表现了祭奠祖先和祈求祖先保佑的内容。之所以叫《咸池》，是因为在神话传说中，咸池是日落之地，也是祖先亡灵栖息的地方。第三代乐舞：《大韶》，简称《韶》，因以排箫为主要伴奏乐器，又名《箫韶》，传说是舜时代的宗教性乐舞，该乐舞有九次变化，歌也有九段，在后世又被称为《九歌》。它是远古时期最为著名的乐舞，孔子在齐国听《韶》乐之后"三月不知肉味"，并赞叹道"韶尽美矣，又

尽善也。"尽善尽美的成语由此得来。

第四代乐舞：夏时的《大夏》，主要歌颂大禹治水的功绩。这个乐舞也有九段，用籥伴奏，又称作"夏籥九成。"第五代乐舞：《大濩》是赞颂商代君王成汤伐桀的功绩。"濩"本是指用音乐舞蹈形式祭祀祖先的巫术活动，后来将这类巫术活动中表演的音乐舞蹈专称为"濩乐"。《大濩》表演时场面壮观、气势宏大，集商朝乐舞之大成。第六代乐舞：周朝的《大武》，歌颂周武王讨伐商纣的胜利。《大武》是这一时期宫廷歌舞的最高典范，在表演时，舞分六场，乐也分六章。这些歌曲的唱词，被收集在《诗经》的《周颂》中。

六代之乐是当时宫廷最具权威性的祭祀礼乐，也是"乐教"的经典教材。周朝的"大司乐"，就是专门设立的音乐教育机构的总长官。下面有高、中、下三级乐官和乐工，等级分明，职责明确，构成了系统地管理和排演礼乐、教习礼乐的机构。

雅　乐

"雅乐"就是"优雅的音乐"的意思，是中国古代的宫廷音乐，用于祭祀天地、祭祀祖先、朝贺、宴享等各种仪式典礼中。西周建立后，周公制礼作乐，其中一部分就是雅乐。周朝把礼、乐、刑、政并列，政权、法律、礼仪和雅乐构成了西周奴隶主贵族统治的支柱。《周礼》所记载的周朝的各种贵族礼仪中与雅乐有关的有：郊杜（祭天地神明的祭典）、尝禘（贵族祭其祖先的祭典）、食飨（政治上外交上的宴会等，包括大飨、燕礼、大射、养老等）、乡射（乡里中官僚和地主们比射的集会）、王师大献（战争胜利时举行的凯旋庆典）、行军田役（用于军事演习性质的狩猎）。它的主要目的是使参加典礼的贵族受到教育和感化。雅乐的歌词大都载于《诗经》中的"大雅""小雅"和"颂"中。雅乐的主要乐器是编钟和编磬，其他乐器还有特钟、特磬、柷、敔、古琴、搏拊、埙

等。随着周朝的衰落和社会的发展，民间的俗乐逐渐取代了雅乐。

诗乐

诗乐就是《诗经》所用的音乐。《诗经》不仅奠定了中国古代文学现实主义的基础，而且在当时都是歌曲，是中国古代最珍贵的艺术遗产之一。

《诗经》中"风"（国风）是"民俗歌谣之诗"；"大雅"是"会朝之乐，受厘陈戒之辞"；"小雅"是"燕飨之乐"；"颂"是"宗庙之乐歌"。风有十五国风，是各地的民歌，文学成就最高。雅分大雅、小雅，多为贵族祭祀、朝会、燕飨之诗歌，小雅中也有部分民歌。颂是宗庙祭祀时用的诗歌。《诗经》中的歌曲，在周朝非常流行。这些歌曲有歌唱的、合奏的，也有单项乐器演奏的。有些用乐器所奏曲目（"笙诗"）没有歌词，所以在《诗经》中只有篇名，称为"佚诗"。《诗经》中的歌曲是周朝贵族教育的主要科目，称诗、书、礼、乐"四术"。它在当时的社会生活中，占有很重要的地位。可惜的是由于时代久远，《诗经》的乐曲没有传留下来。后来，《诗经》被儒家奉为经典，成为《六经》之一。

楚声

楚声又称"楚调"或"南音"，指的是春秋战国秦汉时期楚地的音乐，也泛指长江中游、汉水流域至徐、淮间的音乐。南音一词始见于《左传》及《吕氏春秋》。现存的记载楚声歌词的有《接舆歌》《沧浪歌》《子文歌》《楚人歌》等。

楚声的音乐形式，是楚辞中的"少歌""倡"等歌曲结构用语，即插入歌曲中间部分的小段或单句。战国和两汉时期是楚声的极盛时期。当时楚国的流行歌曲有《下里巴人》《阳阿》《薤露》等。以屈原的《九歌》为代表的楚辞作品都是模仿楚国民间乐舞歌唱的形式而作的。汉高祖刘邦和他手下的许多大臣都是楚国人，非常喜欢楚声，在全国范围内大力提倡。刘邦的《大风歌》就是楚声。当时楚声不仅在汉朝宫廷受到欢迎，在民间也十分流行。六朝时，楚声还保存在琴曲中。唐朝以后，楚声失传。

燕乐

燕乐起初只是一种宴请宾客时专用的宫廷音乐，在周朝不受重视，一直到隋唐时期，它的地位才逐渐变得显要，并且最终取代雅乐，成为盛行一时的宫廷音乐。

燕乐主要是供人欣赏的，强调娱乐性和艺术性，因此隋唐燕乐大力吸收民间音乐，融合少数民族以及外来俗乐，形成了一种多元的宫廷新音乐。在隋朝初年，燕乐按音乐来源和乐队编制分为七种，即"七部乐"，到隋炀帝的时候又增加为九部乐。唐太宗时改为十部乐，包括燕乐（杂用中外音乐）、清商伎（传统音乐）、西凉伎、天竺伎、高丽伎、龟兹伎、安国伎、疏勒伎、康国伎、高昌伎。到唐玄宗时，又根据表演形式将十部乐归为坐部伎、立部伎两大类。坐部伎在室内坐奏，人数较少，音响清雅细腻，注重个人技巧；立部伎在室外立奏，人数较多，场面宏大，气氛热烈，有时还加入百戏等。在当时的宫廷音乐中，坐部伎地位最高，立部伎次之，雅乐地位最低。著名诗人白居易曾在《立部伎》中说："笙歌一声众侧耳，鼓笛万曲无人听。立部贱，坐部贵，坐部退为立部伎，击鼓吹笙和杂戏。立部又退何所任，始就乐悬操雅音。"可见在中唐时期，燕乐已经完全取代了雅乐的地位，成为宫廷音乐中绝对的主角。

唐代燕乐最突出的艺术成就是歌舞大曲。它是一种综合器乐、歌唱和舞蹈的多段结构的大型乐舞，由"散序""中序"和"破"三部分组成。其中散序由器乐演奏，无拍无歌，节奏自由；中序入拍歌唱，多为抒情慢板，由器乐伴奏；破是乐舞的高潮，以舞蹈为主，节奏逐步加快，最后在热烈的气氛中结束。著名的大曲有《绿腰》《凉州》《后庭花》《霓裳羽衣曲》《破阵乐》《水调》等。

李延年

李延年是汉朝著名的宫廷乐师。年轻时曾因触犯刑律而被处以腐刑，在宫中当管狗的太监，但后来由于"性知音，善歌舞"而受武帝的器重。李延年歌声动人，曾经在汉武帝面前赞美自己的妹妹："北方有佳人，绝世而独立，一顾倾人城，再顾倾人国，宁不知倾城与倾国，佳人难再得。"结果他的妹妹因此而受宠，被封为夫人，李延年也被封为掌管乐府的协律都尉，成为当时炙手可热的人物。不幸李夫人早逝，李家逐渐失宠，李延年也由于家人连累被杀。

李延年具有多方面的才能，除唱歌外，他还善于编曲创作，史称他"每为新声变曲，闻者莫不感动"。他曾经为司马相如等著名文人所写的 19 首郊祀歌词作曲，用于宫廷祭祀乐舞。他还对外来音乐进行加工创作，将张骞从西域带回的《摩柯兜勒》一曲改编为"新声二十八解"，用作仪仗队的军乐，为中国音乐的发展做出了卓越贡献。

赵飞燕

赵飞燕（？～前 1），原名宜主，本为长安宫人，家庭贫困，出生后父母将其遗弃，三天后见她还没有死去，才将其抚养起来。长大一些后，她被送到阳阿公主家做歌舞伎，逐渐显示出惊人的才艺，又因身轻如燕，而得号"飞燕"。一次，汉成帝造访阳阿公主，见到赵飞燕，十分欣赏，遂纳入宫中，先封为婕妤，再立为皇后，极其宠幸。赵飞燕姿容秀丽，身材轻盈，舞技出众，是中国古代最为知名的舞蹈家之一。传说她表演的一种舞蹈，手如拈花颤动，身形似风轻移，曼妙之极，堪称绝世而独立。对此，李白在赞美杨贵妃的《清平调》中曾写道："借问汉宫谁得似，可怜飞燕倚新妆。"绥和二年（前 7），汉成帝暴卒。太子刘欣即位，是为汉哀帝，赵飞燕被尊为皇太后。虽然赵

飞燕曾经为祸后宫的恶劣行径备受群臣指斥，但是哀帝念及赵飞燕有恩于己，遂没有追究。6 年后，哀帝驾崩，平帝即位。是时外戚王莽专权，下诏废其为庶人，赵飞燕随即自尽。

万宝常

隋唐时期由于音乐的全面繁荣，著名的音乐家多不胜数。其中著名的宫廷乐工万宝常，是当时不能不提的重要音乐家。万宝常原是南朝人，后应父亲触犯北齐法规，不满 10 岁的万宝常被"配为乐户"，一辈子只能当个地位低下的乐工。后来他师从音乐家祖珽，成为一个"妙达钟律，遍工八音"的音乐大家。万宝常曾撰写过《乐谱》64 卷，并提出了有名的八十四调理论，即一个音阶有七音阶，每个音阶上建立一个调，所以成为 7 个调。那么"十二律"即可得"八十四个音阶调式"。这一理论在隋朝并不受重视，直到唐朝，才被音乐界关注研究。万宝常的学说，为中国的音乐理论做出了突出贡献。此外，万宝常还使用水尺定音律，以代替传统的"管口校律"来调整乐器声音。

可惜万宝常生于乱世，一生经历四朝，并由于才能出众受到忌恨，终生未得重用。晚年他贫病交加，临死前将自己的著作付之一炬，这是中国音乐界的一大损失。

李龟年

唐朝宫廷人才济济，李龟年是唐玄宗最为赏识的乐人之一。他和他的兄弟李彭年、李鹤年都以音乐闻名，其中又以李龟年最为有才。他能歌善舞，精通多种乐器，还善于作曲。王公贵族经常请他到府上表演，动辄以千金相赠。结果李氏兄弟在洛阳建造的宅第，规模甚至超过了公侯府第。"安史之乱"后，李龟年流落到江南，境遇十分凄惨。一次诗人杜甫偶然听到他的歌声，感叹不已，于是写下了著名的《江南逢李龟年》："岐王

宅里寻常见，崔九堂前几度闻。正值江南好风景，落花时节又逢君。"

戏曲的四功五法十要

戏曲艺术将表演技巧概括为四功、五法与十要。

四功是戏曲演员的四种基本功夫：唱功、做功、念白与武打。

五法，指的是手、眼、身、法、步。手指手势，眼指眼神，身指身段，步指台步；至于法，则解释不一。一说是"身法"应作为一项；一说是应称"手眼身步"法。这样，五法就变成四法了。还有认为"法"是"发"之误，指的是"水发"技术，但是"发"已包括在十要之中。按程砚秋的见解，"法"则应改为"口"，"口法"是为了练好唱念功夫。

十要包括水袖、髯口、翎子、扇子、靴子、帽翅、马鞭、笏板、牙和水发。

唱念做打

唱、念、做、打是戏曲表演中的四种艺术手段，同时也是戏曲演员表演的四种基本功，通常被称为"四功"。"唱"指歌唱，"念"指具有音乐性的念白，二者构成歌舞化戏曲表演艺术两大要素之一的"歌"；"做"指舞蹈化的形体动作，"打"指武术和翻跌的技艺，二者结合，构成另一大要素"舞"。

唱、念、做、打是戏曲表演的特殊艺术手段，四者有机结合，构成了戏曲表现形式的特点，是戏曲有别于其他舞台艺术的重要标志。

生旦净丑

"生、旦、净、丑"是中国传统戏曲中的四种角色。它们是一台戏剧演出的四大台柱。"生、旦、净、丑"的取名和这四个字的反喻之意有关。

"生"是在剧中扮演男子的角色，有老生、小生、武生之分。过去老生是各行当之首，也就是整出戏成败的关键，要求

生角的演出团必须老练娴熟，唱做俱佳，故反其意取名为"生"。

"旦"是在剧中扮演女性人物的角色，有青衣、花旦、老旦等之分。"旦"的本义是指旭日东升，也是阳气最盛的时候，旦角表演的是女性，女属阴，故反名之为"旦"。

"净"是在剧中扮演性格刚烈或粗暴的人物，通称花脸，有铜锤花脸、架子花脸、武花脸等之分。"净"本意是清洁干净，而剧中净角都是涂满油彩的大花脸，看起来很不干净，不干净的反面就是净，因而得名。

"丑"是在剧中扮演滑稽人物的角色，有文丑、武丑之分，在十二属相中，丑属牛，牛性笨，因此，丑就是笨的代名词。而演丑角的人，则要求活泼、伶俐、聪明，故相反取名为"丑"。

髯 口

髯口，戏曲中各式假须的统称。又称"口面"。髯口式样上的改进同演员注意利用髯口做种种身段动作以刻画人物的情绪、性格有关，并由此而形成"髯口功"。

各式髯口的色彩，一般有黑、灰、白三种，以区别角色的年龄。少数形貌怪异或性格暴烈的人物及神怪，也有戴红髯、紫髯、蓝髯、黑红二色髯的。

假 发

中国戏曲中，假发是"行头"中"头面"的一部分，属于"软头面"之一。

男角的假发有全顶（将整个头部全包住）、半顶（头顶齐耳往后部分），半顶假发外剩下的部分称为"头片"，指两鬓和美人尖的发片，靠脸颊的部位会黄胶加以粘贴，靠头顶的地方则用发夹或簪固定。

旦角有一种叫"大头"的假发，会用到一种分成一绺绺、称为"片子"的假发，贴上前要用束发带把本身的头发束起，把片子蘸刨花水梳平，沿着束发带贴，一端呈椭圆

形的几片用作刘海，尾端尖削的两片置于两鬓，脸宽的向内贴，脸小的向外贴，可以把脸型修饰成瓜子脸。

戏 衣

戏衣泛指传统戏曲服装。宋杂剧、金院本的演出已有为舞台演出而专备的戏衣。至明代中叶昆剧兴起而逐步完善。戏衣的特点有：一、有丰富的表现力，无论文武、男女、老幼、贫富、贵贱、善恶、神鬼等角色，都可以在戏衣中找到相应的服装。二、丰富多彩，每一件服装都有独立的品格，相互辉映，使舞台形象更加美观。三、严格的规范，戏曲舞台讲究"宁穿破，不穿错"。

行 头

行头是金、元时起对戏具的统称。《扬州画舫录》称"戏具谓之行头，行头分为衣、盔、杂、把四箱"。

衣箱，分大衣箱、二衣箱、三衣箱。大衣箱包括各种长短袍服，二衣箱包括各种武装人员的装束，三衣箱即演员所穿内衣及塑形用品。盔头箱，主要是盔、帽、冠、巾四种。杂箱指彩匣子、水锅和梳头桌。把箱即旗把箱，包括各种兵器、文房四宝等道具。

一套完整的行头，在演出时均有一定的使用章程和规范，如衣箱上的十蟒十靠都必须按上五色和下五色，即红、黄、绿、白、黑、蓝、紫、粉、古铜、秋香十色的顺序摆放；后场桌上的道具必须根据戏码的变换而变换。以保证演员穿、扎、戴、挂、拿，有条不紊地进行。

一桌二椅

戏曲舞台上的演出用具，对剧情的地点和人物关系具有一定的表现或暗示作用。桌椅的摆列样式，主要有如下几种：

大座：桌在舞台正中，椅在桌子后面。又称"正场桌""内场椅"。皇帝临朝用黄色绣龙桌围椅披，设金色香炉；官员升堂用红色桌围椅披，设印盒、签筒等。桌围椅披和桌上陈设，依据剧情而有若干变化。

双大座：桌子摆法与大座相同，桌后设双椅。又称"内场双椅"。多用于老年夫妇接受儿女拜贺的宴庆场面。

大座跨椅：以大座为基础，在桌子两旁再各加一椅。如在大座一侧加椅，则称"大座单跨椅"。

斜场大座：大座斜设于舞台一侧，另一侧设其他演出用具。

八字桌：舞台两侧各设一大座。主要用于宾主宴会场面。

三堂桌：舞台正中和两侧各设一大座。用于宴会、会审等大场面。

骑马桌：舞台正中竖设一桌，两侧各设一椅。店房、书斋、卧室、船舱等不同场合均可运用，一般用来表现夫妻、兄弟、朋友等之间的亲近关系。

斜场骑马桌：骑马桌斜设于舞台一侧，另一侧配以其他演出用具。

小座：桌在舞台正中，椅在桌子前面。又称"正场椅""外场椅"。一人独坐，不需桌子时，多用小座。

八字跨椅：桌在舞台正中，两侧各设一椅。主要用于内厅议事、接待宾朋、家庭闲叙等场面。

八字椅：又称"外八字跨椅"，遇有大段唱做，需要演员靠近观众时，即采用此种摆法。如《铡美案》包拯劝陈世美的场面。

旁椅：在小座或八字跨椅的基础上，一侧或两侧所加之椅。多为辈分、职位低一等的人坐。

门椅：椅子设在台口，表示在门外或帐外。如《辕门斩子》中绑出帐外的杨宗保，即坐门椅。

站椅：剧中人物登高瞭望或表示神怪腾云驾雾时用。

倒椅：将椅子放倒，多用于非正常的临时坐处。

大高台：两桌相叠，上面设小帐。两桌之后又设一竖桌，桌上有椅子。桌旁再设一椅，供演员上下、表示将台等。

小高台：两桌前后并列，上设一椅。桌旁又设一椅，供演员上下。表示楼船、将台、山坡等。

帅帐：舞台正中设大座，大座后设两椅，椅背朝外，椅上架设大帐。用于元帅升帐等场面。摆帅帐的大椅，一般为红缎金花，有的在帐额上绣"三军司令"四字。

楼帐：舞台正中架设大帐，帐后设桌椅，演员登高，即表示彩楼或绣楼。

床帐：舞台正中架设大帐，内设椅子。用于表现闺房、洞房。摆床帐、楼帐用的大帐，色彩很多，一般彩绣翎毛、花卉。

上述各种摆列样式，为长期演出过程中所积累，成为运用桌椅的基本程式。但在具体戏中，摆法也不是一成不变的。

检 场

检场指的是在戏曲演出过程中，如果遇到换场需要更换道具时，由戏曲人物以外的工作人员上台搬换道具。

以前的舞台为突出的三面有观众的台子，演员上下场是从底幕两侧"挖"出的上下场门上下，而现在的舞台则变成了只有前面对着观众，舞台上有了两道幕，道具需要更换时可以拉上幕进行，所以检场也就取消了。

火 彩

中国戏曲舞台上表现火焰、烟云各种特技的统称。

始于汉代百戏的"吞刀吐火"，宋代傩戏和目连戏中广泛应用。明代戏曲演出中，火彩用于渲染鬼神，表现战争场面。

火彩主要有两类：演员口吐、检场人员施放，后者在川剧中叫撒粉火，通称撒火彩。花式甚多，如绕成大圈的叫"月亮门"，连接不断的叫"连珠炮"，劈空飞出的"叫过梁"，飞焰落入台口盆中以引燃盆内酒火的叫钓鱼等。

楔 子

元杂剧的专用术语，它是指四折戏之外的过渡段落，主要是用来介绍情节和人物，加强情节之间的联系，位置比较灵活，可以放在剧首。一般是一本四折一楔子，如果有特殊需要，还可以有两个楔子。

科 班

戏班以演戏为主，科班以学戏为主。科，即品类、等级之意，因自汉以来，学人经科试以定次第等级，因此旧时投师学艺也称为入某一科，同年入学者为同科。考入或经人介绍加入某一学戏的班子的某一科，即称为进班入科，亦可称加入某一科班。如富连成班就分为喜字科、连字科、富字科、盛字科、世字科、元字科、韵字科、庆字科等八科。

科班均供奉唐明皇为祖师爷，并每日朝拜，凡入科班一定要立字据，如同定下卖身契约，不仅要打骂体罚，而且科满后要效力三年，因此旧时学戏称为"打戏"，坐科七年称为"七年大狱"。

跑龙套

戏台上四人一组扮演兵士或衙役的角色，叫龙套。龙套由所穿的龙套衣得名。这几个人代表了千军万马。龙套在舞台上的活动有一定程式，如升帐或坐堂分站两厢的叫"站门"；引导主人前行并开路的叫"圆场"；在上下场门附近斜列两行候主人上场或下轿的叫"斜门"；在双方交战从兵刃下穿过叫"钻烟笼"；分从两边上场叫"二龙出水"等。

龙套表演讲究"站如钉，走如风"。龙套在站堂助威时要像岩石一般，伫立不动；一旦动（跑）起来，犹如燕子掠过水面。舞台的气氛，有时是靠龙套跑出来的，所以又叫"跑龙套"。龙套以头旗为主，二、三、四旗为副，要听头旗的指挥。他们常打着红门旗、飞虎旗、月华旗，演神话还打着风旗、水旗、火旗、云牌等，所以也有人称为"打旗的"。

票 友

会唱戏而不专业以演戏为生的爱好者，即对戏曲、曲艺非职业演员、乐师等的通称。相传清代八旗子弟凭清廷所发"龙票"，赴各地演唱子弟书，不取报酬，为清廷宣传，后就把非职业演员称为票友。票友大多数是为自唱自娱。

梨 园

梨园是对中国戏曲界的称呼，旧时常将戏曲行当叫作"梨园行"，将戏曲艺人称为"梨园子弟"，一直沿用至今。据传说，唐玄宗李隆基是个戏曲、音乐的爱好者，他自己不仅爱听、懂欣赏，还能唱上两口、玩玩乐器、指挥排练。他最爱大型歌舞。于是，唐玄宗主持选拔了 3000 名乐师，常亲自光临指导，将艺人集中于皇宫中的梨园演练。后来，人们把皇上提供的演练场地"梨园"称代戏曲音乐行当。

除了"梨园"之外，还有人称戏曲界为"菊部"，这一称呼来自另一位皇帝的故事。北宋的徽宗、钦宗被金人俘虏之后，北宋灭亡。徽宗第九子高宗赵构称帝，重建宋朝，史称南宋。国难深重，宋高宗赵构的压力颇大，内宫有位菊夫人能歌善舞精通音律，常为高宗演出歌舞消遣，宫中称此女子为"菊部头"。所以，戏曲行当也有"菊部"的特别称谓。

梨园界对戏曲还有"雅部"和"花部"之称，这是始于乾隆年间的叫法。"雅部"指当时被认为是雅乐的昆腔；"花部"指昆腔之外的地方戏曲。后来这两部通指戏曲了。

勾 栏

勾栏，是宋元戏曲在城市中的主要表演场所，相当于现在的戏院。

在北宋时，由于市民阶级的不断扩大，他们文化娱乐的需要也日益提升，因而出现了勾栏。勾栏，可供艺人演出杂剧及讲史、诸宫调、傀儡戏、影戏、杂技等，可容纳观众数千人。勾栏的出现，对中国戏曲的形成具有重要意义。在此，各种技艺之间可以互相交流、吸收，演出可以经常化、固定化。

畅音阁

畅音阁，全称故宫宁寿宫畅音阁大戏楼，为清宫内廷演戏楼，位于故宫博物院内养性殿东侧。乾隆三十七年（1772）始建，乾隆四十一年（1776）建成。

畅音阁三重檐，台基高 1.2 米，通高 20.71 米，总面积 685.94 平方米，卷棚歇山式顶，覆绿琉璃瓦、黄琉璃瓦剪边，一、二层檐覆黄琉璃瓦。阁面阔三间，进深三间，与南边五开间扮戏楼相接，平面呈凸字形。上层檐下悬"畅音阁"匾，中层檐下悬"导和怡泰"匾，下层檐下悬"壶天宣豫"匾。内有上中下三层戏台，上层称"福台"，中层称"禄台"，下层称"寿台"。

畅音阁为紫禁城中最大的一座戏台，与京西颐和园内的德和园大戏楼（仿畅音阁规制建造）、承德避暑山庄的清音阁大戏楼并称清代三大戏楼。

京 剧

京剧作为中国的"国粹"已有 200 年历史了，它以其高超的表演艺术和深厚的文化内涵著称于世。

京剧的前身是安徽的徽剧，俗称"皮黄戏"。清朝乾隆五十五年（1790）起，原在南方演出的三庆、四喜、春台、和春四大徽班相继进入北京演出，他们把汉调、秦腔、昆曲的曲调及表演方式融入了徽剧，并将其演变成一种更为美妙的声腔，称为"京调"。清代末期民国初期，京班掌控着上海的全部戏院，于是"京调"正式被称为"京戏"。

京剧音乐属于板腔体，唱腔以徽调的二黄和汉调的西皮为主，称为"皮黄"。经过无数艺人的长期舞台实践，京剧在文学、表演、音乐、唱腔、锣鼓、化妆、脸谱等各个方面，形成了一套规范的程式。京剧在表演上歌舞并重，融合武术技巧，多用虚拟动作，节奏感强，技艺高超，唱腔悠扬委婉，念白也带有音乐性，形成了中国戏曲"唱念做打"有机结合的表演艺术体系。

同光十三绝

"同光十三绝"是徽班进京后由演唱徽调、昆腔衍变为京剧的13位奠基人，又都是技艺非凡的表演艺术家。当时的画家沈蓉圃参照清朝中叶画师贺世魁所绘《京腔十三绝》戏曲人物画的形式，把这13位前辈画在一幅画面上，挂在北京前门廊房头条东口听诚一斋店铺里，流传很广。

画中绘老生4人：程长庚饰《群英会》之鲁肃，卢胜奎饰《战北原》之诸葛亮，张胜奎饰《一捧雪》之莫成，杨月楼饰《四郎探母》之杨延辉。

武生1人：谭鑫培饰《恶虎村》之黄天霸。

小生1人：徐小香饰《群英会》之周瑜。

旦角4人：梅巧玲饰《雁门关》之萧太后，时小福饰《桑园会》之罗敷，余紫云饰《彩楼配》之王宝钏，朱莲芬饰《玉簪记》之陈妙常。

老旦1人：郝兰田饰《行路训子》之康氏。

丑角2人：刘赶三饰《探亲家》之乡下妈妈，杨鸣玉饰《思志诚》之闵天亮。

沪　剧

沪剧属江、浙、长江三角洲吴语地区滩簧系统，兴起于上海。因上海简称沪，故名沪剧。主要流布于上海、苏南及浙江杭、嘉、湖地区。主要有长腔长板、三角板、赋子板等。曲调优美，富有江南乡土气息，擅长表现现代生活。优秀剧目有《罗汉钱》《芦荡火种》《一个明星的遭遇》等。

越　剧

越剧是中国传统戏曲形式之一。清末起源于浙江嵊州市，由当地民间歌曲发展而成。主要流行于浙江、上海、江苏、福建等地，越剧长于抒情，以唱为主，声腔清悠婉丽，优美动听，表演真切动人，极具江南地方色彩。越剧演员初由男班演出，后改女班或男女混合班。越剧有影响的剧目有《梁山伯与祝英台》《玉堂春》《打金枝》等。

婺　剧

婺剧，俗称"金华戏"，因金华古称婺州而得名，浙江省地方戏曲剧种之一。婺剧是高腔、昆腔、乱弹、徽戏、滩簧、时调六种声腔的合班。它以金华地区为中心，流行

《同光十三绝》画像（摹本）清代 沈容圃

沈蓉圃为光绪年间北京画师，绘清同治、光绪年间北京昆曲、京剧著名演员13人剧装写真图。全画长达丈余，绘13位演员。面目须眉，各具神情，色泽妍雅，栩栩如生。

于金华、丽水、临海、建德、衢州、淳安，以及江西东北部的玉山、上饶、贵溪、鄱阳、景德镇等地。

山东梆子

山东梆子是流行于鲁西南及鲁中地区的地方戏曲剧种，又名"高调梆子"，简称"高调"或"高梆"，因其高昂激越的特点，还被人称为"舍命梆子腔"。主要流行于山东西南部的菏泽、济宁、泰安等地，以及聊城、临沂等地区的广大城镇乡村。因流行区域的不同，群众对其称呼亦有别。如以菏泽为中心的，习称"曹州梆子"；以济宁、汶上为中心的，称为"汶上梆子"或"下路调"，总称"高调"，以区别于流行在鲁西南、豫北、冀南的"平调"。1952 年，定名统称为"山东梆子"。

吕 剧

吕剧是山东省地方戏曲剧种之一，曾名"化装扬琴""琴戏"。早在清代中叶，山东南部农村出现了一种名叫"小曲子"的小曲连唱体曲艺形式。因其主要伴奏乐器为扬琴，故又称"扬琴"。在发展过程中，受到不同地区的语言、风俗的影响，逐渐形成为南路、北路、东路琴书三大流派。1933 年邓九如在天津电台播音时，定名"山东琴书"。1953 年定名"吕剧"。

吕剧最为突出的特点是：既是戏曲又是曲艺。其唱腔以板腔体为主，兼唱曲牌。曲调简单朴实、优美动听、灵活顺口、易学易唱。

潮 剧

潮剧又名潮州戏、潮音戏、潮调、白字戏，主要流行于潮州方言区，是用潮州话演唱的一个古老的地方戏曲剧种。

潮剧是宋元南戏的一个分支，由宋元时期的南戏逐渐演化，吸收了弋阳、昆曲、皮黄、梆子戏的特长，结合本地民间艺术，最终形成自己独特的艺术形式和风格。

潮剧传统剧目可分为两大类：一类来自南戏传奇和杂剧，如《琵琶记》《荆钗记》《白兔记》《拜月记》《珍珠记》《蕉帕记》《渔家乐》等。另一类取材当地民间传说故事或实事编撰的地方剧目，如《荔镜记》《苏六娘》《金花女》《柴房会》《龙井渡头》等。

川 剧

川剧起源于四川，长期流行于四川、云南、贵州等西南地区几个西南省份，是人们喜闻乐见的一种地方戏剧。

明末清初，陆续有大批各地移民进入四川，以及各省在四川的会馆纷纷建立，全国各地的南腔北调也相继被移植到四川各地，这些剧种在长期的发展过程中，相互融合、相互借鉴，又结合当地的风俗、方言以及各种民间戏曲，逐步形成了一种具有四川特色的剧种，就是川剧。

川剧的声腔主要由昆曲、高腔、胡琴、弹戏以及灯腔等五种声腔组成，其中除灯腔发源于四川本地以外，其他四种腔调都来自外地。这五种声腔再加上为这五种声腔伴奏的各种乐器，形成了形式多样、曲牌丰富而又风格迥异的川剧音乐形式。

高腔，是川剧中最重要的一种腔调。川剧高腔拥有众多的曲牌数量，剧目广、题材多、适应性强，兼有南曲和北曲中高亢激越、婉转抒情的特点。川剧中的昆曲来源于江苏的昆曲，川剧艺术家利用昆曲长于歌舞的特点，往往将昆曲中的单个曲牌融入其他唱腔中演出，形成独具特色的川剧昆腔，简称"川昆"。胡琴是西皮和二黄的统称，因为二者的主要伴奏乐器都为"小胡琴"，所以这样统称。川剧胡琴来源于湖北汉调和安徽徽调，吸收了陕西汉中二黄和四川扬琴唱腔中的优秀部分发展而成，其中川剧西皮腔善于表现激昂、高亢或者欢快的感情，而川剧二黄则长于表现沉郁、悲凉的感情。川剧的弹戏来源于陕西的秦腔，属于梆子系统，故俗称"川梆子"。川剧弹戏以盖板胡琴为主要伴奏乐器，用梆子敲击节奏。曲调有善于表现喜感情的"甜平"和善于表现悲感情的"苦平"两种。灯腔，来源于四川本地，是川剧唱腔中最具本地特色的一种。灯腔是由四川传统的灯会歌舞演化过来的，乐曲短小，节奏明快，轻松活泼，所演的多数是民间小戏，唱的也都是民间小曲，具有浓厚的生活气息。另外，川剧中还有许多具有浪漫主义色彩的表演特技，如吐火、藏刀、顶油灯等，其中影响最大、最具特色和最常见的是变脸，演员往往能在极短的时间内变换出十多张面孔，表现角色情绪和心理的突然变化，极具观赏性。

川剧变脸

相传"变脸"是古代人类面对凶猛的野兽，为了生存把自己脸部用不同的方式勾画出不同形态，以吓唬入侵的野兽。川剧把"变脸"搬上舞台，用绝妙的技巧使它成为一门独特的艺术。

变脸的手法大体上分为三种：抹脸、吹脸、扯脸。此外，还有一种"运气"变脸。

抹脸是将化妆油彩涂在脸的某一特定部位上，到时用手往脸上一抹，便可变成另外一种脸色。吹脸只适合于粉末状的化妆品，如金粉、墨粉、银粉等。扯脸是事前将脸谱画在一张一张的绸子上，剪好，每张脸谱上都系一把丝线，再一张一张地贴在脸上。丝线则系在衣服的某一个顺手而又不引人注目的地方。随着剧情的进展，在舞蹈动作的掩护下，一张一张地将它扯下来。

昆 曲

昆曲是中国传统文化艺术中的珍品，是中国传统戏曲中最古老的剧种之一，已经有六七百年历史。它起源于元朝末年的昆山地区，又叫作"昆剧"，是由元代末年的顾坚创立的，最初叫昆山腔。

昆剧《十五贯》剧照

又叫《双熊梦》，明朱素臣所作。描写熊友兰、熊友蕙兄弟分别因"十五贯钞"获罪，成为冤屈之人，后苏州知府况钟为其翻案的故事。新中国成立后，昆剧对其整理、演出，并拍摄成电影。

明朝嘉靖年间，戏曲音乐家魏良辅对昆山腔进行改进，立足南曲，吸取北曲长处，促成了集南北曲优点于一体的"水磨调"的形成，这就是昆曲。后来，昆曲不断传播，成为传奇剧本的标准唱腔，并最终发展成为全国性剧种。到清朝乾隆年间，昆曲达到鼎盛。原本以苏州的吴语语音演唱的昆曲因广泛传播，难免带上流传地的特色，故而流派众多。

昆曲音乐的结构属于联曲体结构，也可以称为"曲牌体"。昆曲常用的曲牌有上千种，包括唐宋时期的词调、词牌、民歌等在内，可谓采众家之长。昆曲的创作是以南曲为基础的，同时也使用北曲的套数，常常使用"犯调""借宫""集曲"等方法。昆曲主要以笛子为伴奏乐器，以笙箫、唢呐、琵琶等作为辅助。昆曲字正、腔清、板纯，唱腔极富韵律感，抒情性强，表演优美细腻，歌舞结合巧妙。

在长期的演出实践中，昆曲积累了大量优秀演唱剧目。其中脍炙人口的有王世贞所写的《鸣凤记》，汤显祖所写的《牡丹亭》《紫钗记》等。

豫 剧

豫剧，原名"河南梆子""河南高调"

等，流行于河南、陕西、甘肃、山西等地，是中国最重要的地方剧种之一。豫剧发源于陕西的梆子腔，即所谓的秦腔。清朝初期，秦腔传入河南，入乡随俗，开始用河南口音演唱，吸收了河南本地的民间小调等民间艺术形式的精华，并受到了昆曲、弋阳腔、皮黄腔等外省剧种的影响，在乾隆年间正式形成具有河南特色的剧种。乾隆嘉庆年间，豫剧迅速发展壮大，成为河南省重要的剧种。

豫剧的音乐分为四大流派，分别是：以开封为中心的"祥福调"，以商丘为中心的"豫东调"，流传于洛阳的唱法"豫西调"，流传于河南东南部沙河流域的唱法"沙河调"等。其中影响最大的是豫东调和豫西调。豫剧的各种流派虽然有诸多不同，但是共性大于个性，作为统一的一个剧种，豫剧具有以下特点：首先，豫剧注重唱功，演出中常有大段的唱词，相对来说动作少一些；其次，豫剧具有较大的自由性，唱词、说白、动作等都没有固定的模式，演员可以根据自己的理解，做一些创造；再次，豫剧与民间艺术结合紧密，常常把杂技、武术等技艺的动作融合到舞台表演中来，显得粗犷火爆；最后，豫剧的唱词通俗易懂，好学好唱。

豫剧的角色行当分为"四生四旦四花脸"，即老生、红生（大、小红脸）、小生等四生；老旦、小旦、正旦、帅旦四旦；黑脸、大花脸、二花脸、三花脸等四花脸。豫剧的伴奏乐器分文武戏，文戏用三弦、板胡、月琴伴奏，武戏用板鼓、堂鼓、大锣、小锣、手镲、梆子、手板等伴奏。

豫剧的传统剧目有600多个，其中经典曲目有《对花枪》《三上轿》《提寇》《铡美案》《十二寡妇征西》《花木兰从军》等。

评 剧

评剧是流传于中国北方的一个戏曲剧种，习称"蹦蹦戏"或"落子戏"。产生于河北省东部，系由流行于滦县、迁安、玉田、三河及宝坻（今属天津）一带农村的曲艺莲花落发展而成。

1935年，蹦蹦戏在上海演出时，因为上演剧目多有"惩恶扬善、评古论今"的新意，采纳名宿吕海寰的建议，改称"评剧"。1936年，白玉霜在上海拍影片《海棠红》时，新闻界首次把"评剧"的名称刊载于《大公报》，从此，评剧的名字广泛传播于全国。

评剧的艺术特点是：以唱功见长，吐字清楚，唱词浅显易懂，演唱明白如诉，表演生活气息浓厚，有亲切的民间味道。

著名的评剧艺术家有白玉霜、新凤霞等。《小女婿》《刘巧儿》《小二黑结婚》等是评剧曲目中的优秀代表。

黄梅戏

发源于湖北黄梅的黄梅戏原称黄梅调或采茶调，它起源于湖北黄梅一带的采茶歌。清朝道光年间，在湖北、安徽、江西三省毗邻地区，形成以演唱"两小戏""三小戏"为主的民间小戏。后来逐渐融入了青阳腔和徽剧的音乐和表演艺术以及民间音乐，形成了大戏。由于长期流行于以怀宁为中心的安庆地区，形成了以当地方言讲唱的独特风格，所以曾被称为"怀腔"。

黄梅戏以抒情见长，韵味丰富，曲调悠扬，如行云流水。它的唱腔分花腔和平词两大类，花腔以演小戏为主，富有浓厚的生活气息和民歌风味，平词是正本戏中最主要的唱腔，常用于大段叙述、抒情，听起来委婉悠扬。

秧歌戏

秧歌戏是中国北方地区广泛流行的一种民间戏曲，主要分布于山西、河北、陕西，以及内蒙古、山东等地。它起源于农民在田间地头劳动时所唱的歌曲，后与民间舞蹈、杂技、武术等表演艺术相结合，在每年的正月社火时演唱带有故事情节的节目，逐步形成戏曲形式。

傩戏

傩戏，也称为傩舞，是在民间祭祀仪式基础上吸取民间戏曲而形成的一种戏曲形式，于康熙年间在湘西形成后，由沅水进入长江，向各地迅速发展，形成了不同的流派和艺术风格。广泛流行于安徽、江西、湖北、湖南、四川、贵州、陕西、河北等省。

傩戏的演出剧目有《孟姜女》《庞氏女》《龙王女》《桃源洞神》《梁山土地》等。

目连戏

目连戏为专演《目连救母》而命名，是中国戏曲史上第一个有证可考的剧目，因此被视为戏曲的鼻祖。

目连戏集戏曲、舞蹈、杂技、武术于一身，有锯解、磨研、吞火、喷烟、开膛破肚带彩特技，以及盘叉、滚叉、金钩挂玉瓶、玩水蛇、挖四门等舞蹈动作，还有金刚拳、武松采花拳、五龙出动拳等诸多拳路，服装、道具、化装、表演均有独特之处。既可登台演出，又可扎扬表演。

秦腔

秦腔发源于古代陕西、甘肃等地的民间小曲，成长壮大于历史文化名城西安，历经各朝各代的艺术家反复锤炼、创造，而逐渐形成。古时陕西、甘肃一带属秦国，所以称为"秦腔"。因为早期秦腔演出时，常用枣木梆子敲击伴奏，故又名"梆子腔"。秦腔成形后，流传全国各地，因其一整套成熟、完整的表演体系，对各地的剧种产生了不同程度的影响，并直接影响了梆子腔剧种的发展，成为梆子腔剧种的始祖。

秦腔的表演技艺朴实、粗犷、豪放，富有夸张性，生活气息浓厚，技巧丰富。其身段和特技有：趟马、吐火、喷火、担子功、翎子功、水袖功、扇子功、鞭扫灯花、顶灯、咬牙、耍火棍、跌扑、髯口、蹻工、獠

牙、帽翅功等。秦腔的唱腔分为欢音和苦音两类，欢音善于表现轻快活泼、喜悦的感情，而苦音则长于表现悲愤、凄凉的感情，丰富多彩的唱腔能够很好地表现各种感情。秦腔的主要伴奏乐器为板胡。秦腔的角色分类有"十三门二十八类"之说，即角色分为四生、六净、二旦、一丑13门，而这13门又可细分为28类。各门各类都有其特色，都有著名的演员、著名的戏剧段落。

秦腔的传统剧目数以万计，其中以取材于"三国""杨家将""说岳"等英雄传奇或者悲剧故事的剧目居多，剧目无论在数量还是题材的广度都居全国300余种戏剧之首。其中经常演出的曲目有《春秋笔》《八义图》《紫霞宫》《玉虎坠》《和氏璧》《麟骨床》等。

弋阳腔

弋阳腔以弋阳为中心，属于南戏范畴，是在南戏的基础上形成和发展起来的剧种。

弋阳腔有徒歌、帮腔、滚调等演唱形式，配以锣鼓，气氛热烈，粗犷、豪放、激越、明快。主要在江西省内的贵溪、万年、乐平、鄱阳、浮梁、上饶等一些地区传承延续，明代前中期曾流布于安徽、江苏、浙江、福建、广东、湖南、湖北、云南、贵州及北京等地。

青阳腔

青阳腔因形成于青阳县而名；又因古时青阳县属池州府，还称"池州调"。青阳腔与徽州腔驰名于明清两代，被誉为"徽池雅调"。

青阳腔拙朴、高昂、刚健、原始，它不用管弦伴奏，一般是用锣鼓伴唱，一唱众和，杂白混唱，腔滚（滚调）结合，唱腔灵活多样，曲调清秀婉转，戏曲语言、唱词通俗易懂。

海盐腔

海盐腔是一门古老的戏曲唱腔，因其形

成于浙江海盐而得名。它是元代海盐澉浦人杨梓受戏曲音乐家贯云石启发，将当时流行的南北歌调加工而成的。海盐腔由明代开始盛行并成为南戏的四大声腔之首。

海盐腔的音乐为曲牌联套体结构，分生、旦、净、末、丑诸行当。演唱时，以鼓、板及铜器等打击乐器伴奏，不用管弦。若是清唱，则只用拍板或以手击节伴之，腔调清柔、委婉。海盐腔在发展过程中，对弋阳腔、昆山腔的演变起到了一定的影响，至明万历年以后日趋衰落而渐绝迹。

余姚腔

余姚腔因形成于余姚而得名，宋元时期，余姚戏曲十分昌盛，已成时尚，涌现出了一批"戏文弟子"，至明朝，余姚梨园弟子遍及长江南北，闻名遐迩，到了清朝中叶依然演出不辍。余姚腔声腔是"调腔"，又是高腔，运用"滚唱"手法，采用联体结构，念白兼用，仅用鼓板，无管弦伴奏，在曲调前后常穿插杂白混唱。

琴书

琴书，因演唱时用扬琴为主要伴奏乐器而得名。琴书的表现形式不一，有一人立唱，两人或多人坐唱或走唱，也有分角色拆唱。唱词也根据其乐曲，有七字句、十字句和长短句之分。有说有唱，一般以唱为主、以说为辅。伴奏乐器除扬琴之外，也兼用三弦、二胡、筝、坠胡等。

琴书种类很多，有北京琴书、翼城琴书、武乡琴书、徐州琴书、安徽琴书、山东琴书、贵州琴书、四川琴书、云南琴书等。

相声

相声，中国北方曲种。它是一种源于民间的以语言为主要表演手段的喜剧性曲艺艺术。含有相声艺术因素的文学形式，可以追溯到先秦时的俳优，后来经过复杂曲折的发展历程，吸收了其他表演艺术的积极因素，

如魏晋时的笑语、唐代参军戏以及宋金杂剧里滑稽含讽的表演等。到了明代，隔壁戏与笑话艺术统称为"相声"，这两种艺术形式的普及与发展，为相声艺术的产生奠定了基础。兼备"说、学、逗、唱"艺术形式的相声形成于18世纪中叶（清乾隆时期）之前。咸丰年间，北京有一位朱绍文先生（别号"穷不怕"），是最早说相声的人。

小品

小品一词最早始于晋代，本属于佛教用语。《世语新说·文学》"殷中军读小品"句下刘孝标注："释氏《辨空经》有详者焉，有略者焉。详者为大品，略者为小品。"鸠摩罗什翻译《摩诃般若波罗蜜经》，将较详的二十七卷本称作《大品般若》，较略的十卷本称作《小品般若》。可见，"小品"与"大品"相对，指佛经的节本。因其篇幅短小，语言简约便于诵读和传播而受到人们的青睐。20世纪80年代初喜剧小品这种艺术形式被搬上荧幕，它汲取了话剧、相声、二人转、小戏等剧目的优点。

双簧

双簧戏起源于清朝末年，主要流行于北方各地。

据说，慈禧太后当权时，常常把外面的著名戏剧、杂曲演员找到宫里为她演唱。唱单弦的艺人黄辅臣是众名角之一，慈禧太后很喜欢他演唱的滑稽戏。有一次，慈禧太后传黄辅臣速到内廷，恰逢黄辅臣喉咙痛，本不能去，但又不能抗旨，于是他带了儿子一起进宫。上场时，老黄弹弦子做面，小黄藏在椅子后面演唱做里，谁知给慈禧太后看穿了，黄辅臣父子吓得不敢抬头。不料慈禧太后见他父子俩配合得天衣无缝，妙趣横生，不但没有怪罪，反而开玩笑道："你俩这叫双黄啊！"从此"双黄"（以后写成"双簧"）就成了一门独立的曲艺形式。

二人转

二人转是诞生于东北劳动人民中间的综合艺术，产生并盛行于东北三省，受到东北群众、特别是农民的喜爱。它是一种有说有唱、载歌载舞、生动活泼的走唱类曲艺形式，迄今大约已有200年的历史。

它的音乐唱腔是以东北民歌、大秧歌为基础，吸收了东北大鼓、莲花落、评戏、河北梆子等曲调而构成，高亢火爆，亲切动听。它的舞蹈是来自东北大秧歌，并吸收了民间舞蹈及武打成分，以及耍扇子、耍手绢等技巧。

在长期的艺术实践过程中，二人转逐渐形成了独有的技巧——"四功一绝"，即唱、说、拉（做）、舞功的绝技。其演出形式，大体可分单、双、群、戏四类。

弹　词

弹词，也叫"南词"。明、清两代流行的说唱曲艺形式。主要流行于南方，用琵琶、三弦伴奏。

弹词的文字，包括说白和唱词两部分，前者为散体，后者为七言韵文为主，穿插以三言句。弹词的演出有两三人、几件乐器即可完成。

木偶戏

木偶戏叫"傀儡戏"，以前俗称"耍鼓偏子"，经常出现在城乡街头。

木偶戏在中国具有悠久的历史。传说，周穆王到昆仑（今甘肃省酒泉市西南）打猎返回时，有一位工匠名叫偃师，邀请穆王与盛姬观赏他用木头和皮革制作的木偶人表演歌舞。表演结束后，木人忽然眼珠一转，向穆王左右招手，穆王大惊失色，欲将偃师斩首。偃师大惊，只好把木人拆卸了。

另据《事物纪原》记载：公元前200年左右，汉高祖刘邦率领的汉军在平城（今山西大同东北）被匈奴大军重重包围，匈奴带兵的主将是冒顿的妻子阏氏。当时汉军内无粮草，外无救兵，形势十分危急。刘邦的谋士陈平知道阏氏天性极为妒忌，于是派出能言善辩的使者带着许多金银财宝以及一幅美女图，去见阏氏。使者见到阏氏说："这些财宝是送给您的礼物，另外还有一个美女，她现在正在军中起舞，是我们送给匈奴冒顿的，希望您能笑纳。"阏氏向远处望去，果然有许多倩影在翩翩起舞。阏氏醋意大发，心想如果攻下城池，丈夫冒顿一定会纳美女为妾，到时候自己必然失宠。于是，便故意撤去一支队伍让刘邦带着大军轻松突围。其实，阏氏所看到的并不是真正的美女在跳舞，而是陈平事先制造了几个木偶美女，并用机关操纵使它们起舞于城墙上。

由此可见，中国制造木偶的历史由来已久。此后，这种戏传到了民间，成为人们十分喜爱的一种剧种。

皮影戏

皮影戏是一种观众通过白色布幕观看平面皮质偶人表演的灯影的戏剧形式。皮影戏中的平面假人以及场面和道具的景物，通常是民间艺人用皮革手工刀雕并彩绘而成，所以叫皮影。

皮影是中国最早的剧种之一，后来的不少新的地方剧种，就是从各路不同的皮影唱腔里派生出来的。皮影艺术源于西汉，兴于陕西，唐宋时代在秦晋豫一带逐渐成熟，清代则盛行于河北。在元代，统治者常常把影戏作为宫廷和军中娱乐，当时成吉思汗远征欧亚大陆的广大地区，中国的影戏也因此被传播到波斯等阿拉伯国家，后来又辗转传入土耳其，在东南亚一些国家也有流传。明朝的时候，影戏继续在都市和乡村小镇流行，从艺术接受上来讲，它不只是受到广大下层民众的喜爱，也受到许多文化人的推崇。从清人入关至清末民初，中国皮影艺术的发展达到了其鼎盛时期。很多皮影艺人子承父业，数代相传，人才辈出，无论从皮影造型制作、影戏演技和唱腔，还是流行地域上讲，都达到了历史发展的巅峰。许多官第王府、豪门望族、乡绅大户，都请名师刻制影人，蓄置精工影箱、私养影班。在民间乡村城镇随处可见大大小小皮影戏班。无论逢年过节、喜庆丰收、祈福拜神，还是嫁娶宴客、添丁祝寿，都要搭台唱影。

口 技

口技是民间的表演技艺，是杂技的一种。表演者用口模仿各种声音，能使听的人产生一种身临其境的感觉。在清代属"百戏"之一，表演者多隐身在布幔或屏风后边，俗称"隔壁戏"。

口技作为表演艺术不晚于宋代。宋人《杂记》中说在京城的游艺场里，有"学乡谈"和"百鸟鸣"，可能都是口技。宋元戏剧中的犬吠、鸡叫之类的舞台效果，大都是口技者在后台完成的。

魔 术

魔术的雏形产生于古人祭天、祈年等游艺色彩较浓的习俗活动中，面对自然灾害，古人们束手无策，因此，他们相信天地相通。于是，出现了号称自己能来往于人和神之间的巫、觋及后来的方士。这些人为了使人相信他们能够通灵，大都有些验证的办法；这就是原始的魔术师。

魔术作为具体节目表演，出现于 2000 多年前。西汉元封三年（前 108），汉武帝举行百戏盛会，盛会上既有中国的传统魔术《鱼龙蔓延》等节目，又有罗马来的魔术师表演了《吐火》《吞刀》《自缚自解》等西域魔术。魏晋南北朝时，出现了《凤凰含书》《拔井》等多个魔术节目。隋炀帝时出现《黄龙变》，变来满地的水族。唐玄宗时流行的《入壶舞》，表演者从左面缸中钻进去又从右面缸中爬出来，这些都是令人拍案叫绝的魔术杰作。到了宋代，出现了专业魔术师组成的民间社团——云机社。

宋代著名魔术家杜七圣，擅长杀人复活的把戏，名噪一时，称为"七圣法"。各式魔术戏法节目在明清时期十分盛行，中国著名的《九连环》《仙人栽豆》《古彩戏法》等，均在世界魔坛上产生过巨大的影响。

历史文献

中 国

大家都知道，中国是中华人民共和国的简称。

在古代文献中，"中国"一词有多种含义。一是指皇帝所在的都城。古代，通常称帝王所在的都城为"京师"，就以"京师"指中国，《诗经·大雅·民劳》："惠此中国。"毛传："中国，京师也。"二是指华夏族所居住的地区或所建立的国家。我国华夏族建国于黄河流域一带，以为居天下之中，故称"中国"。三是指古代文化较高的中原地区。因为广义的中原地区也包括黄河中下游。四是指从汉代开始，人们又常把汉族（实际上已融合着多种古代的兄弟民族）建立的中原王朝称为"中国"。五是至清朝。清太宗皇太极于1636年定国号为"大清"，故自称"大清国"，把明朝所统辖的地区称为"中国"。

"中国"一词在古代一般不作专有名词用。也没有一个王朝或政权以"中国"为正式国名的，但它是人们所理解的我们祖先所居住和活动的广大地域。后来就指我国的全部领土而言了。《史记·天官书》："分中国为十有九州。"《汉书·陆贾传》："中国之人以亿计，地方万里。"以"中国"作为正式国名简称的，是从辛亥革命以后建立的中华民国开始的。

华 夏

古史传说，夏是最早的一个朝代。而后来的周人以夏文化的继承者自居。因此，《尚书》中常有"区夏""有夏""时夏"等词。

周灭商后，按照周本身的组织形式分封了许多诸侯。这些诸侯国的文化和周是一个系统，周国既然自称为"夏"，这些诸侯国，尤其是在其逐渐强大起来后，也就自称"夏"，因为诸侯国不止一个，所以称为"诸夏"，以区别于不同文化系统的"夷狄"。

华字古音敷，夏字古音虎，其音相近。"夏"字称号使用机会既多，便由音近而推衍出"华"字来，以便加重语气。这样"华"逐渐成了与"夏"异名同义的称号，有时称"诸华"，有时又合称"华夏"。

在《尚书》《左传》等书中均有"华夏"一词。

九 州

我们伟大的祖国又有九州之称。宋代爱国诗人陆游在《示儿》诗中写道："死去原知万事空，但悲不见九州同。"

为什么要把中国称为九州呢？相传九州岛是夏禹治水后划分的，州名未有定说。《尚书·禹贡》作冀、兖、扬、青、徐、荆、豫、梁、雍州;《吕氏春秋》中有幽州、营州而无青州、梁州。但冀、兖、扬、荆、豫、雍、幽，得到比较多的公认。以后，汉、晋、唐等代也实行州县制。因此，在我国县以上的地方中，以州为名的很多。

三 皇

三皇五帝名称的出现，约在战国后期。当时人们凭着自己现有的科学知识和对人类社会的认识，去探索远古，研究祖先。由于社会观、自然观的不同，人们对此有很多种解释。

"三皇"共有七种说法：

1．天皇、地皇、泰皇（《史记·秦始皇本纪》）；

2．天皇、地皇、人皇（《三五历记》）；

3．伏羲、女娲、神农（《春秋纬·运斗枢》）；

4．伏羲、神农、祝融（《白虎通义》）；

5．伏羲、神农、共工（《通鉴外纪》）；

6．伏羲、神农、黄帝（《帝王世纪》）；

7．燧人、伏羲、神农（《礼纬·含文嘉》）。

以上七说里，共出现十一个名字，为什么只能称"三"皇呢？三，具有"增加、发展"之意，当时即有"一生二、二生三、三生万物"的说法。三，既表示增多，又说明为万物之始，用来说明人类肇始之祖，颇为贴切。三的用法也很多：天、地、人为"三才"，日、月、星是"三光"，夏、商、周是"三代"……三，既可解释自然，又能概括人类社会，是一个高尚的字眼。因此，人们用来标示神圣的"皇"的数量。

在第七种解释里，燧人的名字，反映了原始人的学会用火；伏羲，又称庖羲，反映了原始人的肉食屠宰；神农，反映了原始人的农作采撷。这正是当时的生活写照，客观地反映了那时的社会经济状况。再者，按《尚书大传》的说法，燧人氏用火，"火，太阳也。阳尊"，因此，燧人氏即是天皇。伏羲氏在人世间活动，是人皇。神农掌握并开发地力，是地皇。这三个名称，正好与当时流行的"三才"说相附。这一说法与上述第一二两说也一致，因此，这一解释是比较合理的。

五 帝

"五帝"有四种解释：

1．黄帝、颛顼、帝喾、唐尧、虞舜（《史记·五帝本纪》）；

2．太皞、炎帝、黄帝、少昊、颛顼（《礼记·月令》）；

3．少昊、颛顼、高辛、唐尧、虞舜《帝王世纪》；

4．伏羲、神农、黄帝、尧、舜《皇王大纪》。

太昊伏羲氏像
太昊伏羲氏居于中国古代传说中的三皇五帝的首位，姓风，相传其人首蛇身，和他的妹妹女娲生儿育女，成为人类始祖。伏羲参天地万物的阴阳变化，创制八卦，教人结网渔猎，是古代东夷族的杰出领袖。

尧帝像　　　　舜帝像

"五"的应用，也有其意义：东、西、南、北、中是"五方"，金、木、水、火、土为"五行"，……以"五"来概括自然和社会，与"三"一样，是有其特殊地位的。古人把"五行"说应用于社会，于是产生了"五帝"的概念。根据《礼记·月令》和其后的《淮南子》的说法，"东方木也，其帝太皞……；南方火也，其帝炎帝……；中央土也，其帝黄帝……；西方金也，其帝少昊……：北方水也，其帝颛顼……"这是上述第二种解释。这一说法，正好与五行、五方的理论相符，适合当时人们的认识水平。

司马迁编修《史记》时，遍访各地遗老，收集大量史料，博采众家之长，采用了上述第一种解释。这是当年齐、鲁一带学者的认识。那时人们认为，黄为中和之色，象征万世不易，黄帝制作了不容更易的制度；颛等于专，顼代表正，颛顼之名是专政天下之道的意思；喾，极也，其意为能穷极道德，是最讲德行的；尧等于峣，有清妙高远之意，人们认为他能博衍众圣之长；舜，意味着绵延下去，是能继承并推行尧道的含意。显然，这种从实际出发的认识，比五行说的臆断要深刻些。这里，反映出传说中的"五帝"时代已出现了制度，出现了实行某种专制的统治者，已开始向阶级社会迈进了。司马迁采用了此说，可见此解释在当时是最为流行并且是最有道理的。因此，其可信程度应是四种之中最大的。

炎黄子孙

为什么把中华民族称为炎黄子孙呢？

原来，"炎"和"黄"是中国古代传说中著名的两个部落的首领。大约在距今5000年以前，这两个部落曾经居住在黄河流域一带。那时候，有一个名叫蚩尤的部落首领，非常凶猛。他打败了炎帝所统辖的部族，并经常侵扰其他部落。黄帝愤于蚩尤的霸道，率兵与之决战。双方在涿鹿（即今河北省的涿鹿、怀来一带）进行激烈的搏斗。黄帝终于打败了蚩尤，为民除了害。从此，黄帝得到各部落的拥护，成为中原地区的部落联盟首领。他率领部属从事农业耕作，努力生产，奖励发明创造，号轩辕氏。炎帝也积极教人耕作、采药，故又称为神农氏。传说有"神农尝百草"的故事。黄帝姓姬，是先秦华夏族的直接祖先。故中华民族称"炎黄子孙"。

国　号

《史记·五帝本纪》载："自黄帝至舜、禹，皆同姓而异其国号。"这说明在我国历史上第一个奴隶制国家夏朝建立前，就有了国号。在奴隶制和封建制时代，国号就是王朝（朝代）之名号。国号主要是根据发迹地和封号而来。

其一，根据发迹地的地名以定国号。如《史记·五帝本纪》的《正义》中说："尧号陶唐。"因其先后居于陶（今山东菏泽市定陶区）、唐（今山西临汾）而来。周的国号，也是来自其早期活动过的周原。

其二，根据所封爵名以定国号。如刘邦在称帝前曾被项羽封为汉王，称帝后便定国号为汉。许多封爵还与某一地名相一致。如隋朝的创建人杨坚就曾袭其父杨忠的隋国公爵位（隋，当时为地名，在今湖北随州市南），他称帝后便定国号为隋。其他如顾渊为唐国公，国号唐；曹操为魏王，其子曹丕以魏为国号；司马昭为晋王，其子司马光袭爵并以晋为国号，等等。

年 号

封建帝王设置"年号"，作用并不仅仅是纪在位之年。因为，正式的年号，除具有纪年作用外，还有其他含义。

我国历史上第一个年号是汉武帝即位之初设置的"建元"（前 140～前 135）。"建元"有开始的含义。因此，颜师古说："自古帝王未有年号，始起于此。"

年号就其含义划分，有以下四类：

1. 记初登皇位：除汉武帝的"建元"外，还有汉昭帝的"始元"、汉宣帝的"本始"、汉元帝的"初元"、汉成帝的"建始"、汉平帝的"元始"、新王莽的"始建国"、汉章帝的"建初"，等等。

2. 记皇帝身体状况：如刘宋明帝以疾久不愈，改元"泰豫"。武则天身体不适，改元"天册万岁""万岁登封""万岁通天"以求福，及疾稍愈，又改元"久视"。

3. 记祥瑞：如汉武帝以长星见，改元"元光"；狩得一角兽，改元"元狩"。武则天以佛祖足迹见，大五尺，改元"大足"。

4. 记时事：如汉武帝登封泰山，改元"元封"。汉献帝自长安逃出，以为从此可保安宁，改元"建安"。晋武帝灭吴，天下一统，改元"太康"。高昌王曲伯雅被人篡夺王位，复辟后改元"重光"。明英宗复辟，改元"天顺"。清穆宗时东、西太后共理朝政，改元"同治"。

此外，还有粉饰太平，表示国运昌盛、皇位永传的年号，如"万历""乾隆""嘉庆""道光"，等等。

姓 氏

我国到底有多少姓，至今尚未有一切确的统计数。俗称"百家姓"，其实在明朝（1368～1644）时就已有 3000 多个姓了。

姓的形成有其不同的历史过程，同样的姓未必就是一个起源。如"贺"，有的是原姓"贺兰"或"贺敦"，简化为"贺"；有的是原姓"庆"，因避皇帝的忌讳而改姓"贺"。

姓也因政治、地理、民族等各种原因而变化。因此，我国姓的来历，几千年来变化多端，说法不一，但归纳起来大概有以下几个方面：

1. 在母系氏族社会，以母亲为姓，所以那时许多姓都是女字旁，如：姬、姜、妫、姒等。

2. 以出生地、居住地为姓。传说上古时代虞舜出于姚墟，便以姚为姓。春秋时代齐国公族大夫分别住在东郭、南郭、西郭、北郭；便以东郭、南郭等为姓；郑大夫住在西门，便以西门为姓。

3. 以古国名为姓。虞、夏、商朝都有个汪芒国，汪芒的后代乃姓汪；商朝有个在泾渭之间的阮国，其后代便姓阮。

4. 以封地为姓。造父被周武王封到赵城，他的后代便姓赵；周昭王的庶子被封于翁地，因而姓翁；周公旦的儿子被封到邢国为邢侯，他的后代便姓邢。

5. 以官职为姓。古代有五官，即：司徒、司马、司空、司士、司寇、他们的后代都以这些官职为姓。

6. 天子赐氏，以谥号为姓。如周穆王死了的一个宠姬，为了表示哀痛，赐她的后代姓痛；周惠王死后追谥为惠，他的后代便姓惠。

7. 以祖辈的字为姓。如郑国的公子偃字子游，其孙便姓游；鲁孝公的儿子子怅，字子臧，其后代便姓臧。

8. 因神话中的传说为姓。传说舜时有个纳言是天上龙的后代，其子孙便以龙为姓；传说神仙中有个青鸟公，后人便也有姓青鸟的。

9. 因避讳或某种原因改姓。比如战国时代田齐襄王法章的后代本姓田，齐国被秦灭了，其子孙不敢姓田而改姓法。汉明帝讳"庄"字，凡姓庄的都改姓"严"。明代燕王朱棣以讨伐黄子澄等为名起兵攻破南京，推翻了建文帝，并当了皇帝（即明成祖），当时号"靖难"，而太监马三保因"靖难"有功而被赐姓为"郑"，后改名为郑和。

10. 随着历史的发展，民族复杂化，有些姓则是民族语言的译音。如匈奴首领单于的子孙就有不少姓单于。可见，姓就是一种符号，并不像封建宗法制的维护者所宣传的那样神秘和神圣。

编年体

编年体是在春秋战国时由孔子编纂《春秋》时创立的。编年体的体例特点是记事以时间为线索，按年代的顺序叙述每年发生的历史大事，所谓"记事者以事系日，以日系月，以月系时，以时系年"（杜预《春秋经传集解序》），使史实发展的秩序分明。我国上古时代的史书，多数是编年体的，墨子所谓的百国《春秋》，即此类。

西晋初年在汲郡战国古墓中出土的《竹书纪年》和孔子据鲁国史书编纂的《春秋》，是早期编年体史书的代表作。《春秋》以鲁国历史为主干，记载了自鲁隐公元年（前722）至鲁哀公十四年（前481）的史实，是一部编年史。《春秋》文义晦涩，鲁国人左丘明又作《左传》进行注释，按《春秋》的编年线索，补充叙述《春秋》未详的重要史实，让读者了解《春秋》对历史人物和事件的褒贬含义。

由于《左传》以记史实的始末为重要特点，故又是编年纪事本末体。《春秋》和《左传》以记史实的始末为重要特点，故又是编年纪事本末体。《春秋》和《左传》问世之后，后代仿效者很多，但独以宋代司马光编纂的《资治通鉴》最为杰出，成为我国现存编年体史书中规模和影响最大的一种。《资治通鉴》记载了上起周威烈王二十三年（前403），下迄后周世宗显德六年（959）共1362年的中国古代历史，是我国历史上第一部编年体通史著作。《资治通鉴》的史实丰富，以政治军事为主，兼收经济、文化、制

左丘明像
《左传》相传是春秋末期的史官左丘明所著，学界现在一般认为《左传》非一时一人所作。

度，时间记载精确，凡有事件发生，年月以数序，日以干支记，时又有春夏秋冬，叙过重要史实之后，又有分析和评论。《资治通鉴》的取材极严，所记每一史实都从种史料中比较选取，精详考证；有疑问者，又另著《考异》三十卷，用以辨正各种史事的不同记载。因此这部史书内容广博而不失简约，文义精到而不失浅明。但编年体也有很大的缺陷，即每年记载各种事件，而把单一事件数年甚至十数年的连续发展顺序割裂开来，所谓"一事而隔越数卷，首尾难稽"。

所以，在编年体盛行不久，纪传体随之而出。

纪传体

纪传体是以本纪、列传人物为纲、时间为纬的一种史书编纂体例。我国最早的纪传体史书，也是我国最优秀的一部史书，是西汉司马迁编纂的《史记》。

《史记》从传说中的黄帝写起，一直到

作者所生活的汉武帝太初年间结束，上下三千年，共计 130 篇，篇目分别为本纪、表、书、世家、列传。

本纪以历代帝王为中心，表为大事年表，书记礼制、官制及经济制度等，世家、列传记各诸侯国以及武帝以前的各类重要历史人物，少数民族，邻近国家的史实，其中世家与列传就占了 100 篇。司马迁为了写完这一巨著，费时 20 余年，多次跋涉全国各地考察古迹民俗，倾尽毕生心血。《史记》的古史资料价值特别高，有许多记载成为今人研究古史的珍贵文献资料；《史记》的史实分析和评价也比较客观，具有一定的人民性和科学性，例如肯定农民起义领袖陈胜的进步作用，用"世家"体裁为之作传，这是古代史家中所罕见的。《史记》既是不朽的史著，又是优秀的文学作品，司马迁善用白描手法刻画人物形象，鲁迅甚至把《史记》称为"史家之绝唱，无韵之《离骚》"。但《史记》只写到汉武帝为止，故汉代续补《史记》者丛出，其中以班固撰的《汉书》最为后世推崇，它是一部叙述了西汉 229 年史事的纪传体断代史。自《汉书》后，以纪、表、志、传为主要形式，以断代为史的史书体例，便成为后世修"正史"的标准形式。但纪传体也有其弊端，即"一事而复见数篇，宾主莫辨"，分头叙述人物，历史事件则被分记到人物传之中，产生重复矛盾的缺陷。到南宋，始出现了克服编年、纪传二体缺陷而综合其优点的纪事本末体。

起居注

起居注是记录帝王言行的实录。它的起源很早，在先秦就有所谓"君举必书"的制度，而且有"左史记言，右史记事""动则左史书之，言则右史书之"的说法。说明古代早就注意对君主言行的记录。有人认为，从汲冢出土的《穆天子传》，就是起居注的最初形式。在汉代，据说由宫中女史担任此职，而在汉以后，则历代都

有史官司专职记录皇帝每天的言行，并定名为"起居注"。魏晋时期，由史官著作郎兼修起居注，尚书专职起居官。到了北魏，开始专门设置起居令史，另外还有修起居注、监起居注等专职官员，他们平时侍从皇帝，随行左右，记录皇帝言行。隋代则在中书省下设史官司起居舍人；唐代又于门下省设起居郎，和起居舍人分掌其事。宋朝对起居注特别重视，还专门设立了起居院撰写起居注。元朝时候，由给事中兼修起居注。明朝又专设起注官。清朝则以翰林、詹事等官兼任，称起居官。在这类以起居注命名的史书中，现在所能知道的最早著作是汉武帝时的《禁中起居注》和东汉明德马皇后撰写的《明帝起居注》。从《隋书·经籍志》所载看，从汉武帝至北周太祖期间，历代皇帝的起居注有 40 多种。唐宋时候的起居注最为详备，元明以后稍见简略。起居注一般由专职起注官撰写，但也不尽然。例如《大唐创业起居注》，是由李渊的参军根据自己的见闻撰成的，它记录了从李渊起兵、攻克长安直到称帝这一段胜王朝创建过程的历史。起居注一般都成为后世编史的第一手参考史料，唐初国史馆修撰梁、陈、北齐、周、隋等史，就是靠了一大批起居注为其提供充足的原始材料，才得以在短期内完成。

实 录

实录是编年史的一种体裁，专门记录某一朝皇帝统治时期的大事。实录体在梁朝开始产生，周兴嗣写的记录梁武帝事的《梁皇帝实录》，谢昊写的记录梁元帝事的《梁皇帝实录》，是最早的官修实录。开始时，"实录"还没有成为皇帝编年事迹的专称，如唐李翱记载其先祖事迹的著作即称《皇祖实录》，随着皇权的增强，"实录"就成为帝王史书的专称了。唐朝开始，宰相亲撰"时政记"，每当新君即位，都要下令让国史馆根据前朝皇帝的起居注、前朝宰相的时政记等材料加以汇

总，纂修一部前一朝皇帝的编年史长编，也就是实录。

以后，实录的编制成为定制，宋、辽、金、元、明、清各朝相沿因袭。宋朝修实录特别发达，国家专门设立实录院从事此事，宋各朝实录，现都历历可考。历朝修撰实录前，一般还撰录日历作为基础，如宋朝还特别设立日历所专司编修日历。日历汇总时政记、起居注及诸司关报，系以日、月，诠次排列，在此基础上，再编成实录。实录修成之后，一般要将草稿全部焚毁，只留下定本，据说这是为了保证参加编修者能排除顾虑，直笔详书而定下的措施。

实录年经月纬，以日系月，以月系年，将重要事件分别归属，内容十分繁杂，凡是各种政治设施、军事行动、经济措施、自然灾祥、社会情况等都详细记载，同时对诏令奏议、百司重要案牍，乃至大臣生平事迹，也大都选载。"实录"虽然号称"据实详录"，但中间也常有曲笔讳饰之处，有时随着政治风云的变幻，还可重修过去的实录，将史事根据当时政治的需要加以删改。但由于它基本根据档案材料编撰，所以史料价值比一般杂史、野史记录要高，历来为史学家们所重视。当然，从严格意义上讲，实录还不能算是历史著作，只有一种资料汇编。实录一般存放在宫廷图书馆、档案库，连皇帝要调阅，都必须经过一定的手续，世人更是轻易莫能见。

据统计，历代实录共有116部，但绝大多数已亡佚，现存最早的一部完整实录，是韩愈所撰的唐《顺宗实录》，宋代也仅存《太宗实录》残本。至于整个朝代的实录比较完整地保存到今天的，只有《明实录》和《清实录》。《明实录》共2925卷，包括自明太祖到明熹宗十三朝及崇祯朝的辑补本。《清实录》共1220册，包括清太祖到清德宗（光绪）十一朝实录，宣统朝另有《宣统政纪》30册。

"二十四史"

"二十四史"是我国一套珍贵的历史巨著。它包括《史记》《汉书》《后汉书》《三国志》《晋书》《宋书》《南齐书》《梁书》《陈书》《魏书》《北齐书》《周书》《隋书》《南史》《北史》《旧唐书》《新唐书》《旧五代史》《新五代史》《宋史》《辽史》《金史》《元史》《明史》24部书。整个编撰过程长达1800多年，共4000万字左右，3259卷。"二十四史"的名称也是随着时间的推移而逐渐形成。

三国时代，吴王孙权曾对他的将军吕蒙说，他自掌管军政事务以来，觉得阅读"三史"和各家兵书对自己大有裨益。可见当时社会上已有"三史"之称。《后汉书》成书于南朝刘宋，在它行世以前，"三史"通常是指《史记》《汉书》和东汉刘珍等写的《东观汉记》。《后汉书》流传后，取代了《东观汉记》，列为"三史"之一。"三史"加上《三国志》，就是现在我们常说的"前四史"。历史上还有"十史"之称，它是记载三国、晋、宋、齐、梁、陈、魏、齐、周、隋十个王朝的史书的合称。后来又出现了"十三代史"，包括了《史记》《汉书》《后汉书》和"十史"。

到了宋代，在"十三史"的基础上，加入《南史》《北史》《新唐书》《新五代史》，便形成了"十七史"。明代又增以《宋史》《辽史》《金史》《元史》四种，合称"二十一史"。清乾隆时明史等告成，称"二十二史"，后来又增加了《旧唐书》，成为"二十三史"。从《永乐大典》中辑录出来的《旧五代史》也被列入，经乾隆皇帝"钦定"，合称"二十四史"。

"二十四史"形成以后，刊印全套"二十四史"的，主要有过三种版本。即：清朝乾隆年间的武英殿刻本，清朝末年由金陵、淮南、浙江、江苏、湖北五个书局刻印的"局本"，以及民国时期由商务印书馆影印的"百衲本"。从1959年起，史学工作者开始

"二十四史"的整理工作，作了标点、分段，并进行了校勘，纠正了旧本中的论误、脱漏、衍文、倒置等许多错误，除《史记》外，各史都撰写了校勘记。到 1978 年，"二十四史"点校本已经由中华书局全部出版。

"春秋时期""战国时期"

从公元前 770 年周平王东迁，到公元前 403 年三家分晋，这 360 多年诸侯的力量逐渐强大。周天子已经徒有虚名，无力控制各诸侯了。这段时间构成了一个完整的历史时期。恰好我国最早的一部

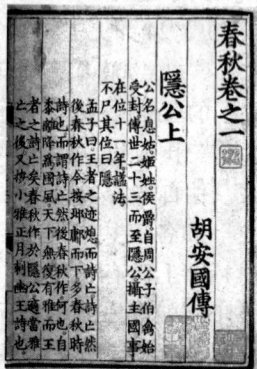
《春秋》内页

编年体史书《春秋》所记载的历史为公元前 722 年到前 481 年，与这段历史的时间大致吻合，所以，历史上就把这段历史时期称之为"春秋时期"。

春秋后期，各诸侯兼并吞食，到三家分晋时，主要剩下秦、齐、楚、燕、韩、赵、魏七个大诸侯国。此后，七国间的兼并征伐更加剧烈、频繁，直至公元前 221 年秦灭东方六国而最后统一，战争才逐渐停止。因此，后人就把兼并征战十分激烈的这段历史时期（前 403 ～前 221），称为"战国时期"。

《国语》

《国语》是先秦时代的古史，属于史书中的"杂史"。该书的作者没有确切的记载，相传为春秋末年的鲁国史官左丘明所作。《国语》在记述历史的手法上，以时间为横线，以并列的国家为纵线，开创了中国用国别体记述历史的先河，是中国历史上最早采用国别体编写的史书。全书共 21 卷，分别为：《晋语》9 卷、《国语》3 卷、《鲁语》2 卷、《楚语》2 卷、《齐语》1 卷、《郑语》1

卷、《吴语》1 卷和《越语》1 卷，共计 7 万余字，所记历史自周穆王伐犬戎开始，直到韩、赵、魏三家灭智伯结束。书中主要记载了西周末年及春秋时期西周与各国的史实，特别是对春秋时期的各国史实记载比较详细。《国语》一方面记载了当时各国的政治、军事及外交活动；另一方面记载了当时各国贵族的一些言论。

《国语》对后人研究春秋时期各国的历史有宝贵的价值，因该书可以和《左传》互相参证，所以并称为"春秋外传"。

《战国策》

《战国策》，又名《国策》，此书是战国时期纵横家言论的汇编，是战国时期的谋士游说的活动记录。关于其作者，一直以来颇有争议，至今尚无定论。今人普遍认为该书非成于一时一人之手。《战国策》最后的整理工作是西汉刘向完成的，因为刘向认为书中内容主要是"战国时游士辅所用之国为之策谋"，故取名《战国策》。《战国策》共 33 篇，其中，西、东周各 1 篇，秦 5 篇，齐 6 篇，楚、赵、魏各 4 篇，韩、燕各 3 篇，宋、卫合 1 篇，中山 1 篇。《战国策》全书的思想是肯定战国时期谋臣策士追求个人名利的利己主义人生观，以"士"的言论为主要内容。书中通过记载言论来塑造出一个个鲜活的人物形象。但《战国策》在记事时不注年月，缺少完整的结构，记言记事时也缺乏严谨，有时为了塑造某一人物形象或为加强语言的文采，有言过其实之处，甚至有虚构加工。《战国策》中记载

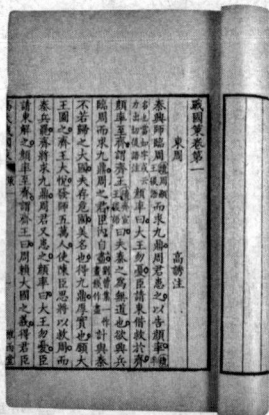
《战国策》书影
《战国策》一书中骈俪句式被广泛运用于逞辞激辩的文章之中，显得气势浑成，词采夺人。

的很多历史是其他史书没有记载或记载有误的，对于研究战国时期的历史具有宝贵的史料价值。

《史记》

《史记》，又名《太史公书》，"正史"之首，"二十四史"之一，中国第一部纪传体通史。其作者是西汉时期著名史学家、文学家司马迁。《史记》共 130 篇，含 8 书、10 表、12 本纪、30 世家、70 列传，共 52 万余字，记事上起黄帝，下至汉武帝年间，共计 3000 多年。《史记》以"究天人之际，通古今之变，成一家之言"为宗旨，所记载之人物众多、庞杂，既有王侯将相，又有奇人义士及平民百姓；既有中原地区的人物，又有边疆少数民族的人物。《史记》不仅是一部不朽的史学巨著，也是一部杰出的文学著作。《史记》将史学与文学结合起来，语言生动，情节引人入胜，塑造人物形象鲜明，具有很高的文学价值。《史记》在中国历史上有着极其重要的地位，书中所载史实大都翔实可靠，对我们研究汉代及其以前的历史具有很高的价值。同时，它开创了中国采用纪传体手法记载历史的先河，为后代史书的撰写奠定了基础，鲁迅赞之为"史家之绝唱，无韵之离骚"。

《汉书》

《汉书》是中国第一部纪传体断代史，"二十四史"之一。作者班固，字孟坚，扶风安陵（今陕西咸阳市东北）人，东汉著名史学家、文学家。

《汉书》共 100 篇，120 卷，包括 12 帝纪、8 表、10 志以及 70 列传，其体例与《史记》基本相同，只是将"书"改为"志"，所记历史自汉高祖元年开始，直到王莽被诛结束，共计 230 年。该书记事系统详细，以以汉家王朝歌功颂德为基本出发点，以儒家思想作为标准来评价历史人物。书中所记汉初至武帝中期的历史，基本取自《史记》，只是稍加改动，而武帝之后至东汉以前的历史则为班固新作。班固死时，全书并未真正完成，书中的部分表以及"天文志"是由班固的妹妹班昭补撰的。《汉书》在中国史学和文学史上都占有极其重要的地位。书中虽有明显的倾儒和颂德，但依然是我们研究西汉历史的重要资料。《汉书》还开创了用纪传体来写断代史的先例，对后人撰写历史影响颇深。

《后汉书》

《后汉书》，纪传体史书，东汉断代史，"二十四史"之一。作者范晔，字蔚宗，南朝宋时期史学家，顺阳（今河南淅川）人，出身官僚世家，分别在东晋和南朝宋做官。后来，范晔因政治不得志，转而撰写史书。公元 445 年，因政治原因被杀，今仅存所著《后汉书》。

此书所记之事自汉光武帝建武元年（25）开始，直到汉献帝建安二十五年（220）结束，共计 196 年。全书共有 90 卷，其中，本纪 10 卷，列传 80 卷。因范晔在编写出书的过程中被杀，因此，他所作的"志"未能收入《后汉书》。我们今天看到的《后汉书》

两朝贤后故事册（之四）清 焦秉贞 纸本

本画根据《后汉书》中邓太后戒饬宗族的事迹绘制而成。邓太后，名绥，邓禹孙女。和帝卒后临朝。在位 20 年。邓太后曾经将邓氏子孙 30 余人聚集起来，授以经书，并亲自监督考核，同时，太后下诏令国戚们切忌只拿俸禄而不思上进。本画即描绘太后此举。《后汉书》是中国"前四史"之一。

加入了司马彪所撰的《续汉书》的8志，分为30卷，故今本为130卷。《后汉书》在"传"上，首创了《党锢》《宦者》《逸民》《方术》《文苑》《独行》以及《列女》七传，符合东汉时期的历史特点。《后汉书》在中国史学界有着极高的地位，对中国研究东汉时期的历史具有很高的参考价值。

《三国志》

《三国志》是一部纪传体国别史书，"二十四史"之一。作者陈寿，字承祚，巴西安汉（今四川南充）人，蜀灭后，入晋为官。《三国志》以曹魏为正统，记载三国时期魏、蜀、吴三国的历史。在它以前，虽然有写三国历史的，但大都只是局限于写某一国。而陈寿打破了这种局面，以三国形成的历史期限作为断史的依据，所记历史自东汉灵帝光和末年（184）开始，直到晋武帝太康元年（280）结束，共计100余年。全书共65卷，其中《魏志》30卷、《蜀志》15卷、《吴志》20卷。在记载魏、蜀、吴三国时，该书所采用的风格各不相同。其中，《魏志》记载较详细；《蜀志》虽简明，但所记之事较多，并且叙述得体；《吴志》则比前两个差一些。《三国志》在叙事手法上以"简明扼要"为主，体例只采用纪传，这两点使《三国志》在文学性和体例完整性上存有缺陷。《三国志》所记载之史料较为翔实可靠，是研究三国历史的重要文献。

《晋书》

《晋书》是一部唐代官修的纪传体晋代史，"二十四史"之一。旧题为唐太宗御撰，实际上是唐太宗钦命，房玄龄等人共同编写的。《晋书》包括帝纪10卷、志20卷、载记30卷、列传70卷，共计130卷。书中所记历史自西晋武帝泰始元年（265）开始，直到东晋恭帝元熙九年（420）结束，共计156年。《晋书》中的10卷帝纪中所记的人物包括晋建国前的司马懿、司马昭和司马师，共

记18人；20卷志共分10类，分别是：《天文志》《地理志》《乐志》《礼志》《律历志》《刑法志》《职官志》《五行志》《舆服志》《食货志》；70列传中共收录了772人，增加了《叛逆》《忠义》《孝友》三类；30卷载记则是《晋书》首创，用于记载晋时期的五胡十六国。《晋书》所记载的史实具有很高的价值，是我们研究魏晋历史的重要历史著作。

《宋书》

《宋书》是一部纪传体南朝宋史，"二十四史"之一。作者沈约，字休文，吴兴武康（今浙江德清）人，南朝著名文学家、史学家。《宋书》所述历史，自宋武帝永初元年（420）起，直到宋顺帝升明三年（478）结束，共计60余年。全书共100卷，分为"本纪""志""列传"。其中，帝王本纪10卷，记载了南朝刘宋的8个皇帝；志为30卷，卷首附有"序"1篇，余下则包括《律历志》《百官志》《册郡志》《乐志》《符瑞志》和《礼志》等；列传则为60卷。《宋史》首列了《恩幸传》和《索虏传》，且在"传"的写作手法上，将没有"传"的人放在有"传"之人中叙述出来，手法具有开创性。但书中也有一定的不足，比如"志"的部分缺少刑法和食货两志，很多地方有对刘宋王朝讳忌溢美之处，使某些记载失实。《宋书》保存了很多珍贵的史料，是我们研究南北朝时期的重要历史依据。

《南齐书》

《南齐书》是一部纪传体南朝齐国史，"二十四史"之一。作者萧子显，字景阳，南朝梁时期王公贵族，齐高帝之孙，豫章王之子。齐灭后，萧子显入梁为史官，著有多部史书。

《南齐书》今存本为59卷。《南齐书》记载了从齐高帝萧道成建国，至齐和帝萧宝融被废这29年短暂的南朝齐国史。全书共记载了齐政权的7个统治者，分8卷，又

含 "志" 11 卷。同时，书中设有《文学传》，共收录文学家 10 人。《南齐书》中对历史的记载基本上客观真实，但由于萧子显是南朝齐政权的后裔贵族，因此在记述历史时难免融入个人感情色彩，有时为了美化齐政权的统治者，甚至有歪曲历史的失真之处。另外，《南齐书》中还大肆宣扬因果报应、宿命论等唯心主义思想，其中夹杂了对佛教思想的宣传。《南齐书》是最早记载有关南齐历史的史书，因其成书年代距南齐时期非常近，所以成为后人研究南齐历史的主要依据。

《梁书》

《梁书》是一本纪传体南朝梁史，"二十四史" 之一。作者姚思廉，本名简，思廉是他的字，雍州万年（今陕西西安）人。其父姚察曾任梁、陈、隋三朝官员。《梁书》是姚思廉在贞观年间奉唐太宗之命，在他父亲所撰写的梁陈史书的基础上编撰而成的。

书中包括本纪 6 卷，列传 50 卷，共 56 卷，所记历史自南朝梁建立（502）开始，直到梁灭亡（557）结束，共计 56 年。本纪 6 卷中共记载了南朝梁的 4 位皇帝，其中梁武帝 3 卷，其他三帝每帝各 1 卷。列传 50 卷分《皇后传》《太子传》《诸王传》《大臣传》《良吏传》《止足传》《儒林传》《文学传》《处士传》《孝行传》《诸夷传》《侯景传》共计 12 类，其中《止足传》是《梁书》首创的。另外，《梁书》中的《文学传》有 2 卷，包括了 25 位南朝梁时期的文人。《梁书》文字简洁朴素，力戒辞藻的华丽与浮泛，在南朝诸史中是比较优秀的。

《陈书》

《陈书》是一本纪传体南朝陈史书，是二十四史中卷数最少的一部史书。《陈书》是姚思廉继承其父姚察的遗志，奉唐太宗之命编写而成的。《陈书》的内容主要是取自姚察所写南朝陈史的资料，也融汇了他人所作

的史料。《陈书》中包括本纪 6 卷、列传 30 卷，共 36 卷，所记历史自南朝陈霸先建国（557）开始，直到隋灭陈（589）结束，共计 33 年。其中，6 卷本纪中共记载了南朝陈的 5 位皇帝，其中陈武帝 2 卷，其他 4 帝则是每帝各 1 卷；30 卷列传分为《王子传》《皇后传》《宗室传》《诸臣传》《儒林传传》《文学传》《孝行传》，共计 7 类。《陈书》比较翔实地记载了有关南朝陈的历史，但是，书中也存在很多避讳和溢美的言辞，使很多有关历史的记载存在失实之处。《陈书》一书由于内容存在为统治阶级歌功颂德的地方，因此史学界历来对它的评价不高。

《魏书》

《魏书》，纪传体史书，北魏断代史。作者魏收，字伯起，北齐巨鹿人，少能文，才华卓著，先后在北魏、东魏、北齐三朝担任官职。因在北魏、东魏所任官职与文书历史有关，所以，北齐王朝授命他撰写魏史。《魏书》记载了公元 4 世纪末至 6 世纪中叶北魏王朝 100 多年的历史。全书共 124 卷，其中本纪 12 卷，列传 92 卷，志 20 卷。《魏书》记述了北魏拓跋氏兴起的历程，是中国历代 "正史" 中第一部专记少数民族政权史事的著作，具有开创意义。《魏书》还新增了《官氏志》《释老志》两篇，说明作者在自觉地反映历史的时代特点。后人评价此书，"追踪班马，婉而有则，繁而不芜，持论序言，钩沉致远"，这是比较中肯的。

《北齐书》

《北齐书》，"二十四史" 之一，是一部纪传体北朝齐史，原名《齐书》，后为了和萧子显的《南齐书》区别开，改名《北齐书》。作者李百药，字重规，定州安平（今河北安平）人。其父李德林曾任齐、周、隋三朝官员。《北齐书》是李百药在贞观元年（627）奉唐太宗之命，在他父亲所撰写的北齐史的基础上编撰而成的。

全书包括帝本纪 8 卷、列传 42 卷，共计 50 卷，所记历史自北魏分裂为东西魏（534），高洋操纵北魏政权开始，直到高氏政权被北周所灭（577）结束，共计 44 年。《北齐书》在记事上比较尊重史实，书中记载了大量反映北齐政权黑暗统治的史实。另外，书中还对当时的科学技术水平有很多的记载。但是，《北齐书》贯彻了封建正统迷信思想，在写每位皇帝时都要写一些所谓的征兆，希望以此来为封建统治寻找根据。

《周书》

《周书》，纪传体史书，北周断代史，"二十四史"之一。作者令狐德棻，宜州华原（今陕西耀州区）人，唐朝初期史学第一人。唐贞观三年（629），令狐德棻奉唐太宗之命编写五部史，并和岑文本一起负责《周史》的撰写，唐贞观十年（636）成书。《周书》包括本纪 8 卷、列传 42 卷，共计 50 卷。书中所记历史起于西魏文帝大统元年（535），到隋文帝杨坚灭周建立隋朝（581）结束，共计 47 年。《周书》本来应该是记载"北周历史"，但因为早在西魏时期，作为北周建国奠基人的宇文泰就已经操纵了西魏政权，因此，《周书》记事从西魏时期开始，并为宇文泰作了"纪"。书中有藐视农民起义，为唐初的"功臣"歌功颂德之处。《周书》所记历史比较翔实，补充了其他史书的不足，是后世研究北周史的重要文献。

《南史》

《南史》是一部纪传体南朝史，"二十四史"之一，由李延寿继承其父李大师遗志而撰写，该书和《北史》一起于公元 659 年完成。全书包括本纪 10 卷，列传 70 卷，共计 80 卷，记载了南朝的 4 个国家（宋、齐、梁、陈）的兴亡史，共计 170 年。《南史》的 10 本纪包括：宋本纪 3 卷、齐本纪 2 卷、梁本纪 3 卷、陈本纪 2 卷。《南史》一书的撰写材料，一部分是来自李延寿父亲所写的南朝历史稿件；另一部分则来自当时已成书的《宋书》《南齐书》《梁书》《陈书》。但是，在编写《南史》的过程中，李延寿打破了前四书"各自为政"的局面，将四朝历史融汇在一起，合成"南朝史"。在记载人物时，《南史》突出门阀士族地位，采用家传形式。另外，由于《南史》成书于唐朝，因此书中的避讳和溢美之词与前四史比较起来要少得多。《南史》中很多史料对《宋书》《南齐书》《梁书》《陈书》中记载的不足和失实有补充订正的作用。

《北史》

《北史》，"二十四史"之一，是一部纪传体北朝史。作者李延寿，字遐龄，唐朝初年相州（今河南安阳）人。李延寿继承其父遗志，于贞观十七年（643）开始写史，奋笔疾书 16 年，终于在唐显庆四年（659）完成《南史》《北史》两部著作。《北史》包括本纪 12 卷，列传 88 卷，共计 100 卷，所记历史自北魏道武帝建国开始（386），直到隋恭帝义宁二年（618）结束，共计 233 年。书中主要记载了北魏、东魏、西魏、北齐、北周、隋这几个朝代的兴衰。《北史》的 12 卷本纪包括：魏本纪 5 卷、齐本纪 3 卷、周本纪 2 卷、隋本纪 2 卷。另外，在记载北魏分裂后的历史时，尊东魏为正统，对西魏历史记载很少。《北史》的很多史料印证和补充了《魏书》《北齐书》《周书》《隋书》的不足，具有很大的价值。

《南史》和《北史》打破朝代限制，全景式地展现南北朝的历史，叙事简明精当，规避了《魏书》等断代史的繁芜，深受后世读者喜爱；再加上李延寿博采杂史，文笔生动，故而具有极强的可读性。宋史学大家司马光曾评价《南史》《北史》，将其誉为"近世之佳史"。

《隋书》

《隋书》，纪传体史书，隋朝断代史，"二十四史"之一。此书旧题为魏徵所撰，实际上是合众人之手共同编写。因此，此书为中国第一部官修的出自史馆的史书。《隋书》初成时包括本纪5卷、志50卷、共为55卷。后来唐太宗令长孙无忌、于志宁等编撰《五代史志》，成书后将它收入《隋书》，成为"隋志"，共计30卷。所以，《隋书》实际上是85卷。《隋书》所记历史自隋文帝开皇元年（581）开始，直到隋恭帝义宁二年（618）结束，共计38年。《隋书》贯穿了以史为鉴的思想，编撰的目的就是让唐的统治者借鉴隋灭亡的原因，从而巩固唐的统治，因此书中着重论述了隋朝两代皇帝的功过得失，尤其重于隋炀帝的荒淫无道。与其他同类史书相比，《隋书》较少隐讳，叙事真实可靠。

《隋书》史志部分分10类30卷，分别为：《律历志》《天文志》《地理志》《百官志》《刑法志》《仪礼志》《音乐志》《经籍志》《食货志》《五行志》。它保存了南北朝以来大量的典章制度，为后人研究隋代以及前几朝的政治、经济、文化制度保留了丰富的资料。其中的《经籍志》是继《汉书·艺文志》之后对中国古代书籍和学术史进行重要总结的一部十分重要的书，是了解唐朝以前典籍的必读目录。它将各类书籍标出经、史、子、集四大类，为中国以后的四部图书分类奠定了基础，是对中国文化的重要贡献，为后世遵用上千年。

《旧唐书》

《旧唐书》是一部纪传体唐史，"二十四史"之一。《旧唐书》是五代后晋的官修史书，因为它是由当时的宰相刘昫监修编纂的，所以旧题为刘昫撰。《旧唐书》中包括本纪20卷、列传150卷、志30卷，共200卷，所记历史自唐高祖武德元年（618）

开始，直到唐哀帝天祐四年（907）结束，共计290年。《旧唐书》初成书时题名为《唐书》，但自北宋欧阳修等编写的《唐书》问世后，就在原书的名字前加上"旧"字，以示区别。

《旧唐书》开始编写的时间因为距离唐王朝的灭亡很近，所以在搜集史料时比较方便。该书所引的资料基本是抄录唐时的文献，特别是以《国史》为主，因此在史料的可靠丰富方面，有着不可替代的价值。在记事上，《旧唐书》有着明显的特点：因为唐前期的史料比较丰富，所以对唐前期历史的记载比较详细，而唐后期历史记载则较简略。《旧唐书》出自乱世，编者众多，编写时间短暂，因而漏缺粗率之处颇多。同时，该书转抄的痕迹十分明显，烦琐芜杂，甚至还有某些人物同时并列两传的现象。

《新唐书》

《新唐书》是一部纪传体唐史，"二十四史"之一，原名《唐书》。因为在它成书以前，已有五代后晋时期所修的《旧唐书》，所以称为《新唐书》，用来和《旧唐书》相区别。《新唐书》的编写起因，是宋仁宗觉得《旧唐书》有很多不足之处，需要重新修订一本翔实的唐朝史书，于是下诏，命欧阳修、宋祁重修唐史。此书自宋仁宗庆历四年（1044）开始撰写，直到嘉祐五年（1060），历时17年完成。《新唐书》全书共225卷，包括本纪10卷、志50卷、表15卷、列传150卷，是宋代以前，体例最完备的正史。其中，本纪、志、表是由欧阳修撰写的；列传是由宋祁撰写的。书中的资料以《旧唐书》为底本，同时也吸收了很多其他史料。在体例上，《新唐书》同以前的史书相比较有所创新：在"志"中，首创了《兵志》《仪卫志》《选举志》。但《新唐书》中也存在一些缺点，比如在记载历史事件发生的时间时有模糊之处。

《旧五代史》

《旧五代史》，"二十四史"之一，原名《梁唐晋汉周书》，后称《五代史》，是一部纪传体五代史。《旧五代史》为官修的五代历史，后欧阳修所编《新五代史》问世，为加以区别，改名为《旧五代史》。

《旧五代史》从宋太祖开宝六年（973）开始编写，第二年即告完成。当时，宰相薛居正奉命监修，因此题名为薛居正所编。全书共 150 卷，记载了五代时期后梁至后周年间的 50 多年历史。该书的编写目的就是为了总结五代时期各个政权"短命"的原因，从而为宋朝统治者提供借鉴。《旧五代史》中包括本纪 61 卷、列传 77 卷、志 12 卷，其中《梁书》24 卷、《唐书》50 卷、《晋书》24 卷、《汉书》11 卷、《周书》22 卷、《世袭列传》2 卷、《僭伪列传》3 卷以及《志》12 卷。《旧五代史》一书保留了很多珍贵史料，尤其是它所引用五代时的历史文献今基本都已散佚，因此其文献价值更为突出。

《新五代史》

《新五代史》是一部纪传体五代史，"二十四史"之一，由北宋大文豪欧阳修所撰。此书是宋代以后唯一私家撰写的正史。这部书撰成之时名为《五代史记》，但为了和以前的官修《旧五代史》相区别，故名曰《新五代史》。《新五代史》中包括本纪 12 卷，列传 45 卷，考 3 卷，世家 10 卷，世家年谱 1 卷，四夷附录 3 卷，共 74 卷。这部史书所载，起于后梁开平元年（907），迄于后周显德七年（960），共 53 年的历史。作为私家著史，《新五代史》有自己独到的东西，其一：仿效孔子，采用《春秋》笔法，于字里行间褒贬人物；其二，仿效司马迁，采用通史写法，并恢复了久已不用的"世家"，记述五代时期十国的历史。欧阳修注重借史传达自己的道德观念和历史观，目的是以乱世之史惩戒"乱臣贼子"。欧阳修在书中多有评论，并俱以"呜呼"开头，故此书有"呜呼传"之戏称。由于过度重视史书的批判教育功能，书中某些记载有失实之处，故史料价值不如《旧五代史》。

《宋史》

《宋史》是元朝官修的一部纪传体宋朝史书，"二十四史"之一，也是二十四史中篇幅最长的一部书。它和《金史》《辽史》一样，也是早就拟定编修，也准备了较为充足的资料，但由于"正统之争"而始终未能进行，直到元顺帝至正三年（1343）才开始编修。此书的编写由丞相脱脱主持，于元顺帝至正五年（1345）编修完成，历时两年半。

全书共 496 卷，包括本纪 47 卷、志 162 卷、表 32 卷、列传 255 卷。书中所载，起于宋太祖建隆元年（960），终于南宋赵昺祥兴二年（1279），共计 320 年的历史。这部史书，包含北宋和南宋的全部历史。《宋史》篇幅浩繁，但成书时间很短，其中一个重要的原因就是宋朝政府十分重视对历史的编修，当时宋政府设立的编写史书的机构也非常完善，因此保留到元朝时的史料极其丰富。《宋史》在编修过程中，很多资料都是从宋朝的史料中原文摘取的。《宋史》因为成书时间短，因此显得比较粗糙，再加上文字水平较差，历来受到很多非议。但它对我们研究宋王朝的整个历史有着极其重要的史料价值。

《辽史》

《辽史》是元代官修的纪传体辽朝史，"二十四史"之一。它是二十四史中成书时间较短，也是缺陷比较明显的一部。此书由元顺帝时期的宰相脱脱主持编修，成书于元顺帝至正四年（1344）。《辽史》全书共 160 卷，包括帝本纪 30 卷、志 32 卷、表 8 卷、列传 45 卷，另附有《国语解》1 卷。全书记载了辽朝 200 多年的历史，在"志"中，《辽史》

首创了《营卫志》。《辽史》在编写时，主要参考了辽耶律俨编写的《辽实录》以及金陈大任编写的《辽史》。在编写《辽史》的同时，《宋史》和《金史》也在进行同步编写，史料可以相互印证。

在编写思想上，该书打破了以前史书中将一方尊为正统，另一方称为叛逆的"正统修史思想"，而采用让"三国各为正统"的写史方法，消除了"正统之争"。因为有关辽朝的历史文献流传至今的很少，所以，《辽史》对我们研究辽朝的历史有很重要的参考价值。

《金史》

《金史》是元朝官修的一部纪传体金朝史书，"二十四史"之一。早在元世祖时期该书就已开始拟定修撰，但由于"正统之争"而未能完成。后来脱脱打破"正统"观念，该书于元顺帝至正四年（1344）编修完成。

《金史》所记历史自女真族的兴起开始，直到金朝灭亡结束，共计120余年。全书共135卷，包括本纪19卷、志39卷、表4卷、列传73卷，书末另附有《金国语解》一篇。其中，"志"为14类，分别为天文、历、五行、河渠、地理、祭祀、礼乐、舆服、仪卫、选举、百官、兵、刑及食货等；"表"为2类，分别为宗室和交聘。《金史》在编写过程中所引用的史料大都直接取自金朝时期的各种历史文献，因此书中记载的历史较翔实可靠。同时，《金史》是元朝官修的三部史书中评价最好的一部，是我们研究金朝历史的必备文献。

《元史》

《元史》是一部纪传体元朝史书，"二十四史"之一。它是在明朝建立初期，明太祖朱元璋命宋濂、王祎等编著的。该书的编撰时间起于洪武元年（1368），最终成书于洪武三年（1370）。《元史》全书共210卷，其中本纪47卷，共记载了元朝14位皇帝；志58卷，分天文、历、五行、河渠、地理、祭祀、礼乐、舆服、选举、百官、兵、刑及食货，共13类；表8卷，分后妃、宗室世系、诸王、诸公主、三公、宰相，共6类；列传97卷，共收录人物1200多人。《元史》成书时间距离元朝灭亡的时间很短，因此书中所引用的写史资料很多都直接借鉴元朝流传下来的文献资料，因此保留了很多珍贵史料；同时，由于参加编写的史官都经历过元朝的统治，还有很多人曾在元朝为官，因此可以作为元朝历史的见证人。但是，由于朱元璋急于成书，再加上宋濂等人并非历史学家，所以《元史》错讹漏误颇多，或人物排列失时，或为一人立两传，不一而足。所以，此书虽有很高史料价值，但因其太过草率，故后人对此书多有修补。

《明史》

《明史》是清朝官修的一部纪传体明朝史，题为张廷玉所做，实际上是清朝史官合作。此书为"二十四史"的最后一部正史。《明史》自清顺治二年（1645）开始编修，直到雍正十三年（1735）才编纂完成，历时90多年，是"二十四史"中编修时间最长、用力最深，并且得到评价较好的一部史书。《明

明太祖朱元璋像

史》全书共 332 卷，其中包括本纪 24 卷、志 75 卷、表 13 卷、列传 220 卷，所记历史自明太祖洪武元年（1368）开始，直到明崇祯十七年（1644）结束，共计 270 多年。全书在编写上体例严谨、叙事简洁，而且根据明王朝的特点在记事上有所创新，比如增设了《阉党传》《土司传》《流贼传》等。《明史》最大的价值有两点：一是在取材上翔实谨慎；二是在对明朝人物评价上较客观公正。但是，书中也存在避讳清朝是外族而统治中原，蔑视农民起义等缺点。

《清史稿》

《清史稿》是一部纪传体清朝史书，是历代正史中篇幅最大的史书。它是 1914 年北洋政府召集赵尔巽等 60 余位当时文史专家共同编修的。1912 年时初稿已成，但杂乱无序，后重订，于 1927 年刊印，但那时此书尚未完成修订，故仿《明史稿》先例，取名为《清史稿》。《清史稿》全书共 529 卷，书中所记，起于努尔哈赤开国（1616），迄于溥仪颁布退位诏书（1911），共计 296 年的历史。其中，本纪 25 卷、志 135 卷、表 35 卷、列传 313 卷。书中所采资料大都是出自清代官方文献，并主要参考了清代历朝的实录以及其他一些志、传等史料，保留了很多史料。但是，此书缺陷颇多，一是参与编纂的成员过多，对全书的资料也没有系统地进行整理，使资料杂乱无章；二是编纂者站在清王朝的立场上，历史观存在问题。虽然存在很多弊端，但《清史稿》具有珍贵的文献价值。

《竹书纪年》

《竹书纪年》是战国时期魏国编写的一部编年体史书，出自汲郡（今河南汲县西南）魏襄王墓。该书本名为《纪年》，因它是用竹简书写而成的，所以后人把它称为《竹书纪年》。

《竹书纪年》全书共 13 篇，记载了夏、商、西周、春秋时的晋国以及战国时的魏国

的历史，按年编次。《竹书纪年》不以儒家的"仁义道德"为指导思想，而是把王室争权夺利的斗争作为全书核心，大量记载古代"放杀"的历史，比如书中记载了启杀益、太甲杀伊尹等事件。此外，书中很多事件的记载也和其他史书的记载颇有出入。比如：书中记述，自周受命直到周穆王时应该是 100 年，而并不是周穆王 100 岁等。《竹书纪年》因其写作的思想和所记内容与正统的儒家思想大相径庭，受到后世儒家贬斥，该书的学术地位日渐下降，甚至被称为"荒诞"之书。但是，现在的历史学家对《竹书纪年》仍十分重视。

《汉纪》

《汉纪》是由东汉荀悦所著，是中国古代第一部编年体断代史书，又称《前汉纪》，所记之事自秦二世元年（前 209）开始，直到王莽地皇四年（23）结束，共计 240 年。《汉纪》全书共 30 卷，记载西汉王朝各代帝王为主，包括高祖、惠帝、吕后、文帝、景帝、武帝、昭帝、宣帝、元帝、成帝、哀帝、平帝等。《汉纪》的撰写目的就是通过对历史的总结，以史为鉴，巩固封建统治。作者在《汉纪》提出撰写史书应遵循的 5 条原则，即达道义、彰法式、通古今、著功勋、表贤能。实际上，每一条原则都是在说，写史的目的就是为封建统治者服务。《汉纪》与《汉书》相比，叙事较简单，略显逊色，但由于《汉纪》符合当时统治者的需要，深受推崇，与《汉书》齐名。同时，由于《汉纪》中所记历史有些是《汉书》中所没有的，因此具有很高的史料价值。

《后汉纪》

《后汉纪》是仿照荀悦所作的《汉纪》编写的一部编年体断代史。作者袁宏，字彦伯，陈郡阳夏（今河南太康）人，东晋时期文学家、史学家。他善作诗赋，且文章华美，史称"一时文宗"。书中以名教思想为主线，

以"夫史传之兴，所以通古今而等名教"为宗旨，记载了自光武帝起（23），直到建安二十五年（220），共200余年的东汉兴衰史。书中共记载了世祖、明帝、章帝、和帝、殇帝、安帝、顺帝、冲帝、质帝、桓帝、灵帝、献帝等12位东汉皇帝，最后以曹丕废汉献帝，刘备于蜀中自立为帝结束。《后汉纪》撰写的目的是要编写一部较《汉纪》简明，便于后人阅读了解的东汉断代史。在取材上，《后汉纪》超出了《汉纪》，以《汉书》为底本，搜罗各家资料编写而成。《后汉纪》在中国史学界有着极其重要的地位，特别是它严肃的写作态度、广泛的取材，对后世影响颇大。

《资治通鉴》

《资治通鉴》是中国古代史书中一部规模空前的编年体通史。作者司马光，字君实，号迂叟，世称涑水先生，谥号文正，陕州夏县（今山西夏县）人，北宋著名史学家和杰出的政治家。《资治通鉴》共294卷，另有《目录》《考异》各30卷，约300多万字。《资治通鉴》所记之事，自周威烈王二十三年（前403）开始，直到后周显德六年（959）结束，共记载了从战国到五代末年共计1362年的历史。《资治通鉴》名字的意思是"鉴于往事，有资于治道"，其著书宗旨是"叙国家之兴衰，著生民之休戚，使观者自择其恶得失，以为劝诫"。也就是说该书的编撰目的是为封建统治者提供历史的借鉴。全书所选史料极其丰富，在编写过程中的治史态度也十分严谨，记述历史时文笔优美，可读性很强。更重要的是，《资治通鉴》在一定程度上对封建社会的黑暗统治给予了揭露。

《资治通鉴》在中国史学界和文学界有着很高的地位，问世后得到极高的评价，被认为是撰写历史不得不读的史书。同时，后人又有很多在它基础上撰写的"续"史。宋神宗曾评价它说："前代未尝有此书，过荀悦《汉纪》远矣。"

《续资治通鉴》

《续资治通鉴》，原名《宋元编年》，是一部纪传体史书，记载了宋、辽、金、元四代历史。作者毕沅，字襄蘅，又字秋帆，号灵岩山人，江苏镇洋（今太仓人）人，曾历任清政府官吏，好治学，涉猎范围非常广，一生所著作品颇丰。

这部史书共220卷，纪事接《资治通鉴》，自宋太祖建隆元年（960）开始，到元顺帝至正二十八年（1368）结束，共记载了400多年的历史。先前已经有人为《资治通鉴》作"续"，但成就均不高。毕沅纠集门下学者，搜罗四库馆中所藏的资料，对前人所作的"续"进行了极大的补充。该书与以往的"续《资治通鉴》"相比有很大的区别：一是全书没有评论部分，只是对史实加以记载；二是全书对辽、金的历史也有较详细的记载。《续资治通鉴》在史学界虽无法和《资治通鉴》地位相平，但被后人看成唯一能做《通鉴》续的一部书，后人将两部书合并，称为《正续资治通鉴》。

《东华录》

《东华录》是一部记载清朝前期历史的史书。作者蒋良骐，字迁之、赢川，广西全州人，乾隆年间进士，博学多闻，多次任清朝官吏。乾隆三十六年（1771），重开国史馆，蒋良骐入内供职，为纂修官。

该书的成书时间是在蒋良骐任国史馆纂修官期间，因当时的国史馆设立于京城东华门内，因此取名为"东华录"。全书共32卷，以《清实录》为参照，同时也采用了其他材料，所记历史始于后金的传说，结束于清雍正帝十三年（1735）。该书最大的价值在于它保留了很多有关清朝前期历史的原始资料。特别值得一提的是，由于后来《清实录》被多次重修校订，很多"历史事件"大变容貌，而《东华录》则保留了很多未加修改的资料。全书在纪事上比较简单，后来有人仿照它的体例进行续作，但均无法超越它的水平与价值。

《明实录》

《明实录》，又名《大明实录》《皇明实录》。《明实录》是一部明代官修的编年体历朝史书，书中所记自明太祖朱元璋起，到明熹宗朱由校结束，共计明朝 15 代皇帝的历史。

全书共 13 部，含 2909 卷，包括《太祖高皇帝实录》257 卷、《太宗文皇帝实录》130 卷、《仁宗昭皇帝实录》10 卷、《宣宗章皇帝实录》115 卷、《英宗睿皇帝实录》361 卷、《宪宗纯皇帝实录》293 卷、《孝宗敬皇帝实录》224 卷、《武宗毅皇帝实录》197 卷、《世宗肃皇帝实录》566 卷、《穆宗庄皇帝实录》70 卷、《神宗显皇帝实录》594 卷、《光宗贞皇帝实录》8 卷、《熹宗悊皇帝实录》84 卷。此外，书中将"建文实录"附于《太祖实录》中，"景泰实录"附于《英宗实录》中。《明实录》中存在着大量为明王朝统治者歌功颂德之词，有时甚至歪曲历史事实，但是，它对我们研究明王朝历史仍有很高的史料价值。

《清实录》

《清实录》是一部清代官修的编年体清朝历史，记载了自清太祖努尔哈赤起到清德宗（即光绪皇帝）共计 11 个清朝皇帝的历史。《清实录》全书分 12 部，共 4304 卷，其中包括《满洲实录》8 卷、《太祖实录》10 卷、《太宗实录》65 卷、《世祖实录》144 卷、《圣祖实录》300 卷、《世宗实录》159 卷、《高宗实录》1500 卷、《仁宗实录》374 卷、《宣宗实录》476 卷、《文宗实录》356 卷、《穆宗实录》374 卷、《德宗实录》597 卷。其中，《满洲实录》就是后金天聪年间修成的《太祖实录》，主要介绍满洲兴起以及努尔哈赤一生的功绩。该书和《明实录》有着同样的缺点，即在编写时对清朝皇帝存在大量的溢美之词，特别是《太祖实录》《太宗实录》和《世祖实录》，更是经过多次"校订重修"，存在很多失实之处。

《大唐创业起居注》

《大唐创业起居注》是唐朝一部重要的起居注类史著。作者温大雅，字彦宏，太原祁（今山西祁县东南）人，曾在隋为官，李渊起兵反隋后，任大将军府记室参军，经历了李渊由起兵到称帝的整个过程。李世民即位后，温大雅受到重用，被封为黎国公。

全书共分 3 卷，所记之事自隋朝末年李渊在太原起兵开始，直至隋朝宇文化及发动政变，李渊称帝建立唐王朝结束，共计 357 天。温大雅所记史事，都是他亲身经历或耳闻目睹的。同时，由于此书成于唐初期高祖年间，因此在撰写历史时避讳之处较少，比较真实可靠。特别是书中关于唐太宗李世民的历史记载，与后来的《旧唐书》和《新唐书》出入较大。但由于后两书成书于唐期以后，故不免对李世民多溢美之词，而《大唐创业起居注》中所记历史则比较公正客观。

《通鉴纪事本末》

《通鉴纪事本末》是中国第一部纪事本末体史书。作者袁枢，字机仲，南宋建州建安（今福建建瓯）人，历任南宋官吏，为人刚直不阿，著有《通鉴纪事本末》《易学索引》《易传解义》《周易辩异》等。

这部纪事本末体史书，以北宋司马光编写的《资治通鉴》为基础，书中内容完全抄录《资治通鉴》，甚至对历史的评价都是直接摘抄司马光的《资治通鉴》。全书的编写目的和《资治通鉴》一样，也是为统治者提供借鉴；书中所选事件的侧重点也是以政治军事类为主。但是，此书在编写体例上，完全不同于编年体、纪传体，而是采用了以记载历史事件为中心的新写法，开创了纪事本末的新体例。全书共 42 卷，所收《资治通鉴》中的历史事件 239 件，记载了自三家分晋开始，直到周世宗征淮南结束，共计 1300 多年的历史。《通鉴纪事本末》在中国史学界有着很高的地位，开创了"纪事本末体"的写史体例，被称为是"史学入门之书"。

《唐会要》

《唐会要》是一部会要体唐代典章制度史，也是现存中国最早的会要体史书。作者王溥，字齐物，并州祁县（今山西祁县境内）人，熟悉各种典章制度，曾在五代后汉、后周任官吏。入宋后，王溥任宰相，著有《唐会要》《五代会要》等。

《唐会要》实际上经历了三次编写。其中，最早的一次是在唐德宗时期，苏冕编写了 40 卷《会要》，后至唐宣宗时又编成 40 卷《续会要》。王溥的《唐会要》是在总结前两部书的基础上编写而成的。全书共 100 卷，分 13 类、529 目。其中，13 类分别为：帝系、礼、乐、刑、封建、官制、宫殿、舆服、佛道、释惑、历象、学校、四裔。书中主要是论述唐代的政治、经济、军事以及文化制度等的发展变化。《唐会要》对后世影响很大，书中保留了很多极具价值的唐史料，对我们研究唐的制度史有很高的参考价值。

《明会典》

《明会典》是一部明代官修的以行政法为主要内容的典章制度集。其成书非出自一时一人之手，共经 3 次编修。第一次为明孝宗弘治十年（1497）开始，至弘治十五年（1505）成书，当时称《大明会典》。明武宗正德四年（1509）重校刊行，共 180 卷。第二次为明世宗嘉靖二十八年（1549）修成的《续大明会典》。最后一次为明神宗万历四年（1576）重修，历时 11 年，称《重修会典》，共 228 卷。今人多引万历年本。

《明会典》在论述各行政机构的职掌和事例时，以六部官制为纲领，主要参考了明代官修《皇明祖训》《大诰》《洪武礼制》《宪纲》《大明律》《大明令》《大明集礼》《稽定制》《孝慈录》《礼仪定式》《教民榜文》《军法定律》等书编修而成，对后世研究明代的典章制度具有很高的文献价值。

《大清会典》

《大清会典》是清朝官修的一部典章制度史。该书并不是出自一人一时之手，初成书时间是康熙二十九年（1690），后来又经雍正、乾隆、嘉庆、光绪四朝重修，最后一次于光绪二十五年（1899）完成。《大清会典》，又名《钦定大清会典》《清会典》。全书共 3312 卷，在编纂体例上仿照《明会典》，以六部官制为统筹纲领，分别记载政府各个行政机构的职掌和事例。其中，总理事务衙门是书中增设的。《大清会典》与《明会典》最大的区别就在于它增设了"则例"。康熙、雍正时期所修《会典》均是将实行的事例附在法典条目之下的。而自乾隆开始，编修《会典》时则是将法典条目和事例分开，另设"则例"一目。此外，《大清会典》中还包括了用来说明礼、乐、天文等方面的图示，称为"会典图"。《大清会典》是我们研究清朝典章制度的重要资料，也有人称之为"清朝宪法"。

《山海经》

《山海经》是中国古代地理名著。关于

《山海经》书影
《山海经》是中国古代最为深奥的著作之一。它被认为是地理书、文学书、巫术书、神话集、游记以及小说。

其作者和成书时间，今已无可考。一般认为，该书非出自一人一时之手，初成书时约为战国时期。

《山海经》一书内容庞杂，涉及古代山川、物产、祭祀等多方面内容，可看作上古时代的百科全书。书中主要以记载各地地理为主，所记范围非常之广，涉及中国以及东亚和中亚等地区。今本《山海经》共 18 卷，含 39 篇。其中，《五藏山经》5 卷，包括中、南、西、北、东经各 1 卷，含 26 篇；《海经》8 卷包括海外南、西、北、东经各 1 卷，海内南、西、北、东经各 1 卷，含 8 篇；《大荒经》4 卷，包括东、南、西、北经各 1 卷，含 4 篇；另有《海内经》1 卷 1 篇。《山海经》中保留了大量的远古神话，是先秦古籍中保留神话最多的一部。《山海经》包罗万象，对各地的地理、历史、文化、风俗民情、神话、物产等都有记载，是研究中国的地理的宝贵资料。书中有关各地矿产的记叙，是世界上最早的有关矿物和矿物学分类的地理文献。

《华阳国志》

《华阳国志》是一部历史学名著。作者常璩，字道将，蜀郡江原（今四川崇庆东南）人，曾在成汉李氏政权中任职，后来桓温灭李氏，常璩被拜为参军，于是来到建康。

《华阳国志》全书共为 12 卷，依次为《巴志》《汉中志》《蜀志》《南中志》《公孙述刘二牧志》《刘先主志》《刘后主志》《大同志》《李特雄期寿势志》《后贤志》《先贤士女总赞》《序志并士女目录》。《华阳国志》以记载巴蜀地区的历史和地理为主要内容。在写作手法上，《华阳国志》将编年史、人物志以及地理志三者结合起来，记载了公元 4 世纪以前的以益州为中心的西南地区的历史地理状况，开创了后世撰写地方志的体例先河。《华阳国志》在中国有着重要的地位，书中记载的许多内容可对正史记载不足进行补充，是我们研究西南地区历史和地理的重要资料。

《水经注》

《水经注》是一部综合性地理著作。作者郦道元，字善长。范阳涿鹿（今河北涿州）人，北魏时期著名地理学家、散文家。博览群书，爱好游览，曾任官吏。《水经注》是他参考大量地理资料，并结合实地调研写成的。全书共 40 卷，书名虽为对《水经》所作之注，实际上是自成一作。《水经》一书简要记载 137 条主要河流的水道情况，仅 1 万多字，记载简略，缺乏系统性。而《水经注》约 30 万字，书中不仅记述了 1252 条河流的发源地点、流经地区、支渠分布以及河道历史上的变迁等情况，还记载了水道流经各地的山陵、城郭、农田水利、土地物产乃至于风俗习惯。《水经注》对我们研究古代的河道地理具有很高的文献价值，其山水散文的艺术成就对后世也有很大影响。

《大唐西域记》

《大唐西域记》，简称《西域记》，是玄奘根据自己的亲身经历编著的一部佛教游记

玄奘像

著作。作者玄奘，俗姓陈，名袆，洛州缑氏（今河南偃师县南缑氏镇）人，出生于官宦家庭，出家后法名玄奘。因玄奘的名气很大，所以人们又称他为"唐僧"，尊称为"三藏法师"。

唐贞观元年（627），玄奘为取"真经"，从长安出发，历时19年，经100多个国家，最后到达印度。回国后，经他口述，由辩机整理成《大唐西域记》。全书分12卷，共10万余字。书中记载的既有玄奘亲身经过的西域及天竺的110个国家，也有他听闻的28个国家，同时还有附带提及的12个国家。书中记载了玄奘在取经途中所见国家的都城、疆域、政治、历史、地理、语言、文化、物产、气候、宗教信仰以及风土人情等状况。《大唐西域记》在世界史学界有着很高的地位，是我们研究古代中亚及印度历史的重要史料。

《徐霞客游记》

《徐霞客游记》是一部地理学名著。作者徐霞客，原名徐宏祖，字振之，别号为霞客，江阴（今江苏江阴）人，明代著名旅行家、地理学家。徐霞客自幼喜读古今地志，一生未入仕途，游历祖国大江南北。他被李约瑟称为"千古奇人"。

徐霞客根据30多年的实地考察，以自己的见闻编写了这部日记体游历记录。全书共计60余万字，所含内容十分丰富广泛：既有对山川河流渊源、地形地貌特征的考察，又有对岩石洞穴、奇峰瀑布的探索；既有对各种矿产、手工业、农业乃至城市建制、风土人情、民俗状况的记载，又有对各种动植物品种的比较。同时，书中还对当时处于边陲的中国西南少数民族地区的状况有所记载。全书在记写地理时，融入了作者强烈的爱国主义思想感情。《徐霞客游记》对后世影响很大，李约瑟评价道："他的游记读来并不像是17世纪的学者所写的东西，倒像是一部20世纪的野外勘察记录。"

《洛阳伽蓝记》

《洛阳伽蓝记》《水经注》《齐民要术》并称为北魏时期三部杰作。作者杨炫之，北平郡（今河北保定地区）人，精通佛教经学，北魏末期为奉朝请、书监，东魏时任期城郡太守、抚军府司马。因见战后洛阳由皇帝斥巨资所建之佛寺都残破不堪而有感，撰《洛阳伽蓝记》，记述北魏首都洛阳佛寺的兴衰与改革。全书按照地理次序分城内、城东、城南、城西、城北，共记载了北魏时期首都洛阳的40多所寺院，提供了关于北魏迁都洛阳40年间的佛教史料。另外，书中的《宋云、惠生使西域行记》《京师建制及郭外诸寺》两篇文章记载了宋云去天竺的情况以及印度地区的佛教情况。同时，《洛阳伽蓝记》从另一个侧面反映了当时的社会经济文化，对我们研究北魏历史有很高的史料价值，对于我们研究中印交通史也具有很高的文献价值。

《贞观政要》

《贞观政要》是一部有关唐太宗时期君臣议政内容的言论集。作者吴兢，唐汴州浚仪（今河南开封）人。他年轻时就立志研究历史，武则天时开始担任史官，任职期间，曾撰写《则天实录》《睿宗实录》等史书，后因所修《则天实录》内容不受张说接受而被贬。晚年潜心著述，著有梁、齐、周史各10卷，陈史5卷及隋史20卷。

全书10卷、40篇，8万余言，撰写时间在唐开元、天宝年间，这也是唐王朝由盛而衰的转变开始。吴兢看到当时的现状，想要向唐玄宗进谏，希望起到"亡羊补牢"的作用，于是写作此书，希望能给最高统治者以警示。《贞观政要》的内容虽是贞观年间唐太宗李世民与臣下魏徵、王珪、房玄龄、杜如晦等40余位大臣论政言论以及一些大臣的谏议和劝谏奏疏，但实际上是吴兢政治思想的体现。《贞观政要》被后世的政治家视为从政

唐太宗像

指南，同时它也是我们了解唐朝贞观年间历史的重要依据。

《史通》

《史通》是中国第一部史学评论专著。作者刘知几，字子玄，唐徐州彭城（今江苏徐州）人。他自幼爱好文史，自武则天长安二年（702）起，开始担任史官，中宗景龙二年（708）辞去史官职务，私撰《史通》，以见其志。

全书共 20 卷，包括内篇 39 篇、外篇 13 篇。其中，内篇的《体统》《纰缪》《弛张》3 篇今已失传，今本为 49 篇。《史通》是针对唐以前写史所采用的主要体例——编年体和纪传体进行了总结，将采用这两种体例编写的史书称为"正史"，并对这两种体例的编写特点和得失进行评论。书中认为必须沿袭这两种体例，而以后写史的主要体例则是断代体。《史通》既论述了有关史书的体裁体例、史料采集、表述要点和作史原则，也论述了史官制度、史籍源流以及杂评史家得失。《史通》在中国史学界有着很高的地位，它具有

划时代的意义，对后世史书的编写方式产生很大的影响，对中国历史学的发展有着不可估量的作用。

《通典》

《通典》是中国第一部典章制度通史。作者杜佑，字君卿，唐京兆万年（今陕西西安）人，自唐天宝年间起入仕为官，是唐代著名的史学家、政治家。杜佑从 30 岁起开始编写此书，直到 65 岁才编成进献，历时35 年。全书的编写以"实采群言，征诸人事，将施有政"为宗旨，记述唐天宝以前的历代经济、政治、礼法、兵刑等典章制度。共分 9 门、200 卷，其中，食货典 12 卷、选举典 6 卷、职官典 22 卷、礼典 100 卷、乐典7 卷、兵典 15 卷、刑典 8 卷、州郡典 14 卷、边防典 16 卷。这部著作堪称古代典章制度的百科全书。在典章的记述上，有略于古而详于"今"的特点。《通典》中引用了大量的史料文献，对我们研究古代的典章制度有着极其重要的文献价值。

《通志》

《通志》是继《史记》以后的又一部纪传体通史名著。作者郑樵，字渔仲，南宋莆田人。郑樵博览群书，天文地理、经史子集无所不通，一生著作颇丰，达 1000 多卷，但流传下来的不多。

所谓"通志"，也就是通史的意思。在编写体例上，《通志》实际上是继承了《史记》，只是将《史记》中的"表"改为"谱""志"改为"略"。此书所记历史自上古时期开始，直到唐朝结束，但是具体断代又有所不同。书中包括本纪、世家、列传、二十略、四夷传、年谱、载记 7 大部分，共 500 多万字。《通志》中最精华的部分就是它的二十略，这二十略包括如氏族略、六书略、七音略、天文略、地理略、都邑略、礼略、谥略、器服略、乐略、职官略、选举略、刑法略、食货略、艺文略、校

雠略、金石略、图谱略、灾祥略、昆虫草木略。其中氏族略、校雠略、金石略、六书略、七音略、都邑略、图谱略、昆虫草木略等都是郑樵首创。对于这些创新，郑樵本人也很清楚，他在《通志·总序》中说，二十略中，礼、职官、选举、刑法、食货五略，"汉、唐诸儒所得而闻"，它们"虽本前人之典，亦非诸史之文"；其余十五略，则"汉、唐诸儒所不得而闻也"。郑樵打破了旧史传统，勇于创新，为历史编纂学做出了贡献。另外，《通志》还体现了他的著史思想，即推崇通史，反对采用断代手法写史。

《文献通考》

《文献通考》是上古到南宋时期的典章制度史。作者马端临，字贵与，号竹洲，饶州乐子（今江西乐平）人，宋末元初杰出的史学家。《文献通考》是他历时 20 余年写成的。《文献通考》以《通典》为蓝本，并对它进行了补充和发展。全书共为 348 卷，分田赋、钱币、户口、职役、征榷、市籴、土贡、国用、选举、学校、职官、郊社、宗庙、王礼、乐、兵、刑、经籍、帝系、封建、象纬、物异、舆地、四裔，共 24 门，每门之下又分若干子目。其中，经籍、帝系、封建、象纬、物异是该书的首创。书中记载了自上古时期到宋宁宗期间的典章制度发展史，尤其是有关宋朝典章制度的记载更为翔实。书中还体现了作者把经济放在政治、文化之前的新的学术思想。在这部史书里，马端临采用文（叙事）、献（议论）、注（考证）相结合的手法著史，是历史学的独创。《文献通考》具有很高的文献价值。它补充了《宋史》中"志"的不足，是我们研究古代典章制度发展史的重要资料。故而，史学界将此书与杜佑的《通典》、郑樵的《通志》并称为"三通"。

《列女传》

《列女传》是古代妇女的传记。作者刘向，本名更生，字子政，沛（今江苏沛县）人，西汉著名学者，著有《别录》《说苑》《新序》等书。《列女传》记载了自上古传说时代的有虞二妃开始，直到西汉时期的妇女。该书的撰写目的是为了讽谏当时汉成帝宠信赵飞燕姐妹而疏于朝政的情况。全书共分 7 卷，每卷记 15 人，共计 105 人。书中将所记妇女分为 7 类，分别为：母仪、贤明、仁智、贞顺、节义、辨通以及孽嬖。且每写一人，后面都附有"颂"，用来对人物进行赞扬评价。书中又有《续列女传》1 卷，共计 20 人，但无"颂"。该书的主旨是在宣扬封建伦理道德纲常，除"孽嬖"外，其他 6 类都是封建伦理道德的坚决"执行者"。此外，该书也从另一个角度对中国古代妇女的生活风貌有所反映。《列女传》一书较之其他古代史籍传记影响较小，但是该书毕竟是在当时男尊女卑的社会环境中为妇女作传的，具有一定的进步意义。同时，该书也为后人写史设"妇女传"做了榜样，具有首创精神。

《蒙古秘史》

《蒙古秘史》是一部最早的有关中国蒙古族历史的史学著作，原名为《忙豁仑·纽切·脱卜察安》（蒙古语），又名《脱卜赤颜》或《元朝秘史》，成书于 13 世纪中叶的窝阔台时期。

《蒙古秘史》是一部采用畏兀儿体蒙文撰写的编年体蒙古史书。书中记载了自 8 世纪中叶蒙古的兴起开始，直到 13 世纪中叶蒙古大帝国形成结束，共计 500 多年的蒙古历史。全书共 12 章，分两部分，共 282 节。其中，前 10 章为一部分，共 246 节，记载了有关蒙古族起源和成吉思汗的一生事迹。书中对成吉思汗进行神化，说他统治蒙古是顺应"长生天"的意志，他所指挥的每次战争都是奉了"长生天"的旨意，反映了全书的唯心主义历史观。后两章为续集，共 36 节，记载了成吉思汗死后，其子窝阔台继承汗位以后的事件。此书较全面地反映了蒙古族早期的历史，是我们研究元朝初期以及蒙古建国以前的历史的重要资料。

《二十二史札记》

《二十二史札记》是一部正史考证著作。作者赵翼，字云崧，号瓯北，江苏阳湖（今常州）人，清代著名学者、史学家。赵翼曾入朝为官，后借故辞官回家，闭门著述。书名中的"札记"是作者考史和评论历史所用的形式；"二十二史"指自《史记》到《明史》的 22 部史书，由于将《新唐书》与《旧唐书》《新五代史》与《旧五代史》看为两部史书，因此《二十二史札记》实际上是考证了 24 部正史著作。全书共 36 卷，附有补遗 1 卷，可分为两大部分：第一部分为考史部分，主要是对 24 部史书的文字错误、史实错误、评论错误等进行考证；第二部分为评史部分，以"经世致用"为指导思想，选择前代历史中影响国家兴衰的关键事件进行评论，抒发作者的史学和政治观点。《二十二史札记》对考史著作的发展产生了很大的影响。

哲学思想

儒 家

儒家是创于春秋末期以孔子为宗师的重要学派。儒，指古代从巫、史、祝、卜中分化出来专为贵族人家相礼的知识分子。孔子早年曾以"相礼"为业，精通礼、乐、射、御、书、数六艺。中年聚徒讲学，弟子日多，据《史记·孔子世家》载："孔子以诗书礼乐教，弟子盖三千焉，身通六艺者七十有二人。"后世把以孔子为宗师的学派称为"儒家"。《汉书·艺文志·诸子略》："儒家者流，盖出于司徒之官，助人君顺阴阳、明教化者也。游文于六经之中，留意于仁义之际，祖述尧舜，宪章文武，宗师仲尼，以重其言，于道最为高。"基本勾画了儒家的概貌。儒家为先秦时期较大的学派，被列为"九流十家"之首。

孔子创立的儒学的主要内容是礼乐与仁义。孔子说，"道之以德，齐之以礼"。"德"指"仁义"，"礼"指统治阶级规定的秩序。儒学核心是"仁"。在万余字的《论语》里，"仁"字出现达百处之多。"仁"的含义，孔子解释为"爱人"，并且把"仁"作为人生的基本要求："仁者人也"。实现"仁"的办法是：实行"克己复礼"，"己所不欲，勿施于人"，"居处恭，执事敬，……，与人忠"，"刚、毅、木、讷"等。可见，孔子的"仁"具有两重性含义，既可以用于政治方面，亦可以用于个人生活方面；既适于统治者，也适于被统治者。孔子在政治上是保守的，同时，孔子又要求统治者把奴隶当作人来看待，不能苛责，表现出孔子对人的平等尊重和爱护的进步思想，反映出孔子"仁"学思想的矛盾性特点。

孔子强调以礼规范行为。他说："非礼勿视，非礼勿听，非礼勿言，非礼勿动。"礼的基本内容是"君君、臣臣、父父、子子"的政治等级秩序。孔子说："郁郁乎文哉，吾从周。"孔子强调"礼"，一方面反映出人都有在一定社会地位生活的权利，另一方面又企图重建周礼。这就严重地压抑了人的活力，剥夺了人的自由意志和人格尊严，造成不小的消极影响。

为了宣传礼乐与仁义的思想，孔子总结和创立了系统的教育理论和方法。他提倡"有教无类"，向贫民开放教育。他强调学习的重要性。他说："好仁不好学，其蔽也愚；好知不好学，其蔽也荡；好信不好学，其蔽也贼；好直不好学，其蔽也绞；好勇不好学，其蔽也乱；好刚不好学，其蔽也狂。"他强

孔子圣迹图页 清 焦秉贞 绢本
图中湖石峻挺，绿意浓深，孔子正与国君相对而谈。此画当源自孔子周游列国，游说诸王，宣扬儒家"仁政""以德治国"的典故。

调学习态度要正确。他说："知之为知之，不知为不知。""学而不厌。""三人行，必有我师焉。择其善者而从之，其不善者而改之。"他强调学要与思与习相结合。他说："学而不思则罔，思而不学则殆。""学而时习之，不亦说乎？"他强调学要与行动结合，他说："君子耻其言而过其行。""听其言而观其行。""君子讷于言而敏于行。"他还要求授课要"因材施教"等。

孔子的教育学说是中华民族的宝贵精神财富。孔子整理出的《诗》《书》《易》《礼》《乐》《春秋》六种教材，是我国古代文化的重要财富。

儒学继始祖孔子之后，代表人物还有战国时代的孟子和荀子。孟子和荀子发展了孔子"仁"和"礼"的思想，把儒学发展成为先秦诸子百家中最大的一家，极为深刻地影响了中国古代文化。

道　家

道家是以先秦老子、庄子关于"道"的学说为中心的学术派别。道家之名，始见于汉司马谈的《论六家之要指》，称为"道德家"。《汉书·艺文志》称为道家，列为"九流"之一。传统的看法：老子是道家的创始人，庄子则继承和发展了老子的思想。

道家学说的核心内容是"道"。老子对"道"的解释是"有物混成，先天地生，寂兮寥兮，独立不改，周行而不殆，可以为天下母，吾不知其名，字之曰道"。老子认为世界万物都源于"道"："道生一，一生二，二生三，三生万物。"万物运动的规律也是"道"，所谓"道法自然"。

因此"道"的本质是"无"。人世间的思想原则是"无为"，人性要"清心寡欲"，如水样"不争""主静"，"不为天下先"，以"归真反朴"。所以社会上要"绝圣弃智""绝仁弃义""绝巧弃利"。国家要小，人要少，不往来，所谓"小国寡民""鸡犬之声相闻，老死不相往来"。这样就能无为

而无不为，不治而无不治。庄子则根本否认世间万事万物的差别，"外死生，无终始"，比老子更加虚无。"无为"思想，既体现了道家对世界的冷静认识，又表现出不思进取的消极情绪。

道家思想包含较多朴素辩证法。如"有无相生，难易相成""曲则全，枉则直""大直若屈，大巧若拙""合抱之木，生于毫末"等都反映了事物矛盾的依存性、相互转化性等属性。"方生方死""是亦彼也"等认识，则反映了庄子的相对主义思想。道家思想对中华文化尤其是美学思想产生过十分深刻的影响。

墨　家

墨家是战国时的重要学派。《汉书·艺文志》列为"九流"之一。是儒家最大的反对派，与儒家齐名，创始人是墨子。

墨子（前 480～前 420），姓墨名翟，鲁国人。出身于"贱人"阶层，曾做过造车的工匠、大夫。早年受过儒家教育，后弃儒创立了墨家学派。这个学派的成员多半来自社会下层，纪律严明，生活简朴，积极参与政治。学派负责人称"巨子"。

墨子的基本思想是"兼爱""非攻""尚贤"和"节用"。墨子主张人们兼爱互利。他说："兼相爱，交相利。"认为"天下兼相爱则治，交相恶则乱"，解决社会治乱问题要靠兼爱，因此要"视人之国若视其国，视人之家若视其家，视人之身若视其身"。墨子主张"非攻"。他看到战争使耕种荒废，"百姓饥饿冻馁而死者，不可胜数"的严重破坏性，因而反对侵略战争。但顺天应人的战争他并不反对。

墨子主张"尚贤"。他看到贵族专政造成王公大人不劳而获，占有过多的财产，提出"不党父兄，不偏贵富，不嬖颜色"。提倡向"农与工肆之人"开放政权，对其中的"贤者"，要"举而上之，富而贵之，以为官长"；对贵族中的"不肖者"，要"抑而废之，

贫而贱之,以为徒役"。

墨子主张节用。他认为"凡是以奉给民用则止。诸加费、不加于民利者,圣王弗为"。贵族玩弄音乐"将必厚措敛乎万民,以为大钟鸣鼓琴瑟竽笙之声",害处很大,应禁止。厚葬久丧,劳民伤财,应节葬短丧。

墨子的认识论是实证的。墨子认为人的认识来自客观实际。他说:"天下之所以察知有与无之道者,必以众之耳目之实知有与无为仪者也。"从这种认识论出发,在名实关系上墨子强调实重于名,名实相符。他说:"瞽者不知墨白者,非以其名也,以其取也。……天下之君子不知仁者,非以其名也,亦以其取也。"正确的认识不在于知名,而在于知实。

"实"具体表现在三个方面,即墨子所说的"三表"。墨子把"三表"作为判断人们认识正确与否的标准。他说:"言必有三表。何谓三表?子墨子言曰:有本之者,有原之者,有用之者。于何本之?上本之于古者圣王之事。于何原之?下原察百姓耳目之实。于何用之?废以为刑政,观其中国家百姓人民之利。"即正确的认识或有历史根据,或有群众亲身经验为证,或有符合国家人民利益的方针政策作为依据;无稽之谈是错误的。"三表"为检验认识的真理性提供了客观标准。

墨子具有"天志""明鬼"的观念。他认为天是有意志的,能赏罚爱憎。他说:"顺

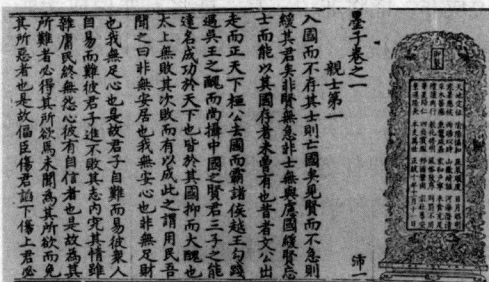

《墨子》内页

《墨子》一书总计 53 篇,大多为墨翟弟子及其后世门人对墨翟言行的记述。

天意者,兼相爱,交相利,必得赏;反天意者,别相恶,交相贼,必得罚。"天要求人们"有力相营,有道相教,有财相分"。这是希望以天意来推动兼爱互利,"天志"成了劳动群众意志的代名词。

因此,墨子将"天志"作为度量一切事物的最高标准。他指出:"上将以度天下之王公大人为刑政也,下将以量天下之万民为文学之言谈……立此以为仪,将以量度天下王公大人卿大夫之仁与不仁,譬之犹分墨白也。"墨子希望用这一个最高准则来规范敢于无法无天的王公大人的行为,真是用心良苦。

墨子对鬼神是这样认识的:"鬼神之明智于圣人,犹聪耳明目之与聋瞽也",因而鬼神能够行赏罚:"鬼神之所尝,无小必尝之;鬼神之所罚,无大必罚之。"鬼神能无大不罚,这样,对死后为鬼神的小民,王公大人就不可过分为恶。

法 家

"法家"名称,最早出现于《孟子·告子下》:"入则无法家拂士,出则无敌国外患者,国恒亡。"然孟子所说的"法家",仅指遵守法令的士大夫而已,与后来的古代思想流派之"法家"无干。直至汉代司马谈的《论六家之要指》才第一次为法家流派命名,并将其与儒、墨、道、名、阴阳五家同日而语:"法家不别亲疏,不殊贵贱,一断于法,则亲亲尊尊之恩绝矣。"一般认为,法家起源于春秋时的管仲、子产,发展于战国时的李悝、商鞅、申不害、慎到,集大成于战国末期的韩非。

在哲学上,法家提出了不少重要的思想。在自然观方面,管仲及其后学提出"天不变其常,地不易其则,春夏秋冬不更其节,古今一也"(《管子·形势》),认为自然界有其运动变化的规律性。子产提出"天道远,人道迩,非所及也"(《左传·昭公十八年》)的观点,为较早的天人相分的思想。韩非继承发挥了荀况唯物主义思想和老子哲学的积

极成分，建立了以"道"为最高范畴的朴素唯物主义哲学体系，提出："道者，万物之所以成也。"(《韩非子·解老》)探讨了万物发展的总规律("道")与特殊规律("理")及其相互关系，强调人们按客观规律办事，"缘道理以从事"(同上)。

在认识论方面，慎到主张"弃知去己"(《庄子·天下》)，对事物不要强知，"舍是与非"(同上)以免为是非认识所牵累。韩非提出"参验"的方法，主张"循名实而定是非，因参验而审言辞"(《韩非子·奸劫弑臣》)。强调用实际的功用效果来检验人们言行的是非。"参验"方法在中国古代唯物主义认识论上有重要的意义。

法家的朴素辩证法思想也较丰富。管子及其后学提出："天道之数，至则反，盛则衰。"(《管子·重令》)认为自然界变化的规律，表现为事物发展到极点就会向反面转化。韩非在中国哲学史上首先用"矛盾"来概括矛盾对立的双方，提出："不可陷之盾与无不陷之予，不可同世而立。"(《韩非子·难一》)并在解说老子关于福祸转化的观点时，发展了矛盾对立双方相互转化的思想，提出了量变与质变的关系问题，认为"有形之类，大必起于小，行久之物，族必起于少。故曰：天下之难事必作于易，天下之大事必作于细。"(《韩非子·喻老》)强调防患于未然。

在历史观方面，法家强调人类社会是一个不断发展进步的历史过程。商鞅把历史分为上、中、下三世，认为"上世亲亲而爱私；中世尚贤而悦仁；下世贵贵而尊官。"(《商君书·开塞》)因而主张"世事变而行道异"(同上)，"治世不一道，便国不必法古。"(《商君书·更法》)韩非继承了商鞅等前期法家历史观，并做了进一步的发挥，论述了"上古之世""中古之世""近古之世"的社会发展变化，主张社会制度和治世方法要随着社会的发展而变化，提出："世异则事异，事异则备变"(《韩非子·五蠹》)的观点，反对拘泥于古人的做法。

韩非还试图探讨人口变化与社会发展的关系，认为人口再生产的速度高于生活资料再生产的速度，人口多、财富少是造成社会争乱的根源。"今人有五子不为多，子又有五子，大父未死而有二十五孙。是以人民众而货财寡，事力劳而供养薄，故民争，虽倍赏累罚而不免于乱"(《韩非子·五蠹》)。这种认识的提出在中国和世界思想史上都是最早的。

名　家

名家是中国秦代以前注重辩论技巧，探讨名称概念之间、名称与实物之间关系的一种学说派别。因为它产生于辩论的实践，代表人物大多是善辩之士，所以又称"名辩学派"。最主要的代表人物有惠施、公孙龙；此外还有邓析、尹文和后期墨家的一些学者。

春秋战国时期，学术兴盛，形成了百家争鸣的局面。各家各派都在申说自己的学说，批驳他人的学说。随着辩论的深入，出现了一系列问题。比如，辩论的双方不但在学说的内容上不一致，而且在论说的方法上、概念的使用上也不一致。这样一来，双方的辩论便失去了规则、没有了基础，等于你说你的、我说我的。这个问题不解决，辩论就会流于诡辩，难以求得真理。

据史料记载，春秋时期有一位大辩论家，名为邓析。他当郑国大夫的时候，正值子产执政。为了给子产出难题，他担任诉讼律师，为人辩护。他使用辩论技巧，能将是说成非，能将非说成是；能将有罪说成无罪，能将无罪说成有罪，使执法者难以定案。子产认为他是一个大祸害，于是便把他杀了。由此说明，研究辩论规律、制定辩论规则是当时的重要任务。由此形成了名辩学派，提出了多种名辩学说。

名家并不是一个学术团体，只是因为诸位学者所探讨的问题一致，研究的对象一致，都属辩论中经常遇到的概念的使用规则和推论的方法原则，因而得名。正因如此，所以他们所持的观点并不一致，甚或相反，形成了不同的名辩学派。在诸种名辩学派中，"离坚白"派和"合同异"派颇有影响。

"离坚白"派的主要代表人物是公孙龙。这一派强调名词概念的相互区别，认为一个概念只能指一个事物，而不能既指这一事物，又指另一事物，否则的话，就会产生逻辑混乱。比如说一块白色石头的时候，"白色"只指石头的白色，与石头的坚硬没有关系；"坚硬"只指石头的坚硬，与石头的颜色没有关系。这两个概念各有所指，不相关联。如果将两个表现上有联系的概念混淆起来，就会产生推理的错误。比如说"白马是马"，就混淆了"白马"与"马"的界限。"白马"只是马中的一种，而不是"马"；"马"是马类的统称，除了白马之外，它还包括各种颜色的马，而"白马"则不能包括其他颜色的马。也就是说，公孙龙强调概念的确定性，他提出的原则合于形式逻辑，即一就是一，不能既是一又是二。

"合同异"派的主要代表人物是惠施。这一派强调事物之间的相互联系。认为相同的事物是相互联系的，所以是"同"；不相同的事物表面上看来不同，是"异"，但实际上也是相互联系的，也是"同"。因此"同"也是"同"，"异"也是"同"，"同"和"异"没有本质的区别，都是一样的。

在他们看来，事物之间本来就存在着不可分割的联系，因此在讨论问题时候就不能将它们割裂开来，否则的话，就会和实际事物相背离。为了表明自己的观点，他们提出了一系列怪诞的论题，比如说"今天动身去越国，昨天到达"，又比如说"我知道天下的中心在哪里，它在地处北方的燕国以北、地处南方的越国以南"，如此等等。就以前一句为例，其意是说：一个人走了一天多，第二天到达了越国。假如将动身去越国的这一天称为"今天"，那么就应该说"今天动身去越国，明天到达"；假如以到达越国的一日为"今天"，那么就应该说"昨天动身去越国，

今天到达"；假如动身时以当日为"今天"，而到达后又以到达后的第二天为"今天"，则应该说"今天动身去越国，昨天到达"。在这里，惠施将时间的称谓视为变化的，由于时间的运动是连续的，所以"今天"这个概念就不是固定不变的，哪一天都可以称为"今天"，不能说将1月12日称为"今天"，就不能将1月14日称为"今天"了。概念应该随着事物的变化而变化，不能将它凝固起来。他提出的原则合乎辩证逻辑，即一既是一又是二。

如上两派，各执一偏，虽然都有片面性，但又各自揭示出了人类思维的一种规律，值得后人借鉴。

中国古代，对人类思维规律作出比较全面总结的，是后期墨家的一些学者，他们提出的有关思想也归于名辩学说。

由于百家争鸣的局面在秦代之后消失了，所以中国古代的名家也就随着销声匿迹了。他们所研究的问题虽然对后世颇有影响，但由于无人专门研究，所以未能再出现更大成就。

阴阳家

阴阳家是以"阴阳"解说事物存在和发展变化的一种学说派别。萌芽于西周末年，大盛于战国时期。对后世影响极大，但战国之后，作为一个学派已不复存在，其学说被各种学说吸收和改造，用以解说事物的存在形式和变化原因。据现存史料记载，最早使用阴阳解说事物运动变化的是西周末年的思想家伯阳父，战国时期的代表人物是邹衍。

"阴"，原指背阳光的一面，具有晦暗、潮湿、清冷等特性，后来人们又引申出柔弱、退让、顺从等特性来。"阳"原指向阳的一面，具有明亮、干燥、温暖等特性，后来人们又引申出刚强、进取、率先等特性来。也就是说，阴阳是相反的两个方面。这两个方面虽然相反，却是同一个事物的两个方面，谁都离不开谁，就像一座山的阴阳两

面一样，有阴就有阳，有阳就有阴。由此阴阳又被引申为既相互对立又相互补充的两个方面。

人们之所以借用阴阳来说明世界，那是因为古代的一些观象家发现，不但日月在不断地轮回旋转，一会儿从东方升了起来，一会儿又从西方落了下去，一些时候偏向北方，一些时候偏向南方，循环不息，轮转不止。这种循环和轮转还影响到气候的轮回变化和作物的轮回生死，春夏去了秋冬来了，秋冬去了春夏又来了；草木绿了又黄了，作物死了又生了，如此等等。由此他们得出一个结论，说阴阳变化与天地万物的变化都有关系，是天地万物变化的原因。西周的伯阳父用阴阳解说地震，邹衍则用它来解说王朝的更替，并将阴阳学说与五行学说结合起来，认为金木水火土五种性能的相生相克体现着阴阳两个方面的相反相成，由此推动着社会的变化和王朝的更替。

一般说来，战国时期的阴阳学说，一半建立在对客观事物观察的基础上，反映出一定的科学认识；另一半是出于神秘的推测，结合着巫术，将其与人的吉凶祸福联系起来，成为妄说。战国之后的阴阳学说，分别向科学和巫术两个方面发展，对社会造成了不同的影响。

纵横家

纵横家是中国战国时期的一个以政治游说为特点的谋士集团。他们或者劝说诸多弱国联合起来抗击强国，或者劝说强国拉拢一些弱国以打击另一些弱国，破坏弱国间的联合。战国后期，秦国强大，地处西部；齐、楚、燕、赵、韩、魏六国弱小，地处东部南北各地。中国人以南北为纵，以东西为横。6个弱国联合，从地理位置讲是南北联合，所以称"合纵"；强秦拉拢弱国，从地理位置讲是东西联合，所以称"连横"。这些谋士或劝"合纵"，或劝"连横"，所以有了"纵横家"的名称。纵横家的种种设想，虽然属于

政治谋略，却深含哲学道理。主要代表人物有张仪、苏秦等。

据《史记》记载，苏秦是东周洛阳人，张仪是魏国人。两人是同学，都跟从齐国的鬼谷子学习纵横之术。结业之后，苏秦到了几个国家，宣传自己的学说，没有受到任用。当他落魄而归时，受到姐妹兄嫂妻妾的嘲讽。他们说："人家的男子汉都凭力气创立事业，或农耕，或从工，或经商，而我家的男子汉想凭口舌来创立事业，不是自讨没趣吗？"苏秦听了很惭愧，但并没灰心。他认为，失败的原因不是纵横术不好，而是自己学业未精。于是闭门学习，一年不出。后来他再次出山，终以"合纵"的道理说动了燕王，并受燕王之托，带着金银玉器布帛车马游说各国。在他的游说下，齐、楚、韩、赵、魏和燕国一度联合起来，共同对付秦国。苏秦也由此红极一时，成为纵约长，并任六国国相。张仪的命运更奇特。一开始他去楚国宣传自己的学说，与楚国国相一起饮酒，不巧国相丢了一块宝玉，怀疑是他偷的，用鞭拷打他。由于没有证据，只好放了他。回到家里后，妻子埋怨说："如果你不读书，不去游说，怎么会受到这样的侮辱？"张仪不以为然地问妻子："我的舌头是不是被打掉了？"妻子笑笑说："舌头倒是没打掉。"张仪说："这就好。只要舌头在，还能游说，我就心满意足了。"之后他用连横的道理游说秦王，得到秦王的赏识，并先后在秦国、楚国、魏国任国相，施展他的连横之术，终成大器。

合纵的道理是说，秦国是个强国，齐、楚、燕、韩、赵、魏是弱国。如果单独以一个弱国与秦国抗衡，一弱一强，胜败分明。正因如此，所以秦国很威风，想欺负谁就欺负谁。各个弱国为了保住自己的国家，都在尽力讨好秦国。每当秦国欺负一个弱国时，其他弱国各保己身，不但不敢支持受欺负者，反倒向强国献媚，帮助秦国。这样一来，秦国有恃无恐，任意作为，可以一个一个分别宰割，六个弱国无一能得幸免。也就是说，

弱国分心，想要自保却难以自保。可是这样的命运并非必然，弱国并非绝对弱小，强国并非绝对强大。弱国合为一体，就会变成强大，强国分割不了弱国，就会变得弱小。所以，关键的问题是六国合心，不分你我，首尾相救，共同对敌。也就是说，弱国合力，不为一己则能胜过强敌。

连横的道理是说，秦国强大，六国弱小，但这只是相对而言。秦国相对于其他各国是强大的，相对于六国的合力却是弱小的。有鉴于此，要想保持秦国的强大，就必须分而割之，不能让六国形成合力。为此，在攻打一国的时候，要稳住他国。或拉拢，或恐吓，或与他们共同行动，让他们从中得利。也就是说，要采取一口一口吃的办法，就能将六国逐个消灭掉。

在纵横之术的交错运用中，合纵难能而连横易行，那是因为六国毕竟有六个心思、六方利益，难以统一。所以，虽然在苏秦的推动下，六国有过几度联合抗秦的行动和几度战胜秦国的业绩，但终因时合时散，还是让秦国一个一个地消灭了。至公元前221年，秦国完成了消灭六国的计划，统一了中国，成立了中国第一个统一的封建王朝。这就是秦朝。到此，纵横家的历史使命也就宣告结束了。

历史虽然过去，但纵横之术给后人提供了大小、强弱的辩证思考，即大小、强弱不但是相对的，而且是可以转化的。在一定条件下强者是强，弱者是弱，大者为大，小者为小；而在另一些条件下则强者会成为弱者，弱者会成为强者，大者会成为小者，小者会成为大者。对于人而言，关键是要使用智能，创造条件，转弱为强，化小为大；在自己已处强大地位时，要想方设法保持强大，避免转化。

周 易

《周易》亦称《易经》，又简称《易》。儒家重要经典之一。"易"有变易（穷究事物变化）、简易（执简驭繁）、不易（永恒不变）三义，相传系周人所作（一说"周"有周密、周遍、周流之义），故名。内容包括《经》和《传》两部分。《经》主要是六十四卦和三百八十四爻，卦、爻各有说明（卦辞、爻辞），作为占卦之用。旧传伏

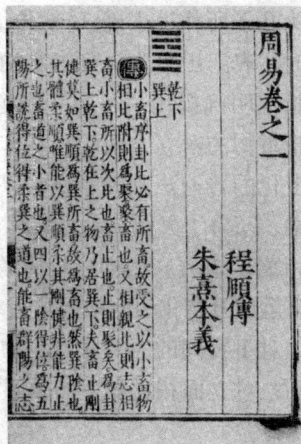

《周易》内页

羲画卦，文王作辞，说法不一。其萌芽期可能早在殷周之际。《传》包含解释卦辞、爻辞的7种文辞共10篇，统称《十翼》，旧传孔子作。据近人研究，大抵战国或秦汉之际的儒家作品，并非出自一时一人之手。

《易经》的卦象（即卦的图像）由阳爻"——"和阴爻"— —"按每卦六画排列组合而成，卦辞系于卦象之下。卦辞和爻辞的内容大体为三类：一是讲自然现象的变化，用以比拟人事；二是讲人事得失；三是判断吉凶祸福。

在《易经》占筮的神秘形式下，包含着中国古代辩证法思想。《易经》通过对自然和社会生活中损益、否泰、吉凶、得失等一系列现象的描述和分析，表达了对于对立统一关系的朴素认识。如提出"小往大来"（泰卦卦辞）、"大往小来"（否卦卦辞）、"无平不陂，无往不复"（泰卦九三爻辞）等，实际体现了对于事物的对立面之间相互转化的朴素辩证认识，是中国古代辩证法思想的萌芽。

《易传》对《易经》的解释以《彖》上、下；《象》上、下；《文言》；《系辞》上、下；《说卦》；《序卦》；《杂卦》。共十篇。旧传

为孔子所作，未确。《易传》在解释《易经》时，表露出更为深刻丰富的辩证思想。它概括地明确提出"一阴一阳道"的著名命题，把事物的对立方面的相互作用视为事物运动变化的普遍法则和规律，以天地、乾坤、刚柔、寒暑、男女、爱恶等对立面之间的相取、相荡、相攻、相摧、相感等不同作用形式，来解说万物化生的根据和运动变化的规律性。如对事物间的因果联系，物极则反的变化法则，对立面相反相生的关系等方面内容均有探讨。

《象》中把"天地盈虚，与时消息"视为自然界和人类社会变化发展的普遍法则。提出"天地感而万物化生"的观点。

《系辞》提出："刚柔相推而生变化"，"生生之谓易"，用以解说事物变化的原因。以"穷则变，变则通，通则久"，来说明事物只有经过变革才有发展前途和生命力。并提出了太极、两仪、道、器、神、几、言、意、象等哲学范畴，对中国哲学的发展有重要的影响。

《易传》还表现出顺应规律而积极进取的精神，如乾卦《象》提出："天行健，君子以自强不息。"以"天"性纯阳刚健为依据，提倡人应效法天，不断励图自强。"自强不息"是中华民族传统文化的精华，成为中华民族精神的重要组成部分。《易传》中对自然界的构成也有不少论述，《序卦》提出"盈天地之间者，唯万物"。但对《易经》的解说中，也含有主观虚构、随意比附糟粕。

《周易》对中国传统哲学的形成和发展有着极重要的影响。汉代以来，《周易》被儒家奉为经典，对《周易》的众多阐释研究，形成了"易学"。"易学"在漫长在的两千多年间，出现了诸多流派，如象数学派、义理学派等。古代许多著名哲学家在建立自己的哲学体系时，都不同程度地吸收了《周易》的思想材料。近现代，《周易》仍是人们关注的热点。

河图、洛书

自宋代以后，凡是注《易》、论《易》、治《易》的著作，都把河图、洛书等图，作为《周易》的重要组成部分。甚至有人说，八卦是根据河图、洛书而画；当初《周易》是据"图""书"而出，而不是"图""书"据《易》而出的（刘大钧《周易概论》）。所以人们都认为伏羲是根据河图画的八卦，故《山海经》中的"伏羲得河图，夏人因之，曰《连山》"就是一例。《连山》一书中的八卦是出于夏朝，但八卦不一定是按"河图"而画的。因为《易经》的原文中，没有涉及河图、洛书之事。

关于河图、洛书的起源有种种神奇的传说。相传我国原始社会氏族部落的伏羲时代，有龙马出自黄河，背负河图；有神龟出自洛水，背负洛书。伏羲得到后，把河图、洛书说成"天地自然之《易》"。

河图、洛书之说，先秦的《尚书》、孔子的《论语》、以及《系辞》中确有记载。但"图""书"到底是什么样子，谁也没见过，更无论述。在宋以前，不少《易》家在谈《易》的时候，很少谈及河图、洛书之事。少数谈者，也是一带而过。河图、洛书之风潮，起于宋朝，自宋以后，对河图、洛书之说，一直有两种不同的意见。如清朝的易学者胡渭、黄宗羲等就反对宋儒的说法。

今人刘大钧教授经过多方考证说："宋人'河图'中五十五个黑白圆圈的分布，恐怕是启于《系辞》。《系辞》说："天一；地二；天三；地四；天五；地六；天七；地八；天九；地十。天数五，地数五，五位相得而各有合，天数二十有五，地数三十。凡天地之数，五十有五，此所以成变化而行鬼神也。"刘氏这一论证，看来是有道理的。

《系辞》中天地之数出自何处？历史的争论并无结果。一般认为天地之数，很可能是出自十天干"甲乙丙丁戊己庚辛壬癸"。其甲丙戊庚壬五阳数，正是天数二十有五；乙丁巳辛癸是阴数，正是地数三十，两数相合也是五十五。天地之数五行，虽合出五行和方位，与天干化有出入，但化合的方法与天干相同。如天地数是一六合水，正是甲己合土；二七合火，是乙庚合金；三八合木，是丙辛合水；四九合金，是丁壬合木；五十合土，是戊癸合火。天地之数见于《系辞》，而十天干的出现，在时间上早于《系辞》，这是无可置疑的。所以《系辞》中的天地之数出自十天干可能性很大。

至于宋人出的洛书，其"四十五个黑白圆圈的出处"，所谓"洛书盖取龟象"，无非是宋人按郑玄的《干凿度》"载九履一，左三右七，二四为肩，六八为足"造出来的。

河图中的白点代表阳，黑点代表阴。即一、三、五、七、九是奇数为阳，称天之象；二、四、六、八、十是偶数为阴，称地之象。此天地之数各自相合，正是五十有五。

天地之数五十有五，不仅是八卦的大衍之数，而且是合为五行之数。即一六合水；二七合火；三八合木；四九合金；五十合土。这样天地万物分属为木、火、土、金、水的五行就出来了。

"洛书中的白点为阳，黑点为阴。"一、三、七、九为奇数属阳，二、四、六、八为偶数属阴。以上阴阳数也称为天地之象。图中之数载九履一、左三右七，二四为肩，六八为足，正好与后天八卦相符。

《易经》早于《易传》数百年乃至上千年，所以，八卦根本不是据河图、洛书而画，这一观点，已是无可否认。

五行学说

五行学说是中国古代关于事物的构成因素、禀性成因、演变趋势、相互关系的一种系统见解。

"五行"，意思是五类，指金、木、水、火、土。五行学说认为，金、木、水、火、土是五种基本的元素、材料，各自具有不同的禀性，相互之间存在着不同的关系，按照不同的种类、不同的方式、不同的关系组合起来，构成不同的事物，赋予事物不同的禀性，决定着事物的不同发展趋势及事物之间的不同关系。

中国古代有一种思想，认为同类东西合在一起，不能产生新的东西，只有不同类的东西组合在一起，才能创造出新的事物来。因此，人们设想，天地万物纷繁杂多，一定是由多种事物结合在一起而形成的，并将这些事物归结为日常所见的五种材料，即金、木、水、火、土。其中的"金"指金属。

西周末年有一位太史，人称史伯。他提出，要以土、金、木、水、火相互配合来成就百物。战国时期的《尚书·洪范》则将金、木、水、火、土视为万事万物的基本要素，并提出了五行学说的系统见解。它认为，治理天下有9条根本大法，其中的一条就是按照五行的秩序办事。水具有湿润之性，火具有燃烧之性，木具有曲直之性，金具有熔铸之性，土具有耕获之性。湿润之性产生咸味，燃烧之性产生苦味，曲直之性产生酸味，熔铸之性产生辣味，耕获之性产生甜味。

五行之间具有一定的秩序，顺此秩序行事，则万事可成；违背这种秩序，则天下混乱。《洪范》借周武王与商代旧臣箕子的对话表述了这一观点。周武王说："过去大禹的父亲用拦堵的方法治理洪水，扰乱了五行秩序，引起上帝的震怒，不授他治理天下的九条大法，将他流放到远方，以至于死。之后。大禹继承了父业，上帝授予大法，大禹按大法行事，遵循五行秩序，才将天下安排得有条有理。"

在五行学说的发展过程中，五行之间的秩序渐渐具有了相生相克的关系。所谓"相生"，是指五行之间的相互接续，如木产生火、火产生土、土产生金、金产生水、水产生木。所谓"相克"，是指五行之间的相互制约，如金克制木、木克制土、土克制水、水克制火、火克制金。人们在解释自然和社会诸种事物、现象及其相互关系时，常以五行生克的关系进行比附、推测，从而五行学说成了一种理解事物及其发展变化的方法论。战国时期，邹衍用五行生克之理解释王朝的更替，给人们留下了深刻的印象。

汉代，五行学说比较盛行。著名医书《黄帝内经》以五行学说解释自然现象及人的生理，并将二者联系起来，将人的肝、心、脾、肺、肾和自然界的风、暑、湿、燥、寒都配以木、火、土、金、水的属性，之后用五行之间的生克关系解释病的发生原因和治疗方法。而大哲学家董仲舒则用五行生克的道理解释治世的道理。

一天，河间献王刘德问董仲舒："《孝经》曾说，孝是天经地义。怎么理解这句话？"董仲舒说："天有五行，亦即木、火、土、金、水，它们之间具有相生的父子关系。春天是木性，夏天是火性，夏秋之交是土性，秋天是金性，冬天是水性。春天主管萌生万物，夏天主管生长万物，秋天主管收获万物，冬天主管存藏万物。由此看来，父亲管萌生则儿子管育养，父亲管育养则儿子管生长，父亲管生长则儿子管收获，父亲管收获则儿子管存藏，体现了子继父业、子顺父意的父子关系。这就是孝的道理。所以说'孝'是天经地义。"

五行学说从汉代到唐代没有止息过，而到了宋代出现了更为兴盛的趋势，截止到明清，提出了不少新的说法。

比如宋代的思想家王安石认为，五行是形成变化、造就鬼神、往来于天地之间而无有穷尽的五种东西。因其来往运行，所以称之为"行"。他根据《周易》的说法，将天地与阴阳、数字配合在一起，认为天是阳性，其数为一、三、五、七、九；地是阴性，其数为二、四、六、八、十。五行分别是由天地产生的，并配有一、二、四、五的数字。这样一来，它们便分别具有了或阴或阳、或奇数或偶数的属性。正因为它们具有了各自不同的属性，所以相互组合就可以生出万物来，而万物之间的关系也就具有了五行之间

的关系。如此等等。

黄老学说

黄老学说是推崇黄帝、老子，并以假托的黄帝、老子之言为祖训的一种学说。它是道家学说的一个支派。特点在于将儒、墨、名、法，特别是儒家的仁义思想和法家的法治思想引入道家学说。产生于战国时期，由齐国稷下学宫的一些学者倡导，《黄帝四经》（已失）是其代表作；延续至汉代，融会于多种著作中，如《淮南子》《老子指归》等。

作为道家学说，它的基本主旨是自然无为，讲究人的行为、治国方策要顺应自然。在此基础上，具有如下几种特点。

其一，把道视为宇宙法则。认为道无形无象、虚无空廓，眼看不见、手触不及、耳听不到、鼻嗅不着，却决定着天地万物运动变化的轨迹，是天地万物运动变化的法则，什么东西都不能脱离它。比如《淮南子》认为，道自身无形无声、无知无欲、微妙莫测、无所不在，整个宇宙由源至流，由无而有，由一片混沌分化为清晰可见的天地万物，这一变化过程皆是由道而成，循道而行。山高渊深、兽走鸟飞、日月之明、星辰之行、天运地滞、水流风兴，一切事物各显其性，各逞其能，都是与道相应，顺之则利，逆之则凶。这一论述就是将道视为宇宙法则。

其二，认为宇宙法则在人世的体现就是社会法规和道德规范。在他们看来，道，作为法则，在宇宙中犹如度量衡，天地万物都要在它面前接受检验，都要按照它的要求动行静止。人与天地万物一样，也要遵守大道，除了要遵守自然法则以外，还须遵守社会法规和道德规范。社会法规主旨在律人，而道德规范主旨在诱人。正因为如此，所以治理国家就要文武兼用、德刑并行。比如《老子指归》认为，治国的秘诀没有例程，一面为柔、一面为刚，一手用文、一手用武，刚与柔相互回转，兵与德相互接连；兵事终了反转为恩德，恩德终了反转为用兵，兵事、恩

德相互维系，法规处在二者中央，或屈或伸，或取或予，与时势同行；继乱世之后用法，遭遇叛逆用兵，维系太平用道，用道则以实施恩德为常规。

其三，为自然无为注入了主动的因素。道家讲自然无为，大旨在于顺从客观事物的变化规律和趋势，而黄老学说在此基础上有所发挥，认为所谓自然无为，不但要顺从客观事物的变化规律和趋势，还要顺着客观事物的发展趋势推动事物前进。《淮南子》中称此为"推自然之势"，并以神农、尧、舜、禹、汤五位圣人为例做了说明。文中说："神农观察土地的土性，口尝百种野草，而后教人们播种五谷、分辨饮食；尧创立孝慈仁爱之礼，而后实施社会教化；舜制造了房屋，而后使人们离开了岩穴；禹疏通江河，而后平治了水患、安定了民生；汤布德施惠，而后消除了民困。他们都是经过劳形尽虑才造福于民的。万物万事尽管都有自身的变动法则，但只有经过人虑人事，才能使人们受益避害。"在它看来，既不违背自然法则，而又根据客观事物的具体情况利用法则，推动事物自身的变化，达到举事立功的目的，这才是无为。

黄老学说在一定程度上弥补了道家学说的缺陷，引导人们更客观、更全面地看待事物，在这一点上对后人颇有启示。也正因如此，它与道家的正统学说有了一定距离，也失去了道家学说的一些特色，失去了道家学说的一些光彩。

魏晋玄学

所谓玄学，指的是中国古代以解说、阐述、发挥《老子》《庄子》《周易》为主要形式，以探求事物之所以产生、之所以存在、之所以变化的根据为主旨的一种学说。在中国古代的人们看来，《老子》《庄子》《周易》是三部深奥奇妙的书，其内容之奥妙，真可以说玄之又玄，所以称之为"三玄"，而把研究和发挥"三玄"的学问称为玄学。"玄"，即是深奥奇妙的意思。因为这种学说出现在公元三四世纪左右、三国之后的魏晋时代，所以人们又称之为"魏晋玄学"。

玄学家大多是所谓名士。他们以出身门第、容貌仪止和虚无玄远的"清谈"相标榜，成为一时风气。在"清谈"中，虽然也有人

嵇康像

（如嵇康等）主张毁弃礼法，但多数依然维护着儒家的伦理观念。玄学的发展，经历了不同阶段。魏正始年间，何晏作《道德论》，王弼注《老》《易》，皆提倡"贵无"，认为名教（伦理纲常）出于自然，主张君主"无为而治"。其后魏晋之际向秀和晋郭象注《庄子》，也认为名教和自然一致，封建秩序是天理的自然；但认为"无不能生有"，"物名自造而无所待焉，此天地之正也"。裴𬱟作《崇有论》，更明显地与"贵无"说相对立。

东晋以后，玄学与佛学趋于合流，张湛《列子注》，显然受佛学影响；般若学各宗，则大都用玄学语言解释佛经。于是佛学渐盛，玄学渐衰。

理 学

理学是在我国两宋时期兴起的一种哲学，它主要讨论"性与天道"，也涉及政治、教育、道德、史学、宗教等问题。北宋是理学的形成和初步发展时期，著名理学家周敦颐、程颢、程颐生活在这个年代；南宋是理学进一步发展，以及朱学（朱熹思想）统治地位确立的阶段。朱学在元朝向北传播，到明代有新的发挥，清代前期渐趋衰落。理学的兴起，与北宋时期州县学校兴起、书院林

立有密切关系。由于学术思想的发展，许多学者要求用新观点注解经书。佛学和道家思想对理学的兴起也有很大作用，尤以华严宗和禅宗的影响最为显著。

宋明理学是儒道释三教合流的产物，它以儒家思想的内容为主，也吸收了佛学和道教思想。它以"究理尽性"为口号，带有不同于以往的哲理性和思辨性，以及为封建政治服务的自觉性等特点。宋代着重研究的儒家经典，首先是《易》，通过对《易》的注疏，阐述对宇宙和人生的见解，他们又借用《春秋》的微言大义，说明"尊王攘夷"的理论，这些都是当时社会所需要的。

理学的开山祖师、濂溪学派的奠基者周敦颐（1017～1073），字茂叔，原名敦实，人称濂溪先生，道州（今湖南道县）人，其家世代以儒术为业。他做过地方官，最高为知州军，为时不到半年，30 多年的仕宦生涯始终未曾显达。晚年，他在庐山下筑"濂溪书堂"，潜心学问，苦读经书，钻研并领悟《周易》，提出不少有特色的见解。他把《老子》的"无极"、《周易》的"太极"、《中庸》的"诚"，以及阴阳五行学说融为一体，对宇宙万物的生成和变化，以及封建人伦道德等，做了系统说明，创立了理学思想体系。周敦颐的著作，流传至今的有《太极图说》《易通》（又名《通书》），此外还有一些诗文如《爱莲说》《拙赋》等。

《太极图说》描绘了一个庞大而精密的宇宙生成模式。大千世界，芸芸众生根源于无形无象、寂寞不动的"无极"。它在天地产生前就已存在，且包含着丰富的内蕴。无极产生出宇宙的原始实体——"太极"，并处于不停顿地动静交替的状态，动时生阳，静时生阴。无极与太极的这种关系，反映了周敦颐对宇宙本原问题的探索具有一定的理论深度，无极虽名之为无，但无中包含着有，因而不是虚空；太极根源于无极，虽然不像无极那样飘忽渺茫，但也并非可行可状的具体之物。把宇宙统一的原始实体看作实而非

具体的东西，说明他在宇宙起源问题上吸取了佛教"非有非无"的观点，将有和无统一起来了。总之，周敦颐学说中的"太极"，已具备了宋明理学的最高范畴——"理"的基本特征。

《易通》全书共 40 章，它与其他易学著述不同，不是对《周易》逐词逐句地解说，而是旨在用《周易》若干经文进行阐发性议论，借以表达自己的思想。《易通》用大量篇幅，从哲学的高度论述了礼乐的产生及社会作用。

周敦颐的《爱莲说》不仅是一篇文字优美的古文范文，也是一篇蕴含深刻思想内容的佳作。《爱莲说》作于"濂溪书堂"。濂溪发源于庐山莲花峰，水中长着许多莲花。他触景生情，赞美莲花的清香、洁净、挺立和修整，称颂莲花出淤泥而不染、濯清涟而不妖的高雅淡泊气质，但这并不只是从审美的角度赏花，而是展露他思想深层的佛学因缘。莲花是佛教之花，他用莲花比喻人性的至善、清净和不染，作为理想的圣人之性的象征，而淤泥则好比污染人性的欲望。在他看来，追求人性的至善至美，必须去污存净、去欲存诚，使人性达到莲花般的洁净无瑕。

《太极图说》的许多思想源于道家，《爱莲说》则渗透了佛教思想，二者与《通书》的合璧，构成了周敦颐理学思想的整体，其学说可以说是佛、道二教革新理论与传统儒学的有机结合。

濂学对以后 700 余年的中国思想史发生了深刻影响，而《太极图说》《易通》成为理学家的必读书籍，甚至被比作《论语》《孟子》；著作中所使用的范畴，如无极、太极、阴阳、五行、动静、性命、善恶、无思、无为、无欲等，构成了理学范畴体系的重要内容。

心 学

心学是指宋代陆九渊为代表的儒学学派。陆九渊也是把理作为自己学说的基础和最高范畴，所以从大的类别上说，他的学说

也是理学的一支。但是他主张，既然气聚合为人时，理成为人的本性、精神，那么，人心也就是理，并且因为整个宇宙也都是气的或聚合或消散的状态，那么，这个理也就到处贯通。从这个意义上说，心也就是整个宇宙，宇宙也就是我的心。因此，只要我心中能够先树立一个大的志向，或者说有一个基本原则，就可以不受外界事物的干扰和引诱。由于陆九渊特别强调心的价值和作用，为了把他的学说和程朱一派加以区别，所以又称以他为代表的学说为心学。

到了明代，王守仁认为，人心中都有天生的良知，所以儒学最基本的任务就是把心中的良知推广到每一件事物。他和陆九渊一样，认为不必要一件一件地去考察事物，要认识天理，只要考察自己的心就可以了。由于他和陆九渊一样特别强调心的价值和作用，他的学说也被归入心学一派。

周 公

周公姓姬，名旦，又称叔旦，因以周地（今陕西岐山北）为其采邑，故又称周公。生年不可考，卒年约为公元前1095年。他是周朝的创立者武王姬发的弟弟，周公是西周初期的政治家和思想家，可以说是中国古代的第一位哲学家。

孔子非常推崇周公，认为他是古代最伟大的圣人。孔子反复说："如有周公之才之美，使骄且吝，其余不足观也已。"孔子到了晚年，还感叹："甚矣吾衰也！久矣，吾不复梦见周公！"后来的儒者也和孔子一样，把周公奉为古代最伟大的圣人。

老 子

老子，姓李名耳，字聃，春秋时期楚国人，道家学派创始人。曾在东周国都洛邑（今河南洛阳）任守藏史（相当于国家图书馆馆长）。他博学多才，晚年乘青牛西去，在函谷关前写成《道德经》。

老子主张"无为而治"，他的理想政治境界是"邻国相望，鸡犬之声相闻，民至老死不相往来"。"道"是老子哲学思想的理论基础，是由人生论、社会论和政治论上升到本体论的高度概括。"德"则是道的展开，以及在人生、社会与政治生活中具体的指导和应用。

老子认为"道"是无状之状、无物之象，独立于任何其他东西之外。而且，它不断地发生变化，周而复始。道不仅创生万物，使万物发育成长，还对其进行爱护调养，使其开花结果。并且不据为己有、不自恃己能、不为其主宰，强调复初、归根、守静、复命。

"德"最本初的意义似乎是一套重大的政治行为，是道的显现、道的作用。"道"和"德"是体与用之间的关系。道是指未曾渗入一丝一毫人为因素的自然状态，德是指参与了人为的因素而仍然返回自然的状态。

孔 子

孔子（前551～前479），名丘，字仲尼。鲁国陬邑（今山东曲阜）人，祖先为殷商后裔。春秋末期思想家、政治家、教育家，儒家学说创始者。

孔子曾任司寇，摄行相事，后率弟子周游列国。晚年在鲁国致力于教育事业，并编订《诗》《书》《易》《礼》等文献。孔子及其弟子的言行被编录为《论语》一书。

孔子思想以"仁"为核心，认为"仁"即"爱人"。他提出"己所不欲，勿施于人""己欲立而立人，己欲达而达人"等论点，提倡"忠恕"之道，又以为推行"仁政"应以"礼"为规范，"克己复礼为仁"。政治上主张"正名"，以为"君君、臣臣、父父、子子"，都应实副其"名"。自西汉以后，孔子学说成为中国2000余年封建社会的文化正统，影响极大。

墨 子

墨子（前468～前376），名翟，战国时期著名的思想家、教育家、军事家，墨家学

125

派的创始人。墨家学派创建了中国第一个逻辑思想体系。

墨子的主要哲学观点是"实"与"名"，主张"实"是第一性，"名"是第二性，他以"耳目之实"的直接感觉经验为认识的唯一来源。这一观点是人类认识发展史上一个很大的进步。他认为，判断事物的有与无，不能凭个人的臆想，而要以所看到的和所听到的为依据。从这一朴素唯物主义经验论出发，墨子提出了检验认识真伪的标准，即三表："上本之于古者圣王之事"，"下原察百姓耳目之实"，"废以为刑政，观其中国家百姓人民之利"。墨子把"事""实""利"综合起来，以间接经验、直接经验和社会效果为准绳，努力排除主观成见。在名实关系上，他提出"非以其名也，以其取也"的命题，主张以实正名，名副其实。

孟 子

孟子（前 372 ~ 前 289），山东邹城人。名轲，字子舆，战国时期儒家代表人物之一。有"亚圣"之称，与孔子并称为"孔孟"。其言行以及政治主张集中于《孟子》一书。

孟子继承和发展了孔子的"仁"的思想，提出了"仁政"学说。"民为贵，社稷次之，君为轻"。

孟子"仁政"学说的一个重要的理论基础就是"性善论"。他认为"恻隐之心，人皆有之；羞恶之心，人皆有之；恭敬之心，人皆有之；是非之心，人皆有之。恻隐之心，仁也；羞恶之心，义也；恭敬之心，礼也；是非之心，智也。仁义礼智非由外铄我也，我固有之也"。性善可以通过每一个人都具有的心理活动加以验证。既然这种心理活动是普遍的，因此性善就是有根据的，是出于人的本性、天性的，孟子称之为"良知""良能"，也就是肯定人性生来是善的。

在主客观作用方面，他强调人的主观精神作用，断言"万物皆备于我"，在儒家哲学中形成一个唯心主义的理论体系，对宋儒影响尤深。

庄 子

庄子（前 369 ~ 前 286），名周，战国时期宋国蒙（今安徽省蒙城县）人，道家学派的代表人物，老子哲学思想的继承者和发展者，后世将他与老子并称为"老庄"，他们的哲学称为"老庄哲学"。

庄子认为"道"是"先天地生"的，强调事物的自生自灭。他认为，儒家所宣扬的仁、义、礼、智恰恰是违背"民之常性"，即人的自然本性的，应当全部抛弃，以使人们能按本性生活。庄子在《逍遥游》中描述了超越"有所待"，不为俗累，宛若大鹏神鸟，遗世独立，飘然远行，背云气，负苍天，翱翔太虚样的人生境界。

荀 子

荀子（前 313 ~ 前 238），名况，战国时儒家重要代表人物之一。荀子 50 岁时游学于齐，曾三任祭酒。后赴楚国，任兰陵令，著书教学。韩非、李斯均为其学生。著有《荀子》一书。其学说总结先秦诸子学术思想，对古代唯物主义的发展起到了重要作用。

荀子认为"天"就是客观存在的自然界，自然界具有不以人的意志为转移的规律性，"天行有常，不为尧存，不为桀亡"，从而进一步提出了"天人相分"的观点，在主张尊重自然规律的基础上，提出发挥人的主观能动性、征服自然的思想。

荀子反对神秘主义思想，重视人为的努

荀子像

荀子为战国最后一个大儒，他发展了儒家学派的思想，提出了"隆礼""重法"的观点。荀子也是最早创作赋并有作品留传至今的作家。

力。重视社会秩序以及人的行为规范，提出"礼"的主张。他认为人与生俱来就想满足欲望，若欲望得不到满足便会发生争执，因此主张人性本恶，须由圣王及礼法的教化来"化性起伪"，使人格提高。他重视环境和教育对人的影响，把道德意识、道德行为看作后天人为的结果，要有"师法之化，礼义之道"，才可以为善。

韩非子

韩非子（前280～前233），战国晚期韩国人，出身贵族，法家思想的集大成者。他不善言谈，而善于著述。韩非与李斯同是荀卿的学生，他博学多能，才学超人。他多次向韩王提出富强的计策，但未被韩王采纳。公元前234年，韩非作为韩国的使臣来到秦国，上书秦王，劝其先伐赵而缓伐韩。李斯妒忌韩非的才能，进谗加以陷害，韩非被迫服毒自杀。

韩非子"喜刑名法术之学"，并"归本于黄、老"。他认为历史是不断发展进步的，主张"不期修古，不法常可""世异则事异""事异则备变"，要根据今天的实际来制定政策。

韩非子主张"法治"，并提出了"法、术、势"相结合的封建君主统治术，为封建中央集权奠定了理论基础。

董仲舒

董仲舒（前179～前104），西汉哲学家。曾任博士、江都相和胶西王相。

董仲舒非常重视天人关系的问题。在他看来，天人并非不相干，而是相互交涉、相互影响的，阴阳五行、自然现象及人类社会都是根据天意构成的一个相互制约、动态协调的大系统。

为了论证一统专制的合理性，董仲舒把君主说成"天命"或"天意"的执行者。他认为一个人成为君主，并非人力所能决定，而是自然如此的，这就表明那个人是由于禀受了天命才成为君主；君主执掌生杀大权，发号施令，统治天下，他的权力是"天意之所予"；君主居于上天和人民之间，上天的意思通过君主而贯彻到人间；君主号称为"天子"，上天与天子就如同父亲和儿子，儿子遵从父命，君主服从天命；君主和人民的关系也是一样，天下之人都要服从于君主，这就好比孩子归顺父母。这种"君权神授"的思想成为中国封建社会的正统思想，影响中国2000多年。

王　充

王充（27～99），字仲任，东汉上虞人，唯物主义思想家和哲学家。他倾毕生精力写成巨著《论衡》。全书85篇，共20余万字，内容涉猎天文、物理、史地、文学艺术等各个方面。王充是一个富有批判精神的思想家。在东汉前期谶纬神学猖獗的年代里，他以"重效验""疾虚妄"的求实精神，对"天人感应"、谶纬神学等迷信思想进行了尖锐的揭露和抨击。在哲学上，他提出了以"天道无为自然"为基本特征的一系列唯物主义的观点，根据客观事物的真实情况和当时自然科学研究的成果，否定了天有意志，揭露了封建统治阶级宣扬的"天人合一"的欺骗性。他还抨击了"人死为鬼，有知，能害人"的迷信邪说，对后世产生了很大的影响。

范　缜

范缜（450～约515），字子真，南乡舞阴（今河南泌阳）人。南朝齐梁间著名哲学家、思想家、无神论者。他出身寒微，幼年丧父，少孤家贫，却养成了朴实直爽、"好危言高论"、不畏权贵的品格。他曾同佛教有神论者进行了两次公开的论战，并著有《神灭论》。

范缜认为因果报应是虚构的，人生的富贵贫贱完全是一种偶然的遭遇，同善恶没有必然联系。

范缜认为，形神不能分离，"神即形也，形即神也"。因此，形和神是同一实体的不同表现。也就是说，形与神是既相区别又相联系的不可分离的统一体。"形存则神存，形谢则神灭"。这就明确肯定了形体是第一性的，精神是第二性的，属于唯物的形神一元论，这是范缜"神灭论"的出发点。

他还说"形者神之质，神者形之用"，就是说，形是实体，而神只是实体的作用，不能离开实体而独立存在。精神不是实体，但又依赖于形体，不能脱离形体这个物质实体而存在。"形质神用"的观点是中国唯物论无神论发展的重大成就。

朱 熹

朱熹（1130 ~ 1200），字元晦，号晦庵，别称紫阳，世称朱子，徽州婺源（今属江西）人。他是南宋最博学的哲学家、教育家和学者，是程朱理学最有代表性的人物。

朱熹专心儒学，成为程颢、程颐之后儒学的重要人物。他的学问渊博，于学无所不窥，在先秦诸子、佛道思想、史学文学、天文地理、文字音韵、训诂考据、典章乐律乃至自然科学等许多方面，都有相当深入的研究及不小的成就。朱熹哲学发展了程颐等人的思想，集理学之大成，构建起了一个规模庞杂而又不失缜密的思想体系。他认为"理""气"不相离，但"理在先，气在后"，"理"是物质世界的基础和根源。

陆九渊

陆九渊（1139 ~ 1192），字子静，号存斋，南宋金溪县人。理学家、教育家，曾讲学于象山（今贵溪市南），人称"象山先生"。

陆九渊在哲学上，提出"心即理"的命题，断言天理、人理、物理只在吾心中，心是唯一实在，"宇宙是吾心，吾心便是宇宙"。认为心即理，是永恒不变的，把心和理、心和封建伦理纲常等同起来。陆九渊的思想经

后人充实、发挥成为明清以来的主要哲学思潮，一直影响到近现代中国的思想界。

王守仁

王守仁（1472 ~ 1529），浙江余姚人，因为他曾经筑室于绍兴阳明洞中，后又创办阳明书院，所以被称为阳明先生，是明代著名哲学家、教育家，集心学之大成。

他提出"心外无物"，认为，人心是一切事物的本源，没有人的意念活动，就没有客观事物。他说："心之所发便是意"，"意之所在便是物"。他还提出"心外无理"的命题。在他看来，事物的"理"，不存在于客观事物之中，而是存在于人们的心中，所以说"心即理"。比如，封建的伦理道德观念，原是封建社会的产物，而他却认为是人们心中所固有的，这就是他所谓的"良知"。他主张，要认识"理"，即所谓"知良知"，其途径不是通过实践，而是到心中去体会先验的伦理道德观念。

戴 震

戴震（约 1724 ~ 约 1777），字东原，清代思想家。

戴震认为物质的气是宇宙本原，阴阳、五行、道都是物质性的气。认为理是事物的条理，是事物的规律，不能脱离具体事物而存在。在认识论方面，他提出"血气心知"说，"血气"指活的身体，是人的认识能力得以产生的基础。他认为人的认识能力是"天地之化"，通过耳目鼻口之官接触外物，心就能发现外物的规则，格物致知就是对事物进行考察研究，只有经过观察和分析，才能认识事物的道理。

在伦理思想方面，认为人"有欲、有情、有知"，这是人的本性，否定情欲，也否定了"人之为人"。认为私是"欲之失"，不能"因私而咎欲"。要"理存乎欲"，使人的自然情欲得到合理的满足，而不能只"存理灭欲"。他还提出"以情洁情"的主张，反

对道学家"以理杀人"的伪善。

黄宗羲

黄宗羲（1610～1695），字太冲，号南雷，晚年自称梨洲老人。浙江余姚人。明末清初思想家。

黄宗羲学问极博，思想深邃，著作宏富，与顾炎武、王夫之并称明末清初三大思想家；与弟黄宗炎、黄宗会号称浙东三黄；与顾炎武、方以智、王夫之、朱舜水并称为"清初五大师"。他的政治理想主要集中在《明夷待访录》一书中。"明夷"为《周易》中的一卦，其爻辞曰："明夷于飞垂其翼，君子于行三日不食。人攸往，主人有言。""待访"是等待贤者来访，让此书成为后人之师的意思。该书通过抨击"家天下"的专制君主制度，向世人传递了光芒四射的"民主"精神。

顾炎武

顾炎武（1613～1682），字忠清，尊称为亭林先生，明末清初著名的思想家。曾参加抗清斗争，后来致力于学术研究。顾亭林学术的最大特色，是反对宋明理学的唯心主义玄学，而强调客观的调查研究，开一代之新风，提出"君子为学，以明道也，以救世也。徒以诗文而已，所谓雕虫篆刻，亦何益哉？"强调做学问必须先立人格，提倡"天下兴亡，匹夫有责"。

王夫之

王夫之（1619～1692），湖南衡阳人。晚年居衡阳之石船山，世称"船山先生"。明末清初杰出的思想家。

明亡后，王夫之举兵抗清，战败后回到家乡衡阳潜心治学，在石船山下筑草堂而居，撰写了许多重要的学术著作。

哲学上，王夫之总结并发展了中国传统的唯物主义。认为"尽天地之间，无不是气，即无不是理也"，以为"气"是物质实体，而"理"则为客观规律。在知行关系上，强调行是知的基础，反对陆王"以知为行"的观点。

魏　源

魏源（1794～1857），名远达，字默深，清代著名学者，中国近代启蒙思想家。主张"经世致用"的哲学思想。他继承了法家的传统，认为世界是不断向前发展的，并主张通过改革来发愤图强。

《海国图志》一书就集中体现了他"经世致用"的思想。该书于1852年完成，共100卷。它是近代第一部由中国人自己编的介绍世界各国国情的著作，包括政治、经济、军事、历史、地理、文化等方面。而且在书中，魏源还重点介绍了自己抵抗侵略、民族自强的重要思想。后来这本书传到日本，备受重视，成为日本近代抵抗西方殖民者的重要参考资料。

政治法律

皇 帝

皇帝是最高封建统治者的称号。

"皇"，《说文解字》释为"大也"，《风俗通义》称"皇者，中也，光也"，因而，"皇"是至高无上、光明无比的神圣称号。"帝"，《说文解字》释为"王天下之号也"，《白虎通义》称"德合天地者称帝"，也就是说，帝是统御万民、象征人间权力的称号。

古代有"三皇五帝"的传说，不过，三皇五帝究竟指哪几位，众说纷纭，莫衷一是。照《史记》的说法，三皇指天皇、地皇、泰皇；五帝指黄帝、颛顼、帝喾、唐尧、虞舜。而在夏商周时期，帝还不是人间君主的称号，

帝一般指上帝、天上的神。

商周最高统治者通常称王，王是人间君主最尊严的称呼，如周代有文王上尊号为"泰皇"。嬴政决定去"泰"留"皇"，又采用上古帝号，称"皇帝"，并决定"朕为始皇帝，后世以计数，二世三世至于万世，传之无穷"（《史记·秦始皇本纪》）。此后，历代封建王朝的最高统治者都自称"皇帝"，用以表示自己权力的至高无上。

太上皇

太上皇是汉高祖刘邦搞的名堂。

刘邦平定天下，登上皇帝宝座后，兴高采烈，万事如意。独有一事，使他犯了愁肠，左右为难，不知如何是好。这件事就是怎样礼遇自己的父亲。

事情是这样的。有一天，刘邦去参拜父亲刘太公，他寻思着父亲当端坐堂前，等待着儿子。谁知刚到门前，只见父亲身穿旧袄，手拿竹扫帚，毕恭毕敬地在迎接他。这突然之举，使刘邦大吃一惊，忙问因为什么事才做出这番举动，心想，这岂不是有碍儿子尽孝道吗？谁知父亲说："你贵为天子，谁敢不敬？我虽是你的父亲，也不过是一个平头百姓啊！平头百姓不敬皇帝，可有杀头之罪啊！"刘邦劝父亲不必如此，然而好说歹说，父亲怎么也不听。正在刘邦无办法时，有人讲了一件事，说以前秦始皇曾把已故的父亲尊奉为"太上皇"。刘邦听了似有所悟。接着有人建议干脆把健在的刘太公封为太上皇，刘邦觉得甚合心意。于是，刘邦下令立即举行大典，将刘太公扶上太上皇的宝座。

秦始皇像

三 公

三公是中国古代三个具有崇高地位、荣誉职位和官位的尊称。对三官的称呼，历代颇异。周代以太师、太傅、太保为三公，多为宗族的长老，对中央政务负有全面指导之责，且负责指导、辅政、监护国王，在其年幼时可单独或共同代行王权。秦及汉初以丞相、太尉、御史大夫合称三公，为分别负责行政、军事和监察的最高级官员。

西汉成帝后，渐改丞相为大司徒、太尉为大司马、御史大夫为大司空，并以改称后的三大臣为三公，同行相权，并称宰相。东汉以太尉、司徒、司空为三公，但因尚书台上升为政务中枢，三公被架空，仅"备员而已"（《后汉书·仲长统传》）。

魏晋南北朝除北周以太师、太傅、太保为三公外，其他皆沿东汉之制，位高而权轻，备皇帝顾问而已。隋、唐、宋、辽，亦沿东汉之制，唯不常置，以之作为安置老臣显贵的荣誉职。

明清复以太师、太傅、太保为三公，仅以最高荣衔加于某些大臣。三公由最高级的辅政官员变为荣誉职，且延续几千年之久，反映出中国古代政治制度嬗变中的一个基本现象：尽量保留原有的职衔和荣誉，却以新的职官接管其实权而驾空之，从而巧妙地防止位高权重之臣威胁和侵夺皇权。

九 卿

九卿是中国古代中央政府机构和官员的合称。

商周时代，以少师、少傅、少保、冢宰、司徒、宗伯、司马、司寇、司空合称为九卿。是时，他们还不是九个官署的长官。

战国时期，世卿制渐废，一般以中央政务机关之首长为卿。秦基本确立以奉常、郎中令、卫尉、太仆、廷尉、典客、宗正、治粟内史、少府为九卿。除廷尉、治粟内史和典客外，皆为带有宫廷机关性质的服务皇帝之官。汉承秦制，唯渐改奉常为太常、郎中令为光禄勋、典客为大鸿胪、治粟内史为大司农。秦汉九卿，隶属宰相，在其指挥下负责执行政务，且参与朝议，职权较重。魏晋南北朝大体沿汉制，但因尚书省诸曹执行政务，九卿地位有所下降，职任大轻，其官署改称为寺。

隋、唐、宋诸代，仍有九卿之称，其官署改为寺，监，增减裁并，变化颇多，因六部执行政务，九卿仅为中央办事机构的长官，且要受六部的指导。

明代九卿有大小之分，以六部尚书、都察院都御史、通政司使，大理寺卿为大九卿，以太常寺卿、太仆寺卿、光禄寺卿、詹事、翰林学士、鸿胪寺卿、国子监祭酒、苑马寺卿和尚宝司卿为小九卿。

清代则不把六部列入九卿，除都察院、大理寺、通政司之外，其余九卿具体指某官并无明文规定。

丞 相

丞相是中国古代君主之下的最高行政长官。对君主居于助手和幕僚长之地位，对国家官僚系统，居于名义上或事实上的统领地位。

相权之大小广狭虽历代有异，但总体说来，表现为承君主之命而综理政务。始置于战国，秦悼武王二年（前309）设左右丞相，其后或置丞相，或置相国，统一后仍旧。汉承秦制，置丞相，间或亦置相国或左右丞相。成帝以降，丞相改为大司徒，与大司马、大司空同行相权。东汉相权转归尚书台行使，丞相变称的司徒只是"备员而已"（《后汉书·仲长统传》）。

东汉末复丞相之称，但非司徒之改称，而是居于特殊地位的权臣的专称，实际上侵夺甚至代行皇权，魏晋南北朝亦然。真正行使相权的则是尚书台（省），继之又有中书省和门下省。

隋唐行相权者多不称丞相，仅在唐玄宗时尚书省长官称左右丞相，然若不加"同三品""同平章事"等名号却又无以行相权。宋因唐制而损益之，直至南宋孝宗时，改尚书左右仆射为左右丞相，行相权者复称丞相。元中书省的实际长官称左右丞相，明初沿元制，然至洪武十三年（1380）废中书省，罢左右丞相，此后不复有丞相之称。但明清两代的内阁大学士虽无相名而有相职，故尊称为相。丞相官署和属官，历代颇异。秦汉称丞相府或相府，其属官有丞相史等；汉更分曹，机构较为庞大，且得指挥九卿行政；唐宋元明称丞相者的官署为尚书省或中书省，此二省之属官即为丞相之属官。

总体说来，丞相的权力愈来愈小，职任愈来愈轻，行相权之人数则愈来愈多。发生这种变化的原因，乃是皇帝要分割臣下的权力，以求得最高权力的更加集中和强化。故明初废除丞相之举，即标志着君主专制制度已发展到登峰造极的程度。

三 省

三省是中国古代皇帝之下的三个最高政务中枢机构，即尚书省、中书省、门下省的合称。尚书省由皇帝的私人秘书机构尚书台发展而来，南朝梁时正式称"省"。但其成为正式政务中枢机构后，又为皇帝所不信任，曹魏时即以皇帝新的秘书机构秘书监改称中书省，以分割尚书省的权力。

随着中书省权势日盛，皇帝又恐其侵犯到自己的专制大权，晋时即将皇帝身边的侍从机构侍中寺改为门下省，参与机密，出宣诏命。魏晋南北朝时，三省之制业已形成。隋正式确立三省同为相府，三省长官共为宰相的格局。唐进一步完善，形成中书省决策，门下省审议，尚书省执行的权力运行方式，确立了三省相互制约的政府体制。但由于最高权力始终集中于皇帝一人之手，最后决定权无不取决于皇帝，因此，事无巨细，遍经三省，往往成为形式，影响效率。故至中唐，由中书门下政事堂行使宰相权力，中书、门下二省渐趋合一。宋初虽置三省，但形同虚

设，行政中枢为别置于禁中的中书省。

宋神宗元丰改制，又复唐三省之制，至南宋，三省长官互兼，以尚书省为相府，实际上取代了中书、门下二省。辽和金初亦仿唐制置三省，金朝不久即行尚书省一省制，元和明初实行中书省一省制，洪武十三年（1380）中书省亦被废。

六 部

六部是中国古代中央政府六个行政管理机关的合称。秦汉时期，中央行政管理以丞相指挥九卿执行，自尚书台上升为综理政务的中枢机关以后，其下分曹治事，至晋时，尚书台已备六曹，为六部之前身。

隋确立三省六部制，以吏、礼、兵、民、刑、工六部为尚书省之下的政务执行机关。唐沿置，唯为避太宗李世民之名讳改民部为户部。武则天光宅元年（684），附比《周礼》六官，排六部之序为吏、户、礼、兵、刑、工，至清不改。迨及元代无尚书省之设，六部隶于中书省，明洪武十三年（1380）废中书省后，六部分别直接向皇帝负责。但自内阁权重后，六部行政，实受内阁变相指挥。六部首长均称尚书，副长官称侍郎。唐、宋、元时期各部之下均设四司，故有六部二十四司之称。司之长官称郎中，副长官称员外郎。明清时所设司数大增，并皆冠以清吏司名。此外，明代因太祖以南京为京师，成祖北迁后，南京仍保留一套中央政府的官制，故亦有六部之设，但仅在南京留都所属地区行使职权。

六部制的确立，是中国古代行政体制的一次重大变化，标志着中国传统的行政体制已趋详备，故得延续达 1000 余年，至清末在西方政治文化的冲击下才予以改变。

御史台

御史台为中国古代的最高监察机关，别称宪台。战国时秦国置御史和御史大夫，统一六国后仍置，以御史大夫掌章奏与监

察，为副丞相。汉初因之，其官署称御史府。至成帝，御史大夫改称大司空，东汉称司空，为三公之一，掌水土营建军事，非监察职，御史中丞遂为御史府长官，东汉始称御史台，文属少府，成为专门的监察机关。自魏始，御史台脱离少府而独立，仍以御史中丞为其首长，其下有治书侍御史、治书执法御史、侍御史，分曹监察。"自皇太子以下，无所不纠"（《通典·卷二十四·中丞》）。隋唐因之，但改御史大夫为首长，御史中丞为辅佐官，内部机构也有较大变化。唐时御史台分为台院、殿院、察院，以各种御史分别属之。台院设侍御史，掌纠弹百官，参与司法审判，殿院设殿中御史，掌纠察朝会仪式、效祀中的非违不法，并随皇帝出巡；监御史则属察院，掌监察地方。

唐末，节度使、观察使多兼御史中丞衔，其幕府有"外台"之称。宋因唐制而略有损益，御史大夫不常授人，遂复以御史中丞为台主。且另设他官监察地方，察院遂专察。

中央六部，元代例由皇太子兼御史大夫，其台主实际上仍为御史中丞。下辖机构为殿中司和察院，并在22道监察区设肃政廉访使，为加强对其领导，遂于江南与陕西两地设中央御史台的派出机构——行御史台。明清两台均改称都察院。

枢密院

枢密院是中国古代国家军政机关。五代后唐始称枢密院，宋沿置，与中书省对掌文武二柄，合称"二府"。职在管理军籍、武官之升迁调转、军事机密、边防布置及作战计划。以枢密使为首长，另设枢密副使、知枢密院事等官。

金元因宋制，唯元例由皇太子兼领枢密使；且枢密院已不再与中书省并列，地位低于中书省；为征战需要，两代均有行枢密院之设。此外，辽代亦有枢密院之设，但其制较为特殊。

辽在北面官系统的北南宰相府下设有此枢密院，相当于兵部；南枢密院相当于吏部；在南面官系统中，初以枢密院兼行尚书省事，行政机关吏房、兵刑房、户房、厅房等，皆归其统辖。后尚书省独立，枢密院始作为纯军政机关存在，但其职任较轻，以掌管汉人兵马之政为主。明代改枢密院为大都督府。

翰林院

翰林院是唐代设立的为各种艺能之士供职的机构。唐玄宗时，在翰林院供职的有词学、经术、炼丹、僧、道、卜、术、艺、书、弈等各色人才，称为待诏，即随时听候皇帝召见和差遣。任职者称翰林学士，如唐代大诗人李白被称为翰林学士。后来，翰林院演变为草拟机密诏制重要机构。

安史之乱后，军事频繁，"深谋密诏，皆从中出"，翰林学士的地位愈来愈重要，不但在草拟诏制方面分割了中书舍人之权，而且在参谋密计方面分割了宰相之权。宋代的翰林学士院，总领天文、书艺、图画和医官四局，主要职掌为在朝内起草诏旨，很多宰相都从翰林院学士中选拔。

辽代在南面官中设置翰林院。元代设翰林院兼国史院，分别掌管制定诏旨，编修国史和翻译文学等。

明代开始将修史、著作、图书等事务归并翰林院，正式成为外朝官署。清沿明制，翰林院置掌院学士两人，满、汉各一员，由大臣充任，所属职官如侍读学士、侍讲学士等均称翰林。仕为翰林官者不仅升迁较容易，而且可以充当南书房行走，接近皇帝，多蒙优待厚遇。

宦官和太监

宦官和太监，在一般人的印象里，似乎是同一概念，其实，这种理解是不够确切的，稍加考证便知。第一，最初的宦官不一定是阉人；第二，宦官和太监并非自古以来就是同一概念。宦官这个名称，究竟起自何时，由于史无明载，今天已难以确断，至迟在周代宫中已使用了宦官。所以称之为宦官，是取天上星座的名字，因它在帝星之侧，所以人们就把伺候在君主身边的人称作宦官。东汉以前，充当宦官的并非都是阉人。完全用阉人，起于东汉光武帝。

宦官又叫太监，这一名称开始出现于唐。辽代南面官太府、少府、秘书、将作、都水等监长官皆称太监，与作为宦官通称之太监不同。元代因袭辽制，所设各监也多用太监一官。在元代，太监是诸监中的二级官吏，并非尽是刑余之人。

到了明代，太监才和宦官发生较固定的关系。朱元璋称帝后，设置了由十二监、四司、八局组成的二十四衙门。十二监的头目称太监，都是由宦官充任。在明代，充当太监者必是宦官，但宦官不尽是太监。太监是宦官的上司，是具有一定品级、俸禄的高级宦官。

太监成为宦官的专称是从清代开始的，因为清代将侍奉皇帝和皇族的宦官都冠以太监之称，所以，宦官便同太监混为一谈了。

知 府

府作为一级地方行政单位，经历了较长

《明人宫装图》中的太监

图中太监正在侍候妃嫔整妆，手持首饰盘而立。他头戴纱帽，身着大红描金云纹锦圆领长袍，从其服饰可见他应是等级较高的太监。

的演变过程。

在魏晋时期，州刺史常常带军职，兼任将军。州有州的衙门和幕僚，将军另外有将军的衙门和幕僚。将军的衙门，就叫作"府"。

唐朝的时候，朝廷在首都、陪都以及皇帝登基前任职的州设置府，例如京兆府、河南府、太原府等。府的长官，称作府尹。

到了宋朝，府的设置逐渐多了起来，府隶属于路（路是介于中央与州之间的一级行政区划）。

明清两朝，府固定为省、县之间的一级行政单位。除了首都、陪都所在地的府长官仍然称府尹外，一般的府长官，都称作"知府"，意思是"知（即主持）某府事"。

知 州

州在其最初出现时，还不属于正式的行政区建制。在西汉汉武帝执政时期，他将全国划分成 13 个监察区，称为"州"。每州都有一长官，叫作"刺史"，负责监察郡、县的官吏。

直到东汉后期，州才逐渐演变为地方行政区，州辖郡、县，刺史又称州牧，就是州的行政长官。

隋朝时，郡的建制被取消，只存州、县。唐朝继承隋制，地方分州、县两级。

唐太宗李世民十分重视地方吏治，他把全国州刺史的名字都写在屏风上，随时记下他们政绩的优劣，作为赏罚的依据。州的建制一直延续到清朝。

在宋代，州的行政长官才开始称"知州"。明清两朝，州有两个级别：直隶州和散州。直隶州直属于省，级别与府相同；散州隶属于府，级别与县相同。

知州下属的官员有同知、通判，分别掌管财政、刑法、治安等。到清朝时，全国有直隶州 76 个、散州 48 个。

中国现在的许多地名，如郑州、杭州、福州、徐州、温州、泉州等，都是历史上延续下来的。

知 县

知，就是管理、主持的意思。知县就是管理、主持一县的政事。

《左传》"子产其将知政矣"，就是说子产将要主持政事了。宋朝魏了翁《读书杂钞》指出：后世官职上加"知"字，就是从这里开始。《宋史·苏轼传》说苏轼"知徐州""知湖州""知杭州"，就是说派苏轼去主持徐州、湖州、杭州的政事，即任这些州的知州。唐宋以后的知府、知州、知县、知事（知县又称县知事），都是这种意思。

古诗词中，知也解为管。杜甫"翠襟浑短尽，红嘴漫多知"。多知即多管，意谓鹦鹉能学人语，多管闲事。王维"坐看红树不知远，行尽青溪忽值人"。不知即不管，是说为看红而不管路远。韩愈《师说》："吾师道也，夫庸知其年之先后生于吾乎？"就是说，我（向他）学习的是道理，何必管他的年龄比我大还是比我小呢？

使 节

在国际交往中，我们经常可以看到有关外交使节的报道。

在我国古代，使节并不是对人的称谓，而是一种官职凭证。卿大夫聘于诸侯时，国君要授给任职凭证，这种凭证就叫使节，又叫符信；使臣受命出国时，国君也要给予他出使凭证，这种凭证，也叫使节或符节。制作使节的用料不但非常讲究，而且寓有一定的象征意义。那种叫作符信的使节，大多用铜铸成，并根据任职地区的不同，分别铸成不同的动物图像。在山区任职的，授予虎节；在平原任职的，授予人节；在湖泽地任职的，授予龙节。出使凭证一般都是用竹子为柄，上面缀些牦牛尾等装饰品，亦称旄节。

苏武等出使匈奴被对方扣留时，匈奴贵族多方威胁利诱，还把他迁到北海（今贝加尔湖）边牧羊，然而他始终持着汉朝的使节，"杖汉节牧羊，卧起操持，节旄尽落"。可见苏武坚贞不屈的爱国精神以及"使节"这种凭证的重要性。

现在，"使节"的含义有了变化，指一国常驻他国的外交官，或派驻他国临时办理事务的代表。

郡县制

郡县制是由春秋、战国到秦代逐渐形成的地方行政体制。始于春秋战国时期，确立完善于秦代。春秋初期，楚、秦、晋等国已开始在边地设县，后逐渐在内地推行。其长官可以世袭，不尽同于后来的县。

春秋末年，各国在边地设郡，面积比县大，但地处偏远，故行政建制一般比县低。战国时在边郡分设县，逐渐形成县统于郡的两级制。秦统一六国后，全面推行郡县制。分全国为三十六郡，后增至四十郡，一郡辖若干县。郡的行政长官为郡守，下置郡尉，辅佐郡守并掌管全郡的军事；又置监察史，掌管监察，为中央在地方上的耳目。县分大小，万户以上的县设县令，不满万户的县设县长，掌管全县事务，受郡守节制。另置县尉，辅佐县令、县长并掌管全县军事；置县丞，掌文字、仓储和刑狱。

郡、县长官均由中央任命，领取俸禄，不世袭；而且郡、县的行政、军政和监察诸权分立，尤其是独立而直受中央的监察权，利于加强中央集权政体和巩固国家的统一。其后历代沿用，虽然行政的建制名称也有发展和变化，但所置略同。郡县制对中央集权政体的行政建制有深远影响。

省

我们称内蒙古为"自治区"而不叫"省"，这是党的民族自治政策的反映。其实，"省"制恰恰是由蒙古族所创立的。

元世祖忽必烈统一中国以后，整顿中央和地方的行政机构，创立了行省制度。忽必烈在中央设中书省，总理百官，与枢密院、御史台分掌政、军、监察三权。中书省不仅统管全国行政，还直辖大都附近的河北、山东等"腹里"地区。在地方则设行中书省，置丞相、平章政事等官职，总揽该地区的工作。全国共有河南、江浙、湖广、陕西、岭北、辽阳、四川、甘肃、云南、江西、征东11个行中书省。这是地方最高行政区划。

行中书省简称"行省"或"省"。元朝的11个行省划分，成为后来我国省份的雏形。明代朱元璋虽改行中书省为承宣布政使司，但人们习惯上仍称行省。到了清朝，不仅恢复了省制，而且增为18个行省，后又增为22个行省，与我国现行省区划分已很接近了。

乡

乡是我国历史悠久的基层行政单位，据《周礼·大司徒》"五州为乡"的记载。说明我国乡制的设置起源很早。西周时，"五家为邻，五邻为里，四里为族，五族为党，五党为州，五州为乡，乡万二千五百户也"。后以"乡党"泛指乡里，如《论语·乡党》："孔子于乡党，恂恂如也，似不能言者。"

春秋战国时，诸侯并吞，互相残杀，乡的建制却保留下来了。据《国语·齐语》载："三十家为邑，十邑为卒，十卒为乡，三乡为县。"后又有"五家为轨，十轨为里，四里为连，十连为乡"的记载。从齐国的情况来看。一乡管辖2000～3000户不等，乡是县以下的一级行政单位。

秦汉时期是"十里一亭，十亭一乡"，亭有亭长，乡有三老，有秩、啬夫、游徼等乡官，佐县令治理乡事。到唐代，因为人口增多，经济进一步发展，遂以"百户为里，五里为乡"。里置里正，乡置耆老，一乡管辖人户500左右。嗣后的宋、元、明、清各代，皆沿袭效仿，不废乡的设置，只是在辖治范围和管理人户的多寡上略有变化。

在漫长的封建社会里，"乡"一直是最基层的地方行政机构。它的主要职责是检招户口，收授田地、征敛赋役等。

新中国成立后，把"乡"这一历史悠久的基层政权机构保留了下来。

土 司

所谓土司，指的是元、明、清王朝在西南等少数民族地区分封各族首领世袭官职，以统治当地人民的行政制度。蒙古宪宗三年（1253），忽必烈平定大理政权，欲将西南各少数民族置入自己的统治之下，遭到少数民族的反抗，使统治者难以直接委官统治，于是实行羁縻之法，大量起用当地各部族酋长为各级官吏，史称土官。

授各族酋长以宣慰使、宣抚使、安抚使、招讨使等官，又在各族聚居的府、州、县设土官。当时关山阻隔，难以控御，以土官统治土民，对维护元朝在这一地区的统治起了一定作用。

明朝承袭元制，凡西南夷归附者，皆以原官设职。以宣慰使、宣抚使、安抚使等皆领土兵，而改属兵部，土知府、土知州、土知县等官隶属吏部，并陆续制定了土官的承袭、等级、贡赋、征调的制度。

明中叶时土官改称土司。土司皆世袭，他们既是朝廷命官，对中央要履行规定的职责和义务，又在辖区内保存传统的统治机构与权力，是"自王其地"的土皇帝。此制早期对少数民族地区的社会生产曾经起过有益的作用。明清时期曾在部分地区实行过改土归流。

土司衙门 清
为西南少数民族地区地方政府。土司是元明清时分封境内各少数民族首领的世袭官职的名称。

法 律

在现代汉语里，"法律"一词从广义来说，指带有普遍约束性、体现国家意志的行为规范；从狭义来说，指特定的成文法。那么从古汉语的含义来说，"法律"的字义、词义是怎样演变的呢？

在古代，法与律不连用，单讲法或律，其含义就大致相当于今日的"法律"，或曰"法律"的广义——法律规范。具体说：

法，古文为灋。《说文解字》云："灋，刑也。平之如水，从水；廌所以触不直者去之，从去。"也就是说，它的含义同"刑"字，也就是与处罚犯罪的"刑"同义。它的水字偏旁，表示法的公正性，即像水那样平允；它的去字偏旁，表示要去除（惩处）有不法行为的人（触不直者去之）的意思。可见其含义强调两个方面：一是要规范人的行为；二是要公平地执行法律。

律，本义指调音的工具，即使音律均平。《说文解字》云："律，均布也，从彳，聿声。"均布是调音的工具，律是指像用均布为钟调音那样，"范不一而归于一"。也就是使人们普遍认识到什么是合法行为、什么是不法行为，应该做什么、不应该做什么，一切行为都整齐划一。《释名·释典艺》："律，累也，累人心使不得放肆也。"杜预《晋律序》云："律以正罪名，令以存事制。"律即指判定是非曲直的标准。

可见，法与律的本义，均有规范、标准、公平、划一的含义，所以后人将法律连用，才出现了"法律"一词。

告 状

状，是说明性的文字。现代提起诉讼，也要写有关文字材料。如果是由检察部门提起公诉，要写"起诉书"；如果是当事人自行提起诉讼，要写"诉状"。古代没有公诉制度，凡要提起诉讼者，都要向官府提供说明事实和请求的文书，叫作状，也叫状子、状纸。因而，打官司（请官府审理案件）又称作"告状"。除一般的告状外，如官府不受理，或当事人认为官府处理不公，往往在市集等公共场合展示自己的状子，请众人作公断，这叫作"告地状"；如越级上告，直至向中央政府提交状子，也就是请求皇帝亲自处理，叫作"告御状"。其实，这两种办法都很难实现。"告地状"有一定影响，但未必有实效，甚至会被官府查禁；"告御状"更多半是幻想，因没有门路，状子根本递不到皇帝那里，只有极个别有门路的人能告成功。于是，有人往往在上级官员出巡时，拦住车驾告状，有时也能解决问题，但多半是发回原经办官府复审，收效不大。因古代无严格的程序法，"告状难"一直是现实存在的司法难题。

一般的状子，都不是当事人自己写的，大多求专业人员，即书吏代写。书吏大多是官府幕僚或落魄文人，有一定的写作技能，也精通法律条文，甚至还有些门路，比起只有"冤情"的平民来，自然擅长写状。

捕 快

在近现代的公案、武侠小说中，捕快往往是小说的主要角色。他们被描绘成身怀绝技、头脑灵活，不乏风流倜傥的人物，和欧美文学中的硬派侦探相似，如温瑞安笔下的"四大名捕"等。但这种形象往往是作家们的想象，实际上捕快是明清时州县衙门衙役的称呼，而且是一种"贱役"。

捕快是捕役和快手的合称，他们负责缉捕罪犯、传唤被告、证人、调查罪证。原来捕役是专门侦缉罪犯的，清朝《六部成语注解·刑部》："捕役，捕拿盗匪之官役也。"而快手是逮捕现行犯的，该书的解释是："快手，动手擒贼之官役也。"因为性质相近，一般合称捕快，不加仔细区别。

捕快平时身穿便服，腰间挂个表明身份的腰牌，怀揣铁尺、绳索。领班的称"捕头""班头"。就法律而言，捕快执行公务要出示他们的腰牌，抓人要有通缉罪犯的"海捕文书"或者是州、县长官签发的"牌票"，没有牌票，捕快不得出城门半步。

民间老百姓尊称捕快为"捕爷""牌头""班头""头翁""牌翁"等等。明清法律中专有"应捕人追捕罪人"条，所谓"应捕人"就是"本有逮捕罪人之责的人"的意思，捕快是最主要的"应捕人"，所以又称呼为"应捕"，或讹为"阴捕""鹰捕"等等名称。辖境大的州县，还要有配备马匹执行公务的捕快，称之为"马快"，不配马的就称"步快""健步""楚足"等等名目。

明清时各州县编制定额以内的"经制正役"，根据州县辖境大小、治安状况、历史沿革等等因素确定，具体数额相差很大。一个正役出外公干总要带两个副役，每个副役又要带上他的"帮手""伙计"。一般州县正、副捕快总有上百人。

捕快所承担的破案任务都是有时间限制的，这称为"比限"。一般为五天一"比"，如果五天过去仍然不能破案，承办案件的捕快就要挨打，一般是打十板。还往往专打身体的一侧，留下另一侧下次再打。重大的人命案件还会三天一"比"。经常被打得一瘸一拐地去奔走破案。因此，捕快往往是无赖泼皮才愿意干的职业。法律也因为如此将他们定为贱役，脱离捕快身份三代以内子孙仍然不得参加科举考试。

捕快没有工资，只有伙食补贴性质的"工食银"，一般每年在十两银子左右。这点银子是"仰不足事父母，俯不足畜妻子"，捕快的收入主要来源于众多的陋规常例，而其中最重要的就是讹诈被传讯诉讼当事人。所谓"官差吏差，来人不差"，捕快拿着传唤当事人的"牌票"，索要"跑腿钱""鞋脚钱""酒饭钱"等等的陋规常例，拘传时还有"上锁钱""开锁钱"。更进一步的是勒索钱财后，让被传人外出逃跑避风头，这是"买放钱"；或者让被传人躲过期限，不立即到案应诉，这叫"宽限钱"。

除了勒索被告外，捕快还可以从原告那里勒一笔"赏钱""辛苦钱"。平时当地的小偷、盗贼也要"孝敬"捕快，这叫"打业钱"。在破获盗贼案件时，还有贼赃可以吞没。所以捕快的实际收入在州县衙门的衙役中是最为丰厚的。

从以上的叙述可以知道捕快和现代刑事警察的相似之处很少。近代开始法制改革后，各地的捕快大多被裁革，由新型的警察取而代之。

律 师

据《吕氏春秋》一书的说法，春秋时郑国曾有个叫邓析的人，专门帮人打官司，小案子要人一件衣服、大案子要人一条裤子作为报酬，教人"以非为是，以是为非"，委托人想打赢官司他就有办法让他赢，想让人罪名成立他也有办法使人身败名裂。弄得郑国"是非无度，而可与不可日变"。郑国的执政大夫子产于是就把邓析杀了，这样一来，郑国"民心乃服，是非乃定，法律乃行"。

后世的法律仍然严格禁止人们从事邓析那样的业务，把这一行当称之为"讼师"，或者叫作"讼徒"，立法严禁。同时严格规定凡是诉讼活动都必须当事人自行进行诉讼活动，不得有代理人代为办理。除了妇女、老幼、现任或退休官员及士大夫，可以由家人代为出庭应诉，其他人一律亲身出庭。即使是请人书写诉状，代写人也不得对诉讼事实、情节有所加减。

除了直接替人诉讼外，向人传授诉讼的知识更被视为大罪，比如南宋绍兴十三年（1143）敕规定：凡是聚集生徒教授辞讼文书者，处杖一百。并允许告发。再犯者，不得因大赦减免刑罚，一律要"邻州编管"。从学者，各处杖八十。明清法律规定撰写"构讼之书"者，要比照"淫词小说例，杖一百流三千里"，此类书籍一经发觉就必须"尽行查禁销毁"。贩卖者杖一百徒三年，购买者杖一百。

尽管法律如此严禁，可是民间诉讼活动总是需要有人帮助，即使不能代为出庭诉讼、辩论，出庭时如何讲话、如何提供证据总还是需要有人指点的。所以这一行当还是禁止不了的，官府的禁令只不过是把这个行当变成了一种"地下行业"而已。在民间从事诉讼指导的讼师，有不少人是正直的人士，尽力为委托人服务，"受人钱财，与人消灾"，为人们提供必要的法律诉讼知识，颇有点近代律师的作用，不能一概都斥为"讼棍"。但大多数讼师确实是兴风作浪、唯恐天下不乱的无赖。清代绍兴出的官司府幕友最多，幕友的"副产品"就是讼师，所以绍兴的讼师也最出名。

为了引进西方的法律，在翻译西文中 lawyer 一词时，学者们还是动了脑筋的。照理说，律师是替人们进行诉讼活动的，翻译成讼师并不错，可为了避免讼师这个恶名声，就想出了"律师"这个词。成书于1879年的薛福成《筹洋刍议》，较早采用了"律师"一词，建议聘请外国律师，"参用中西律例"，来和列强推论废除领事裁判权问题。以后律师一词被普遍接受。清末起草的民刑诉讼律草案中设定了律师的制度，民国成立后不久就公布了第一部律师法规。

监　狱

原始社会没有监狱，氏族对于内部违反习惯的人或外族的敌对者的惩罚，除死刑外，也有限制行动的处罚，即所谓"画地为牢"，实际是画出一定的活动区域，不准其逾越。西方殖民主义者对于土著居民加以限制，画定所谓"保留地"，就类似这种做法。

随着社会出现阶级差别，一部分人开始对另一部分人的自由加以限制，囚禁人的牢狱也就出现了。最早的监狱，不过是不便于行动的荆棘丛林而已。《易·坎·上六》云："系用徽墨（用黑带子加以捆绑），置于丛棘（放到荆棘丛中）。"但这只能暂时拘禁，不能长期关押，于是后来便将罪人集中关押在一

定的建筑物中，叫作"圜土"。《竹书纪年》云："复帝芬三十六年作圜土。""圜土"的本义是指用土墙围起的圆形建筑物，属于最简陋的住室，因而用作关押罪人的地点。《释名·释宫》云："狱又谓之圜土，言筑土表墙其形圜也。"可见，"圜土"是对监狱外形的生动状写。另据史料，夏桀曾囚成汤于"夏台"，因此，监狱又别称"夏台"。顾名思义，台是高地，表明监狱一般建于高岗，以便于守望。

值得注意的是，古代的"圜土"，囚禁犯人有一定期限，到期能改过者释放，不能改者处死。《周礼·秋官·大司寇》云："以圜土聚教罢民（将罪人集中在一起进行训导）。凡害人者，置之圜土而施职事焉，以明刑耻之。其能改过，反于中国；不齿三年（出狱三年不能享有正常人的权利）。其不能改而出圜者，杀。"又云："凡害人者，弗使冠饰而加明刑焉，任之以事收教之。能改者，上罪三年而舍，中罪二年而舍，下罪一年而舍。其不能改而出圜土者，杀。虽出，三年不齿。凡圜土之刑人也不亏体，其罚人也不亏财。"这种不残人肢体、不破人钱财的管教方法，既严酷又给出路，还是很有人情味的，表明我国古代的狱政从来以改恶迁善为宗旨，并不是单纯的惩罚。

夏代的监狱称作"圜土"或"夏台"，商朝的监狱称作圉，从甲骨文字来看，其形状像一个人手戴桎梏，被囚禁在土室之中，因此它同"圜土"一样，都是象形字，不过不仅状写囚禁场所（土室）的样子，还加上被戴上械具的入囚之人的形状了。这表明人们对监狱的认识也更明确了，即关押犯人的地点。不过，后世圉改指养马的场所。"囹圄"则是周朝监狱的称呼，也写作"囹圉"，又简称"囹"。可见其字义同"圉"相关。《晏子春秋》云："齐景公藉重而狱多，拘者满囹，怨者满朝。"可见入"囹"者是被"拘"而失去自由的。秦朝时犯人很多，所以有"赭衣塞路，囹圄成市"（《汉书·刑法

志》）的说法，是犯罪人多得阻塞了道路，监狱大得几乎占据了整个城池。

秦汉以后，监狱的正式名称都是"狱"，朝廷和地方郡县都设狱。明朝法律又称为"监"，从此监狱连称，成为一个固定的名词。而监牢则是民间的俗称。

现在监狱是执行刑罚的场所，古代则不同，监狱主要是用来关押待审、待决人犯的。如明清时，罪人定罪以后，死刑不必再说，流刑犯押送到外地，徒刑犯押送到驿站，笞、杖刑执行完毕罪犯就可以释放，并不需要在监狱中执行刑罚。

另外现在俗称监狱为"班房"，也是在明清时开始流行起来的。实际上班房原来是指由州县衙门的"三班衙役"开设的看守所。没有州县长官签发的命令，不能将人关入州县监狱。当传唤到的被告、证人，以及捕获的通缉犯、嫌疑人带到候审时，长官不升堂就没有办法关押。而且即使是经过了堂审，有些"查无报案、又无赃据"的疑犯；或者一些"鼠窃狗偷，办之无甚重罪，纵之仍扰闾阎"的轻罪惯犯，也会被州县长官指令由捕快暂时看管（清《刑幕要略·贼盗》）。于是捕快还得自己设法找地方看管。一般就是在自己家里搞一个"阱房"，装起栅栏，把那些人关在里面。有的是找一些无主房屋"空仓""冷铺"之类，作为看管地点。这种地方一般称为"押馆""卡房""官店"等等名目。由于衙役碰头的地方叫"班房"，后来就把这种捕快自办的拘留所统称为"班房"。近代新式监狱逐渐普及，原来的旧式监狱逐渐被人们统称为班房。

派出所

在我国历史上，派出所最早出现于清朝末年，宣统二年（1910），民政部尚书仿照日本巡警制度，向皇上递了一个奏折，建议将当时北京内、外城的 23 个区分为 308 个段，每段设一个派出所，另在交通要道处设立 59 个马路派出所。奏文呈现上，皇帝颁旨"依议钦此"，然后拨给白银 55000 余两，很快就在全城各处建起了派出所，并命了名，划定了管辖范围，还统一确定了《派出所规则》与《巡警勤务章程》。

当时规定每个派出所设巡警 8 名，分甲、乙两班，从事内守望和巡逻勤务；巡长 2 名，轮流督察；另设长警主任一名，专门办理户口事宜。据说现在北京西城区的牛街派出所，当时的名称是"北京外城巡警总厅右四区牛街派出所"，两间木屋，有巡警、巡长十多名。

锦衣卫

据《明史·兵志一·侍卫上直军》记载：朱元璋即吴王位的时候，设立了一个"拱卫司"。洪武二年（1369），改名为"亲军都尉府"，下分中、左、右、前、后五个卫和专管皇帝仪仗的"仪銮司"。洪武十五年（1382），又合并为锦衣卫。

锦衣卫原来只是专司皇帝仪仗的亲军，明太祖曾一度把他亲自问过的案件，交给了身边的锦衣卫审理，但不久后，这类案件又归由司法部门处理。因此，锦衣卫并不是一个专门为镇压人民和监视吏官而设立的机构。

明成祖朱棣像

明成祖的时候，又"倚锦衣为心腹"，增设了一个北镇抚司，"专治诏狱"与专门处理锦衣卫内部案件的镇抚司相列。

《春明梦余录》卷六十三《锦衣卫》中说："锦衣典亲军，其后寄以洞察之柄，权势日重""凡诸卫亲军，皆以番直宿卫，执戈戟，严巡警，监门禁，而锦衣所掌者乃卤簿仪仗之事……御座则夹陛而立，御辇（乘车）则扶辕以行，出警而入跸，承旨而传宣，皆在所司，而诏狱所寄则又重矣"。所以，《明史·职官志五·锦衣卫》中说，锦衣卫的职能是"掌侍卫、缉捕、刑狱之事"，而"侍卫"是它的本职。

五 刑

所谓"五刑"，指的是我国古代刑法刚问世时，确立的五个主要刑种，后来我国刑种也通常称作"五刑"。

《尚书·尧典》云："流宥五刑（用流刑来代替五刑）。"马融注云："五刑：墨、劓、腓、宫、大辟。"

据考，"五刑"本苗族之刑，夏灭苗后，袭用其刑。《尚书·吕刑》云："苗民弗用灵，制以刑，惟作五虐之刑，曰法，杀戮无辜。"苗民之五刑，有"劓（割鼻）、耳（切耳）、椓（同宫刑）、黥（刺面）"等。

夏之"五刑"，可作为奴隶制"五刑"的代表。（1）墨，即在罪犯面部或额上刺刻后涂以墨，后世亦称黥刑；（2）劓，割鼻之刑。（3）腓，又称刖刑，即断足（切掉单脚或双脚）。另外，膑刑，即去膝之刑，亦属此类。（4）宫，男去势、女幽闭，即残害生殖器之刑。后世称腐刑或蚕室（因动刑后怕受风，须因于密室）刑，亦称椓刑。（5）大辟，即死刑。执行死刑的方式，除砍头（斩首）外，有戮（杀死后斩其尸身）、炮烙（烧烤致死）、醢脯（即剁碎制成肉酱）、焚（烧死）、车圈（即车裂，将其身体撕成几块）等酷刑。

唐代的五刑，可作为封建制"五刑"的代表来看。其刑种是：笞、杖、徒、流、死。

（1）笞，即用长三尺五寸的小竹板打犯人的腿与臀，分五等，由十至五十，每等加十。（2）杖，用比笞粗的常行杖（法杖）打犯人的背、臀与腿，分五等，由六十到一百，每等加十。（3）徒，即强迫犯人带钳（颈圈）或枷（束颈）服劳役，分五等，由一年至三年，每等加半年。（4）流，即放逐到边远地区服劳役（开始一年，后加至三年），分三等，由2千里至3千里，每等加500里。（5）死，即死刑，分二等，即绞与斩。除十恶大罪外，各刑等均可用铜赎免，赎金为1斤至120斤不等。也有法外酷刑，如族刑（亲属连坐被杀）、凌迟（一片片切割肉体）和残害尸体（戮尸）等。

人殉制

《墨子·节丧篇》载："天子于杀殉，众者数百，寡者数十；将军、大夫杀殉，众者数十，寡者数人。"这说明在我国奴隶制社会，野蛮地用人殉葬已成为一种制度。在殉葬者中，女子占有相当大的比例。西汉时有个广川王，有次盗掘一座古墓，"见百余尸"，"唯一男子，余皆女子"。原来，这是西周周幽王的坟墓，百余女子是生殉的妃妾和宫女。

春秋时期，"人殉"的做法引起人们的非议。《左传·文公六年》：秦穆公去世，殡葬时用包括子车氏的三个儿子在内共177人陪葬。这三个人都是秦国的优秀人才。因此秦国人都为他们感到悲痛，并为此创作了《黄鸟》一诗。"秦穆之不为盟主也，宜哉"。因为他死后还要连累他人，遗弃百姓，前代君王死后，要给后人留下典范、树立榜样，哪里会夺去百姓心目中的好人的生命呢？《礼记·檀弓下》记载，齐大夫陈子车死后，其妻和总管商定用人殉葬。子车的弟弟亢却对他们说："如果哥哥在阴间需要人侍候的话，没有比他的妻子和总管更合适的了。这件事要不就算了，如果一定要坚持，我就准备用你们二位生殉。"子车的妻子和总管只好同意取消。

到了秦始皇死时，秦二世称："先帝后宫非有子者，出焉不宜，皆令从死。"《史记·秦始皇本纪》记载，后宫妇女殉葬者达几千人。从汉到元明，强制性的"用人殉葬"作为一种制度，已不复存在。可是到了明朝，却一度死灰复燃。直到明天顺八年（1464）正月，英宗病逝时下遗诏表示："用人殉葬，吾不忍也，此事宜自我止，后世无复为。"这才算最终废止了野蛮的"人殉"制度。

醢　刑

醢，又名菹醢，是一种极残酷的刑法，即把人碎切成肉酱。与之相过的是脯，即把切碎的肉酱煮熟。《吕氏春秋·行论篇》云："昔者纣为无道，杀梅伯而醢之，杀鬼侯而脯之，以礼诸侯于庙。"高诱注云："肉酱之醢，肉熟为脯。梅伯、鬼侯，皆纣之诸侯也。梅伯说鬼侯之女美，令纣取之，纣听妲己之潜，曰以为不好，故醢梅伯，脯鬼侯，以其脯燕诸侯于庙中。"《史记·殷本纪》则谓受害者乃九侯与鄂侯。"九侯有好女，入之纣。九侯女不喜淫，纣怒，杀之，而醢九侯。鄂侯争之强，辩之疾，并脯鄂侯。"可见，醢与脯，都是将人处死后再加刑于尸身。因两刑常连用，又称醢脯。

这种刑罚，连死人也不放过，实在过于残忍。《礼记·明堂位》云："昔殷纣乱天下，脯鬼侯以飨诸侯。"郑玄注曰："以人肉为荐馐，恶之甚也。"此刑颇受后人厌恶，屈原《离骚》曰："后辛（按：即殷纣王）之菹醢兮，殷宗用而不长。"认为殷朝的灭亡，与用这种酷刑相关。

但是，这种酷刑在后世并未绝迹，汉代甚至明文规定在律令之中，即处族刑者，最后要"菹其骨肉于市"。晋代仍有处此刑者，但此刑名已在正式律令中废除，但直至宋代、元代，仍有采用此刑的记录。因此刑久未绝迹，清代法学家沈家本痛切地说："重法之难除也如此。始作俑者，可胜诛哉！"

宫　刑

宫刑，就是男子去势（割去生殖器），女子幽闭（锤击上腹部，令子宫下垂堵塞阴道），亦即残伤犯人生殖系统的刑罚。因施此刑时最怕受风，必须在密室中行刑，又叫"下蚕室"之刑和"腐刑"。《吕刑》注云："宫，淫刑也，男子割势，妇人幽闭，次死之刑也。"也就是说，宫刑是仅次于死刑的重刑。

汉文帝时，曾下诏除肉刑，宫刑本肉刑之一种，自然也在废除之列；为示强调，还专门下令"除阴刑"，即废止宫刑。但如同废肉刑是一纸空文一样，"除阴刑"也是空文一纸。汉武帝时，著名史学家司马迁即遭宫刑。不仅汉朝仍有宫刑，整个封建时代此刑始终未真正废止，虽然东汉、北齐、北魏时期又几次下诏废止此刑。

因为宫刑残损了人的生殖器官，会使受刑人的生理、心理都发生重大变化，处于虽生犹死的尴尬境地，因而它不仅有肉体的痛苦，更多精神的困扰，是最让人羞辱的刑罚。司马迁生前遭受宫刑，其甘心忍辱含羞，也不是不以此刑为然，而是决意完成《史记》的写作任务。其内心的痛苦，则刻刻难泯。他在《报任安书》中写道："且负下未易居，下流多谤议。仆以口语遇此祸，重为乡党所笑，以污辱先人，亦何面目复上父母丘墓乎？虽累百世，垢弥甚耳！是以肠一日而九回，居则忽忽若有所亡，出则不知其所往。每念斯耻，汗未尝不发背沾衣也！身直为闺

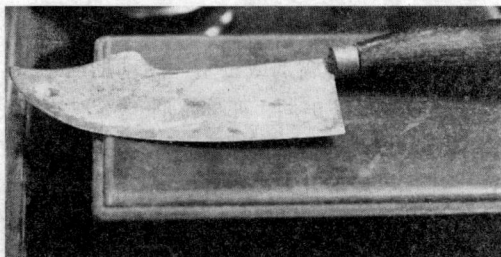

阉割太监用刀　清

此刀用金与铜合金制成，以防止太监手术后感染。

阁之臣，宁得自引深岩穴邪？故且从俗浮沉，与时俯仰，以通其狂惑。"可见蒙受宫刑，对人的身心是多重的摧残！

凌 迟

"凌迟"是一种先残害人的肉体，然后再伤及其生命的极其残忍的刑罚，它不是一下子致人以死，而对犯人一点一点地进行切割，使其长时间受痛苦的折磨。因而是最残忍的行刑方式。

这种残酷的刑罚，最早出现于五代时期，后晋《刑部式》记载，当时审犯人时，"或以长钉刺入手足，或以短刀脔人肌肤，乃至累朝半生半死"。也就是用长钉钉住犯人的手足，然后一刀一刀地碎割，以至于一连好几天，受刑人虽已活不成，但还未死去。对于这种酷刑，宋初的统治者也认为过于残忍而不合采用，宋真宗便禁止道："五刑自有常制，何这惨毒。"至宋仁宗时，才又提出对特别犯罪适用此刑："自今首谋若加功者（按：即首犯和主犯），凌迟斩。"不过，宋人虽用此刑，未正式入律，《辽史·刑法志》如将其列入正多的律文，成为一种法定刑种，元、明、清各代均沿用，直至光绪三十一年（1905）才被正式废除。

凌迟的具体行刑方式并不一致，有切8刀的，也有切24刀、36刀、72刀和120刀的，甚至有切上千刀的，其行刑顺序为先切脸面，次切手足，其次胸腹，最后枭首。凌迟的最高纪录是明代处置权宦刘瑾时，割肉3天，共计割了4700刀；崇祯年间，对郑曼割了3600刀。

"刺配""度牒"和"铁券"

刺配，又叫作"打金印"。这种法律，在我国历史上许多朝代都使用过，只是到了宋朝，其内容和规定才较为固定。实际上，"打金印"不过是刺配刑罚的一部分。被刺配者，首先要挨脊杖20或40，然后判官根据"犯罪"情节的轻重，把所犯事由、发配地名

和劳役项目等内容——刺在脸上，最后由差人把"罪犯"押往几千里以外的牢城，这就是刺配刑罚。

度牒，就是我国古代人在出家时，经由官府审查后发给的身份证明。有度牒的出家人享受许多优待，可以不交赋税，不服劳役，甚至犯法也可以减罪。但是，出家人必须随时都将度牒携带身边，无论走到哪里，都能证明身份，以防假冒。

所谓铁券，就是由皇帝颁赐给功臣的铁制凭证。有了铁券，如果本人或后世犯罪，可以此为证推念其功，予以赦减，起个"护身符"的作用。铁券的最初使用始于刘邦。《汉书·高帝纪下》载，刘邦打败项羽做皇帝后，"又与功臣剖符作暂，丹书铁契，金匮石室，藏之宗庙"。意思是说，刘邦和帮助他打天下的功臣把誓词内容用丹砂写在铁制的契券上，然后从中剖开，朝廷和功臣各存一半。朝廷的一半放在一个铁箱子里，藏在石头砌成的宗庙内，使之"死则畴其爵邑，世无绝嗣，丹书铁券，传于无穷"。

枷

枷是加于颈上的一种刑具。《字记·木部》："枷，项械。"一般分作两片，以便于卸下。它是由古代的钳（颈圈）、校（木制囚具）演变而来，最早出现于魏晋之际，隋唐时普遍使用，至后世沿用不衰。《唐六典》云："诸流、徒罪及作者皆着钳，若无钳者盘枷，病及有保者听脱。枷长五尺以上，六尺以下，颊长二尺五寸以上，六寸以下，共阔一尺四寸以上六寸以下，径头三寸以上，四寸以下。"《清通典》云："一曰枷，以干木为之，长三尺，径二尺九寸，重二十五斤。"实际上，历代的枷制并不一样，大小、材具（另有铁枷等）、轻重乃至形体都有很大区别。据《隋书·刑法志》："凡死罪，枷而拿；流罪，枷而梏。"拿为限制双手活动的械具。还有一种枷，既加于颈部，前方又有左右两圆孔，可同时限制颈部与双手的活动自由。

枷本来只是单纯限制犯罪人行动自由的械具，但很快便成为一种新刑具。三国时魏国的执法官便用大枷逼供："不能以情折狱，乃为重枷，大几围，复以石悬于囚颈，伤骨内。更使壮卒迭博之。囚率不堪，因以诬服。吏持之以为能。"至后世沿用不衰。到了唐代，酷吏们更将其刑具性能发挥得淋漓尽致。《旧唐书·酷吏传·来俊臣传》云："又作大枷，各为号：一、定百肪；二、喘不得；三、突地吼；四、着即承；五、失魂胆；六、实同反；七、反是实；八、死猪愁；九、求即死；十、求破家。后以铁为早冒头，被枷者宛转地上，少选而绝。"其用刑之酷烈，令人发指。

即使用普通的枷，酷吏们也能玩出许多花样来，如"或以物绊其腰，引枷向前，谓之驴驹拔撅；或使跪捧枷，累甓其上，谓之仙人献果；或使之立高木之上，引枷尾向后，谓之玉女登梯"。皆非常人之思。

至明代，枷作为刑具行罚，正式进入律令，名曰"枷号"，即戴枷示众。当时的枷重，"有用一百斤及一百二十斤枷者"，常因此使人致命。沈家本《历代刑法考》云："明代滥用枷号，致有伤害人命之事。"

明镜高悬

中国古代政法合一，各地行政长官同时也是司法长官。官吏们升堂审理案件时，公堂正面总有一块匾额，上面写着"明镜高悬"四个大字。这四个字是怎么来的呢？

据西晋葛洪所著《西京杂记》记载：公元前206年，秦朝被农民起义军推翻。刘邦率军进驻秦朝都城咸阳，在皇宫里，他看到无数的珍宝奇物，大开眼界。其中有一块方镜，长四尺，高六尺，明艳异常。人若在它前面照镜子，里面就出现倒着的人影；用手按着心，就能看见人的五脏六腑；如果有疾病，就能看出生病的部位。秦始皇常用这块镜子来照手下的大臣和宫中的宫女太监。后来，公堂上高悬起"秦镜高悬"的匾额，逐渐地演变成"明镜高悬"，来比喻官吏精明机智，善于断案。

杖 刑

杖刑，中国古代用大竹板或大荆条拷打犯人脊背臀腿的刑罚。杖刑的起源甚早，《尚书·舜典》有"鞭作官刑"的说法。意即用鞭杖惩罚失职的官吏。汉、魏、晋都设有鞭杖的刑罚。至南北朝梁武帝（502～549年在位）时，才把杖刑列入刑书，作为一项正式的刑罚手段。规定杖用生荆制作。北魏开始把杖刑与鞭刑、徒刑、流刑、死刑并列，为五刑之一。北齐、北周沿袭魏制，北齐杖刑分三等：三十、二十、十；北周杖刑分五等：十、二十、三十、四十、五十。北周、北齐均允许以金赎杖刑。

隋代废止鞭刑，以杖刑代之；另立笞刑，以代替原来的杖刑。隋杖刑分五等：六十、七十、八十、九十、一百，凡所犯重于五十笞者，则入于杖刑。唐代杖刑同于隋。宋沿唐制杖刑亦分五等。宋代杖刑的特点是广泛用它作为附加刑，流刑、徒刑甚至杖刑、笞刑都加杖。

辽国杖刑，据《辽史·刑法志》记载，其数目为五十至三百。凡杖五十以上者，以沙袋决之，即用熟皮合缝，装沙半斤，长六寸，广二尺，加一尺许木柄，对犯罪者击打。辽太宗时大臣犯罪不至死，以木剑击背，其数自十五至三十。明清杖刑沿袭唐宋，犯徒刑、流刑罪都用杖刑作为附加刑。所不同的是，明代杖刑用三尺五寸长的大荆条，而清代用五尺五寸长的大竹板。

清朝末年，废除了杖刑。

公堂打屁股

无论是古装戏还是古典小说，一遇到衙门鞭打犯人，总是打在屁股上，直打得皮开肉绽方才罢休。为什么公堂上多打屁股呢？

原来，从前鞭打犯人，并没有明确的部

位，每每掀翻在地，棍子劈头盖脑地打下来，以致很多犯人被活活打死。唐太宗李世民有一次在太医那里见到一幅"明堂针灸图"，他见人体很多重要器官的穴位都在胸背部，这些部位被撞击拍打会有生命危险；他再看图中屁股上的重要穴位就少多了。因此，李世民便在刑罚中做了规定，凡鞭打犯人，屁股是受刑部分，不许打胸部。

合 同

现在法律上的"合同"一词是指人们为某种特定的权利义务而达成的协议。但在古代，"合同"一词原来是指一式两份的复本文书骑缝处的原件记号。

在竹木简文书时代，人们在竹木简文书的侧面刻上刻痕为记号，再一剖为二，双方各持一片为交易的证据。这个习惯影响到纸张文书时代，从吐鲁番出土文书来看，即使在已经普遍使用纸张书写交易契约的两晋南北朝时期，一式两份的复本契约文书，仍然沿袭过去的竹木简上刻画记号的习惯，将两张契纸并拢，骑缝划上几道记号，或骑缝写上"合同大吉"、合体字"合同"字样，便于将来合对证明确属原件。这种记号也就称之为"合同"。

到了唐宋时，法律规定凡典当契约必须为"合同契"一式两份，骑缝做好记号，双方当事人各保留一份。对于其他的民间交易文书形式，法律没有明确的规定。后世民间把凡有骑缝记号的一式两份文书都称为"合同文书"或"合同文字"，比如元代杂剧《包待制智赚合同文字》，讲的就是一个"合同文书"的故事。刘添祥、刘添端兄弟为逃荒，立两纸"合同文字"为兄弟尚未分家的凭证。后来弟弟刘添瑞在异乡病死，他的儿子刘安住携父母遗骸回到老家，刘添祥的后妻唯恐刘安住来抢家产，唆使刘添祥不认侄子。刘安住得李社长帮助，到开封府告状。包公用计赚得"合同文书"为证据，使得伯侄相认。

明清时的商业交易一般使用"合同契"，

简称为合同。比如明代小说《拍案惊奇》"转运汉遇巧洞庭红，波斯胡指破鼍龙壳"，描写商人交易时都要写立"合同"。这一习惯到近代犹存，胡朴安《俗语典》（广益局1922年出版）解释"合同"："今之产业买卖，多于契背上作一大字，而于字中央破之，谓之合同文契。商贾交易则直言合同而不言契。"

中华人民共和国成立后，在工商业交易中普遍使用合同一词作为特定权利义务协议的专用名词，合同取代了契约一词，成为正式的法律用语。

中国历史上第一部法医学专著

与已往各朝代相比，宋代的刑事勘验制度相当完备。为适应勘验制度不断完备的需要，南宋的宋慈撰写了我国历史上第一部法医学专著——《洗冤集录》。

宋慈，字惠父，福建建阳人，生于南宋孝宗淳熙十三年（1186），卒于理宗淳祐九年（1249），享年63岁。

宋慈出身于中等官僚家庭，宋宁宗嘉定十年（1217）考中乙科进士，官授浙江鄞县尉，因遭父丧而未赴任。后出任江西信丰县主簿，后历任福建长江知县、南剑州通判、提点广州刑狱、直秘阁提点湖南刑狱、广东经略安抚使等官职。宋慈在他20多年的官宦生涯中，曾经四度出任法官，在听讼理刑当中，比较实事求是、果断刚直，"以民命为重"，从不轻忽怠慢。

正因为宋慈长期出任法官，并在审理刑狱中一贯采取"审之又审"的严肃认真态度，所以能够在采撷前人有关著述的基础上，结合自己的实践经验，撰写出用于刑案勘验的法医学专著《洗冤集录》。他在该书的序文中一开头便指出："狱事莫重于大辟，大辟莫过于判处杀头之罪，判决杀头之罪的关键在于弄清初发案情；而弄清初发案情的关键，又在于对被害者原尸的检验。"本着这一认识，宋慈在《洗冤集录》中大致阐述了三个方面的内容：

一、刑狱检验官员应有的态度和原则

在这方面，宋慈着重强调：第一，反对任何检验官员借检验之机纵容属下扰害民众，提出借刑狱检验"骚扰乡众，此害最深，切需戒忌"。第二，检验官员必须身临现场亲自检视，"不可避臭恶"，"若是避臭秽不亲临，往往误事"。检视中定要缜详审谨，决不可敷衍塞责，否则将"差之毫厘，失之千里"。第三，要广泛察访，多方面地调查研究，"若遇大段疑难，须更方面耳目以合之，庶几无误"。第四，要及时搜集犯罪证据，"凡行凶器杖，索之少缓，则奸囚之藏匿移易，妆成肆狱，……初受差委，先当急急收索，若早出官，又可参照痕伤大小阔狭，定验无差"。

二、各种尸伤的检验和区别方法

在这方面，该书对许多处于疑似、真假难辨的伤、病、毒死等案情的现场检验，都列具了说细分辨方法。如对刃处皮肉紧缩，有血荫四畔；若被肢解者，盘骨、皮肉稠黏，受刃处皮肉骨露。死人被割截尸首，皮肉如旧，血不灌荫，被割处皮不紧缩，刃属无血流，其色白，纵痕下有血，洗检挤捺，肉内无清血出。这种判断完全符合现代法医学辨认生前死后伤所依据的"生活反应"原理。再如对骨伤的检验："将红油伞遮尸验。若骨上有被打处，即有红色络微荫，骨断处，其接续两头各有血晕色。再以有痕骨照日看，红络乃是生前被打分明。"与现代法医学用紫外光照射检验骨伤是同一原理。

三、各种救急处理

在这方面，该书收集了自缢、水溺、冻死、杀伤及胎动等抢救办法及单方数十则，也都行之有效。如书中所举救缢死方，与现代所行人工呼吸法一致；书中提到的"验尸并骨伤损处，痕迹未见，用糟、醋泼罨尸首"。与现代法医学上用酸沉淀和保护伤口的原理是一致的；书中记载的滴血辨亲法，也是现代亲权鉴定血清学的先声。

《洗冤集录》中具有科学价值的地方还很多，成为历代封建刑官实行检验的指南。它的问世，比欧洲最早的法医学著作还早 350 余年，截至 20 世纪 50 年代中期，已有六七个国家的译本流行世界。所以《洗冤集录》不仅是中国，也是世界上最古的法医学名著，是中国人民对世界文化的贡献。

❀ 科技教育 ❀

天　文

中国古代天文学起源很早。殷商时代，据甲骨文记载，已经有了日食、月食的记录。并且出现了原始历法——阴阳历。

春秋战国之际，二十八宿体系已经建立。二十八宿是古人在观测日月星辰及五星运动时，沿天球黄、赤道带所划分的二十八个区域，分别是：角、亢、氐、房、心、尾、箕；斗、牛、女、虚、危、室、璧；奎、娄、胃、昴、毕、觜、参；井、鬼、柳、星、张、翼、轸。二十八宿的建立为观测提供了一个较为准确的量度标志。对异常天象的观测，除了多次记录了日、月食外，《春秋·文公十四年》中还有关于哈雷彗星的记载："秋七月，有星勃入于北斗。"战国时魏人石申绘制了人类历史上第一张星象表。在我国历法中占有重要地位的二十四节气经过逐步的发展，到战国时已完备，二十四节气是把周年平分为立春、雨水、惊蛰、春分、清明、谷雨、立夏、小满、芒种、夏至、小暑、大暑、立秋、处暑、白露、秋分、寒露、霜降、立冬、小雪、大雪、小寒、大寒。它的建立不仅具有天文意义，而且对古代农业生产有指导作用。

秦汉时期对天象的观测更为精确，《汉书·五行志》中记载："河平元年三月乙未，日出黄，有黑气，大扣钱，居日中央。"这段话对太阳黑子出现的时间、位置、形状作出了准确的记录。

随着天文学研究的深入，出现了系统的天文学理论。汉代主要有"论天三家"，即盖天说、浑天说和宣夜说。盖天说的代表是《周髀算经》，主张天是拱形的，日月星辰绕天穹中央北极运动，其东升西降是因远近所致；浑天说的集大成者是张衡，主张浑天如鸡子，地如鸡中黄，天包地浑圆如弹丸，天地乘气而立，载水而浮；宣夜说的代表人物是东汉时的郗萌，主张天体在广阔的空间分布，运动是随其自然的。

在汉代出现了三统历，这是我国现在第一部完整的历法。东汉时刘洪经过多年研究，完成了乾象历，标志着古代历法体系趋于成熟。

魏晋时期，东晋虞喜最早发现了岁差现象，即春分点（或冬至点）在恒星间的位置逐年西移。北齐张子信发现了太阳、五星运动的不均匀性。吴时葛衡制成了大于人体的空心圆形浑天仪，非常便于人们的观察。

在历法编制上，进朝齐人祖冲之把岁差应用于其中，编制的大明历取一周年长度为365.24281481天，和近代科学测定的数值相差仅50余秒，同时改过去的十九年七闰为三百九十一年一百四十四闰。

隋唐时期著名学者僧一行等进行了人类历史上第一次对子午线长度的测定。他还创制了用于天体测量的仪器黄道游仪。另外，又在张衡水运浑象的基础上，制成水运浑天仪，不仅能演示天体的运动，而且具有报时功能。一行还发现了恒星位置移动现象，比英国人哈雷提出恒星自行早了1000多年。在开元十五年（732），一行完成了大衍历初稿，其内容结构十分严密。

宋元时代，古天文学发展到了顶峰，传统的天文仪器发展到尽善尽美的程度，还涌现出了许多著名的学者，郭守敬是其中杰出的代表。他组织了大规模的测地工作，编制的恒星表多达2500颗。他在前人基础上，运用先进的数学成果，在1280年，完成了中国古代登峰造极的历法——授时历，以365.2425日为一年，和当今通用的格里历数值是一样的。

明清两际，古天文学开始走向没落，随着西方科技的传播，开始和近代天文学知识相结合。

表

"表"是起源最早的天文仪器。它是古人在长期的生产和生活实践中，观察太阳投影的变化而发明的。人们首先注意到太阳光下房屋、树木影都在变动。为了观测的方便，人们在平地上专门直立一根杆子，通过杆影来研究太阳的运动。最初的"表"，可以是木杆、竹竿，也可以是石柱。它在古书中还有许多不同的名称如"竿""染""臬""髀""碑""式"等。古人利用"表"观测太阳的活动以达到以下目的。

一、定方向

古人立表定向的最早记述见于成书于战国时代的《周礼·考工记·匠人》篇，它记载了工匠在建都城时确定方向的具体做法：先在水边选择地平，然后用悬挂重锤的绳子来测出对水平面的垂直方向，据此垂直线来竖立表杆；以表的基部为圆心画一个圆圈，在圆圈上记下日出和日入时表的投影点，这两点的连线就是东、西的方向。

根据考古发现推测，我们的祖先大约在五六千年前的原始社会已经用表确定方向。西安半坡村遗址的房屋皆开门向南，墓葬亦皆方向一致，就是有力的证明。

测定表影对于天文研究有很大促进。700多年前元代郭守敬曾在河南登封修建高达一百多尺的测影石圭，首次测定了当地子午线（地球北极和南极的连线）的方位。这是一个了不起的发明。

二、定节气

节气是根据太阳一年中在其运行轨道黄道上的不同位置而划定的。古人通过表影的长短、方向变化，来推算太阳运行的位置而确定节气。最先确定的两个节气是冬至和夏至。这是因为，冬至这一天太阳移到最南面，正午的日影最长，夏至这一天太阳移到最北面，正午的日影最短。从这个冬至到下一个冬至的时间间隔就是一回归年。这样古人不仅通过表测定了两个最重要的节气，还能较为精确地计算太阳在天球运动的一个周期即一回归年的长度了。据古文献资料来看，古人在殷商时期已经能够用表来确定冬至、夏至乃至计算一回归年的长度。春秋中期，用测日中影长的办法来确定冬至、夏至，已经成为历法工作者的重要手段。

定节气需测量日影的长度，表的制作也就相应有所改进。人们专门配置一种在平地上量度影长的工具土圭，《考工记》介绍说："土圭尺有五寸。以致日，以土地。"（"土地"即"度地"，"致日"即测量日中时的表影来确定两至。）后来人们又在表的基部制作一块与表相垂直的平板，在平板上刻凿尺寸，以便直接读出表影的长度值。这块平板也称为圭或土圭。这种土圭已经和表合成一个整体，称为圭表。表的长度也普遍采用八尺的标准值。这一方面是因为普通人的身高约近八尺（古尺比今尺短得多），另一方面是由于这个数值具有特殊的数学意义：根据勾股定理，直角三角形的两直角边为6和8，则斜边长就是整数值十。根据这个关系，人们就能很容易地使圭与表互相垂直。为了使表影长度的测定更为精确，从汉代起，人们不断对圭表加以改进，宋代的沈括、元代的郭守敬、明代的邢云路都对圭表作了较重大的改进，使圭表的精密程度大大地提高了。

三、定时刻

由于地球的自转，太阳每天在天球仪上不断改换位置，表影也就时时变换着方向。因此，很古以来，人们就懂得使用表来确定一天内的时刻。具体做法是把表垂直立在一个圆盘的中心，在圆盘上凿有表示具体时间的刻度（一般是把一天分成 100 刻，也有分十二辰的），然后根据表影所在的刻度来定时。这种观测太阳投影以定时刻的仪器叫作日晷。日晷又有两种：圆盘平面按地平面方向放置的叫地平日晷，圆盘平面按赤道这个大圆平面叫赤道日晷。赤道圆盘相对地平面来说是倾斜的，因此也叫圆石敧晷。从南宋起，赤道日晷得到流行，现在我国各地许多古宫殿、园林遗址中还保存有这样的日晷。

浑仪与浑象

浑仪与浑象是中国古代两种功用不同的天文仪器。浑仪专指测量天体在天球面上坐标位置的仪器，它是我国古代天文观测的主要仪器。浑象则是我国古代演示天空星象的仪器，类似于现代的天球仪。但由于浑仪与浑象同是反映浑天说的仪器，隋唐以前的古代记载中常把浑仪和浑象统称为浑天仪，使得仪与象两种仪器的混淆。隋唐以后，多用浑象与浑天象来称呼天球仪，这就比较明确地把浑仪和浑象区别开来了。浑仪是由许多带有刻度的同心圆环及中间设有窥管组成的一种观测仪器。其主要用途是测定昏、旦和夜半中星以及天体的赤道坐标，有时也能测黄道经度和地平坐标。

我国发明浑仪的确切年代目前尚难断定。据史载，西汉落下闳曾造浑仪，鲜于妄人和耿寿昌度量与测量日、月的运动。早期的浑仪结构如何，史无证载。有确切记载的是东晋孔挺所造的浑仪，这是由六合仪（即由赤经双环、极轴、窥管所构成的框架）合起来的两重铜浑仪。因为这引起都是测量天体赤道坐标最基本的结构，故可以推断早期各家的浑仪相去不远。随着观测的需要，后

世逐步增加黄道环、白（月）道环，并且要求赤、黄、白各环都能随天球转动方向运转，就产生了三辰仪。这些都在唐李淳风设计制造的浑仪中得到体现。

可是，随着浑仪环数的增多，所遮蔽的天区也越来越多，给观测带来不便。因此，北宋沈括首先去掉三辰仪中的白道环，开始了浑仪的简化工作。元代郭守敬创造出历史上著名的简仪。至明清时代，对浑仪基本无创新之处，仅是仿制而已。现在南京紫金山天文台摆放的一具浑仪，就是明正统二年基本沿袭宋代浑仪仿制出来的。

我国古代所创制的赤道系统装置的浑仪，在世界天文学发展史上具有重要的意义。因为在公元 17 世纪发明光学望远镜之前，西方虽然也使用类似我国浑仪的天文仪器观测天体位置，但他们使的是黄道系统装置。对于测定恒星的位置，我国所采用的赤道系统要优于黄道系统装置。故到了公元 16 世纪丹麦天文学家第谷抛弃了黄道式装置，而改用中国的赤道式装置后，被公认为是西文文艺复兴时期天文学上最伟大的技术进步之一。不仅如此，直到现代各国研制各式光学望远镜时，无一不采用古老的中国式赤道装置。

浑象是在一个大球面上刻画或镶嵌有星宿、赤道、黄道、恒隐圈、恒显圈等的演示天象的仪器。可能由西汉人耿寿昌发明。东汉张衡的浑象是他设计的漏水转浑天仪的核心部分。张衡以后，我国天文学家多次制造过浑象，多数和水力机械联系在一起（史料有称为水运浑天的，今通称水运浑象），以取得和天球周日转动同步的效果。三国陆绩、王蕃及南北朝钱乐之制造浑象，都有史载。浑象经过唐一行、梁令瓒、宋张思训和苏颂等人的发展，成为世界上最早的天文钟（见水运仪象台）。到元郭守敬才把报时装置和水运浑象分离开来。现在最古的浑象是清康熙十二年（1673）比利时传教士南怀仁临制的，称为天体仪，置存于北京古观象台。

三国时吴国天文学家葛衡曾改革浑象，

把围在浑象天球之外代表地的机构移入天球仪中，天球转动时地却不动。为了能看到天球仪中的地，必须把天球挖去多块，这种仪器古代称为浑天象，后来就发展成为假天仪。假天仪是人们进入天球里面抬头向上看的，类似现今天文馆的天象厅。

中国第一架假天仪是北宋苏颂、韩公廉等人制造的。他们在竹编纸糊的天球仪上"因星凿窍"，外面点上灯，人在其中看窍眼如同星星一样。元代郭守敬所造玲珑仪，也是一架假天仪。可惜这些仪器都已遗失。

地动仪

我国是一个地震较多的国家。几千年来，我们的祖先顽强地和地震灾害进行斗争，留下了历史悠久的地震记录，创造了世界上第一架地震仪，观察记载了大量的地震前兆现象，积累了许多防震抗震的经验和知识，在地震测报和防震抗震的领域，取得了辉煌的成就。

我国记录地震开始很早。晋代出土的《竹书》纪年记载有帝舜时期"地坼及泉"、夏桀末年"社坼裂"的现象，大概是关于地震最早的记载：公元前三世纪的《吕氏春秋》里记载了"周文王立国八年（前1177），岁六月，文王寝疾五日，而地动东西南北，不出国郊"。这一记载明确指出了地震发生的时间和范围，是我国地震记录中具体可靠的最早记载。

另外，在《诗经》《春秋》《国语》《左传》等先秦古籍中都有关于地震的记述，保存了不少古老地震记录。

从汉代开始，地震就作为灾异汇入各断代史的《五行志》中了，宋元以后地方志发达起来，地震也被作为灾异记入志中，地震史料大大增加。除了这些官修的正业吏、方志外，许多私人写的笔记、杂录、小说和诗文集中也有地震的记载，而且往往附有生动的描述。历代的一些"类书"，如宋代编的《太平御览》清代编的《古今图书集成》等，

还按分类收集了不少地震资料；此外，碑文中也有地震的记载。

我国历代积累下来的地震记录，是一份非常珍贵的历史遗产。新中国成立以后，我国的一些史学和地震工作者共同搜集整理这份历史遗产，翻阅了 8000 多种文献，从中摘出 15000 多条地震史料，经过审核考订，获得了从公元前 1177 年到 1955 年止的 8000 多次地震记录，这样悠久而丰富的地震记录，具有重要的科学价值，已经受到国内外地震科学工作者的广泛关注。我国的地震工作者利用丰富的历史地震资料，编制各种地震图表，进行各种数理统计，在为同地震区域划分、地震预测预报和国民经济建设合理布局等方面提供了重要的科学依据。

在不断记录地震、积累地震知识的基础上，东汉杰出的科学家张衡发明了世界上第一架观测地震的仪器——地动仪。张衡一生中遇到过好多次地震。据统计，从公元 92 年到 139 年间，京师（洛阳）和陇西发生地震 20 次。其中大约有 6 次是破坏性地震。张衡是河南南阳人，又在当时的首都洛阳工作，因此对于那许多次地震，他有不少亲身体验。另外，张衡担任过太史令的官职多年，不但掌管天文，而且地方上发生地震上报以后，也都由他记录下来。

为了掌握各地发生的地震情报，他感到

张衡地动仪复原模型

很需要有仪器来进行观测。正是以上情况促使张衡经年累月、孜孜不倦地研究这个问题，终于在阳嘉元年（132），创造了世界上第一架地动仪，在人类和地震作斗争的历史上写下了光辉的一页。

关于这架仪器，《后汉书》中记载："地动仪以精铜制成圆径八尺，合盖隆起，形似酒樽。"酒樽就是酒坛，里面有精巧的结构，主要是中间的"都柱"（类似惯性运动的摆）和它周围"八道"（装置在摆的周围和仪体相接联的八个方向的八组杠杆机械）。外面相应设置八条龙，盘踞在八个方位上。每个龙头的嘴中含有一个小铜球，每个龙头下面都有一只蟾蜍张口向上。

假如什么地方发生了比较强的地震，传来地震的震波，"都柱"偏侧触动龙头的杠杆，使处在那个方位的龙嘴张开，铜球当啷一声掉在下面的蟾蜍口里。

这样，观测人员根据铜球"振声激扬"而知道什么时间什么方位发生了地震。地动仪制成以后，安置在洛阳，并且观测到了永和三年（138）陇西发生的一次六级以上的地震，开创了人类使用科学仪器观测地震的历史。

由于封建王朝的统治者对于科学技术上的发明创造素来不加重视，所以张衡在地震方面的研究和发明，得不到他们的支持，地动仪创造出来以后，不只没有得到推广使用，就连仪器本身也没能受到保护而留存下米。

这是科学技术史上的一个巨大损失。尽管这样，张衡地动仪是湮没不了的，它的灿烂夺目的光辉一直吸引着人们的注意。张衡之后的一些科学家，对地动仪的装置和原理，陆续写过一些著作，进行记载和论述。而且由于张衡地动仪是当时世界上遥遥领先的伟大发明，所以它对国外也是比较有影响的。有人认为张衡地动仪里面摆的构造设计，可能在隋唐时期传到了波斯（今伊朗）和日本。我国和外国的一些科学工作者对张衡地动仪进行研究复原，由我国复原的地动仪现在陈列在中国国家博物馆，成为向广大群众进行宣传教育的生动材料。中外学者对张衡地动仪一致给予很高的评价，认为它是利用惯性原理设计制成的，它的基本构造符合物理学的原理，可以探测地震波的首先主冲方向。和外国相比，张衡地动仪要比西方类似仪器的出现早约1700年。

漏　壶

漏壶是我国古代的计时仪器，也叫"壶漏""铜漏""刻漏""漏刻""铜壶漏刻"或"铜壶滴漏"。据《周礼》《史记》等记载，我国在周朝已有漏壶，春秋时期被普遍使用。我国最早的漏壶是用铜壶盛水，壶底穿一个小洞，壶中插一只标杆，叫作箭，它的上面刻有度数，箭下有箭舟托着，浮在水面上，壶里的水逐渐地漏下去，箭上的度数陆续显现，以此来计时。这种漏壶也有"箭漏"之称。

我国还曾使用过以滴水的重量来计时的称漏，最早制造于北魏时期，唐、宋时代盛行过。

此外，还有一种以沙代水的沙漏，它的记载最早见于元代，使用并不普遍。中国历史上用得最多、流传最广的还是箭漏。漏壶历代相传，制法却随着时代变迁，日渐复杂。从目前出土的三只西汉漏壶看，它们属同一类型，都是铜制单只箭漏，它们结构简单，使用方便。但是，如果壶里的水逐渐减少，水流的速度也逐渐变慢，会直接影响计时的稳定性和精确性。后来人们发明了补给壶，补充漏壶的水，使水流速度保持稳定。发明了补给壶后，水速还不够稳定，人们便自然地再增加补给壶，这就形成了后来的多级漏壶。补给壶可能始于西汉末，东汉初。东汉张衡已使用二级漏壶。晋代出现了三级漏壶，到唐代的吕才设计了四级漏壶。多级漏壶可以提高漏刻的稳定性，但漏壶总不能无限地增加。

怎样使各级漏壶的水面保持恒定的高

度，是漏壶发展史上的关键问题之一。北宋燕肃创造的漏壶叫莲花漏，北宋时曾风行各地。中国国家博物馆保存了一套元延三年（1316）的三级漏壶，北京故宫博物院也藏有类似的清代大型漏壶。我国使用钟表计时以后，废弃了漏壶。

指南针

指南针是利用磁铁在地球磁场中的南北指极性而制成的一种指示方向的仪器，是我国人民的一项伟大发明。

人们现在所说的指南针是个总的名称，在各个不同的历史发展时期，它有不同的形体，也有不同的名称，如司南、指南鱼和指南针。关于指南针的最初发明者和发明年代现已无可查考。不过有一点是清楚的：指南针是我国古代人民在长期的生产实践中集体智慧的结晶。

指南针大约出现于我国战国时期，最早的指南针是用天然磁石制成的，样子像一只勺，底圆，可以在平滑的"地盘"上自由旋转，等它静止的时候，勺柄就会指向南方。古人称它为"司南"。

东汉的王充，在他的《论衡·是应篇》中曾说："司南之杓，投之于地，其柢指南"。这里的"地"，是指汉代拭占的方形"地盘"。

地盘四周刻有八干（甲、乙、丙、丁、庚、辛、壬、癸）和十二支（子、丑、寅、卯、辰、巳、午、未、申、酉、戌、亥），加上四维（乾、坤、巽、艮）共二十四向，用来配合司南定向。从战国、秦汉、六朝以至隋唐的古籍中，有很多关于司南的记载。如《韩非子·有度篇》里有"先王立司南以端朝夕"的话，"端朝夕"就是正四方的意思。《鬼谷子·谋篇》里也记载说，郑国的人到远处去采玉，就带了司南去，以便不迷失方向。

古代的司南是用天然磁石经人工用琢玉的办法琢磨成的。我国商周时期琢玉工人的技术已经很精湛，最迟在春秋时期就已经能把硬度 5~7 的软玉和硬玉琢制成各种形状的玉器，所以也能够把硬度只有 5.5~6.5 的天然磁石制成形体比较简单的司南来。

由于天然磁石在琢制为司南的过程中，不容易找出准确的极向，并且也容易因受震而失去磁性，因此成品率低。同时也因为这样琢制出来的司南磁性比较弱，而且在和地盘接触的时候转动摩擦阻力比较大，效果不很好，因此这种司南未能得到广泛的使用。

随着社会生产力的不断发展，特别是航海业的不断扩大和发展，需要有一种比司南更好的指向仪器。在经过劳动人民长期的生产实践和反复多次的试验之后，人们终于发现了人工磁化的方法，这样就产生了更高一级的磁性指向仪器。

北宋初年由曾以亮主编的一部军事著作《武经总要》和由著名的科学家沈括撰写的《梦溪笔谈》里，分别介绍了指南鱼和指南针。指南鱼是用薄铁叶裁成鱼形，然后用地磁场磁化法，使它带有磁性，在行军需要的时候，把它浮在水面，铁叶鱼就能指南。然而这种磁化法所获得的磁体磁性比较弱，实用价值比较小。

另一种指向仪器是指南针，它是以天然磁石摩擦钢针制得。钢针经磁石摩擦之后，便被磁化，也同样也可以指南。沈括根据他的见闻，在《梦溪笔谈》里写道："方家以磁石摩针锋，则能指南。"直到 19 世纪现代电磁铁出现以前，差不多所有的指南针都是采用这一种人工磁化法制成的。

这时，指南针在它的发展史上，已经跨过了两个发展阶段——司南和指南鱼，发展成一种更为简便、更有实用价值的指向仪器。以后各种名目繁多的磁性指向仪器，就都以这种磁针为主体，只是磁针的形状和装置法有所变化罢了。

关于磁针的装置法，沈括亲自做了多种实验，把磁针横贯灯芯浮水上，架在碗沿或指甲上，以及用缕丝悬挂起来。

南宋陈元靓在他所撰的《事林广记》中，还介绍了当时民间曾经流行的有关指南针的另外两种装置形式，就是木刻的指南鱼和木刻的指南龟。木刻指南鱼是把一块天然磁石塞进木鱼腹里，让木鱼浮在水上而指南。木刻指南龟的指向原理和木刻指南鱼相同，它的磁石也是安在木龟腹里，不过它有比木鱼更加独特的装置法，就是在木龟的腹部下方挖一小穴，然后把木龟安在竹钉子上，让它自由转动。这就是说，给木龟设置一个固定的支点。拨转木龟，待它静止之后，它就会南北指向，这就是后来出现的旱罗盘的真正始祖。

指南针一经发明，很快便应用于航海。据成书年代略晚于《梦溪笔谈》的朱彧所著的《萍州可谈》记载，当时广州的航船"舟师识地理，夜则观星，昼则观日，阴晦观指南针"。这不仅是中国，也是世界航海史上使用指南针的最早记录。指南针的应用，使人们获得了全天候航行的能力，人类才第一次得到在茫茫大海上航行的自由。如今，船舶在烟波浩渺的海洋里航行，飞机在一望无垠的天空中飞翔，林业工人在人迹罕至的深山密林里作业，勘探队员在漫无边际的大沙漠中探险……指南针成了人们必不可少的器具。

造　纸

纸是人们日常生活中最常用的物品，无论读书、看报或是写字、作画，都得和纸接触。在工业、农业和国防工业生产中，也离不开纸。今天，如果没有纸，那简直是不可想象的。纸在交流思想、传播文化、发展科学技术和生产方面，是一种强有力的工具和材料。回顾历史，这种重要物质就是我国古代劳动人民发明的。造纸术和指南针、火药、印刷术并称为我国古代科学技术的四大发明，是我国人民对世界科技发展所做出的卓越贡献。

最初的纸是作为新型的书写记事材料而出现的。在纸没有发明以前，我国记录事物多靠龟甲、兽骨、金石、竹简、木牍、缣帛之类。商代的甲骨文、钟鼎文实物资料，20世纪以来不断出土；战国到秦汉的竹简、木牍和帛书、帛画，近年来也有大量出土实物。然而甲骨不易多得，金石笨重，缣帛昂贵，简牍所占空间很大，都不便于使用。随着社会经济文化的发展，迫切需要寻找廉价易得的新型书写材料。经过长期探索和实践，终于发明了用麻绳头、破布、旧渔网等废旧麻料制成植物纤维纸。

关于造纸术的起源，过去多是沿袭公元6世纪的历史家范晔在《后汉书·蔡伦传》中的说法，认为纸是东汉的宦官蔡伦于公元105年发明的。但是比《后汉书》成书更早的《东观汉记·蔡伦传》中，并没有关于纸是蔡伦发明的明确记载。《东观汉记》的作者刘珍、延笃等人都是蔡伦的同时代人，如果蔡伦发明了纸，他们不会不记载的。在唐以前，《东观汉记》一直被当作东汉的正史。其中只是说"蔡伦典尚方作纸"，就是说蔡伦任尚方令，曾经主管尚方（宫廷御用手工作坊）造纸。

尽管《东观汉记》在宋代以后已经散失，但是从隋、唐人所著类书的引语中仍可查得它的有关原文。由此可见，"蔡伦造纸说"是出于范晔等人的杜撰，是没有历史根据的。20世纪以来的考古发掘实践也动摇了蔡伦发明纸的说法。1933年新疆罗布淖尔汉烽燧遗址中出土了公元前1世纪的西汉麻纸，比蔡伦早了一个多世纪。1957年西安市东郊的灞桥再次出土了公元前2世纪的西汉初期古纸。经学者对这纸的分析化验，确认它主要由大麻和少量苎麻的纤维所制成，因此是现存世界上最早的植物纤维纸。这些事实有力地说明了，早在公元前2世纪，我国劳动人民就已经发明了造纸术。

不过早期的西汉麻纸比较粗糙，不便书写。到了公元2世纪，在宫廷中任尚方令的蔡伦，凭借充足的人力和物力，监制并且组织生产了一批良纸，于公元105年献给朝廷，从此造纸术在国内推广起来。同时，东汉还进而用树皮尤其是楮皮造纸，扩大了原料来源。从这个意义上说，蔡伦在历史上是作为良纸的监制者和推广者的身份出现的，这些活动在客观上对造纸术的发展有利，因而他的作用不应该完全抹杀。

印　刷

根据《隋书》和《北史》等文献的记载来看，最早的印刷术——雕版印刷发明于隋代的可能性比较大，距今已有1300多年的历史。

雕版印刷所用的版料，通常选适于雕刻的枣木、梨木。方法是先把字写在薄而透明的纸上，字面朝下贴到板上，用刀把字刻出来；然后在刻成的版上加墨，把纸张盖在版上，用刷子轻匀地揩拭，揭下来，文字就转印到纸上成为正字。雕版印刷很早就和人民大众的生产、生活发生密切联系。初刻印的书籍，大多是农书、历本、医书、字帖等。大约公元762年，长安的商业中心东市已经有商家印的字帖、医书出卖。过了20多年，民间市场上也出现了一种"印纸"，作为商人交易、纳税的凭据。公元824年，元稹为白居易诗集写的序文中，说到有人拿白居易诗集的印本换取酒茶，可见当时雕版印刷的应用已经扩大到人民爱好的诗歌了。历本是农民从事耕种的必需品，由于有广泛的需要，所以公元835年左右四川和江苏北部一带地方民间都曾"以板印历日"（历本），拿到市场上去卖。东川节度使冯宿认为政府的司天台还没有颁布新历，民间所印历本"已满天下"，有损皇帝的威严和"授民以时"的权利，所以他就上书请皇帝下令禁止。文献里保存下来的这些记载说明，雕版印刷至少在这时候已经在民间非常流行了。

雕版印刷发明不久，佛教便利用它刻印了大量的佛教经典、佛像和宗教画。据记载，唐代高僧玄奘每年就用大量的纸来印佛像。1900年，在甘肃敦煌千佛洞里发现一本印刷精美的《金刚经》，末尾题有"咸通九年四月十五日"等字样。咸通九年，就是公元868年。这是目前世界上最早的有明确日期记载的印刷物。《金刚经》的形式是卷子，长约一丈六尺，由7个印张粘接而成。最前的一张扉页是释迦牟尼在祇树给孤独园说法的图，其余是《金刚经》的全文。这卷印品雕刻精美，刀法纯熟，图文浑朴凝重，印刷的墨色也浓厚匀称，清晰显明，显然刊刻技术当时已经达到了高度熟练的程度。然而，令人愤恨的是，这件极为珍贵的文物，竟在1907年被斯坦因盗到伦敦去了。

在欧洲现存最早的、有确切日期的雕版印刷品，是德国南部的《驿克利斯托菲尔》画像，日期是1423年，晚于我国约600年。

五代时期，封建政府的文化机关大规模地刻印古代书籍，民间刻书也很盛行。当时除开封外，现在甘肃的西部、山东的东部，以及南京、福建等地方也开始刻书，而以四川、浙江一带最多。到了宋代，雕版印刷技术已经十分完善。著名刻工蒋辉就是千万个技术纯熟的刻工的突出代表。当时以杭州、福建、四川刻的质量比较高。宋代的刻书不但多而且精美讲究。宋版书是很珍贵的版本。宋太祖开宝四年（971），张徒信在成都雕印全部《大藏经》，这是印刷史上比较早期的分量最大的一部书，费工12年，计1076部，5048卷，雕版达13万块之多。由此可见，那时雕版印刷术已经发展到很高的水平。

宋代以后，还出现了铜版印刷。铜版一般用来印刷交子，这是因为铜版可以完成制线条细、图案复杂的画面，印成之后，难于仿造。

雕版印刷比起手抄，是一个飞跃。但它仍然费时费力，印刷一面书就要雕刻一块版，雕印一部书，其制版工艺仍很费时，只有当活字印刷问世之后，才克服了这种缺陷。据史书记载，最早发明活字印刷的是宋代平民毕昇。毕昇是在1041～1048年，用胶泥为原料制作活字来印书的。欧洲最早的活字印刷品是1456年德国人约翰·古登堡印刷的

《圣经》，比毕昇晚了400多年。活字印刷被公认为世界上最伟大的发明之一，它问世不久，便传到世界各国，对促进人类文化交流和文明进步作出了巨大的贡献。

火 药

　　火药是我国古代四大发明之一，已有1000多年的历史。然而，火药又为什么叫"药"呢？

　　人们一度确实把火药当作药看待的。在古代，有人梦想炼出仙丹来，做到长生不老，在炼丹的过程中发明了火药。唐元和三年（808）清虚子撰写的《铅录甲庚至宝集成》卷二中，载有当时的火药配方，有硫黄、硝石和马兜铃（一种植物的果实，加热后能炭化），方法是"伏火矾法"。直至火药用于军事后，医学家还把它列入药类。例如明代的李时珍，就把火药收在他的《本草纲目》里，说是具有"治疮癣，杀虫，辟湿色、瘟疫"的功效。

　　火药的发明与古代炼丹家们的活动有着密切的联系。炼丹士们妄想通过炼丹服食，企求长生不老，这显然是荒谬的。但是他们在炼丹实践中，由于吸取了劳动人民生产和生活的丰富经验，同时又孜孜不倦地从事采药和制药的实际活动，因而也积累了大量关于物质变化的知识。古代的炼丹家一般都兼搞医疗活动，有的本身就是著名的医药家。炼丹家们从丹砂中提取汞时，发现了汞能与硫黄相化合而成丹砂的事实，对硫的性能逐步有了认识。无论是东汉炼丹家魏伯阳，还是晋朝炼丹家葛洪，在他们的著作里都有关于硫黄的论述。硫黄容易飞升，性质活泼，为了使它药性温和而易控制，炼丹家们采用了一种"伏火法"——就是把硫经过和其他容易燃烧的物质混合加热，或让其发生某种程度的燃烧，使它变性。这种"伏火"的举动，正是发明火药的最伟大的第一步。因为"硫黄伏火"之举，需要引入硝石，而硝的化学性质也是很活泼的，撒在赤炭上一下子就

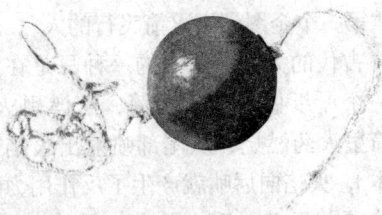

毒药烟球（模型）宋
这是一种能产生毒气的"手榴弹"，在火药的基本成分上，加入巴豆、砒霜等十多种成分的混合物，装填于球内，吸入毒气的人会鼻口流血而死。

能产生烟火，能和其他许多物质发生作用，所以在炼丹家的手中，硝又成为他们用以改变其他药品性质的材料。

　　有了木炭、硫黄、硝石，而且人们对这三种材料的性质有了一定的认识，因此在炼丹家们为了求得长生不老之药的反复实验中，当他们某次把硫黄、硝石和木炭按照一定的分量放在一起，用火点燃或是用力敲打时，突然发生了爆炸，于是火药就诞生了。

　　火药的发明是一个长期的过程。根据唐初著名医学家，炼丹家孙思邈所著的《丹经内伏硫黄法》一文的具体描述，将硫黄、硝石的粉末放在锅里，然后加入点着火的皂角子，就会发出火焰是现在发现文字记载的最早的火药配方。据此推测，我国火药最迟在唐朝初年就已经发明了。

　　火药大规模地用于军事则是北宋年间的事。到南宋时代，火药传到了阿拉伯各国。13世纪下半叶，欧洲人逐渐学会了制造和运用火药。正如恩格斯指出的："在14世纪初，火药从阿拉伯人那里传入西欧，它使整个作战方法发生了变革，这是每一个小学生都知道的。"

火 箭

　　世界上最原始的火箭是我国发明的。在13世纪，我国就有关于"起火"的记载。1232年汴京之战，已经使用了真正的火箭。当时，甚至有人利用47枚大火箭作推进座椅飞行前进的试验。因此，外国人称中国人是"第一个企图使用火箭做运输工具的人"，或

称"第一个企图利用火箭飞行的人"。

古代的火箭最简单的一种只是在箭身上绑一个厚纸做成的火药筒，点燃引火线后，药筒里火药燃烧，从尾部喷射出火焰（燃烧气体），火焰向后喷就产生了反作用力，推动药筒向前运动，箭也随着向前飞行了。"起火"地飞向天空也就是这个道理。小"起火"飞向天空的时候后面带着一溜火星。大"起火"由于装药比较多，并且有各种不同的装配方式，火花各不相同，有许多名色，如"流星赶月""九龙取水"等，有的还装有各种彩色闪光物质，点燃以后放射出绚丽的火花。一时间花雨泻空，五彩缤纷，点缀着那安静而又深邃的苍穹，形成了丰富多彩的夜景。

明初的"火龙神机柜""一窝蜂"都是多发火箭。明代还有"神火飞鸦"和"飞空击贼震天雷炮"。"神火飞鸦"用大"起火"四支作为推动力。"飞空击贼震天雷炮"是一种雏形飞弹，中有纸筒装送药。这两种火器都有翼，是一种新的创造。

明代还有一种两级火箭，叫"飞空砂筒"，用两个"起火"一正一倒异向装置，一个起火作为飞去的动力，爆炸后，另一起火引燃作为飞回的动力，仍能向本营方向飞回。还有一种叫"火龙出水"，也是雏形两级火箭，用四个大火箭筒作为动力，把一个龙形竹筒射出，射到敌方以后，又引着竹筒里的神机火箭，杀伤敌人。

以上各种关于火箭的记载，不仅说明了我国很早就发明了火箭，而且具有多种形式，充分体现了我国人民的高度智慧和卓越的创造能力。

陶　器

陶器的出现，是先民们进入新石器时代的一个重要标志。在古代的传说中，说神农氏在发明耕种的同时，又发明了陶器。丰富多彩的陶器遗存是我国灿烂的古代文化的重要组成部分。陶器的发明，是人类社会发展史上划时代的文明标志。它是人类最早通过化学变化将一种物质改变成另一种物质的创造性活动。把经过揉软处理的黏土，经水湿润后，塑造成一定的形状，再经干燥，用火加热到一定的温度，使之烧结成为坚固的陶器。这是人为改变天然物质的开端，是人类发明史上的重大成果。

陶器的发明和火的利用是分不开的，人类在长期用火的实践中，逐步获得了成形的黏土经火烧后可变成硬块的认识。目前虽对陶器是如何发明的还缺乏确凿的证据，但根据人类生活和生产的史实推断，人类可能是由于采用涂有黏土的筐、篮等生活和生产用具，在无意中经过火烧之后形成不易透水的容器或坚硬的用具而得到了进一步的启发。此后，塑造成型并经烧制的陶器也就开始出现了。最早的陶器是模仿其他材料做成的日常用品，如篮子、葫芦、兽皮袋等，后来发展成具有自身特点的器皿。在制作技术上也由低级向高级逐步发展。首先用捏塑造型或局部的模制造型，然后用泥条圈筑或盘筑成型。口沿用慢轮修整，最后才使用快轮制成规整的器形。在烧陶方面，最初是从平地堆烧到封泥烧，后来发展为半地下式的横穴窑和竖穴窑，可将温度提高到1000℃左右。这一发展过程至少经历了几千年的时间。因此陶器的产生和发展，是我国劳动人民在长期的生产活动中辛勤劳动的结果。

我国陶器的起源甚早，河南裴李岗和河北武安磁山出土的铁器都比较原始，用碳十四断代法，推断其年代为公元前五六千年，是华北新石器时代已知的最早陶器。在这个基础上，发展成为后来广泛分布的仰韶文化、龙山文化，直到商周时期的社会文明。这些文化在制陶工艺和器形的发展上基本是一脉相承的。此外，江西万年仙人洞和广西桂林甑皮岩的陶器经碳十四断代法测定其也在公元前四五千年以前出现，同样属于新石器时代较早的陶器遗存，它们同后来华南地区陶器的发展也有直接的联系。在黑龙江省齐齐哈尔西南的昂昂溪还发现了新石器时代初期的陶器，也是中国最早的陶器之一，其原料有粗细两种，粗的强锻料是砂粒，细的多是蚌壳粉末。它们都是用手工制成的，其颜色多为棕色、器面粗糙，也有少数经过了磨光。在中国广阔的土地上，可能还分布着更多的早期陶器。各地陶器不断发展和相互交流，逐渐形成了具有中国特色的统一的陶文化整体，并在这个基础上产生了原始瓷器和瓷器。

瓷 器

在世界文明史上，瓷器与丝绸一样，也是中国一项带有鲜明民族色彩的独特贡献。

瓷器的出现经历了一个漫长的发展过程。在商周时期的烧陶过程中，就烧制出类似后世瓷器特征的器物来，现人们一般称为原始瓷器。而瓷器的有意识大量生产，则是从公元1世纪时的东汉时代开始的。

瓷器的特点是坯胎以白色高岭土（也叫瓷土）为原料，表面施有玻璃质釉，在1200℃左右的主温下烧成，成品的吸水率低，质地坚硬细致，敲击有清脆的音响。瓷器颜色主要由釉里所含的金属元素决定。青瓷的釉里含有铁元素，在还原焰里烧制，而生成氧化亚铁。氧化亚铁的含量在0.8%～5%时，瓷釉呈青绿色，颜色由淡到浓，如超过5%，则颜色呈暗褐色，甚至黑色。白瓷是单纯的石灰釉，要求坯料和釉中铁的含量越少越好。而红色的瓷器是由胶态单质铜的呈色作用引起的，青花瓷釉中则含有钴元素。

经历了魏晋南北朝的发展，到了唐宋时期，我国的制瓷技术已达到相当精熟的程度。唐宋时期的瓷器主要分为青瓷和白瓷两大类，涌现了一批著名的瓷窑。

青瓷以越窑为代表。越州（今浙江绍兴一带）青瓷质地细腻，明澈如水，莹润似玉。陆龟蒙的"九州岛风露越窑开，夺得千峰翠色来"、孟郊的"越瓯荷叶空"、韩偓的"越

昭君出塞图青花瓷罐 元

元代，各朝各代的历史故事经常成为文学作品的主题。这件青花瓷罐的昭君出塞图已富有浓厚的戏剧性。

犀玉液发茶香"等诗句，生动地描绘了越州青瓷的色泽和质地之精良。

白瓷，唐时以邢窑为代表，宋以后以景德镇窑为代表。邢州（今河北邢台一带）白瓷的胎和釉都很洁白，质地细润，似银类雪，和越州青瓷齐名。唐时四川大邑的白瓷也很精良，胎薄而坚致，色白声清。杜甫有诗赞颂说："大邑烧瓷轻且坚，扣如哀玉锦城传。君家白碗胜霜雪，急送茅斋也可怜。"景德镇被誉为瓷都，宋、元、明、清时一直是瓷器的重要生产中心，至今仍闻名世界。宋元时它除生产白瓷外，还生产其他的多种瓷器。那时瓷器的装饰有划花、绣花（用针刺）、锥花、堆花、釉里红、青花等。明清时则由此发展出斗彩、五彩、粉彩、珐琅彩等色彩缤纷艳丽的瓷器。福建的德化窑以生产建白瓷著名，特别是明代的象牙白佛像，至今被举世视为珍品。

瓷器是唐宋以来我国出口的大宗商品之一，现在世界许多国家都出土或珍藏有我国的古瓷。所以，有人也把我国的对外交通渠道（特别是海道）称为"陶瓷之路"。

丝 绸

我国是著名的"丝绸之国"，是最早发明丝绸的国家。我国织造丝绸的历史非常悠久，

最初用野蚕丝，后来改用家蚕丝。使用家蚕丝的时间是有据可查的，至少有5000多年。

中国历来都很重视丝绸的生产。在商代的甲骨文里，已经有丝桑帛的叙述，说明丝绸的织造在那时已经具有重要的意义。周秦以后，丝织业更加发达。有些朝代还明确规定：许多地区的农户都要种植若干亩桑田，缴纳丝绸作为赋税。因此历代丝绸的产量也不断提高。各个时期的生产总数虽然已经无从稽考，不过，从现在所知道的个别极不完整的统计也能看出一部分。据古史记载，汉武帝在山西和山东的一次巡狩中，就"用制百余万匹"，宋高宗每年仅在两浙地区征收和收购的丝绸，也达117万多匹。在中国历代的社会生产活动中，具有非常重要的作用。

在很早的时候，就不断地通过中国西北的被西方人称为丝绸之路的路线和东南沿海港口，远销西亚和欧非两洲，极受西方国家的欢迎。古代罗马和埃及都把中国的丝绸看作"光辉夺目"的珍品，以能穿着这种珍品为荣。据西方历史记载，罗马恺撒大帝曾经穿过一件中国丝袍在剧场观戏，引起全场钦羡，被看作绝代的豪华。许多国家的商人都经营中国的丝绸，由于远途运输，售价极昂，有时每磅丝料的价格，竟高达黄金12两。直到13世纪以后，中国丝绸依然是西方市场的畅销品。

中国制造丝绸的技术是非常细致的。生产工序特别复杂，重要的是缫丝、练丝、穿箱、穿综、装造和结花本。

缫　丝

这是制造丝绸的头一道准备工序，是指松解蚕茧和抽引蚕丝。没有经过处理的蚕丝都会有一定的杂质，主要的是丝胶，如果不适当清除，就不能得到合用的蚕丝，不能使蚕丝显现出特有的柔软细长和光泽的特点。中国从一开始利用蚕丝，就采用一定的松解和抽引的方法。有关松解的工艺，在战国和两汉的书中就已经出现，是把蚕茧放在沸水中煮烫，利用水温脱胶。不过必须控制水温和水中丝胶的浓度，使用文火和适当掺加冷水，防止过热出现脱胶不匀、丝多疵累的缺点，或过冷出现丝头散扬难松散的毛病。

后来还有人进一步提出最好常令煮茧的沸水形如蟹眼。同时注意换汤，以免换汤过勤会出现蚕丝白而不亮的现象，换汤不勤又会出现蚕丝亮而不白的问题。抽丝的工艺是用小木棍把已经散开的浮丝从锅中挑起，几根合为一缕：细长完整的合为细缕，根数比较少；稍次的断丝合为粗缕，根数稍多；最次的断丝合为纺丝，根数更多。六朝以前最细的丝多半是五根合成的，宋以后多由三根合成的。

练　丝

练丝是对蚕丝的进一步处理和漂白。未练的丝叫生丝；已练的丝叫熟丝。练丝的工艺和缫相似，是把已抽的蚕丝放进含楝木灰、蜃灰（蛤壳烧的灰）或乌梅汁的水中浸泡。汉以前用温水，东汉以来用沸水。然后在日光下曝晒。晒干后再浸再洗。这样，一面利用灰水中的碱性物质和日光的紫外线起漂白作用，提高丝的白洁度；一面利用水温和灰水或乌梅中的碱性物质或酸性物质继续脱掉丝上残存的丝胶，让蚕丝更加柔软、容易染色。

穿箱和穿综

箱是织机上的竹箱，综是织机上的综桄。穿箱穿综的目的是使织机上的经线在织造过程中能开出符合丝绸结构设计的梭口。箱是用竹片制成的细长方框，中间有间距相等的竹丝，在古代又叫杼、筬、捆。综是用木条制成的长方框，中间有一根横棍，横棍上下各有一条细线，用丝绳连接横棍、细线和木框两边，绕成互相环结的上下两个圈套，就是南北朝以前所说的"屈绳制经令得开合也"的工具，在古代又叫泛子、翻子。箱只一片；综的数量不定，最少两片，最多八片，如果提花还要增加一倍。穿箱，是按照设计要求，把经线分组地穿过每个筘齿。穿综也是按设计要求，把经线穿在综里：如果是素织，一根只穿一片，穿在框上的两个圈套的上套；如果是花织，一根要穿两片，根据需要，一片穿在圈套的上套，一片穿在圈套的下套。

装造系统和花本是丝绸提花的装置。

装造系统也是在汉代就已经有了记载的。凡是提花的织机都有花楼，装造系统垂直地装在花楼之上，是由通丝、衢盘、衢丝、综眼、衢脚组成。通丝又叫大纤，每根通丝都相当于一般织机的一片综片。综眼是容纳准备提动的经丝的。通丝的数量根据花数循环确定，每根通丝都能分吊 2～7 根衢丝，就是现代纺织学上所说的"把吊"。

花本是提起丝绸显花的直接来源，因此叫花本，有花样花本和花楼花本两种。

花样花本的编结方法是：在一块经纬数量相同的方布上画出准备织造的纹样，也可以先画在纸上，过在布上。用另备的经线，同方布的经线一根接一根重叠地连在一起，再用另备的纬线，按已画的花纹所占位置和尺寸，置换方布原有的纬线，使花纹重新显现。明代宋应星《天工开物》中说的"画师先画何等花色于纸上，结本者以丝线随画量度，算计分寸秒忽而结成之"，就是这个意思。

花楼花本的编结方法是：把花样花本的经线和花楼上垂下的同量通丝接在一起，用比较粗的其他纬线按花样花本的穿纬方法横穿人通丝之内，就可以把花样过到花楼之上。

装造系统和花楼花本是互相配合的，在花楼花本完成以后，牵动花楼花本的经浮线，也就是在花楼花本上显花的通丝，带动全部装造系统，便可以提花了。

晶体知识

晶体是固体物理学研究的主要对象。对晶体最显著的外表特征、晶体的有规则的几何形状的认识，特别是对雪花晶体的认识，我国比西方人至少早十五个世纪。早在公元纪元前后，我国就发现了雪花是六角形的。在西方，直到 1611 年才发现这个奥秘。

除了对雪花和水池结冰的花纹在我国古籍中屡有描述以外，在各种药书和炼丹书中，还提到了许多物质的晶体，讲明晶体外形的物质不下一百种。在某些地方还讲到晶体的生长情形。这在近代科学诞生以前是不能不使人惊叹的。

南北朝时的陶弘景讲到一种白石英，"大如指，长二三寸，六面如削，白澈有光"。宋代沈括在《梦溪笔谈》中，对一种石膏的矿物晶体的几何形状作了清楚的记述："太阴玄精，生解州盐泽大卤中，沟渠土内得之。大者如杏叶，小者如鱼鳞，悉皆六角，端正如刻，正如龟甲。其裙裥小椭，其前则下剡，其后则上剡，正如穿山甲，相掩之处全是龟甲，更无异也。色绿而莹彻，叩之则直理而折，莹明知鉴，折处亦六角如柳叶。火烧过则悉解析，薄如柳叶，片片相离，白如霜雪，平洁可爱。"就是说晶体大的像杏叶，小的像鱼鳞，都是六角形的，很有规则，如同龟甲状；四周围像裙裥那样有小的凸出；前面的晶面斜向下，后面的晶面斜向上，一片掩盖着一片，就像穿山甲的鳞片相叠一样；打碎石的小晶体也成六角形。明代李时珍在《本草纲目》里，讲到的结晶矿石几乎都有面、棱或角的记述。这些都表明我国古代人对晶体的几何形状有很认真的考察。

在唐初的《黄帝九鼎神丹经诀》中，讲到用朴硝（硫酸钠）、硝石（硝酸钾）制取结晶硫钾的情况：把前两种矿石捣碎、混合，用热水淋汁，待澄清后再用温火煮；然后，等半冷放入小盆中，在盆外用冷水冷却；经过一夜就有结晶硫酸钾出现，"状如白色，大小皆有棱角起"。这里讲到的就不单是晶体的外部几何形状，而且讲到它的形成过程和形成条件。

在一些古籍中还对某些晶体的光学的、力学的特性有所叙述。

石 油

石油是黑棕色的液体，它不仅是一种很好的燃料，更重要的还是宝贵的工业原料，被人们誉为"墨色的金子"。

"石油"这个词是900多年前我国著名科学家沈括提出来的。生产和应用早在汉代就有记载，在沈括以前，石油已有石脂水、石漆、泥井油、火井油等名称。

1080～1082年，沈括在任延州知州兼鄜延路经略安抚使时，曾对石油资源的利用问题进行了科学考察，那是北宋元丰三年（1080）的一个隆冬季节，沈括途经陕北，来到鄜延境内。他下马步行进城，只见延河两岸，炊烟袅袅，热气腾腾，这引起了沈括的注意。他想：此时正值大雪封山，柴火来源艰难，这里的百姓烧的又是什么呢？他进一步了解，原来是一种黑色液体，这种液体黏稠似漆，燃烧起来比麻秆还旺，产生的热量极大。这种黑色液体是从哪里来的呢？沈括亲自到实地考察，发现这种黏稠似油漆的液体和泉水、沙石混杂在一起，从岩石缝隙中漫漫溢出，漂浮在山涧小溪的水面。沈括考察了这种油的产状、性质以后，断然把它命名为"石油"。

天然气

天然气是指蕴藏在地层内的碳氢化合物可燃气体。其组成成分多以甲烷为主，其次为乙烷、丙烷、丁烷及其他重质气态烃类，并常含有氮、氢、二氧化碳、硫化氢，有时还含有少量惰性气体氦、氩等。主要由有机物质经生物化学作用分解而成。常与石油共生，储存于地下岩石缝隙、空洞中，由钻井开采而得，经导管输送到使用地点。主要用作工业和民用燃料，或其他有机化合物原料。

天然气是地质长期变化形成的。我国是世界上最早发现、开发和利用天然气的国家，这已是国内外公认的。但是，对我国最早开发天然气的确切年代，又众说不一。学术界有人认为，中国最初开发天然气的确切年代，应为西汉末或略前一些。

持此观点的人认为，我国最早在公元前11世纪时就发现了天然气。西汉末年或略前的四川就已经开始开发和利用天然气，"临邛火井"很可能就是在这时钻凿发现和利用的。东汉末年，张道陵在四川仁寿开凿了大型盐井，也是"火井"的"陵井"。我国人民在开发利用天然气的过程中，积累了丰富的经验，并创造了小口深井钻凿法等先进技术。公元152年，在四川钻出了世界上第一口油井；1821年钻透1200米的地层，钻出了"自贡古今第一大火井"——号称"火井王"的"磨子井"。

煤

早在2000多年前，我国劳动人民就已经认识和使用煤了。不过那时还不这样称呼它，而叫石涅、黑丹、黑金等。战国的《山海经》上就有好几个地方谈到"石涅"。汉朝以后关于煤的记载就更多了，《后汉书·地理志》上说："豫章（今江西省内）出石，可燃为薪。"南北朝又称之为"石炭"，说到"屈茨（今新疆库车一带）北二百里有山，人取此山石炭，冶此山铁"，这说明我国很早就懂得用煤炼铁了。

煤除了做燃料外，还用来写字和绘画，于是又得到了"石墨"的称号。

当煤在我国已家喻户晓时，外国人却还根本不懂得煤。当他们看到我国普遍烧煤，觉得十分奇怪。唐代有一个从日本到我国来留学的和尚，针对山西太原晋山，在一本书写道："遍山皆石炭，近远诸州，尽来取烧。"所以日本直至现在仍把煤叫"石炭"，字形和读音均与汉语同。

砖

据考古学研究，我国的砖发明于战国时代，洛阳东周城出土的战国薄砖，它的破片有时会被误认为瓦，可见其制作之原始。战

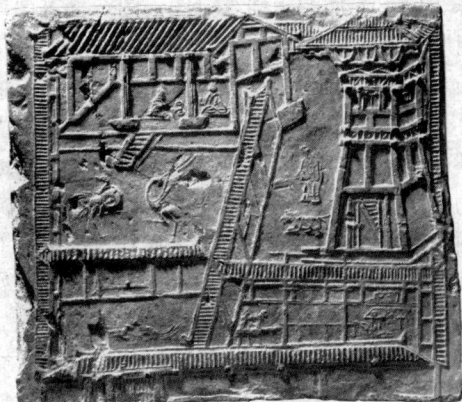

宅院画像砖 东汉

国晚期的燕下都遗址出土的薄砖，较前进步，形体正方，无花纹。

最早的砖，有方形的、曲形的和空心的。方砖和今天瓷砖的用法有些相似，在室内多用于铺墁地面或包镶屋壁四周各部。铺地砖多素面无纹饰，包镶屋壁砖多带有几何纹图案。

条砖最初发现于秦始皇陵，砖的质量很高，坚实细致。但在秦代使用条砖还不普遍。整齐划一的条砖出现于西汉武帝时期，宣帝以后，它在中原地区已成为考古发掘中常见之物，说明当时使用条砖已十分普遍。

我国长江以南地区，用砖要迟一些，到东吴和东晋时才被广泛使用。

琉 璃

元代剧作家王实甫的《西厢记》中有词曰："梵王宫殿月轮高，碧琉璃瑞烟笼罩。"可见琉璃工艺在我国已有悠久历史。

琉璃，是在陶质物的表面覆盖一层细密的玻璃质薄层，即通常所称的釉。它是用石英、长石等硅酸盐混合物在高温下溶制而成的。早在西周时我国制作琉璃工艺已相当成熟，如制作装饰品项链、剑画、屏风等。隋唐时期琉璃工艺进一步发展和盛行，琉璃砖与使用于建筑物的屋脊、屋檐，展示了独特的民族建筑风格。唐代著名的"唐三彩"也是琉璃制品。今河南省开封市的琉璃塔是宋代的建筑，已有1000多年的历史，整个塔体都是黑色琉璃砖瓦砌成，至今坚固完好，有"铁塔"之称。

制作琉璃制品，先用陶土制成胎坯，然后烧成陶胎，涂上釉彩，再入窑烧制而成。釉的种类很多，不同的配方能烧成各种色彩，如石英、炒铅、铜末，加水调匀涂于陶胎表面，即能烧成绿色釉；如在陶胎上以氧化铜绘制花纹，再施一层无色透明釉，以高温烧成，花纹即呈红色。

圆周率溯源

圆周率是指圆的周长和同一圆的直径的比率。其应用范围极广，凡涉及圆的问题，都需要用圆周率来推算。

追本溯源，我国古代的劳动人民，在很早以前就已经在生产实践中开始应用了圆周率。最早求得的圆周率值是"3"，这当然是很不精确的。随着生产的发展与科学的进步，西汉末年的刘歆得出3.1547的圆周率值；东汉张衡又算出3.1622的圆周率值，但这些仍然不够精确。到了三国末年，数学家刘徽创造了用割圆术求圆周率的方法，求得3.141024的圆周率值。

这是我国古代关于圆周率研究中的一个光辉成就。后来，南北朝时期南朝杰出的祖冲之（423～500），对汉朝以来刘歆、张衡、刘徽、王蕃、皮延宗等人所探求过的圆周率真值进行了深入的研究，认为刘徽的研究最有价值，便以刘徽创造的用割圆术求圆周率真值的方法为基础，经过精密测算，算出圆周率值在3.1415926和3.1415927之间。在祖冲之以前，已经有人提出圆周率跟22／7相似。祖冲之把22／7叫作"疏率"，并提出了另一个圆周率的近似值355／113，作为"密率"，因为它更加精密，跟圆周率更加接近。这是世界上第一个最精密的圆周率。过了1100多年，德国人奥托和荷兰人安托尼兹才先后提出355／113这个圆周率的近似值，欧洲人当时不知道祖冲之已经提出过"密率"，因此在他们写在数学史上，把它叫作"安托尼兹率"。日本数学家三上夫义主张把355／133称为"祖率"，这是十分公允的。

算 盘

算盘是中国古代劳动人民的一项发明创造，是我国的传统国宝之一。

算盘是由早在春秋时期便已普遍使用的筹算逐渐演变而来的。在古籍中，最早出现"珠算"这个名词的是东汉徐岳撰的《数术记遗》。这本书中写道："珠算控带四时，经纬三才。"北周甄鸾注："刻板为三分，其上下二分，以停游珠，中间一分，以定算位，位各五珠。上一珠与下四珠色别，其上别色之珠当五。其下四珠，珠各当一，至下四珠所领。故云控带四时。其珠游于三方，故云经纬三才也。"可以认为，有理论、用珠子计算的，就可以叫作"珠算"。如此看来，汉代已有珠算的说法是对的。

宋代的《谢察微算经》载有"算盘之中……横梁隔木"。算盘中有横梁隔木，这和近代的算盘相类似。

宋元之间的学者刘因在他的《静修先生文集》中载有算盘诗。元末陶宗仪《南村辍耕录》"井珠"条有"算盘珠"，"拨之则动"的"走盘珠"的比喻。元杂剧《庞居士误放来生债》和《玎玎挡挡盆儿鬼》分别载有"算盘""算子"的说法。显然，算盘在元代已十分流行。

明代有关算盘的记载也不少。永乐年间马欢的《瀛涯胜览》、景泰元年吴敬的《九章详注比类算法大全》、万历年间柯尚迁的《数学通轨》等都有关于算盘的记载。万历二十一年（1593），程大位著《算法统宗》一书，对珠算的计算方法还做了详细的解释。

有趣的是，一些文物资料还载有算盘图样。上述《算法统宗》一书就附有"初定算盘图式"。但是，有人认为，最早绘有算盘图样的书籍当推明初（1371）撰成的《魁本对相四言杂字》。此书第十九面绘有梁上二珠、梁下五珠的十档算盘图，图旁标有"算盘"二字。《说文·竹部》："算长六寸，计历数者。"这也可说明筹算是珠算的前身。但这并不是最早描绘的算盘图式。近年来，国内外的一些珠算专家专门考察了存放在故宫博物院的宋代大画家张择端的名作《清明上河图》，发现此图左端所绘赵太丞药店的柜台上放着一样东西，经辨别和研究，确认是一架算盘。《清明上河图》制作年代推定为公元960～1127年，比《魁本对相四言杂字》要早400年。这就是说，算盘早在宋代就在社会上普遍使用了。画家画算盘的年代自然不等于算盘产生的年代，但至少不会晚于这个时代。从这里可以推知，有横梁的穿档的大珠算盘的产生应早于宋代。

综上所述，算盘的形成不会是某个人的创造，也不会是某年的产物，它是古代劳动人民、有见识的学者，经过长期共同努力的产物。

蒙 学

蒙学是古代对儿童进行启蒙教育的学校。相传商周时期已建立。《大戴礼记·保傅》："古者年八岁而出就外舍，学小艺焉，履小节焉"。《礼记·内则》："十年，出就外傅，居宿于外，学书计"。汉代称"书馆""学馆""书舍"等。儿童八九岁入学，学习《仓颉》《急就》等字书及《孝经》《论语》。没有固定的修业年限，采用个别教学，多属私学性质。

唐宋以后逐步形成相对稳定的教学内容和程序，主要是进行初步的德行为训练和基本文化知识的教学，字、写字、背书为主。每日功课一般是背书、授新书、作对、写字、读诗，以及一系列的道德行为规范训练。在基本知识教学上特别注重学习态度的培养和学习习惯的养成。如读书强调勤苦、认真、专一，学字要求姿势正确、几案净洁、字画端整。在知识教学上重视对基本知识熟读牢记。道德教育十分注意生活礼节和行为训练。

在教育教学教程中注重儿童的学习兴趣，因势利导，多采用诗歌、舞蹈、故事等内容和形式。教材主要有《开蒙要训》《太公家教》《三字经》《百家姓》《千字文》《小学》《弟子规》《训蒙诗》《名物蒙求》等。专为女童编写的蒙学教材有东汉的《曹大家女诫》、唐宋若莘的《女论语》等。清光绪二十八年（1902）《钦定学堂章程》规定初等教育分为三级：蒙学堂、寻常小学堂、高等小学堂。蒙学堂简称"蒙学"，入学年龄为5岁，修业四年，设修身、字课、读经、史学、舆地、算学、体操等课程。但仅有章程，未能开办。

学　校

我国古代学校的起源，可以追溯到传说中的虞时代和已经进入奴隶社会但又无文字可证的夏朝。据《古今图书集成》"学校部汇考总则"说："有虞氏始设上庠为大学，下庠为小学。""夏后氏设东序为大学，西序为小学。"在《礼记·王制》上也记载"有虞氏养国老于上庠，养庶老于下庠。夏后氏养国老于东序，养庶老于西序。殷人养国老于右学，养庶老于左学。周人养国老于东胶，养庶人于虞庠。"这里所谓"庠""序"者，都是指古代的学校，而所谓"国老"，则是指国家元老和有大功的人，同时又是有文化的教师。"庠""序"者，都是指古代的学校，而所谓"国老"，则是指国家元老和有大功的人，同时又是有文化的教师。"庠""序"与帝王的辟雍、诸侯的泮宫等大学相对而言。《孟子·梁惠王上》说："谨庠序之教。"注曰："庠序者，教化之宫也。"另外，根据《礼记·明堂位》说："米廪，有虞氏之庠也；序，夏后氏之序也。"

综上所述，可知中国在原始社会末期，已经有"庠""序"等学校机关的名称，不过这种学校十分简陋，往往一校兼多用。"虞庠"，既是养老的地方，也是藏米的仓库；"夏序"，原是习射的场所，同时又是兼作养

老和实施教育的机关。所以这种"庠序"还只是初步的、不能与后世学校的相比。商朝是奴隶社会的鼎盛时期，生产力的发展促进了文化的进步，因此教育机关除了继承前代"庠""序"之外，又有了"学"和"瞽宗"名称的出现。《礼记·明堂位》说："殷人设右学为大学，左学为小学，而作乐瞽宗。"

由此可知，中国古代"学"之名，从殷人开始。殷人重祭礼、崇礼乐，故又特设"瞽宗"为乐人的宗庙，用作祭祀的地方，同时又为青年学习礼乐的机关。可知商代奴隶社会的教育机关，除了藏米的"庠"和习射

孔子杏林讲学图　明

163

的"序"之外，还有正式专用的"学"和学习礼乐的"瞽宗"。这种教育制度，比起虞夏时代来说，当然是前进了一大步。《孟子·滕文公上》对此做了总结性的概述："设为庠、序、学、校以教之。庠者，养也；校者，教也；序者，射也。夏曰校，殷曰序，周曰庠，学则三代共之。"按照宋代学者朱熹的看法，"庠""序""校"等都属于"乡学"，而"学"则为"国学"。

乡学是当时一般自由民子弟所入学校，国学是当时贵族子弟所入的学校，有大学和小学之分。这两种学校不仅入学者的身份不同，而且设的地方和教育的内容也都是有区别的。

《事物纪原》"学校贡举部"在叙述学校之源时说："古之教者，家有塾，乡有庠，遂有序，国有学。孟子曰，夏曰校，商曰序，周曰庠，学则三代共之。沿革曰，有虞氏太学为上庠，然则学自有虞氏始也。"高承认为学是从有虞氏开始的，但从古文献记载来看，中国之有学校机构，可能比传说的唐虞时代还早。汉朝的董仲舒以及孔颖达一派学者，都曾说过唐虞以前的五帝时代已有大学，称之"成均"。《周礼·春官·大司乐》说："大司乐掌成均之法，以治建国之学政，而合国之子弟焉。"又《礼记·文世子》说："以其序，谓之郊人，远之于成均。"书中注董仲舒的话说："五帝名大学曰成均，则虞庠近是也。"这种说法，学术界尚有不同意见，有待进一步考证。不过，自从文字出现之后，自然会有学习机构的产生，当时称大学；也只是与虞庠相近似的学习机构，到了周朝也把"成均"作为大学中的一部分，放在重要地位，"成均"也许是我国古代最早的学校名称。

至于"学"和"校"两字的合用，最早见于《诗经》，比较严格意义上的见于汉朝。《汉书·董仲舒传》上有"抑黜百家，立官"。《汉书·循吏·文翁传》说："至武帝时，乃令天下郡国，皆立学校官。"班固《东都赋》

中也有"是以四海之内，学校如林"之语，可见汉代学校已经盛况空前了。

义 塾

义塾亦称"义学"，一种免费私塾，是明清时期为民间孤寒贫困子弟设立的一种教育机构。以地方和宗族为单位举办的学校，以祠堂、庙宇的地租或私人捐款为办学经费。教学内容与教学形式都等同私人捐款为办学经费。教学内容与教学形式都等同私塾。义学创设于汉代，四川什邡县令杨仁，劝部属子弟乙学，于是义学大兴。从此凡以筹集募款或用宗族公款延请教师讲课，面向贫困子弟的学校，称为义学。宋代以宗族为单位设立，限于教育本族后代。清代由政府提倡，义学开始广为设置。清康熙四十一年（1072）在京师崇文门外设立义学，选五城各小学"成材者"入学乙读。后八旗亦有义学设置，教授幼丁学习满、蒙文字。后多次下诏，命贵州、广西、云南、四川等边地设置义学。清末义学成为清代蒙学的重要组成部分。教贫民子弟，成为安身良民，不使他们"好勇斗狠、轻生犯上"，这是清政府普遍设立义学的目的。清代义学有乡校、小学、冬学、村塾等不同名称。清代武训兴学，即属义学。武训是清末人物，以乞讨所得积累成数，放债置地，以此创设"崇坚义塾"，分蒙学、经学两级，又创设"馆陶杨三庄义塾"。

太 学

汉代出现的设在京师的全国最高教育机构。汉武帝罢黜百家、独尊儒术之后，采纳董仲舒的建议，在长安建立太学，"以养天下之士"。最初太学只设五经博士，置博士弟子50名，汉成帝时增至3000人。王莽统治时期，为了树立自己的声望，笼络广大儒生，在长安广置太学，博士弟子达万余人，规模之大，前所未有。东汉时，太学规模更大，顺帝永建元年（126），对太学进行重建和扩建，费时一年，用工112000人，建成240房、1850室，所招学生称之为太学生，达3万多人。

唐代，太学规模完备，盛极一时。太学的教师，主要是博士。博士的主要职责是授业传道，此外要奉使议政，试贤举能。汉代对博士的要求很高，规定博士必须是熟习经史，"明于古今，温故知新，通达国体"的一代鸿儒巨贤。博士待遇十分优厚，政府常以酒肉束帛进行慰劳。太学的学生，历代称谓不一，有称"博士弟子"的，有称"太学生"和"诸生"的。太学以儒家五经作为基本教材，讲授"孔子之术，六艺之文"。历代统治者都十分注意在政治上、组织上、思想上和行动上加强对太学的管理和统制。汉代在中央政府设置"太常"作为兼管教育的长官；唐、宋两朝设置主管教育的行政机关国子监。历代太学都制定有规章制度，严禁各种"离经叛道"的思想行为。

国子监

中国古代最高学府和教育管理机构。晋武帝司马炎始设国子学，至隋炀帝时，改为国子监。唐、宋时期，国子监作为国家教育管理机构，统辖其下设的国子学、太学、四门学等，各学皆立博士，设祭酒一人负责管理。元代初设国子监，属集贤院，下辖国子学，设置祭酒、司业，掌管教令；监丞，专领监务。明清两代，国子监兼有国家教育管理机构和最高学府的双重性质。明代国子监规模宏大，分南、北两监，各设在南京与北京。南监建于明太祖洪武十五年（1382），规模尤盛。明成祖永乐元年（1403），在北京设国子监置祭酒、司业、监丞、典簿各一员。清沿袭明制，国子监总管全国各类官学（宗学等除外），设置管理监事大臣一员；祭酒满、汉各一员；司业满、蒙、汉各一员。另外还设监丞、博士、典簿、典籍等学官。国子监祭酒、司业、博士要由"当代学行卓异之名儒"充当，如唐代的韩愈、宋代的程颐、明代的宋讷、清代的孔尚任等人，都是在国子监、国子学执教任职的一代名儒。

国子监在加强学校管理，培养文武官吏，造就各种高级专门人才，繁荣中国古代学术文化，纳育各国留学生，促进中外文化交流等方面，都起到了一定的作用。

博 士

博士是中国古代学官的通称。始于战国，秦始皇时有博士70人，六艺、诸子、诗赋等皆立博士，汉代诸子百家都有博士。博士的职务，原为通古今，备皇帝顾问，掌握《诗》《书》、百家语，教授弟子，兼议典礼政事，西汉时还奉使巡视民间风俗习惯。汉武帝接受董仲舒建议"罢黜百家，独尊儒术"，设立五经博士，教育太学弟子。博士官的性质由备皇帝顾问转变为教学。东汉以后，博士专授经学，近似官方儒学的领导人。魏晋南北朝战乱频繁，学校时兴时废，博士选举不精。北魏孝文帝改革，推行汉化，494年迁都洛阳后，立国子学、太学、四门小学，皆设博士。隋唐时学校制度进一步发展，特别是唐代学校较完备，国子监的国子学、太学、四门学、律学等都设博士、助教，地方诸州也如此。学校是科举制的基础，隋唐的博士在科举制的建立和发展中起了重要作用。博士官制度一直沿用到清朝。

秀 才

秀才原为才之秀者的通称，始见《管子·小匡篇》。东汉时期，成为察举人才的科目之一。汉代察举分为贤良方正与孝廉秀才二科，秀才由郡国长官征求地方名士，或在属吏中择优选派，然后天子亲自策问或不经策问直接授官。唐时科举考试，秀才科与进士、明经等科并列成为常科，秀才科注重博识高才、试方略策五道，以文理通粗为上上、上中、上下、中上凡四等为及第。此科是科举考试中最难的一科，每次及第者仅一两人。唐高宗时此科一度中止，开元后考过几次，及第者也不多。因规定秀才"举而不第者坐其州长"，地方官吏很害怕贡举秀才，故"唐时秀才，则为优异之科，不常举"。士大夫多趋向明经与进士两科。秀才又指资格与出身。宋代凡应举者皆称秀才，明初太祖采取荐举之法，举秀才数十人，任知府等职。明清时童生经县试、府试、院试及格者称为"秀才"。凡入州、学者为生员。取得秀才资格者，可免差徭役。秀才在学时科试考中一、二等及三等前三名者，准予参加次年乡试。秀才又称茂才，汉代时为避光武帝刘秀名讳，改"秀才"为"茂才"，后世沿用。

稷下学宫

稷下学宫亦称"稷下之学"。战国时齐国在国都临淄的稷门下所设的学校。它由国家主持招纳当时社会上流动的著名的文人学士，也吸收了一批批学生，既是讲学读书的地方，又是培养封建官吏的场所，是一个肩负着教学和研究两种职能的高等学校。稷下学宫初创于齐威王时期（前 4 世纪中叶），兴旺于齐宣王时期（前 319 ~ 前 301），衰亡于齐王田建时期（前 264 ~ 前 221）。

其特点为：

1. 容纳不同学派，提倡百家争鸣。稷下学宫里集合了儒家、阴阳家、道家、法家、名家等派别的许多学者。《史记》记载："宣王喜文学游说之士，驺衍、淳于髡、田骈、接予、慎到、环渊之徒七十六人皆入齐。"（《田敬仲完世家》）襄王时，"荀卿（况）最为老师"，"三为祭酒"（《孟子荀卿列传》）。综考史传，云稷下者还有孟轲、宋开、尹文、彭蒙、田巴、儿说、鲁仲连、王斗等。弟子达"数百千人"。各个学派互相批评，互相影响。即使同一学派内容也互相争辩，形成支派。在稷下学宫，"辩"是诸学派相互交流的手段。不仅先生与先生辩，先生也与学生辩。

2. 稷下学宫先生待遇优厚，地位很高。齐王对各派的"士"礼遇甚丰，被封为"上大夫"者有 76 人。凡列为上大夫者，皆"为开弟康庄之衢，高门大屋，尊宠之"。

3. 稷下学宫的先生是智囊团。稷下学宫的先生是"不治而议论"，不担任任何行政职务，只从事于议论、提建议、供齐王参考。

4. 容许人才流动。一方面学生可以自由寻师求学，另一方面教师可以自由招生，四处游学。没有学习期限，随时加入，自由告退，可谓来者不拒、去者不止。齐威王和齐宣王大兴稷下之学，使"稷下学宫"成为闻名列国的东方文化圣地、各派学者荟萃的中心，为百家争鸣提供了讲台，促进了学术思想的交流与发展。后世的官学、私学和书院继承和保留了稷下学宫的一些优良传统，如自由讲学之风深深扎根于书院教学之中。

书 院

书院是中国封建社会后期出现的新型教育组织。它最早见于唐代，但只是藏书之所。作为教学性质的书院始于五代南唐的白鹿洞书馆，大盛于宋代，延续于元明清。从总体上来看，书院教学的目的在于自由研究学问，讲求身心修养，是理学家或学者的讲学之所。在书院学习，学生得到的只是一种社会承认，而不是身份。书院的建立和恢复，大多靠民间的力量，虽然元、明、清时代书院官学化的倾向很突出，但书院一直没有列入封建国家的学校系统。

一、书院产生的原因

书院产生的原因是多方面的。

第一，私学传统。中国古代自先秦以来就有私人讲学的传统。秦汉以来，私学都是作为封建官学的补充而发挥着作用。尤其是在社会动乱之时，官学无法维系，私人讲学之风更盛。这种私人讲学的传统对书院的产生有直接影响。唐末五代，天下战乱不止，官学不振，士子失学，一些封建文人学者，只好自动择地而学，正如南宋王应麟所说："前代庠序之修，士病无所于学，相与择胜地立精舍与群居讲习之所。"（《文献通考》卷三十）所以书院之始，便具私人讲学性质。以后每当书院处于恢复、重振之时，也多靠民间力量，具有半私半官的性质。

第二，研习学问。书院大盛是由于传习理学的需要。宋初统治者非常重视科举，不重视学校，或仅把学校作为科举预备场所，严重阻碍了学术思想的发展。这使得理学家传播理学只有靠书院。尤其是在南宋，著名学者多在书院讲学，如朱熹、陆九渊、吕祖谦等，这些著名书院复兴，主要是由于王守仁及其他理学大师讲学的需要。清代书院兴起改革之风，也是由于汉学家们高举汉学旗帜的需要。因此，为学问而不是为科举，这是书院与官学的重要区别之一。

第三，禅林影响。书院多办在风景优雅的山林名胜，这是借鉴禅林建寺庙于丛林的做法以求恬淡清静，修身养性。此外，书院制度也深受禅林公开讲经、注重修养的讲学制度的影响，如书院普遍订有学规、学约之类，类似佛寺的清规；书院设山长、洞主，与禅林设长老、住持同出一源。陆九渊讲学，升高座，鸣鼓为号，弟子环绕听讲。讲完回房，弟子往住所问题，这与禅林"入室请益"相同。理学家教学讲求守学规、静坐、读书，而佛教讲求持戒（守清规）、定（坐禅）、慧（钻佛经）；理学家强调认识天理有由读书、涵养而上通天理的渐悟过程和一旦豁然贯通的顿悟过程，而禅宗也讲渐悟与顿悟。由此可见书院深受禅林影响，将义理之学、修养之道作为教育之中心，讲学术以正人心。这也是书院与官学的重要区别之一。

第四，印刷发达。书院的兴盛与宋代活字印刷术的出现是有密切关系的。书院注重研习学问，而且地处山林，没有大量的藏书是不行的。活字印刷术的发明，为书院藏书创造了条件，也为书院的兴盛提供了必要前提。

此外，书院的出现，与社会经济基础有密切联系。在野的中小地主为了自身利益，争取参加统治集团，要求发表自己的主张，要评说时政，因而需要有自己的讲台。因此，他们捐资兴办书院。这也是宋明两朝的某些书院成为统治集团反对派的"基地"的原因。

由此可以看出，书院之所以产生，是与封建社会后期的政治、经济、文化的发展密不可分的。

二、书院的发展和演变

宋元明清四代，书院时兴时废，它的社会意义前后不是完全一致的，发展的路向亦不同。

宋代是书院兴盛之时，南宋又胜于北宋。这时期书院多是私人设立，也是得到官府资助的。北宋著名书院有六处，如江西庐山的白鹿洞书院、湖南衡阳的石鼓书院、河南登封的嵩阳书院、湖南长沙的岳麓书院、河南商丘的应天府书院、江苏江宁的茅山书院。而以白鹿、石鼓、应天府、岳麓四书院最著名。南宋时由朱熹兴复白鹿洞书院，促成书院极盛。最后著名的有岳麓、白鹿、丽泽、象山四处，分别为著名学者朱熹、吕伯恭、陆九渊讲学之所。各家学派主张不尽一致，个别书院几成为学派中心，有的书院也成为纪念理学大师的所在。正是学术的争鸣与兴盛，才带来宋朝书院的大兴。

元代书院亦盛。其原因，一则许多儒者不愿与元朝统治者合作，故自立精舍，隐居讲学，二则元朝统治者为笼络知识分子，也大力提倡兴办书院。因此，元朝书院已开始官学化，各书院一律由朝廷官府派人充任山长，政府调拨经费资助书院，书院教育遂为官方所控制，在很大程度上失去了原来自由讲学、研究学术的风气。

明代初期书院不兴。明初统治者把主要注意力放在兴办官学上。后来官学逐渐衰退，成化年间书院开始发展，至嘉靖、万历年间达到高峰。在明代书院中，无锡东林书院最有影响，学者顾宪成、高攀龙曾在其中讲学。东林书院师生积极参与当时的政治活动，致力于讽议朝政、评论人物。所以，它不仅是教育与学术的中心，同时也是思想舆论和政治活动的中心。明代因政治上的原因，书院被毁先后达四次之多，体现了对书院的控制与反控制的激烈斗争。

清代对书院先是限制，后又提倡，使绝大多数书院官学化。清政府对书院的主持人、经费、教学内容、教学人员、生徒都一一明确规定，把书院教育的目标完全纳入科举的轨道，这就与官学无异了。除此外，清代书院还有少许或讲求理学，或博习经史词章的，在清末还出现了学习经史兼习自然科学的书院，成为近代新式学堂的先驱。

科举制度

科举制度，是指官府经过定期举行的科目考试，根据成绩的优劣来选取人才，分别任官的一种制度。它和以前的选举制度最根本的区别，在于凡普通的读书人均有参加官府考试，从而拥有被选拔做官的机会，这就使封建王朝能在更大的范围内选拔官员。我国科举制度的正式产生，一般认为以隋炀帝创置进士科为标志，但它的起源可以追溯到春秋战国时期。

春秋战国时，一些有势力的强家瓜分公室，代诸侯国君而起，强家的家臣便成为诸侯国的官吏。随着世官制的瓦解，选拔官吏便成为需要，选拔的途径也多起来。多数情况是有才能的士通过游说、上书和自荐获得官职，也是有根据对国家功劳的大小来选拔，再有是由郡县长官在一年一度的上计时向国君推荐。当然，春秋战国时期出现的这些选拔官吏的方式还没有形成明确的制度。

两汉和魏晋南北朝时期，先后实行察举和九品中正制的选官办法，但前者受郡国长官意志的影响，后者为门阀世族所控制，对中小地主阶层进入仕途均有所限制。隋代废除了九品中正制，吸收了汉代察举制的某些合理因素，采取朝廷公开考试的方法来选拔官吏。这种不问出身门第，无须州郡推荐，由朝廷公开考试选士的制度，才是我国古代

科举制度的真正开端。

唐代继承并发展了隋代创设的科举制度，使我国古代科举制度进入鼎盛时期。唐代科举考试种类分常科和制科两种。常科每年举行，考试科目有秀才、明经、进士、俊士、明法、明算等 50 多种，其中明经、进士两科应试者最多。

因诸科之中，考进士科难度最大，往往是百人中取一两名，故唐代进士科特别受到士人的重视。进士科考试合格者称为"及第"，"及第"者要在曲江池参加庆祝宴会（宋代称"闻喜宴"，因宴地在琼林苑，故又称"琼林宴"，明清定制由礼部赐宴，称"恩荣宴"），得以在长安慈恩塔下题名（元以后，改为由政府出资刻建进士题名碑），荣耀之盛，可想而知。当时进士有"白衣公卿""一品白衫"之称。

常科的考生有两个来源：一是生徒，即京师或州县学馆学生，送尚书省应试者；二是乡贡，即非学馆出身，称经州县初考及第，再送尚书省应试者。唐代乡贡入京应试，通称"举人"。

州县一级考试称解试，考试合格者，州县长官要设"乡饮酒礼"招待，称为"鹿鸣宴"（因宴会上例歌《诗经》中《鹿鸣》之诗，故名）。尚书省考试，称省试、礼部试。主持考试的，本来是吏部考功员外郎，开元二十四年（836）改由礼部侍郎主持。制科是皇帝临时诏令设置的科目，有贤良方正、直言极谏科，才识兼茂、明于体用科等上百余种。应试者可以是现职官吏，也可以是常科及第者，还可以是庶民百姓。考试内容唐初仅考策问，唐玄宗时加试诗、赋。制科考试通常由皇帝亲自主持，制科合格后可以由朝廷直接授予官职。唐代制科尽管由皇帝亲自主持，但在士人眼中，往往视为非正途出身，不予重视。

宋代对科举制度作了不少改革。宋太祖时正式建立殿试制度，即礼部考试后由皇帝在殿廷主持最高一级考试。考生在殿试及

第后，可直接授官。北宋时殿试第一名称榜首，第二、三名称榜眼，第一、二、三名都可称状元。南宋以后，改称第一名为状元，第二名为榜眼，第三名为探花。宋代科举基本上仍分常科和制科。常科考试分州府试、礼部试、殿试三级。州府试称解试，礼部试也称省试。

元代科举制度也分乡试、会试、御试三级。同唐代截然相反，元代考试重经义而轻诗赋。经义在《大学》《中庸》《论语》《孟子》四书中选题，答案以朱熹的《四书集注》为准。我国古代科举制度史上以朱熹的《四书集注》考试士人，是从元代开始的。

明清时期，科举制度变得十分严密，各种弊端也越发严重，明清科举制度的一个重要特点，是学校同科举紧密结合，进学校成为参加科举考试的必由之路。明清时学校有两种：国学和府、州、县学。国学为中央一级学校，除国子监，学生称监生。监生因来源不同，有贡监、荫监、举监等名目。府、州、县、卫设立的学校称为郡县学，凡经过本替各级考试入府、州、县学的，通称生员，俗称秀才。这是仕途的起点。取得生员资格的入学考试叫童生试，简称童试，童试包括县试，府试和院试三个阶段，应试者无论年龄大小，均称童生，院试合格后才能称生员。

明清时正式的科举考试为乡试、会试、殿试三级。

乡试每三年一次，在各省城举行，凡本省生员与监生经科考、录考、录遗考试合格者，均可应考。乡试考中者称举人。

会试于乡试后第二年春天在礼部举行，参加会试的是各省的举人，考中者称贡士，别称明经。

殿试在会试后同一年举行，应试者为贡士，由皇帝亲自主持，分三甲录取。一甲取三名，赐进士及第，第一名称状元，第二名称榜眼，第三名称探花。二甲赐进士出身，三甲赐同进士出身，一、二、三甲统称进士。

贡 举

中国古代由地方官吏向天子推举人才，统称为"贡举"。在古时，凡诸侯贡士，确实为贤者，则荐举者受奖；相反，如果为不贤者，那么荐举者受罚。

汉高祖曾下诏多方求贤，加强政权建设，并制定了登记形仪、品行、年龄、逐级察访、上报的办法，开汉代察举制度的端绪，至汉惠帝时，诏举"孝悌力田"，"孝惠四年，春正月，举民孝悌力田者，复其身"。这是举荐人才的先声。从汉文帝起始，制定了正式作为选拔官吏的察举制度。文帝二年（前178）诏二、三执政"举贤良方能直言极谏者，以匡朕之不逮"。十五年（前165）又诏称："诸侯王、公卿、郡守举贤良能直言极谏者，上亲策之。"但仅是偶一为之，尚未形成制度。至汉武帝元光元年，始定贡举之法，使选士制度化。建元元年（前140）丞相卫绾上奏：所举贤良，或治申、商、韩非、苏秦、张仪之言，乱国政，请皆罢。董仲舒在贤良对策中连对三策：推明孔氏，抑黜百家、立学校之官，州郡举茂材、孝廉。这样以儒术取士的察举制度应运而生了。

元光元年时"初令郡国举孝廉各一人"。贡举亦称"察举""荐举""乡举里选"。

隋以后实行科举考试，故后世的贡举，就指科举制度而言了。

贡 生

贡生在科举制度盛行的封建时期，凡府、州、县学生员中成绩优异者，经挑选可升入京师的国子监读书，被选中者统称为"贡生"。科举考试的目的是为王朝选拔从政人才。各朝代贡生的具体名目不一，明代为岁贡、选贡、恩贡和纳贡，清代有恩贡、拔贡、副贡、岁贡、优贡和例贡。明清两朝，科举曰重，而学校曰轻，太学、府、州、县学均为科举储备人才。因科举出身不同，便有了正、异途之分。经学校通籍者如贡生出身为正途，任命重正途。

贡 院

贡院是中国明、清时期科举考试举行乡试、会试的场所。唐开元二十四年（736），"考功郎中李昂，为士子所轻诋。天子以郎署权轻，移植礼部，始置贡院"。明、清时代贡院的大堂东西两侧为外帘，供管理人员居住。大学后为内帘，供试官居住。贡院两侧建首试士席舍，称"号舍"，供应试者居住。主考、同考在内，谓"内帘官"；提调、监视官在外，谓"外帘官"，贡院墙有荆棘，亦称"荆闱"。

及 第

及第是中国封建时期科举考中之称谓。科举考试及格者按甲乙次第列榜，故称及第，也称登第。此概念源于汉代取士制，其射策而中者称高第。自隋唐实行科举取士以后，由于设置了秀才、进士、明经、明法等诸多科目，遂有及第的具体科目之称。至明清以来，科举只重视进士一科，皇帝还要亲自主持殿试，及格者分一、二、三甲，对一甲赐进士及第。故明清时期的及第，是专指考中一甲的前三名，即状元、榜眼和探花而言的。从广义上讲，凡参加科举考试及格者，均可习惯地称为及第。

学分制

据史书记载，我国宋代即已有学分制，而且以后各代几乎都实行过。

宋朝神宗熙宁、元丰年间，王安石为相，将太学分为外、内、上三舍，制定升舍法。升舍考试评定成绩分为三等：操行和学业皆优的为上等，一优一平的为中等，两种都平的或一优一否的为下等。三舍考试都用积分法。

元朝仁宗皇庆、延祐年间，调履谦为国子监司业，立升斋、积分等法。一是升斋法：每季考所习经书，课业成绩合格和未违犯规矩者，以次递升，即升上斋。逾再岁，始与私试。二是私试规矩：孟月、仲月、季月三考。词理俱优者为上等，得 1 分。词平理优者为中等，得半分。岁终统计其年积分。积至 8 分，得充高等，以 40 人为额。三年不通一经及在学不满 1 年，定章黜革。"所以人人励志，士多通材"。

明朝亦采取宋神宗时的办法，凡国子监的学生积分达到及格就可授予相当的官职。国子监按学生的程度设六堂正义、崇志、广义、修道、诚心、率性；编为初、中、高三个年级。高年级则分制。每次考试，文理俱优的给 1 分，文劣理优的得半分，文理俱劣的无分。在一年内积分达到 8 分的为及格。如有天资聪敏、成绩优异的学生，可以不受年限的限制，报请批准，可以提前毕业，破格录用。

清朝的国子监编制完全采用明朝的制度。凡月考列一等的给 1 分，列二等的给半分。岁终积 8 分为及格。

民国时期积分制正式定为学分制，并更加完善。1929 年公布的《大学规程》规定：大学各学院各科课程得采用学分制，但学生每学年所修学分要有限制，不得提早毕业。1931 年又公布《学分制划一办法》，通令各校一律采用学年兼学分制，凡采用积点（分）或其他名称者一律改为学分。并规定大学生应修学分最低标准，除了医学院以外，四年需修满 132 个学分，才准予毕业。

武 学

武学是古代培养军事人才的专门学校。宋仁宗庆历三年（1043）始建，直属于国子监。阮逸为教授，数月废。

神宗熙宁五年（1072），"枢密请建武学于武成王庙，以尚书兵部郎中韩缜判字，……生员以百人为额，选文武官知兵者为教授。使臣未能班与门荫、草泽人召京官保任，人材弓格，听入学，习诸家兵法。教授篆次历代用兵成败主、前义之节足以训者，讲释之。

愿试陈队者,量给兵伍。在学三年,具艺业考试等第推恩,未及格者,逾年再试"(《宋史·选举志三》).徽宗崇宁年间,令地方诸州设置武学。但宣和二年(1120)又罢州县武学。南宋高宗绍兴十六年(1146)才恢复武学(中央)。后又规定"凡武学习《七书》兵法、步骑射,分上、内、外三舍,学生额百人。置博士一员,以文臣有出身或武举高选人为之;学谕一员,以武举补官人为之"。(同上)庆元五年(1199),各州州学皆设武士斋舍,选官教习。武举是武学生的入仕途径。明洪武年间在大宁等卫设置儒学教武官子弟。惠帝建文元年(1399)始置京卫武学,成祖即位后停办。英宗正统年间方立两京武学。武学设教授、训各一员,教读之书为:《论语》《孟子》《武经七书》《百将传》等。后又令都司、卫所应袭子弟年10岁以上者,由提学官选送武学读书,无武学者送卫学或附近儒学。成化中,敕令岁终考试入学武生,10年以上无可取者,追廪还官,送营操练。

嘉靖时,移京城东武学于皇城西隅废寺,使大小武官子弟及勋爵新袭者,肄业其中,用文武臣教习。万历时,武库司专设主事一员管理武学。崇祯时,又命天下府、州、县设武学,实际未能遍设(《续文献通考·学校考》),待遇考试与儒学生员同。

武学

北宋庆历三年(1043),中国历史上有了第一所军事学校——武学,置教授,习诸家兵法及历代用兵方略。这是军权高度集中的衍生物,也是养兵制向科学化迈进的开端。

武 举

中国的科举,历来有文科和武科之别。文科的科举是从隋文帝大业三年(607)开始的,是在清代光绪三十一年(1905)废除的。

武科的科举又称为武举,是在武则天称帝后十二年(702)开始的,是武则天这位中国唯一女皇帝的首创。武举考试的技艺规定有长垛、马射、步射、平射、筒射,又有马枪、翘关、负重、身材选拔。

宋代的武举考试,先考骑射的技艺,然后考策略决定去留,考弓箭射击比试高下。

明代的武举考试,从成化十四年(1478)起,每三至六年举行一次,先考策略,后考弓马。谢肇制《五杂俎》中记述明英宗正统十四年(1449)"土木之变",明军大败,京城告急,遂开武科募招天下勇士,"山西李通者行教京师,试其技艺,十八般皆能,无人可与为敌,遂应首选"。

清代的武举会试由兵部主持,外场试骑射、步射、弓、刀、石,内场试《武经》,由外场中试者参加内场考试。光绪二十七年(1901)废除武举。

武举作为中国封建社会的一种考试制度。从应运而生到不合时宜而废,总共延续了1199年。

"先生"

"先生"这个称呼由来已久。不过历史上各个时期,"先生"这个称呼则指不同对象。

《论语·为政》:"有酒食,先生馔。"注解说:"先生,父兄也。"意思是有酒肴,就孝敬了父兄。又《孟子》:"先生何为出此言也?"这一"先生"是指长辈而有学问的人。

到了战国时代,《国策》:"卫客患之,乃见梧下先生。"《国策·秦策》:"先生坐,何至于此?"均是称呼有德行的长辈。

第一个用"先生"称呼老师的,始见

于《曲礼》："从于先生，不越礼而与人言。"（注：先生，年长的从教者。）今称老师为先生，也是这个意思。

汉代，"先生"中有加上一个"老"字的。如《史记·屈贾列传》："每诏令议下，诸老先生不能言，贾生尽为之对。"因贾谊当时年少，故称"长先生"。

至于清初，称相国为"老先生"，到了乾隆以后，官场中已少用"老先生"这个称呼。

辛亥革命后，"老先生"这个称呼又盛行起来。交际场中，彼此见面，对老成的人，都一律称呼为"老先生"。

"先生"这个称呼，在宋朝也有称道士的。如《水浒传》中称公孙胜做先生。以后，对江湖人士如占卦的叫"占卦先生"，卖草药的叫"草药先生"，测字的叫"测字先生"。

现在港澳同胞、华侨人士，妇女辈多自称丈夫为"先生"。对别人妇女的丈夫也叫"先生"。

"师范"

"师"的名称，在"三代"（夏、商、周）就有了，当时负责奴隶主贵族子弟教育的人，统称为"师保"（《尚书·太甲中》），由有德望、有学问的长者充任。而"师"字最早出现是在甲骨文中，甲骨文中有"父师"之称（《毅契》五·八）。"父师""师保"担负着教导和培养奴隶主贵族子弟的责任，以自己的德、学成为学生效法的榜样，这就是"师"的初义。

西汉末年，思想家、文学家扬雄在他的言论集《法言》中说，"师者，人之模范也"（《法言·学行》）。模和范，本义都指铸物的模子、模型。扬雄在这里说"师"是人们的模范，指出了"师"对教育对象起着一种"铸"的作用，学生是按照教师的样子铸就的。扬雄也确实认为人是可以像金属那样铸塑的。他说："孔子铸颜渊"，认为孔子就是以自身为模范塑造出颜渊的；不仅是颜渊，而且"七十子"都是"肖仲尼"的。扬雄第一次将"师"和"范"联系起来看，明确强调了教师所负的塑造教育对象的重大责任。所以，他无限感叹地说："师哉！师哉！桐子之命也。"视教师为学生前途命运之所在。

所以，"师范"的意义有两方面：一、"师"——表率；二、"范"——塑造。《北史·杨揃传论》中有"恭德慎行，为世师范"，把"师范"联成一词了。

美 育

在我国，3000 年前的周公旦"制礼作乐"，以此治理国家，"礼"是道德规范，"乐"是包括诗、歌、舞在内的综合艺术。礼乐结合，成为人人必须遵循的法规、制度、仪式。而这种法规、制度、仪式又是通过美感的形式，把本来是外在的强制性约束。变

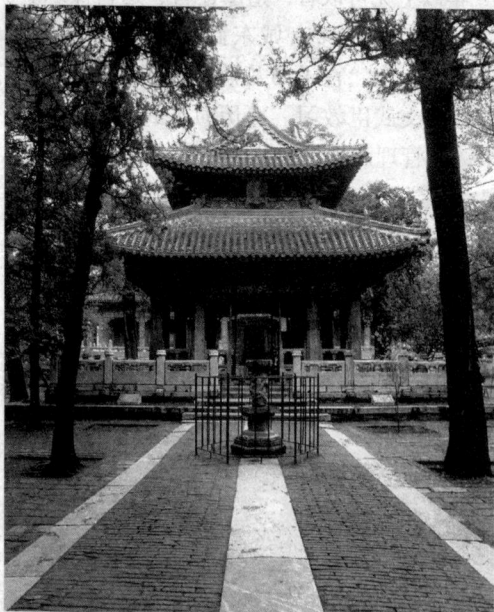

孔庙杏坛

杏坛为纪念孔子办学设教而修建，原为孔子旧宅教授堂遗址。东汉明帝东巡，过孔子故宅，亲御此堂，命皇太子及诸王讲经堂上，成为孔庙正殿殿基。宋天禧二年（1018），正殿北移扩建，此处"除地为坛，环植以杏，名曰杏坛"。金代于坛上建亭。

成人们的一种内在要求，因而又是一种美育。到了春秋战国时代，孔子把教育从政治生活中分化出来，创立了古代的教育体系，以礼、乐、射、御、书、数教授弟子。这六个科目的内容，实际上是古代的一种德智体美的全面教育。孔子的观点，奠定了我国古代美育的思想基础，影响长达两千多年。直到近代，美育才逐渐形成了独立的体系。

西方古代美育思想的发展，与中国古代有某些相似之处。差不多与孔子处于同一历史时代的柏拉图，是西方美学和美育思想奠基者之一。柏拉图之后的亚里士多德，更全面地提出了艺术审美的社会功用：一是教育，二是净化，三是精神享受。他所总结的这三大审美功用，影响很深远，直到今天人们对这一问题的认识仍没超出这个范围。

中国近代的"美育"，是在西方美学思想直接影响下产生的，最早的传授者是王国维。

职业教育

职业教育是随着生产、技术和科学的发展而产生和发展的。我国早在春秋时代就有了职业教育的萌芽，那时各国遍设礼、乐、射、御、书、数六艺学堂，进行专门技艺教育，东汉时出现了艺术专门学校——鸿都门学（因校馆设在洛阳鸿都门而得名）。唐代出现了"书学""律学""算学"和"医学"等各专门学校。鸦片战争前后，由于西方现代生产技术的传入，职业教育作为一种教育体制逐步发展起来。尤其是 1866 年以后，新式的职业教育出现了蓬勃发展的局面，沿海各地相继建立了福州算法文学堂和艺圃、驾驶学堂、管轮学堂、上海机械学堂。辛亥革命后，国民政府于 1912 年把职业教育的实业学堂改称为实业学校。那时，力主发展职业教育的有黄炎培、蔡元培、陶行知等人。他们针对鄙视劳动的人，提出了"劳工神圣""双手万能"的教育思想，积极主张发展职业教育，黄炎培还于 1917 年创办了"中华职业教育社"，发行《教育与职业》月刊，出版职业教育丛书。新中国成立以后，职业教育进入了新的历史时期，适合我国国情的职业教育体系已初步建成。

试卷密封

试卷密封即将考生试卷上的姓名密封起来，使阅卷人在不知应试者的情况下评卷，以防作弊。试卷密封源于我国唐代。唐《隋唐嘉话》载："武后以吏部选人多不实，乃令试日自糊其名，暗考，以定等第判之。糊名，自此始也。"不过武则天所创糊名之法，只是用于吏部升迁官吏的考试，还没有成为科学考试的一项制度。到了宋代，"糊名"才正式用于科举，称"封弥"，元朝以后称"弥封"，明清一直沿用。封建时代，科举作弊时有发生。为了防范，在封卷之外，还有许多相应措施，如在阅卷之前，有关部门还将组织人力进行统一的誊卷工作，然后才送交考官评卷。

❧ 体育娱乐 ❧

蹴 鞠

当今，足球运动风靡世界，拥有不计其数的球迷。你可曾知道，足球发源于中国。一般认为，中国人至少在 3000 年前新石器时代就有了足球游戏，不过那时的足球是石头的。在公元前 1500 年的殷代，人们边踢球边跳舞以求神降雨。

真正意义上的足球，产生于战国时代，那时被称为"蹴鞠"，亦称"蹋鞠"。起初球以毛纠结而成，后来用皮革制成，内充填毛发。据《史记·苏秦列传》记载，战国时临淄（在今山东省）一带百姓殷实，闲暇时经常斗鸡走狗、玩耍蹋鞠。到了西汉，还出现了专供足球游戏的"鞠城"，足球被作为训练士兵的手段之一。西汉刘向《别录》说："鞠，兵势也，所以练武，知有材也，皆因嬉戏而讲练之。今无军事，得使蹴鞠。"从此，足球与军队习武结下了不解之缘。唐代诗人韦应物有诗云："遥闻击鼓声，蹴鞠军中乐。"（《寒食后北楼作》）清代赵翼也有诗写道："技逾蹴鞠练脚力。"（《行围即景》）

唐代开始出现充气的足球。诗人沈佺期在一首《观打球应制》的诗中说："宛转萦香骑，飘摇拂画球"，可见当时的足球都是彩色的。宋代足球发展达到了高潮，开国皇帝宋太祖赵匡胤和宋太宗赵光义都爱踢足球。元代人钱选绘画的《宋太祖蹴鞠图》就描绘了赵匡胤兄弟与大臣们踢足球的场景。上有所好，下必效之，民间一时也出现了不少踢球艺人，著名小说《水浒传》里高俅因踢得一脚好球而平步青云，此事并不见正史。但宋代确有因会踢球而进入上流社会的事。宋人刘邠的《中山诗话》就记述了一位进士因球踢得好而巴结上宰相最后得官的事。所以，当时有一种说法，"如要遇高贵不能相见，可因圆情（踢球）而识之"（《蹴鞠图谱》）。

古代的足球有两种踢法：一是两军对垒，互相攻守，以将球踢进对方球门多少论胜负，与现代足球相似。另一种是非对抗性的，纯属玩弄技巧，就是用双脚和头、肩、背、臀、胸、腹、膝等部位连续接触球，使之"瞻之在前，忽焉在后"，"高及半塔，绕身不坠"。这种形式在民间开展更广。我们在电视剧《水浒传》第一集中所看到的高俅和王爷玩球即属此类。

有意思的是，1980 年国际足联秘书长在亚洲足联兴办的讲习班上作的《足球运动的历史》报告中发表了研究结果：足球发源于中国，被亚历山大的战争带到中东，后来又传到希腊古罗马和法国、英国。

健身球

在公园或街头巷尾，人们经常能见到一些满头白发、神采奕奕的老年人手中玩弄着两只球状体，在旋转中，有时还能发出一种清脆悦耳的声响，这便是"健身球"。

健身球在我国流传已有五百多年的历史。最初，健身球只是作为玩物盛行于民间，也有人用它作为护身器械，后经医学界鉴定，它又被公认为医疗器械。清朝时曾将实心球改为空心球，球内装有音板和子球，当子球碰击音板时，能发出悦耳的音响，按音调的高低不同又分为雌、雄球。标准的健身球有45毫米、50毫米、55毫米三种，均镀铬或镀金。

健身球的锻炼方法并不复杂：单手持双球，用五指依次拨动，使球按顺时针或逆时针方向反复转动。初时，两球会发生碰撞，娴熟之后，将三四个球玩于一掌也不会互相碰撞。

几百年来的实践证明：有规律地经常持球锻炼，能使人增强握力、臂力和全身爆发力，并能舒筋活血，强身健骨；防治手麻、手抖、指腕关节炎和高血压及一些神经系统的疾病，疗效尤为显著；同时还可调节中枢神经，健脑益智，调节周身全部机能，甚至延年益寿。

投 壶

投壶是古代士大夫宴饮时做的一种投掷游戏。古时候，诸侯宴请宾客的一项礼仪就是请客人射箭，名叫"燕射"。那时，成年男子不会射箭被看成一种耻辱，主人请客人射箭，客人是不能推辞的。大约是某些时候，有的客人的确不会射箭，于是就用箭投酒壶来代替。久而久之，投壶就代替了射箭成为一种礼仪了。

投壶所用之壶大小不等，一般壶约23厘米，腹高约16厘米，壶口直径约8厘米。箭用去云皮的柘，长约92厘米，无羽镞。投壶者在距壶约两三米之处投以入壶，胜者斟酒给负者喝。投壶前及投壶过程中尚有一套烦琐的礼仪，宾主间致谦让之词，赋诗，击鼓奏乐等。

投壶在春秋战国时期较为流行。到汉代逐渐脱离礼仪束缚，成为一种娱乐活动。汉武帝年间，把箭改为竹制箭，因又产生了称为"骁"的投壶新法。晋代以后，对壶进行了重大改进，壶上设左右两耳，附加了投壶的方法和形式，使投壶的名目繁多，娱乐性愈益加强。投壶者已不限于贵族，在平民中也有流行。宋元时期，投壶仍很盛行。宋代

大儒司马光根据封建礼节对投壶作了全面总结，对投壶的名称、计分规则进行了修改，写了《投壶新格》一书，竭力使投壶染上政治色彩。明清之后，投壶日趋衰落，然至清朝末年，宫中仍有流传。

投壶几经演变，流传2000余年之久，深得士大夫贵族阶层喜爱。有关投壶的词赋颇多，在我国历史上有一定影响。唐代投壶东传日本，后来逐渐演化成日本民间的"投扇兴"游戏。

击 鞠

所谓"击鞠"，又名"击毬"或"打毬"，即骑在马上持棍打球的运动，今谓马球运动。

据记载，我国东汉时已有马球活动，盛行于唐、宋、元三代，明代尚有开展，清代逐渐衰没。击鞠在唐代极为盛行，既是一种军事训练手段，也是宫廷贵族的娱乐活动。当时除男子参加击鞠外，也有女子击鞠竞赛。唐代宫城及禁苑里，多半筑有打球的场地，不仅纳入宫廷整个建设计划之中，而且球场的建筑也很讲究，质量较高。比赛分两队进行，人数无严格规定。据南宋孟元老《东京梦华录》载，北宋宫廷中的比赛，双方共逐百余人。参加者骑马或驴、骡，用球杖击球。球的大小如拳，木质，中间挖空，表面彩画或涂红漆，也有用皮革制的软球。球场大至"千步"，外树24面红旗。有单球

玄宗打马球图 唐 韦偃
古代也流行着其他的球类运动。马球是唐人喜爱的一种游戏。

门或双球门两种方式。前者为双方射同一球门，后者为双方互射对面的球门。比赛时，鼓乐作奏，击球入门称得一筹，得一筹增一面旗，失一筹拔去一旗，结束时以旗帜多少决定胜负。

游　泳

游泳，是深受人们欢迎的一项体育活动。最早的记载，见于公元前 6 世纪成书的《诗经·邶风·谷风》："就其深矣，方之舟之；就其浅矣，泳之游之。"可见，在距今三千多年的周代的人们已经掌握了游泳的技能。

游泳是怎样产生的？古人已经认识到，它是出于劳动与生活的需要。《庄子·秋水篇》说："水行不避蛟龙者，渔父之勇也。"而宋人苏东坡的分析，就更为精辟了。他认为，南方人之所以会游泳，是因为"日与水居"，"七岁而能涉，十岁而能浮，十五而能没"，最终掌握以游泳的规律"得于水之道"（《日喻》）。同时，游泳还是一项军事技能。古代兵书《六韬》中就把"越深水、渡江河"列为"奇技"。

由于游泳技能有着广泛的用途，游泳运动就不断地得到发展。汉代古籍《淮南子》中已有了关于游泳姿势的记载："游者以足厥（蹬），以手柿（划）。"到宋代，每年八月浙江一带都有"善泅之徒，竞作弄潮之戏"。周密《武林旧事》"观潮"一节中做了非常生动的描写："吴儿善泅者数百，皆披发文身，手持十幅大彩旗，争先鼓勇，溯迎而上，出没于鲸波万仞中，腾身百变，而旗尾略不沾湿，以此夸能。"这些说明，当地群众已经具有较高的踩水本领了。

拔　河

早在春秋战国时代的楚国，有一种名叫"牵钩"的游戏。牵钩，最初是配合水战的一种军事技能。

《隋书·地理志下》说："（楚）又有牵钩之戏，云从讲武所出。楚将伐吴，以为教战，流迁不改，可以相传。钩初发动，皆有鼓书，群噪歌谣，振惊远近。俗云以此庆胜，用至丰穰。"这种牵钩，根据描述的竞赛情景，极似后来的拔河。南朝梁宗懔的《荆楚岁时记》写道："施钩之戏，以绠作篾缆，相系绵亘数里，鸣鼓牵之。求诸外典，未有前事。公输子游楚，为舟战，其退者钩之，进则强之，名钩强。遂以时（败）越。以钩为戏，意起于此。"关于这种活动产生的原因，以及具体的活动方式，在《墨子·鲁问》中记述得比较详细。楚国曾运用这种兵器与技术击败了越军，所以"钩强"演变而成的"施钩之戏"，首先流行于楚国。

在六朝时期，拔河被称作"施钩"，隋朝时则称之为"牵钩"，到了唐代才改称为"拔河"。拔河是隋唐时期春季开展的一项群众性体育活动。

春天盛行拔河，与农事活动有密切关系。春天是一年农事活动的开始。在迷信思想占支配地位的古代社会，人们常用不同的形式祈求农业丰收，此即"春来百种戏，天意在宜秋"。

开展拔河的时间，襄汉风俗，常以正月望日为之。有时也在清明节时举行。封演在书中说："中宗曾以清明日，御梨园球场，命侍臣为拔河之戏。"

拔河本来主要在民间流行。南朝之时，梁简文帝萧纲怯于"群噪歌谣，振惊远近"的气势，深恐酿成祸乱，曾一度下令禁止，但"禁之而不能绝"。拔河也是宫廷活动的内容之一。"景尤三年二月己丑，（中宗）及皇后幸玄武门，观宫女拔河，为宫市以为嬉。""景龙四年春二月庚戌，上御梨园球场，命文武三品以上抛球及分朋拔河"。封演在《封氏闻见记》卷六中对这次宫廷拔河有较生动的记载："时，七宰相二驸马为东朋，三宰相五将军为西朋。东朋贵人多，西朋奏输胜不平，请复位。不为改。西朋竞输，仆射韦巨源、少师唐休，年老，随绠而踣，久不能兴。上大笔，令左右扶起。"唐玄宗在位时，曾举行了一次盛大的拔河比赛。"挽者至千余人，喧呼动地，蕃客庶士，观者莫不震骇。进士河东薛胜为《拔河赋》，其词甚美，时人竞传之"。

李隆基在《观拔河俗戏·序》中说，这次拔河比赛目的是"以求岁稔"。薛胜在《拔河赋》中说这场比赛是"名拔河于内，实耀武于外"。但不管怎样，这种行动对当时民间的拔河活动，起了推动作用。

《拔河赋》所载使用的绳子，封演说，"古用篾缆，今民则用大麻，长四五十丈，两头分系小索数百条，挂于胸前，分二朋，两向齐挽，当大垣之中立大旗为界"。这种背向而拉的牵拉方式，与现代拔河面对面拉引的方式完全不同。在比赛时，"震鼓叫噪，使相索引，以却者为胜，就者为输"。但也有与现代拔河比赛相同的比赛方法。宋代高承在《事物纪原》中说："今小儿两头拽索而对挽之，力强者索，弱者而仆，则以为胜负。此唐时清明拔河之戏也。"

民间拔河游戏，自产生以来就具有双重意义：一是用来训练军士的体力和意志；二是用来祈求丰收。这已经超出了拔河本身的意义。

在我国少数民族的体育游戏活动中亦有拔河。藏族的拔河就独树一帜，别有情趣。据传此一活动大约是在公元2世纪西藏五赞王时，同佛教一起从印度传来的。比赛分单人拔河、双人拔河、男女混合拔河、夫妻拔河和三人拔河几种形式。双人拔河绳和三人拔河绳在比赛时，运动员把打结的环套在颈脖上，转身相背，使绳经过腹部从裆下通过，两手两膝着地，模拟大象的动作，利用颈部的力量和四肢的力量向前爬去。藏族人民对大象、牛、马特别崇敬，赞赏这些牲畜的优良品质和力量。因此，在力量型的比赛项目中也多多模仿它们。

打 猎

古代打猎也很注重保持生态平衡，不滥杀滥捕，合理利用野生动物资源。

史料记载：古代四季打猎有不同的称谓。春天叫"春搜"，意思是指对捕猎的动物要有选择，专挑那些不孕的鸟兽来打；夏天叫"夏苗"，主要猎取那些对禾苗有危害的鸟兽；秋天叫"秋狝"，指打猎时可以直接捕杀鸟兽；冬天叫"冬狩"，因冬季鸟兽已经长成了，猎取时不必选择，可采用合围捕猎的方法。

据《礼记·曲礼下》记载：周代，国君田不围泽，大夫不掩群，士不取雏卵。这就是说春天行猎的时候，国君不得采用合围猎取鸟兽；大夫不得或帮结伙打猎；士不得猎取幼鸟，幼兽和拣鸟蛋。古代对普通老百姓

狩猎聚餐图 清

的限制就更加严格了，春季三个月内不准进山林，既不让砍伐树木，更不让捕猎鸟兽。

清朝康熙皇帝时，明确规定，只有在秋季才可以打猎。为此，特制定了"岁举秋狝大典"的家法。每年入秋，康熙皇帝都要带领文武朝臣和八旗将领，到盛京围场"诘戎讲武"，行"秋狝之礼"。尔后，清朝历代皇帝都因袭。盛京围场设有一百零五围，并设十二卡伦分管各围。据《盛京典制》记载：各围按用法分为五种，并有注明："历年应捕围"，为历年轮换捕猎的围场；"弯远围"，是地处偏僻边远，以便鸟兽繁殖；"御围"，供皇帝巡幸狝猎用；"王多罗束围"供内务捕牲丁应差用；"鲜围"，供捕晒鲜鹿肉用。在盛京围场施行轮换狩猎，有利于野生动物的繁衍生息，保护了环境。

武 术

武术是中国传统的技击和健身技术，现代体育运动的特殊形式。主要以攻防技术套路和对抗两种运动形式锻炼身心，培养意志品质，训练格斗技能、具有丰富的技术、广泛的群众基础，是中华民族传统文化中的瑰宝。

武术的起源可以追溯到原始社会。那时，人类即已开始用棍棒等原始工具作武器同野兽进行斗争，一是为了自卫，一是为了猎取生活资料。后来人们为了互相争夺财富，进而制造了更具有杀伤力的武器。如《山海经·大荒北经》就有"同路蚩尤作兵黄市"的记载。这样，人类通过战斗，不仅制造了兵器，而且逐渐积累了具有一定的攻防格斗意义的技能。

在殷商时期，青铜业发展，以车战为主，出现了一些铜制武器，如矛、戈、戟、斧、钺、刀、剑等。

春秋战国时期，铁器出现，步骑兵兴起，为了在步骑战中发挥作用，长柄武器变短，短柄武器（特别是剑身）变长，这样，武器的内容就更加丰富了，武术的技击性进一步突出，同时武术的健身作用也受到重视。这时比试武艺的形式已广泛出现，更加推动了武艺的发展。据《管子·七法》载，当时每年有"春秋角试"。据《庄子·人间世》和《荀子·议兵》所载，当时比试武艺已非常讲究技巧，拳术打法有进攻、防守、反攻、佯攻等。

秦时盛行角抵和手搏，比赛时有裁判，有赛场，有一定的服装。1975 年湖北省江陵县凤凰山秦墓出土的一件木篦背面上就彩画了当时一场比赛的盛况：台前有帷幕飘带，台上三个上身赤裸的男子，只穿矩裤，腰部系带，足穿翘头鞋，两人在比赛，一人双手前伸做裁判。

汉时，有了剑舞、刀舞、双戟舞、钺舞等。这都说明，汉时的武舞已有明显的技击性，有招法，又多以套路的形式出现。汉时是武术大发展的时期，已形成了多种技术风格的流派。如《汉书·艺文志》收入的"兵技巧"类就有 13 家、199 篇，都是论述"习手足，便器械，积机关，以立攻守之胜"的武术专著。

两晋南北朝时期，战乱频繁，官僚贵族或耽于宴乐或追求长生不老之术，其影响也渗透社会各阶层的生活中，如视剑为具有神秘色彩的法器，甚至以木剑伐刀剑，用荒诞无稽的邪说取代练武，致使武艺停滞不前。

隋唐五代时期，随着封建社会经济的发展和繁荣，武术重新兴起。唐朝开始实行武举制，并授予武艺出众者以相应称号，如"猛殷之士""矫捷之士""技术之士""疾足之士"。获得每个称号都有具体标准。如"猛殷之士"要"引五石之弓，矢贯五扎，戈矛剑戟便于利用……"（《武备增·太白阴经·选士篇第十六》）。这一通过考试选拔人才的制度，促进了社会上的练武活动。

随着步骑战的发展，在战场上，戈、戟逐渐被淘汰，剑作为军事技术多被刀所代替，但作为套路的演练仍在发展。

宋代出现了民间练武组织，见于记载

的有"锦标社"（射弩）、"英略社"（使棒）、"角抵社"（相扑）等。这些社团因陋就简，"自置裹头无刃枪、竹标排、木张刀、蒿矢等习武技"（《宋史》卷一九一）。在城市中，据《栋亭十二种都城记胜》所载，在街头巷尾打场演武，十分热闹。表演的武艺有角抵、使拳、踢腿、使棒、弄棍，舞刀枪、舞剑以及打弹、射弩等。对练叫"打套子"，有"枪对牌""剑对牌"等。这时，集体项目也发展较快，例如，《东京梦华录》卷七载："两人出阵对舞如击刺之状……出场凡五七对，或以枪对牌、剑对牌之类。"但对抗性的攻防技术由于受了宋理学家倡导"主静"的影响，都逐渐走向衰微。

元代统治者对民间规定"……二十人之上不许聚众围猎"（《元典章》卷三，赈饥贫），连民间私藏武器也属犯罪。武艺多以秘密家传的方式冒着生命危险进行传授。

明代是武艺大发展的时期，出现了不同风格的技术流派，拳术、器械都得到了发展，特别是在理论上总结了过去的练武经验。具有代表性的著作有《纪效新书》《武篇》《耕余剩技》等。这些著作不同程度地记载了拳术、器械的流派、沿革、动作名称、特征、运动方法和技术理论等，有的还附有歌诀及动作图解，为后世研究武术提供了重要依据。

清代统治者禁止练武，民间则以"社""馆"的秘密结社形式传授武艺其中著名的拳种，如太极拳、八卦掌、形意拳、八极拳、劈挂拳等，多在清代形成。

民国期间，社会上存在着各种形式的拳社，对传播和发展武术起了积极作用。

中华人民共和国成立以后，武术被作为优秀民族遗产加以继承、整理和提高，成立了各级武术协会，国家设有专门机构负责开展武术运动，将武术列为正式比赛项目。

摔 跤

摔跤是中国最古老的体育项目之一，古代称为角力、角抵、相扑、争跤等。据《礼记·月令》记载，周代把摔跤、射箭和驾车三者列为军事训练项目，"孟冬之月……天子乃命将帅讲武，习射御、角力"。到了汉代，摔跤还作为表演项目演出。如《汉书·武帝纪》载："元封三年春，作角抵戏，三百里内皆来观。"晋代，多在元宵节举行摔跤比赛。据《隋书·柳传》载："或见近代以来，都邑百姓每至正月十五日，作角抵之戏，递相夸竞，至于糜费财力，上奏请禁绝之。"可见当时摔跤甚风行。唐代多在春秋两季举行比赛，也作为宫廷娱乐的项目。五代时期，摔跤技术强调轻便敏捷，名手辈出，出现了中国第一部讲摔跤的书——调露子的《角力记》。宋代还出现了女子摔跤。民间有摔跤组织"角抵社"。这一时期的摔跤比赛分3个回合。比赛中间不许抓住"棍儿"和拽起"挎儿"，但可以"拽直拳""使脚剪"，拳打脚踢都行，这与日本现今的相扑从场地、仪式到规则都基本上近似。比赛结束，获胜者可得"银碗"等奖品。据记载，宋代从军队中曾选出120名力士组成摔跤队（叫"内等子"），专为皇帝在节日和宴会上表演摔跤。清代设有"善扑营"，专门训练清朝贵族青年摔跤，他们常为王公贵族表演，或与蒙古族、回族摔跤手比赛，这叫"官跤"，摔跤手和教练员都是终身职业。华北等地民间摔跤叫"私跤"。摔跤者穿特制的短上衣（叫"褡裢"），系腰带，穿长裤，衣、带可以抓，全身可以握抱，但不许抓裤子，不许击打，不许使用反关节动作，三点着地（两脚加一手一膝着地）为失败，三跤两胜，没有时间限制。练习或比赛由有技术权威的年长者主持，由他们充当教练和裁判。

民国时期在北京、天津等地有不少人以表演摔跤为职业。当时的武术组织"中央国术馆"和"精武体育会"也有摔跤科目，曾举行过几次全国性比赛。1936年，还进行过女子摔跤比赛。

中华人民共和国成立后，中国式摔跤有了很大的发展。1953年，中国式摔跤被列入国家体育运动竞赛项目，委员会颁布了"中国式摔跤运动员等级制"，1957 年颁布了"中国式摔跤规则"。中国式摔跤运动员按体重分为 10 个级别，每场比赛分 3 局，每局净摔 3 分钟，两局之间休息 1 分钟，比赛在平坦柔软的 8 米 × 8 米的垫子上进行。运动员身穿柔软结实的短上衣，系腰带，穿长裤，全身可以握抱，可以抓摔跤衣和腰带，但不许抓裤子。中国式摔跤只许站着摔，摔倒后就停止，然后重新开始比赛。按照把对方摔倒的不同程度，分别判得 3 分、2 分、1 分。如使对方腾空后，迅速地背部着地，而自己仍然站着可得 3 分；仅使对方躯干着地，而未使对方身体腾空，虽然自己还站着，只能得 2 分；把对方摔倒，四肢（手或肘或膝）着地得 1 分；把对方摔倒了，自己也跟着倒下得 1 分；两人同时倒地躯干在上者得 1 分；如两人同时倒地，分不出上下先后，则判互不得分。每场比赛得分总计多者为胜。比赛时，不许使用伤害对方的动作，不许用拳打，不许用肘、膝或头顶撞对方，不许使用反关节动作，不许压迫对方的咽喉，不许接触对方眉口之间的面部；脚可以踢、弹对方的脚或小腿下部，但不能过高，更不能用脚蹬、踹对方。经常使用的方法有背、别、挑、缠、揣、踢、拧、搂、弹、骱、抱腿、跪腿、里勾腿、插闪、勾脚、里刀勾等。

当今，随着武术套路和散手走向世界，摔跤技术也获得了新的发展。在国际比赛中，中国散手运动员经常用摔跤技术摔倒对手而赢得胜利。在全国少数民族运动会和传统项目运动会上，武术摔跤更是重点比赛项目。

值得一提的是，目前不少国外的武术团体开始探索研究中国武术摔跤的技术，古老的武术摔跤已被世界公认，必将带来新的活力。

剑 术

剑术，人们习惯把它称为将帅之术，不

是没有道理，历史上善于剑术的将帅不乏其人。剑术发展较早，流传甚广。孔子的学生子路非常喜欢剑术，据《孔子家书》载："子路戎服见孔子，拔剑而舞之，曰："古之君子以剑自卫乎？"

剑术多以斗剑的形式出现，当时统治者以观赏斗剑寻欢作乐，他们豢养剑客，作为竞技场上的牺牲品，每场比赛均以一方死为之结束。《庄子·说剑》描写斗剑场面："蓬头突鬓垂冠曼之缨，短后之衣，目而语难。相当于前，上斩颈项，下决肺肝"，庄子对此大加抨击，认为"无异于斗鸡"，一旦命已绝矣，无所用于国事。

但是，剑术在民间得到了健康发展，出现了众多剑术高超的武术家，如越女、鲁石公等。越女，是春秋战国民间武术家，精于剑术，剑术理论也非常精辟，对后人影响颇大。鲁石公的剑道也超类拔萃，刘向《说苑》对此有记载："鲁石公剑，迫则能应，感则能动，昀穆无穷，变无形象，复柔委从，如影如响，如龙之守户，如轮之逐马，响之应声，影之象形也。间不及，呼不及吸，足举不及集，相离若蝉翼，尚在肱北，眉睫之微，曾不可以大息小，以小况大，用兵之道，其犹然乎。"从这段描述可以看出鲁石公出神入化的高超剑术。

三国时期，盛行以剑会友和以剑论武。剑道在这个时期出现较复杂的招式，出现了竞技性质的比赛，竞争激烈，如《典论》记载了曹丕与邓展的一场比赛：一天，曹丕与邓展一起饮酒，席间谈话说起了剑术，曹指出了邓的一番错误说法，并向邓展表示，若不信服，可以较量一番。邓展当时稍有醉意，经曹一激不甘示弱当即表示愿与之较量。考虑到真剑会失手伤人，两人就用甘蔗作剑，没几个回合，曹丕三次击中邓展的臂膀，引起旁边观者的哄笑。邓展不服气，要求再比，在第二轮比赛中，曹丕以败招引诱邓展，邓果又中计，被曹丕中门面。据说曹丕曾师从洛阳名师王越，经过勤学苦练，剑术炉火纯青，所以才战胜了剑术老道的名将邓展。

明清以后，剑术较多的是以套路形式出现，各种流派也竞相登场。武当剑、青萍剑、峨眉剑等堪称内家功法的代表剑术；达摩剑、少林剑被称作少林剑术的精华。20世纪50年代始，又产生了适应竞赛需要的规定剑术、自选剑术，适合养身健体的现代太极剑术等。

剑术中主要有点剑、崩剑、刺剑、撩剑、腕花等动作和剑法。就风格而言，则有行剑、站剑之分，工体和醉体之别。舞剑要求轻快洒脱，身法矫捷，刚柔相兼，富有韵律感，因此，人们常用剑似游龙来形容。

少林拳

少林拳是有名的外家拳种，得名于少林寺。

少林寺位于河南登封嵩岳少室山北麓五乳峰下，北魏孝文帝太和十年和十九年兴建。嵩山少林寺僧练习拳术最早见载于《早唐书·稠禅师传》。唐朝初，少林寺僧曾帮助唐太宗出征王世充，寺僧有功者13人，唐太宗赐庄田40顷，并扩充庙宇，建立僧兵达5000余人（《嵩山少林寺碑》）。

少林寺昙宗和尚是一位武术高手，曾两次智救唐王，战功赫赫，后被李世民封为大将军。由昙宗和尚为代表的少林寺功夫达到一个鼎盛时期。宋代以后，少林武术先后汇纳了宋太祖赵匡胤的太祖长拳，以及通背、短打等十八家拳法之长。金元时期，觉远和尚又汲取了洪拳、棍术、擒拿等功夫，大大丰富了少林拳的内涵。明代抗倭将领俞大猷也曾造访少林寺，并传授实战棍术等技法。少林武术与诸家流派互相取长补短，经过历代的研练，才逐步发展成体系完整的少林拳拳种。

少林拳的拳术有单练和对练，其中单练包括大小洪拳、罗汉拳、炮拳等拳法数十种以及套路数百套；技击散打有擒拿、对练等技法百余种；气功有易筋、硬功、养生功法

等；器械则包罗了刀枪剑棍等十八般兵器，但以棍术最为著名。

而今，少林功夫名扬海内外，不仅可引了众多的国内武术爱好者，每年还有不计其数的海外人士前往少林寺观光和习拳。少林拳再次焕发出新的生命力。

太极拳

太极拳是我国著名武术拳种之一。"太极"一词源于《周易》"易有太极，是生两仪"，是指至高、至极、唯一之意。太极拳的取名，就寓有此意。

太极拳的起源，历来众说纷纭，成为武术史研究中争议颇大的一个问题。

主要观点有：陈家沟起源说。这种观点主张，太极拳为明末战将陈王庭编创。持此观点的代表人物为著名武术史研究专家唐豪。唐豪先生实地考察了河南温县，并查阅县志和《陈氏家谱》，得出上述结论其主要依据为陈王庭遗诗中"叹当年，披坚执锐，扫荡群氛几次颠险，蒙转恩赐，枉徒然！而到今，年老残喘，只落得黄庭一卷随手伴，闲来时造拳，忙来时耕田。趁余闲，教下些弟子儿孙，成龙成虎任方便……"，作为其创编太极拳的自述。再者，据《陈氏家谱》载，陈王庭为"陈氏拳手，刀枪创始之人也"。由于其他几类太极拳种与陈氏太极拳种多多少少有些渊源关系，此说也甚为流行，如《简明武术辞典》就选用了这种观点。

张三丰创拳说。由于太极拳的理论根据是中国传统哲学中的"太极理论"，而道家是这种理论的发起者，于是太极拳与道家的关系深为人们重视。在陈王庭创太极说流传之前，人们普遍将道教张三丰视为太极拳的始祖。如杨澄甫在所著《太极拳体用全书》自序中认为："先大父更诏之曰，太极拳创自宋末张三丰，传之者，为王宗岳、陈州同、张松溪、蒋发诸人相承不绝。"在李亦畲《太极拳小序》中也说："太极拳始自宋张三丰。"

王宗岳创拳说。王宗岳在中国太极拳史

上的地位，为历代拳家公认。他首次运用易学概念，写成《太极拳经》，正式确立了"太极拳"的名称，成了太极拳理论的集大成者。由于王宗岳第一次较为系统地论述了太极拳理、拳技，且在武林中有迹可据，后人认为是王宗岳总结前人经验，首创太极拳于世，后传入陈家沟。文献中有"王宗岳传拳蒋发，蒋再传陈长兴"之说。

武当山创拳说。由于中国武术与宗教的渊源关系，武当山在武林中地位特殊。相应地，有一种观点认为"太极拳起源于武当山"。持这种观点的人认为，"炼丹"是道教的一大活动内容，也是中国古代推崇的养生方法。武当道士在长期内炼丹经验基础上，结合呼吸吐纳等导引术，发挥而成太极拳。

除上述几种有代表性的观点外，还有诸如陈家沟的陈卜创拳说、唐代许宣平创拳说、唐代李道之创拳说、唐代胡镜子创拳说、戚继光创拳说等各种观点，不一而论。

这些流行一时的观点，支持者言之凿凿，反对者也有根有据。对陈王庭创拳说，有研究者认为所依据的《拳经总歌》与太极拳理、拳技不相吻合，相去甚远，且《陈氏家谱》中"陈氏拳手，刀枪创始之人"与"闲来造拳"的立论依据太过单薄。况且历史上有明末战将陈王庭和陈家沟九世祖陈长清，唐豪先生显然将两人混淆了。否定张三丰创太极拳的论者认为，和尚、道士创拳历来是后人的托词，张三丰其人是否存在尚有争论，是否会武更是一个悬疑，至于"玄武梦中"授拳更是荒诞不经。顾留馨先生断言："张三丰创太极拳说，是辛亥革命后的一种附会而已。"对于王宗岳创拳说，研究者认为不确，王宗岳是太极拳的中兴者而非创编者，其生卒年代之前，武林中已经有太极拳流传。反对"武当山创拳说"的人否定太极拳与道教的关系，认为太极拳与道家的内丹毫不相干。

太极拳究竟源于何时？至今仍然是一个不解之谜。专家认为破解这个悬疑问题可以从以下几个方面入手：一是确定"太极拳"的概念；二是对太极拳史上重要人物生平、著述缜密考证；三是对几大流派之外的太极拳进行鉴别与技术分析；四是对太极拳产生的文化背景、社会环境等进行综合分析，取证。

太极拳经过数百年的流传，主要形成了陈式、杨式、武式、孙式、吴式等五大流派。现在，太极拳在国内外影响很大，除我国外，还盛行于日本、美国、加拿大、英国、法国、瑞典、新加坡、马来西亚等国。

形意拳

形意拳，亦称心意拳、心意六合拳、行意拳。模仿龙、虎、猴、马、熊、鼍、鸡、鹞、燕、蛇、鸵、鹰等 12 种动物形态，提形练意，外形与内意高度统一而得名。

形意拳，古时称为意拳。清代乾隆年间成文的《岳氏意拳》序中说："岳飞精通枪法，以枪为拳，另立一法，以教将佐，名曰意拳。"据此，有人认为宋朝的岳飞是形意拳的创始人。到明朝末年，山西蒲洲人姬隆丰离家周游，遇一道人，授他拳术和赠予拳书。日后姬隆丰习拳并悟出拳意，于是称之为心意六合拳。几经流传，终成形意拳。

姬隆丰后将此拳传与曹继武，曹之门生有河南马学礼、山西戴龙邦。龙邦传河北李洛能，李始以"形意拳"誉著河北。清乾隆以后，山西、河南、河北广为流传，各成流派。山西派以紧凑洒脱，劲力精巧著称；河南派以刚烈勇猛，气势雄浑见长；河北派则舒展俊巧，扎实稳健。三派风格各异，法理相同，均属一源。以三体势为基本姿势。往返如犁耕，手脚合顺，齐起齐落，三尖相对内外六合，劲力充实，刚柔相济，讲究"三节""四稍""七疾""八要"。以劈、崩、钻、炮、横为基本手法，以蹬、踢、蹿为基本腿法，肘法以顶、掩为主，步法多用跟步。击法快攻直取，寓守于攻，狠打硬进，七拳并用，主要有五行连环、杂式捶、四把法、三手炮、五形生克等单练、对练及"三才""五行六合""连环"等为名的刀、枪、棍、剑等套路。

八卦掌

八卦掌，又称游身八卦、龙形八卦、形意八卦、阴阳八盘掌、八卦连环掌等。是我国武林中著名的四大拳种之一，流传甚广。

关于八卦，最早见于《周易》："两仪生四象，四象生八卦"。八卦即为乾、兑、离、震、巽、坎、艮、坤八个方位。严格讲，八卦与八卦掌并无内在联系，只是八卦掌借用《周易》"近取诸身"的论点："乾以前，坤为腹、震为足、巽为股、坎为耳、艮为手、兑为口、离为心"，而附会出左前臂为乾，左上臂为坎，右上臂为艮，右前臂为震，左小腿为巽，左大腿为离，右大腿为坤，右小腿为兑，使人体四肢各占"卦象"，运动起来各部位各尽劲力。

南 拳

南拳，是流行于我国南方各种拳术的总称。产生于400多年前的明代，与北方拳派如少林拳相比，有独特的风格。

南拳门派繁杂，据统计，流传较广的南拳拳种即不下百余种，拳术套路极为丰富。其中，广东的南拳发展最为迅速，影响最大的有洪家拳、蔡家拳、莫家拳、李家拳、刘家拳，号称五大家，其他如白鹤拳、佛拳、蔡李佛拳等也是历史悠久，风靡一时。分布在其他省的南拳也大都各成体系，如湖北有六大门（洪、鱼、孔、风、水、火），湖南有四大家（巫家拳、洪家拳、薛家拳、岳家拳），江西有三大门（字门、法门、硬门）。福建有鹤拳、狗拳、王祖拳、罗汉拳。尽管南拳拳种系多，但总的特点还是共同的，均是以形为拳，以意为神，以气催力，以力发气；动作紧凑，劲力刚健，硬桥硬马，稳扎稳打；手法丰富，多短打、擒拿、点击穴位；步法上以四平马为基础，重心较低，落地生根，强调桩功，较少跳跃滚翻动作；讲究蓄劲，要求气沉丹田；发力时劲由足根起，腿、腰、臂贯穿一气；多有发声，以声助力，气势磅礴，威武雄壮，由于南拳劲力饱满，以刚为主，所以练习者肌肉发达，筋骨强壮，力量、速度提高明显，深受人们喜爱。1960年，国家体委将南拳列为武术竞赛重点项目之一，继而又编体育院校武术教材，使其获得了广泛的发展，不仅在国内武术套路比赛表演中占有重要地位，而且在新加坡、马来西亚、菲律宾、印度尼西亚等东南亚国家也有很大影响。

围 棋

围棋为中国古代人民所创造，是中国古代文化的瑰宝之一。

据西汉扬雄《方言》说："围棋谓之弈。自关而东，齐鲁之间，皆谓之弈。"关于围棋的起源，先秦史官编的《世本》说："尧造围棋。"晋张华《博物志》说："或曰舜以子商均愚，故作围棋以教之。"《潜确居类书》说："夏人乌曹作围棋。"尧、舜、乌曹三人距今均在四千年以上。《左传·襄公二十五年》曾记载了卫国太叔文子的一段话："今宁子视君不如弈棋，其何以免乎？弈者举棋不定，不

双陆图 清 任熊
图中两位贵妇正在双陆局边对弈，旁边有侍女观棋、捧盘。整个画面生动活泼，反映了当时妇女打双陆的场景。

胜其耦，而况置君而弗定乎？必不免矣。"这说明当时围棋已发展到一定阶段。

现在中国广为流传的围棋是十九道棋局。另有一种 17×17 共 289 个交叉点的棋局，仅在西藏地区流行，又名"藏棋"。古文献和出土文物表明，这两种棋制在汉代就已在中国南北各地流行。此外，历史上还有过十三道围棋局和十五道围棋局。根据《孙子算经》、马融《围棋赋》及《孙策诏吕范弈棋局面》的记载，十九道的棋制在汉时已被采用。十九道的棋制棋路广，变化多，又符合中国古称围棋有"天地之象"的哲理。因此，在两晋南北朝时就成为定型了。

围棋是深受群众喜欢的一种棋类，其以特有的魅力吸引着人们。春秋战国出现了像"奕秋"这样的围棋高手，可谓围棋的鼻祖。春秋时，围棋理论逐渐形成，对于围棋发展起了重要作用。三国时，围棋出现了大发展的局面，涌现了大批围棋高手。由于社会贤达的喜爱和注意，这个时期出现了一些有关围棋的专著，魏末晋初，兴玄学，作为娱乐工具的围棋也风靡一时，南北朝时围棋在宫廷中受宠，皇族、大臣非常喜爱围棋，他们设专人管理棋手和围棋活动，组织围棋比赛、编辑棋语，推动了围棋的发展。汉武帝时曾举行全国性的比赛，并给参赛的棋手评定品级，为后来的围棋段制奠定了基础。唐时，围棋有了空前发展，唐玄宗为棋手们设置了官阶九品的"棋待制"，使棋手成为国家的高级文职官员，从而促使围棋在更大更广的范围内得到迅速发展。

隋唐时，围棋流传到日本和朝鲜，宋朝后涌现了大批围棋国手，如独霸一时、无人能敌的宋代刘仲甫、金代张大节，出现了《棋经十三篇》《忘忧清乐集》《玄玄集》3 部重要的经典著作。明朝，围棋高手辈出，女棋手薛素素颇负盛名。但是到了清道光年间，由于帝国主义入侵，清朝政府的腐败，经济文化衰退，围棋的命运也日益艰难，这是围棋史上最衰退的时期。民国时，出现了一代大师吴清源，对中日围棋交流产生了极大的影响。新中国成立后，围棋得到了恢复、发展和提高，涌现了刘棣怀、过惕生、陈祖德、吴淞笙、聂卫平、马晓春等一大批九段棋手，为我们的祖国争得了荣誉。现在围棋已由东方走向西方，走向全世界。中国围棋的发展已进入一个新的阶段。

象 棋

象棋在中国有着悠久的历史。《楚辞·招魂》中记载："蓖蔽象棋，有六簙些。"这证明在 2000 多年前，已经有了"象棋"这个名称。但当时的象棋不是现在的象棋。《史记·苏秦列传》六博注说："博，着也，行六棋，故曰六博。"那时的棋，大概是一方为六子，叫"六博"。棋子的名称，有枭、卢、雉、犊、塞。塞有 2 枚。枭为首，即主帅。《说苑》载：雍门子周以琴见孟尝君，说："足下……燕则斗象棋丽舞郑女。"那时候，在达官权贵和士大夫中，已经流行下棋了。

棋盘里的河界，又名"楚河汉界"。这个名称，可能是受到楚汉相争、韩信制作象棋的传说的影响，由后人附加的。据传说：韩信带兵攻打赵、齐等国，一段时间打仗，一段时间休整，在休整时制作象棋以教士兵。

北周武帝，曾制《象经》，文学家庾信曾赋《象棋经赋》及《进象棋经赋》。这时，象棋在宫廷和文人中是很盛行的。

《续藏经》载："昔神农以日月星辰为象，唐相牛僧孺用车、马、将、士、卒加炮，代之为棋矣。"根据这个记载，在唐朝牛僧孺之前的象棋没有炮，待加炮之后，才和现代的象棋相近，或成为现代象棋的雏形。

宋晁天咎的"广象棋"，子 32，棋盘纵横各 11 路，把两炮放在车侧，名称和走法与现在基本相同，它没有说明棋盘的中间有无河界。有河界的象棋，初见于宋范仲淹"奇兵翻背朋"和程颢的"河外尖斜步卒轻"的描述。由此看来，在北宋之前的象棋盘似乎还没有河界，没有河界的象棋属于前期的一种。唐牛僧孺《玄怪录》中的"列马枰，皆金铜成形"，说的是唐朝"宝应象棋"的棋子，是以铜制成象形图样的。在出土的铜质棋子中，有属于北宋时期的文物，也有图样，图样中的士是一位女将。以后，图样的棋子为字形棋子所代替。关于用字不用图样的象棋，见宋徽宗赵佶的《宫词》："白檀象戏小盘枰，牙子金书字更明。"

根据以上唐、宋资料，唐至北宋这一时期，棋子没有统一的规格。大概于北宋后期至南宋时期，才有统一的规格，和现在的象棋完全相同，宋刘克庄在五古《象弈》一章中有："屹然两国立，限以大河界"，"三十二子者——俱变态"，"远炮勿虚发，冗卒要精汰"，"昆阳以象奔，陈涛以车败，匹马郭令来，一士汲黯在。献房将策勋，得胜众称快"。这首《象弈》诗把象棋的情形描写得更为完整、生动。现在，宋代遗下来的关于象棋的著作已经不多，北宋司马光的《七国象棋图》、晁无咎的《广象戏序》、南宋洪迈的《棋经论》，都是属于抽象的象棋的理论，而宋、元期间流行的《事林广记》刊载的2局象棋，则是全盘着法。它在记录走法方面，同现在的象棋尚有区别。当时棋盘里的直线，分为9条线位，我们现在的记谱方式，红黑方各按自己的线位由右至左推算；例如红方右边的2条直线，红方是称为"二路线位"，而黑方则称为"八路线位"。但是《事林广记》的记谱方式，是由左至右推算；例如红方的"二路线位"，双方都称它为"八路线位"；其他线位，以此类推。进、退、平的记录方法和现在的一样。

麻　将

麻将是风行全国的"方城之戏"，又称麻雀牌、马将牌。

麻将形成于唐代的"叶子格"游戏。开始是在一些狭长的纸片（即叶子）上各写同一韵的几个字，供文人宴集时任意抽

取按韵赋诗，以助酒兴。随后，有人把掷骰子的花色名目一一记在叶子上，用于赌博。由此分为诗牌叶子和博戏叶子两途。到了宋代，诗牌叶子演变为一种新的牌戏——骨牌。北宋宣和二年（1120），某大臣创制出全套方案，进呈宋徽宗，迄南宋高宗明诏颁行天下，所以号称"宣和牌"。又因为这种牌多用牛骨或象牙制作，故俗名"骨牌"和"牙牌"。一副骨牌为32张，每张牌面均由骰子的2个面组成，常见的玩法有"推牌九"和"打天九"2种。直到现在还能在内地乡镇及港澳台地区看到它的踪影。随着印刷术的广泛使用，骨牌牌面又被大量印制到纸牌上，因其除了制作材料改变外，从内容到玩法都是对骨牌的移植，所以被叫作骨牌叶子。

诗牌叶子演化出骨牌后，其间不断融入种种"创造"，而致流变，大约到了明代前期，又推衍出一种叫"数千叶子"的新花样，据说还是出于一位女性的发明。数千叶子的原型是每副40张，共分文钱、百字（索，也就是后来的"条"）、万、十万4门，每门10张。此后又增加出8张花片，即空汤瓶（白板）、千万贯、万万贯等。同时在玩法上也被不断地加以改造，最终形成四人合局的定式，并由此产生"马吊"的名称，意思是必须四人同玩，就像马只有凭四条腿才能行走自如一样。到明代后期，马吊之赌风行大江南北，崇祯皇帝的老丈人田弘遇就是天下第一"马吊郎中"。

大明江山在"闲来无事且看牌"的薄恶宦风中输光了，这笔遗产又被清朝继承下来，再脱胎出"默和牌"的马吊变种，即每副牌从40张增至60张，门类亦从4门变为3门（去掉十万门），另加3种"幺头"。与此同时，骨牌的玩法也有了一种叫"碰和"的新花样，"默和牌"受其启发，亦将每种牌面从2张增加到4张，变为一副牌120张。《红楼梦》第四十七回中写贾母和薛姨

妈、王熙凤等人斗纸牌，据专家分析，就是默和牌的玩法，可以说，到此阶段，麻将的基本形态，已接近完成。再往后，人们在"筒"（百钱）、"索"（百字）、"万" 3 门之外又加进"东、南、西、北" 4 种，并把 3 种"幺头"改为"中、发、白"，牌的形状材料，也模仿骨牌改为骨面竹背。这样，一种新的牌型博艺——麻将，最终定型。至于那 8 张"花牌"，则是在以后的流传中又陆续增加，作用大概在于增多组合变化的机会与赢牌分数吧。

麻将于世风人心的危害，不待赘言，旧时有所谓"雀鸦鸲，三害鸟"之语，可见其已被推为"赌、烟、娟"中"赌"的标志。

出版传媒

中国的图书馆

《周易·系辞上》说："河出图，洛出书。"虽然图书馆此时没明载于典籍，但在周代以前就有了藏书这一举动了。

中国的图书馆历史悠久，只是起初并不叫"图书馆"，而是称为"府""阁""观""台""殿""院""堂""斋""楼"等。如西周的盟府，两汉的石渠阁、东观和兰台，隋朝的观文殿，宋朝的崇文院，明代的澹生堂，清朝的四库全书七阁，等等。"图书馆"是一个外来语，于19世纪末从日本传到中国。

中国开始有现代意义上的图书馆，大约是在光绪三十年（1904）以后。中国现在最大的图书馆——北京图书馆（现国家图书馆），于1910年开始筹建，1912年正式开放。

书 籍

书籍指的是狭义的图书。广义上的图书包括了一切刻有文字或图像的东西，后来，随着时间的演变，图书又形成了一种狭义的意义，即书籍。书籍的意义大致可以从两个方面进行阐释。在动机上，书籍是以传播知识或宣传思想为目的；在外在形式上，书籍则制装成卷册的形式。根据这两条标准，中国最早的书籍应该是出现于公元前8世纪周代的简册。当时的人们将文字写在竹木片上，然后串联成册。另外，大概与简册同时出现的帛应该也算作书籍。汉代开始出现纸制书籍，但因产量有限，并未大规模应用，直到晋代，纸质书籍才逐渐完全取代了简册。

起初，纸质书籍也如同布帛那样只是用卷轴卷起来。唐代时，因卷轴书籍的不便，开始出现册页形式的书籍，之后又陆续出现包背装、线装等形式的书籍。明清之际，线装书逐渐成为一种书籍的普遍形式。15世纪中叶，德国人谷登堡发明金属活字印刷术，大大加快印刷速度，现代装订形式的书籍出现，实现了大规模流行。

简册书籍

简册书籍是早期的竹木片穿起来形成的图书。简册书籍大约出现于周代，是将竹子劈成一片一片之后连在一起制成的。一根竹片称为"简"，多根"简"用绳子编起来便成"册"。"册"是个象形字，表示竹片穿起来的样子，同时也称为"编"或"篇"。其中，用丝绳将"简"编起来的叫作丝编，用皮绳编的叫作韦编。编好的图书，再卷起来便成为一卷，文章长了，则可以多分几卷。至今，卷、篇、册这些说法还是形容图书的量词。现在许多与书有关的字都有竹字头，比如书籍的"籍"，户口簿的"簿"等，也是这个原因。当时人们在简册上刻（写）字时是先由上及下，换行则由右及左，后来的纸质书籍同样沿用了该习惯。周、秦、汉三代，简、帛并用，但因帛过于昂贵，简册是主要的书籍形式。东汉中期蔡伦造纸后，纸开始成为重要的书写材料。因早期的纸产量不高，在魏晋时代，虽然私家已经越来越普遍地使用纸，官府文书仍多用简册。直到东晋末期，简册逐渐为纸质书籍所取代。

古籍的结构

每册古籍内外各部分，均有固定名称。主要有：

书衣：即书的前后封衣，又称书皮、书面。书衣有布、纸两种，最常见的是用栗色毛边纸和青色连史纸做成的书衣；布料、绵绫则多施于古籍善本。明清内府图书常用黄绫做衣，以示尊贵。书衣上一般题有书名，或直接写在封皮上，或贴一纸书签。

书签：用来题写书名的长方形纸条，一般贴在古籍封皮左上角。

书脑：线装书订线的一边。

书脊：线装书订线的侧面，相当于现代图书的书背。

书头：古籍的上端，又叫书首。

书根：古籍的下端。往往用作题写书名、卷数，靠近书脊的一端，多用于标注册数，最后一册常用作"止"字的异体字。

扉页：在书页之后、书名页之前的一页白纸。

书名页：即古籍的封面，专用题写书名，一般置于书衣及扉页之后。多以半页（一块书版的半面）刻写书名及作者，也有的以半页题书名，半页题刻版时间、刻版机构或藏版处。

汗青与杀青

汗青本是秦代之前人们制作竹简图书时的一道工序。古人在制作竹简时，首先选择上等的青竹，称其为"青"。在将青竹削成长方形的竹片之后，要用火烘烤这些青竹。这样做，一方面因为干燥的竹片便于书写，另一方面也可防止虫蛀。烘烤之时，本来新鲜湿润的青竹片会被烤得冒出水珠，看上去就像出汗一样。因此人们称这道烘烤青竹的工序叫"汗青"。后来，"汗青"这道制造竹简的工序成了竹简的代称，又因为竹简用来作为书册，"汗青"又进一步被用来指代书册、史册，因为平仄、押韵等需要，多见于诗词中。

杀青是秦汉之际出现的制作竹简图书的工序。秦汉时期，由于毛笔的出现，制作竹简图书时不再需要烘烤竹片。人们先将初稿写在青竹皮上，以易于改抹，等定稿后，则用刀削去青皮，誊写于竹白，称为"杀青"。后来人们泛称书稿定稿或校刻付印为杀青。现在的影视作品前期拍摄完毕，进入后期制作阶段也叫杀青。

卷轴和册页

卷轴是中国唐代之前的书籍装订形式。卷轴，顾名思义，是以某物为轴卷起来之意。早期的不用时便卷起来的简册和帛书均属于卷轴类书籍。西汉时期，纸发明后，出现了纸质书籍。

帛书《道德经》

当时的书、画都是模仿帛书的样式把纸粘连成长幅，用木棒、象牙、玉石等做轴，从左向右卷成一束。这种卷轴形式的书籍是唐代之前的纸质书籍的基本形式。

但这种卷轴类的书籍有个明显缺点，便是要看书的中间或末尾时，只能从头打开，费时费力。唐代时，人们发明了册页书籍。册页有两类，一类与折扇的原理相仿，将纸折叠，形成一种便于展开阅读的书籍。其少则四开、八开，多则十二、十六、二十四开等，页数再多，则往往分为两册。每本册页加以硬壳板面作为封面和封底，收叠时成一部书状，阅读、携带、保藏都比较方便。另外一种则是活页式册页，一般将单幅作品裱成单页，并以盒装。除书籍外，古代的许多绘画作品也喜欢采用册页形式。明代时，线装本的册页数出现，已经与今天的书籍所差无几了。

旋风装

旋风装指的是在一素纸长卷上面依次粘贴书页，每页正反两面书写文字，展开长卷可翻页阅读。《墨庄漫录》形容其"逐叶翻飞，展卷至末，仍合为一卷"。这种装订特点是外表仍为长卷，里面却是错落有致的书页，是介于卷轴装和经折装之间的一种装订形式。大约盛行于唐代。故宫博物院藏有唐写本《刊谬补缺切韵》五卷，即是采用这种旋风装。

经折装

经折装又叫梵夹装、折子装。将图书长卷按一定宽度左右折叠起来，加上书衣，使之成为可以随时展读的册子。历代刊刻的佛经道藏，多采用这种装订形式。

蝴蝶装

蝴蝶装是将每页书在版心处对折，有文字的一面向里，再将若干折好的书页对齐，粘贴成册。采用这种装订形式，外表与现在的平装书相似，展开阅读时，书页犹如蝴蝶两翼飞舞，故称为蝴蝶装。蝴蝶装是宋元版书的主要形式，它改变了沿袭千年的卷轴形式，《明史·艺文志序》称："秘阁书籍皆宋元所遗，无不精美。装用倒折，四周外向，虫鼠不能损。"

包背装

将印好的书页版心向外对折，书口向外，然后用纸捻装订成册，再装上书衣，由于全书包上厚纸作皮，不见线眼，故称包背装。包背装出现于南宋，盛行于元代及明中期以前。清代宫廷图书如历朝实录、《四库全书》也采用这种装订方式。包背装改变了蝴蝶版心向内的形式，不再出现无字页面。

线　装

线装书是传世古籍最常用的装订方式。它与包背装的区别是，不用整幅书页包背，而是前后各用一页书衣，打孔穿线，装订成册。这种装订形式可能在南宋已出现，但明嘉靖以后才流行起来，清代基本采用这种装订方式。

雕版印刷

雕版印刷是中国唐代出现的印刷术，是世界上最早的印刷术。南北朝时，纸质书籍已经基本替代了早期的简册书籍，给人们阅读带来极大方便，但依靠传抄的流传方式大大制约了书籍的广泛传播。唐初，人们受印章和碑拓的启发，发明了雕版印刷。雕版印刷的方法是先在纸上按照所需规则写好文字，然后反贴在刨光的木板上，再根据文字刻出阳文反体字，制成雕版。之后在版上涂墨，再将干净纸张铺上并贴紧，将纸揭起，印品便成了。这大大加快了书籍制作的速度。不过雕版印刷也有明显的缺点，一是雕版缓慢，大部头的书往往要雕刻几年始成，并且一旦一处出错，往往整版都要重刻；另外雕版经常因变形、虫蛀、腐蚀而损坏，需要不断更换；还有就是对于印刷量不大的书籍，花时间与精力雕版便显得有些不划算。不过，雕版印刷术为北宋时期的活字印刷术奠定了基础。但是，因活字印刷术并未得到推广，因此雕版印刷术一直到清末都是中国人印刷书籍的主要手段。

活字印刷术

活字印刷术是在雕版印刷术的基础上发展而成的印刷术，由北宋时期的布衣知识分子毕昇在宋仁宗庆历年间发明。毕昇的活字印刷术是用胶泥制作并烧制成单个的汉字存放起来，然后根据具体印刷对象的需要挑选汉字组成篇目。常用的字往往备用几个甚至几十个，遇到没有备用的冷僻字，则临时制造。这种胶泥活字印刷术基本解决了雕版印刷术的弊端。与毕昇同时代的沈括在《梦溪笔谈》中详细记载了此事。但毕昇的胶泥活字印刷术并没有得到推广，他死后，胶泥印刷术只是作为一种技术流传下来，并发展出木活字、陶土活字、铜活字等，但并未能取代雕版印刷术的主体地位。不过，毕昇的活字印刷术传到欧洲后，德国人古登堡在 1440 年左右在活字印刷术的基础上，整合欧洲多项技术，发明了铅字活字印刷。铅字活字印刷将印刷业推向了工业化时代，真正实现了书籍的普及，大大加快了人类文明的进程。因此，活字印刷术被誉为中国四大发明之一。时至现代，随着激光照排技术的发展，活字印刷术也已经逐渐退出历史舞台。

善 本

善本是留存下来的比较完好的古书。古代的书籍历经改朝换代、天灾人祸，能完好保留下来的少之又少，故善本因具有文物、研究、收藏等多方面的价值而十分珍贵。就善本标准而言，主要可归纳为两个方面，具体而言，一方面是指完整，既没有遗漏，也没有多余，这是针对书在印刷或抄写时可能在校对方面出现的错误而言；另一方面，是指书本身与原文文字符合，这是针对书在流传的过程中可能出现的错误而言。因为时间越早的版本在文字上应该越接近原书，注解也更接近文章本意。所以《中华人民共和国文物保护法》法规定，凡清乾隆六十年（1795）以前出版的图书，都受国家法律保护，不得走私出口。这里只是在时间上大致划定了一个界限，并不绝对。许多古书因成书久远，文字障碍颇多，要想读懂，往往需借助前人注解，而不同人的注解的质量也参差不齐。一般而言，自然是学问越高的人的注解越好；另外，一些御用文人往往在政治力量驱使下做穿凿附会的解释。因此，注者不受政治干扰、思想独立也至关重要。除以上两个标准，也有人从印刷技术、用纸敷墨、装帧技巧等方面考虑，认为古代印刷、装帧得比较好，或者纸张、墨水精良的书也算是"善本"。这是从书籍本身的艺术性来看的。

写本、稿本、抄本、刻本

中国的古籍版本浩如烟海，按照各种不同的标准，可以分为许多类型。按照制作方式的不同，古籍版本可以分为写本与印本两大类。

写本，又称"手写本"，是指用手写成而非制版印刷的本子，包括稿本、抄本等。人们习惯上将唐朝以前的本子称为"写本"，唐朝以后的本子称为"抄本"。人们又习称除稿本和抄本外用手写形式写成的本子为"写本"。写本比经过加工整理的抄本或印本更为真实具体。

稿本就是作者手写的底本，是一种特殊的写本。作者或书写人一般有一定名气。稿本分为 3 种：原稿本、清稿本和上版稿本。

抄本，也作"钞本"，是指印刷术发明后根据底本传录写成的副本，又称为"传抄本"。其中书写工整、错误较少的，被称为"精抄本"；无法断定抄写年代，统称为"旧抄本"。

刻本是指雕版刻印的印刷本，又称"刊本"、"椠本"、"雕本"或"版"。刻本根据年代、单位、地点、质量、版式等的不同，可以分为多种活字本、石印本、铅印本和影印本等。

孤本、珍本、副本

孤本指的是在世界上仅存的一份图书、资料，有时也把在世界上仅有的一份流传的图书或资料的某种刻本（有时这种图书还有其他刻本流传）、未刻印的手稿、碑帖的旧拓本称为孤本。现存的世界最早的印刷品是中国唐朝时期（868）印刷的《金刚经》，这本《金刚经》就是孤本。

珍本指的是珍贵的图书或资料。凡是不常见的、数量稀少的难得的文献，以及具有科学、历史和艺术价值的古旧图书资料，都称为珍本。如 20 世纪 20 年代中国共产党在上海建立的上海人民出版社印行的汉译《共产党宣言》版本，现在已经非常少见，已成为珍贵的革命文物，从版本学角度来看，可以称为"珍本"。

副本，也称别本，它是相对于正本而言的。过去私人藏书家，每得到一个珍本，就会重抄作为副本加以保存，被转抄的珍本则被称为正本。现在把政府间的文件以及国际文件的正式签署本的复本称为副本，作为通用善本。精抄本、精校本、手稿、古代拓碑帖以及图书的旧刻本等，通常也称为善本。

足本、节本

足本、节本是按照书籍内容是否全面进行划分的。足本指卷数完整、没有残缺的书籍。节本则指因原书数量太多，或文字冗长，在抄录或重印时只节取其中一部分而成的书。如果是从某书已经刊刻的书版中抽出一部分，或者其中的某几卷单印成册的书，则称为抽印本。

《水浒传》是中国古代四大名著之一，流传很广，影响深远。它的版本也很多，大致可以分为简本和繁本两个系统：简本文字简略，细节描写较少；繁本文字生动，细节描写比较生动，文学性很强。所谓"简本"，其实是节本；而繁本，就是足本。繁本主要有三种，七十回本、一百回本和一百二十回本。七十回本是金圣叹将《水浒传》中梁山聚义后的部分全部删去，又把第一回改为楔子，成为七十回本。一百回本是梁山聚义后，又增加了征辽和征方腊故事。一百二十回本是在征辽和征方腊的基础上，又增加了征田虎和王庆的故事。相对于一百二十回本来说，七十回本和一百回本也是节本。

丛书与类书

丛书指的是在一个总书名下汇集了多种独立图书而形成的一套书，又称丛刊、丛刻、丛编、汇刻等。丛书中的独立图书被称为丛书子目。

它通常是围绕一定主题内容，为了某一特定用途，或针对特定的读者而编纂的。丛书的主题或宗旨明确而宽泛，子目既相对独立，又紧扣主题或宗旨，可独立存在。

中国最早的丛书是南宋的《儒学警悟》，规模最大的丛书是清代的《四库全书》。在古代，丛书大多是综合性的丛书，但现在随着科学文化的发展，出现了各种专门性的丛书。

类书就是辑录各门类或某一门类的资料，然后根据类别加以编排，以便于检索、征引的一种工具书。它基本上是按照"天、地、人、事、物"的模式进行编排的。三国时刘劭、王象等编的《皇览》，是中国第一部类书。唐朝的《北堂书钞》是中国现存最早的综合性类书。明朝的《永乐大典》是中国古代规模最大的类书，共22877卷、11095册、3.7亿字，但今仅存700多册。清朝的《古今图书集成》是现存规模最大的类书，共6109部、1万卷。

皇家藏书

皇家藏书是指皇族贵胄的私人藏书。皇家藏书不但历代帝王沿袭继承、修造的书籍不可记数，而且各种民间奇、怪、异、秘、趣、谋、神魔、野史也是应有尽有，各类图书的珍、孤、秘本也只有在皇家才可以找到。

皇家藏书制度在汉朝就建立起来了。西汉建立后，相国萧何就在长安未央宫的正殿北面修建了石渠阁、天禄阁和麒麟阁三座藏书阁，专门收藏皇家书籍。据刘歆的《七略》记载，西汉皇家藏书共33690卷，这是中国历史上第一次有关皇家藏书数的明确记载。

唐朝时，皇家图书主要藏在弘文馆、史馆和集贤书院。据史书记载，唐朝开元时，东西两京的藏书达125960卷。明朝时，藏书主要在文渊阁，嘉靖年间又修建了皇史宬。

清朝时，皇家图书主要就收藏在故宫内文渊阁，盛京（沈阳）宫内文溯阁，圆明园内文源阁，热河避暑山庄内文津阁、扬州文汇阁、镇江文宗阁和杭州文澜阁。此外，昭仁殿、五经萃室、南薰殿、紫光阁、舆图房等处，也是清代皇家的重要藏书处所。

皇家档案

皇家档案指的是封建王朝时期皇族的文件和资料。中国古代最著名的皇家档案馆是皇史宬。

皇史宬又称表章库，是明清两代皇室保存皇家史册的档案馆。"宬"是指古代用于藏书的屋子。它始建于明嘉靖十三年（1534）7月，位于北京天安门东边南池子大街，占地8460 平方米。初建时，本名神御阁，准备收藏历代帝王画像、实录、宝训。建成后，更名皇史宬，收藏实录、圣训。它的主殿基本上由石头建成，被称为石屋。石屋中陈列着152 个"金匮石室"，存放着皇家的圣训、实录与玉牒，除了收藏实录、圣训外，皇史宬还收藏明清两代玉牒、皇帝登基的诏书，皇帝的朱批，秘密立储的朱谕和密匣，封赠官员的诰敕，大臣的奏章，殿试试卷及大小金榜、与外国来往的书信文件、各种舆地地图、《永乐大典》副本、大清会典、题本的副本、朔漠方略和各将军印信等。

在实录、圣训、玉牒送往皇史诉收藏时，要先举行进呈、祭告、奉安等仪式；启匮查阅时，要举行焚香九叩首等仪式。皇史祐在明朝由司礼监管理，在清朝由内阁满本房掌管。

藏书家与藏书楼

古代藏书和书籍几乎是同时出现的。早在战国时期就开始有私人藏书，但私人藏书蔚然成风是从宋代开始的，其中尤以江浙一带为多。据吴晗《江浙藏书家史略》一书统计，当时江浙一带比较有名的藏书家有近900 人。明朝胡应麟把藏书家分为"好事家"和"鉴赏家"两类。清朝洪亮吉把藏书家分为考订、校雠、收藏和掠贩四类。

宋朝文化发达，士大夫藏书成风，出现了晁公武、尤袤、李昉、司马光等著名的藏书家。

藏书楼是指中国古代私人图书馆。明朝末年，著名的三大藏书楼是赵琦美的脉望馆，钱谦益的绛云楼和毛晋的汲古阁。毛晋的汲古阁藏书达 84000 册，是历代私人藏书最多的一家。中国现存最古老的私人藏书楼是建于嘉靖四十至四十五年（1561～1566）的浙江宁波的天一阁，藏书达 7 万卷之多。

晚清有四大藏书楼，分别为山东聊城杨以增的"海源阁"、江苏常熟瞿绍基的"铁琴铜剑楼"、浙江归安陆心源的"瑶宋楼"和浙江杭州丁丙的"八千卷楼"。

范钦与天一阁

范钦（1506～1585），字尧卿（一作安钦），明嘉靖十一年（1532）进士，官至兵部右侍郎。退休后，他在家乡宁波建立一座私人藏书楼——天一阁。古代读书人喜欢藏书，故私人藏书楼很多，天一阁的不同凡响之处在于它在将近 450 年后的今天仍存，成为目前亚洲留存的最古老的私人图书馆，也是世界上最古老的三大家族图书馆之一。天一阁的书之所以能长期保留，与其严格的管理制度有关。范钦死前，给后世留下了"代不分书，书不出阁""外姓人不得入阁"等严格的制度。因禁止外姓入阁，直到 1673年，明末清初思想家黄宗羲才有幸成为外姓登阁第一人。此后天一阁才相对开放，但仍只有真正的大学者才被允许登阁参观，故明清大学者均以登阁为荣。清乾隆皇帝下诏修撰《四库全书》时，范钦八世孙范懋柱进献所藏之书六百多种。乾隆大喜，敕命仿照天一阁兴造了著名的"南北七阁"，用来收藏所撰修的七套《四库全书》，天一阁从此闻名全国。鸦片战争时，英国侵略者掠去了数十种古籍。咸丰年间，又有盗贼潜入阁内，偷去了许多藏书。目前天一阁有藏书8 万多卷，数量虽不多，但多为稀有古书，且不乏孤本、善本，非一般图书馆所能比。

毛晋与汲古阁

毛晋（1599～1659），明末著名藏书家、出版家。毛晋字子晋，号潜在，江苏常熟人，家富，嗜读书，好收藏宋元精本名抄。毛早年屡试科举不第，30岁时隐居故里，变卖田产，在七里桥建汲古阁，另在问渔庄和曹溪口构筑两阁，专职收藏和传刻古书。汲古阁本身是一个集藏书、出版功能于一身的藏书楼。毛晋为搜集珍籍密本，不惜公开贴榜，高价求购，对于珍本往往按页论值，共收得图书8.4万册。汲古阁内的图书是作为校勘的样书，毛晋先是延请海内名士对阁内图书进行校勘，然后即付刻印。在汲古阁后有楼9间，相当于一个规模庞大的印刷厂，其间工匠最多时达数百人。其先后刻书600多种，为历代私家刻书最多者。其中的《十三经注疏》《十七史》《文选李注》《津逮秘书》等，相当知名。毛晋所刻书的版心下端均标"汲古阁"或"绿君亭"，时人称毛刻本。他所刻的书以校勘详明、雕印精良而行销全国各地，所刻书目存于《汲古阁校刻书目》等书。

古籍的版式

版式即古籍每一印页的格式。印页上各部分都有特定名称，主要有：

版面：指每页上印版所占范围。

版框：版面四周的粗线，也叫边栏。上方叫"上栏"，下方叫"下栏"，两旁叫"左右栏"。单线的叫"单边"或"单栏"，双线的叫"双边"或"双栏"。有的印页版框上下栏单线，两旁双线，被称为"左右双边"或"左右双栏"。

版心：每页版面正中的位置，又叫节口。版心通常有用作对折准绳的黑线和鱼尾形图案，有的还印有书名、卷数、页码及本页字数，明代以前，版心下方往往还印有刻工姓名。

行格：版面之内，用直线分成若干行，每行有若干字，在鉴定和著录时，人们习惯以半页计算，称"半页×行×字"，有的简称"×行×字"，若每一行中有两排字（通常为大字的注解），叫作"小字双行×行×字"，若双行字数与单行正文相同，就不再注出。这种著录和说明方式，称为行格，又称行款。

朱丝栏、乌丝栏：行格界栏以红色印的称为朱丝栏，以黑色印的称为乌丝栏。主要见于唐以前写本。明清时期，专有印刷各种颜色笺格的作坊，用不同颜色界栏笺纸抄写的古籍，通常直接著录为红格、黑格、蓝格、绿格等。

鱼尾：版心中间用作折页基准的图形，因其酷似鱼尾，故名，只有一个鱼尾的称为单鱼尾，上下各有一个对称的鱼尾，称双鱼尾。

白口、黑口：宋代以后，书籍装订均在版心处对称，然后粘连或订线，对折的准绳主要是鱼尾，有时也在鱼尾上下各印一条黑线作为标线，叫作象鼻。凡加印黑线的书，装订成包背或线装之后，书口处就显出暗黑色，所以被称为黑口，其中粗线叫大黑口或阔黑口，细线叫小黑口或细黑口。不加线的叫白口。

书耳：版框左栏外上方，有时刻出一个小方格，里面题写篇名，叫作书耳或耳格。主要见于宋代蝴蝶装版面上。

古书的注释方式

注释，顾名思义，是对某书进行注解与释义以帮助读者理解。中国历史源远流长，后人阅读前人的作品，往往因由于语言文字方面的隔阂而无法理解，因此注释古书便成为历代学者热衷的一件事情，几乎所有的经典著作都有不止一个版本的注释。就注释的方法而言，大体上可以分为五种。一曰"传"。古人将儒家经典称作"经"，而把解释经书的著作叫作"传"。传是一种解说经文字词、阐明其大义的注释方式。如《春秋左氏传》《毛诗传》。二曰"笺"。笺是对"传"进行补充订正。或是对"传"中隐晦简略的部分进一步说明，或是提出不同的注解意见。如对《毛诗传》进行注解的《郑笺》。三曰"章句"。其意在"离章辨句"，不仅作逐词解释，还照应句意和全章主旨作更宏观的解析。如东汉赵岐的《孟子章句》。四曰"集解"，又称"集注""集说"等。集解是汇集各家解说，并加上自己意见的注释方法。如魏时何晏的《论语集解》。五曰"疏"，即义疏、义注、正义、疏义等。疏的注释特点是不但对古书原文进行注解，同时对前人所作的注解也进行注释。如南朝梁皇侃的《论语义疏》。

版本学

版本学是以各种书籍的抄本、批校本、稿本和印本等为研究对象的学科。详细地说，它是以书籍纸张、墨色、字体、刀法、藏章印记、款识题跋、刻印源流、行款版式、封面牌记、古今真赝、传抄情况等研究对象的学科。它原是目录学的一个组成部分，后发展为一个独立学科。

版本学的研究对象包括碑书、写本、刊本、印本、稿本、抄本、批校本等各种形式的图书。它的主要研究范围包括：各种图书版本的发生、发展史，如雕版源流和演变、传抄源流等；各种图书版本的异同优劣情况，并加以鉴别，判断时间，指明特点，总结出规律；版刻、印刷、装帧等方面发展与成就，比如印刷墨色、字体刀法、藏书印记，版本行款、装帧式样等。

版本学通过广泛搜集图书不同版本，可以找出其中的差异和错误，为校勘提供基础，以后再版是可以避免错误，以免贻误后学。它可以比较优劣，选择善本，指导阅读。对于大量伪书，版本学可以加以识别。版本学对于学术文化的发展，具有不可低估的作用。

目录学

目录学是指研究书目的编制，使之在科学文化事业中有效地发挥作用的学问，是图书馆学的一个分支学科。目录学可以分为 4 个部分：提要学、分类编目学、校勘学、版本学。

中国学者认为，目录学的起源可以上溯到春秋时期孔子删诗、书之时。但目录学的正式建立，则是在西汉河平三年（前 26）刘向受诏校阅整理皇家的先秦古籍。在校阅群书时，他编定次第，记录书名篇目，把校书时所撰叙录全文编成《别录》20 卷。这是中国古代目录学的开山之作，也是世界上第一部书目解题式图书总目。因《别录》篇幅太多，查找烦琐，所以刘向的儿子刘歆在《别录》的基础上，进行删节摘录，利用天禄阁的官府藏书编成了中国第一部综合性的图书分类目录——《七略》一书，刘向和刘歆父子成为中国历史上著名的文献学家。《别录》和《七略》的出现奠定了中国目录学的基础，使目录学从此建立起来，体系才逐渐完备。中国古代规模最大、最全的目录是《四库全书总目提要》和《四库全书简明目录》。

目录四分法

目录四分法是中国唐代以后普遍采用的图书分类方法，具体为经、史、子、集。中国最早的图书分类方法乃是《七略》及《汉书·艺文志》所进行的六分法，即将所有图书分为六艺、诸子、诗赋、兵书、数术、方技六略（外加一略总论各类学术思想源流），这种六分法对中国早期目录学造成深远影响，其后南北朝出现的另外两本重要目录学著作《七录》和《七志》在六分法的基础上创立了七分法。但同样是在西晋时期，由于学术观念的变化，在六分法流行的同时，已经出现四分法。西晋荀勖所编的《中经新簿》，以六艺经典为甲部，以诸子、数术、方技、兵书等为乙部，史书为丙部，诗赋、文集为丁部。这是最早的四分法。唐朝官修的《隋书·经籍志》正式承认这种四分法，并改变了名称和次序，定之为经、史、子、集。其中，经部指儒家经典及其重要注释；史部指史书；子部则范围较大，包括诸子百家、五行、医药、天文、历法等；集部则指个人别集或各家合集，四部之下总分四十类。经史子集的四分法成为后世历代主流的图书分类方法。

校雠学

校雠学乃是对古人整理古代文献的方法进行研究的一个学科。"校雠"一词，西汉刘向最早对其下了定义："一人读书，校其上下，得谬误，为校；一人持本，一人读书，若怨家相对，为雠。"可见，校雠说的是两件事。其中，"校"乃是对一本书本身存在的错误、不通之处找出来并改正；而"雠"，则是对于不同版本的书进行对照比较，找出讹误之处，以定一个善本出来。宋代，"校雠"又称"校勘"。郑樵的《通志·校雠略》等著作对校勘的原则、通例做了总结，并将校雠的内容拓展为论述收藏整理、经营管理图书的理论与方法，奠定了传统校雠学的基础。到清代，伴随着考据学的极大兴盛，校雠学得以最终成为以文字、音韵、训诂为基础，以"辨章学术，考镜源流"为特色，包括了版本、校勘、目录等学科在内的校雠学体系。其涉及古籍分类、文字校勘、版本考证、史实考订、目录编纂等古籍整理的各个方面。进入近现代后，校雠学中的目录、版本学等又分化为独立的学科。

武英殿

武英殿始建于明初，位于外朝熙和门以西，与位于外朝之东的文华殿相对应，即一文一武。清康熙年间，首开武英殿书局。康熙十九年（1680）将左右廊房设为修书处，掌管刊印装潢书籍之事，由亲王大臣总理，

下设监造、主事、笔帖式、总裁、总纂、纂修、协修等 30 余人，由皇帝和翰林院派充。康熙四十年（1701）以后，武英殿大量刊刻书籍，使用铜版雕刻活字及特制的开化纸印刷，字体秀丽工整，绘图完善精美，书品甚高。乾隆三十八年（1773），《永乐大典》中摘出的珍本 138 种排字付印，御赐名《武英殿聚珍版丛书》，世称"殿本"。

同治八年（1869）武英殿被火焚，烧毁正殿、后殿、殿门、东配殿、浴德堂等建筑共 37 间，书籍版片焚烧殆尽。

扫叶山房

扫叶山房，最初创于明朝万历年间，先设店于苏州阊门内，后于 1880 年设分店于上海城内彩衣街，又在租界棋盘街设分店，称"扫叶山房北号"。店主席氏，先世居苏州洞庭东山，于明末清初购得常熟毛氏汲古阁书版而设此扫叶山房。

据 1933 年《扫叶山房书目》，该店出书 2000 余种，主要为经史子集、字典、尺牍、字帖、旧小说、中医药书等。均系石印、木板、线装、分连史纸本、有光纸本。民国初年，扫叶山房在书界有相当之地位。

官书局

官书局是中国清代同治、光绪年间，曾国藩、左宗棠等封疆大吏先后在各省创设的出版机构。官书局所刻印的古书，多经校勘，售价较廉，少数珍藏秘籍得以印行，在传播和普及文化方面起到一定作用。

墨海书馆

墨海书馆是 1843 年英国伦敦会传教士麦都思、美魏茶、慕维廉、艾约瑟等在上海创建的书馆。墨海书馆是上海最早的一个现代出版社，也是上海最早采用西式汉文铅印活字印刷术的印刷机构。书馆坐落在在江海北关附近的麦家圈的伦敦会总部。

墨海书馆培养了一批通晓西学的学者如

王韬、李善兰，他们撰写、翻译了许多介绍西方政治、科学、宗教的书籍。墨海书馆在 1863 年停业。

美华书馆

美华书馆于 1860 年由美国传教士创办。前身是 1844 年美国基督教长老会在澳门开设的花华圣经书房，1860 年迁至上海，改名美华书馆。

书馆主要出版《圣经》和宗教书刊及供教会学校用的教科书，还印刷出版了几十种自然科学书籍。光绪五年（1879）出版的《英字指南》是中国近代最早的英语读本，1886 年出版的《万国药方》是中国最早介绍西洋医药的译本。

同文馆

同文馆，即京师同文馆。同治元年（1862）七月二十九日，恭亲王奕䜣等奏准在北京设立同文馆，附属于总理衙门。设管理大臣、专管大臣、提调、帮提调及总教习、副教习等职。

同文馆为培养翻译人员的"洋务学堂"，最初只设英文、法文、俄文三班，后陆续增加德文、日文，以及天文、算学等班。招生对象开始限于 14 岁以下的八旗子弟，1862 年 6 月入学的仅 10 人，以后扩大招收年龄较大的八旗子弟和汉族学生，以及 30 岁以下的秀才、举人、进士和科举正途出身的五品以下满汉京外各官，入学学生逐年增多。课程设置最初只有英、法、俄、汉文，同治六年（1876）后增设算学、化学、万国公法、医学生理、天文、物理、外国史地等。1902 年 1 月，同文馆并入京师大学堂。

点石斋石印书局

点石斋石印书局是中国最早用石印印书的出版机构。1879 年由英国商人在上海创办。聘中国人邱子昂为石印技师。首先以照相缩印技术翻印木刻古籍，如用殿版《康熙字典》

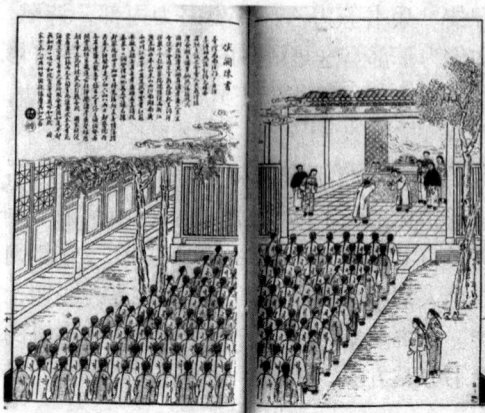

《点石斋画报·公车上书图》

缩印。

1884 年 5 月 8 日出版《点石斋画报》旬刊。内容为各国风俗景物、火车轮船、著名建筑及声、光、化、电等新事物，既开画报出版的先声，又以画新事物影响当时的画风。1909 年，与图书集成铅印局、申昌书局、开明书店合并为集成图书公司，为上海当时铅、石印全备的最大出版印刷机构。

同文书局

同文书局是中国人自办的第一家近代石版印刷图书出版机构。由广东人徐鸿甫、徐润等人于光绪八年（1882）创立于上海。置石印机 12 架，雇工 500 人，专事翻印善本古籍，1892 ～ 1894 年曾为清廷按原大影印殿本《古今图书集成》100 部，使同文书局在当时石印业中享有更高的声誉。后期印书销路不广，积压渐多，于光绪二十四年（1898）停办。

广学会

广学会是光绪十三年（1887）英、美基督教新教传教士、外交人员和商人等在中国上海创立的出版机构。

前身为 1834 年英、美传教士在广州创立的"实用知识传播会"和 1884 年在上海设立的"同文书会"。1892 年始称广学会，有"以西国之新学广中国之旧学"之意。1957

年与其他三个基督教出版机构合并，成立中国基督教联合书局。

《汉书·艺文志》

《汉书·艺文志》是中国现存最早的目录学文献。《汉书·艺文志》是东汉史学家班固所写的《汉书》中的一篇，是对中国最早的综合性目录学专著《七略》进行缩编并整理后形成的。因《七略》现已不存，《汉书·艺文志》便成为人们了解西汉典籍状况的重要文献。总体上，仿照《七略》模式，《汉书·艺文志》将所有图书分为六艺、诸子、诗赋、兵书、数术、方技六略，外加一部叙述了先秦学术思想源流的"辑略"。除了对《七略》的继承外，《汉书·艺文志》又做了一些补充，如补入了西汉末年杜林、扬雄、刘向等数家典籍，使《汉书·艺文志》成为对上古到西汉的图书的完整目录；又对《七略》中归类不当的地方进行了调整，使图书归类更科学。总体而言，在目录学上，《汉书·艺文志》是现存最早的目录学专著；在史学上，则首创史志目录的体例，对后世目录学尤其是史志目录的发展，都产生了深远影响。

《七志》与《七录》

《七志》是继西汉刘歆《七略》之后的又一部图书目录分类专著，作者为南朝齐的王俭。《七志》很大程度上继承了《七略》的目录分类方法，其前六志基本按照《七略》的分类法，另加一个图谱，形成经籍、诸子、文翰、军事、阴阳、术艺、图谱七类，另附道、佛各一类。其闪光点在于它将图谱单独列为一类，是具有开创性的构思和实践，宋代目录学家郑樵对此颇为赞扬。另外，《七志》的附录道经和佛经也颇具特色。

《七录》是继《七略》《七志》之后的又一部图书目录分类专著，由南朝梁阮孝绪撰。它在一定程度上总结了前代目录学的成就，在中国目录学史上占有重要地位。如今《七录》已经亡佚，只在唐代释道宣的《广弘明集》卷三收录了它的序。序中将书籍分为经典、记传、子兵、文集、术技、佛法、仙道七录。这个序早期研究目录学的一个重要文献。《七录》强调分类应当根据学术的发展、文献保存的实际情况来进行分类，并注意到分类名称的科学性的问题，在目录学上具有重要地位。

《隋书·经籍志》

《隋书·经籍志》是唐初官修隋朝史书中的一篇，是继《汉书·艺文志》以后的又一部重要史志目录。其作者旧说为魏征，现代学者认为应该还有李延寿、敬播两人。经魏晋南北朝及隋末乱世，书籍多有佚亡，因此《隋书·经籍志》的出现可以说是相当必要与及时的，起到了"存今书，考佚亡"的双重作用。另外，对于目录学来讲，《隋书·经籍志》首次奠定了目录的四分法的统治地位，在目录学上地位显赫。之前，中国的目录分法一般是以东汉的《汉书·艺文志》的六分法为主流分法，但经魏晋南北朝时期学术的发展，这种六分法已经不再适用于现实。虽然魏晋之际已经开始出现四分法，但是当时的四分法并不是主流，而且并不成熟，在小类的分类上不如六分、七分法精密。而唐朝政府所修的《隋书·经籍志》则确定了更为科学的四分法的统治地位，吸收了原来六分、七分法的优点，形成了更完善的四分法，为后世盛行1000多年目录学四分法奠定了基础。

《四库全书总目提要》

《四库全书总目提要》是中国最大的目录书，其编者为清代的永瑢、纪昀等人。而事实上，永瑢作为乾隆第六子，只是挂名而已，纪昀才是真正的总编辑。纪昀即纪晓岚（其字晓岚），直隶献县人，乾隆年间进士。《提要》是《四库全书》的副产品，乾隆皇帝在下诏访求天下图书时，便要求上书者将各书作者、内容等作一简介。到编纂《四库全书》时，要求编校者在每篇前都要写内容提要。这些提要经纪晓岚增删斟酌，并统一分类汇总，无意中形成了重要的目录学著作。宏观方面，《提要》总分为经、史、子、集四部，其下又分许多类，每部都有总序，每类又有分序，相当于将古代至清的所有学术流派进行了统一的梳理；而在微观方面，编者不仅对其中的每本书都进行了作者生平概括与简单的内容提要，甚至对于大部分书的版本情况、优劣异同等进行了简要评点。《提要》一面世，便被学人冠以"学问门径"美誉。不过这样一部"千年通学"，有所错漏也是在所难免。现代学者余嘉锡历经 50 年研究，著有《四库提要辩证》一书。

《崇文总目》

《崇文总目》是宋代的官修书目，著录经籍共 3445 部，30669 卷，是北宋最大的目录书。

宋仁宗景祐元年（1034），翰林学士张观、李淑、宋祁等校定整理三馆与秘阁藏书，去芜存菁，刊其讹舛，编成书目。书成后，由翰林学士王尧臣上奏，赐名"崇文总目"，是中国现存最早的一部国家书目。

《崇文总目》著录丰富，体例完备，每类有叙释即类序，每书有解题。体例为后来的晁公武、陈振孙所效法。

《遂初堂书目》

南宋尤袤（1127～1194），字延之，号遂初居士，无锡人。南宋绍兴十八年进士。家富藏书，建有遂初堂，编《遂初堂书目》1 卷。

《遂初堂书目》共收录图书 3000 余种。分为 44 类，对四部分类体系作了调整，突出本朝著作与新出现的图书，设有小说、类书、乐曲等小类。该目录中著录的版本有旧本、旧监本、秘阁本、京本、旧杭本、杭本等 10 余种，但未确记刻书地点与年月。该书开创了中国古代书目著录版本的先例。

《郡斋读书志》

晁公武（约 1104～1183），字子止，号昭德先生，著名目录学家。

《郡斋读书志》收入的图书达 1492 部，基本上包括了宋代以前各类重要的典籍，尤其在搜罗唐代和北宋时期的典籍方面卓有成效。全目分经、史、子、集四部，从而形成了一个严谨完备的体系。由于所录各书为晁公武实藏，所以在提要中对典籍情况的介绍，咸有凭据，自非其他丛抄旧录的书目所能比拟。

《郡斋读书志》是中国现存最早的、具有提要内容的私藏书目，对于后世目录学影响很大。

《校雠通义》

中国清代目录学著作。章学诚撰。成书于乾隆四十四年（1779），共 4 卷。该书总结了自汉代刘向、刘歆以来目录学的优良传统，继承与发展了宋代郑樵的目录学理论，是通过亲身编纂地方志与书目的实践经验而写成的。明确提出目录的任务是"辨章学术、考镜源流"；提倡图书编目的应用辅助著录法"互著与别裁"；主张编制索引。

《藏书纪事诗》

《藏书纪事诗》是清代末年长洲叶昌炽编撰的一部记载历史上藏书家事迹的专著。时代起于五代末期，迄于清代末期，计收集有关人物 739 人。

所引用资料大量采录自正史、笔记、方志，以及官私目录、古今文集等文献，并将记述一人或相关数人的有关资料各用一首叶氏自作的七言绝句统缀起来，间附叶氏按语，实际上是一部资料汇编式的藏书家辞典。

《经籍籑诂》

《经籍籑诂》是中国唯一汇集经传子史的引证于一书的大型训诂词典。清代阮元主编，书成于嘉庆三年（1798）。全书共106卷，按平水韵分部，每韵为1卷。各卷单字略依《佩文韵府》次序编排。凡一字数体，"通作""或作"之类，依《集韵》置于一处。一字数读的，依韵分入各部。单字不注音。释义一般先列本义，次列引申义，再列辗转相训与名物数象。此书将唐代以前古籍正文和注解中的训诂搜集在一起，颇便检查。

《艺文类聚》

中国现存最早的一部官修类书。唐代初年，由欧阳询、裴矩、陈叔达等人奉敕编纂。《艺文类聚》共100卷、100万余字。全书分岁时、治政、产业等46部、727个子目。征引古籍1431种，分门别类，摘录汇编。先引史实，后列诗文，使"文"与"事"契合互补，变更了以往"文"自为总集，"事"自为类书的常规体制。先讲所引故事，都注出书名。所引诗文，都注出时代、作者和题目，并按不同的文体，用"诗""赋""赞"等字样标明类别。例如，"山"部的"华山"，先列出与华山有关的典故与传说，再列历代以"华山"为题的诗赋，这样就大大方便了后人。所以，此书一出，其他类书都被淘汰。另外，其所征引古籍已大部亡佚，自汉代至隋代的词章名篇多赖此得以流传，因此本书历来为辑佚、校勘工作所资鉴。清代严可均辑《全上古三代秦汉三国六朝文》，主要摘录自本书。世人也多用以查检唐代以前的诗文、典故、名目及历史人物事迹等。

《太平御览》

《太平御览》是中国北宋时期编写的一部具有百科全书性质的类书，宋代四大部书之一。书名中的"太平"是宋太宗赵光义的年号，"御览"是要送皇帝亲自阅读的意思。它是宋太宗命李等13人编纂的，开始于宋太宗太平兴国二年（977），完成于太平兴国八年（984），用时7年。初成时名为《太平总类》，后宋太宗将其改为《太平御览》。全书共1000卷、55部，分5363类，总字数达4700多万字，引用古今图书及各种体裁文章共达2570多种。此书编纂的目的是为帝王提供以备随时查阅的"百科知识"，了解历代治乱兴衰的原因，以及各种典章制度由来。《太平御览》一书中不仅对各种实物有所记载，还保留了大量的古书资料，其中好多是今天已经失传的。但是，《太平御览》也有其不足之处。在编排时，有些类目重复出现，而且体例也有不当之处。《太平御览》对我们今天研究宋代以前的历史具有极高的史料价值，它也被称为"类书之冠"。

《永乐大典》

《永乐大典》是中国明代永乐年间编修的最大的类书著作。永乐元年（1403）开始编修，永乐二年（1404）初成，名为《文献大成》。永乐三年（1405）重修，于永乐六年（1408）最终编写完成。《永乐大典》在编排上改变了过去类书的体例，采用了"用韵以统字，用字以系事"的方法。这种编排方法已经是现代百科全书的形式了，也有人干脆把它视为世界上第一部百科全书。《永乐大典》正文共22877卷，凡例和目录60卷，装订为11095册，总字数约为3.7亿字，收录了先秦时期到明朝初期的各种典籍8000余种。书中所含内容包括天文地理、科学技术、医学占卜、文学戏剧、诗歌小说等各个方面，朱棣在为《永乐大典》所作的序中称此书"上自古初，迄于当世，旁搜博采，汇聚群书，著为奥典"。《永乐大典》一书保留了很多中国古代的珍贵文献书籍，具有很高的文献价值。但成书后历经磨难，以致残缺不全，现今保存下来的部分仅为全书的3%～4%。

《古今图书集成》

《古今图书集成》系康熙皇三子胤祉奉康熙之命与侍读陈梦雷等编纂的一部大型类书。该书编纂工作开始于康熙四十年（1701），印制完成于雍正六年（1728），历时两朝 28 年，采集广博，内容丰富，正文 10000 卷，目录 40 卷，内容分为 6 汇编、32 典、6117 部。康熙皇帝钦赐书名，雍正皇帝写序。

全书按天、地、人、物、事次序展开，规模宏大、分类细密、纵横交错，举凡天文地理、人伦规范、文史哲学、自然艺术、经济政治、教育科举、农桑渔牧、医药良方、百家考工等无所不包，图文并茂，因而成为查找古代资料文献的重要百科全书。

被称为"古代百科全书"的《古今图书集成》，与《永乐大典》《四库全书》并列为中国古代三部皇家巨作。

《四库全书》

《四库全书》是清乾隆朝官修丛书。永领衔编撰，总纂官纪昀。1773 年开旧库库馆，大批学者参与，1887 年编纂完成。全书分为经、史、子、集四部，分别为：

经部：易、书、诗、礼、春秋、孝经、五经总义、四书、乐、小学（10 类）。

史部：正史、编年、纪事本末、别史、杂史、诏令奏议、传记、史抄、载记、时令、地理、职官、政书、目录、史评（15 类）。

子部：墨家、兵家、法家、农家、医家、天文算法、术数、艺术、谱录、杂家、类书、小说家、释家、道家等（14 类）。

集部：楚辞、别集、总集、诗文评、词曲（5 类）。

全书共缮写 7 部，分藏于文渊阁、文源阁、文溯阁、文津阁、文汇阁、文淙阁、文澜阁。另有副本一部存于北京翰林院。

中医

中 医

中医作为国粹已有几千年的历史，它是一个以朴素的唯物主义和自发的辩证法为指导思想，以阴阳五行学说为说理工具，以脏腑经络学说为理论核心，以辨证论治为临床特色的独特、完整的医学体系。

中医的最大特点是整体观念，也就是说，中医将人本身看作一个整体，人与自然相统一，人天相应，天人合一。中医始终将人作为一个整体看待，无论是病机、病理，还是诊断、治疗，时时处处体现出这一观点。中医认为人与自然界息息相通，具有不可分割的密切联系，自然界对人体的影响无时无刻无处不在，人与自然气候、地理、环境、饮食、起居、习俗等有千丝万缕的联系，许多疾病与季节、时间、生活条件、环境、心情等有关。中医的另一特点是辨证施治。辨证是在整体观念指导下，将四诊收集的资料，根据阴阳、五行生克制化、经络、脏腑、多种辩证的规律全面分析，辨别疾病的征候，从而判断疾病的病因、部位、性质、邪正盛衰有病变趋势；施治就是根据辨证的结果，确定治疗的手段和方法。另外，中医还具有恒动观念，认为人体以及宇宙万物都是连续不断、无限永恒地运动和变化着，将物质的运动形式概括为升降出入，即认为生理活动每时每刻都在人体内部和内外交换两方面进行，人体各部分组织、器官、脏腑、气血津液通过经络周而复始地维系在一起，相互依存、相互联络；在病理过程中相互影响、互为因果，一旦这种活动停止则生命即告终结。

五 脏

五脏是人体内心、肝、脾、肺、肾五种脏器的合称。五脏的主要生理功能是生化和储藏精、气、血、津液和神，故又名五神脏。由于精、气、神是人体生命活动的根本，所以五脏在人体生命中起着重要作用。

六 腑

六腑为人体内胆、胃、大肠、小肠、三焦、膀胱六个脏器的合称。六腑的主要生理功能是受纳、腐熟水谷、泌别清浊、传化精华，将糟粕排出体外，而不使之存留。所以六腑以和降通畅为顺。

奇恒之腑

奇恒之腑，即脑、髓、骨、脉、女子胞（即子宫、卵巢）。它们同是一类相对密闭的组织器官，不与水谷直接接触，即似腑非腑；但具有类似于五脏贮藏精气的作用，即似脏非脏。奇恒之腑各脏功能如下。

脑：为髓海、元神之府，主灵机记忆。

髓：充养骨髓、脑。

骨：髓之府，为身体支架。

脉：血之府，运行血液之通道。

女子胞：主月经及生育。

经 脉

经脉是指人体内气血运行的通路，可分为正经和奇经两类。

正经有十二，即手足三阴经和手足三

阳经，合称十二经脉，又名十二正经，是气血运行的主要通道。它们分别隶属于十二脏腑，各经用其所属脏腑的名称，结合循行于手足、内外、前中后的不同部位，并依据阴阳学说，给予不同的名称。十二经脉的名称为：手太阴肺经、手厥阴心包经、手少阴心经、手阳明大肠经、手少阳三焦经、手太阳小肠经、足太阴脾经、足厥阴肝经、足少阴肾经、足阳明胃经、足少阳胆经、足太阳膀胱经。

奇经有八条，即督、任、冲、带、阴跷、阳跷、阴维、阳维，合称"奇经八脉"，有统率、联络和调节十二经脉的作用。

另外十二经别是十二正经离、入、出、合的别行部分，是正经别行深入体腔的支脉。十二经别都是从十二经脉的四肢部位别出，阳经经别合于本经，阴经经别合于相表里的阳经。十二经别多从四肢肘膝上下的正经别出（离），经过躯干深入体腔与相关的脏腑联系（入），再浅出于体表上行头项部（出），在头项部，阳经经别合于本经的经脉，阴经经别合于相表里的阳经经脉（合），故有"六合"之称。

穴 位

穴位，学名为腧穴，通常也称为穴、穴道，在中医学上指人体上可以针灸的部位，多为神经末梢密集或较粗的神经纤维经过的地方。中国古人很早就发现了穴位，成书于西汉之前的《黄帝内经》就指出"气穴所发，各有处名"，并且记载了 160 个穴位名称。魏晋时期的皇甫谧在《针灸甲乙经》中对人体 340 个穴位的名称、位置及其主治功能都一一进行了详切的论述。按照中医学理论，人体穴位是经络之气输注于体表的部位，又是疾病反映于体表的部位，还是针灸、推拿、气功等疗法的施术部位。长期的实践证明，穴位具有"按之快然"、"驱病迅速"的神奇功效，但是穴位的实质究竟如何，尽管人们

采用了种种现代的技术和理论去测定与分析，依然没有得出确论。

精、气、血

在中医学学说中，精或精气是一种有形的、多是液态的精微物质。其基本含义有广义和狭义之分。广义的精，泛指构成人体和维持生命活动的精微物质，包括精、血、津、液在内。狭义的精，指肾藏之精，即生殖之精，是促进人体生长、发育和生殖功能的基本物质。

气是生命生存的必要条件，是万物的灵魂。气有升、降、出、入四种运动形式，在不同脏腑则有不同表现形式。气流布全身各处，走到脏腑就叫脏腑之气，至血脉内外则称营卫之气，至经络则称经络之气等。

血是构成人体和维持人体生命活动的基本物质之一。血液在脉中循环于全身，内至脏腑，外达肢节，为生命活动提供营养物质，发挥营养和滋润作用。血液是以水谷精微中的营气和津液为主要物质基础，在以脾胃为

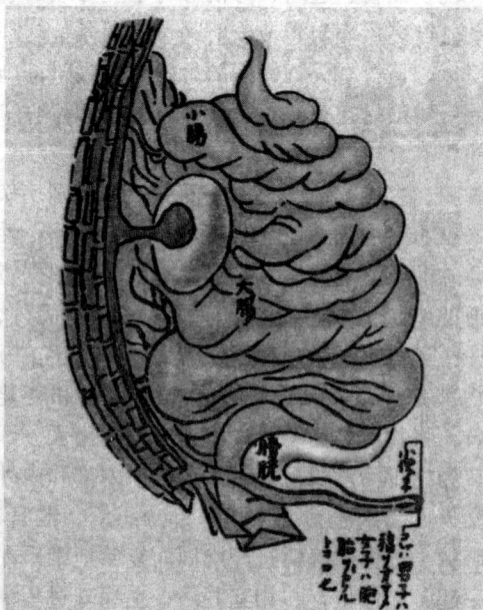

精溺之分图

主，配合心、肝、肾等脏腑的共同作用下完成的。

五轮八廓

五轮八廓是中国古代医家阐述眼与脏腑相互关系并指导诊治眼病的两种学说。

五轮为肉轮、血轮、气轮、风轮、水轮的合称。它将眼由外向内划为五个部分，分属于不同的脏腑，在临床上可通过观察各轮外显症状来推断相应脏腑的内在病变。

肉轮——胞睑，属脾胃。

血轮——两眦血络，属心与小肠。

气轮——白睛，肺与大肠。

风轮——黑睛，属肝、胆。

水轮——瞳孔，属肾与膀胱。

八廓是中医眼科在外眼划分的八个部位，用自然界八种物现象或八卦名称来命名。即天（乾）廓、地（坤）廓、风（巽）廓、雷（震）廓、泽（兑）廓、山（艮）廓、火（离）廓、水（坎）廓。

六 淫

六淫就是风、寒、暑、湿、燥、火六种致病因素。

风、寒、暑、湿、燥、火是自然界的六种气候变化，称为"六气"，六气的正常运行变化，有利于万物的生长变化，但如果六气太过或不及，则气候反常，在人体抵抗力低下时，就能成为致病因素，则称"六淫"或"六邪"。

七 情

七情，即喜、怒、忧、思、悲、恐、惊七种情志变化。

七情分属五脏，以喜、怒、思、悲、恐为代表，称为"五志"。

喜为心志，心能表达人的喜悦之情。

怒为肝志，肝能表达人的愤怒之情。

忧（悲）为肺志，肺是表达人的忧愁、悲伤等情志活动的主要器官。

王大夫诊脉潇湘馆 清

此图为《孙温绘全本红楼梦》中插图之一。黛玉因心事过重，发昏、吐带血丝的痰。第二天，贾琏带大夫给黛玉诊脉。大夫告诉贾琏说："六脉皆弦，为平日郁结所致。"于是开了方子。大夫的话反映了中医的病因理论中的"病由内起""七情内伤"。

恐（惊）为肾志，肾是人们表达惊恐之志的主要脏器。

思为脾志，人的思虑等情志活动主要是通过脾来表达的。

在突然、强烈或长期性的情志刺激下，超过了正常的生理活动范围，而又不能适应时，使脏腑气血功能紊乱，就会导致疾病的发生，这时的七情就成为致病因素，称为内伤七情。

四气五味

四气指药物的寒、热、温、凉四种特性。又称四性。寒凉和温热是两种对立的药性，而寒与凉、热与温之间只是程度的不同。一般寒凉药多具清热、解毒、泻火、凉血、滋阴等作用，主治各种热证。温热药多具温中、散寒、助阳、补火等作用，主治各种寒证。

五味指药物的辛、甘、酸、苦、咸五种味道，辛、甘属阳，酸、苦、咸属阴。辛味有发散解表、行气行血作用，即辛散。甘味有滋补和中、调和药性及缓急止痛作用，即甘缓。酸味有收敛固涩作用，即酸收。苦味有清泄、燥湿作用，即苦坚。咸味有泻下、软坚散结作用，即咸软。

十八反

十八反是中药配伍禁忌，是指某些药

物合用会产生剧烈的毒副作用或降低和破坏药效。

十八反最早见于张子和《儒门事亲》，列述了三组相反药，分别是甘草反甘遂、京大戟、海藻、芫花；乌头（川乌、附子、草乌）反半夏、瓜蒌（全瓜蒌、瓜蒌皮、瓜蒌仁、天花粉）、贝母（川贝、浙贝）、白蔹、白芨；藜芦反人参、南沙参、丹参、玄参、苦参、细辛、芍药（赤芍、白芍）。

同病异治

同病异治，《素问·五常政大论》："西北之气，散而寒之，东南之气，收而温之，所谓同病异治也。"同一病症，因时、因地、因人不同，或由于病情进展程度、病机变化，以及用药过程中正邪消长等差异，治疗上应相应采取不同治法。

异病同治

中医治病的法则，不是着眼于病的异同，而是着眼于病机的区别。异病可以同治，既不决定于病因，也不决定于病症，关键在于辨识不同疾病有无共同的病机。病机相同，才可采用相同的治法。

扶正祛邪

疾病的发生与发展是正气与邪气斗争的过程。正气充沛，则人体有抗病能力，疾病就会减少或不发生；若正气不足，疾病就会发生和发展。治疗的关键就是要改变正邪双方力量的对比，扶助正气，祛除邪气，使疾病向痊愈的方向转化。

扶正，就是使用扶正的药物或其他方法，以增强体质，提高抗病能力，以达到战胜疾病、恢复健康的目的。适用于正气虚为主的疾病，是《内经》"实则泻之"的运用。

祛邪，就是祛除体内的邪气，达到邪去正复的目的。适用于邪气为主的疾病，是《内经》"实则泻之"的运用。

针灸疗法

针灸是针法和灸法的合称。针法是把毫针按一定穴位刺入患者体内，灸法是把燃烧着的艾绒、艾条等按一定穴位熏灼皮肤。针灸是中医学中重要的治疗方法，而且起源极为久远。远古时期，人们偶然发现身体表面的某个部位碰撞到一些尖硬物体的时候会有意外的疼痛减轻的现象，于是逐渐开始有意识地用一些尖利的石块来刺激身体的某些部位，以期减轻疼痛。这就是针法的由来。最初使用的针是石制的，称为"砭石"，后来则发展为金属针，针的形制也有多个种类。灸法的发现则是人们在用火的过程中发现身体某部位的病痛经过火的烧灼、烘烤会得到缓解，于是取用兽皮或树皮来包裹烧热的石块或沙土对身体进行热熨，用点燃的树枝或干草来烘烤以治疗疾病，后来艾叶则成为灸治的主要材料，因为艾叶具有易于燃烧、气味芳香、资源丰富、易于加工贮藏等优点。针灸疗法的原理是中医特有的人体经络理论，在治疗过程中，经过诊断，确定病变属于哪一经脉、哪一脏腑，然后制定相应的配穴处方，进行针灸，以达到通经脉、调气血的目的，从而使人体阴阳归于相对平衡，脏腑功能也趋于调和，也就获得了防治疾病的效果。

中医推拿术

中医推拿，又称"按摩""按跷""导引""案抚抓""摩消"等，是依据中医理论对体表特定部位施以各种手法，有时也配合某些肢体活动以恢复或改善身体机能的方法。推拿按摩属中医学的重要组成部分，也是人类最古老的疗法之一。据《汉书·艺文志》记载，秦汉时期已经有了关于推拿按摩的专著《黄帝岐伯按摩经》十卷，虽然该书已经失传，但是在同一时期完成的《黄帝内经》一书中记录了许多关于推拿的内容。东汉张仲景在《伤寒杂病论》中最先提出"膏摩"疗法，即将配制好的膏药涂抹在患者体表，然后运用特定手法进行抚摩擦揉。这就将推拿按摩与药剂应用结合在一起，在提高治疗效果的同时也使推拿方法的应用变得更为广泛。魏晋南北朝时期，推拿疗法进一步发展，葛洪在《肘后备急方》中首次对膏摩的理论和应用进行了系统的总结，而陶弘景则在《养性延命录》中阐发了啄齿、熨眼、按目、牵耳、梳头、摩面、擦身等成套的推拿按摩动作。隋唐时期，宫廷太医署正式设立按摩专科，此时的按摩基础理论、诊断技术和治疗方面都已发展到相当水平。至明代，按摩成为13个医学科目之一，尤为引人注目的是，这一时期形成了独有的小儿推拿体系，产生了《小儿按摩经》《小儿推拿方脉活婴秘旨全书》《小儿推拿秘诀》等专著。"推拿"这一名称也是得于此时。清代虽然未在太医院设按摩或推拿科，但没有影响这一疗法的进一步发展和更为广泛的应用。乾隆年间由太医吴谦负责编修的《医宗金鉴》中对运用推拿手法治疗骨伤疾病做了系统的总结，将摸、接、端、提、按、摩、推、拿列为"伤科八法"，确立了正骨推拿的分科。这标志着古代中医推拿术发展的最后成就。

拔　罐

拔罐疗法是一种借助热力和外力排出罐内空气，形成负压，使罐子吸在皮肤上面，造成局部充血或瘀血的一种治疗方法。有行气、活血、消肿、散寒等作用。所使用的工具非常简单，玻璃罐、杯子、药瓶，只要其口光滑、边缘平整即可；操作时只要用镊子或手捏住燃烧着的一块或一团酒精棉，点燃后迅速丢入罐内，将罐扣在应拔的部位上，即可吸住，火立即熄灭。拔罐虽然用具简单，但是也要根据病情选择正确的穴位或病区。

竹火罐 民国
高9～10厘米，口径3.5～7厘米。

刮　痧

刮痧是集针灸、按摩、拔罐、点穴之优势，通过运用刮痧仪或水牛角等材料制成的刮痧板刺激人体的相关经络、穴位，达到活血化瘀、舒经通络、行气止痛、清热解毒、健脾和胃等目的的一种传统疗法。它能改善人体血液循环，促进新陈代谢，增强人体免疫功能，是一种治病防病的非药物、无损伤的自然健康疗法。

刮痧可依据患者的病变和体质，辨证循经选穴，实施不同手法，使被刮拭过的经络和腧穴的微循环得以改善。起到调气行血、疏经通络、活血化瘀、营养组织细胞的作用，从而改善和纠正阻经滞络的气滞血瘀，使经络通畅。

四诊法

四诊法，即望、闻、问、切四种中医诊病手段。

望诊，是对病人的神、色、形、态、舌象等进行有目的的观察，以测知内脏病变。

闻诊，包括听声音和嗅气味两个方面。主要是听患者语言气息的高低、强弱、清浊、缓急等变化，以分辨病情的虚实寒热。

问诊，是通过询问患者或其陪诊者，以了解病情，有关疾病发生的时间、原因、经过、既往病史、患者的病痛所在，以及生活习惯、饮食爱好等与疾病有关的情况。问诊是了解病情和病史的重要方法之一，在四诊中占有重要的位置。

切诊，包括脉诊和按诊两部分，是医者运用指端之触觉，在病者的一定部位进行触、摸、按、压，以了解病情的方法。

药 膳

药膳就是将某些具有药用价值的食物经过特定的烹调方法制作而成的一类特别的食品。药膳寓医于食，既将药物作为佳肴，又将食物赋以药用，从而在享用美味的同时又获得了医疗的效果。药膳营养价值和药用价值兼备，相比较服用单纯的药剂具有明显的优点，因此有"药补不如食补"之说。远古时期，人们寻找各种可利用的植物和动物，有些动植物可供人们果腹，有些动植物可供人们治疗疾病，对于大多数动植物来说这两种作用是分开的，人们发现其中有一部分兼具食用和药用两种价值，这就是最初的药膳。"药膳"一词在史籍中最早见于《后汉书·列女传》，其中有"母亲调药膳思情笃密"的句子，早在东汉之前药膳作为一种实际应用就已经长期存在了。到汉代，则形成了非常丰富的药膳知识，东汉末年成书的《神农本草经》中记载了大枣、人参、枸杞、茯苓、生姜、杏仁、乌梅、鹿茸、蜂蜜、龙眼等多种具有药性的食物，这些食物已经成为配制药膳的原料。东汉名医张仲景在《伤寒杂病论》《金匮要略方论》中更是提出了大量的饮食调养方法配合药剂的治疗。至唐代，"药王"孙思邈在《备急千金要方》中设立了《食治》专篇，这标志着药膳已发展成为一个专门的学科。而后药膳的理论知识得到持续的完善，药膳的应用也从宫廷到民间，遍及千家万户。

方 剂

将几种药物配合起来，经过煎煮制成汤液，即是最早的方剂。

方剂一般由君药、臣药、佐药、使药四部分组成。"君臣佐使"的提法最早见于《黄帝内经》，"君药"是方剂中针对主证起主要治疗作用的药物，是必不可少的。"臣药"协助君药，以增强治疗作用。"佐药"是协助君药治疗兼证或次要症状，或抑制君、臣药的毒性和峻烈性，或为其反佐。"使药"引方中诸药直达病症所在，或调和方中诸药作用。

扁 鹊

扁鹊，生卒年不详，约生于春秋晚期和战国早期，齐国渤海郡人（今河北任丘）。又说为齐国卢邑人（今山东长清），姓秦，名越人，"扁鹊"本是黄帝时代的名医，因为秦越人医术高明，所以被人们称誉为"扁鹊"。扁鹊是中国历史上第一位有确切记载的名医，被认为是中医学的鼻祖。扁鹊最大的贡献是创造了望、闻、问、切的诊断方法，还广泛地应用砭刺、针灸、按摩、汤液、热熨等多种方法治疗疾病，奠定了中医临床诊断和治疗方法的基础。《史记·扁鹊仓公列传》记载："扁鹊名闻天下。过邯郸，闻贵妇人，即为带下医；过洛阳，闻周人爱老人，即为耳目痹医；来入咸阳，闻秦人爱小儿，即为小儿医，随俗为变。"扁鹊遍游各地行医，擅长各科，在邯郸为妇科医生，到洛阳为五官科医生，入咸阳则又为儿科医生。但是到秦国后，秦太医令李醯因为自己的医术不如扁鹊，而将扁鹊刺杀。扁鹊著有《内经》和《外经》，都已失佚。

扁鹊像

华 佗

华佗（145～208），字元化，沛国谯（今安徽亳州）人，东汉著名医学家。《后汉书·华佗传》说他"兼通数经，晓养性之术""精于方药"，医术高超，被人们称为"神医"。他精通内、外、妇、儿、针灸各科，尤以外科著称，他一生主要在今安徽、江苏、山东、河南一带行医。曹操患头风病，华佗以针刺法治疗，很快治愈。曹操想留华佗做侍医，却遭到拒绝，华佗因而被曹操杀害。

《三国志》上载有华佗治疗的20多个病例，如传染病、寄生虫病、妇产科病、小儿科病、皮肤病、内科病等。华佗首创了中药全身麻醉剂——麻沸散，并应用于腹部外科手术，这在全世界是第一例，对后世影响极大。后世的中药麻醉都是在麻沸散启发下发展起来的，在世界麻醉学和外科手术史上，麻沸散也有很大影响。华佗长于养生，模仿动物动作发明了"五禽戏"，教导人们进行医疗体育锻炼。他曾把自己医疗经验写成一部医学著作，即《青囊经》，可惜失传。

张仲景

张仲景（150～219），名机，东汉南阳（今河南省南阳市）人，著名医学家，史称"医圣"。东汉末年，军阀混战，瘟疫流行，张仲景的家族200多人因伤寒病死了100多人。张仲景非常难过，立志"勤求古训，博采众方"，为人民治病。他在前人的医书《素问》《九卷》《八十一难》《阴阳大论》《胎胪药录》的基础上，结合自己的医疗经验，写成了《伤寒杂病论》（伤寒指的是急性传染病，杂病指的是外科、妇科等方面的疾病）。全书除病理论证外，系统地分析了伤寒的原因、症状和处理方法，奠定了理、法、方、药的理论基础。书中还精选了300多种方剂，为中医方剂学提供了发展的依据，后世很多药方都是从它发展变化而来的。这部书还传到了日本、朝鲜、越南、蒙古等国。经后人整理校勘，《伤寒杂病论》被编为《伤寒论》和《金匮要略》。张仲景确立的六经分证、中医诊断病情的八纲（阴阳、表里、虚实、寒热）和辨证施治的原则，为中医治疗学奠定了基础。

孙思邈

孙思邈（581～682），京兆华原（今陕西省耀州区孙家塬）人，隋唐时期著名医药学家，被后人尊为"药王"。孙思邈自幼体弱多病，家人为给他看病几乎耗尽家财。因此，他从小就立志要从事医学研究。他认真阅读了《黄帝内经》《伤寒杂病论》《神农本草经》等古代医书，钻研民间方药，向经验丰富的医生学习。到20多岁时，孙思邈已经成为一个有名的医生了。隋文帝、唐太宗、唐高宗都请他出来做官，但都遭到了他的拒绝。

孙思邈长期生活在民间，广泛搜集民间药方，积累了丰富的医疗经验。孙思邈不但精通内科，而且擅长外科、妇产科、儿科、五官科等，还掌握了针灸技术和渊博的药物学知识。他最早描述了下颌骨脱臼的手法复位，一直沿用到现在。在长期的医疗实践中，孙思邈深切感到过去的方药医书浩博庞杂，分类也不科学。因此他一方面阅读医书，一方面广泛搜集民间方药，编成《备急千金要方》和《千金翼方》，这两本是供家庭备用的医药卫生手册。之所以用"千金"命名，是因为孙思邈认为人命比千金还要贵重。

金元四大家

金元四大家是指刘完素、张从正、李杲和朱震亨四位医学家，他们开创了四大医学流派，对后世影响很大。

刘完素（约1110～1200），字守真，号通元处士，河间人。在医学上，他大力提倡运气说，宣扬五运六气盛衰之理。刘完素的学说流派称"寒凉派"。著有《图解素问要旨》等。

张从正（约1156～1228），字子和，睢州考城（今河南民权西南）人。他非常推崇刘完素，用药也多寒凉，创制了"张子和汗下吐法"。张从正的学说称"攻下法"。

李杲（约 1180 ~ 1251），字明之，号东垣先生。镇州（今河北正定）人。少时好医药，师从名医刘完素。李杲用药与张元素相同，主张以脾土为主，认为土为万物之母。他的学说流派称"补土派"。著有《伤寒会要》《脾胃论》等。

朱震亨（1281 ~ 1358），字彦修，婺州义乌人。拜刘完素徒弟罗知悌为师，他主张"因病以制方"，反对拘泥于"局方"，主张重在滋阴。他的学说流派称"养阴派"。著有《格致余论》《局方发挥》《伤寒辨题》《本草衍义补遗》《外科精要》等。

李时珍

李时珍（约 1518 ~ 1593），字东璧，蕲州（今湖北蕲春）人，明代医药学家。出身于世医家庭，受家庭的熏陶，李时珍从小就喜爱医药，立志悬壶济世。经过刻苦学习和实践，在 30 岁时李时珍已经成为当地名医。后楚王聘李时珍到王府掌管良医所事务，三年后，又推荐他上京任太医院判后经举荐补太医院之阙，一年后辞职回家。在此期间，李时珍阅读了王府和太医院里大量的医书，医学水平得到很大提高。

在李时珍之前，中国医学书上记载的药物有 1558 种，这些药物不仅品种繁杂，而且

李时珍像

名称混乱。医生们在行医时非常不方便，有时候还会开错药。李时珍决心把这些药物整理出来，重新编定一本药典。他深入民间，向农民、渔民、樵民、药农请教，查阅医书 800 多部，对药物一一鉴别和考证，纠正了古书中的许多错误，还搜集许多新药物，历时 30 多年，写成《本草纲目》一书。《本草纲目》对药物进行了分类，首先为纲，其次为目，再次是药名、产地、形色、药用等。《本草纲目》对后世医学影响很大，还传至日本、朝鲜、越南等国。

"大夫"称呼

大夫是对医生的尊称。为什么称医生为"大夫"？

大夫在古代是一种官职，古代时，天子及诸侯都设立这种官职，分为上大夫、中大夫、下大夫三级。秦汉以来，有御史大夫、谏大夫、太中大夫、光禄大夫等名。到了宋朝，开始设置大夫以下的官阶。医官中最高级是大夫，其次为郎，又称郎中。以下便是医效、祗候等。后世因为大夫是医官中最高的职位，所以把大夫作为医生的尊称。

杏 林

杏林是中医界的代称。该词典出汉末三国名医董奉。

董奉是汉代有名的中医大夫，相传他在府上给人治病时，不收取诊费，只要求患者在病愈之后，在他的家宅四周随意种下几棵杏树，一般是重病痊愈栽种五棵，轻病痊愈栽种一棵。几年之后，董奉住处的四周竟然成为一片杏树林。远远望去，林深树密，茂盛葱郁，无边无际。之后，人们看到杏林，便联想起医德高尚、医术高明的董奉先生，由此将给人健康保证的中医界称为"杏林"。

坐堂医

"坐堂医"的起源，同"医圣"张仲景有关。张仲景是东汉时期人，从小苦读医书，

学得一身医术。后来因学识渊博、人品高尚，举孝廉，成为长沙太守。在当时，做官的不能随便进入民宅、接近百姓。可是不接触百姓，就不能为他们治病。于是张仲景想了一个办法，择定每月初一和十五两天，大开衙门，不问政事，让有病的百姓进来，他端端正正地坐在大堂上，仔细地为民众诊治。后来人们就把坐在药铺里给人看病的医生，通称为"坐堂医""坐堂郎中"。

同仁堂

同仁堂是中药行业著名的老字号，同仁堂中药铺的创始人乐尊育是浙江绍兴人。明朝末年到北京行医，住在大栅栏的一个客栈里。清康熙八年（1669）改串铃行医（走街串巷看点小病）为坐商兼行医，并将所住客栈取名为同仁堂，此为同仁堂之始。自雍正元年（1721）起，同仁堂正式供奉清皇宫御药房用药，历经八代皇帝，长达188年。

中医行医的招牌——葫芦

东汉时期，有个叫费长房的人见一老翁在街上卖药，凡吃过他的药的病人，立即见效，药到病除。费长房看了以后，就想拜老翁为师。于是待人散后尾随跟踪，见老翁跳进一家酒店墙上挂的葫芦内，心想这老翁绝不是等闲之辈，更坚定了他拜师的决心。于是，他便在酒店挂葫芦处备好一桌上等的酒席，恭候老翁出来。不多时，老翁便从葫芦内跳出来。费长房立即磕头跪拜，认师求教，老翁见费长房诚心求学，便收他为徒，将自己的医术传授于他，后来费长房便成为当时的一代名医。为了纪念老翁，他行医时总将葫芦背在身上。从此以后，郎中行医，便用葫芦当招牌，以表示医术高超，人们也因此把葫芦当作医生的标记。

《黄帝八十一难经》

《黄帝八十一难经》简称《难经》，相传是秦越人（扁鹊）所著，成书年代大约在

秦汉之际，至少也在东汉之前。这部著作以基础理论为主，又以脉诊、经络、脏腑为重点，全书以设问答疑的形式解释了81个难题，其中第一至第二十二难论脉，第二十三至第二十九难论经络，第三十至四十七难论脏腑，第四十八至第六十一难论病证，第六十二至六十八难论穴位，第六十九至第八十一难论针法。其阐述简要，辨析精微，不但推演了《内经》的微言奥旨，发挥至理，剖析疑义，垂范后学，而且有不少独到见地。如首创独取寸口和分寸关尺的三部按脉法，此法一直沿用至今，成为中医一大特色。还系统阐述了奇经八脉的循行线路和功能，弥补了《内经》中经络学说的不足；又提出了与《内经》不同的三焦、命门学说。在临床方面明确提出"伤寒有五"（伤寒、中风、湿温、热病、温病），并对五脏之积、泻痢等病多有阐发，这些都对中医学的发展产生了深远的影响。宋代大诗人苏轼曾称颂此书："句句皆理，字字皆法，后世达者，神而明之。"因此，《难经》像《内经》一样被置于至尊和绝无异论的位置，至今仍被奉为中医重要的古籍之一。

《格致余论》

朱丹溪（1281～1358），名震亨，字彦修，义乌人。在医学理论上创立滋阴学说，《格致余论》是朱丹溪医论的专著，充分反映了朱丹溪的学术思想。该书以《相火论》《阳有余阴不足论》两篇为中心内容，创立"阳常有余，阴常不足"的论点，强调保护阴气的重要性，确立"滋阴降火"的治则，为倡导滋阴学说，打下牢固的基础。

《神农本草经》

《神农本草经》，又名《神农本草》《本草经》，是中国古代中医药物学经典名著。关于该书的作者和成书时间，历来有争议。今人普遍认为，此书非出自一人一时之手，最早在先秦时期就已开始收录，直到东汉时期

才汇编成书，并托名为"神农"所作。《神农本草经》中共收录了药物 365 种，其中，植物药物 252 种、动物药物 67 种、矿物药物 46 种。《神农本草经》开创了中国古代医学史上最早的药物分类方法，即按照药物的效能和使用目的，将其分为上、中、下三品。《神农本草经》在中医学上最大的贡献在于书中收录了 170 多种病症，涉及多个科目；在药物学上最大的贡献则是对药物学理论进行了较系统的论述。《神农本草经》与《黄帝内经》《伤寒杂病论》以及《金匮要略》并称为中国古代"四大医典"，它对后世医药学的发展产生了深远的影响，为中国古代药物学的产生奠定了基础。

《黄帝内经》

《黄帝内经》，又称《内经》，是中国现存医学文献中最早的一部典籍，也是中国传统医学四大经典著作之一。该书非一人一时之作，具体作者不详，大约编成于战国时期。之所以叫"内"，意为"内求"，意思是要使生命健康长寿，不要外求，要往内求，所以叫"内经"。全书 18 卷，其中 9 卷名《素问》；另外 9 卷因其内容主要论述针灸、经络等方面的问题，称为《灵枢》。《黄帝内经》内容十分丰富，从脏腑、经络、病因、病机、诊法、治则、针灸、方药等诸多方面，对人

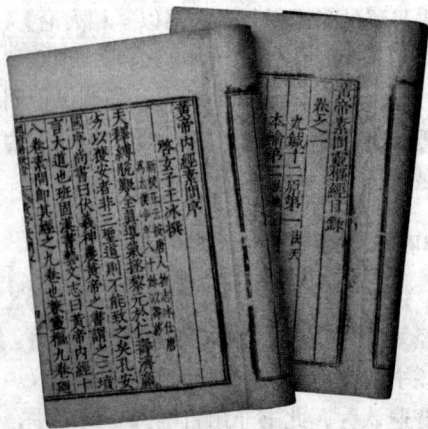

《黄帝内经·素问》书影

体生理、病理及疾病的诊疗作了全面系统的论述，反映出中医学的理论原则和学术思想。这一理论体系的建立，为中医学的发展奠定了基础，中医学发展史的"阴阳五行学说"、"脉象学说"、"藏象学说"、"经络学说"、"病因学说"、"病机学说"、"病症"、"诊法"、论治及"养生学"、"运气学"等，从其学术思想和继承性来说，基本上都是从《黄帝内经》理论体系的基础上发展起来的，所以它是中医学最基本的基础理论。《黄帝内经》的医学理论建立在中国古代道家理论的基础之上，反映了中国古代天人合一的思想。

《伤寒杂病论》

《伤寒杂病论》是东汉末张仲景所撰，它确立了中医学重要的理论支柱之一——辨证施治的思想。后来几经战乱散佚，该书被一分为二，成为《伤寒论》和《金匮要略》二书。《伤寒论》全书 10 卷，以六经辨证为纲，以方剂辨证为法，是一部论治外感热病的专著，将外感疾病所表现出的各种规律性病症归纳为太阳、太阴、少阳、少阴、阳明、厥阴六经病症，三阳经病多属实热，三阴经病多属虚寒；每经贯串运用四诊八纲，对伤寒各阶段的辨脉、审证、治则、立方、用药规律以条文形式进行了全面的阐述，论析主次分明、条理清晰，在认识和处理疾病的方式方法上，强调运用多种诊法，综合分析；还制定出了许多简要实用的药方，如对六经病各立主证治法是第一部理论与实践并重，理、法、方、药有机结合的临床医学用书。

《金匮要略》是奠定中国临床医学基础的重要古籍之一，全书共 25 篇，以内科为主，涉及外科和妇科，对各种杂病的因、证、脉、治均有介绍，该书诊断重视四诊合参，辨证上以脏腑、经络为重点，结合卫气营血、阴阳五行理论，看重预防和早期治疗，论述精要，治法灵活，制方严谨，颇有实用价值，尤其是该书强调了整体观念，也提醒注意治

病的轻重缓急；书中述及的急救人工呼吸法，方法合理，注意事项也颇周全。

作为在临床医学方面有重大贡献的一代宗师，张仲景提倡"精究方术"，他在《伤寒论》中实际立方112首，《金匮要略》立方262首，这些方剂具有药味精炼、配伍严密、主治明确、疗效确凿的特点，被后世誉为"众方之祖"或"经方"，其中大部分是后世方剂学发展和变化的重要依据。

《针灸甲乙经》

《针灸甲乙经》，又名《甲乙经》《黄帝甲乙经》，是中国现存最早的针灸学专著。作者皇甫谧，字士安，自号玄晏先生，西晋安定朝那（今甘肃省灵台县朝那镇）人。皇甫谧中年时患病几乎丧命，病愈后发奋习医，钻研针灸学，著《针灸甲乙经》。皇甫谧总结了西晋以前的中医针灸学的理论成就，并结合自身的临床实践经验，对古医书所存的资料进行整理编纂，终于在西晋太康三年（282）完成了《针灸甲乙经》。全书共12卷，含128篇。根据书中所记内容可分为两部分，其中，第一部分为1～6卷，主要是介绍中医学的基本理论及针灸学基本知识，包括人体生理、经脉、穴位、诊断方法等；第二部分为6～12卷，为临床治疗部分，主要是介绍有关内科、外科、妇科、儿科等疾病的病因、病症及治疗方法，主要以内科为主。《针灸甲乙经》保留了很多古代中医学理论的珍贵资料，对后世中医针灸学的发展也产生了深远的影响。

《备急千金要方》

《备急千金要方》又称《千金方》，最早的综合性临床百科全书，中医经典。作者孙思邈，京兆华原（今陕西耀州区孙家塬）人，自幼勤学苦读，后立志学医，成为中国古代著名医学家、道教学者，后世尊称为"药王"。

该书约撰于公元652年。全书总计283门，合方论5000首。书中所载医论、医方，较系统地总结和反映了《内经》之后至唐初的医学成就。《千金要方》开篇就是医德教育，《大医习业》篇强调具备了高尚的品德修养，才能学好医学知识。《大医精诚》篇要求医生对医术精益求精，医德高尚，并从心（救苦之心）、体（严肃的风度）、法（端正的医疗作风）等三方面对医生做了严格要求，至今仍有教育意义，是中医伦理学基础。本书将妇儿科列在诸科之前，表明作者对其的重视，书中对胎产经带及小儿养护、诊治的精彩论述，奠定了中医妇儿科的基础。《千金要方》治疗杂病的特点是以脏腑寒热虚实为纲，有按现代系统规范化分类的趋势，如书中将飞尸走疰（类似肺结核）归入肺科。书中首次提出了一些病名，如白癜风、结核、脐风、鼻肉等，沿用至今。《千金要方》内容十分丰富，临床各科理、法、方、药、宜忌及养生俱在，学术价值极高，对后世医学发展有着深远的影响。

《本草纲目》

《本草纲目》是中国古代最著名的一部药物学巨著。作者李时珍，字东璧，湖北蕲州人，出身医学世家，多次应试不第，乃弃文从医，后历经约30年时间，于万历六年（1578）完成《本草纲目》。

《本草纲目》书影

　　该书全面系统地总结了中国 16 世纪以前的药物学理论和经验。全书 52 卷，近 200 万字，收载 1892 种药，其中 1094 种为植物药，444 种是动物药；由李时珍发现而新增的药物为 374 种；附方 11096 首，其中约 8000 多首是李氏自己收集或拟定的，插图 1109 幅。此书把药物分成 16 纲、62 目，对植物药是根据形态、性味、皮核、生长习惯等综合分析、归纳比较而分类的，有一定的科学性。最为突出的是《本草纲目》将 444 种动物药分成虫、鳞、介、禽、兽、人 6 部，每部又分若干类。此 6 部是按生物进化顺序排列的，这种分类法不仅使本书条分

缕析，内容赅备、一目了然，而且具有相当高的科学价值，尤其是对生物的分类是划时代的，它采用的"双命名法"在当时是最先进的。《本草纲目》在药物分类、鉴定、生药、药性、方剂、炮制、编写体例等方面均有贡献，不仅是当时本草学集大成之作和中国本草学之冠，而且是世界药学史上的不朽著作。书中还记载了大量宝贵的医学资料和一些医学史料，其中属首次记录的病症有铅中毒、汞中毒、一氧化碳中毒、肝吸虫病；首次记录的治疗方法有冰块冷敷退热、蒸气消毒法；并创造性提出"大脑是全身主宰"的观点。

名胜古迹

中国六大古都

中国古代的都城通常是政治中心和经济中心的结合体，同时还是文化中心。我们通常所说的"六大古都"，分别是西安、开封、洛阳、北京、南京、杭州。从实际情况看，西安、北京和南京对古城风貌保持得较好，存留了大量古代文物和各种建筑遗迹，比较能体现古都各方面的特点。

西安位居六大古都之首，它在中国古代历史上建都最早、时间最长、定都朝代最多。在西安建立都城的朝代包括西汉、前秦、隋、唐等。而明清时期的西安，已成为军事指挥中心和西北区域的政治军事中心。西安的城市布局是北方平原地带城市的典型代表，特色是方整规则，道路宽敞笔直。我们今天见到的钟楼和鼓楼，是明代的遗留。

洛阳乃天下之中，西周初年，周公营建东都洛邑，就在此地。西周灭后，周平王迁都于此，揭开了它作为首都的序幕，此后，东汉、曹魏、西晋、北魏都在这里定都，隋朝和唐朝把这里称为东都，以掌控天下。后来，后梁和后唐也曾于此建都，所以洛阳有"九朝古都"之称。

开封乃是七朝古都，最早在此定都的是战国时期的魏国，当时称大梁，魏亡后衰落；隋代大运河开凿后，开封再次繁荣，后梁、后晋、后汉、后周和北宋都在此定都，称为东京。特别是在北宋时期，开封城达到鼎盛，当时它是大运河的中枢，城内交通方便，舟桥林立，非常繁华。宋亡后金朝曾迁都于此。

南京最初为三国时期东吴都城。后成为东晋及南朝宋、齐、梁、陈的国都，五代的南唐、明代早期、太平天国、中华民国均建都于此。南京城虎踞龙盘，却饱受磨难，战争的破坏尤其严重，数度繁华的东南大都会，并没有留下太多的古迹。

北京位于华北平原北部，战国时为燕国国都，金时正式建都，称"中都"。元大都坐北朝南，分为大城、皇城和宫城部分，城墙为夯土筑造，共有 11 座城门，东西南各 3 座，元大都划定南北中轴，布局围绕这个中轴展开，显示出与前代不同的特点。明清时期的北京，在元大都的基础上加以改建而建都，其布局近乎完整地保存到现代。

在六大古都中，杭州资历最浅，但以风光秀丽驰名天下，正所谓"上有天堂，下有苏杭"。杭州始建于秦朝，到唐朝才繁荣起来。唐末，吴越王钱镠在此建都。金兵灭掉北宋后，赵构南渡定都于此。虽然作为都城的历史不长，但杭州拥有大批闻名世界的名胜古迹，引得天下游客流连忘返。

四大碑林

西安碑林。建于宋元祐五年（1090），现存碑石 1700 多块，汉魏及唐代著名书法家的碑石多集中于此，其中《开成石经》是一座大型石质书库。

曲阜孔庙碑林。集碑石 2000 多块，其数量居世界碑林之首。碑石大者逾丈，小者却不过盈尺，其中 2000 多年前的史晨、乙瑛、礼器三块汉碑是名闻中外的碑石珍品。

高雄市南门碑林。集碑石 1000 多块，其碑刻书法深厚谨严，气势磅礴，是书法艺术的至宝。

四川西昌市地震碑林。有碑石 100 余块，专门记载西昌、冕宁、甘泉、宁南等地地震资料，明、清时西昌发生过的 3 次地震均有记载。

四大古桥

中国的四大古桥是河北的赵州桥、北京的卢沟桥、福建的洛阳桥和广东的湘子桥。

赵州桥。赵州桥又名"安济桥"，位于河北省赵县城南的洨河上，为隋代开皇大业年间李春创建。桥梁全长 50.82 米，桥面宽约 10 米，跨径 37.02 米，拱圈矢高 7.23 米，由 28 条并列的石条组成，弧形平缓，上设 4 个小拱。

卢沟桥。位于北京至周口店的公路与永定河的交汇处，始建于金代大定二十九年（1189）。该桥全长 265 米，宽约 8 米，由 11 孔石拱组成。桥旁建有石栏，其上共有精刻石狮 485 个。"卢沟晓月"是著名的"燕京八景"之一。

洛阳桥。位于福建省泉州市东约 10 公里的洛阳万安渡口，为著名的梁式古石桥，始建于北宋皇祐五年（1053），历时六年零八个月，由北宋名臣蔡襄主持修建。

湘子桥。湘子桥又名广济桥，坐落在潮州城东，横跨韩江，全长 500 多米，因传有韩愈的侄孙韩湘子手书"洪水止此"的石碣竖于桥畔，故名。湘子桥始建于南宋，历时 57 年建成，东西两段共 18 墩，桥墩用花岗岩块铆榫砌成。东西桥墩之间江水湍急，未能合拢，只能用小舟摆渡。到明代中期增筑一墩，缩短了未合拢部分的距离，改用 18 艘梭船联成浮桥，贯通东西，便成了"十八梭船扩四洲"。

中国三大殿

中国三大殿指北京紫禁城的太和殿、曲阜孔庙的大成殿和泰山岱庙的天贶殿。

北京故宫的太和殿俗称"金銮殿"，位于北京紫禁城南北主轴线的显要位置，明永乐十八年（1420）建成，称奉天殿。明嘉靖四十一年（1562）改称皇极殿。清顺治二年（1645）改今名。自建成后屡遭焚毁，又多次重建，今天所见为清代康熙三十四年（1695）重建后的形制。太和殿是中国现存最大的木结构大殿。太和殿"建极绥猷"匾，为乾隆皇帝御笔。

大成殿位于曲阜城区的中心，是祀孔庙堂中建造年代最早、规模最大的一座，又称至圣庙。大成殿为曲阜孔庙的主殿后设寝殿，仍是前朝后殿的传统形式。前庭中设杏坛，

故宫太和殿
太和殿俗称金銮殿，为故宫三大殿中最大的一座。始建于明初，最初名为奉天殿，后改名皇极殿，清顺治二年（1645）改为现名。现存的殿是清康熙三十四年（1695）重修的。全殿面阔 11 间，进深 5 间，外有一列廊柱，全殿内外总共立有 84 根大柱。殿高约 35 米，宽约 63 米，为全国规模最大的木结构建筑。封建皇帝常在这里号令全国，举行庆典。

此处原是孔子故宅的讲学堂，后世将它改为孔庙正殿。

天贶殿为岱庙的主体建筑，位于岱庙仁安门北侧，元称仁安殿，明称峻极殿，民国始称今名。"天贶"即天赐的意思。相传北宋大中祥符元年（1008）六月初六有"天书"降于泰山，宋真宗即于次年在泰山兴建天贶殿，以谢上天。

四大古塔

中国四大古塔为河南登封嵩岳塔、山西应县佛宫塔、山东济南四门塔和河南开封铁塔。

嵩岳寺塔位于登封市城西北，建于北魏孝明帝正光元年（520），距今已有1470年的历史，是中国现存最古老的多角形密檐式砖塔。

佛宫寺释迦塔位于山西省应县城内西北佛宫寺内，俗称应县木塔，是中国现存时代最早的木结构高层建筑。建于后晋天福年间，辽清宁二年（1056）重修。

四门塔位于济南南部山区，是中国现存最早的全石结构佛教塔，全以青石砌成，是中国现存最早、保存最完整的单层庭阁式石塔，也是现存最早的亭式塔，建于隋大业七年（611），距今已有1400年。

开封铁塔又名"开宝寺塔"，坐落在开封城东北，因塔身全部以褐色琉璃瓦镶嵌，远看酷似铁色，故称为"铁塔"。建于北宋皇祐元年（1049），距今已有900多年的历史。

四大道教名山

中国四大道教名山为中国四处最主要的道教圣地，分别是位于湖北十堰的武当山、位于江西鹰潭的龙虎山、位于安徽黄山的齐云山和位于四川都江堰的青城山。

武当山又名太和山，位于鄂西北的丹江口市境内，列中国"四大道教名山"之首，又是武当武术的发源地。主峰紫霄峰

海拔1612米。武当山山势奇特，雄浑壮阔。有七十二峰、三十六岩、二十四涧、三潭、九泉，构成了"七十二峰朝大顶，二十四涧水长流"的秀丽画境。被列入世界遗产名录。

青城山古称丈人山，又名赤城山，位于都江堰市西南15千米处，海拔1600米，其36座山峰，如苍翠四合的城郭，故名青城山。青城为中国道教发祥地之一，相传东汉张道陵（张天师）曾在此创立五斗米道。

龙虎山位于江西鹰潭市西南郊，源远流传的道教文化，独具特色的碧水丹山，以及现今所知历史最悠久、规模最大、出土文物最多的崖墓群，构成了这里自然、人文景观的"三绝"。

齐云山又称白岳，位于徽州盆地，黄山脚下，因其"一石插天，与云并齐"，故名齐云山。该山道教始于唐乾元年间（758～760），至明代道教盛行，香火旺盛，成为中国四大道教名山之一。

四大道教名观

道教四大名观指北京白云观、山西永乐宫、南阳玄妙观、陕西楼台观。

北京白云观，始建于唐，名天长观。金世宗时，大加扩建，更名十方大天长观，是当时北方道教的最大丛林，并藏有《大金玄都宝藏》。金末毁于火灾，后又重建为太极殿。

永乐宫是中国道教三大祖庭之一，是为纪念八仙之一吕洞宾而建，是现存最大的元代道教宫观。始建于1247年，1358年竣工，历时111年。

玄妙观位于南阳故城外西北角，奉全真道清净派，明天启七年（1627）重修庙宇碑记："上古所建，历汉、唐、宋；其代远矣。"

陕西楼台观位于陕西周至县毗邻西安，交通便捷，区位优越。历史上，古楼观是中国道教的祖庭圣地，盛唐时为国内著名的道观，历史悠久，闻名遐迩。

洛阳白马寺

白马寺坐落于河南省洛阳市东 12 公里处，北依邙山，南望洛水。始建于东汉永平十一年（68），是佛教传入中国后建造的第一座寺院。它对中国佛教的传播和发展以及中外文化交流有着重要的意义，在中国佛教史上具有特殊的地位，被尊为"释源"和"祖庭"。

它的营建与中国佛教史上著名的"永平求法"紧密相连。相传汉明帝刘庄夜寝南宫，梦见金神头放白光，飞绕殿庭。次日得知梦中之物为佛，遂遣使臣蔡音、秦景等前往西域拜求佛法。蔡、秦等人在月氏（今阿富汗一带）遇到了在该地游化宣教的天竺（古印度）高僧迦什摩腾、竺法兰。蔡、秦等于是邀请佛僧到中国宣讲佛法，并用白马驮载佛经、佛像，跋山涉水，于永平十年（67）回到京城洛阳。汉明帝敕令仿天竺式样修建寺院。为铭记白马驮经之功，遂将寺院取名"白马寺"。

少林寺

河南嵩山少林寺是中国的佛教圣地，因其在佛教禅宗中的重要地位和少林武术而著名。少林寺创建于北魏孝文帝太和十九年（495），距现在已有 1500 多年的历史了。当时印度沙门和尚长途跋涉来到中国北方，受到笃信佛教的北魏孝文帝的敬重，给他设立禅林。后来他随帝南迁，在洛阳复设静院，敕以居之。他见嵩山很像一朵盛开的莲花，有意在"花"中立寺。孝文帝便充登封知县在少室山阴、五乳峰下松柏叠翠的幽谷茂林之中依山辟基，修建寺院。"少林者，少室之林也。"因而取名"少林寺"。

云冈石窟

云冈石窟在山西省大同市城西 16 公里的武州山南麓，是北魏时期开凿的。石窟依山而建，东南绵延约 1 公里，现在主要洞窟

53 个、小神龛 1100 多个、造像 5.1 万余具，分东、西、中三大区。石窟的建造贯穿整个北魏时期。

云冈石窟的艺术成就很高，它与敦煌石窟、龙门石窟一并成为中国石窟艺术的代表。

云冈石窟所雕凿的成千上万尊佛像变化万千，神态各异，有的高大魁伟，有的相貌庄严，有的体态安详。在第 19 窟里，有一主佛像高达 16.8 米，其左右二佛分处二耳洞；第 20 窟里的一尊大佛也高达 13.7 米，面部丰满，两肩宽厚，造型雄伟，是云冈石窟的代表作品。

石窟周围的壁上还刻画了浮雕，顶部有姿态优美的天女凌空飞舞。许多中外游客都会在这些精美的艺术品前驻足流连，为这些宏伟而精美的石雕而赞叹不已。

莫高窟

莫高窟俗称千佛洞，位于甘肃敦煌市东南 25 公里的鸣沙山东麓崖壁上，上下 5 层，南北长约 1600 米。始凿于公元 366 年，后经十六国至元十几个朝代的开凿，形成一座内容丰富、规模宏大的石窟群。是世界上现存规模最宏大、保存最完好的佛教艺术宝库，被誉为"东方艺术明珠"。

敦煌石窟，包括莫高窟、西千佛洞和榆林窟。其中的莫高窟，俗称千佛洞，是敦煌石窟的代表。它始建于前秦建元二年（366），现存十六国、北魏、西魏、北周、隋、唐、五代、宋、西夏、元等 16 个朝代的洞窟 492 个。拥有壁画 45000 多平方米，彩塑 2415 余身，唐代木构建筑 5 座，文画、文物 5 万余件。

莫高窟在明代一度荒废，至清康熙五十四年（1715）以后，又受到人们的注意。光绪二十六年（1900）道士王圆箓发现"藏经洞"，洞内藏有写经、文书和文物 4 万多件。此后莫高窟更为引人注目。1907 年和 1914 年，英国的斯坦因两次掠走遗书、文物 1 万多件。1908 年，法国人伯希和从藏

敦煌莫高窟

经洞中拣选文书中的精品，掠走约 5000 件。1910 年，藏经洞中的劫余佛经大部分运至北京，交京师图书馆收藏。1911 年，日本人橘瑞超和吉川小一郎从王道士处掠走约 600 件经卷。1914 年，俄国人奥尔登堡又从敦煌拿走一批经卷写本，并进行洞窟测绘，还盗走了第 263 窟的壁画。1924 年，美国人华尔纳用特制的化学胶液，粘揭盗走莫高窟壁画 26 块。这些盗窃和破坏，使敦煌文物受到很大损失。

中国从 20 世纪 40 年代起成立了莫高窟的学术研究和保护机构；60 年代对石窟进行了全面的加固；80 年代开始，莫高窟进入现代科学保护时期。

龙门石窟

龙门石窟位于河南洛阳市区南面 12 公里处，是与大同云冈石窟、敦煌千佛洞石窟齐名的中国三大石窟之一。

龙门石窟始开凿于北魏孝文帝迁都洛阳（494）前后，迄今已有 1500 多年的历史。

后来，历经东西魏、北齐、北周，到隋唐至宋等朝代又连续大规模营造达 400 余年之久。密布于伊水东西两山的峭壁上，南北长 1000 多米，现存石窟 1300 多个，佛洞、佛龛 2345 个，佛塔 50 多座，佛像 10 万多尊。其中最大的佛像高达 17.14 米，最小的仅有 2 厘米。另有历代造像题记和碑刻 3600 多品。

龙门石窟规模宏大，气势磅礴，窟内造像雕刻精湛，内容题材丰富，被誉为世界最伟大的古典艺术宝库之一。它以自身系统、独到的雕塑艺术语言，揭示了雕塑艺术创作的各种规律和法则。龙门石窟远承印度石窟艺术，近继云冈石窟风范，与魏晋洛阳和南朝先进深厚的汉族历史文化相融合开凿而成。所以龙门石窟的造像艺术一开始就融入了对本民族审美意识和形式的悟性与强烈追求，使石窟艺术呈现出中国化、世俗化的趋势，堪称展现中国石窟艺术变革的"里程碑"。

长　城

早在春秋时期，为抵御北方游牧民族的侵略，楚国修建了一段长城。到了战国，燕、赵、秦等诸侯国更是大规模修建。秦统一六国后，秦始皇派人把北方各诸侯国所筑长城连结起来，西起临洮，东到辽东，绵延一万多里，这就是"万里长城"名称的由来。之后，各朝各代都曾对万里长城进行过修缮，现今我们所看到的，主要是明代修建的长城。

长城依地形而建，就地取材。在有山的地方，长城就建在陡峭的山脊上，并开采山石，凿成巨大的条形，堆砌城墙，内填灰土，非常坚固；在黄土地上，长城主要用土夯筑；在沙漠里，则用沙砾做主要材料，层层铺设红柳和芦苇以使城墙更加稳固。长城是一个军事防御建筑，城墙顶上铺有方砖，非常平整，宽的地方可以并行五六匹马，可供兵马顺畅通行。城墙的外沿则排列着两米多高的垛子，垛子上部有方形的望口和射口，用来瞭望敌情和射击敌人。城墙顶上每隔 300 余米设有一个屯兵的堡垒，打仗的时候，各堡垒之间可以互相接应。另外，长城的两边还有烽火台，有的紧靠长城两侧，有的则在长城以外，一旦有紧急情况，白天放烟，晚上点火，以提供警报和请求救援。长城规模宏大、气魄雄伟、建筑艺术精妙，是世界上最伟大的奇迹之一，它凝聚着先民的血汗和智慧，是中华民族的骄傲和象征。

圆明园

圆明园位于北京海淀区，原为清代的一座大型皇家园林，与附园长春、绮春（万春）合称圆明三园。1860 年，被英法联军焚毁。

圆明园始建于清朝康熙四十八年（1709），乾隆九年（1744）完工。附园长春和绮春两园分别建成于乾隆十六年（1751）和乾隆三十七年（1772），时间长达 150 多年。圆明园不仅是清朝皇帝休息的地方，也是他们会见大臣、接见外国使节、处理政务的地方，与紫禁城同为当时的全国政治中心，有"御园"之称。全园占地 347 万平方米，有建筑 150 多处，其中凿湖造山，遍植奇花异草，集中外园林建筑之精华，构筑有圆明园四十景。三园的平面布局呈一个"品"字形，有园门相通。全园以福海为中心，海中有"蓬岛瑶台"等三个小岛，象征道家"一池三仙山"之说。另外，长春园还有海晏堂、远瀛观等西洋风格的建筑。它还是一座大型的皇家博物馆，藏着许多珍宝、图书等，被誉为万园之园。1860 年，英法联军攻入北京，抢劫了园中珍宝，并纵火焚毁，现仅有遗址。

颐和园

颐和园位于北京市西北郊，原为清朝皇帝的行宫御苑，原名清漪园，是保存最完整的一座行宫御苑，始建于清乾隆十五年（1750），咸丰十年（1860）被英法侵略军焚毁，光绪十二年至二十一年（1886 ～ 1895），慈禧挪用海军经费进行了重建，光绪十四年（1888）改名颐和园。

颐和园以杭州西湖为蓝本，吸取了江南园林的设计手法和意境建造而成。全园占地面积约 290 万平方米，分为宫廷区和苑林区。宫廷区以仁寿殿为主，是政务活动区。苑林区以万寿山、昆明湖为主体。万寿山东西长约 1000 米，高 60 米，山上建有排云殿、德辉殿、佛香阁、智慧海等。昆明湖约占全园面积的 78%，湖中有一模仿杭州西湖的苏堤而建的西堤。湖中有南湖岛，又称龙王庙，与东岸一座长 150 米的十七孔桥相连。湖北岸有一条东西走向的"长廊"，全长 728 米，共 273 间，是中国园林中最长的长廊。万寿山东麓的谐趣园原名惠山园，是一座园中园，是模仿无锡寄畅园而建的。

避暑山庄

避暑山庄又名承德离宫、热河行宫，是清朝皇帝的夏宫，也是中国现存最大的古代离宫和皇家园林，位于河北省承德市北部。

始建于清朝康熙四十二年（1703），后多次改扩建，乾隆五十五年（1790）建成。清朝前期，每年夏天，清朝皇帝都会到这里避暑并处理政务，避暑山庄成了清朝第二政治中心。避暑山庄占地 560 万平方米，分宫殿区和苑景区两大部分。苑景区又分湖区、平原、山峦三部分。这些风景都是仿照中国各地风景园林艺术风格而建，所以避暑山庄成为中国各地胜迹的缩影。宫殿区在山庄南端，主要建筑澹泊敬诚殿（正宫）是节日举行大典的地方。后面的依清旷殿是皇帝召见朝臣的地方。另外还有烟波致爽殿和云山胜地殿。正宫东侧的松鹤斋是后妃们居住的地方。避暑山庄周围是博仁寺、博善寺、普乐寺、安远庙、普宁寺、普佑寺、广缘寺、须弥福寿之庙、普陀宗乘之庙、广安寺、罗汉堂和殊像寺 12 座喇嘛庙群。避暑山庄是清帝为处理中央政府与蒙古、回、藏等少数民族关系而建，因此，具有浓厚的多民族色彩和宗教色彩。

苏州园林

私家园林是古代官僚、文人、富商、地主所拥有的私人宅院。中国的私家园林以江南的私家园林数量最多、艺术价值最高，其中又以苏州园林最具代表性。

与皇家园林相比，江南私家园林的规模较小，一般只有几亩至几十亩，最小的仅一亩半亩，但造园家能在这有限的空间内，运用多种艺术技巧，造成一种好像深邃不尽的景象，给人一种空间很大的感觉。院子以水面为中心，四周散布着精美的建筑，构成一个个小的景点，几个小景点又围合成大的景区。院子的主人一般都具有较高的文化素养，能诗善画，善于品评，园林追求超凡脱俗、清高淡雅的风格。院子主要供主人修身养性、闲适时自娱自乐所用。苏州的古典园林极具特色，建筑布局、结构、造型、风格都运用了巧妙的衬托、对景、借景、尺度变换、层次配合、小中见大等种种造园艺术技巧和手法，将亭、台、楼、阁、泉、石、花、木有机地融合为一体，浑然天成，毫无斧凿的痕迹。

苏州拙政园是私家园林中的经典之作，它始建于明朝正德四年（1509），之后几经雕琢，现存的园貌主要形成于清朝末期。全园分为西、中、东三部分，以中部为主。中部的园子呈矩形，水面较多，也呈横长的矩形，水池内建有东、西两座假山，又有几条小桥和堤坝把水面分成几个部分。水池的南岸有较大面积的平地，建筑物多集中在此，由宅入园的小门就开在南岸的院墙上。入园以后，迎面有一座假山挡住视线，使园内景物不至一览无余，这种手法称为"障景"。岸西有一座名叫"别有洞天"的凉亭，透过清澈的水面，东岸有一座方亭与之遥相呼应，水中的荷香四面亭和曲折的小桥更增加了景观的层次感，这种手法称为"隔景"。北岸以土为主，遍植柳树、芦苇，别有一番风趣。东岸

有梧竹幽居亭，由此西望，透过水池亭阁，在树梢上可遥见远处的苏州报恩寺塔，将塔景引入园内，称为"借景"。院内粉墙、绿水、几处怪石、数竿细竹，不尽的美景组合成一幅完美的画卷。

拙政园与沧浪亭、狮子林、留园分别代表着宋、元、明、清四个朝代的艺术风格，被称为苏州"四大名园"。其他名园还有网师园、环秀山庄、艺圃、耦园、退思园等。

江南三大名楼

江南三大名楼指的是黄鹤楼、岳阳楼和滕王阁。

黄鹤楼位于湖北武汉长江边的蛇山上，始建于公元223年，传费文伟在此驾黄鹤成仙而得名。现楼为1986年重建，高51.4米，共5层，黄瓦红柱，层层飞檐。咏黄鹤楼的诗文以崔颢的《黄鹤楼》和李白的《黄鹤楼送孟浩然之广陵》最为著名。

岳阳楼位于湖南岳阳的洞庭湖畔，原是三国时期吴国的阅兵台，唐开元四年（716）建岳阳楼，现在的岳阳楼为1984年重修。主楼平面呈长方形，宽17.24米，深14.57米，高19.72米，楼顶为黄色琉璃瓦，金碧辉煌。主楼右有"三醉亭"，左有"仙梅亭"。楼内陈列着杜甫的《登岳阳楼》诗、范仲淹的《岳阳楼记》和历代名人的对联。

滕王阁在江西南昌赣江边，是唐太宗之弟滕王李元婴于公元675年所建，故名"滕王阁"，为三大名楼之首。现楼为1989年重建，楼高57.5米，共9层，主体建筑面积为1.3万平方米，是一座仿宋建筑。咏滕王阁的诗文以王勃的《滕王阁序》和《滕王阁》诗最著名。

故 宫

故宫旧称紫禁城，是明清两代皇宫，是中国现存最大最完整的古建筑群，也是现存的最大宫殿群，现为故宫博物院。

故宫俯瞰

兴建于明朝永乐年间（1406～1420），设计者是蒯祥。故宫是一个长方形城池，墙外有护城河环绕，占地 72 万平方米，建筑面积约 15 万平方米，拥有殿宇 9999 间半。故宫严格按照《周礼·考工记》中"前朝后市，左祖右社"的帝都营建原则建造。故宫有四个大门，正门（南门）名为午门，俗称五凤楼，午门后有五座汉白玉拱桥通往太和门。东门名东华门，西门名西华门，北门名神武门。故宫宫殿的建筑布局有外朝、内廷之分。外朝是明清皇帝行使权力、举行盛典的地方，以太和、中和、保和三大殿为中心，文华、武英两殿为两翼。太和殿（又称金銮殿）是皇帝即位、举行节日庆典和出兵征伐等大典的地方。中和殿是皇帝休息和接受大典中执事官员参拜的地方。保和殿是科举考试举行殿试的地方。内廷是封建帝王和后妃居住的地方，以乾清宫、交泰殿、坤宁宫为中心，东西六宫为两翼。

布达拉宫

布达拉宫位于中国西藏拉萨的红山之巅，建于公元 7 世纪唐代初年松赞干布时。布达拉为观音胜地普陀洛迦的梵语译音，意为观音慈航以普救众生。布达拉宫是世界上海拔最高，集宫殿、城堡和寺院于一体的宏伟建筑。整个建筑群占地 10 余万平方米，房屋数千间，布局严谨，错落有致，体现了西藏建筑工匠的高超技艺。

布达拉宫依山而筑，宫宇叠砌，气势磅礴，其建筑艺术体现了藏族传统的石木结构碉楼形式和汉族传统的梁架、金顶、藻井的特点，在空间组合上，院落重叠，回廊曲槛，因地制宜，主次分明，既突出了主体建筑，又协调了附属的各组建筑，上下错落，前后参差，形成较多空间层次，富有节奏美感，又在视觉上加强了高耸向上的感觉，是世界建筑史上的奇迹。布达拉宫已被联合国教科文组织列入"世界文化遗产"名录。

西湖十景

西湖十景形成于南宋时期，主要有苏堤春晓、曲苑风荷、平湖秋月、断桥残雪、柳浪闻莺、花港观鱼、雷峰夕照、双峰插云、南屏晚钟、三潭印月，十景各擅其胜。

苏堤是北宋苏东坡任杭州知州时，疏浚西湖，利用挖出的葑泥构筑而成，后人命名为苏堤。南宋时，苏堤春晓被列为西湖十景之首。

曲院风荷，以夏日观荷为主题，"曲院"原是南宋朝廷开设的酿酒作坊，后衰芜湮废。现存清康熙帝所建曲院风荷景碑亭。

南宋时，平湖秋月并无固定景址，明万历年间的西湖十景木刻版画中，《平湖秋月》即画游客在湖船中举头望月。

断桥残雪之断桥位于今白堤东端。明人汪珂玉《西子湖拾翠余谈》评说西湖胜景云："西湖之胜，晴湖不如雨湖，雨湖不如月湖，月湖不如雪湖……"

柳浪闻莺现已湮没，唯有康熙御题柳浪闻莺景亭碑一座。

花港观鱼位于苏堤南段以西。南宋时，内侍官允升曾在花家山下建私家花园，并引水入池，蓄养五色鱼以供观赏怡情，因地近花家山而名花港。

雷峰夕照之雷峰塔，为吴越时建造，如今是塔倒山虚。

双峰插云之双峰即天目山两支脉。

南屏晚钟，北宋张择端曾经画有《南屏晚钟图》。

三潭印月岛又名小瀛洲，从空中俯瞰，湖中有岛，岛中有湖，为中国江南水上园林之经典。

平遥古城

平遥位于山西省中部，是一座具有2700多年历史的古城，现在的城墙建于明洪武三年（1370），是中国现存最完整的明清县城，是中国汉民族中原地区古县城的典型代表。

平遥古城基本上还是明初的形制和构造。城池为方形，面积2.25平方公里，城墙高12米，周长6157.7米，外表全部砖砌。墙上垛口，墙外有护城河，深宽各4米。城池有6座城门，东西各二，南北各一。城门上原建城楼，四角各建有一座角楼，大多已残坏。城内的街道、铺面、市楼保留明清形制。城内主要街道是十字形，商店沿街而立，住宅位于小街巷内。其中大型建筑有：古城北门的镇国寺和古城西南的双林寺。镇国寺建于五代时期，是全国排名第三位的古老木结构建筑。双林寺建于北齐武平二年（571），寺内10多座大殿内保存有元代至明代的彩塑造像2000余尊，被誉为"彩塑艺术的宝库"。古城内现保存着3997处传统四合院民居，其中有400处保存相当完好。

民俗文化

元旦

每年阳历 1 月 1 日，是我国传统的新年——元旦。

"元"是开始、第一之意；"旦"是早晨，一天之意。"元旦"就是一年的开始，一年的第一天。

从字面上看，"旦"字上面的"日"代表圆圆的太阳，下面的一横代表地平线，一轮红日从地平线上冉冉升起，放射着灿烂辉煌的光芒。这个象形字生动地反映了旭日东升的形象。把"元""旦"合在一起，就是要人们以蓬勃的朝气和奋发的斗志，来迎接崭新的开始。

"元旦"这一名称，据说起自颛顼，颛顼以农历正月为元，初一为旦。此后，夏、商、周、秦、汉的元旦日期并不一致。据《史记》记载：夏代以正月初一为元旦；商代以十二月初一为元旦；周代以十一月初一为元旦。秦统一中国后定为十月初一为元旦；到了汉武帝时，又恢复到正月初一为元旦，且一直延续了下来。辛亥革命后，我国改为公历，将阴历正月初一称为春节，将阳历 1 月 1 日称为新年。1949 年 9 月 27 日，中国人民政治协商会议第一届全体会议通过使用"公元纪年法"，将阴历正月初一定为春节，将阳历 1 月 1 日正式定为元旦。

元旦是一年开始的第一个美好节日。每当节日来临，家家户户，送旧迎新；亲朋欢聚，同贺新年。元旦国定休假 1 天，人们兴致勃勃地参加各种有益的文化、体育、游乐活动。年末岁首，许多人都爱购日历、历书，或以贺年片、年历画互相赠送。

春节

春节是中华民族传统节日，农历新年。古代亦称"元旦""元日""元辰""元正""元逆""元朝""正元""新正""朔日"。民间俗称"过年""过新年"。正月初一为"岁之元、月之元、时之元"，故而又称"三元"，俗称"年初一""大年初一"。传统风俗上，以正月初一、二、三日为正年，而节日活动，则从除夕，甚至腊月二十三日开始，一直延续到正月十五元宵节。

《北平年谣》："二十三，糖瓜粘；二十四，扫房日；二十五，做豆腐；二十六，去割肉；二十七，去宰鸡；二十八，白面发；二十九，满香斗；三十日，黑夜坐一宵；大年初一出来扭一扭。"这就是俗语说的"腊月忙年"。农民一年中的正式节假日，就只有这 15 天，所以都非常重视而隆重。辛亥革命后，将阳历一月一日定为新年，将农历正月初一改称春节，现仍沿此节俗。

据史载，春节风俗源于远古社会的"腊祭"。"腊祭"原是神农氏（一说伊耆氏）时代的"索鬼神而祭祀""合聚万年而索享之"的"岁终出祭"。由于宗教、风俗自身的保守性和历代统治阶级出于自身目的而提倡，这种产生于生产力低下的原始时代的传统礼俗，一直保留在生产力相对低下的各个历史时期，沿袭到 20 世纪 40 年代，演化为"春节"的习俗。不过民间传说则不同。"年"原是远古时代的一种怪兽，每年寒冬将尽、新春快来之时，便四出噬人。古人为防御它的掠食，便聚集一起，燃起篝火，投入竹子，使其爆裂出巨响，把"年"吓跑。一夜平安无事，翌晨便相互道贺，因飨丰盛食物，共庆幸福生活。年复一年，就形成一个欢乐的节日，叫作"过年"。

古人"过年"，总是和祭祀活动分不开的。人们用自己劳动换来的肉食、谷物，祭祀祖先和鬼神，饮酒宴乐，祈求幸福。后来，佛教、道家的思想影响渐渐渗透，给过年的仪式又增添了许多内容，例如贴春联、放爆竹、吃年糕等。

元宵节

农历正月十五，叫"元宵节"，也叫"上元节""元夕节""灯节"，是我国民间富有悠久历史的传统节日。

元宵节在我国已有1000多年的历史。古代的都市，夜间是禁止一般行人往来的，这种规矩叫作"宵禁"。从汉代开始，决定正月十四到十六开禁三天，准许人们自由地在街头欢乐。因为这几天离春节不远，人们过节的余兴未尽，很容易举行欢乐的活动。这时候大概就有了元宵节的雏形。元宵节作为正式节日乃是从唐朝初期才开始的。相传有这样一个故事。天宫有三官，天官好乐，地官好人，水官好灯。这三位天神到了上元之夜，一起从天而降，与人间百姓同乐。人们为了取悦三位天神，便在正月十四到十六这三天的晚上，张灯结彩迎接他们。从唐代起，在这几天夜间就有观灯风俗，这几天也叫灯节。到了宋代开宝年间，甚至延长到正月十七、十八两个晚上，有所谓"五夜元宵"之称。宋代还创制一种用糯米裹馅的糕点，在水里煮熟后连汤热吃，叫作"浮圆子"。因为它是元宵节的应节食品，

大家便管它叫"元宵"。

相传宋太祖赵匡胤为了鼓励人们在元宵佳节到御街观灯，特规定"凡来观灯者赐酒一杯"，所以，"一入新正月火日盛"。汴京（今开封）灯市竟长达40余里。孟元老《东京梦华录》记载："正月十五日元宵，大内前自岁前冬至后，开封府绞缚出棚，立木正对宣德楼，游人已集御街，两廊下奇术异能，歌舞百戏，鳞鳞相切，乐声嘈杂十余里。"南宋杭州，元宵灯市更成为盛大节日，花灯制造技术也达到高峰。《武林旧事》等载："山灯凡数千百种，极其新巧，怪怪奇奇，无所不有。""竞出新意，年异而岁不同。"南宋宫廷扎作的琉璃灯山，高达五丈，灯山上有"八仙庆寿""三星高照""五蝠捧福"等各种人物灯彩，栩栩如生。

到了明朝，灯节还增设戏曲表演。明太祖朱元璋在南京即位，规定元宵从初八上灯，十七落灯，连续张灯十夜，成为我国时间最长的灯节。年年花灯烟火照耀通宵，鼓乐杂耍喧闹达旦。

清代灯市也盛行一时。北京灯市口、前门外、厂甸一带都曾设灯市，家家店铺都悬挂五色彩灯，观灯者摩肩接踵，热闹非凡。江南苏杭等地元宵放灯、赛灯、观灯，至今尤盛，相沿成俗。

元宵灯节，若遇上漫天大雪，白雪彩灯，火树银花，更相映成趣，民间俗称"正月十五雪打灯"，这是吉祥顺利、年岁丰收的预兆，更为元宵佳节平添无限欢乐情趣。

宪宗元宵行乐图卷 明

清明节

"清明节"是汉族传统节日。亦称"植枝节""踏青节""聪明节"。彝、壮、布依、满、侗等 23 个少数民族也过此节。时间在公历 4 月 5 日前后，夏历则是三月上旬。清明是我国二十四节气之一。清明作为节日，它与节气不同，节日包含着一定的风俗活动和某种纪念意义。清明节是我国兴农事、祭祖宗的节日。西汉的《淮南子·天文训》："春分后十五日，斗指乙，为清明。"元代吴澄的《月令七十二候集解》："三月节……物至此时，皆以洁齐而清明矣。"故谓之清明。由于寒食节与清明节只隔一两日，所以寒食节与清明节活动基本一致。到了唐代两个节日就合二为一了。寒食清明的主要风俗是祭祖扫墓、插柳踏青、兴农事等，各地区、各个时代还有不同的民间风俗及游艺活动。

清明节进行扫墓祭祀活动在我国由来已久。这是因为清明节和寒食节连在一起的缘故。相传，寒食节是春秋时代晋文公为纪念他的忠臣介子推而规定全国照办的。晋文公名叫重耳，在登上王位以前过了十多年流亡生活。因为他在流亡中想吃肉而不可得，随从侍臣介子推便割下自己身上的肉煮给他吃。重耳知道此事后非常感动。当他当上国君之后，便对过去有功的侍臣一一封赏，功劳最大的介子推却不要任何报偿，同母亲一起隐居到绵山生活。晋文公派人到处找也没有找到他。后来便用了放火烧山的办法，心想介子推是个大孝子，一见起火肯定会背着老娘出山的。谁料介子推坚决不出，被烧死在一棵柳树下面。晋文公伤心万分，为纪念这位耿耿忠臣，下令以后每到介子推烧死的这一天，晋国家家不准兴火，只能吃点冷食，以示纪念。因为寒食当时只限于晋国，年代又很久远，所以后来人们并不都熟悉这个节日，但祭祀扫墓之风由此发端，长期流传下来。有的地方在清明节折柳枝插在门上，据说具有纪念介子推死于柳树下之意。可见清明节和寒食节从祭祀风俗上也难以分开了。

端午节

端午节是汉族传统节日，蒙古、回、藏、苗、彝等 26 个少数民族均过此节。晋周处《风土记》："仲夏端午，端，始也，谓五月初五也。"古代"午、五"同音，所以端午又称端五。又因两五相重，故称"重五"，或称"重午"。道教称"地腊节"，唐代称"天中节""端阳节"，明清时，北京称"五月节""女儿节"等。时间在农历五月初五。

关于端午节的起源，许多人一直以为都是为了纪念屈原，现在据学者考证，这是后世好心人附会所造成的。实际上，端午节早在屈原出世前的春秋时代就有了，古俗忌为"恶日"，这与夏季各类疾病瘟疫滋生为灾有关。因此我们的祖先规定在端午这一天，要大搞环境卫生。至今还在民间流传的如插菖蒲、烧艾叶、苍术、白芷，捣大蒜，洒雄黄水，饮雄黄酒等习俗，都是重在卫生防疫。这些传统习俗，都有一定科学道理，值得发扬光大。

端午龙舟竞渡的习俗，起于春秋战国。宋·高承的《事物纪原》引楚传云："起于越王勾践。"龙舟竞渡活动不仅仅是越人的习俗，中原地区也有此俗。河南汲县山彪镇战国时期墓葬中出土的水陆攻战纹铜鉴及其鉴纹的摹绘，就有龙舟竞渡图。但龙舟竞渡主要是南方风俗，至今仍在汉族及傣、苗等少数民族中流行。

至于端午节吃粽子的习俗，则是到了汉代才形成的。《荆楚岁时记》："夏至节日食粽。"《风土记》："谓为角黍，人并以新竹为筒粽。"粽，古称角黍。粽子要用菰叶、箬叶包裹，用水煮熟，吃起来才香。

中秋节

中秋节是汉族传统节日，日本、朝鲜等国也仿行此节日，时在农历八月十五。

中秋制月饼 清 选自《太平欢乐图册》

中秋节的来历至少可追溯到2000多年以前。传说古时天子祭日在春，祭月在秋。农历八月是秋季中间的月份，十五又是中秋之中，所以，八月十五日就被择为祭神吉日，称为中秋节。秋天又是庄稼收获的黄金季节。所以，八月十五日又逐渐发展为广大劳动人民欢庆的节日了。中秋节吃月饼的风俗，远在1000多年前就有了。在北宋时的京都东京（今河南开封），每逢中秋之夜，人们争上高楼，以先睹月色为快。祭月一般在月亮升起时进行，所用供物有月饼、瓜果、毛豆枝、鸡冠花等，其中最主要的物品是月饼。《燕京岁时记·月饼》载："至供月月饼，有留至除夕而食者。"苏东坡诗云："小饼如嚼月，中有酥和饴。"清朝杨光辅在《淞南东府》中也写道：月饼饱装桃肉馅，雪糕甜彻饼颇为相近。由于月饼象征团圆，反映了人们对一家能够团圆的愿望。所以，有些地方也称它为"团圆饼"。

重阳节

农历九月初九，是我国汉族的一个古老的传统佳节——重阳节。古人以九为阳数，九月初九，两阳相重，故叫"重阳"。《西京杂记》记载："九月九日佩茱萸，食饵（即重阳糕），饮菊花酒，云令人长寿。"因此，重阳节又有"老人节"之称。

重阳这一天，人们赏玩菊花，佩戴茱萸，携酒登山，畅游欢饮。关于重阳节的来历，南朝吴均《续齐谐记》上记载着这样一段很有意思的故事。东汉方士费长房对他的弟子桓景说："九月九日你们家有大灾难，假如用红色的囊袋盛茱萸，挂在臂上，登高山饮菊花酒，就可以免祸。"桓景到那天就率领全家老小到山上避难去了，等到晚上回来的时候，发现家里的鸡犬全都死了。

从此，人们每到九月九日就去登高避邪，于是沿袭成俗，遂成佳节。

重阳登高，是节日主要习俗。历代以来，汉族官民在九月九日成群结队去爬山登山。住在江南平原的百姓苦于无山可登，无高可攀，就仿制米粉糕点，再在糕面上插上一面彩色小三角旗，借以示登高（糕）避灾之意。历代诗人都喜欢重阳登高赋诗。唐代大诗人王维的《九月九日忆山东兄弟》："独在异乡为异客，每逢佳节倍思亲。遥知兄弟登高处，遍插茱萸少一人。"远客思乡之情，深切感人。

重阳节还有插茱萸、饮菊花酒、吃重阳糕等风俗。茱萸，也叫越椒，是一种中药植物，气味辛烈，古人认为折以插头，能够防止恶浊邪气的侵袭；燃熏后可以避虫虺。在这"百足之虫，死而未僵"之时，熏佩以避之，犹似端午节熏雄黄一样，是很符合传统卫生习惯的。

菊花是我国一种历史悠久的名花，除重阳赏菊外，还具有食疗价值。因而古人在食其根、茎、叶、花的同时，还用来酿酒。晋代菊花酒制法是："采菊花茎叶，杂秫米酿酒，到次年九月始熟，用之。"明时，菊花酒是用"甘菊花煎汁，同曲，米酿酒。或加地黄、当归、枸杞诸药方佳"。明代医药家李时珍说菊花酒具有"治头风，明耳目，去痿痹，消曲病"的疗效。

重阳花糕是用粳米制成的一种节令美食。南宋杭州的重阳花糕，是"以糖肉林面杂糅为之，上缕肉丝鸭饼，缀双榴颗，标以彩旗。又作蛮王狮子于上"。明清北京的重阳花糕"以糖面为之中夹细果"。卖花糕的小贩还"头戴吉祥字"，装在车上沿街叫卖。

泼水节

泼水节是傣、阿昌、德昂、布朗、佤等族的传统节日，是傣历年新旧交替的标志。

泼水节的来历，传说不一。西双版纳傣族传说，远古的时候，有个魔王作恶多端，人们都恨透了他，想了很多办法都没有把他杀死。后来，魔王抢来七个姑娘做他的妻子。聪明的七位姑娘从魔王口中打听到他的致命弱点，即用魔王的头发勒魔王的脖子，才能将他置于死地。七位姑娘趁魔王熟睡时，拔下他的头发一勒脖子，魔王的头就滚了下来。可是头一掉在地上，地上就燃起大火，姑娘一抱起头，大火也就熄灭。为了避免大火燃烧。七个姐妹轮流抱住魔王的头，一年一换。每年换的时候，人们都给抱头的姑娘泼水，冲去她身上的血污，洗去她一年的疲劳，为新的一年能消灾除难而祈祷。从此形成了送旧迎新的泼水节。

泼水节一般在公历四月中旬，傣历六月，为期 3 ~ 5 天。第一天叫"腕多桑利"，意为除夕；最后一天叫"腕叭腕玛"，意为"日子之王到来之日"，为新年元旦；中间叫"腕脑"，意为"空日"。每逢节日，都要进行泼水、丢包、划龙舟、放高升、拜佛、赶摆等活动。

节日第一天清晨，人们采来鲜花绿叶到佛寺供奉，并在寺院中堆沙造塔四五座，世俗众生围塔而坐，聆听佛爷念经，然后又将佛像抬到院中，全寨妇女担来碧澄清水为佛像洗尘。佛寺礼毕，青年男女退出互相泼水为戏，于是群众性的泼水活动就开始了。人们用铜钵、脸盆以至水桶盛水，祝福的水可以消灾除病，所以人们尽情地泼、尽情地浇。不论泼者还是被泼者，虽然从头到脚全身湿透，但都高兴异常。只见一朵朵水花在人群中盛开，在阳光的映射下形成一道道彩虹，到处充满了欢声笑语。

除了泼水，还有群众性的歌舞活动。上至七八十岁的老人，下至七八岁的娃娃，穿上节日盛装，来到村中广场，男女老少围成一圈，合着鼓点翩翩起舞。有的跳"孔雀舞"，有的跳"玉腊嗬"，有的即兴而作，边唱边跳，动作优美，节奏鲜明，歌声动人。跳到兴高采烈时，或爆发"水、水、水"的欢呼，或以"玉腊嗬、玉腊嗬"的歌声结尾。有的男子边跳边饮酒，如醉如狂，通宵达旦，甚至醉倒在舞场上。

那达慕大会

"那达慕"是蒙古语，意为"娱乐""游戏""欢聚"。这个大会是蒙古族的传统节日，流行于内蒙古、甘肃、青海、新疆等地。每年农历七八月间举行，会期视当年牧业生产状况而定，经常小丰收小开，大丰收大开，一般为 1 ~ 7 天不等。

"那达慕"是蒙古族传统悠久的群众集会，带有浓郁的游牧民族的特色。最早记载那达慕活动的是畏兀儿体蒙古文。1225 年铭刻在石崖上的《成吉思汗文》记载，成吉思汗征服了花剌子模，为庆祝胜利，在布哈苏齐海地方举行了一次盛大的"那达慕"大会，会上举行了射箭比赛。在 1240 年成书的《蒙古秘史》和 13 世纪末成书的《马可·波罗行记》上都记载了那达慕大会上的赛马、射箭、摔跤活动，俗称蒙古族的"好汉三艺"，这是蒙古族走南闯北、建功立业的本领，也是草原人民辛勤劳动后的娱乐形式。清代，"那达慕"已成为官方定期召集的有组织、有目的的群众游艺活动。而且除了体育、文艺活动外，还增加了集市贸易、物资交流等内容。牧民们不仅观看赛马、射箭、摔跤比赛，还观看精彩的文艺演出，参观各种展览，参加贸易活动，促进经济、文化的交流。

舞狮

狮子是我国人民心目中象征吉祥的瑞兽，舞狮在我国历史久远，地域广阔。从北方到南方，从城市到乡村，每逢喜庆佳节，都有舞狮的风俗，已发展成了一种具有独特民族风格的民间娱乐活动。

舞狮，起源于三国，盛行于南北朝。杨炫之的《洛阳伽蓝记》中，就有"辟邪狮子，引导其前"的描写。据传，南北朝宋文帝元嘉二十三年（446）五月，交州刺史檀和之奉命伐林邑，林邑王范阳使用了象军作战，使宋军败北。此后，先锋官振武将军宗悫想了个办法。他说，百兽都害怕狮子，大象大概也不例外。于是，连夜用布、麻等做成了许多假狮子，涂上五颜六色，又特别张大了嘴巴。每一只"狮子"由两个战士披架着，隐伏草丛中。他还在预定的战场周围，挖了不少又深又大的陷阱。敌方驱象军来攻，宗悫放出了假狮子，个个张着斗大血口，张牙舞爪直奔大象。大象吓得掉头乱窜。宗悫又趁机指挥士兵万弩齐发，受惊的大象顿时四处奔跑，不少跌入陷阱，人和象俱被活捉。从此，舞狮首先在军队中流行，然后传到民间。唐代诗人白居易的《西凉伎》诗中描写说："假面胡人假面狮，刻木为头丝作尾；金镀眼睛银贴齿，奋起毛衣摆双耳……"可见，在唐代已有类似现代的狮子舞了。

舞狮在我国不仅有悠久历史，并且已形成"北方狮子舞"和"南方狮子舞"两大流派。北方狮子舞相传是在一千五百年前的北地人从塞外传到中原的。魏太武帝将它改称为"北魏瑞狮"。北狮的外形全身由狮被遮盖，舞狮者只露出双脚，下身穿着和狮被同色的裤子和花靴，由两人合作扮一头大狮，或称太狮；一人扮作一头小狮，或称少狮。另一人扮武士，手持绣球作为引导，并先开拳踢打，以球引诱狮子起舞。舞狮动作有跌扑、翻滚、跳跃、搔痒、抓耳，等等，还配有滚绣球、过跳板、上楼台等技巧动作。舞狮时配有京鼓、京铙、京锣、其声抑扬，动作合拍，生动活泼，惟妙惟肖。

南方狮子以广东狮子别具特色，有代表性，又称"岭南醒狮"，重在狮头。表演者两脚着地，举着狮头起舞，狮身由一块红布做成，盖着狮尾的另一演员，随着狮头摆舞。岭南狮头，生动传神，雄壮威严，可分为鹤山狮和佛山狮两大类。佛山狮以设色而言，又能分为七彩狮和黑白狮两种。七彩狮是文狮，高额、大口、白眉、白须、气宇轩昂，色彩艳丽，惹人注目；广州人称之为"狮母"。黑白狮是武狮，青鼻、铁角、牙刷须，威严高傲，每只狮头还配有100多个七彩绒球和300多面铜镜片，光彩照人，鲜艳夺目，广州人称之为"狮王"。过去，狮母见到狮王总是要下拜和让路的。近年来，佛山艺人还创造出一种特级"软彩狮"，明亮活眼，前额有二龙戏珠装饰，两颊有丹凤朝阳图案，后面镶有浮饰五蝠传书，角上金龙绕柱，四周绒球、星镜相映，金光耀目，舞来更为引人。

舞龙灯

舞龙灯，俗称"耍龙灯"，是我国民间一项源远流长的古老风俗。龙，是中华民族原始图腾崇拜的偶像。龙舞在我国已有1000多年的历史。西汉董仲舒在《春秋繁露》中就有为求雨治水而舞龙的记载，说明当时的舞龙还是为了宗教祭祀、求雨娱神。至于舞龙灯，与《西游记》里讲的魏徵斩泾河老龙有关。民间传说，泾河老龙骄横打赌、错把雨行，玉帝将其问斩。老龙求救唐天子。李世民失信没有保住泾河老龙，又经不起它的纠缠，为超度它，还它三个半龙头：一是正月耍龙灯，二是二月龙抬头（算半个龙头），三是端阳划龙船，四是六月龙相会。于是才有了"唐天子打排灯，魏徵丞相耍龙头"的传说。舞龙灯因而代代相传。而经过历代民间艺人的不断加工创造，舞龙灯才发展成为一种形式完美、具有相当表演技巧和带有浪漫主义色彩的民间舞蹈艺术。

舞龙灯的表演，基本上有"单龙戏珠"、"双龙抢珠"和"群龙呈祥"等数种。龙身有的由一人扮演，有的由许多节组成，每节间距三五尺，每一节称一档，一般为单数如九或十三节。龙身有草扎、纸糊、布绷、板凳几种。近年来塑料兴起，亦有吹气的塑料龙出现。

龙的舞法，各地风格不一，各具特色。一般长龙，有的侧重于舞龙样技巧，一般动作有："引龙出洞""龙头穿花""双龙抢球""金龙绕柱""青龙上升""龙脱壳""滚龙""盘龙"等等花样，舞来腾跳尽跃，忽而高耸，似飞冲云霄；忽而低下，像蛟龙入海。精彩悦目，煞是好看。有的以组形、组字著称，如"开四门""走四角""内十字""外十字"，甚至组成"国泰民安"、"振兴中华"等字样。一般单人小龙，如"五龙戏珠"，由红、黄、青、白、黑五条布龙组成。"九龙呈祥"，分红、橙、黄、绿、青、蓝、紫、白、黑九色小龙，由九位身穿彩衣，腰系红绸带，头扎红巾的青年，双手擎龙，边舞边组成各种队形，有时一上一下，群龙飞舞；有时摇头摆尾，群龙聚首，以示吉祥如意，欢庆丰收。

农村舞龙灯，还有一个风俗，就是不但在本村舞，还要到外村去"赛舞"。城市里舞龙灯，要穿街走巷，向每家每户拜年，还要到富商巨贾家去"盘龙""讨彩头"，各家要"接青龙""发利是"。近年来各地新春灯会，还组织龙灯游行、龙灯电视大奖赛。每当新春元宵佳节期间，锣鼓、鞭炮，此起彼落，各个民间舞龙队伍群龙飞舞，大显身手，引动万人空巷，人山人海，给城乡人民带来了无比的节日欢乐。

秋　千

秋千的起源，古代有两种不同的传说。

高承《事物纪原》载：秋千本是北方少数民族"山戎之戏"。由于他们"爱习轻巧之态，每至寒食为之。自齐桓公北伐山戎，此戏始传入中国"。高无际《秋千赋》载："秋千者，千秋也。汉武帝祈千秋之寿，故后宫多秋千之戏。"从上述两种传说可知，秋千起源于少数民族，春秋时期传入中原地区，到了汉代进入宫廷之中。直到现在在朝鲜、柯尔克孜、彝、阿昌、土等族妇女中盛行，并成为少数民族运动会中的竞技项目之一。

秋千活动的形式有好几种：朝鲜等民族称为"打秋千"或"荡秋千"。秋千架有 10 多米高，两架顶端横架一梁，系上两股绳，离地面一尺高处，用横板将两绳连结。每逢节日或喜庆时，朝鲜等族妇女聚集一起，进行秋千比赛。评定优胜的方法有几种：一种是以秋千架前方高树上的树叶或花朵为目标，用脚踢落花朵或咬掉花朵者为优胜；一种是在踏板底下拴一根绳，测量秋千荡起的高度，高者为胜；再一种在秋千架前方竖立两根杆子，杆上横入一根系有铃的绳，以踢铃次数多少定胜负。

阿昌族打秋千，叫"候秋"，除了荡秋千，还有一种转秋。立一木桩，高一丈处安一滚轴，轴上装一架，四头各系短绳，绳端拴一块板，由四人各坐一头，面向外，由接近地面的人猛蹬纵起，促使对方下垂，自己高升。每人脚落地时，要蹬一下，又反转上来，越转越快，在团团转中，上下翻滚，使人眼花缭乱。

土族人最爱轮子秋，土语叫"卜日热"。他们将大板车的车厢车架拆下，竖起车柱，下轮压上重物固定重心；上轮绑上一架梯子，两端拴上等长皮绳。比赛时，每组两人，以转的时间长，并且以不头晕不眼花者为胜。不但增强人体平衡器官的功能，而且锻炼胆大坚强的性格。

滇中、滇西的彝族青年男女亦爱打秋千。他们以藤为绳，有的选择在两座小山头之间立秋千架，用粗藤拴在一小山头的树上，由一座山荡到另一座山，飞越过深涧，小伙子们互相比勇敢、赛机智，姑娘们则在他们中间选择对象。

"秋千"在蒙古语、维吾尔语、哈萨克语和撒拉语里意为"花朵"，后来引申为打扮得花枝招展的妇女，也成了各族妇女喜爱的民间游戏。

金华斗牛

我国浙江金华等地的汉民族斗牛跟著名的西班牙斗牛不一样，西班牙斗牛是人和牛斗，充满残忍。金华斗牛，是黄牛和黄牛斗，整个过程充满和谐欢乐，富有人情味，可谓"文明斗牛"。然而其壮观堪与西班牙斗牛相媲美。

金华斗牛，历史悠久，相传始于北宋明道年间，《庸间斋笔记》记载："每逢春秋佳日，乡氓祈神祭赛之时，辄有斗牛之会。""此日至之时，国中千万人往矣。"可见斗牛壮观之盛，自古已然，清末民初，曾轰动京沪杭，各报刊都经常介绍金华斗牛这一民俗事象。

金华斗牛之风，除金华外，还逐步扩大到义乌、浦江、汤溪、武义、永康等县城乡。此风最盛的金华北乡，从每年春播结束后的"开角"（一年中的第一次斗牛），一直延续到第二年春耕前的"封角"（最后一次斗牛）为止，除农事大忙稍有间断之外，几乎是一月一大斗，半月一小斗。

各地斗牛赛场大多固定，占地四五亩，四周搭有看台，斗牛期间，附近邻县乡民都赶来观看，小贩摊户、杂耍戏班也都赶来做买卖。真是人山人海，喧嚣熙攘，比庙会赶集还热闹。

斗牛开始，金锣齐鸣，火铳震天。各村参加比赛的斗牛，头簪金花，身披红绸，由四个身穿彩衣、头扎汗巾、腰系彩带的护牛壮士，前呼后拥，进入赛场。他们手中都执着绸旗，决定次序后，先赛两头牛，由牛亲家牵引入场。两牛越走越近，互相注视，牛性发作，蠢蠢欲斗。一声令下，牛主人迅速避开。只见两牛低头翘尾，死命角架，互不相让。大凡选为角斗的牛都有几种"架"、"挂""撞""抽""顶""落头"等角斗技术。相斗时，斗牛视其对手，不断变换战术，避实击虚，都想出奇制胜。一场斗牛，常常是变幻莫测，情节起伏跌宕。特别在双方亲友和旁观乡民呐喊助威下，牛仗人势，东奔西跑，左突右窜，来回冲撞，更奋力角逐。只见勇者横冲直撞，所向披靡；弱者血肉淋漓，奔逃窜逸。直到最后，败者冲出田塍，才算结束。这时，斗败的牛，满身血污，狼狈不堪；而胜者昂首阔步，摇头摆尾。主人先将它牵到溪塘边洗刷洁净，然后披戴凤冠彩帔，在热烈的锣鼓和鞭炮声中，前呼后拥地昂然归去。胜牛获奖，牛主人要大摆筵席，宴请亲朋，祝贺斗牛胜利，全村光荣吉利。败牛主人则悄悄地牵着败牛，扫兴而归，返家之后，多将败牛降价出售，或阉作耕牛，或宰杀食肉。由于斗牛价格昂贵，斗败一次，不但名誉扫地，而且经济损失颇为严重。

已湮没了将近半个世纪的金华斗牛，为适应对外开放和开发浙东旅游事业，已由金华市人民政府批准，在金市郊湖海塘兴建斗牛场，重现金华斗牛这一民俗壮观。

斗鸡

斗鸡是我国民间喜爱的一种传统娱乐。斗鸡虽不像斗牛那样壮观，但人们利用雄鸡的好斗性，引逗它们鼓气伸颈，相互搏斗。一时间，你追我逐，上下飞舞，经过一场激烈相斗，胜者趾高气扬，引颈高啼；败者鲜血淋淋，逃之夭夭。确实使人赏心悦目。

斗鸡的民间风俗，起源于春秋战国时代。《战国策·齐策》记载，山东临淄地方，人民生活富裕，每逢节日，都要吹竽鼓瑟，击筑弹琴，观看斗鸡游戏。《左传》上也有鲁国季后在鸡爪上包着铜皮，和季平斗鸡的记述。《庄子》一书上，谈到斗鸡的也有好几处。最疯狂的，是西汉宣帝刘询，竟然人迷到把不学无术的养鸡朋友王奉光封为昂成侯，还娶了他的女儿做皇后。

斗鸡之风，到了唐朝更鼎盛一时。唐玄宗李隆基未即位前，便喜看清明节民间斗鸡娱乐。当上皇帝后，便专门在京都长安两宫之间，设立"鸡坊"，收养了高冠昂尾、毛色金黄、脚爪黑色而坚硬的雄鸡数千只，并从皇家六军中选拔 500 人，专门掌管斗鸡的驯养教练。还在华清宫东花园里建造起一座华丽的"斗鸡殿"，整天与杨贵妃做"斗鸡花蔽膝，骑马玉搔头"的斗鸡、舞马的游戏。一时，王侯、外戚、贵族"倾帑破产市鸡"；京都人不分男女，"以玩鸡为事"；贫家小户，斗不起真鸡，则玩"假鸡"。据唐代历史家陈鸿的记载，为唐玄宗驯鸡的五百小儿长是长安人贾昌。贾昌进入鸡群，像和一群小孩一起玩闹一样。每只鸡的强弱勇怯、饮食起居以至生了什么鸡病，他都一一了如指掌。鸡儿见了他，也像人一样听候使唤。因此，人称他为"神鸡童"。唐玄宗十分宠爱他，"金帛之赐，日至其家"。元宵、清明佳节，贾昌都要随唐玄宗往骊山过节，斗鸡助兴。每逢这样的日子，贾昌头戴雕翠金华冠，穿起锦袖绣花祆，手提挂着大铃的尘拂，引导鸡群，依次排列在斗鸡殿广场，群鸡一点也不敢违背贾昌的指挥调度。当时流传着一首民谣，讽刺此事："生儿不用识文字，斗鸡走马胜读书；贾家小儿年十三，富贵荣华代不如。"

斗蟋蟀

斗蟋蟀是我国民间喜闻其见、雅俗共赏的传统娱乐活动。蟋蟀，又名促织，异名更多。从历史上看，蟋蟀很受骚人墨客的青睐，也是最早见诸文人笔端的昆虫之一。早在《诗经》中就有"蟋蟀在堂"和"十月蟋蟀"的记载。而养蟋蟀听其鸣声、观其争斗，也在唐代天宝年间（742～756）就上行下效，

形成风俗。《开元天宝遗事》记载："每至秋时，宫中妃妾辈皆以小金笼捉贮蟋蟀，闭于笼中，置之枕函畔，放听其声。庶民之家皆效之也。"

宋时，斗蟋蟀之风更盛。尤其是南宋建都杭州。官居宰相的贾似道，专门在西湖葛岭建造"半闲堂"，整天不理朝政，躲在里面大斗蟋蟀。在他的影响下，当时民间爱好蟋蟀者甚多。"济公斗蟋蟀"就是讲的济公以斗蟋蟀戏弄贾似道的故事。

明、清以来，朝廷内外，斗蟋蟀岁以为常。士绅们利用蟋蟀好勇善斗的个性作为一种取乐的手段，他们一般用象牙笼子作斗棚。常胜的蟋蟀往往被封以"将军"的美衔，死后甚至用金棺厚葬。民间养蟋蟀、斗蟋蟀更为普及成风。《金螯退食记》中记载，"京人至七、八月，家家皆养促织"，"庭夫小儿群聚草间，侧耳往来，面貌兀兀，若有所失者；至于浊而污垣之中，一闻其声，踊趣疾趋，如馋猫见鼠。"

斗蟋蟀确是一种历史悠远、久盛不衰、美化生活的民间娱乐。每当街头巷尾、茶坊酒肆，有蟋蟀格斗时，爱好者踊跃围观，互不谦让，经过几个回合，直到一方受伤支持不住时，才告一段落。此时只见胜者把长须拉入颚中玩耍，后肢伸展，两翅颤动，鸣叫不已，以示威风。而围观者无不为胜者欢呼叫好。

斗百草

斗百草，又名"斗草"，是我国古代一项尽人皆知并喜闻乐见的游戏风俗，就是以各种花草相斗来决胜负。斗草的起源据说与医药学有密切关系。"神农尝百草"，远古时代祖先就发明用草药治病。夏代先民已形成王月到郊外采药习俗，人们拈花撮草，互相比赛，看谁采得多，谁的植物知识丰富，斗草游戏也就自然而然地产生。最初，不叫"斗草"，而是叫"蹋百草"。南朝梁宗懔《荆时记》说："五月五日谓之浴兰节，四民并

蹋百草之戏。""斗草"一词始见于唐。韩愕《岁华纪丽》说："端午，结庐蓄药，斗百草。"韦绚《嘉话录》还载有一段安乐公主斗草故事。入宋后，斗草风气益盛，不限于端午，春夏两季随时可斗。元、明、清，相沿成习。

但是，斗草究竟如何斗呢？主要有两种斗法，一种比较文雅，称为"文斗"，就是众人采到花草后，聚在一起，一人报出自己草名，其他人各以手中的草来对答，当一人报出的草名其他人都对答不上时，就算赢了。《红楼梦》第六回中对这种斗法有一段精彩的描述。另一种斗法比较粗简，可称为"武斗"，即两人持草相对，每人两手各持一草花茎的一端，并使双方的草茎相互勾搭，然后用力相拉，谁的草茎被拉断就为输家，不断的就算赢，故宫博物院珍藏的清代宫廷画家金廷标的《群婴斗草图》，画了十个男婴，细致地描绘了"武斗"中找草、拔草、运草、斗草等全过程，真实地表现了儿童们节日斗草的欢快气氛。为今人了解古代的斗草风俗提供了珍贵的形象资料。

斗草之风，民间至今流传。它对于儿童增长植物知识、锻炼身体、娱乐生活乃至陶冶性情都不无裨益，这是一项健康、文明、有益而又有趣的游戏风俗。

风　筝

风筝诞生在我国已有 2500 多年的历史，但最初它并不叫"风筝"。我国古代，南方称风筝为"鹞"，北方管风筝叫"鸢"。相传，风筝是我国春秋时鲁国人公输般（即鲁班）发明的。他从空中盘旋的鹞鸢得到启迪，于是"削竹为鹊，成而飞之，三日不下"。这就是最早的风筝。当时的哲学家墨翟也曾制作过木鹞。《韩非子》记载："墨子为木鸢。三

十美图·放风筝

放风筝在中国由来已久，是深受人们喜爱的一种游戏，也是一种重要的娱乐疗法。

年而成，飞一日而败。"这些都是最早的风筝雏形。汉韩信剖篾扎架，糊纸引线，乘风飞空，始有"纸鸢"之称。五代李邺的纸鸢上装竹笛，置丝舌，风动笛鸣宛如古筝，从此才有"风筝"之名。

风筝作为人们喜爱的娱乐玩具，是从隋唐时代开始的。唐时宫廷里太监、宫女们扎制各种风筝，竞放游戏，视为"放晦气"。甚至还将五彩灯笼挂在风筝上，放入夜空。唐诗人李商隐的"西楼一夜风筝急"，就是写的此情此景。宋代，放风筝成了群众性的娱乐和节日纪念活动。北宋张择端的《清明上河图》、苏汉臣的《百子图》，都有放风筝的生动场景。南宋周官的《武林旧事》记载：杭州清明时节，人们背上饭食到郊外竞放纸鸢，直到日暮方归。"少年郎竞放纸鸢，以相勾引，相牵剪截，以线绝者为负。"因为风筝的普及，社会上出现了一种专门放风筝的艺人，他们和杂剧、杂技演员一样，竞技斗巧，被称为"赶趁人"。明、清时放风筝风俗更盛。

随着时代的变迁，中国民间艺术之一的风筝，保存了传统风格，流传于民间。北京、天津风筝逐步形成了各自的特色，潍坊、南通风筝也有自己的艺术个性，被誉为中国风筝的四大产地。我国的传统风筝到底有多少种？可以说五光十色、千姿百态，令人眼花缭乱。不过以结构分，有硬翅、软翅、串式、

桶形、板子、立体六类；以形象分，有动物、人物和物品三种；以用途分，有特技、装饰、娱乐玩具、科研（用于气象控测、通信等）四类；从艺术风格分，则有民间传统、观赏和创新三种。如潍坊风筝艺人曲立秀采用传统的龙头蜈蚣扎制方法和飞机模型的某些原理，制作的立体"飞龙"可以控制升、降、俯冲等动作，是创新风筝中的一支新花。

如今风筝已风靡全球。由于风筝的祖国是中国，国外多以"飞唐""飞龙"誉之。小小的风筝还成了友谊的使者，中国风筝代表团近年多次应邀到亚洲、欧洲、美洲等十几个国家和地区，参加风筝表演，举办风筝展览。

贴春联

贴春联是汉族民间节庆习俗。每逢春节或其他喜庆日子，都要在大门上贴春联，俗称"定对子""贴对子""楹联"。此俗沿于古代之"桃符"。传说，古时有神荼、郁垒兄弟二人，居于桃林，常捉鬼怪喂虎，为民除害。他们死后，人们便于年节间，在所削桃木板上刻写神荼、郁垒名字，称为"桃符"，悬于门之两边，以驱邪避灾。

《说郛》卷十：《玉烛宝典》曰：'元日造桃板著户，谓之仙木……'即今之桃符也。其上或书神荼、郁垒之字。"到了五代，后蜀君主孟昶在桃板上题写联语曰："新年纳余庆，嘉节号长春。"此为春联之始。明朝建都南京后，曾于除夕前下旨："公卿士庶之家，门上悉加春联一副"。为方便行事，后多改用红纸书写春联。至此，贴春联之风俗，便流传于民间。并且，不限于节庆日，庙堂、公园、名胜之地都题写对联。自古以来，留下成千上万绝妙对联，成为我国又一丰富之民间文化财富。如，石达开借剃头铺而抒己怀对联："磨砺以须，问天下头颅几许？及锋而试，看老夫手段如何？"北京古刹潭柘寺天王殿有一副脍炙人口的楹联："大肚能容容天下难容之事；开口便笑笑世上可笑之人。"民间流行之财神庙楹联："只有几文钱，你也求，他也求，给谁是好？不做半点事，朝也拜，夕也拜，叫我为难！"林则徐自题对联："海纳百川有容乃大；壁立千仞无欲则刚。"解缙妙对："墙上芦苇，头重脚轻根底浅；山间竹笋，嘴尖皮厚腹中空。"

头 衣

所谓"头衣"，是古代对头饰的泛称，也叫"元服"。主要有冠、冕、弁、帻四种。其中前三种为贵族所戴，帻为平民所戴。冠是贵族男子的头衣。《礼记·曲礼上》："男子二十，冠而字。"即男子长到 20 岁行加冠礼，意味着从此成人了。

古代的冠与后来的帽子不同。《说文》云："冠，絭也，所以絭发。"（絭，束缚也）。古人蓄长发，用发笄绾住发髻后再用冠束住。据说早先的冠只有冠梁，冠梁不很宽，有褶子，两端连在冠圈上，戴起来冠梁像一根弧形的带子，从前到后覆在头发上。由此可以想见，上古的冠并不像后世的帽子那样把头顶全部盖住。冠圈两旁有缨，这是两根小丝带，可以在额下打结。

冕，黑色，是一种最尊贵的礼冠。最初天子诸侯大夫在祭祀时都戴冕，所以后来有"冠冕堂皇"这个成语。"冠冕"又可以用作仁宦的代称，它又被用来比喻"居于首位"。冕的形制与一般的冠不同。冕上面是一幅长方形版，叫延，下面戴在头上。延的前沿挂着一串串的小圆玉，叫作旒。据说天子十二旒，诸侯以下旒数各有等差。后来只有帝王可以戴冕，所以"冕旒"可以作为帝王的代称。

弁是古代贵族戴的比较尊贵的帽子，有皮弁（武冠）、爵弁（文冠）之分。皮弁是用白鹿皮做的，由几块拼接而成，尖顶，样子类似后代的瓜皮帽，鹿皮缝合处缀有一行五彩的玉石。爵弁是红中带黑的弁，也作"雀弁"，比冕次一级，没有旒，顶上有檐，但前后相平。冠、冕、弁都是平时戴的，打仗时还要在冠上加胄。"胄"是古名。秦汉以后叫兜鍪，相当于后代的头盔。

帻，即包头发的巾，古代庶民百姓所着头衣的通称。按古代规定，庶人不得戴冠，只能覆以帻。故《释名·释首饰》："士冠，庶人巾。"庶人佩戴的帻一般是黑色或青色的，因此秦称百冠的作用，所以后来发展到贵族也带帻，不过在帻上还要加冠。帻与东汉的幅巾类似，幅巾后来又称"陌头"，隋唐时叫"幞头"，它是一种包头用的黑色布帛。中唐以后，幞头逐渐由巾帕变成了乌纱帽。

衣 裳

古代"衣"的狭义概念指上衣，"裳"指下衣，"衣裳"连起来就是服装的意思。我国传统服装有两种基本形制，即上衣下裳制和衣裳连属制，两种形制的服装交相使用，兼容并蓄。

上衣下裳的服制，即上身有衣，下身有裳。（《释名·释衣服》："凡服上曰衣。衣，依也，人所依以庇寒暑也。下曰裳。裳，障也，所以自障蔽也。"）相传这种服制起于传说中的黄帝时代，《周易·系辞下》称："黄帝……垂衣裳而天下治。"在甘肃出土的彩陶文化（辛店期）的陶绘中，就有这种上衣下裳的形制，可与传说相印证。这可以说是我国最早的衣裳制度的基本形式，对后世的服饰形制有很大的影响。

衣裳连属制，其雏形也见于原始时期，古称"深衣"。（《礼记·深衣》注曰："名曰深衣者，谓连衣裳而纯之采者。"）它的用途很广，《礼记·深衣》篇云："可以为文，可以为武，可以摈相，可以治军旅。完且弗费，善衣之次也。"深衣的这一形制，对后代服饰也有很大影响，汉时的命妇以此为礼服，古代的衫、袍等都采用这种衣裳连属的形式，甚至现今的连衣裙都是古代深衣制的沿革，其影响可谓深远。

原始时代的服装形式，虽有个别图像资料发现，但由于材料很少，对这一时期人们的服装式样还不能做出详细的说明。夏商周时期，中原地区华夏族的服饰是上衣下裳、束发右衽。河南安阳曾出土石雕和玉雕的奴隶主形象，头戴扁帽，身穿右衽交领衣，下穿裙裳，腰间束带（称"绅带"，后代所谓的绅士之称即从中而来），裹腿，着翘尖鞋。周代贵族的服饰，基本与商代相同，惟腹前常系有一条像围裙一样的韨。这条韨，也是渊源甚古的，原始人常用兽皮、树叶掩蔽下体，后来衣裳形式确立后，仍将这片遮掩物加于下裳之前，称之为"韨"。周初制礼作乐，对贵族及平民阶层的冠服度做了详细的规定，这些规定在当时虽未必都严格执行，但对后世有很大影响，如周代的冕服即被后代沿用，作为祭祀用的礼服。

春秋战国之际，诸侯割据称雄，"礼崩乐坏"，各国、各民族间在服饰及风俗习惯上都有明显的不同。其实，周代的服饰定制也只是规定了正式场合的服装，民间除了明令必穿服装之外，则从未真正统一过，春秋战国的各国服制不过是吸收了民间服制的某些因素罢了。当时在服装上面较重要的变化，一是衣裳胡属的深衣广泛流行，二是由于少数民族的交往，窄袖短衣，长裤的胡服出现在中原民族的服饰中，一变过去宽衣博带的风气。伴随的服装传来的还有带钩（亦称"鲜卑""犀毗"），它是用于结束革带的，由于它比绅带的结扎方式要便捷得多，所以很快就流行了起来。

鞋 袜

古代的鞋主要有以下几种：

1. 屦，是一种浅口的鞋，随其制作质料的不同而有许多名称。草制的称屦，帛制的称履，麻制的称鞋，皮作底的称扉，木作底的称舄，还有一种以芒草编织的称桥，等等。其中，舄是最上等的，一般庶人是无资格穿用的；桥则是一种轻便的鞋子，"人之贱服"（《晋书·五行志》引干宝语），是最下等的。屦、履、鞋的穿用较普遍，所以曾先后成为各种鞋的通称（汉以前是屦，汉以后是履，宋以后是鞋）。

2. 屐，是一种木底鞋，最早是作为雨具用的，有平底和装齿的两种，有一个时期曾经很风行，日本穿木屐的风俗即是从我国传过去的。

3. 靴，古称鞾（《释名》："鞾，跨也，两足各以一跨骑也"），皮制，本是草原民族适应游牧生活的鞋制，战国末年，赵武灵王推行胡服骑射，这种鞋制才传入中原。

古代的袜又称"足衣"，大体上是随着衣服、鞋子同时出现的衣饰。最早的袜，可能仅用小块布、皮包裹于足上，后来才按足形缝制。汉代以前的袜，都是用皮革制作的。到了东汉，才有丝织品制成的罗袜，"以绫罗绸绢为之"（《炙毂子》），是较贵重的足衣，非一般常人所能使用。布袜从文献上看要到唐代才有，但以理推之，当在与罗袜出现的同时就应有了。至此，古代袜子的种类齐备（针织袜要至近代才有），后来不过在式样上有长筒（长筒袜多上半截开衩，穿入后用带结束）、短统，圆头、尖头之分，装饰上不断有刺绣、纹饰等新花样罢了。古代男子多穿素色袜而女子则穿织绣各式花纹的袜子。穿袜的习俗也有所演变，在以跪坐为主要礼节时，登堂入室不仅要脱履，而且要解袜，其后又仅脱履而不解袜，跪坐转为高坐之后，则在正式场合跣足为不敬。

旗　袍

旗袍，这一被当代国际服装界誉为"东方女装"的代表，如今不但受到我国广大汉族妇女的爱戴，并且受到西方欧美妇女的青睐。其实，提起旗袍，它还是起源于 16 世纪中期满族妇女的民族服装，至于这种旗袍是谁设计的，又是怎样得以推广的呢？满族民间流传着这样一个美丽的故事。传说，从前镜泊湖畔有个满族渔家姑娘，因为长得脸黑俊俏，心灵手巧，人称她"黑妞儿"。她觉得穿着古代传下来的肥大衣裙，捕鱼不方便，

就自己剪裁了一种连衣带裙多扣袢长衫，既省布合体，又劳动方便。后来，她被选进宫中，封为"黑娘娘"，因过不惯宫廷生活，穿不惯又肥又大的山河地理裙，就穿起从前自己剪裁的多扣袢长衫。皇上认为她擅自改变宫廷服饰有罪，就把她赶出宫，并一脚踢中她后心而死去。关东满人听到黑娘娘死去的消息，大哭了三天，还穿起她剪裁的那种长袍来纪念她。后来，在旗的妇女认为方便，穿的人多了，就叫它为"旗袍"。说也奇怪，凡穿上旗袍的妇女，都变得十分苗条、俊美，据说那是心灵手巧的黑娘娘在暗中帮助她们打扮哩。

不过，这仅仅是民间传说，但也说明这种满族的民族服饰旗袍由原始的宽腰身直筒式逐渐形成现代妇女喜爱的线条流畅、贴身合体的流线型旗袍，是经历了多么漫长的演变。最早，旗人穿的旗袍，一般不过脚。只有满族女子出嫁时，才穿过脚的旗袍，作为出嫁礼服。

后来，由于满族贵族妇女都穿高跟木屐，因此，她们的旗袍过脚，以便将脚盖住。清世祖入关，迁都北京，旗袍开始在中原流行。

清统一中国，也统一全国服饰，男人穿长袍马褂，女人穿旗袍。后来，随着满汉生活的融合、统一，旗袍也被汉族妇女接受，并不断进行革新。特别随着辛亥革命的风云，旗袍迅速在全国普及。从 20 世纪 20 年代末到 30 年代初，吸收了西方女装盛行的短袍，旗袍亦随之变短，身长仅过膝，袖口缩口，绲边变窄。20 世纪 30 年代中期，旗袍又渐渐变得曳地，两边的衩开得很高，里面衬马甲，腰身变得极窄，以至贴体，更显出女性的曲线。

20 世纪 40 年代，旗袍再次缩短，而袖子则短到全部取消，几乎又回到二百年前的长马甲时代，所不同的只是更加轻便适体，变成流线型。近年来，旗袍款式又有新的改革，出现了后装袖、有肩缝旗袍、暗褶式开

衩旗袍、短连袖旗袍、无袖旗袍等具有当代开放气息的新款式。

中山装

你知道吗？伟大的革命家孙中山先生不仅是一位推翻封建帝制、创立民主共和的先驱，也是一位倡新风、除陋习、移风易俗的先行者。一度举国崇尚的中山装，就是他亲手设计、倡导的。这在中国的服装史上是一大创举，也是一项影响重大且深远的服饰改革。

我国古代汉族，男子束发于顶，身着宽袖袍服。清兵入关，强令男子剃发蓄辫，统一着长袍、马褂，尤其是辫子成了民族压迫的标志，被外人讥笑为"猪尾巴""半边和尚"，成为外国人侮辱中国人的口头语。1911年辛亥革命前，大批反清崇洋的知识分子，留学日本、欧美回国，开始剪掉辫子，脱下长袍马褂，而蓄起西发、穿起西装。

辛亥革命成功，孙中山在就任临时大总统以后，颁布了一系列政治、经济改革和社会改革的法令、政策。"剪辫""易服"就是最主要的改革。孙中山下令晓示人民一律剪辫的命令中，号召人民"涤旧染之污，作新国之民"，规定令到之日起，限20天一律剪除净尽。

剪辫以后接着是如何"易服"？孙中山认为革命党人穿什么服装式样是一个大问题，并且对此广泛征求意见与展开讨论。有的主张仍穿长袍马褂，遭到大部分人的反对。因为，革命既已成功，在服饰上如仍沿袭清政府统治时期流行的瓜皮帽、长袍马褂是不合时代潮流的。孙中山认为长袍马褂既不方便生活，又因剪裁费料而很不经济，也不赞成穿这种服装。于是留洋的革命党人中有人提出干脆穿西服，孙中山听后哈哈大笑说："这么一来，那就无疑是抵制国货了！"

最后，孙中山提出自己的主张，他认为："礼服在所必更，常服听民自便。"希望能有一种"适于卫生，便于动作，宜于经济，壮于观瞻"的服装式样。于是，孙中山决心自己创制服装。他经过缜密思考，精心设计，并征求意见，终于创制了一套具有我国民族特点的简便服装。

孙中山设计的中山装，兼具中西装之所长。它是以广东便服为基样，在直领上加一翻领，如同将西装内衬衣的硬领"移植"过来。这样使上衣就兼具了西装上衣、衬衣和硬领的功用，穿起来显得很硬挺。同时，又将便服或一般西装的三个暗袋改为四个明袋，如此"双双""对对"，颇具均称之感，很符合中国人的审美观点。又在上下左右四个衣袋上加上软盖，并各订纽扣一枚，既美观又安全，可防袋内物品遗失。下面的两个明袋采用能缩张自如，颇具弹性的"琴袋"式样，旨在便于放置书本、笔记本等必需品之用。如此一小事，也足以证明一代伟人好学心切、随时不忘读书的美德。孙中山开始设计上衣的纽扣有七个扣子，后来为了方便起见，改成了五个，这就是小翻领、四袋、五扣的中山装上衣。

孙中山还参照西装裤的式样亲手设计了中山装裤子：前面开缝，一律用暗扣；左右两侧各置一大暗袋；右前部分设一小暗袋，俗称表袋，还可藏用。这种裤子穿起来很方便，裤袋也可放置随身携带的必需品。另外，裤袋的腰部打褶，裤管翻脚也有异于其他服装，成为中山装的特色之一。

孙中山亲自创制了新服装，又亲自带头在各种场合穿着。因为这种服装优点很多，主要是外形美观大方，可以使用高级衣料制作，也可以使用一般布料制作；既可以作为礼服，还可以作为日常便服；所以很受群众的欢迎，将它称为"中山装"。后来，经孙中山大力提倡，普遍推广，穿"中山装"举国崇尚，蔚为风尚。

八大菜系

八大菜系指鲁菜、川菜、浙菜、苏菜、徽菜、粤菜、湘菜、闽菜的总称。

一、鲁菜

鲁菜是山东菜的总称。主要由济南和胶东地方菜组成。济南菜擅长爆、烧、炒、炸。以清、鲜、脆、嫩著称。尤其讲究清汤和奶汤的调剂。胶东菜擅长爆、炸、扒、蒸，以鲜为主，偏重清淡。名菜有九转大肠、糖醋黄河鲤鱼、德州扒鸡、烤小雏鸡等。春秋战国时，鲁地就以治馔著名，历经汉唐，成为"北菜"主角。宋代所谓"北食"，主要即指鲁菜。元明清时，鲁菜均为御膳支柱。现代仿膳仍留鲁菜特色。

二、川菜

川菜是四川菜的总称。以小煎、小炒、干炒、干煸见长，又以味多、味纯著称。且有"一菜一格，百菜百味"之美誉。调味多用三椒（辣椒、胡椒、花椒）和鲜姜，故味重麻、辣、酸、香。以成都风味为正宗，包含重庆菜、东山菜、江津菜、自贡菜、合川菜等。名菜有回锅肉、鱼香肉丝、灯影牛肉、夫妻肺片、水煮牛肉、清蒸江团、干煸鱿鱼丝、宫保鸡丁、麻婆豆腐、怪味鸡块等。相传在汉魏六朝川菜即具特色，有 1000 多年的历史。

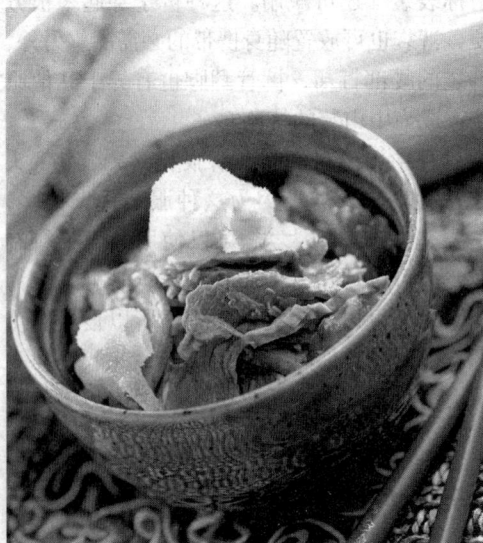

夫妻肺片
川菜代表菜。

三、浙菜

浙菜是浙江菜的总称。以杭州、宁波、绍兴三种地方风味菜为代表。杭州菜以爆、炒、烩、炸为主，工艺精细，清鲜爽脆；宁波菜以"鲜咸合一"，蒸、烤、炖制海鲜见长，讲究嫩、软、滑；绍兴菜擅长烹饪河鲜家禽，入口香酥绵糯，汤味浓重，颇有乡村风味。名菜有西湖醋鱼、龙井虾仁、赛蟹羹、香酥焖肉、清汤越鸡、浓香嫩鸡、花生肚、湖式剪羊肉、丝瓜卤蒸黄鱼、三丝拌蛏、西湖莼菜汤、油焖春笋等。浙菜有 2000 年历史，南宋时在"南食"中居主要地位，明、清时大为发展。

四、苏菜

苏菜是江苏菜的总称。擅长炖、焖、蒸、烧、炒，重视调汤，保持原汁，风味清鲜，浓而不腻，淡而不薄，酥松脱骨而不失其味。主要以南京、扬州、苏州三种地方菜组成。南京菜口味和醇，玲珑细巧；扬州菜清淡适口，刀工精细；苏州菜口味趋甜，清雅多姿。名菜有烤方、水日肴蹄、清炖蟹粉狮子头、金陵丸子、白汁鲌菜、黄泥煨鸡、清炖鸡孚、盐水鸭、金香饼、鸡汤煮干丝、肉酿生麸、凤尾虾、三套鸭等。早在 2000 多年前，吴人即善制炙鱼、蒸鱼和鱼片。1000 多年前，鸭已为金陵美食。唐宋时，苏菜与浙菜同为"南食"两大台柱。

五、徽菜

徽菜是安徽菜的总称。以皖南、沿江、沿淮三种地方风味构成。以烹制山珍野味著称，特点是重油、重酱色、重火工。多用砂锅木炭煨炖，因此有"吃徽菜，要能等"之说。皖南菜擅长烧、炖，芡大油重，朴素实惠。沿江菜以芜湖、安庆为代表，善烹活鲜、家禽，讲究刀工，注意形色，尤以烟熏技术见长。沿淮菜由蚌埠、宿县等地方风味构成，咸中带酸，汤汁浓重。相传徽菜起于汉唐，兴于宋元，盛于明清。今流传南方各地，为安徽传统风味。名菜有无为熏鸭、毛峰熏鲥鱼、清蒸鹰龟、奶汁肥王鱼、蜂窝豆腐等。

六、粤菜

粤菜是广东菜的总称。主要由广州、潮州、东江三种地方菜组成。广州菜善变，配料多，讲究鲜、嫩、爽、滑。擅长爆、炒。菜以烹制海鲜见长，更以汤菜最具特色。刀工精细，口味清纯。东江菜下油重，味偏重，朴实大方，有乡土味。煎、炸、烧、烩，均属精湛。名菜有豹狸烩三蛇、片皮乳猪、冻肉、东江盐鸡、满坛香、鼎湖上素、大良炒牛奶等。粤菜源于西汉，西汉刘安等所著《淮南子》载："越人得蚺蛇以为上肴。"南宋《岭外代答》载越人"不问鸟兽虫蛇，无不食之"。宋末王朝南逃，众多御厨聚集羊城，促成粤菜发展。明清市井繁华，随后西餐涌入，越发推动粤菜发展。今名播中外，有"吃在广州"之说。

七、湘菜

湘菜是湖南菜的总称。以湘江、洞庭湖区、湘西山区三种地方风味为主。手法以熏、蒸、干炒为主。重辣、酸。辣味菜和烟熏腊肉是湘菜独特风味。湘江流域菜油重色浓，讲究实惠，注重香鲜、酸辣、软嫩。以煨、炖、腊、蒸、炒见称。腊味包括烟熏、卤制、叉烧等。洞庭湖区菜以烹制河鲜、家禽、家畜见长，多用炖、烧腊等法。芡大油厚，咸辣香软。湘西菜擅长珍野味，烟熏腊肉和各种腌肉。重咸香酸辣，常以紫炭烹制，有浓厚乡土味。名菜有腊味合蒸、吉首酸肉、荷包肚、宝塔香腰、麻辣子鸡、炒腊野鸭条、红烧全狗、东安鸡等。

八、闽菜

闽菜是福建菜的总称。以福州、漳州、厦门、泉州等地方菜为主组成。烹调方法以清汤、干炸、爆炒为主，调味常用红糟，胃口偏重甜酸。名菜有佛跳墙、闽生果、七星丸、橘烧巴、太极明虾、烧生糟鸭、高丽海蚌、梅开二度、白炒鲜竹蛏、菊花鲈鱼球、干炸三肝花卷、淡糟炒鲜竹、橘法加吉鱼、雪花鸡等。

饺 子

饺子，又名粉饺、饺饵、交子、扁食、馄饨，是我国南北通食的一种食品。

我国吃饺子有着悠久的历史传统。在它成为玉润玲珑、弯如弦月的佳肴之前，类似饺子的面食称作馄饨。这种大小饭店都经营的食品，其渊源又可上溯到 2000 年前的汉代。当时有个叫扬雄的人，在他的《方言》里记载说："饼谓之饨……或谓之馄。"为什么把这种食品称作馄饨呢？根据《资暇录》的解释，是因为"以其混沌之形"。

关于饺子的记载，最早见于隋颜之推的文集。他说："今之馄饨、形如偃月，天下通食也。"这种用米面做成的偃月形馄饨，原称作粉角。北方人读"角"作"矫"（音饺），于是，饺子的名字诞生了。

饺子的诞生，并不意味馄饨的消亡，它依然是人们广泛食用的佳品，而且，花色、名目越来越十富。广东的"云吞"、四川的"抄手"，都是具地方特点的馄饨。元代吴县人陆友在《砚北杂志》里记载了一种江苏风味的大馄饨："每枚用肉四两"，名称"满碟江"。

饺子和馄饨尽管形状不一、做法不同，但都是用粮食和肉配合而成，也就是说都要有饵。东周时期成书《礼记》说："稻米二，肉一，合以为饵，煎之。"所以，如果有考据家认为饺子的历史可以有 2600 年，也是有一定道理的。

除这些文字记载外，还可以看到 1300 多年前完整的唐代饺子。它是从新疆吐鲁番县阿斯塔那的唐墓里出土的。出土时，一只饺子和四只馄饨一起被放在一个木碗中。可见至少在唐代，饺子已传入我国的边远地区。

馒 头

相传三国时候，诸葛亮辅佐刘备攻下了四川，建立了蜀国，要和曹操、孙权争夺天下。可是蜀国南边的南蛮洞主孟获总是不断来袭击骚扰，使得蜀国不能专心地对付曹操。为了解除后顾之忧，请葛亮就亲自带了蜀国的军队去征伐孟获。

蜀国军队向南进攻，要渡过泸水。那时泸水一带人烟极少，瘴气很重，而且泸水有毒。诸葛亮手下有人就提出一个迷信的主意：要杀死一些"南蛮"的俘虏，用他们的头去祭泸水的河神，才能保证蜀军渡河时的安全。诸葛亮是非常仁厚的，主张以仁义来收服孟获。他当然不能答应杀"南蛮"俘虏，用人头去祭泸水河神的办法。但为了鼓鼓士气，诸葛亮想出了一个办法：用军中带的面粉，和成面，捏成人头的模样儿蒸熟，当作祭品，来代替"蛮"头去祭祀泸水的河神。

打那以后，这种面食就流传了下来，并且传到了北方。但是称为"蛮头"实在太吓人了，人们就用"馒"字换下了"蛮"字，写作"馒头"，久而久之，馒头就成了北方人的主食品了。

油 条

油条本来叫作"油炸桧"，据说是南宋临安（今杭州）人先做出来的。

南宋年间，卖国宰相秦桧和他的老婆王氏，东窗定下了毒计，把精忠报国的元帅岳飞杀死在风波亭里。消息传开来，老百姓个个气愤不平，酒楼茶馆，街头巷尾，都在议论这件事情。

那时，在临安城里众安桥头，有两家相邻的吃食摊，王二卖芝麻葱烧饼，李四卖油炸糯米团。这天两人谈起秦桧害死岳飞事情来，李四气得敲案板："卖国贼，我恨不得把你……"王二说："李四哥别性急，你看我来收拾他们！"说着，从案板上摘了两个面疙瘩，捏捏团团，团团捏捏，捏成两个面人，

一个吊眉毛大汉，一个翘嘴巴女人。他抓起切面刀，住那吊眉毛大汉的颈项上打横一刀，又往那翘嘴巴女人的肚皮上竖着一刀，对李四说："你看怎样？"李四点点头，说："不过，这还便宜了他们！"说完，他跑回自己摊子去，把油锅端到王二的炉子上，又将那两个斩断切开了的面人重新捏好，背对背地粘在一起，丢进滚开的油锅里去炸。一面炸面人，一面叫着："大家来看油炸桧啰！"过往行人围拢来，看着油锅里有这样男女两个人，被滚油炸得吱吱响，就明白是怎么回事了。他们心里很痛快，也跟着叫起来："看呀看呀，油炸桧了！"

后来，王二和李四觉得捏面人太费事，就用两根面条来代表，一根算是秦桧，一根算是王氏，用棒儿一压，扭在一起，放到油锅里去炸，仍旧叫它"油炸桧"。因为买的人多，别的烧饼摊也学着做起来。全国各地都流行开了，名字也跟着长条条的形状改叫"油条"。因为油条最早是在烧饼摊上做出来的，至今仍是烧饼和油条合在一家店里做。

汤 圆

汤圆，是用糯米细面，馅以白糖玫瑰，洒水滚成的汉族民间风味小吃。北方又称它为"元宵"，南方则俗称"汤团"。

汤圆起于何时？民间传说始于隋末。相传 610 年正月十五，隋炀帝杨广为粉饰太平，炫耀民富国强，下令在洛阳城里搭起一排高台戏棚，调来全国各州府有名戏班，从十五日夜起，连续演戏一个月，以示歌舞升平。每夜华灯高照，弦歌不绝。一时，看灯的、听戏的、做小生意的，人山人海，整个洛阳城沸腾起来。那些开小吃铺的挖空心思，做出各种人们爱吃的夜点，来多赚点钱。有家小吃铺老板别出心裁，把糯米磨成粉，包以糖馅，做成团子，放进水里一煮，吃起来别有滋味，既饱肚子又暖和身子。人们看看新鲜，吃吃有味，便一时风行起来。因为，古时称正月十五为"上元"，夜晚叫"宵"。汤

宁波汤团

团是"上元""宵夜"吃的，所以，又叫作"元宵"。从此，每年灯节元宵时，家家户户吃"元宵"。久而久之，吃"元宵"表示团团圆圆，成为一种喜庆风俗沿袭下来，一直流传到现在。不过，现在的汤圆除了是春节、元宵的节日食品外，也成为民间普遍流行的风味小吃。

涮羊肉

据说涮羊肉的创始者是元世祖忽必烈。相传元世祖忽必烈在一次南侵时，连续打了七天败仗，退到一座山谷之中。人缺粮，马缺草。大将军哈密史带领士兵，搜遍山野，三天三夜，捕捉不到一只野物。他急忙令随从，日夜兼程，赶回草原，捉来四头肥羊献给忽必烈。忽必烈大喜，急令营房御厨烧制上来，谁知，等了好久，尚不见羊肉送来。他跑到厨房一看，只见厨师已宰好羊，正在用刀切肉。忽必烈看见鲜红的羊肉，迫不及待地抓了一把往沸腾的开水中一撒，用勺子盛起来，美美地吃了一顿。他越吃越有味，感到从来没吃过这样鲜美的佳肴。后来，他南侵得胜，做了元朝的开国皇帝。一天，他在宫中突然想起当年在山谷吃过的那顿羊肉，便令厨师们照办。忽必烈吃了，觉得味道像以前所吃的一样鲜美，问厨师这菜叫什么名字。一位老厨师想起当年忽必烈吃羊肉的情景，回答说："这叫作'涮羊肉'。"从

此，"涮羊肉"就在北方流传开来。

由于羊肉鲜嫩易熟，味道鲜美。并且边涮边吃，别具风味。明、清以来，盛行北方，成为冬令美味佳肴。北京各菜馆还不断改进，发展成为北京风味的涮羊肉。清咸丰四年（1854），前门外"正阳楼"开业，专以涮羊肉闻名。后来，以摆粥摊发家的丁子青，于1914年创办"东来顺"饭庄，且在正阳楼涮羊肉的基础上，在选料、配料多方面做了改进，使这道适合兄弟民族口味的佳肴，也受到汉族人民的欢迎。并且，近年来不断扩大，并在原址扩建起三层营业大楼，除接待国内顾客外，也接待海外华侨和国际友人。尤其北方早寒，当国内外顾客团团围坐在火炉前，共同品尝这一具有北地风味的佳肴，更增添无限欢乐的情趣。

酒

据《周礼·天官·酒人》中记载，早在周代，就设置了称作"酒人"的酒官，掌管祭祀和酿酒的事情。可见我国在周代用酒祭祀已入礼仪。汉代许慎所著的《说文解字》中有一处说明："古者少康初作箕帚、秫酒。"意思是酒和箕帚都是少康这个人发明的。值得注意的是，这里用的"秫酒"是指高粱酒，这是中国酿酒的特点，而古埃及和古罗马酿的酒是大麦酒，也就是后来的啤酒，酒的浓度比高粱酒低得多。

少康又名杜康。杜康发明了酒，人们常用杜康来代酒。汉代末年的曹操有一篇传世名作《短歌行》，诗中写道："对酒当歌，人生几何？譬如朝露，去日苦多。慨当以慷，忧思难忘。何以解忧？唯有杜康。……"这里的杜康就代表酒。

关于"杜康酒"则有这样一动人故事。相传从前有一怀孕妇人，梦见一白发老人对她说："臼出水，东走。"不久，门前石臼果然出水，她招呼左邻右舍，赶快往东逃命，众人不信。她独自往东逃到一条小河旁，再也走不动了，便变成一株桑树。

不久，有采桑女前来采桑，听到桑树洞中有婴儿哭声，就抱去抚养成人，他就是杜康。这妇人变的桑树，从此成为空桑，旁边小河也叫空桑涧。杜康长大，每天到田间劳动，将吃剩的饭倒在空桑树洞内，天长日久，桑树洞里散出一股浓郁香味。杜康吃了，味道美好，就根据这方法造出了酒，并在空桑涧旁开起酒坊，用涧水酿酒，质纯味浓，清香扑鼻，被称为"杜康酒"，一时传遍四方。后来，皇帝喝了他的酒，精神振奋，食量大增，封杜康为"酒仙"，封杜康家为"杜康仙庄"，空桑涧也改称为"杜康河"。自此杜康善酿之名声大振，上达天庭，终于被玉帝召去酿造御酒。

因此，现在全国酿酒业都尊杜康为祖师。河南白水的汝阳还在"杜康酿酒遗址"上建造了"杜康庙"，供奉杜康塑像，敬若神明。《白水县志》记载：每年正月二十一日，各村男女都要到杜康庙去，敬献祭品，演戏娱神。汝阳、白水和伊川三县，如今都办起了杜康酒厂，专门生产"杜康名酒"，畅销国内外，深受中外品酒名家的欢迎和好评。

茶

我国是茶叶的故乡，是最早开发利用茶叶的国家。由于茶叶的浸泡液对大脑和心脏能起兴奋作用，因此，很早就受到人们的重视。

早在 4000 多年以前的原始公社时期，传说有位尝百草的"神农氏"就已经发现了苦茶这种植物。史籍还有"炎帝崩于茶乡"的记述，所以把神农死的地方称作"茶乡"。那时候，人们称茶叫苦茶。1000 多年以后，人们又称苦茶为"槚"。当时，有一部叫作《尔雅》的书，在《积木》篇里很明确地把"槚"解释为"苦茶"，这里的"茶"字就是现在的"茶"字。汉和帝永元十二年（100），许慎在他的《说文解字》里，把"槚"解释为"苦茶"，而且说："茶，即今之茶字"。可见，早在东汉时期，茶这种植物已经在文字上定型化了。

人们一向以为从唐朝开始才以茶冲饮，其实这是一个很大的误解。因为早于唐朝200 多年的东晋（317～420），有位叫作郭璞的人，他在《尔雅注》里有这么一段话："今呼早采者为茶，晚取者为茗……"，可见，当时人们对采茶的迟早与茶质的关系，已经有了相当精辟的总结。如果不是对茶有长期的种植和饮用的实践，产生这样的认识是不可能的。

从《天中记》中可以看出，在古代，人们在长期的茶树经营中，以为茶树只能用茶籽培育。所以，我国古代婚娶聘礼的习俗多用茶叶，女家受聘称为"受茶"，而茶花也被作为女子的美称，用茶树象征坚贞的爱情和永恒的友谊。

唐上元初年（674），竟陵（今湖北天门市）人陆羽开始写作我国第一部研究茶的专著《茶经》。《唐书》说这位陆羽嗜茶如命，被人们称为"茶癫""茶神"。实际上，他并不仅限于饮茶，他用了毕生的精力专心地探索茶的源本、植制、采造方法及工具，成为世界上第一个茶叶科学家。《茶经》分三卷，集中了我国劳动人民长期经营茶树的实践经验，内容丰富，见解精到。光是烹茶用的器具，就记载有 24 种。从此，1000 多年以来，茶树在我国的土地上得到更广泛的种植，并输送到国外。

外国卷

❦ 文学 ❧

史 诗

史诗指古代的长篇社会叙事诗。各民族的史诗都以自己民族的具有重大意义的历史事件为主要题材，以人们爱戴的英雄为主要人物。除真实的历史事件以外，史诗又常夹杂着这个民族特有的神话传说。结构宏伟，充满着幻想和神话色彩。世界上许多民族都有史诗流传下来。

英雄史诗

英雄史诗指史诗中的严肃重大的事件为题材，以英雄人物为中心的一类风格崇高，形式完美，规模宏大，插曲很多，富于戏剧性，采用第三人称的叙述方法。荷马史诗即是英雄史诗，采用六音步扬抑格诗体，一般叫作英雄格。中世纪欧洲的英雄史诗大致可以分为两类：一般表现与颂扬氏族社会末期蛮族部落的英雄，如日耳曼人的《希尔德布兰特之歌》、盎格鲁—撒克逊人的《贝奥武夫》等；另一类表现与颂扬抵御外侮、维护民族独立的英雄，如法国的《罗寺之歌》、西班牙的《熙德》、德国的《尼伯龙根之歌》等。这类史诗是欧洲各民族高度封建化以后的产物。它以历史人物、民间传说为基础，反映了国家统一的要求和愿望。对长篇小说的形成有很大影响。

古埃及神话

古埃及神话是流传于埃及古王国时期（公元前 27 ~ 前 22 世纪）的神话。古埃及神话丰富多彩，种类繁多，天地日月、山川草木、飞禽走兽，几乎成了神话的题材。其中最有名的是关于太阳神拉和传说中的国王奥西里斯的故事。

关于拉的神话，是古埃及人对天地形成、人类诞生、金银来源等问题的幻想和解释。对于奥西里斯的神话，在奴隶制形成前后的传说有所不同。最早的奥西里斯被解释为自然神，是掌管水、土地、植物和丰收的神。到了奴隶社会，奥西里斯成了社会神。关于奥西里斯冥词判罪的传说，显然是埃及奴隶主阶级为了其本阶级利益特意编造出来的。此外，古埃及神话中关于凤凰与狮身人面的传说也很著名。前者反映了古埃及人民热爱生活、渴望永生的乐观精神，后者反映了古埃及人民征服自然、战胜邪恶的顽强意志和热切心愿，充满了浓烈的浪漫主义气息。

巴比伦神话

巴比伦神话传说在文学中占着重要的地位。这些神话传说从不同角度反映了当时人们对宇宙起源、自然变化等问题的理解和探求。

巴比伦最有名的神话之一，是写在七块泥板上的造巴比伦保护神的神话。这则神话后来曾被视为圣书，流传很广。关于女神伊什塔尔的神话，则表现了古代巴比伦人对一年四季时令变化奥秘的探索。另外，还有关于洪水方舟的神话传说。圣经中著名的挪亚方舟的故事，就是从这个传说演变来的。古巴比伦人还把两河流域神话中的诸神与天上星宿联系起来，共尊 7 位主神：太阳神沙马什、月神辛、战神涅尔伽（火星）、智慧神纳布（水星）、众神之王玛尔都克（木星）、爱神伊什塔尔（金星）、胜利神尼努尔达（土星）。并认为每天有一位星神值勤。7日轮一回。后世7天为一星期，即导源于此。想象丰富，寓意深刻的巴比伦神话，对希伯来《圣经》和以后的欧洲文学有一定的影响。

希腊神话

希腊神话是指古代希腊关于神的故事和英雄传说。神的故事包括天地的开辟、人类的起源、神的产生和谱系以及内部斗争、神的日常活动等内容。希腊人以奥林匹斯山上的主神宙斯及其周围的男女诸神为主要谱系，且认为诸神具有人的形象和思想感情，却具有主宰人类命运的力量。

英雄传说是古希腊人对于远古历史的回忆。英雄是神和人所生的半神。他们不仅体力过人，而且聪明多智，具有不折不挠的斗争意志，在同自然和社会的斗争中建立过功勋，体现了古代劳动者的集体力量、智慧和高贵品德，英雄传说以不同地区的英雄和事件为中心，形成了许多系统。赫拉克勒斯的12件大功，伊阿宋寻找金羊毛、忒修斯为民除害、特洛伊战争等。希腊神话的文学价值很高，不仅给予希腊文化以极大的影响，而且对后来欧洲文学的发展有巨大的影响。

表现特洛伊战争的想象图

希腊军队采用了奥德修斯的计策，军士们藏在巨大的木马之中，在特洛伊人把木马拖进城后，希腊人破马而出，里应外合，攻下了特洛伊城，长达十年之久的特洛伊战争结束。这就是历史上希腊军队最终攻下特洛伊城所使用的"木马计"。

希腊悲剧

古代希腊悲剧的专称。起源于古希腊的酒神祭典，由"酒神颂"演变而来。其悲剧形式是逐步发展完善的。约在公元前524年左右，悲剧诗人忒斯庇斯首先

欧里庇得斯像

把一个演员引进了酒神颂，以后经过埃斯库罗斯和索福克勒斯的不断丰富和创造，才使悲剧艺术逐步发展成熟。悲剧一般开头都有"开场""进场"，结尾都有"退场"。悲剧题材取自神话、传说，但都紧密地联系当时的民主政治，具有鲜明的倾向性和深刻的思想内容。它主要不在于写悲，而在于表现崇高壮烈的英雄主义思想，风格雄伟。公元前5世纪是希腊悲剧的繁荣时期，曾经先后出现过埃斯库罗斯、索福克勒斯和欧里庇得斯三大悲剧家。他们的作品见于剧目的约有300多个，对后世欧洲文学影响很大，是世界文化的宝贵遗产。

希腊喜剧

古代希腊喜剧的专称。起源于祭祀的即兴表演。发展略晚于悲剧，可分为旧喜剧、中期喜剧和新喜剧三个时期。公元前487年至前404年是旧喜剧时期。旧喜剧多是政治讽刺和社会讽刺剧，讽刺的对象是当代社会名人，特别是当权人物。每剧一般分为六部分即：开场、进场、对驳场、评议场、插曲、退场。但也不十分严格。主题思想主要表现在对驳场中。在旧喜剧中，只有阿里斯托芬的11部作品完整地流传下来。公元前404年至前338年是中期喜剧时期。中期喜剧以讨论神学、哲学、文学和社会问题为主。剧本没有流传下来。公元前338年至前120年是

新喜剧时期。这时人民在政治上不自由，对"希腊化时期"的政治生活不感兴趣，因此新喜剧大多是世态喜剧，主要写日常生活、爱情故事和家庭关系，注重人物的描写，强调情节的曲折和风格的雅致，但缺乏深刻的思想内容。米南德（前约342～前约292）是新喜剧的代表作家。他写过100多部喜剧，只传下《恨世者》和一些残篇。新喜剧对罗马喜剧产生了巨大影响，罗马喜剧又直接影响了后世的欧洲喜剧。

骑士文学

骑士文学是西欧中世纪反映骑士阶层生活和理想的文学。它的主要体裁分骑士抒情诗和骑士传奇两种。

骑士抒情诗以法国南部普罗旺斯为中心，主要内容是描写骑士的业绩、冒险经历，及其对贵妇人的爱慕和忠诚。其中以《破晓歌》最为著名。

骑士传奇按题材可分三个系统：（1）取材于希腊、罗马故事的古代系统，如《亚历山大传奇》和《特洛伊传奇》等；（2）以英国亚瑟王和他的圆桌骑士的故事为中心的不列颠系统，如《郎斯洛》《伊凡》《特里斯丹和伊瑟》《圣杯》等；（3）取材于东方拜占庭题材的拜占庭系统，如《奥迦生和尼哥雷特》等。

骑士文学在创作方法上，以浪漫主义为主要特征，注重人物肖像、内心活动、生活等方面的细节描写，对以后欧洲浪漫主义诗歌和小说的形成和发展有较大影响。

梦幻文学

欧洲中世纪文学常常采用寓意手法、假托梦境、幻境或隐喻来反映生活现实，此作品被后人称为梦幻文学。如《玫瑰传奇》中，用"玫瑰"目中的少女，以"情人"对"玫瑰"的追求比喻自己对少女的爱情，还把各种有关爱情的因素如"美貌""坦率""吝啬""忌妒"等拟人化，并把整个故事假托在梦境中。中世纪的宗教文学、骑士文学、城市文学中有不少作品采用这种寓意手法。但丁的不朽名著《神曲》也是采用梦幻文学的形式。

流浪汉小说

一种以主人公的流浪生活为线索，以描写城市下层平民生活为题材的小说。产生于16世纪中叶的西班牙。一般为自传体，主人公常是失业者和下层平民。以下层人物的角度去观察并讽刺某些社会现象，具有一定的现实意义。这种小说比较注重人物性格的描写和人物形象的刻画。对以后欧洲小说的发展，曾产生过深远的影响。最早的也是有代表性的流浪汉小说是《小癞子》（1553），全名为《托美思河的小拉撒路》，作者不详。由于反映了西班牙的社会生活，加之叙述生动自然，笔调辛辣有力，受到广泛的欢迎。

哲理小说

18世纪启蒙作家创立的一种独特的文学形式。它的目的不在于全面地描写个性和细致地描写历史环境，而在于以具有鲜明的政治倾向性和教诲性的形式，使读者了解作者的政治观点和哲学思想。它一般通过传奇的故事来影射、讽刺社会现象，反对封建专制制度，阐明哲理和宣传启蒙思想。所以在反封建、反教会的斗争中发挥了很大的作用。其手法灵活多样，语言简洁，生动活泼。但由于忽视典型人物形象的刻画和描写，小说中的主人公往往成为作者哲学思想的代言人，因此，作品也就缺乏艺术感染力。哲理小说的代表作为伏尔泰的《老实人》《天真汉》，狄德罗的《拉摩的侄儿》等。

推理小说

推理小说是一种运用逻辑推理分析案情，去疑解惑，描写破案过程的小说，原名"侦探小说"。日本推理小说家木木高太郎于1946年提议改称推理小说。最初开创这种小说样式的，是美国作家爱伦·坡，他在1841

年发表了《莫尔街凶杀案》。英国柯南道尔的《福尔摩斯探案》进一步发展了这种样式。后来又出现了英国的阿加莎·克里斯蒂，美国的艾勒里·奎恩，日本的江户川乱步、松本清张、森村诚一等著名的推理小说家。日本的推理小说以江户川乱步为奠基人。推理小说大都以侦缉人员为主人公，着重描写他们在调查研究的基础上运用推理而破案的过程。由于情节曲折惊险，扑朔迷离，使人在娱乐中获得思维能力的锻炼，具有特有的吸引力，而为广大读者所喜闻乐见。其中优秀之作，常常能反映一定的社会问题，具有明显的现实主义倾向，如森村诚一的《人性的证明》等。也有部分作品则缺乏显著的社会意义，只能供人消遣。

十四行诗

又称"商籁体"（十四行诗的音译），欧洲的一种格律严谨的抒情诗体。最早流行在民间，为歌唱而作，后来为文人所采用。最初兴起于意大利，以后流行于英、法、德各国。文艺复兴时期意大利诗人彼特拉克是最早的十四行诗作者，他使这种诗体臻于完美。他写的格式称为"意大利体"，又称"彼特拉克体"，由两节四行诗和两节三行

《古诗人的诗》诗歌集中的一页

画中人物为拉丁文古诗中最早的西西里诗派始祖雅各布，十四行诗被认为是从西西里的短八行诗发展而来的。

诗构成。诗句每行11个音节，一般是抑扬格。韵式为ABBA，ABBA，CDC，DCD或ABBA，ABBA，CDC，DED。16世纪初，英国诗人魏阿特和萨利把这种诗体移植到了英国，改为三节四行诗和一节两行对句，其韵脚排列又有多种变化。在16世纪的英国，又先后出现许多十四行诗人，成就显著者首推莎士比亚。他的十四行诗，后来称为"莎士比亚体"或"伊丽莎白体"。诗句每行十个音节，抑扬格。韵式是ABAB，CDCD，EFEF，GG。

物语文学

物语文学是日本古典文学的一种体裁，产生于平安时代（10世纪初）。它是在日本民间评说的基础上形成的，脱胎于神话故事和民间传说，并在形式上受到了中国六朝和隋唐传奇文学的影响。

创作于 10 世纪初的《竹取物语》是日本最早一部物语文学。故事写一位伐竹翁在竹心中捡到一个美貌的小女孩，经三个月就长大成人，取名"细竹赫映姬"。五个贵族子弟向她求婚，她答应嫁给能寻得她喜爱的宝物的人，可是这些求婚者都遭到失败。这时皇帝想凭借权势来强娶她，也遭到拒绝。赫映姬在这些凡夫俗子茫然失措之时突然升天。

物语文学在产生之初就分为两大类，一为虚构物语，它是将民间流传的故事经过有意识的虚构，并加润色，提炼成完整的故事，具有传奇的色彩，以《竹取物语》《落洼物语》为代表。另一类为歌物语，以《伊氏物语》《大和物语》为代表，以和歌为主，使和歌与散文完全融为一体，成为整部小说的有机组成部分。产生于 11 世纪初的《源氏物语》是物语文学之高峰。

俳　句

俳句又名"发句"。是日本古典诗歌中字数最少的短诗体。每首俳句一般由五、七、五共 17 个假名（日语中的发音单位）组成。相当于我国格律诗里的绝句长短句的小

令。原是俳谐连歌的第一句，后经松尾芭蕉（1644～1694）提倡成立独立的诗体。其特点是用最简省的字表达极为丰富的内容。好的俳句，不但思想深刻，而且要求字斟句酌，千锤百炼，语言高度凝练。其题材，多为四季变化和自然景物。俳句规定，每首必须有一个表现季节特征的词语，称季题或季语。例如，"油菜花鲜艳，新月莹莹上东天，西望落日圆。"其中的季语为油菜花，季节是春天。再如"幽幽古塘畔，青蛙跳破镜中天，叮咚一声喧"，这首俳句的季语为青蛙，季节是夏天。

启蒙主义文学

　　启蒙主义文学是产生于欧洲文艺复兴后的一种文艺思潮。由于在文艺理论和创作实践上都以古希腊、罗马文艺为典范，因而有"古典主义"之称，同时称为"新古典主义"。古典主义在17世纪的法国最为盛行，发展也最为完备。

　　笛卡尔的唯理主义理论为古典主义的产生提供了哲学基础。文艺理论和创作实践上有意识地学习古代，则是古典主义产生的必要的文化历史条件。由于古典主义是在君主政体的民族国家开始建立、资本主义开始发展的历史阶段出现的，所以它在政治上主张国家统一，拥护和歌颂绝对王权；在思想上崇尚理性、"温和折中"和"自我克制"，同时又反对封建专制和宗教信条，批判不合乎资产阶级理性的封建道德，在创作和理论上强调模仿古代，主张用民族规范语言，按照规定的创作原则即三一律进行创作，追求艺术完美。它抵制了封建贵族文学的矫饰，曲折地反映了资产阶级的某些情绪和愿望，在一定程度上反映了当时社会生活的面貌，具有现实主义特点。但古典主义文学带有浓厚的宫廷色彩，有迎合贵族情绪的倾向，艺术上有形式主义的缺陷，追求"典雅"的语言，人物形象常流于类型化。

　　作为一种文艺思潮，古典主义在欧洲几乎流行了两个世纪，直到19世纪初浪漫主义文艺兴起才告结束。它对近代欧洲各国文学艺术，尤其是戏剧的发展影响很大。其主要理论著作，在法国有布瓦洛的《诗的艺术》，在英国有蒲伯的《批评论》，在德国有高特舍特的《给德国人写的批判诗学试论》。古典主义的代表作家，有法国的高乃依、拉辛和莫里哀，英国的蒲伯和约翰逊，俄国的罗蒙诺索夫等。

狂飙突进运动

　　简称"狂飙运动"。1770～1785年在德国发生的一场声势浩大的资产阶级反封建的文学运动，是德国启蒙运动的继续和发展。因作家克林格尔的同名剧本《狂飙突进》而得名。

　　运动的纲领制订者是文艺理论家赫尔德尔，主要代表作家是青年时代的歌德和席勒，主要思想倾向是反对封建割据，反抗封建压迫和虚伪的道德风尚，批评死气沉沉的封建文艺，要求创作自由和个性解放。这一运动的作家重视民族意识，提供民族情感，主张从本民族历史中汲取题材；歌颂自然，拥护卢梭"回到自然"的口号；推崇"天才"，强调"天才"；在文学上强调民族风格。参加狂飙突进运动的青年作家大多富有狂热的幻想和奔放的激情，他们的作品往往充满着浪漫的气息和感伤的成分。由于在当时历史条件的限制下，这场运动只局限在文学领域，因而没能发展成为政治性的社会运动。

　　到19世纪80年代中期，狂飙运动即接近尾声。歌德的《少年维特的烦恼》和席勒的《阴谋与爱情》是狂飙突进运动文学的代表作品。

浪漫主义

　　18世纪到19世纪初资产阶级革命时代出现在欧洲的一种文艺思潮，是资产阶级上升时期的意识形态。它的鼎盛时期总共不过三四十年，但由于它在政治上反对封建制度，在文学艺术上最后扫荡了古典主义，起过重要的进步作用，所以对世界文学，尤其欧洲文学有极其深远的影响。资本主义制度在先进国家里确立和发展后，社会问题纷至沓来，暴露出 18 世纪启蒙学派所鼓吹的"理性王国"，不过是资产阶级的王国，引起了启蒙思想的危机。面对启蒙理想的幻灭和法国大革命后欧洲动荡的社会现实，社会各阶层都产生了深刻的不满情绪。文学家们力图从自己的想象中来寻找解决社会矛盾的途径，浪漫主义的文艺思潮就是在这样的历史背景下，在英、法等国而先后出现的。但它并不是一个统一的文学运动，由于阶级立场和政治态度的不同，浪漫主义文学在发展史上形成了两个对立的流派，即消极浪漫主义和积极浪漫主义。前者以美化中世纪的封建宗法社会，鼓吹逃避现实为特征，代表作家有英国的"湖畔派"诗人华兹华斯、柯勒律治和骚塞，法国的夏多勃里昂和拉马丁，德国的史雷格尔，布伦塔诺和诺瓦利斯等。后者以渴望斗争、面向未来、崇尚自由和解放的精神为思想特征，代表作家有英国的拜伦和雪莱，法国的雨果和乔治·桑，德国的荷尔德林和海涅等。

浪漫主义文学的两个对立流派，主要是根据作品内容所显示的社会理想的性质加以区分的，但作为同一文学潮流，它们又具有共同的特征。如注重主观抒情，善于运用大胆的想象和夸张的手法，极力赞美大自然和诅咒城市文明，特别重视中世纪民间文学等。也有一些消极浪漫主义作家以后转向积极浪漫主义。

19 世纪 30 年代以后，尽管批判现实主义逐步取代浪漫主义成为欧洲的文学主流，浪漫主义文学仍有许多重要作品出现，只是作品中的现实主义因素明显地增加了。

批判现实主义

继浪漫主义文学后，于 19 世纪 30 年代出现在欧洲并开始占主导地位的资产阶级文艺思潮。批判现实主义是资本主义社会内部矛盾的尖锐化在文艺创作中的表现与反映。它继承和发展了文艺复兴以来现实主义文学中反映现实、揭露社会矛盾的优良传统。批判现实主义文学深刻地揭露和批判封建制度资本主义社会的罪恶，形象地描写了贵族阶级的没落和资产阶级的兴起、发展、衰落的过程，极为广阔地反映了资本主义社会复杂丰富的生活图景和风俗历史，引起人们对资本主义社会"永久长存"的怀疑。批判现实主义文学以资产阶级人道主义作为创作的思想基础，有意识地描写处在社会下层的小人物的命运。有些作品，对劳动人民的悲惨遭遇表示深切的同情，却反对暴力革命。一些杰出的批判现实主义作家，在创作中很注意细节的真实，善于选取典型的生活现象，再现典型环境中的典型人物，既成功地塑造了众多深刻感人的典型形象，又扩大了真实地描写现实生活的范围。

批判现实主义文学在艺术技巧上的贡献是多方面的，它揭开了人类艺术发展史新的一页，并对以后欧洲文学的发展有较大的影响。但由于历史与阶级的局限，批判现实主义无力指出社会发展的必然趋向，不能从更深刻的意义上对资本主义社会的黑暗进行彻底的批判。

批判现实主义在文学上的代表作家有法国的司汤达、巴尔扎克，英国的狄更斯、萨克雷，俄国的果戈理、托尔斯泰、契诃夫等，在绘画上的主要代表画家有德国的门采尔、俄国的列宾、法国的库尔贝等。

自然主义

继浪漫主义运动之后于 19 世纪 60 年代起在法国形成的文艺思潮，以左拉、龚古尔兄弟为代表。左拉提出以实证主义哲学为基础的艺术理论，主张在文学创作中运用生理学、遗传学、临床病理学、解剖学等原理去分析和表现人的生物本能，注重对人的生理因素的分析，认为人只能消极地受环境的支配，连人们的社会行为也是遗传因素决定的。作为文艺创作倾向的自然主义的特点，主要是只重视现实生活中个别的琐碎的现象，追求事物外在真实，不重视对生活现象进行典型化，因而不能正确反映资本主义制度下现实生活发展的本质方面，甚至常常歪曲生活。而他们的某些描写下层人民日常生活的自然主义作品，却在一定程度上暴露了资本主义社会的黑暗现实。

自然主义的代表作家有：法国的左拉、龚古尔兄弟，德国的霍尔茨，比利时的艾考特，西班牙的伊本涅兹等。

唯美主义

19世纪末流行于欧洲的一种资产阶级文艺思潮，是世纪末颓废思潮的表现之一。这种思潮是对于19世纪末资本主义社会中种种庸俗风尚的反抗。而唯美主义却颠倒了艺术与生活的关系，认为艺术的目的就是"美"，否定了艺术内容的道德原则，片面强调艺术技巧，反对文艺的社会教育作用和文学艺术中的现实主义。

首倡唯美主义的是法国作家兼批评家戈蒂埃。代表作家有英国的王尔德等。在王尔德看来，"不是艺术反映生活，而是生活模仿艺术"，因而鼓吹"生活艺术化"。他们不仅注意住房布置、书籍装帧、服饰奇异的"美"，而且实行超道德的唯美主义原则，其典型作品为小说《道林·格雷的画像》和悲剧《莎乐美》。在理论上把唯美主义系统化的是英国作家兼佩特。盛极一时的唯美主义从19世纪90年代以后开始解体，其影响也渐渐削弱。

现代主义

现代主义又称现代派或先锋主义，20世纪初以来，西方资本主义发展到垄断时代，陆续出现的各种资产阶级没落文学流派的总称。它包括象征主义、未来主义、超现实主义、意识流小说、存在主义文学、荒诞派戏

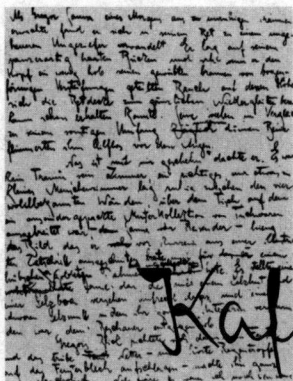

卡夫卡《变形记》的首页笔迹及亲笔签名

剧、新小说派、黑色幽默等流派。是西方社会深受尼采、弗洛伊德、柏格森、萨特等人哲学思想或心理学理论的影响的产物。常被认为是美国的爱伦·坡和法国的波特莱尔是现代主义的远祖。

20世纪20年代，现代主义文学奠定基础并迅速发展，形成第一次高潮，出现了卡夫卡、乔伊斯、普鲁斯特、艾略特、福克纳等著名作家，他们的作品对欧美及其他国家的现、当代文学曾经产生过很大影响，如奥地利小说家卡夫卡的《变形记》（1912）、爱尔兰小说家乔伊斯的《尤利西斯》（1922）、法国作家普鲁斯特的《追忆逝水年华》（1913~1927）、英国诗人艾略特的《荒原》（1922）、美国小说家福克纳的《声音与疯狂》（1929）。

第二次大世界大战后，现代主义文艺思潮，波及亚、非、拉文坛，出现了第二次高潮。现在，有些西方国家的文坛上，各种现代主义文学流派此起彼伏，大多寿命不长。他们的主要特征是：排斥批判现实主义，在题材上、技巧上力求创新；作家企图发掘的不是外在客观世界，而是作者自己的贫乏而空虚的内心世界；追求描写梦境和神秘的抽象的瞬间世界，在精神上带有歇斯底里的疯狂性质；在艺术技巧上他们广泛运用暗示、象征、烘托、对比、意象等手法，以发掘人物内心的奥秘，表现人物的意识活动。在篇章方面，他们往往采用变化突兀式多层次的

结构方式，时间、空间任意颠倒、变换，以偶然的因素将毫不相干的事件、情节组成齐头并进的层次。由于采用这些表现手法，现代主义的大多数作品情节若有若无，人物形象扑朔迷离，思想含义晦涩难明。作为现代文学的一个方面，通常认为现代主义文学在艺术方法上进行了种种探索与实验，既有成功的经验，也有失败的教训；既有同传统的浪漫主义、现实主义相对立的一面，又有相继承、相通的一面。

湖畔派

18 世纪末、19 世纪初形成的英国消极浪漫主义诗歌流派，指华兹华斯、柯勒律治和骚塞等。因为他们都曾居住在英国西北部的昆布兰湖区，并且写过许多描写湖区的诗，故被称为湖畔派。法国革命初期，他们对革命还表示欢迎，认为革命与他们回到大自然和复兴宗法式民主制度的理想颇为接近。雅各宾专政时期，他们却由失望、恐惧转而反对资产阶级革命和民主制度，并站在保守立场，拒绝接受资产阶级文明，主张恢复宗法制，并宣扬宗教的道德观和唯心主义艺术观。华兹华斯和柯勒律治共同创作的《抒情歌谣集》是英国消极浪漫主义的代表作。华兹华斯为《抒情歌谣集》第二版写的长篇序言，被认为是英国消极浪漫主义的艺术纲领和宣言。在"序言"中，他反对古典主义的清规戒律，主张诗歌要描写下层人民的日常生活。在诗体方面，还主张发展民间诗歌的艺术传统，采用民间生动的语言来写作，也很重视诗的想象力。华兹华斯的这些主张在英国诗歌的改革上曾起过相当大的作用。柯勒律治则热衷于幻想和超自然的题材，诗歌中充满了神秘的梦幻色彩。

象征主义

欧美现代文学中出现最早、影响最大的诗歌流派，19 世纪 70 年代兴起于法国。它的名称是法国诗人莫雷亚斯 1886 年 9 月 15 日在以巴黎《费加罗报》上发表的《象征主义宣言》中提出的。这位先驱者是法国的波德莱尔。他早在 1857 发表的诗集《恶之花》，为第一部象征主义的作品。继波德莱尔之后，前期象征主义的代表诗人是法国的魏尔伦、韩波和马拉美。到 20 世纪 20 年代，后期象征主义盛极一时，著名诗人有法国的瓦雷里、英国的叶芝和艾略特、德国的里尔克、俄国的布洛克等。

象征主义认为现实世界是"虚幻而痛苦的"，人们内心的"另一世界"才是真实的、美的。它强调用有物质感的形象，通过暗示、烘托、对比和联想，由此及彼，由表及里，表现出作者所欲创造的意境，即用间接的象征，来表现人们的内心精神世界。

象征主义诗人认为，任何一种客观事物都具有与之相对应的意念含义，外界事物与人的内心世界是互相感应契合的，人们在每个事物中都能挖掘出其潜藏的象征意义，所以应该运用有声有色的物象来暗示内心的微妙世界，把两个世界沟通起来。诗歌的任务就是沟通两个世界，而象征是沟通两个世界的媒介。由于他们力求艺术形式的蕴藉、浓缩和精炼，在艺术手法的开拓与创新上取得了一定的成就；在内容上也曲折地反映资本主义的社会生活的一面。但是有的诗歌有浓厚的神秘主义色彩，玄奥莫测，晦涩难解，有的简直是神秘的谜语，不知所云。

第一次世界大战前，象征主义的影响遍及欧洲各国，波及艺术的各个领域。戏剧方面有成就的著名的象征主义剧作家有比利时的梅特林克，德国的霍普特曼等。美术方面著名代表人物是摩罗。

达达主义

第一次世界大战期间产生于欧洲的诗歌流派。1915 年秋，罗马尼亚诗人特里斯唐·扎拉在瑞士苏黎世组织了一个文学团体。1916 年 2 月 8 日，他将在辞典中随意翻到的一个法语词"达达"，作为他们团体的名称。

参加的有布勒东、阿拉贡、艾吕雅、苏波、皮卡比亚等诗人及艺术家，利用《文学》杂志宣扬达达主义，一时颇有声势。

法语达达（dada）是幼儿语，意为"马"，作为流派名，表示"无所为""毫无意义"。达达主义者主张打倒一切、否定一切，不仅否定传统的文学艺术形式和规律，否定任何文艺批评，而且否定现实生活，对理性、科学、逻辑、宗教、政治、家庭、道德等现存的体系和价值观念都采取否定态度。他们认为文学艺术应该是无思想的、像婴儿的喃喃呓语一般，以混乱的语言、怪诞荒谬的形象表现莫名其妙不可思议的事物。这一观点反映了欧洲青年一代在第一次世界大战期间和战后的苦闷彷徨与追求。

1922 年，达达派内部发生分歧。扎拉坚持否定一切，布勒东、阿拉贡等另寻创作新路，形成超现实主义新流派，1924 年左右达达主义团体基本上瓦解。

超现实主义

20 世纪 20 年代产生于法国，后来流行于欧美的一个重要文艺流派。它由达达主义演变而来。

法国诗人阿波利内尔在 1920 年发表的自传体小说《断头诗人》中首先用"超现实主义"一词。1924 年 10 月，由布勒东发起，组织了超现实主义的团体，参加的有阿拉贡、艾吕雅、苏波、德斯诺斯、皮卡比亚等。1924 年 11 月布勒东在巴黎发表《超现实主义者宣言》正式提出超现实主义的口号。1929 年布勒东又发表第二篇《超现实主义者宣言》。于是超现实主义便在文学、美术界流传起来。在英美超现实主义诗人中，托麦斯较有成就。

柏格森的直觉主义，"生命冲动"和弗洛伊德的"潜意识"说，是它的理论基础。另外，除了达达主义的影响外，还接受了象征派关于想象的力量和探索幻觉世界的主张的影响。超现实主义者认为，理智、道德、宗教、社会及日常经验都是精神活动的桎梏，必须打碎；只有无意识、梦和精神错乱才是真正的精神活动，必须着力开发人的心灵的秘密及梦幻世界，以达到绝对的真实，即"超现实"。所以他们提倡"无意识写作"（自动写作），即不受理性或美学、道德准则制约的纯粹无意识的写作方法，认为只有"下意识"的领域和梦幻、本能才是文艺描写的对象。由于他们要求对幻觉和梦境进行记述，把作者在梦幻中看到或体验到的一切原原本本地写出来，因此，作品所表现的常常是一些杂乱无章的细节和不知所云的符号，给人以荒谬混乱、艰涩难懂的印象。超现实主义的形成与出现，反映了第一次世界大战后欧洲青年一代在探索生活中彷徨不安、痛苦郁闷的狂乱心理。这个流派在绘画、雕塑方面也有深重的影响。

未来主义

20 世纪初期发端于意大利的一个标榜"面向未来"的文艺思潮。曾广泛流行于意大利，随后又传入俄国，对法、英、德、波等国也有一定影响。

"未来主义"一词最初是意大利诗人马利奈蒂在 1909 年发表的《未来主义的诞生及其宣言》中提出的。表明他注重未来，注重文学艺术作品中的新精神。他们歌颂现代化都市，歌颂现代机械文明，歌颂暴力的战争，表现"速度之美"；在诗歌形式上，提倡"自由不羁的字句"，以表现作者朦胧奥秘的感受，打破传统句法和正常韵律，将杂乱无章的名词、原形动词，甚至将乐谱、数学符号与化学公式等罗列拼凑在一起，既不用连词，也不用标点，晦涩难懂。代表诗人有意大利的马利奈蒂、基蒂、帕拉采斯基、杰尔比诺，法国的阿波利内尔。阿波利内尔在 1913 年还提出"立体未来主义"，创造出阶梯式的诗歌形式。

表现主义

20 世纪初兴起，二三十年代时盛行于德国、奥地利、北欧、俄国和美国的文学流派，它最先出现于绘画界。1901 年法国画家埃尔韦在巴黎举办的玛蒂斯画展上首次使用这一术语，以同专门注重外在的客观事物的描绘的印象主义相区别。一批德国画家接着进行创新，逐步形成了表现主义的绘画风格。文学受其影响，出现了表现主义的流派。这个流派对资本主义的黑暗现实有着盲目反抗的情绪，否认现实世界的客观性，认为只有主观才是真实的。因而他们标榜艺术无目的。认为"艺术是表现，不是再现"，艺术的任务在于将个人的品质和特征凭自己的"灵魂"去主观地表现出来，而不是根据客观世界的实际去描述。它反对只对外部世界作忠实的描写和记录，反对只对人的行为作描述，要求着力表现主观的感觉和激情，揭示人物的灵魂，即内心世界和潜意识；反对只对暂时的现象作抒写，要求展现永恒的品质和真理。因而表现主义作品中的人物，往往只是某种精神品质或思想观念的象征。其作品情节变化突兀，形体和色彩过分夸张，大量采用内心独白、梦景和潜台词的手法。它在戏剧方面的成就非常突出。

瑞典剧作家斯特林堡是欧洲表现主义的先驱，主要作品有《去大马士革》三部曲，《鬼魂奏鸣曲》。此后重要的剧作家有德国的托勒尔，主要作品有《群众与人》；凯泽的主要作品有《珊瑚》《煤气厂》；捷克的恰佩克，主要作品有《万能机器人》；美国的奥尼尔，主要作品有《毛猿》《琼斯皇帝》。他们的剧作不同程度地反对帝国主义战争，揭露社会的罪恶和黑暗。表现主义戏剧大量运用象征手法，以感官直觉的形象来表现人的潜意识，使舞台景象产生奇幻怪诞的艺术效果，语言简短，节奏明快，因此它对 60 年代兴起的荒诞派戏剧有着直接的影响。它在小说领域以奥地利作家卡夫卡为杰出代表，主要作品有《审判》《变形记》等。

意识流小说

意识流小说是运用自由联想、内心独白等方法来表现人物意识流动状态的小说。20 世纪 20 ~ 40 年代流行于英、法、美等国。"意识流"一词，来自心理学，最早由美国心理学家詹姆斯提出。1884 运用自由联想、内心独白等方法来表现人物意识流动状态的小说。20 世纪 20 ~ 40 年代流行于英、法、美等国。

"意识流"一词，来自心理学，最早由美国心理学家詹姆斯提出。1884 年他在论文《论内省心理学所忽略的几个问题》中写道："意识并不是片段的连接，而是不断流动的。用一条'河'或者一股'流水'的比喻来表达它是最自然的了。后来，当我们再说起它的时候，就把它叫思想流、意识流或主观生活之流吧。"正是在詹姆斯以及弗洛伊德的精神分析学说、博格森的直觉主义哲学的推动下，西方作家运用了意识流的写作方法，形成了意识流小说。

意识流小说家们认为批判现实主义小说只注重观察环境、人物言行的叙写和故事情节的安排，而不重视对人物的精神世界和心

普鲁斯特像

理活动的描写。他们认为，人们的性格表现为感性活动，只有人的精神和意识才是生活的真实。因而要着力表现人的感性活动、意识活动和内心奥秘。为此，他们的作品以意识流作结构，有意忽略故事情节的连贯和完整，让人物在主观的时空框子里活动，采用内心独白、自由联想、象征暗示、时序颠倒，以及现在与回忆、事实与虚幻互相穿插等手法来展现人物意识流动的轨迹。

著名的意识流说的代表作家有：法国的普鲁斯特，爱尔兰的乔伊斯，英国的伍尔夫，美国的福克纳等。乔伊斯的《尤利西斯》被认为是意识流小说的典范作品，伍尔芙的《达罗威夫人》、福克纳的《喧嚣和狂乱》、普鲁斯特的《追忆逝水年华》都是著名的意识流小说。目前意识流小说的种种艺术手法已在小说、电影、电视中被广泛运用。

荒诞派戏剧

荒诞派戏剧是 20 世纪 50 年代兴起于法国、60 年代流行于欧美的一个比较重要的戏剧流派。

1961 年英国著名戏剧评论家艾恩林从法国作家加缪的随笔中借用了人生是"荒诞"的一词，而将其命名为荒诞派。他继承和发展了表现主义突出主观精神和手法荒诞的一面，且深受战后流行于西方的存在主义哲学的影响。此派剧作家对西方现实社会的不合理性，有着敏锐而深切的感受，虽想进行揭露，但无法解释，更无力解决，而对人类的命运持有悲观看法，认为外部世界是荒谬的，人的存在是荒谬的，人与人、人与世界之间的关系也是荒谬的。概言之，人和世界的存在都是"毫无意思、荒谬、无用"的。既然存在是荒谬的，他们也只能用荒诞的手法来表现。这个流派的剧作家们，反对以文学剧本和对白为基础的传统戏剧程序，打破戏剧要有连贯情节和展示矛盾、激化冲突、解决矛盾的老公式，强调用离奇的、夸大的手法突出人的精神苦闷。他们的戏剧里也分幕分

场，但没有情节，不表现人物的性格与相互关系。他们把日常现实分解开来，使之变形，因而舞台形象离奇古怪、杂乱无章。舞台语言混乱，前言不搭后语。他们反对剧中有任何间接的介绍说明，不让人物诉说自己的感受，总是直接用形象来表现人物的精神状态和心理活动，即用道具、布景、音乐以及动作把人物的精神加以外化。

该派的代表作家与作品，有法国贝克特的《等待戈多》《美好的日子》，成奈斯库的《秃头歌女》《椅子》，阿达莫夫的《一切人反对一切人》，热内的《女仆》《黑人》，美国阿尔比的《动物园的故事》等。这派剧作家，在超现实主义文学影响下，要求戏剧表现超阶级、超时代的抽象的精神状态和生活现象，反对戏剧从属于任何意识形态，和表现任何政治、社会内容。

迷惘的一代

20 世纪 20 年代主要流行于美国的一个文学流派。名称来自侨居巴黎的美国女作家斯坦因。她曾指着海明威说："你们都是迷惘的一代。"海明威 1926 年引用此语作为著名长篇小说《太阳照常升起》的题词。这个流派由此得名。该派作家们没有发表过宣言，也没有统一组织和纲领。但他们都非常厌恶战争，要冲破传统的思想束缚，但又找不到永恒的精神支柱，于是感到迷惘、彷徨、怀疑、失望。这是他们的共同点。这个流派的作家大多经历过第一次世界大战，是从欧洲战场归来的 20 岁左右的青年，他们了解普通士兵的厌战情绪，自己也遭受了种种苦难，认识到战争是产生欧美一代青年精神悲剧的根源，因而着重描写在战争中饱经沧桑的人们的不幸，努力表现主人公的心灵创伤。所以，反战的主题在他们的创作中占有重要的地位。他们作品中的人物心情苦闷，企图用爱情、友谊和追求生活享乐来解脱精神的痛苦，以忘却战争的残酷，然而爱情和友谊的毁灭使他们陷入更深的悲观失望情绪中。"迷

惘的一代"的作家们通过这种人物形象的塑造，反映了第一次世界大战后欧美青年一代理想幻灭的精神悲剧。

这个流派的代表作家是海明威。他的长篇小说《太阳照常升起》和《永别了，武器》用近乎麻木的语气描写流落巴黎的颓唐生活和战争对个人幸福的摧残。帕索斯的《三个士兵》、福克纳的《士兵的报酬》等也都是著名作品。英国奥尔丁顿的《英雄之死》和德国雷马克的《西线无战事》，也被认为是属于这个流派的作品。但是，他们对战争的态度只限于厌恶、诅咒和逃避，没有积极的反战行动。第一次世界大战后，美国社会生活发生很大变化，新一代的作家对文学创作中仍然坚持的老一套资产阶级道德标准和宗教理想极为不满，他们要冲破旧思想的束缚，又找不到精神支柱，在他们的作品中，也充满了迷惘、彷徨、怀疑、失望的情绪。因此，菲兹达拉德虽然没有参加过第一次世界大战，他的作品如《尘世果园》与《了不起的盖茨比》也流露出类似情绪。

垮掉的一代

20 世纪五六十年代兴起于美国的文学流派。这个流派的作家都是男女青年，他们以否定一切的无政府主义态度反对现存的社会秩序和风尚习俗，要求摆脱一切传统的束缚，拒绝承担任何家庭和社会义务，追求绝对自由的生活。他们反对垄断资本统治，抵制对外侵略，讨厌机器文明。他们逃避现实，吸毒、酗酒、偷窃，无所顾忌，不停地追求各种刺激，提倡同性恋爱和佛教禅宗，以躲进超现实的幻境寻求神秘主义的灵感。因而被称为"垮掉的一代"。

这个流派的代表作家，有克鲁阿克、金斯堡、李普顿、伯罗士等。他们的作品，既充分表现了该派的狂颠迷乱和消极颓废，也表达了对美国现实社会的厌恶和反叛。他们对诗歌的艺术形式没有多大兴趣，但是主张撇开传统的创作规律，不管作品的内在联系，把个人的思想感情毫无约束地信手写出。因此，他们的作品支离破碎、杂乱无章。但是他们强调口语和总体效果，突破了学院诗歌的许多清规戒律。到 20 世纪 60 年代"民权运动"兴起，该派销声匿迹，但吸毒习惯等许多特点被"嬉皮士"所接受。

黑色幽默

20 世纪 60 年代在美国兴起的文学流派。1965 年作家弗里德曼编辑了一本作品选集，名为《黑色幽默》。这以后人们便称呼被选的作品为"黑色幽默"。在弗里德曼看来，黑色幽默是一种在思想情绪上是黑色的东西与幽默的东西的结合：它是幽默的，但是在幽默中包含着阴沉的东西；它是绝望的，但是它在绝望中又对着丑恶的事物发出大笑。

所谓"黑色幽默"，就是用丑角的冷漠、逗笑的嘲讽态度来对待现实中一切荒谬、丑恶、残酷、阴暗等"黑色"的东西，视荒谬的人生为痛苦的玩笑。亦即用喜剧的形式来表现悲剧的内容。因而它又被称为"病态幽默""绝望的喜剧"。它深受存在主义哲学和法国新小说派的影响。该派作家对当前的美国社会不满，认识到现实中某些阴暗面，力图在作品中揭露社会现实中的荒谬、丑恶和疯狂；但是他们又认为世界的荒谬和丑恶是永恒的、无法改变的。人类的毁灭是无法挽救的，恐怖的前景令人绝望和悲痛，因而对于被揭露的现实怀着无可奈何的愤怒，采取耸耸肩膀、说说反话的冷嘲热讽和玩世不恭的态度，发表一些悲观的启示录式的议论。

这个流派的作家们也反对传统小说的创作方法，多采取"反小说"的形式。他们的小说往往没有完整的故事情节，只是片断的现实情节和荒诞的幻想的结合，情节离奇，时序颠倒，神秘怪诞，结构松散，冗长枯燥，晦涩难懂。作品中的人物往往是漫画式、木偶式、小丑式的，或者歪鼻斜眼，丑态百出；或者古怪神秘，变化莫测，力图通过人物荒诞乖僻、愚蠢可笑的行为来表现心目中荒谬、

约瑟夫·海勒像
他的长篇小说《第二十二条军规》是第二次世界大战后出现的"黑色幽默小说"最重要的作品之一。这部讽刺小说受到评论界和读者的欢迎，于1970年被拍成电影。

丑恶的世界，或借人物之口讲一些自己要讲的哲理。

这个流派的主要作家和作品有：海勒的《第二十二条军规》《出了毛病》，品钦的《万有引力之虹》，伏尼格的《猫的摇篮》《冠军的早餐》，巴思的《烟草经纪人》《羊童贾尔斯》，珀迪的《凯柏特·赖特开始了》，弗里德曼的《船尾》《母亲的吻》等。

魔幻现实主义

20世纪60年代流行于拉丁美洲的一个重要文学流派。魔幻现实主义一词，是德国文艺家弗朗茨·罗于1925年提出的。这个流派的作品借用古老神话民间传说，将拉美现实政治社会变成一种现代神话，既有离奇幻想的意境，又有现实主义的情节和场面，给人一种似是而非的感觉，因而被称为魔幻现实主义。这种文学的形成，一方面是由于拉丁美洲各国政局长期动荡，人民处在独裁统治下，只得采取隐喻虚幻的嘲讽手法抨击社会的黑暗；另一方面又继承印第安古典文学传统，熔古典神话与西方现代派的表现手法于一炉，以"变现实为幻想而不失其真"为创作原则。为了取得"魔幻"的效果，他们采用了象征寓意、联想暗示、高度夸张、人鬼不分、时序颠倒、现实与梦幻交织等手法，使得作品情节荒诞离奇，跌宕起伏，充满人物的对话、回忆和独白，这种小说所要表现的，不是魔幻而是现实，是通过魔幻境界的折射间接地反映严酷的现实生活。它或通过鬼魂出现以暴露大庄园主的凶狠残酷，或是借神灵来鞭笞罪恶的社会现实，或以无限夸张的情节来嘲讽暴君的穷奢极欲、昏聩无能，或描写巫术来揶揄统治阶级的腐朽没落，大都具有反帝国主义、反封建的积极意义以及人道主义精神。由于这种文学作品既有深刻的现实意义，又有离奇引人的情节，另外加上文字的口语化，所以深受读者欢迎，并对其他地区的文学创作发生了巨大影响。

这个流派的著名作家有：哥伦比亚的马尔克斯，墨西哥的鲁尔弗和富恩特斯，智利的多诺索，阿根廷的博尔赫和科塔萨尔，委内瑞拉的彼特里、古巴的卡彭铁尔、危地马拉的阿斯图里亚斯等。该流派至60年代中期发展到了高峰，并对其他地区的文学创作产生了巨大影响。

白桦派

日本大正时期团结在同人杂志《白桦》（1910～1924）周围的一批青年作家组成的文学流派，1916～1917年有重大影响。以武者小路实笃为思想上的领袖，其他还有志贺直哉、有岛武郎和他的两个弟弟，以及郡虎彦、长与善郎、柳宗悦、木下利玄等。他们多数出身于大贵族和大资产阶级子弟读书的学习院，当时几乎还是大学生。该派作家们较早地接触了西欧近代文学，深受欧美一些大作家和画家如托尔斯泰、歌德、惠特曼、罗丹、塞尚和戈诃等人的影响。他们决心吸收欧洲文学的精华，为人类求得新的精神力量。他们崇尚理想主义，否定自然主义，肯定积极的人生，尊重自由的个性，主张"通过个人或者个性来发挥人类意志的作用"。他们看重伦理，认为个性的自由伸张和自我的完全发展就是善、就是美，比单纯的美更美，所以要在深信生命的创造力的理想主义基础上发现伦理和道德的新的美。他们首先在日本文学界提倡人道主义精神，因此他们的文学又被叫作人道主义文学或新理想主义文学。芥川龙之介认为这种文学拨开了明治后期盛行的自然主义的阴云，"打开了文坛的大窗，让清新的空气流通进来"。可见这个流派对当时的日本文学产生的巨大而积极的影响。

该流派主要作家和作品有：武者小路实笃的《她三十岁时》《一个青年之梦》《幸福者》，志贺直哉的《在城崎》，有岛武郎的《一个女人》等。

古希腊三大悲剧家

古希腊三大悲剧家是指埃斯库罗斯、索福克勒斯和欧里庇得斯。

埃斯库罗斯（前525～前456），史称"悲剧之父"。他的悲剧创作提倡民主精神，反对专制暴政。他一生写了70个剧本，流传下来的只有7部完整的悲剧。其中对后世影响较大的是《被缚的普罗米修斯》。《被缚的普罗米修斯》描写了普罗米修斯为人类盗取火种而被天神责罚的英雄传说。

索福克勒斯（前496～前406），据传他创作了120余部悲剧，现存的只有7部，代表作是《俄狄浦斯王》。《俄狄浦斯王》是古希腊最典型的命运悲剧，着力表现了个人意志与不可抗拒的命运的冲突。

欧里庇得斯（前485～前406），据传他写过92部剧本，有17部流传下来，代表作是《美狄亚》。《美狄亚》是一部描写家庭间题的悲剧，取材于神话中关于伊阿宋的英雄传说。

英国诗坛的三颗巨星

英国诗坛的三颗巨星指拜伦（1788～1824）、雪莱（1792～1822）、济慈（1795～1821）。

拜伦反对专制压迫，支持人民革命的民主思想。20岁时，他出国游历，先后去许多国家。1811年回国。这次旅行大开他的眼界，使他看到西班牙人民抗击拿破仑侵略军的壮烈景象和希腊人民在土耳其奴役下的痛苦生活。在旅途中写下的长诗《恰尔德·哈罗尔德游记》，震动了欧洲的诗坛。

雪莱的诗歌热情而富哲理思辨，诗风自由不羁，常任天上地下、时间空间、神怪精灵往来变幻驰骋，又惯用梦幻象征手法和远古神话题材。其最优秀的作品有支持意大利民族解放斗争的政治诗《自由颂》，表现革命热情及胜利信念的《西风颂》，以及取材于古希腊神话、表现人民反暴政胜利后瞻望空想社会主义前景的代表诗剧《解放了的普罗米修斯》等。恩格斯赞美雪莱是"天才的预言家"。

济慈1816年发表处女作《哦，孤独》。1817年出版第一部诗集《诗歌》。他的诗想象丰富，绚丽多彩，诗中有画，色彩感和立体感强，具有一种永恒的美，一如温柔、清丽而又梦幻般恬静的月光，洋溢着进步的自由精神和人类的崇高理想。他的诗对英国维多利亚时代的诗人、后来的唯美派诗人以及20世纪的意象派诗人都有很大影响。他留下的墓志铭是："这里安息着一个把名字写在水上的人。"

世界三大短篇小说之王

世界三大短篇小说之王是指主要活动于19世纪的3位小说家，即法国的莫泊桑、俄国的契诃夫和美国作家欧·亨利。

莫泊桑（1850～1893），法国作家，一生共写作短篇小说 340 余篇。其作品题材广泛，情节生动曲折，语言准确优美。代表作有《羊脂球》《项链》等。

契诃夫（1860～1904），俄国作家，一生共写作短篇小说 400 余篇。其作品既有普希金式的单纯朴实，又具备果戈理式的无情暴露。简洁、凝练是他的主要风格和特色。代表作有《套中人》《变色龙》等。

欧·亨利（1862～1910），美国作家，一生共创作了近 300 篇短篇小说。其小说构思巧妙，情节跌宕多姿，结局出人意料，又符合生活的情理。其作品语言风格幽默，有"含泪的微笑"之效果，因此人们称他的作品为"美国生活的幽默百科全书"。代表作有《警察与赞美诗》《麦琪的礼物》《最后一片绿叶》等。

勃朗特三姐妹

勃朗特三姐妹指 19 世纪英国的三位女作家，生于清贫教师家庭。

姐姐夏洛蒂·勃朗特，写有著名的长篇小说《简·爱》，作品主要描写贫苦的小资产者的孤独、反抗和奋斗，属于被马克思称为以狄更斯为首的"出色的一派"。

其妹艾米丽·勃朗特，被人们认为是三姐妹中天分最高的一位。她沉默寡言，性格自闭，孤傲乖僻，挚爱荒原，一生中几乎没有朋友。但她有惊人的想象力和卓越的文才，创作了大量的抒情诗。并以唯一的一部小说《呼啸山庄》驰名文坛，被誉为英国 19 世纪文学史中最奇特的女作家。

最小的安妮·勃朗特，写有长篇小说《阿格尼丝·格雷》。出版商史密斯先生有一段关于安妮珍贵的描述："她是个温柔文静、相当克己的人，长得一点也不漂亮，可是模样很讨人喜欢，她的态度奇特地表现出一种求人保护和支持的愿望，经常保持着一种恳切的神色，这是能博得别人同情的。"

19 世纪俄国三大文学批评家

19 世纪俄国三大著名文学批评家包括别林斯基、车尔尼雪夫斯基和杜勃罗留波夫。

别林斯基（1811～1848），1833 年开始为《望远镜》杂志撰稿，走上了文学批评的道路。1834 年发表第一篇长篇论文《文学的幻想》。别林斯基一共写了 1000 多篇评论文章，主要论文有：《论俄国中篇小说和果戈理的中篇小说》（1835）、《艺术的概念》（1841）、《论普希金》（1845）、《致果戈理的信》（1847）和《一八四七年俄国文学一瞥》（1848）等。

别林斯基的贡献是多方面的。他不仅通过他的著作宣传了革命民主主义的政治纲领，而且第一个系统地总结了俄国文学发展的历史，科学地阐述了艺术创作的规律，提出了一系列重要的文学和美学见解，成为俄国文学批评与文学理论的奠基人。

车尔尼雪夫斯基（1828～1889），俄国人本主义代表人物。1855 年发表著名论文《艺术对现实的审美关系》。这篇论文向黑格尔的唯心主义美学进行了大胆的挑战，提出了"美即生活"的定义。1862 年车尔尼雪夫斯基被沙皇政府逮捕，被判处服 7 年苦役并终身流放西伯利亚。在囚禁与流放中他毫不沮丧，写下了许多充满革命激情的优秀作品，如《怎么办》《序幕》等。

杜勃罗留波夫（1836～1861），1857 年参加《现代人》杂志的编辑工作，并发表了一系列才华横溢的优秀论文，产生了广泛而深远的影响。其主要论文有《论俄国文学发展中人民性渗透的程度》《什么是奥勃洛摩夫性格》《黑暗王国》《黑暗王国的一线光明》《真正的白天什么时候到来》等。

在文学观、美学观上，他坚持并发展了别林斯基、车尔尼雪夫斯基的战斗传统和唯物主义美学原则，强调现实主义的原则以及文学的人民性原则，并以"现实的批评"作为文艺批评的原则，主张"现实的批评对待艺术家作品的态度，应该正像对待真实的生活现象一样"。

但 丁

但丁（1265～1321），意大利诗人，欧洲文艺复兴时代的开拓人物之一。恩格斯评价他说："封建的中世纪的终结和现代资本主义纪元的开端，是以一位大人物为标志的，这位人物就是意大利人但丁，他是中世纪的最后一位诗人，同时又是新时代的最初一位诗人。"

但丁出生在意大利的佛罗伦萨一个没落的贵族家庭，一生著作甚丰，其中最有价值的无疑是《神曲》。这部作品通过作者与地狱、炼狱及天国中著名人物的对话，反映出中古文化领域的成就和一些重大的问题，带有"百科全书"性质，从中也可隐约窥见文艺复兴时期人文主义思想的曙光。在这部长达 14000 余行的史诗中，但丁坚决反对中世纪的蒙昧主义，表达了执着追求真理的思想，对欧洲后世的诗歌创作有极其深远的影响。

除《神曲》外，但丁还写了《新生》《诗集》等著作。《新生》中包括 31 首抒情诗，主要抒发对贝阿特丽采的眷恋之情，质朴清丽，优美动人，在"温柔的新体"这一诗派的诗歌中，它达到了最高成就。

彼特拉克

彼特拉克（1304～1374）是意大利文艺复兴时期的诗人和人文主义学者。他是意大利人文主义的奠基者，早期资产阶级的艺术和道德观的建立与他是分不开的。他是文艺复兴运动的先驱之一，与但丁、薄伽丘并称文艺复兴前"三杰"。

1341 年，彼特拉克因描写第二次布匿战争的叙事诗《阿非利加》讴歌了古罗马的爱国精神，荣获罗马"桂冠诗人"的称号。

彼特拉克的代表作是用意大利文写的十四行体的诗集《歌集》。在作品中，彼特拉克表达了对生活的热爱和对幸福的追求，渴望摆脱中世纪禁欲主义和神学枷锁的羁绊，通篇贯穿着人文主义思想。彼特拉克的诗歌和人文主义思想对欧洲文艺复兴运动产生了很大影响，被誉为"彼特拉克主义"。

莎士比亚

莎士比亚像

莎士比亚（1564～1616），英国文艺复兴时期伟大的剧作家、诗人。代表作有四大悲剧《哈姆雷特》《奥赛罗》《李尔王》《麦克白》。四大喜剧《第十二夜》《仲夏夜之梦》《威尼斯商人》《无事生非》，历史剧《亨利四世》《亨利五世》《理查二世》等。

他的戏剧不受三一律束缚，突破悲剧、喜剧局限，努力反映生活本来面目，深入探索人物内心奥秘，从而塑造出众多性格复杂多样、形象真实生动的人物典型，描绘了广阔的社会生活图景。他的戏剧在欧洲戏剧发展史和文学发展史上占有重要地位。本·琼斯称他为"时代的灵魂"，马克思称他为"人类最伟大的天才之一"。

莫里哀

莫里哀（1622～1673），法国 17 世纪古典主义文学最重要的作家，古典主义喜剧的创建者，他在欧洲戏剧史上占有十分重要的地位。《唐·璜》《悭吝人》《伪君子》400 年来久演不衰。

莫里哀生活在文艺复兴时期。他同情劳动人民，从各个侧面勾画出了剥削阶级的丑恶形象。莫里哀是位喜剧大师，他的死却是一场悲剧。莫里哀不仅是位杰出的剧作家、出色的导演，还是一位造诣极高的演员，为了维持剧团开支，他不得不带病参加演出。1673 年，在演完《没病找病》最后一幕后，莫里哀咯血倒下，当晚逝世。由于教会的阻挠，他的葬礼冷冷清清。莫里哀给后人留下了近 30 部喜剧，他以整个生命推动了戏剧的前进，以滑稽的形式揭露了社会的黑暗。

歌 德

歌德（1749 ~ 1832），18 世纪中叶到 19 世纪初德国和欧洲最重要的剧作家、诗人、思想家。

歌德出生于法兰克福镇的一个富裕的市民家庭，曾先后在莱比锡大学和斯特拉斯堡大学学习法律，1775 ~ 1786 年他为改良现实社会，应聘到魏玛公国做官，但一事无成。1786 年 6 月他前往意大利，专心研究自然科学，从事绘画和文学创作。

歌德是德国狂飙突进运动的主将，他的作品充满了狂飙突进运动的反叛精神。在诗歌、戏剧、散文等方面都有较高的成就，主要作品有剧本《葛兹·冯·伯里欣根》、中篇小说《少年维特之烦恼》、诗剧《浮士德》，此外还写了许多抒情诗和评论文章。

歌德是德国民族文学的最杰出的代表，他的创作把德国文学提高到全欧的先进水平，并对欧洲文学的发展作出了巨大的贡献。

席 勒

席勒（1759 ~ 1805），德国 18 世纪著名诗人、哲学家、历史学家和剧作家，德国启蒙文学的代表人物之一。著名的"狂飙突进运动"的代表人物。

席勒出生于德国符腾堡的小城马尔赫尔的贫穷市民家庭，童年时代就对诗歌、戏剧有浓厚的兴趣。在军事学校上学期间，席勒结识了心理学教师阿尔贝，并在他的影响下接触莎士比亚、卢梭、歌德等人的作品，这促使席勒坚定地走上文学创作的道路。

从 1782 年至 1787 年，席勒相继完成了悲剧《阴谋与爱情》《欢乐颂》，诗剧《唐·卡洛斯》等。《阴谋与爱情》是席勒青年时代创作的高峰，它与歌德的《少年维特之烦恼》同是狂飙突进运动最杰出的成果。

席勒是德国古典文学中仅次于歌德的第二座丰碑。1805 年 5 月，席勒不幸逝世，歌德为此痛苦万分："我失去了席勒，也失去了我生命的一半。"

巴尔扎克

巴尔扎克（1799 ~ 1850），19 世纪法国伟大的批判现实主义作家，欧洲批判现实主义文学的奠基人和杰出代表，他的作品集《人间喜剧》被称为法国社会的"百科全书"，充分展示了 19 世纪上半叶法国社会生活。

巴尔扎克生于法国中部的图尔城。20 岁开始从事文学创作，以笔名发表过许多不成功的剧本和小说。1829 年出版的长篇小说《最后一个朱安党人》，初步奠定了在文学界的地位。1841 年他在但丁《神曲》的启示下，正式把自己作品的总名定为《人间喜剧》并在《〈人间喜剧〉前言》中宣称要做社会历史的"书记"；认为社会环境陶冶人，因此应着力于"人物和他们的思想的物质表现"；要求作家具有"透视力"和"想象力"；注重对地理环境和人物形体的确切描写。

普希金

普希金（1799 ~ 1837），19 世纪俄国浪漫主义文学主要代表，同时也是现实主义文学的奠基人，被誉为"俄国文学之父""俄国诗歌的太阳"，被高尔基誉为"一切开端的开端"。

他出身于贵族家庭。童年开始写诗，在沙皇政府专为培养贵族子弟而设立的皇村高等学校学习。学习期间受到当时进步的十二月党人及一些进步思想家的影响。后来发表的不少诗作抨击农奴制度，歌颂自由与进步。普希金的作品除诗歌外，主要还有长篇小说《上尉的女儿》、诗体小说《叶甫盖尼·奥涅金》等。普希金在创作活动上备受沙皇政府迫害，1837 年在一次阴谋布置的决斗中遇害。

雨 果

雨果（1802～1885），19 世纪浪漫主义文学运动领袖，人道主义的代表人物，被人们称为"法兰西的莎士比亚"。

雨果出生于法国东部紧挨瑞士的杜省贝桑松，20 岁时出版诗集《颂诗集》，因歌颂波旁王朝复辟，获路易十八赏赐。1841 年雨果被选为法兰西学院院士。1851 年拿破仑三世称帝，雨果奋起反对而被迫流亡国外。1870 年推翻拿破仑三世后，雨果返回巴黎。雨果几乎经历了 19 世纪法国的所有重大事变。

一生写过多部诗歌、小说、剧本、各种散文和文艺评论及政论文章。其代表作是：长篇小说《巴黎圣母院》《悲惨世界》《海上劳工》《笑面人》《九三年》等。

大仲马

大仲马（1802～1870），法国 19 世纪积极浪漫主义作家。大仲马自学成才，一生创作的各种著作达 300 卷之多，主要以小说和剧作著称于世。

大仲马的小说大多以真实的历史作背景，以主人公的奇遇为内容，情节曲折生动，处处出人意料，堪称历史惊险小说。异乎寻常的理想英雄，急剧发展的故事情节，紧张的打斗动作，清晰明朗的完整结构，生动有力的语言，灵活机智的对话等构成了大仲马小说的特色。代表作有：《三个火枪手》《基督山伯爵》。

安徒生

安徒生（1805～1875），丹麦作家，被尊为"现代童话之父"。1805 年 4 月 2 日生于丹麦菲英岛欧登塞的贫民区。少年时代即对舞台发生兴趣，幻想当一名歌唱家、演员或剧作家。1822 年得到剧院导演约纳斯·科

安徒生像

林的资助，就读于斯莱厄尔瑟的一所文法学校。

安徒生童话具有独特的艺术风格。即诗意的美和喜剧性的幽默。前者为主导风格，多体现在歌颂性的童话中，后者多体现在讽刺性的童话中。

安徒生一生坚持不懈地进行创作，把他的天才和生命献给"未来的一代"，直到去世前三年，共写了 168 篇童话和故事。他的作品被译成 80 多种语言。他以诗意而又幽默的笔调，改变了现代童话的面貌，并开启了创作童话的先河。安徒生童话所取得的巨大艺术成就和思想成就，至今仍无人能够企及。

果戈理

果戈理（1809～1852），俄国 19 世纪前半叶最优秀的讽刺作家、讽刺文学流派的开拓者、批判现实主义文学的奠基人之一。他出生于乌克兰一个地主家庭。当过小公务员，目睹了官僚们的荒淫无耻、贪赃枉法、腐败堕落。辞职后，专门从事文学创作。

1836年果戈理发表的讽刺喜剧《钦差大臣》，改变了当时俄国剧坛上思想浅薄、手法庸俗的闹剧的局面。

1842年果戈理发表长篇小说《死魂灵》，以俄国"病态历史"震撼整个俄罗斯。它的意义和价值，就在于对俄国封建农奴制度的无情揭露和批判。

屠格涅夫

屠格涅夫（1818～1883），俄国19世纪批判现实主义作家、诗人和剧作家，出生于世袭贵族之家，1838年前往柏林大学学习黑格尔哲学。在欧洲屠格涅夫见到了更加现代化的社会制度。他被视为"欧化"的知识分子，主张俄国学习西方，废除包括农奴制在内的封建制度。

屠格涅夫既擅长细腻的心理描写，又长于抒情。小说结构严整，情节紧凑，人物形象生动，尤其善于细致雕琢女性艺术形象，而他对旖旎的大自然的描写也充满诗情画意。他在进步刊物《现代人》上发表的《猎人笔记》，以一个猎人在狩猎时所写的随笔形式出现，包括25个短篇故事，全书在描写乡村山川风貌、生活习俗、刻画农民形象的同时，深刻揭露了地主表面上文明仁慈、实际上丑恶残暴的本性，充满了对备受欺凌的劳动人民的同情，写出了他们的聪明智慧和良好品德。

19世纪50至70年代是屠格涅夫创作的旺盛时期，他陆续发表了长篇小说:《罗亭》《贵族之家》《前夜》《父与子》《烟》《处女地》。其中《罗亭》是他的第一部长篇小说。

《父与子》是屠格涅夫的代表作。它反映了代表不同社会阶级力量的"父与子"的关系，描写亲英派自由主义贵族代表基尔沙诺夫的"老朽"，塑造了一代"新人"代表——平民知识分子巴扎罗夫。但巴扎罗夫身上也充满矛盾，他是旧制度的叛逆者，一个"虚无主义者"，否认一切旧传统、旧观念，他宣称要战斗，却没有行动。

惠特曼

惠特曼（1819～1892），美国杰出的民主主义诗人，被认为是美国的"诗歌之父"。

他创作的《草叶集》代表着美国浪漫主义文学的高峰，是世界文学宝库中的精品。以"草叶"命名，其寓意是在于"草叶"随处生长，最富有生命力，寄托了惠特曼自己关于民主、自由的理想和希望。

由于惠特曼对处在上升时期的美国寄托着希望，因此，《草叶集》具有浓郁的理想主义色彩。在惠特曼看来，未来的美国是"民主的大地""友爱的城池"，没有奴隶制。由于对民主、自由的向往，他积极反对惨无人道的蓄奴制度，为那些为实现进步的理想而斗争的人们高唱颂歌。其著名诗篇《哦，船长！我的船长》就是惠特曼痛悼为摧毁蓄奴制而被刺身亡的美国总统林肯写的。

陀思妥耶夫斯基

陀思妥耶夫斯基（1821～1881），19世纪俄国作家，出生在俄罗斯的一个医生家庭。1846年，他写出了自己的第一部作品《穷人》。小说一出版，即轰动文坛，受到读者的普遍赞扬。文学批评家别林斯基称之为"社会小说的第一次尝试"。之后，他又先后写出了《双重人格》《女房东》《白夜》和《脆弱的心》等几篇中篇小说，以及其代表作《罪与罚》。"托尔斯泰代表了俄罗斯文学的广度，陀思妥耶夫斯基则代表了俄罗斯文学的深度"。高尔基说:"就表现力来说，他的才能只有莎士比亚可以同他媲美。"鲁迅称他是"人类灵魂的伟大的审问者"，"到后来，他竟作为罪孽深重的罪人，同时也是残酷的拷问官而出现了。他把小说中的男男女女，放在万难忍受的境遇里，来试炼它们，不但剥去了表面的洁白，拷问出藏在底下的罪恶，而且还要拷问出藏在那罪恶之下的真正的洁白来"。陀思妥耶夫斯基和托尔斯泰、屠格涅夫并称为俄罗斯文学"三巨头"。

陀思妥耶夫斯基影响了 20 世纪很多作家，包括福克纳、加缪、卡夫卡，日本知名导演黑泽明等。陀思妥耶夫斯基注重人性的发掘，以近乎残酷的方式，不断拷问着自己的灵魂。在最后一部作品《卡拉马佐夫兄弟》中，陀思妥耶夫斯基以此题词："我实实在在地告诉你们：一粒麦子落在地里如若不死，仍旧是一粒；若是死了，就会结出许多籽粒来。"

福楼拜

福楼拜（1821～1880），法国重要的批判现实主义作家，出生在卢昂一个著名的外科医生家庭。其作品反映了 1848～1871 年法国的时代风貌，揭露了丑恶鄙俗的资产阶级社会。他的"客观而无动于衷"的创作理论和精雕细刻的艺术风格，在法国文学史上独树一帜。

福楼拜认为艺术应该反映现实生活，要敢于揭露丑恶现象。在精确地再现社会现实方面，他是位杰出的现实主义大师。他主张文学应严格、细致、忠实地描绘事物，文学可以将丑恶的生活现象照实描绘，这又为 19 世纪后期的自然主义开辟了道路。

他的艺术成就主要表现在塑造典型上。福楼拜十分注意观察事物、搜集材料，注意细节的真实。他在塑造典型人物同时又注意环境的描写。他经常进行广泛调查和实地考察。在描写上，他通常用白描手法，运用简洁的语言抓住特征，烘托气氛。代表作有长篇小说《包法利夫人》。

裴多菲

裴多菲（1823～1849），匈牙利诗人，在他短暂的一生里创作了很多抒情诗、8 部长篇叙事诗。他的爱情诗《自由与爱情》："生命诚可贵，爱情价更高。若为自由故，二者皆可抛。"是广为传颂的名篇。他还以宏伟的气魄创作了许多激情洋溢的政治抒情诗，号召人民起来争取自由和解放。在匈牙利反抗俄、奥的卫国战争中，裴多菲用诗歌热情号召人民为捍卫神圣的自由与敌人血战到底，他自己也在战斗中英勇牺牲，年仅 26 岁。

在匈牙利文学乃至其整个民族的发展史上，裴多菲都占有独特的地位。他奠定了匈牙利民族文学的基石，继承和发展了启蒙运动文学的战斗传统，被人誉为"是在被奴隶的鲜血浸透了的、肥沃的黑土里生长出来的'一朵带刺的玫瑰'"。他也被尊称为匈牙利"抒情诗之王"。

小仲马

小仲马（1824～1895），法国著名小说家大仲马之子。受父亲影响，他也热爱文学创作，并且和他父亲一样勤奋，成为法国戏剧由浪漫主义向现实主义过渡期间的重要作家。

与大仲马侧重表现历史、专写历史剧和历史小说不同，小仲马则专写现代剧，在他的作品中大力宣扬家庭及婚姻的神圣，对资产阶级社会风气、家庭生活和伦理道德做了比较细致的描绘和揭露，抨击了娼妓社会对家庭婚姻的威胁，歌颂了纯洁高尚的爱情，成为社会问题剧的创始人之一。小仲马的代表作《茶花女》，开始为小说，后被改编为话剧，一上演，就轰动了整个巴黎。

列夫·托尔斯泰

列夫·托尔斯泰（1828～1910），俄国作家、思想家，19 世纪俄国伟大的批判现实主义作家，被称颂为具有"最清醒的现实主义"的"天才艺术家"。他的作品描写俄国革命时人民的顽强抗争，因此被称为"俄国十月革命的镜子"，列宁曾称赞他创作了世界文学中"第一流"的作品。主要作品有

列夫·托尔斯泰像

长篇小说《战争与和平》《安娜·卡列尼娜》《复活》等。

凡尔纳

凡尔纳（1828～1905），法国作家，"科幻小说之父"，现代科幻小说的重要奠基人。

1863年，他的系列小说《在已知和未知世界中奇妙的漫游》的第一部《气球上的五星期》出版，即获得巨大反响，促使他继续以浪漫而奇险的游记为题材创作出更多的作品，描绘出既神奇又严谨的科学幻想奇迹。

代表作为三部曲《格兰特船长的儿女》《海底两万里》《神秘岛》。在小说《神秘岛》中，他天才般地预见到许多项未来的科学器械，如电视、潜艇、水下呼吸器等。

莫泊桑

莫泊桑（1850～1893），19世纪后半期法国优秀的批判现实主义作家，曾拜福楼拜为师。一生创作了6部长篇小说、350多篇中短篇小说、3部游记。他的文学成就以短篇小说最为突出，被誉为"短篇小说之王"。与契诃夫和欧·亨利并列为世界三大短篇小说巨匠，对后世产生极大影响。他擅长从平凡琐屑的事物中截取富有典型意义的片段，以小见大地概括出生活的真实。他的短篇小说构思别具匠心，情节变化多端，描写生动

细致，刻画人情世态惟妙惟肖，令人读后回味无穷。

屠格涅夫认为他是19世纪末法国文坛上"最卓越的天才"。托尔斯泰认为他的小说具有"形式的美感"和"鲜明的爱憎"，他之所以是天才，是因为他"不是按照他所希望看到的样子而是照事物本来的样子来看事物"，因而"就能揭发暴露事物，而且使得人们爱那值得爱的，恨那值得恨的事物"。代表作有《羊脂球》《项链》《一生》等。

契诃夫

契诃夫（1860～1904），俄国小说家、戏剧家、19世纪末期俄国批判现实主义作家、短篇小说艺术大师。他的作品《小公务员之死》《变色龙》《套中人》等都是脍炙人口的名篇。

契诃夫的小说，有着独特的叙述方法。这种叙述方法是按照生活的本来面目去处理，用眼睛和耳朵去追寻，使文字像音符那样流动。快节奏、简捷、自然、质朴构成了清纯的文风；单刀直入，不拖泥带水，高度浓缩与深入浅出的表现，更增加了作品的韵味。

他截取平凡生活的片段，凭借精巧的艺术细节对生活和人物作真实描绘和刻画，从而展示重要的社会内容。他认为："天才的姊妹是简练"，"写作的本领就是把写得差的地方删去的本领"。他提倡"客观地"叙述，说"越是客观给人的印象就越深"。

契诃夫戏剧创作的题材、倾向和风格与小说基本相似。他不追求离奇曲折的情节，而是描写平凡的日常生活和人物，从中揭示社会生活的重要方面。在契诃夫的剧作中有丰富的潜台词和浓郁的抒情味；他的现实主义富有鼓舞力量和深刻的象征意义，"海鸥"和"樱桃园"都是他独创的艺术象征。

泰戈尔

罗宾德拉纳特·泰戈尔（1861～1941），印度著名诗人、文学家、艺术家、社会活动

家、哲学家和印度民族主义者，生于加尔各答市一个有深厚文化教养的家庭，属于婆罗门种姓。1913 年他凭借宗教抒情诗《吉檀迦利》获得诺贝尔文学奖，是首位获得诺贝尔文学奖的印度人。他与黎巴嫩诗人纪伯伦齐名，并称为"站在东西方文化桥梁的两位巨人"。

泰戈尔是新孟加拉文学的奠基人和最伟大的代表。他思想开放，知识渊博，多才多艺。泰戈尔的诗充满浪漫的风情和深邃的哲思，语言像流畅的溪水，自然、开放、而又奔涌不息。诗人礼赞生命，浅吟低唱着生命之歌，表达了诗人热爱人生、热爱自然、不断追求、不断进取的人生哲学。

泰戈尔一生长达 60 多年的文学创作中，总共留下了 50 多部诗集，多部中篇和长篇小说，100 多部短篇小说，30 多部散文作品，20 多部剧本，1500 多幅美术作品和 2000 多首歌曲。这些作品激励过无数青年，被称为"精神生活的灯塔"。其中，歌曲《人民的意志》，在印度独立后被定为国歌。

高尔基

高尔基（1868 ~ 1936），苏联伟大的无产阶级作家，列宁说他是"无产阶级文学最杰出代表"。高尔基原名阿历克塞·马克西莫维奇·彼什科夫，1892 年以马克西姆·高尔基（意为最大的痛苦）这个笔名，发表了处女作《马卡尔·楚德拉》。从此以高尔基为名开创了无产阶级文学的新纪元。

他早年丧父，寄居在经营小染坊的外祖父家。11 岁开始独立谋生，其童年和少年时代是在旧社会的底层度过的。人间的苦难，生活的辛酸，磨炼了他的斗志。他在繁重劳动之余，勤奋自学不息。对社会底层人民痛苦生活的体验和深切了解成为他创作中永不枯竭的源泉。

高尔基早年的不平凡的经历在他著名的自传体三部曲《童年》《在人间》《我的大学》中做了生动的记述，代表作还包括长篇

小说《母亲》、剧本《敌人》，及一系列政论、文学理论文章。高尔基组织成立了苏联作家协会，并于 1934 年主持召开了全苏第一次作家代表大会。

卡夫卡

卡夫卡（1883 ~ 1924），生于奥地利，20 世纪德语小说家。

1904 年，卡夫卡开始发表小说，早期的作品颇受表现主义的影响。1912 年的一个晚上，通宵写出短篇《教父》，从此建立起自己独特的风格。他与法国作家马赛尔·普鲁斯特，爱尔兰作家詹姆斯·乔伊斯并称为西方现代主义文学的先驱和大师。卡夫卡生前默默无闻，孤独地奋斗，随着时间的流逝，他的价值才逐渐为人们所认识，《审判》《变形记》《城堡》等作品引起了世界的震动，并在世界范围内形成一股"卡夫卡"热，经久不衰。

卡夫卡小说的卓越成就主要是表现出对现实世界的逃避，追求纯粹的内心世界和精神慰藉，表现客观世界在个人内心心理所引起的反映。而那种陌生孤独、忧郁痛苦以及个性消失、人性异化的感受，正是当时社会心态的反映。因而美国诗人奥登说："如果要举出一个作家，他与我们时代的关系最近似但丁、莎士比亚和歌德与他们时代的关系的话，那么人们首先想到的也许就是卡夫卡。"

卡夫卡的小说揭示了一种荒诞的、充满非理性色彩的景象，个人式的、忧郁的、孤独的情绪，运用的是象征式的手法。后世的许多现代主义文学流派如"荒诞派戏剧"、法国的"新小说"等都把卡夫卡奉为自己的鼻祖。

马尔克斯

加西亚·马尔克斯，20 世纪拉丁美洲魔幻现实主义文学的杰出代表。生于哥伦比亚马格达莱纳省阿拉卡塔卡镇。自小在外祖父家中长大。外祖父当过上校军官，性格善良、

倔强，思想比较激进；外祖母博古通今，善讲神话传说及鬼怪故事，这对作家日后的文学创作有着重要的影响。1972年获拉美文学最高奖——委内瑞拉加列戈斯文学奖，1982年获诺贝尔文学奖和哥伦比亚语言科学院名誉院士称号。

加西亚·马尔克斯作品的主要特色是幻想与现实的巧妙结合，以此来反映社会现实生活，审视人生和世界。代表作为《百年孤独》。

《一千零一夜》

《一千零一夜》又译《天方夜谭》，是古代阿拉伯文学的宝贵遗产。

相传古代东方某国王山鲁亚尔残暴成性，因为王后与人私通，便将王后与其情夫一并杀死了。从此以后，他每天娶一女做王后，第二天早晨就将其杀死。国内已有许多女子惨遭杀害，老百姓苦不堪言，人心惶惶，生活不得安宁。许多尚未被害的女子逃往异乡。宰相的女儿山鲁佐德看着于心不忍，便立志拯救自己的姊妹们，于是自愿嫁给国王。

山鲁佐德进宫后，她了解到国王对听故事很感兴趣，便用讲故事的方法引起国王的兴趣。每当故事讲到最动人的地方，天已亮了，国王急于上朝，就让她留下一夜讲完故事，然后再杀掉。可是第二夜，她又把另一个故事讲到最精彩的地方停住了。这时，天又快亮了。国王被山鲁佐德的美妙的语言、生动的讲述、精彩的故事情节所吸引，总想听她再接着往下讲。就这样，山鲁佐德一直讲了一千零一夜。最后，国王终于被她感化，放弃了残酷的行为。

山鲁佐德这一千零一夜连续讲的故事，内容丰富，其中有冒险故事，有爱情故事，有历史故事，有寓言，有童话，等等。故事的背景也很广阔，有时在巴格达，有时在埃及，有时在法兰西，有时在中国。故事充满了瑰丽奇妙的想象，却又洋溢着现实生活的气息。故事的语言明白流畅，结构完整谨严，在叙述中穿插的一些抒情诗至今脍炙人口。

印度两大史诗

《摩诃婆罗多》和《罗摩衍那》并称为印度古代两大史诗。

两大史诗是在长达数世纪中，在民间口头流传的基础上发展起来的，因此，史诗中纳入了许多各具特色的诗篇，汇集了大量的民间口头创作。两大史诗在印度文学史上占有极重要的地位，它们是印度人民拥有的巨大而宝贵的精神财富，成为印度后世各类文学艺术创作汲取素材的一个重要来源。

印度传统认为，《摩诃婆罗多》是"历史传说"。《罗摩衍那》在印度则被称作"最初的诗"，成为后世诗歌的典范。

《摩诃婆罗多》全诗共18篇，约10万颂（颂是一种印度诗体，一颂两行诗，每行16个音）。相当于希腊荷马史诗（《伊利亚特》和《奥德赛》）总和的8倍，曾被认为是世界上最长的诗。中心内容是写婆罗多的后代堂兄弟之间的内部斗争。作品以倒叙手法，先让歌人唱出原诗的内容，中间插入"蛇祭缘起"作楔子，然后正式开篇。《罗摩衍那》全书都是诗体，约有两万颂。写的是罗摩与妻子悉多悲欢离合的故事，中间穿插了不少小故事，描写自然景色和打仗的场面占了相当大的篇幅。

《吉檀迦利》

泰戈尔获诺贝尔奖的作品英译诗集《吉檀迦利》，是1912~1913年泰戈尔本人从孟加拉语诗作《吉檀迦利》《渡船》《奉献集》里选择部分诗作用英文翻译而成。《吉檀迦利》的孟加拉语诗作是韵律诗，而翻译成英文之后变成自由诗。

《吉檀迦利》是一部最能代表泰戈尔思想观念和艺术风格的作品。这部宗教抒情诗集，是一份"奉献给神的祭品"。风格清新自然，带着泥土的芬芳。泰戈尔向神敬献的歌是"生命之歌"，他以轻快、欢畅的笔调歌唱生命的枯荣、现实生活的欢乐和悲哀，表达了作者对祖国前途的关怀。

《源氏物语》

日本中古物语文学的典范作品《源氏物语》，是世界上最早的长篇小说之一。一般认为成书于 11 世纪初，作者是女作家紫式部。它对日本文学的发展产生过巨大的影响，被誉为日本文学的高峰。

紫式部在作品中描写了源氏一生政治命运的沉浮及其纵情声色的生活，反映了平安时代中期日本宫廷错综复杂的权势斗争和贵族靡烂的两性关系，从而展示了这一时期上层贵族的精神面貌。令人称道的是，书中竟有 90 余处引用中国唐朝诗人白居易的诗句，以及大量的中国典故、史实。因此，《源氏物语》不仅是日本古典文学的经典，而且可视为中日两国古代文化交流的明证。

《战争与和平》

托尔斯泰长篇小说的代表作之一，创作于 1863～1869 年。它以 1812 年的卫国战争为中心，反映了 1805~1820 年的重大历史事件，着重写了俄奥联军和法军的几次重大战役及国内进行的卫国战争。小说以包尔康斯基、别竺豪夫、罗斯托夫和库拉金四个贵族家庭作为主线，在战争与和平的交替描写中，展现了广阔的社会生活画面，提出了许多社会、哲学和道德问题。小说以贵族为主要描写对象，重点写了以安德烈·包尔康斯基和彼尔·别竺豪夫为代表的先进贵族艰苦的思想探索，探讨了贵族的地位和出路问题。另外，小说还提出了新的历史观，赞扬人民群众的爱国精神和英雄气概，反映了人民战争的宏伟规模，具有史诗的艺术风格。

《安娜·卡列尼娜》

列夫·托尔斯泰创作的《安娜·卡列尼娜》有着巨大的思想和艺术价值，一发表便引起巨大社会反响。它不啻是引起了"一场真正的社会大爆炸"，它的各个章节都引起了整个社会的"跷足"注视，及无休无止的"议论、推崇、非难和争吵，仿佛事情关涉每个人最切身的问题"。

彼得堡贵妇人安娜是皇室后裔，大官僚卡列宁的妻子。在火车站，安娜与近卫军军官渥伦斯基邂逅。安娜的高雅风姿和笑容中蕴含的一股被压抑的生气使渥伦斯基为之倾倒。此后，安娜和渥伦斯基在社交场合经常相遇，在一次宴会上渥伦斯基向安娜表白了爱情，从此她陷入情网而不能自拔。

不久，安娜向丈夫承认了她是渥伦斯基的情人，但卡列宁要求安娜一切维持现状，只是不许在家里接待渥伦斯基。安娜的处境越来越糟，她怀了孕，分娩时又患产褥热，几乎死去，她向丈夫请求宽恕，并希望他与渥伦斯基和好，卡列宁出于基督徒的感情答应了她的要求。可是安娜病愈后又无法继续与丈夫生活下去，终于不等丈夫同意离婚，就与渥伦斯基一起到国外去了。得不到离婚许可，与渥伦斯基只能是非法结合，上流社会的大门对她紧闭，处处遭受冷遇。她只能孤独地住在渥伦斯基的庄园里，想方设法消磨时间。当渥伦斯基一人外出时她就怀疑他另有新欢。在一次争吵后，安娜陷入绝望境地，一面写信发电报，一面追随渥伦斯基到了火车站。这时，她朦胧中想起他们第一次的相见以及当时一个工人被轧死的情景，这仿佛暗示了她的归宿。安娜向正在驶来的火车扑倒下去，生命的火焰熄灭了，她的痛苦也永远摆脱了。

《生命不能承受之轻》

昆德拉长篇小说的代表作，小说以"布拉格之春"前后为背景，从"永恒轮回"的讨论开始，在两条线索下展开，一是托马斯的故事，通过他和特蕾莎及其他情人之间的关系，通过"灵与肉"的两性关系探讨"轻与重"；另一条线索围绕托马斯的女友之一、画家萨比娜展开。布拉格事件后，萨比娜选择了在国外过着漂泊的生活，而她的情人弗兰茨则怀着满腔政治热情死在曼谷街头。

生活中沉重的负担压迫着我们时，也正是我们的生命贴近大地，显得真切实在之时；而当一切负担都缺失时，人就会变得比空气还轻。那么，面对生活和历史中的"轻"与"重"时，到底选择什么？

小说意蕴深远，意义层次丰富，引人思考但并不枯燥。

《荷马史诗》

公元前 11 世纪到公元前 9 世纪的希腊史被称作"荷马时代"，因荷马史诗而得名。荷马史诗是这一时期唯一的文字史料。

《荷马史诗》相传是由盲诗人荷马写成，实际上它是许多民间行吟歌手的集体口头创作。史诗包括迈锡尼文明以来数世纪的口头传说，到公元前 6 世纪才写成文字。它作为史料，不仅反映了公元前 11 世纪到公元前 9 世纪的社会情况，而且反映了迈锡尼文明的盛况。

《荷马史诗》记载了古希腊先民在同异民族的战争中和同大自然的斗争中所创造的英雄业绩。分为两部分：一是《伊利亚特》，叙述了古希腊人征服特洛伊人的经过；二是《奥德赛》，描写了参加特洛伊战争的希腊英雄奥德修斯在班师途中迷失道路、辗转漂流十年重返故乡的经过及其沿途所见所闻。这两部分内容，每部都长达万行以上：《伊利亚特》共有 15693 行，《奥德赛》共有 12110 行，各 24 卷。

《荷马史诗》的内容非常丰富，无论从艺术技巧或者从历史、地理、考古学和民俗学方面都有许多值得探讨的东西。它在西方古典文学中一直享有最高的地位。从公元前 8 世纪起，就已经有许多希腊诗人模仿它，公认它是文学的楷模。两千多年来，西方人一直认为它是古代最伟大的史诗。

《伊索寓言》

《伊索寓言》是古希腊民间流传的以动物生活为主要内容的寓言集，相传为公元前 6 世纪时名叫伊索的被释奴隶整理而成。

《伊索寓言》绝大部分内容是关于做人的道德准则方面的，有宣扬诚实友谊之可贵的，有嘲讽和谴责出卖同胞、出卖祖国的行为的，还有关于父母教育孩子等。

两千多年以来，《伊索寓言》已流传到世界各地，为广大人民群众所喜爱，已成为世界文学瑰宝。众多的政治家、作家、哲学家、艺术家都从中汲取营养，接受教益。如大哲学家苏格拉底被判死刑后，还在狱中把伊索寓言改成诗吟诵，以激励自己。

《伊索寓言》中"旅人和熊"的插图

《神曲》

《神曲》是由意大利诗人阿利盖利·但丁创作的长诗。它写于 1307～1321 年，原名为《喜剧》，后人为了表示对诗人的崇敬，冠以"神圣的"一词，成了《神圣的喜剧》，《神曲》是其简称。全诗分《地狱》《炼狱》《天堂》三部分，每部分有 33 个章节，加上序曲，共 100 章、、14232 行。

诗体采用中世纪梦幻文学的形式，讲述了诗人 35 岁时，在游历时迷途于一个黑暗的森林，并在黎明时来到一座洒满阳光的小山脚下。他正要向上攀，忽然有三只猛兽（分别是象征着淫欲、强暴和贪婪的豹、狮和狼）向他扑来。在万分危急的时刻，受他已故情人贝阿特丽采委托的古罗马大诗人维吉尔出现了。他引导着诗人走出迷途，并带领诗人游历了地狱和炼狱。《神曲》虽然描写的全是梦幻世界，却真实地反映和折射了当时的社会，具有强烈的政治倾向和爱憎情感。诗人由此悟出了"智""爱""德"三位一体的"最后真理"，也结束了他一周的梦游。

《神曲》的伟大历史价值在于，诗歌以极其广阔的画面，反映了意大利从中世纪向近代过渡的转折时期，现实生活和各个领域所发生的重大事件和社会变革，特别是它对宗教神学和教会势力的揭露和批判，更是从根本上动摇了中世纪封建统治的精神支柱，从而为彻底否定并清除旧思想和旧文化对人们的束缚、开辟人类光明未来奠定了坚实的基础。

《十日谈》

《十日谈》是薄伽丘最优秀的作品。1348年，意大利的佛罗伦萨发生了一场可怕的瘟疫。病死的人达 10 万人以上，昔日美丽繁华的佛罗伦萨城，如今坟场遍地，尸骨满野，惨不忍睹。这件事给当时意大利作家薄伽丘以深刻影响。为了记下人类这场灾难，他以这场瘟疫为背景，历时五年，写下了一部当时意大利最著名的短篇小说集《十日谈》。当时，《十日谈》被称为"人曲"，是和但丁的《神曲》齐名的文学作品，也被称为《神曲》的姊妹篇。

《十日谈》中描写和歌颂了现世生活，赞美爱情是才智的高尚的源泉，歌颂自由爱情的可贵，肯定人们的聪明才智等。作品也揭露封建帝王的残暴、基督教会的罪恶，教士修女的虚伪等。

《堂吉诃德》

《堂吉诃德》是塞万提斯最负盛名的长篇小说，全名为《奇情异想的绅士堂吉诃德·德·拉·曼却》，作者称创作的目的"无非是要世人厌恶荒诞的骑士小说"。全书用"戏拟体"写成，借用骑士小说的体裁，写一

个穷乡绅堂吉诃德因阅读骑士小说入迷，决心离家去冒险，他穿上曾祖留下的一身破烂的盔甲，提着长矛，骑上一匹瘦马，悄悄离家去冒险。他说服了一个农民桑丘·潘沙做自己的侍从，还选中邻村一位姑娘做自己的钟情的"夫人"。小说描写了他三次游历中许多荒唐可笑的事，如把风车当巨人，把羊群当敌人，把旅店当城堡，还不断被人愚弄。最后，堂吉诃德败于"白月骑士"手下，病倒在床，临终悔悟自己的荒唐。小说以堂吉诃德企图恢复骑士道来扫尽人间不平的主观愿望和西班牙丑恶现实之间的矛盾为情节的基础，在充满笑料的情节中，塑造了一个悲剧性人物堂吉诃德，同时反映了十六七世纪之交的西班牙社会的现实，是读者最喜爱的世界名著之一。

《罗密欧与朱丽叶》

《罗密欧与朱丽叶》是莎士比亚早期创作的一部悲剧。写罗密欧与朱丽叶一见钟情，成为恋人，却因两个家族是世仇而不能结合。在神父的帮助下，两人秘密举行了婚礼。一次罗密欧为替朋友复仇，刺死人而被流放。朱丽叶为了逃避父母的逼婚，喝下神父的药酒"假死"。由于报信人的耽搁，罗密欧误以为朱丽叶真的死去，在她身边自杀了。朱丽叶醒来，悲痛万分，也结束了自己的生命。这部作品反映了人文主义者的爱情理想与封建压迫之间的冲突，歌颂了自由的爱情，批判了不合理的婚姻制度。罗密欧与朱丽叶这两位主人公已经成为世界文学中争取爱情自由的著名典型。

莎士比亚四大悲剧

在莎士比亚的所有作品中，四大悲剧代表了其最高的艺术成就。这四大悲剧是：《哈姆雷特》《奥赛罗》《李尔王》《麦克白》。

《哈姆雷特》通过对丹麦王子哈姆雷特为父复仇而遭毁灭的故事的描写，揭示了人文主义理想与英国黑暗现实之间不可调和的

矛盾，是一曲悲壮的资产阶级人文主义的颂歌。《奥赛罗》是莎士比亚抨击新兴资产阶级极端利己主义的一部作品。《李尔王》中的主人公李尔王是一个专制独裁的昏君，因刚愎自用遭受了一场悲剧。作者通过对李尔王的剖析，揭露了资产阶级在资本原始积累时的利己主义和对权势、财富的贪欲。《麦克白》则揭示了个人野心对人性的腐蚀，心理描写是这一作品的突出特色。

《鲁宾逊漂流记》

《鲁宾逊漂流记》是 18 世纪英国著名小说家丹尼尔·笛福的代表作，是笛福文学创作的里程碑，同时也是英国文学史上第一部现实主义小说。被誉为英国文学史上的第一部长篇小说。

鲁宾逊性喜冒险，富有开拓精神，他决心航海经商。在一次贩卖黑奴的途中，船在海上遇险，并漂流到一个荒岛上，只有鲁宾逊一人幸存。鲁宾逊在荒岛上搭帐篷、挖地窖、养羊、种麦子、造工具、做木舟、用兽皮做衣服，通过自己的努力与大自然抗争。在第 25 年，他救了一个土著人，收为仆人，取名为"星期五"。后来，一艘英国船经过荒岛，鲁宾逊帮船长制伏了闹事水手，坐船回到了英国。至此，他在荒岛共生活了 28 年。

小说以苏格兰水手塞尔柯克在荒岛上的真实经历为原型的。作者用生动逼真的细节把虚构的情景描画得使人仿佛身临其境，使故事具有强烈的真实感，表现了资产阶级强烈的进取精神和启蒙意识。

这部小说也为笛福博得了"英国和欧洲小说之父"的美誉。

《格列佛游记》

《格列佛游记》是英国作家斯威夫特创作的寓言小说。斯威夫特的叙事技巧和讽刺才能在这本书中发挥得淋漓尽致。英国著名作家乔治·奥威尔一生中读了不下六次，他说："如果要我开一份书目，列出哪怕其他书都被毁坏时也要保留的六本书，我一定会把《格列佛游记》列入其中。"

小说以外科医生格列佛的四次出海航行冒险的经历为线索，由 4 部分组成。

第一部写格列佛由于海上遇险而到了小人国。那里的人只有六英寸高，但贪婪、残忍、钩心斗角。格列佛在这里受到大臣的忌妒，最后逃出了小人国。第二部写他到了大人国，向国王宣扬英国政体之完善，军力之无敌，武器之先进，但受到国王的批评。国王认为，造福百姓的人才是真正有贡献的人。第三部主要写他在飞岛国的见闻。那里的统治者住在飞岛上，对人民实行高压政策。人民稍有不驯，飞岛就降落其上。第四部写智马国。这里的马是有理性的居民和统治者，一种形似人类的动物"耶胡"则凶残贪婪，为智马所豢养。

《格列佛游记》的艺术特色主要体现在讽刺手法的运用上，尖锐深邃的讽刺是这部作品的灵魂。

《简·爱》

《简·爱》是 19 世纪英国女作家夏洛蒂·勃朗特的代表作，是一部具有自传色彩的爱情小说。它一问世，就震动了英国文学界。

简·爱是个孤儿，她心地纯正，感情真挚，善于思考，个性倔强。她敢于反抗各种卑鄙邪恶的行为，敢于表达自己强烈的爱憎，敢于捍卫自己独立的人格和尊严。作者通过对她少年时代寄人篱下的生活与寄宿慈善学校的不幸经历的描写，塑造了一个非贵族化的新型的平民阶级的形象。简·爱对贵族罗切斯特的爱，不是建立在金钱、名誉、地位之上，而是有着真挚热切的感情和思想上的共鸣。她冲破阶级鸿沟，蔑视社会习俗，勇敢大胆地爱上罗契斯特并与他结婚，尽管他此时已双目失明。

简·爱的个人奋斗史是对当时英国妇女受歧视、无地位的不合理制度的抗议，这在英国文学史上是一个创举，这也正是这部作品在当时的社会引起如此强烈反响的重要原因。

《呼啸山庄》

《呼啸山庄》是英国女作家勃朗特姐妹之一艾米丽·勃朗特的唯一的小说，至今仍震撼人心。

这是一个爱情和复仇的故事。希斯克利夫被呼啸山庄的主人恩肖先生收养后，夺取了主人对亨德利和他妹妹凯瑟琳的宠爱。主人死后，亨德利为报复把希斯克利夫贬为奴仆，并百般迫害，可是凯瑟琳跟他亲密无间，青梅竹马。后来，凯瑟琳受外界影响，转而爱上了画眉山庄的文静青年埃德加。希斯克利夫愤而出走，三年后致富回乡，凯瑟琳已嫁埃德加。希斯克利夫为此进行疯狂的报复，通过赌博夺走了亨德利的家财。亨德利本人酒醉而死，儿子哈里顿成了奴仆。希斯克利夫还故意娶了埃德加的妹妹伊莎贝拉，进行迫害。内心痛苦不堪的凯瑟琳在生产中死去。10 年后，希斯克利夫又施计使埃德加的女儿小凯瑟琳，嫁给了自己即将死去的儿子小林敦。埃德加和小林敦都死了，希斯克利夫最终把埃德加家的财产也据为己有。复仇得逞了，但是他无法从对死去的凯瑟琳的恋情中解脱出来，最终不吃不喝苦恋而死。小凯瑟琳和哈里顿继承了山庄和田庄的产业，两人终于相爱，去画眉山庄安了家。

全篇充满强烈的反抗压迫的斗争精神，又始终笼罩着离奇、紧张的浪漫气氛，为读者所喜爱。20 世纪 30 年代英国进步评论家福克斯称它是 19 世纪中后期"维多利亚时代"所产生的"三大巨著"之一，因为它代表着受压迫的下层人民对资本主义社会发出的强烈抗议。

《查泰莱夫人的情人》

劳伦斯（1885～1930），英国小说家、诗人、戏剧家和画家，1928 年私人出版了最有争议的最后一部长篇小说《查泰莱夫人的情人》，英美等国直到 20 世纪 60 年代初才解除对此书的禁令。

康妮嫁给了贵族地主查泰莱为妻，但不久查泰莱便在战争中负伤，腰部以下终身瘫痪。二人的生活虽无忧无虑，却死气沉沉。庄园里的猎场看守人重新燃起康妮的爱情之火及对生活的渴望，她经常悄悄来到他的小屋幽会。康妮怀孕了，为掩人耳目到威尼斯度假。这时看守人尚未离婚的妻子突然回来，公开了他们之间的私情。巨大的社会差距迫使康妮为生下孩子先下嫁他人，只能让看守人默默地等待孩子的降生。

《查泰莱夫人的情人》是劳伦斯的最后一部长篇小说，此时的劳伦斯对人物及情节的刻画已经炉火纯青，对他所探索的两性关系也给出了更深思熟虑的答案。

《唐璜》

《唐璜》是 19 世纪浪漫主义诗人拜伦一部未完成的长篇诗体小说，是一部反映当时社会的讽刺性史诗。《唐璜》的故事原型是 15 世纪的西班牙贵族唐璜，他诱拐了一个少女，接着又把那个少女的父亲谋杀了。

长诗描写了贵族子弟唐璜因与贵妇朱丽亚发生性关系，被母亲送往欧洲旅行的种种奇遇。通过唐璜在海上旅途中遇险、与海盗女儿海黛相恋、加入俄军作战、出使英国等故事情节，作者不仅向读者展现了各国风光，而且让大家看到了各国政权的种种弊端：苏丹宫廷的荒淫、俄国军队的残忍、英国上层社会的虚伪和势利，等等。

作者在文中以机智的诗句议论哲学、宗教、艺术和科学方面的问题，嘲笑湖畔诗人的奴隶哲学，驳斥贝克莱的唯心主义。全诗以整个欧洲为广阔背景，诗人的笔锋驰骋其中，得心应手，嬉笑怒骂皆成文章。歌德称之为"绝顶天才之作"。

《尤利西斯》

《尤利西斯》是爱尔兰小说家乔伊斯的

代表作,是公认的意识流经典作品。并被誉为 20 世纪一百部最佳英文小说之首。

小说以时间为顺序,描述了广告推销员利奥波德·布卢姆于 1904 年 6 月 16 日一昼夜之内在都柏林的种种日常经历。

乔伊斯选择这一天来描写,是因为这一天是他和他的妻子诺拉·巴纳克尔首次约会的日子。小说的题目来源于希腊神话中的英雄奥德修斯(拉丁名为尤利西斯),而《尤利西斯》的章节和内容也经常表现出和荷马史诗《奥德赛》内容的平行对应关系。利奥波德·布卢姆是奥德修斯现代的反英雄的翻版,他的妻子摩莉·布卢姆则对应了奥德修斯的妻子帕涅罗佩,青年学生斯蒂芬·迪达勒斯对应奥德修斯的儿子忒勒玛科斯。乔伊斯将布卢姆在都柏林街头的一日游荡比作奥德修斯的海外十年漂泊,同时刻画了他不忠诚的妻子摩莉以及斯蒂芬寻找精神上的父亲的心理。

小说大量运用细节描写和意识流手法构建了一个交错凌乱的时空,语言上形成了一种独特的风格。

《少年维特的烦恼》

《少年维特的烦恼》是德国 18 世纪伟大的文学家歌德的代表作,这部作品一度风行各国,掀起一股"少年维特热"。它不仅是德国浪漫主义小说的代表作,同时也被称作德国心理分析小说的开创篇。

小说描写了一个感情脆弱,不能与生活中的苦恼作斗争,在守旧的环境里找不到出路的"反叛的受难者"(普希金语)的形象。维特爱上了一个已经订了婚的少女绿蒂,以致绝望、病狂,最后自杀而死。维特的烦恼是什么?是上流社会的污浊庸俗、沉湮一气,人和人之间的相互倾轧、敌对和蔑视,门当户对的婚姻制度,不可跨越的等级制度,以及求自由而不得、求摆脱而不成的痛苦。这些烦恼表现了德国进步青年的觉醒和软弱,也是对当时德国封建制度的揭露和控诉。书

信体和第一人称的写作手法,使主人公复杂和深刻的思想变化得以淋漓尽致地表现。

《浮士德》

《浮士德》是歌德花了 60 多年时间完成的一部诗剧,长达 12111 行,第一部 25 场,不分幕;第二部分 5 幕、27 场。全剧没有首尾连贯的情节,而是以浮士德思想的发展变化为线索。这部不朽的诗剧以德国民间传说为题材,以文艺复兴以来的德国和欧洲社会为背景,表现了一个新兴资产阶级先进知识分子不满现实、竭力探索人生意义和社会理想的一生。是一部现实主义和浪漫主义结合得十分完美的诗剧。

歌德是将浮士德作为全人类命运的化身来加以塑造的。浮士德自强不息、追求真理,经历了书斋生活、爱情生活、政治生活、追求古典美和建功立业五个阶段。这五个阶段高度浓缩了从文艺复兴到 19 世纪初期几百年间德国乃至欧洲资产阶级探索和奋斗的精神历程。

歌德以深刻的辩证法意识揭示了浮士德人格中的两种矛盾冲突的因素,即"肯定"和"善"的因素同"否定"和"恶"的因素之间的复杂关系及其发展历程,更以乐观主义的态度表现了浮士德永不满足,不断地克服障碍、超越自我,"不断地向最高的存在奋勇前进"的可贵精神。"浮士德难题"其实是人类共同的难题,它是每个人在追寻人

魔鬼靡菲斯特再访浮士德 1826 ~ 1827 年 德拉克洛瓦

生的价值和意义时都将无法逃避的"灵"与"肉"、自然欲求和道德灵境、个人幸福与社会责任之间的两难选择。

《老实人》

《老实人》是伏尔泰最优秀的哲理小说。它是伏尔泰对柏林科学院 1755 年关于莱布尼茨的乐观主义的悬赏征文作的形象解答，也是对当时一种盲目乐观主义哲学的嘲笑。

老实人是一个男爵家的养子，从小接受家庭教师、"哲学家"邦葛罗斯的关于"一切皆善"的教育。后来因为邦葛罗斯及周围人的不幸遭遇，以及自己经受的磨难，老实人认识到这个世界并不完美，唯有"工作可以免除三大不幸——烦恼、纵欲和饥寒"。这样，老实人省悟了，告诫同伴"种我们的田地要紧"，小说就此结束。

小说就是这样把哲学争论带进了文艺领域，用离奇荒诞的情节、具有突出思想特征的人物形象、夸张和讽刺相结合的艺术手法来反映客观现实。它批判了盲目乐观主义思想，揭露了封建制度的腐朽和教会的反动。

《巨人传》

《巨人传》，是法国文艺复兴时期最重要的小说家和人文主义学者拉伯雷花了 20 多年时间写成的长篇讽刺小说。这部作品表面看来"无非是笑谈，游戏文学，胡说八道"，但在有关宗教政治形势和经济生活方面"显示出极其高深的哲理和惊人的奥妙"。

小说共分 5 部，取材于法国民间传说故事。第一部写卡冈都亚奇异的出生和成长经历。他因接受经院式的教育而变得愚钝，后来接受人文主义教育才使身心得以全面发展。他在约翰修士的帮助下打败了侵略者，并建立了德兼美修道院来报答约翰修士。第二部写卡冈都亚的儿子庞大固埃的出生与接受教育的经历，他在巴黎求学时遇到巴汝奇，后在巴汝奇帮助下，战胜了迪普索德。第三部写庞大固埃和巴汝奇为解决巴汝奇的婚姻疑问而到处漫游的故事。第四、第五部分继续写他们为寻访神瓶到处漫游，最后找到了神瓶，得到的启示是一个"饮"字，就是要畅饮知识，畅饮真理，畅饮爱情。

《巨人传》全面反映了 16 世纪上半期法国的社会生活，表现了新兴资产阶级的思想意识，具有伟大的反封建意义，是拉伯雷人文思想的总结。

《新爱洛伊丝》

《新爱洛伊丝》是法国著名思想家、文学家卢梭（1712 ~ 1778）在文学史上奠定其地位的第一部重要作品。它借用 12 世纪青年女子爱洛伊丝与她的老师阿略卜的真实爱情故事，描写了贵族小姐尤丽和她的家庭教师圣·普乐之间的爱情悲剧。

普乐是个平民知识分子，在贵族家庭担任家庭教师，天长日久，与学生尤丽小姐产生了爱情。可仅仅因为他的出身，尤丽的父亲不同意这门婚事，普乐不得不离去，尤丽也被迫嫁给一个门当户对的贵族。多年后，普乐又被请来任尤丽子女的家庭教师。两人再度相逢，感情和义务使双方处于痛苦的矛盾之中，最后尤丽在这种痛苦中死去。

小说人物集中，情节简单而曲折有致。所采用的书信体裁便于抒写人物的内心世界，让人物尽情倾吐自己的内心情感、矛盾和心灵上的创伤。整个作品饱含反封建的激情，又充满感伤情调，犹如一首优美的抒情诗。

在描写人物内心世界时，卢梭加入了许多美妙的自然景物的描写，起到了情景交融的艺术效果，开创了欧洲浪漫主义文学的先河。

《人间喜剧》

文学大师雨果曾评价巴尔扎克："在最伟大的人物中间，巴尔扎克是名列前茅者；在最优秀的人物中间，巴尔扎克是佼佼者。"

《人间喜剧》生动、形象地反映了 19 世纪前期法国的社会史，特别是巴黎上流社会的现实主义历史，其社会历史内容可以归纳为：贵族衰亡、资产者发迹、金钱罪恶，因而被誉为"社会百科全书"。全书由 90 余部小说组成，共写了 2400 多个人物。其中著名的有《欧也妮·葛朗台》和《高老头》等。

《巴黎圣母院》

《巴黎圣母院》是雨果第一部大型浪漫主义长篇小说。它以对比手法写了一个发生在 15 世纪法国的故事：巴黎圣母院副主教克洛德引诱吉卜赛女郎爱斯美拉达不遂，便诬蔑她谋杀情人法比斯，判她绞刑。外貌极丑而心灵仁厚的教堂敲钟人加西莫多将爱斯美拉达救出。后来，吉卜赛人围攻钟楼。混乱中，克洛德又诱骗爱斯美德拉达，再次遭到拒绝后，他将爱斯美拉达送上了绞刑架。悲痛的加西莫多愤怒地将克洛德推下钟楼。

《巴黎圣母院》艺术性地再现了 400 多年前法王路易十一统治时期的真实历史：宫廷与教会如何狼狈为奸压迫人民群众，人民群众怎样同两股势力英勇斗争。作者将可歌可泣的故事和生动丰富的戏剧性场面有机地连缀起来，使这部小说具有很强的可读性。

《悲惨世界》

《悲惨世界》是杰出的世界名著。它以真实的事件为蓝本而创作，是最能体现雨果人道主义思想的作品。

小说描写了穷工人冉阿让一生的故事。冉阿让因偷一块面包而坐了 19 年牢。出狱后，他改名行善，当上了市长。但为了解救被误认为是自己的流浪汉商马弟，他前去自首，又被逮捕。他再次逃出后，收养了一个女工的女儿珂赛特，继续行善。长期追捕他的沙威为他的崇高精神所感动，最终放了冉阿让，自己投水自杀。

小说展示了一幅广阔而典型的 19 世纪法国社会的现实画面，以大量的笔墨描写了下层人民的穷困生活，对他们的遭遇倾注了无限的同情，同时也对社会的黑暗进行了控诉。整部作品充满了人道主义思想。

《红与黑》

《红与黑》是 19 世纪法国著名现实主义作家司汤达的代表作。

小说的主人公于连是一个木匠的儿子，年轻英俊，意志坚强，精明能干，从小希望借助个人奋斗跻身上流社会。去市长家当家庭教师是于连踏入社会的第一步，出于对市长的报复心理和试练自己胆量的冒险心态，于连和市长夫人产生了暧昧关系。事情败露后，于连进入贝桑松神学院，既而又随比拉尔院长来到巴黎，成为德·拉莫尔侯爵的秘书。凭借自己的聪明和个性，他不仅受到侯爵赏识而且赢得了侯爵小姐的芳心。二人秘密结婚，拉莫尔先生对这门婚事虽暴跳如雷，但也无可奈何，于连也因此得到了骑士称号、中尉军衔和年收入 2.06 万法郎的庄园。好景不长，正当于连踌躇满志之际，他却又陷入了贵族阶级和教会所设下的圈套，最终被送上了断头台。

《红与黑》在心理剖析的深度上远远超出了同时代作家所能及的层次。它开创了后世"意识流小说""心理小说"的先河，司汤达因此被称为"现代小说之父"。

《茶花女》

《茶花女》是法国作家小仲马根据自身的经历写成的，真实生动地讲述了一位外表与内心都像白茶花那样纯洁美丽的少女被摧残致死的故事。

玛格丽特是个农村姑娘，长得异常漂亮。她来巴黎谋生，不幸做了妓女。富家青年阿芒赤诚地爱她，唤起了她对爱情生活的向往。但是阿芒的父亲反对这门婚事，迫使她离开了阿芒。阿芒不明真相，便寻机羞辱她，终于使她在贫病交加之中含恨死去。作品艺术表达独特而新颖。组织情节时，用了追叙、补叙、倒叙等多种手法，生动有致。一个个悬念的设置扣人心弦，使人不忍释卷。

特别是作品洋溢着浓烈的抒情色彩和悲剧气氛，有感人至深的艺术魅力。

《茶花女》当时一经出版即轰动全国。尽管上流社会恼怒地批评道：渲染妓女生活，是"淫荡堕落""低级下流"，但更多的人则为真切感人的故事所征服。1853 年，四幕剧《茶花女》在巴黎上演，剧场爆满，万人空巷。

《包法利夫人》

1852 年起，福楼拜花了四年多时间写成长篇小说《包法利夫人》。小说以简洁、细腻的笔触，再现了 19 世纪中叶法国的外省生活。女主人公爱玛在修道院度过青年时代，受到浪漫主义思潮的影响。成年后，嫁给平庸的市镇医生包法利。对生活失望之余，为纨绔子弟罗道耳弗所惑，成了他的情妇。但罗道耳弗只是逢场作戏，不久便对她心生厌倦，远离而去。爱玛遂又成了赖昂的情妇。为了满足私欲，爱玛借高利贷，导致破产，最后服毒自尽。小说一问世便轰动文坛，福楼拜获得盛誉，但遭到当局控告，认为他诽谤宗教，有伤风化。

《羊脂球》

《羊脂球》是法国近代著名短篇小说家莫泊桑的代表作品，发表于 1880 年。

《羊脂球》讲述了 1870 年普法战争期间，有一辆法国马车在离开敌占区时，被一名普鲁士军官扣留。军官一定要车上一个绰号叫羊脂球的妓女陪他过夜，否则马车就不能通过。羊脂球出于爱国心断然拒绝，可是和她同车的有身份的乘客为了各自私利，巧言利弊，逼她为了大家而牺牲自己，羊脂球出于无奈而作了让步。可当第二天早上马车出发时，那些昨天还苦苦哀求她的乘客们却突然换了一副嘴脸，就好像她不存在一样。在缓慢前进的马车中，羊脂球忍不住流下了眼泪。

作家利用对比的手法，把民族危难之时不同阶层的态度活灵活现地刻画出来。卑贱者反倒有崇高的民族感情，"高贵"者心地却肮脏和卑鄙。这个短篇充分体现了莫泊桑的艺术才能。

《老人与海》

《老人与海》是海明威的代表作，也是一部象征性的小说。

海明威像

这本书讲了古巴的一个名叫桑提亚哥的老渔夫，独自一个人出海打鱼，在一无所获的 84 天之后钓到了一条无比巨大的马林鱼。这是老人从来没见过也没听说过的比他的船还长两英尺的一条大鱼。鱼的劲非常大，拖着小船漂流了整整两天两夜，老人在这两天两夜中经历了从未经受的艰难考验，终于把大鱼刺死，拴在船头。然而这时遇上了鲨鱼，老人与鲨鱼进行了殊死搏斗，结果大马林鱼被鲨鱼吃光了，老人最后拖回家的只剩下一副光秃秃的鱼骨架和一身的伤，却得到了人们的赞赏。

小说以写实手法展现了捕鱼老人桑提亚哥在重压下仍保持的优雅风度，"人可以被毁灭，却不可以被打败"。海明威在《老人与海》里所说的话，不仅打动了读者，也征服了评论者。

《哈克贝利·费恩历险记》

《哈克贝利·费恩历险记》是马克·吐温最成功的作品，也是美国文学史上一部划时代的作品。美国小说家海明威称颂它"是我们所有的书中最好的一本书"。

主人公哈克贝利·费恩忍受不了酒鬼父亲的毒打，偷逃到一个荒无人烟的小岛上，并在那里遇到同样出逃的黑奴吉姆。为了帮助吉姆逃脱追捕，哈克决定和吉姆乘木筏由密西西比河顺流而下，逃往废奴区。途中，他们遇上两个骗子。虽然哈克最终识破了骗子的阴谋诡计，可他们已把吉姆卖掉了。

小说通过白人小孩哈克跟逃亡黑奴吉姆结伴在密西西比河流浪的故事，不仅批判封建家庭结仇械斗的野蛮，揭露私刑的毫无人性，而且讽刺宗教的虚伪愚昧，谴责蓄奴制度的罪恶，并歌颂了黑奴的优秀品质，宣传不分种族地位、人人都享有自由权利的进步主张。

《飘》

1900 年 11 月 8 日，玛格丽特·米切尔出生于美国佐治亚州亚特兰大市的一个律师家庭。在南北战争期间，亚特兰大曾于 1864 年落入北方军将领舒尔曼之手。后来，这便成了亚特兰大居民热衷的话题。自孩提时起，玛格丽特就时时听到她父亲与朋友们，甚至居民之间谈论南北战争。当 26 岁的玛格丽特决定创作一部有关南北战争的小说时，亚特兰大自然就成了小说的背景。

《飘》（Gone with the wind）凝结了玛格丽特十年的心血，这是她生前唯一出版的小说，玛格丽特原意署名 Tomorrow is Another Day，后出版商认为与此书名相似的书太多，建议玛格丽特想一个新名字，"飘"取自恩斯特·道森的诗："I have forgot much, Cynara! gone with the wind."

《飘》所讲述的是一个以美国南北战争为背景的爱情故事。美国南部塔拉庄园的千金小姐斯佳丽爱上了艾希礼却遭其拒绝，一气之下，匆忙出嫁并在战争中迅速成为寡妇。其间，她邂逅了风流富有的白瑞德，由此演绎出一串分分合合、恩恩怨怨的浪漫故事。当南方的美好生活随风而逝时，斯佳丽的美丽爱情也随风飘散，但不管怎么样，明天又是新的一天。

从出版至今，《飘》在全球的销售量早已超过 3000 万册，被奉为经典名著。

《百年孤独》

被誉为"再现拉丁美洲历史社会图景的鸿篇巨制"的《百年孤独》，是加西亚·马尔克斯的代表作，也是拉丁美洲魔幻现实主义文学作品的代表作。

小说独创了从未来的角度回忆过去的新颖倒叙手法，以小村镇马贡多为背景，描写了布恩地亚家庭七代人的命运，从而折射出哥伦比亚乃至整个拉丁美洲一个多世纪的历史进程。小说弥漫着奇迹描绘、鬼魂形象和荒诞不经的情节，神秘主义色彩浓重。作家以生动、富于幻想的笔触，勾勒出拉美丰富的自然与人文景观，反映了复杂、多变的社会生活，深入揭示了该地区人民的精神特征，小说因而成为一部气势恢宏的史诗性作品。

诺贝尔文学奖

根据瑞典化学家阿尔弗雷德·诺贝尔的遗嘱设立的诺贝尔奖中的一个奖项。诺贝尔在遗嘱中说，奖金的一部分应该"奖给在文学界创作出具有理想倾向的最佳作品的人"。

诺贝尔坐像

诺贝尔文学奖由瑞典文学院颁奖，奖金约 100 万美元。享有诺贝尔文学奖获奖候选人推荐权的人员为：瑞典科学院和其他在体制与目的方面与它相似的科学院、研究所和学会的成员，大学和大学学院的文学和语言学教授，以前得过诺贝尔文学奖的人，在本国文学创作界有代表性的作家协会的主席。首届诺贝尔文学奖于 1901 年颁发，获奖者是法国诗人苏利·普吕多姆，因为他的诗作《孤独与深思》是"高尚的理想、完美的艺术和罕有的心灵与智慧的实证"。此后，除 1914 年、1918 年、1940～1943 年因战争没有颁奖外，每年颁发一次。

爱尔兰都柏林文学奖

爱尔兰都柏林文学奖，即"国际 IMPAC 都柏林文学奖"。由爱尔兰都柏林市政府主办，都柏林市立图书馆承办，美国企业管理顾问公司 IMPAC 所赞助的世界性文学奖，成立于 1996 年，是世界上奖金最高的单一文学奖（得奖者可获 10 万欧元），只要是英语小说或任何语言有英译本的小说皆可角逐这个奖项。

都柏林文学奖拥有一套独特的评选体系：都柏林市图书馆和世界各地的 100 多个公立图书馆都建立了联系，由它们负责推荐参选作品，每家每年最多可以推荐三部。参选的小说必须是英文的，且必须在颁奖年度的前一年内出版。如果是其他语种的作品，只要它在颁奖年度的前四年内出版了英文译本，那么也可以被推荐。

超过百部的入选作品名单将在每年的 10 月份或 11 月份公布，评委会从中筛选出复选作品（最多不会超过 10 部），将这一份名单在转年的三四月份公布，之后从中确定最终获奖者，于 6 月份中旬举行颁奖仪式。

毕希纳文学奖

毕希纳奖以德国历史上著名的革命者和剧作家格奥尔格·毕希纳（1813～1837）的名字命名，由德国语言与文学学院创办于 1923 年，每年颁发给对当代德语文学作出优异贡献的一位作家或诗人，现在的奖金额为 4 万欧元。

1958 年制定的章程中确定评奖标准为："该奖项颁发给用德语写作并表现突出的作家和诗人，获奖者本人要对现今德语文学界的发展起到巨大的推动作用。"正式颁奖仪式在德国语言文学科学院的所在地达姆施塔特举行。

塞万提斯奖

塞万提斯奖是西班牙文化部以小说《堂吉诃德》的作者塞万提斯命名，表彰在西班牙语文学领域做出突出贡献的西班牙和拉丁美洲作家的文学奖项。

每年 12 月评出年度得主，次年 4 月 23 日（塞万提斯逝世的纪念日）在塞万提斯故乡的阿卡拉大学由西班牙国王亲自颁授，是西班牙语世界的文学最高荣誉，有评论说本奖是西班牙语世界的诺贝尔文学奖。

龚古尔文学奖

龚古尔文学奖是法国文学奖。

龚古尔兄弟是法国自然主义小说家，弟弟茹尔·德·龚古尔于 1870 年去世后，哥哥埃德蒙·德·龚古尔在 1874 年 7 月 14 日立下遗嘱，为了纪念他的弟弟，要用遗产作为基金，成立龚古尔学院，即龚古尔文学奖评选委员会，并指定福楼拜、左拉、都德等 10 名友好作家为第一届院士。龚古尔学院于 1902 年成立，奖励当年出版的最佳长篇小说、最佳短篇小说集、最佳想象性散文。奖金虽然仅为 50 法郎，但其重要性已超过法兰西学士院的小说大奖。

为了保证院士们能不偏不倚地进行评选，遗嘱规定每位院士可享有一栋住宅和一份保障生活的年金。

国际安徒生奖

国际安徒生奖是全球儿童文学界的最高

荣誉，素有"小诺贝尔奖"之称。为了纪念著名丹麦童话作家汉斯·安徒生，于1956年设立。它的创始人是莱普曼夫人。

莱普曼夫人生在德国，二战期间，被迫流亡国外。战后不久，她返回到成为一片废墟的祖国，深感应加强各国青少年之间的相互了解，也深深懂得优秀的读物是陶冶孩子们美好心灵和相互沟通的有力工具。她争取到洛克菲勒基金会和联合国教科文组织的资助，于1948年在慕尼黑首创了世界上唯一的新国际青少年图书馆；1951年，又创建了国际青少年读物委员会，总部设在瑞士。该委员会为提高青少年读物的艺术和文学水平而积极工作。1956年设立了国际安徒生奖，每两年评选一次。

芥川奖、直木奖

芥川奖正式名称为芥川龙之介奖，是为纪念日本大正时代的文豪芥川龙之介而设立的文学奖。

芥川奖是根据选拔委员的协议来决定候补及得奖人选。这些选拔委员从报章杂志上，新人作家或无名作家所发表的纯文学短篇作品中，挑选出最优秀的作品予以奖励，得奖者颁赠100万日元的奖金和怀表一只。

直木奖是纪念日本作家植村宗一而设立的，他是芥川龙之介的好友。

直木奖的评选对象是杂志上公开发表的文章和单行本，每年第一次评奖的范围限定在上年12月至本年5月里发表的作品，此后发表的将在第二次评奖时参选。

直木奖以其大众性著称，欣赏故事性强的作品，关注新人和不知名的作家，且获奖者一般只会得一次奖。它的奖金大约是2万元人民币，并不算很高，作家一旦获奖，可以依靠这个头衔轻松换来约稿和极高的报酬，因此也被视为文学青年的晋身之阶。

芥川奖是日本纯文学奖的代表奖项，而直木奖则是大众文学的代表奖项；芥川奖以鼓励新人作家为宗旨，直木奖则是给予已出书的大众文学作家一项荣誉的肯定。

艺术

五线谱

五线谱是一种国际上通用的记谱法，差不多所有的国家都使用它。

远在 10 世纪的时候，法国有一个叫古罗（又译为古多）的音乐家。开始用 4 条横线表示音的高低，又把当时流行的一种表示音的长短的符号放在 4 条横线里，来记载乐曲，这便是五线谱的雏形。这在当时是一个很了不起的发明，震动了整个欧洲音乐界。罗马教皇听说此事，把古罗召至罗马，给了他一笔重赏，并让他把罗马教学所收藏的乐谱一律改为"古罗式谱法"，也叫"四线谱记谱法"。

到了 12 世纪，有人把表示音的高低的 4 条横线改成 5 条横线，但这样的五线谱仍不完善，如像小节线、拍号等符号还没有出现。直到 16 世纪，五线谱才逐渐完善，和我们现在使用的差不多。

简 谱

数字简谱的雏形见于 16 世纪的欧洲。

17 世纪时，由法国的修道士苏埃蒂加以改进后用于专门从事教徒们的教唱工作。过去没有歌谱，教徒们学唱赞美诗，是由修道士或牧师口头传授的。随着歌曲的难度增大，这种形式已不适应教徒们学唱的需要，因此，苏埃蒂在 1665 年写了一本书，名叫《学习素歌和音乐的新方法》，创立了一种数字简谱，即用阿拉伯数字的 1、2、3、4、5、6、7 来代表音阶中的 7 个音。随后又由法国启蒙运动的杰出代表卢梭等人加工而渐趋完善。

卢梭不但是思想家、教育学家、文学家，还是位音乐学家。20 岁的卢梭在华伦夫人家做音乐教师时，利用业余时间刻苦钻研音乐理论，使他对音乐有了很高的造诣。1741 年，卢梭来到巴黎，把他长期钻研而完善的音乐简谱交给法兰西学士院，希望能得到普遍推广。但当时学士院被保守迂腐的学究先生们所控制，完全否定了他的创造。卢梭并不因此灰心，于 1742 年 8 月 22 日，又在法国科学院讲台上宣读了关于音乐记谱法的论文。之后，他结识了《百科全书》的主编狄德罗。狄德罗特邀他为刊物撰写音乐方面的稿子，使他能对有关简谱理论作透彻阐述。以后，又有数学教师加兰、律师巴里、医生舍威等人加以改进，简谱逐渐为人们所接受。

1878 年至 1882 年间，美国有一个名叫麦森的音乐教师，受聘到日本讲学，将简谱传到日本。清代末年，简谱由日本传入我国。目前，我国普遍使用的是麦森所讲学的一种简谱。

提琴独奏曲

各类提琴，都是以运弓按弦为主要演奏条件的弓弦乐器。欧洲中世纪就出现了古提琴，比现代的中提琴大些，是当时具有一定表现力的乐器，多用于歌唱和舞蹈的伴奏。文艺复兴时期，器乐作为独立的演奏形式的倾向渐趋明显，乐器的种类、结构、性能都随之有了变化。到了 17 世纪，古提琴类逐渐为现代提琴类所代替。由于琴身、弓马、指板等的不断改进，特别是加了音柱后，在音质、音色和表现性能上均较前大为优越。当时意大利克雷蒙纳城制造了一批工艺精美、音响悦耳的小提琴，极大地促进了小提琴艺术的蓬勃发展。

近400年来，欧洲的提琴（尤其中小提琴）音乐无论在体裁、形式还是演奏技巧方面，都有巨大的进步。17世纪意大利作曲家韦塔里（1644～1692）所作五乐章的小提琴奏鸣曲，以及他的儿子托玛索·安得列亚·韦塔里写的《B小调恰空舞曲》，对后世影响颇大。托莱里（1658～1709）和科莱里（1653～1713）在奏鸣曲和协奏曲的形成方面有着很大功绩。后者的第十二首《佛里亚变奏曲》较为著名。维瓦尔地（1675～1741）对"快—慢—快"的三乐章协奏曲形式和小提琴协奏曲体裁的形成，也起过重要作用。而塔蒂尼（1692～1770）的《B小调奏鸣曲》（又称"魔鬼的颤音"），则极大地丰富了小提琴的演奏手法。

此后，法国、德国和英国的提琴艺术也蓬勃发展起来。尤其是巴赫的小提琴无伴奏奏鸣曲和大提琴组曲各六首，对发展提琴的复调技巧作出了重大贡献。亨德尔的小提琴奏鸣曲也是提琴音乐史上的珍宝。

自18世纪后半期起，独奏的提琴音乐，尤其是奏鸣曲、协奏曲有了更大的发展，同时还产生了大量独奏小品。莫扎特作有40余首小提琴奏鸣曲，贝多芬写了10首小提琴奏鸣曲、5首大提琴奏鸣曲，以及若干浪漫曲等其他独奏小品。贝多芬的作品较之过去作曲家的音乐，更接近社会，更具有戏剧性的对比，更讲究提琴与钢琴二者之间的均衡、和谐，对于浪漫主义的提琴音乐创造产生了重大的影响。

19世纪以来，提琴音乐在体裁、音调、结构、技巧等方面都展现出更为多彩的风貌。帕格尼尼的24首随想曲，采用

了双音、拨弦、跳弓、泛音等多种艰深的手法，丰富了小提琴的表现性能。舒伯特、门德尔松、舒曼、弗兰克、勃拉姆斯、德沃夏克、格里格、柴可夫斯基、圣桑、维尼亚夫斯基等创作的幻想曲、奏鸣曲、协奏曲以及萨拉萨蒂、克莱斯勒等的独奏小品，都为世界提琴音乐史增添了光辉。

钢琴独奏曲

1710年前后，意大利人克利斯托弗利（1655～1731），在佛罗伦萨制成了音乐史上最早的钢琴。在此之前，自15世纪起，欧洲各国广泛使用的则是古钢琴。古钢琴声虽然有其微妙温馨的风味，但它的"后代"钢琴（Pianoforte）不仅打开了新的音响天地，且在力度对比和表现力等方面超过了它。

意大利古钢琴艺术曾在欧洲产生过很大影响。如威尼斯乐派的韦拉尔特（1490～1562）等人，采用各类舞曲写过不少古钢琴组曲，为许多作曲家所效仿；罗马乐派的弗莱斯科巴尔地（1583～1643），在和声和旋律上力求清新悦耳，并促进了托卡塔等多种体裁的独立发展；多美尼科·斯卡拉蒂（1685～1767）写过500余首单乐章两段式的奏鸣曲，推进了钢琴曲的主要体裁曲组曲向奏鸣曲的过渡。而法国古钢琴乐派的中心人物库泊兰（1668～1733）的4卷《古钢琴》则以繁缛的装饰音为其罗可可风格的重要特点；另一位作曲家拉摩

描绘肖邦在拉吉威尔公爵家中弹奏钢琴的画作

（1683～1764）不仅发展了这种洛可可风格，而且确立了功能和声的某些重要原则。

德国古典音乐大师巴赫、亨德尔为管风琴、古钢琴写了大量不朽名作。巴赫的 2 卷《丙均律钢琴曲集》，15 首古钢琴二部、三部《创意曲》，古钢琴《法国组曲》《英国组曲》《帕蒂塔》各 6 套，《托卡塔与赋格》等作品，是钢琴复调音乐的典范；亨德尔的 2 集拨弦古钢琴组曲、6 首赋格曲等作品也是后人研究的文献。

维也纳古典乐派的钢琴创作，是钢琴艺术史中的重要里程碑。海顿写有 52 首古钢琴奏鸣曲；莫扎特写有 17 首钢琴奏鸣曲以及其他作品；贝多芬则以 32 首钢琴奏鸣曲、5 部钢琴协奏曲、21 首变奏曲以及其他小品，为近代钢琴创作提供了极为丰富的经验。那时，钢琴已经以其飒爽英姿登上了乐坛，虽然它的音域尚不及后来那样宽广，贝多芬却在琴键上为人们展示出一幅幅惊心动魄的戏剧性画面，并且在奏鸣曲式的自由处理，节奏、调性、力度的变换，以及织体的布局等方面，将钢琴音乐导向了浪漫主义的新境地。

19 世纪的浪漫主义钢琴音乐，更趋于情感的自由奔放，形式的灵活运用，语言的民族特色。钢琴不仅用于独奏，而且作为艺术歌曲的组成部分，积极参与伴奏。古典时期特别发展的奏鸣曲，到了这个时期却日益减少，而代之以多种多样的音乐体裁；即使是练习曲也赋予音乐会节目的特点。舒伯特不仅写了奏鸣曲，还以"即兴曲""音乐瞬间"等特性小品发挥他的柔情风格。门德尔松写了由他首创的钢琴"无言歌"49 首；舒曼写了大量表现诗情画意的独奏曲。勃拉姆斯以古典的形式、多样的体裁、抒发他的浪漫主义心潮，如钢琴叙事曲、随想曲等，显示出他艺术上的创造性。钢琴诗人肖邦的作品中倾注着深厚的爱国主义感情，他写有 8 首波兰舞曲、60 首玛祖卡舞曲、4 首叙事曲、27 首练习曲、12 首前奏曲、18 首夜曲、16 首圆舞曲、2 部协奏曲以及其他体裁的作品。

李斯特写有 13 首匈牙利狂想曲、两部协奏曲以及《高级练习曲集》《帕格尼尼大练习曲》等大量作品，丰富和革新了钢琴的演奏技术。为 19 世纪钢琴艺术增添光彩的还有弗兰克、福列、格里格、巴拉基列夫、柴可夫斯基、鲁宾斯坦兄弟等许多音乐家。

19 世纪末、20 世纪初以来，钢琴音乐出现了流派众多、主义纷繁的局面。如德彪西的印象主义，亨德密特的新古典主义，拉赫玛尼诺夫的晚期浪漫主义，勋伯格的 12 音乐体系以及"前卫"派的钢琴音乐等。

管弦乐曲

管弦乐曲，系指除协奏曲、交响曲之外的由管弦乐队演奏的其他类型的作品。管弦乐队通常由弦乐、木管、铜管、打击乐等不同乐器组合而成。有时因创作意图和演出条件的不同，可对乐队编制做适当调整，或加用钢琴、竖琴等。我国的管弦乐队为增强作品的民族风格或地方色彩而加入一些民族乐器，亦属常见。

欧洲的器乐长期附从于声乐，至 16 世纪才逐渐独立。乐器制作技术的发展，尤其是歌剧的兴起，使 17 世纪的器乐创作有了显著进步，产生了舞曲合成的古典组曲，以及曲式自由的序曲，而赋格曲、幻想曲、随想曲、变奏曲、前奏曲等体裁也渐被普遍使用。18 世纪，小提琴音乐迅速发展，歌剧序曲体裁的变革，曼海姆乐派等积极探索新的形式和表现手段，均为维也纳古典乐派的革新提供了有利条件。海顿确立了管弦乐队编制和主调音乐样式；莫扎特则进一步加以肯定，并发挥了木管乐器独特的表现力；贝多芬以交响性、戏剧性手法写作管弦乐序曲，给了奏鸣曲式以广阔的表现天地。

19 世纪浪漫主义时期的管弦乐创作尤为繁荣，扩大了题材范围，加强了与文学的结合，兴起了由柏辽兹倡导的标题音乐创作；罗西尼、威尔第、比才等作曲家，尤其是瓦格纳，扩大了歌剧中管弦乐的表现力，充实了乐队编制，丰富了配器手法，突出了音乐色彩，发展了和声语言；在体裁上也更为多样，出现了李斯特的标题交响诗，比才、格里格的乐队组曲，约翰·施特劳斯的圆舞曲，以及诸如狂想曲、音乐会序曲等大量管弦乐作品。即使像门德尔松、勃拉姆斯等音乐家的管弦乐作品，在和声、对位、配器等方面都有不同程度的发展，不少作品洋溢着浪漫主义的诗情画意。各国民族乐派也大显身手，德沃夏克、斯美塔那、西贝柳斯、柴可夫斯基、里姆斯基——柯萨科夫等的作品具有鲜明的民族风格，创作技巧亦属先进之列。

19 世纪末、20 世纪以来，西方管弦乐创作中产生了各种主义和流派。影响较大的是德彪西的印象主义、亨德密特和斯特拉文斯基一度热衷的新古典主义、拉赫玛尼诺夫的晚期浪漫主义、以勋伯格为代表的新维也纳乐派的表现主义和十二音体系。同时，美国爵士音乐也借助管弦乐的外壳风行于世，并渗透到格什文、格罗菲等人的创作之中。许多管弦乐作品，形式更为自由，调性更多变化，节奏更为复杂，有些则有力度猛烈、结构浓缩以及讲究线条对位等倾向。

协奏曲

协奏曲——Concerto，原意为竞赛。16 世纪意大利的协奏曲多指有乐器伴奏的合唱曲，以别于无伴奏合唱。17 世纪后半叶起，指由几件或一件独奏乐器，与一小型弦乐队互相竞奏的器乐套曲。用几件乐器者称"大协奏曲"。意大利作曲家托莱里和科莱里是大协奏曲的创始者。亨德尔和巴赫都作有大协奏曲，巴赫的《勃兰登堡协奏曲》就是大协奏曲中有代表性的作品之一。由一件乐器（有时还带有伴奏）与乐队竞奏的古协奏曲，叫作"独奏协奏曲"，如维瓦尔迪的协奏曲。

维也纳古典乐派大师莫扎特以大量的创作——20 多首钢琴协奏曲，6 首小提琴协奏曲，以及长笛、单簧管、小号、圆号等为独奏乐器的协奏曲——确立了至今还被袭用着

的协奏曲形式。这种协奏曲由一件独奏乐器与管弦乐队协同演奏，独奏部分具有鲜明的个性和高度的技巧性。乐曲通常包括三个乐章：第一乐章用奏鸣曲式，第二乐章多为抒情的慢板，第三乐章常用回旋曲式或奏鸣曲式。第一乐章的后部有一个华彩段（第二、第三乐章有时也插入较短的华彩段）。起初，华彩段由演奏家根据乐曲的基本主题作即兴发挥，到 19 世纪后则由作曲家写成固定的曲谱。现代音乐家演奏古典协奏曲时所用的华彩段曲谱，是由后来的作曲家写成的。贝多芬为协奏曲形式注入了深刻的思想内容，并使独奏部分与乐队部分有机地联系在一起，共同实现交响性的发展，使协奏曲的思想性、艺术性提高到一个新的水平。他的小提琴协奏曲，5 首钢琴协奏曲，都是对协奏曲发展具有重要意义的杰作。

浪漫乐派以及后来各国民族乐派作曲家的作品中，独奏乐器更富于鲜明的表现力、感人的歌唱性和高难度的技巧性，整个乐曲往往也具有更强的动力感和交响性。肖邦的钢琴协奏曲，门德尔松、勃拉姆斯、帕格尼尼等人的小提琴协奏曲，以及德沃夏克的大提琴协奏曲，格里格的钢琴协奏曲，柴可夫斯基的钢琴、小提琴协奏曲等都成为世界音乐文化宝库中独树一帜的珍品。李斯特把多乐章套曲的艺术构思集中凝聚起来，创造了单乐章的协奏曲形式，他的两部单乐章的钢琴协奏曲成为脍炙人口的名曲。20 世纪以后，苏联格里埃尔的声乐协奏曲，则以人声与乐队结合而成。西方现代主义音乐流派的某些协奏曲，则更显出"浓缩"、简短的特点，"新维也纳乐派"威伯恩以无调性的十二音序列形式写成的协奏曲，现今仍居同类型作品的"鳌头"地位。

交响曲

交响曲（Sinfonia 或 Symphony）是一种具有奏鸣曲体裁特点的、由管弦乐队演奏的大型器乐套曲，结构宏大，意蕴深广，善于

概括社会生活和人类思想的丰富内容，有着巨大的戏剧性的感人魅力。一般由四个乐章组成，也有多于或少于四个乐章的。第一乐章——快板，奏鸣曲式。有三大部分：一是呈示部，通常以主部与副部主题的对比为主要特点，成为音乐发展的基础，2 个主题不在一个调性上，它们之间常以连接部进行过渡；二是展开部，通过转调、模进、分裂等多种手段，充分发挥呈示部各主题中具有特征的因素，其间有时出现比较稳定的插部；三是再现部，基本上是呈示部的复现，但副部主题仍回到主调。呈示部前面可加引子，再现部后面往往殿以尾声。第二乐章——慢板或稍慢，以抒情性见长，可用节略奏鸣曲式（往往省去展开部）、三段式、复三段式或回旋曲式。通常是第一乐章的下属调或关系大调。第三乐章——快板或稍快，在主调上，用小步舞曲或诙谐曲的形式（复三段），常具有鲜明的舞蹈性。第四乐章——终曲，快板或急板，在主调上，用回旋曲式、回旋奏鸣曲式或变奏曲式，常表现斗争的胜利和节日狂欢形象等。

交响曲的名称源出希腊语，原意即"一齐响"。在中世纪，此词亦曾指两个音的和谐结合，至 16 世纪至 18 世纪前半叶，则泛指一切多声部的声乐曲和器乐曲。规范化了的交响曲体裁，则是由 17 世纪末意大利式歌剧序曲演变而成。那不勒斯歌剧乐派的代表人物亚历山德罗·斯卡拉蒂（1660～1725）为这种序曲确立的"快板—慢板—快板"的三段形式，促进了交响曲乐章基本格局的形成。其子多美尼科·斯卡拉蒂（1685～1757）则在二段式的古钢琴交响曲的创作上，为交响曲第一乐章奏鸣曲快板的确立提供了重要经验。18 世纪中后期，交响曲逐渐脱离歌剧而成为独树一帜的器乐体裁。意大利的萨尔玛蒂尼（1701～1775）为弦乐组与两支圆号写过不少三乐章交响曲，第一乐章为快板，第二乐章为慢板，第三乐章为小步舞曲，尤其是第一乐章两个对比主题的写作，对后来

交响曲中奏鸣曲式的主题布局产生了一定影响。此时，德国曼海姆乐派先后以约·施塔密茨（1717～1757）、其子卡尔·施塔密茨（1745～1801）、坎拿比希（1731～1791）以及一些捷克音乐家为代表，致力于交响乐写作手法和管弦乐队演奏风格的创新，显露了交响曲的主调音乐风格，发挥乐队效果，提高音乐的戏剧性表现力，并在带有小步舞曲的 3 个乐章的基础上，加上快速的终曲乐章，从而初步形成了交响曲四个乐章套曲的雏形，使欧洲器乐创作发展到一个重要阶段，成为维也纳古典乐派的前驱。

维也纳古典乐派的杰出代表海顿、莫扎特、贝多芬，在交响曲发展史上做出过伟大贡献。海顿确立了交响曲的规范形式，采用了双管编制的乐队组合方式，展示了多样化的主题发展手法，使小步舞曲乐章洋溢着民间的生活气息。莫扎特的音乐清丽流畅，结构工致，以带复调因素的主调和声风格和旋律化的展开手法，并吸取德奥歌剧创作经验和民间音乐素材，丰富了交响曲的表现力。贝多芬在作品中植入了法国大革命时代的先进思想和战斗热情。他运用广阔发展的动机、对比主题和富于动力的和声，给结尾部以充分抒发的余地，扩大展开部的容量，使奏鸣曲式成为戏剧性的结构形式；以诙谐曲代替小步舞曲乐章，末乐章往往是全曲的中心部分；将短笛编入乐队，增加铜管乐器和打击乐器，甚至在第九交响曲中加入人声……开了浪漫主义交响音乐的先河。

舒伯特、舒曼、门德尔松、勃拉姆斯等人继承古典乐派的传统，在当时欧洲浪漫主义文艺思潮的影响下，创作了一批优秀的交响曲。柏辽兹和李斯特致力于标题交响曲的创作，形式更为自由，音乐更富于色彩。柏辽兹首创"固定乐思"贯穿的写法，后被瓦格纳发挥为贯穿乐剧的"主导动机"，而布鲁克纳又受了瓦格纳创作的极大影响。李斯特首创标题"交响诗"，实际上是交响曲的浓缩，后来理查·施特劳斯的创作，深受他的

影响。19世纪70年代以后，俄罗斯的交响乐创作得到巨大发展。鲍罗丁、巴拉基列夫、穆索尔斯基、柴可夫斯基、里姆斯基－柯萨科夫等，继承格林卡的传统，努力从民间音乐中吸取养料，同时借鉴西欧传统创作经验，写了大量具有俄罗斯民族风格的交响音乐作品。此后，在俄国和革命后的苏联，交响乐创作曾经十分活跃，作曲家有格拉祖诺夫、斯克里亚宾、拉赫玛尼诺夫、米亚斯科夫斯基、普罗科菲耶夫、肖斯塔科维奇等。

19世纪中后期，交响曲的重要作曲家还有理查·施特劳斯、马勒、丹第、圣桑、弗兰克等人。捷克的德沃夏克、斯美塔那，芬兰的西贝柳斯等民族乐派的交响曲创作显示了可贵的民族特色。

进入20世纪后，出现了各种现代主义音乐流派，主要有斯特拉文斯基、亨德密特的新古典主义，以及勋伯格为代表的"新维也纳乐派"的十二音体系等，给欧美交响乐创作造成纷繁复杂的局面。第二次世界大战前后，法国的"六人团"、英国的勃里顿和沃恩·威廉斯、美国的艾甫斯等人的创作较有影响。

歌 剧

歌剧是综合音乐、诗歌、舞蹈等艺术，而以歌唱为主的一种戏剧形式。通常由咏叹调、宣叙调、重唱、合唱、序曲、间奏曲、舞蹈场面等组成（有时也用说白和朗诵）。早在古希腊的戏剧中，就有合唱队的伴唱，有些朗诵甚至也以歌唱的形式出现；中世纪以宗教故事为题材、宣扬宗教观点的神迹剧等亦香火缭绕，持续不断。但真正称得上"音乐的戏剧"的近代西洋歌剧，是16世纪末17世纪初，随着文艺复兴时期音乐文化的世俗化而应运产生的。当时，意大利的卡契尼等人力图恢复古希腊悲剧，注重文字与音乐的结合，强调音乐的表情作用，改用主调风格音乐，于1594年完成第一部作品《达芙妮》，但原稿失传，于是人们便把他们为庆祝亨利四世婚仪而写的《优丽狄茜》认为是举世最早的一部西洋歌剧。

17世纪上半叶，由于欧洲第一所公开歌剧院在意大利威尼斯揭幕，以及蒙特威尔第在歌剧创作上的发展和创新，使传统的歌剧大大跨进了一步。17世纪末，在罗马影响最大的是以亚·斯卡拉蒂为代表的那不勒斯歌剧乐派。该乐派在剧中不用合唱及芭蕾场面，而高度发展了被后世称为"美声"的独唱艺术。当这种"唯唱工为重"的作风走向极端时，歌剧原有的戏剧性表现力和思想内涵几乎丧失殆尽。于是到18世纪二三十年代，有取材于日常生活、剧情诙谐、音乐质朴的喜歌剧体裁的兴起。意大利喜歌剧的第一部典范之作是帕戈莱西的《女佣作主妇》（1733年首演），该剧原是一部正歌剧的幕间剧，1752年在巴黎上演时，曾遭到保守派的诋毁，因而掀起了歌剧史上著名的"喜歌剧论战"。出于卢梭手笔的法国第一部喜歌剧《乡村占卜师》，就是在这场论战和这部歌剧的启示下诞生的。

意大利歌剧在法国最先得到改造，而与法兰西的民族文化结合起来。吕利是法国歌剧（"抒情悲剧"）的奠基人。他除了创造出与法语紧密结合的独唱旋律外，还率先将芭蕾场面运用在歌剧中。在英国，普赛尔在本国假面剧传统的基础上，创造出英国第一部民族歌剧《狄东与伊尼阿斯》。在德、奥，则由海顿、狄特尔斯多夫、莫扎特等人将民间歌唱剧发展成德奥民族歌剧，代表作有莫扎

莫扎特创作的歌剧《克里特王国伊多梅纽斯》剧照

特的《魔笛》等。至 18 世纪，格鲁克针对当时那不勒斯歌剧的平庸、浮浅，力主歌剧必须有深刻的内容，音乐与戏剧必须统一，表现应纯朴、自然。他的主张和《奥菲欧与优丽狄茜》《伊菲姬尼在奥利德》等作品对后世歌剧的发展有着很大的影响。

19 世纪西洋歌剧的发展是多线条的。初期的代表人物是罗西尼。除喜歌剧《塞维尔的理发师》外，他的《威廉·退尔》对法国大歌剧的形成起了巨大的推进作用。后继者有唐尼蒂等（《拉美莫尔的露契亚》）和贝里尼（《诺尔玛》《梦游女》）等。在德国，韦伯的《自由射手》是西洋的第一部浪漫主义歌剧；瓦格纳则对歌剧进行了广泛的改革，在主导动机的运用及和声、配器效果的新颖、丰富等方面，揭开了新的一页。《罗恩格林》《尼伯龙根的指环》（四联剧）等是他的代表作。19 世纪后半期声望最高、影响最大的意大利歌剧作曲家是威尔第。在他的早期歌剧中，响彻了反抗异族压迫的呼声。中期的《弄臣》《游吟诗人》《茶花女》等，不但人物性格鲜明，音乐悦耳动听，内容亦具有一定的社会意义。而后期的《阿伊达》《奥赛罗》等，则技法更成熟，音乐更富于戏剧性。同一时期的比才所创作的喜歌剧《卡门》，是法国歌剧库藏中的一颗明珠。19 世纪、20 世纪之交的歌剧作曲家还有：法国的古诺（《浮士德》《罗密欧与朱丽叶》）、德丽勃（《拉克美》）；捷克的斯美塔那（《被出卖的新娘》）、德沃夏克（《水仙女》）；波兰的莫纽什克（《哈尔卡》）；意大利的普契尼（《艺术家的生涯》《蝴蝶夫人》《托斯卡》）、马斯卡尼（《乡村骑士》）、列昂卡瓦洛（《丑角》）等。还有俄罗斯的格林卡（《伊凡·苏萨宁》）、鲍罗丁（《伊戈尔王》）、穆索尔斯基（《鲍里斯·戈杜诺夫》）、里姆斯基－柯萨科夫（《雪娘》《金鸡》）、柴可夫斯基（《叶甫根尼·奥涅金》《黑桃皇后》）等斯拉夫歌剧的代表人物。

在 19 世纪内，成形于 18 世纪的"轻歌剧"（operetta，意为"小歌剧"）已演进、发展成为一种独立的体裁。它的特点是：结构短小、音乐通俗，除独唱、重唱、合唱、舞蹈外，还用说白。奥国作曲家索贝、原籍德国的法国作曲家奥芬巴赫是这一体裁的确立者。

20 世纪的歌剧作曲家中，初期的代表人物是受瓦格纳影响的理查·施特劳斯（《莎乐美》《玫瑰骑士》）；第一次世界大战后是将无调性原则运用于歌剧创作中的贝尔格（《沃采克》）20 世纪 40 年代以来则有：斯特拉文斯基、普罗科菲耶夫、米约、晏诺蒂、巴比尔、奥尔夫、贾纳斯岱拉、亨策、莫尔，以及英国著名的作曲家勃里顿等。勃里顿的《彼得·格里姆斯》《比利·巴德》等是享有世界声誉的名作。

舞 剧

舞剧通称"芭蕾"（Ballet），源出意文 Balare，即跳舞的意思。它是以跳舞为主要表现手段，并综合戏剧、音乐、美术等要素来揭示主题内容、塑造人物形象的艺术种类。

古希腊戏剧中诗、歌、舞是融为一体的，歌队合唱时往往随着音乐的节拍而舞动。13~14 世纪意大利的 Ballate，实际上是一种民间歌舞。至文艺复兴时期，出现了舞剧的雏形——宫廷芭蕾，演员和观众仅限于贵族。1489 年，意大利人贝尔贡泽奥·博塔取希腊神话题材编排的《奥尔菲》，可算是第一部真正的宫廷芭蕾。后来，这种供宴会娱乐用的芭蕾传人法国宫廷，盛行了近百年。1581 年，博若瓦叶以荷马史诗《奥德赛》中女妖西尔科的传说，为法国凯瑟琳皇后编了第一部有完整故事情节的芭蕾舞剧《皇后喜剧芭蕾》。路易十四时代，开始了宫廷芭蕾向剧场芭蕾的过渡，平民也渐能观赏到舞剧演出。路易十四酷爱舞蹈，于 1661 年创办了皇家舞蹈学院，平民或贵族子女有教无类，并突破了历来女角男扮的陈规。他聘用的莫里哀，在话剧中通过戏剧场面与幕间舞蹈场面的结合展示剧情，创造了"芭蕾喜剧"的独特样式；宫廷作曲家吕利在歌剧中加入芭蕾场面，被称为"芭蕾歌剧"。他写有十余部舞剧音乐，其中运用了民间舞曲体裁，1681年作曲的《爱神的胜利》一剧让第一批职业女舞蹈演员参加了演出。其后，拉莫创作了《殷勤的印度人》等芭蕾歌剧，配器、和声等方面有了进步。1760年，"芭蕾大师"让·乔治·诺维尔提出了"情节舞剧"，即"用舞蹈形式表演舞剧"的著名主张，废除了沿袭已久的俗套化的习惯动作，取消了表演时戴的假面具。多贝瓦尔、维加诺等人继承发展了他的理论。前者所作《无益的谨慎》是至今仍在上演的古老芭蕾之一，后者编导的《普罗米修斯人创造物》由贝多芬作曲。1832年，菲力浦·塔里奥尼创作的舞剧《仙女》标志着浪漫芭蕾的诞生，他的女儿玛丽亚在该剧中首次运用了脚尖技巧。1841年亚当作曲的《吉赛尔》、1870年德里勃作曲的《葛蓓莉娅》成为法国浪漫派芭蕾的代表作。与此同时，意大利的芭蕾艺术也有所发展，著名编导卡诺·布拉西斯的《舞蹈艺术理论与实践初释》一书规定了芭蕾技术的重要内容，成为意大利芭蕾学派的代表性理论。19世纪欧洲还出现了著名的丹麦学派和俄罗斯学派。与布农维尔齐名的法国舞蹈家玛利乌斯·彼季帕及其助手伊凡诺夫，曾与柴可夫斯基密切合作编排了《天鹅湖》《睡美人》等名作；明库斯作曲的《堂吉诃德》、格拉祖诺夫作曲的《雷蒙达》亦由彼季帕编导，对俄罗斯学派的发展起了重大作用。

音乐作为舞蹈的灵魂，其作用并非一般地配合舞蹈动作。曾有人指出：音乐是"听得见"的舞蹈，舞蹈是"看得到"的音乐。两者的关系正是如此。德里勃之前的芭蕾音乐，大多由舞蹈者随意选用现成的音乐作品，只要情绪基本吻合并适于技巧表现即可；即使是专为指定剧目作曲，也只是起着舞态的伴和作用，并无特定的戏剧构思。19世纪中期之前的某些芭蕾舞剧，后来演出时采用的往往是经过后人加工、改编的音乐。德里勃的《葛蓓莉娅》有着较完整的艺术构思，采用主题连贯性的分曲结构，精巧的配器，为戏剧内容服务。柴可夫斯基的重要作品都在与编导者共同研究后，按戏剧性结构的要求而动笔创作的，其音乐在色彩性、抒情性、交响性等方面为舞剧音乐创作开了一个新的天地。19世纪以来的许多芭蕾音乐由于深受欢迎，而将精彩的片段从舞剧中独立出来，编为组曲或其他类型的管弦乐小品，供音乐会演奏用。

20世纪初，俄国芭蕾的先驱者谢尔盖·佳吉列夫自1909年后的20年间，曾率芭蕾舞团在各国频繁活动，先后拥有福金、尼京斯基、马辛和巴兰钦等富于革新精神的舞剧编导，并与斯特拉文斯基、法雅、拉威尔、普朗、米尧、普罗科菲耶夫等新派作曲家以及毕加索、米罗、鲁奥等新派美术家广泛合作，创作演出了不同于浪漫派芭蕾的《仙女们》《玫瑰精》《火鸟》《彼得卢什卡》《达弗尼斯与克洛娅》《牧神午话》《春之祭》《三角帽》《婚礼》等一批新舞剧，发起了一场反对僵化程式的进击，在欧美产生了巨大影响。其中不少舞剧系根据已有的音乐作品编创。斯特拉文斯基的作品尤其引人注目。

20世纪的舞剧基本上有两种类型。一是苏联式的舞剧，循着俄国芭蕾的传统继续发展。有关的著名作曲家有普罗科菲耶夫、阿萨菲耶夫、格里埃尔、哈恰图良、卡拉耶夫等人。二是"现代芭蕾"，主张创新，不拘旧格，先驱人物是福金。同时，美国著名舞蹈家伊莎多拉·邓肯以及圣·丹尼丝，寻求一种能自由表现个人真情实意和体验的新方式，创立了"现代舞"，后来与"现代芭蕾"互相吸收，并派生出各种流派。形形色色的现代主义音乐也直接渗透到现代舞剧的形式之中，启发了舞蹈家们的创作灵感，如无调性的十二音音乐、点描音乐、各种电子音乐等，有的现代舞节目则从头至尾以纯粹的打击乐器伴奏。

室内乐

室内乐（Chamber music），原意是指在房间内演奏的"家庭式"的音乐，后来引申为在比较小的场所演奏的音乐。

在 14 世纪欧洲音乐中，室内乐是和演唱、演奏形式正规、声音宏大的宗教音乐相对而言的，到后来却是和交响音乐、歌剧、舞剧音乐相对而言。大约到 18 世纪时，室内乐的概念多半和家庭生活中娱乐性的音乐有关。后来，维也纳古典派的大师们逐步完善了室内乐中的各种体裁形式并赋予新的活力。而后的浪漫派音乐家们又进一步发展和充实了室内乐的形式和内容。在浪漫派以后的室内乐作品中，更加注重了情感的抒发，同时具有某种"标题"的性质，有时则直接加以标题。例如柴可夫斯基的 a 小调钢琴三重奏《怀念一位艺术大师》就表现了作者对密友、钢琴家鲁宾斯坦的怀念之情。在近现代各种流派的音乐中，室内乐更是作曲家们喜用的形式之一，这大概主要是因为各种探索性、实验性的作曲技术，通过室内乐能够更方便地被演奏和介绍给听众的缘故吧。

室内乐本应包括各种器乐独奏和声乐独唱，但现在，人们一般所说的室内乐常常是指由单件乐器担任独立声部的器乐重奏和声乐曲中的浪漫曲、带伴奏的重唱曲。声乐的重唱曲常见的有：男声二重唱、女声二重唱、男女声二重唱、女声三重唱、男声四重唱等。室内乐重奏曲可以是为同一种类乐器写的，如弦乐重奏、木管重奏等；也可以是为不同种类乐器而写的，如有钢琴参加的重奏称为钢琴重奏。室内乐重奏中乐器的组合形式繁多，最常见的有：钢琴三重奏——钢琴、小提琴、大提琴各一；弦乐四重奏——第一小提琴、第二小提琴、中提琴、大提琴各一；钢琴五重奏——钢琴加上弦乐四重奏的乐器等。

由于室内乐重奏的每一声部都相当独立和个性化，所以它的写作技法通常比较复杂

而细致，除了一般的主题发展手法外，多样化的复调音乐手法在重奏曲中有着相当重要的意义。近代室内乐重奏曲的曲式结构多为含有奏鸣曲式乐章的多乐章套曲。和交响乐作品相比较，室内乐重奏显得感情细腻、含蓄，而且更加注意发挥每件乐器的技巧和表情的"潜力"，对各声部的乐器在组合关系上也更加精雕细镂。因此，这就要求作曲家必须有高度的艺术技巧水平，演奏者也必须配合默契，而欣赏者则要比较仔细、用心地"深入"音乐，才能对其中的妙处心领神会。

在所有的室内乐重奏中，弦乐四重奏是最重要和最有代表性的重奏形式。这是由于它具有最多样化的演奏技巧，最丰富的表现力，最擅长于旋律的歌唱性，同时又有宽广的音域、音区和音色的对比。德国古典作曲家海顿是这一体裁的最早的杰出大师。他一生中共写了 83 部弦乐四重奏和数十部其他形式的重奏曲，以至于人们普遍认为他的四重奏创作促进了当时整个欧洲的家庭音乐生活的广泛发展。

奏鸣曲

在音乐会上，我们常会见到节目单上有一种叫作奏鸣曲或叫作"朔拿大"的乐曲，它是一种什么样的乐曲呢？

西洋乐曲的取名和中国器乐曲不同。中国器乐曲的取名很不统一，处于自然形态，随兴之所至，巧取其名。而西洋乐器构造的改良、品种的日益丰富和作曲技法的进步，使音乐结构、形式 大体上已经趋于规范和定型。音乐的形式、体裁都具有公认的固定名称。像奏鸣曲就是最常见的一种。

奏鸣曲是一种包含有几个乐章的器乐套曲。西洋的大型器乐曲一般都有几个乐章，像奏鸣曲、交响乐、协奏曲和组曲。奏鸣曲是指一种器乐独奏，例如由钢琴独奏；或由另一种器乐独奏，由钢琴伴奏的器乐套曲。大凡是这种形式的器乐曲，都通称奏鸣曲。

早期的奏鸣曲不很定型，到了 18 世纪

60 年代以后开始成熟。这时的奏鸣曲通常包含四个乐章。第一乐章的结构是奏鸣曲式，一般是快板。奏鸣曲式不同于奏鸣曲，它是奏鸣曲这种套曲中第一乐章所使用的曲式结构。第二乐章是抒情的慢板，和第一乐章成对比。第三乐章一般以轻快的谐谑曲或舞曲组成。第四乐章是快速的终曲，常用回旋曲式。

需要特别介绍一下第一乐章的奏鸣曲式，这是一种章法严谨的曲式结构，分为呈示部、展开部和再现部三个部分，可以看出，这是在三部曲式的基础上发展而成的。呈示部包含两个对比性的主题，成为整部奏鸣曲音乐发展的基础。两个主题不在一个调性上，一般是相距一个上属或下属调，以加强对比。它们之间常以连接部进行过渡。展开部通过转调、变形、分裂等多种手段，发挥呈示部中各个主题的特征因素，在感情上加以充分舒展。其间有时也出现稳定的插部。再现部基本上是呈示部的复现，但第二主题这时一般回到主调上，这种奏鸣曲式的呈示部前面可加引子，再现部后面可垫以尾声。由于奏鸣曲式对音乐的乐思和感情的抒发提供了首尾呼应和变化发展的很大的可能性，所以它是整个奏鸣曲的主体基础。

奏鸣曲这种体裁，是欧洲音乐思维逻辑化的成熟的产物，特别是奏鸣曲式的结构，体现了对比、呼应、统一变化的原则，对人们思想感情的体现比较默契，符合人的心理结构，因此，至今仍是各种大型套曲如奏鸣曲、协奏曲、交响曲的基础。

音乐结构不能刻板，四乐章的结构易流于冗长的呆滞，不适应现代化的生活节奏；过于严谨的曲式也不一定适应不同创作流派的音乐思维。从浪漫派开始，许多作曲家对此已有很大的突破。不少奏鸣曲的乐章次序可以颠倒，像肖邦的降 B 小调钢琴奏鸣曲，把第二乐章写成谐谑曲，第三乐章变成慢板，等等。奏鸣曲式也有变化，像李斯特的钢琴奏鸣曲只有一个乐章，却包含了多乐章套曲的因素。

序　曲

西洋音乐中的序曲，是管弦乐曲中的一种体裁，它本是在歌剧、清唱剧、芭蕾舞剧和话剧开场前演奏的一种开场曲。

它的音乐结构基本上是奏鸣曲式，但有时出现三个或更多的主题。像格鲁克的歌剧《巴里斯和海雷娜》，有三个不同的主题。

序曲的特点是标题性和戏剧性，它介绍了全剧的中心思想、气氛、矛盾冲突和人物在矛盾冲突中的内心世界，有具体内容的提示性表现。贝多芬所作的几首话剧序曲，如给歌德的悲剧《哀格蒙特》所写的序曲和九段配乐，以简洁的手法表现了全剧的中心思想和基本的音乐形象，反映了争取自由的艰苦及人民对光明前途的坚定信念。贝多芬在 1809 年 8 月 21 日写的一封给朋友的信中说："出于对诗人的热爱，我写了配乐《哀格蒙特》。"

19 世纪初叶以后，序曲逐渐离开开场音乐和器乐开始曲的地位，发展成为一种独立的专为音乐会而作的管弦乐曲体裁，成为独立存在的音乐曲，它们仍然有标题性。门德尔松的《芬格尔山洞》序曲就是有名的例子。

最为人们所熟知的要算柴可夫斯基在 1880 年创作的《一八一二年序曲》了。1812 年为俄国大败拿破仑军队，取得俄法战争决定性胜利的一年。乐曲即以这一历史性爱国主义事件为题材写成。这是柴可夫斯基应著名钢琴家鲁宾斯坦之约，为全俄工艺博览会开幕典礼而作。1882 年适值俄法战争 70 周年，这首序曲在博览会的第六次音乐会上首次演出，获得了极大的轰动。当时的《俄罗斯新闻》报道说："这次音乐会大概会长久地留在所有听众的记忆里。柴可夫斯基频频谢幕。我们由衷地庆幸，因为我们所生活的时代不是伟大天才只有逝世后才能被社会承认的时代。"

柴可夫斯基在这首序曲中采用了两个代表俄罗斯和法国的主题，他用《上帝，拯救你的众民》的庄重崇高的旋律代表俄罗斯；在呈示部后面的战斗气氛中，出现了《马赛曲》旋律的片段，代表拿破仑的军队。最后，俄罗斯风格的音乐压倒了渐渐变弱的《马赛曲》主题，最后在圣钟的不断敲击下出现了帝俄国歌，辉煌地结束。乐曲有明显的标题性和形象性。十月革命后作曲家格拉祖诺夫把这首序曲的末段《上帝保佑沙皇》改用了格林卡歌剧《伊凡·苏萨宁》的《光荣颂》，进一步突出了俄罗斯人民的力量。

序曲这一体裁之所以为作曲家钟爱，其原因就在于它比较短，只有一个乐章；标题性和戏剧性却较强。这些因素使这一音乐体裁获得了特殊的生命力。

美声唱法

美声唱法，意大利文原意是"美好的歌声"，是 17 世纪以来意大利歌唱家对声乐的技巧的统称。原是意大利流行的一种歌唱方法，它是西洋唱法的一个流派。起源于意大利，早在 5 世纪时期，罗马教皇在罗马城就已设立了歌唱学校，意大利美声唱法的基础就确定于此时。17 世纪和 18 世纪，这种唱法就在意大利盛行，经过长时期许多歌唱家的演唱和教学训练，这个学派不断地发展完善，总结了一套比较完整和丰富的声乐演唱和教学体系经验。到了 19 世纪，这种唱法达到完美的程度，欧美各国一致认为它是歌唱技巧的最高理想。它流传至今，仍然被声乐教师和演唱家们推崇为最好的歌唱和歌唱训练方法的一种。

美声唱法科学地阐述了在人的生理条件上，怎样才能发出美好的歌声的方法和理论。它认为人的歌唱训练，首先应通过听觉的训练才能树立起人正确的发声技巧。它所要求达到的发声技巧有如下几点。

第一，掌握好歌唱的呼吸方法，因为气息是发声的动力，是歌唱的基础。没有良好的呼吸法来控制和运用气息，就不可能有优美、圆润、持久的歌声。

第二，掌握好调节歌声的共鸣，从人体喉室里的声带发出来的声音是很轻微的，只有当它在人体的各个共鸣腔体得到共振，才能使声音扩大、美化和发出洪亮、圆润、优美的歌声（在人体各个共鸣腔体得到的共振，在声乐中称为"共鸣"）。

第三，在美声唱法训练中，运用人声所具有的上中下三个不同声区的理论，使人声各个声区的声音上下统一、连贯，并使音域能得到应有的扩展。

第四，美声唱法要求掌握好清晰的吐字和生动的音乐表情。

美声唱法产生了很多世界上著名的歌唱家如卡卢索、吉利、加莉库奇、斯蒂方诺、多明戈、卡雷拉斯、帕瓦罗蒂等。

爵士乐与摇滚乐

爵士乐是第一次世界大战期间在美国兴起的，很快就传播到全世界。爵士乐的旋律多取自黑人音乐布鲁兹，音调哀怨，时而深沉，时而激昂；结构很简单，在演奏上可任意反复，允许最大限度的即兴表演。乐器编制多用小号、长号、黑管、萨克斯、两把小提琴、班卓琴、钢琴和特色打击乐组成。第一次世界大战结束后，美国的几支爵士乐队到欧洲演出，因其风格迥异、音乐新奇而大受欧洲人欢迎，以致欧洲的很多旅馆都备有一个美国式的新型乐队，用以娱乐和伴舞。

摇滚乐是第二次世界大战后在美国兴起的一种音乐，它以黑人中流行的节奏与布鲁兹的曲式加上强烈的节奏综合而成，它也融合了黑人的宗教音乐、西部乡村音乐等多种成分。

最初的摇滚乐使用了传统布鲁兹的典型曲式，即每首歌曲通常是三句，每句四小节，伴奏和强弱的固定排列形式是：主和弦、次属和弦、主和弦、属和弦、主和弦。歌曲是多段歌词使用同一曲调的相应次数的反复。

"猫王"深受摇滚迷的喜爱

伴奏乐器是一架钢琴或吉他，外加低音提琴、鼓，也有萨克斯、小号等爵士乐队常用的乐器，演唱风格多用喉音和刺耳的沙声，演唱者可以自由抢板或让板，伴奏的节奏固定不变，因而给人一种自由多变的感觉。

摇滚乐正式命名是 1951 年，美国克里夫兰电台的一名叫艾伦·弗里德的播音员，在介绍这种节目时，给这种音乐命名为"摇滚乐"，以使人们感到新奇，而新一代的消费者也乐于接受它，并迅速地弥漫全世界。英、美、德、法等国多次因为摇滚乐演唱会观众的过分躁动而出现伤人或死人的事件。

这两种音乐都发源于美国，摇滚音乐于 20 世纪 80 年代传到中国，在中国显然带有中国文化、语言特色和韵味。

音乐节

20 世纪左右，随着商业城市的扩展，欧洲出现了新的社会力量，新的文化中心开始形成，出现了各种行业的行会组织，其中也有音乐戏剧表演的行会。各地的民间艺术在这些行会中得以交流。

这种行会的音乐艺术交流，逐渐形成定期的音乐竞赛。13 世纪左右，法国的游吟歌手每年都定期进行音乐竞赛，这股遗风传下来便形成现今所说的音乐节。

据记载，英国最早举办音乐节。1655年，克勒基音乐节举行；1768 年，伯明翰音乐节举行，1912 年起以后每三年举行一次；诺威契音乐节 1770 年举行，1824 年起每三年举行一次；亨德乐音乐节（1857），1926年起每 3 年举行一次；黎兹音乐节（1858），1874 年起每 3 年举行一次；艾登堡音乐节（1947）；等等。

在美国，有五月音乐节（1871）；弥赛亚音乐节（1882）；伯利恒巴赫音乐节（1900），音乐节上每次必唱巴赫的 b 小调弥撒；贝克希尔室内乐音乐节（1918）；威彻斯特音乐节（1925）；罗彻斯特音乐节（1931），专演美国音乐；贝克希尔交响乐音乐节（1932）；西敏斯音乐节（1936），专演美国音乐等。

在德奥两国，有著名的拜鲁特音乐节，1876 年始创，因为演出的节目全部是瓦格纳的歌剧，所以人们又称其为"瓦格纳音乐节"。

瓦格纳是位极有个性和才华的作曲家，他在个人生活上则挥霍无度，他曾说过："我要华丽、豪贵，我要这个世界所应给我的一切，我不能像巴赫那样甘心处于可怜的风琴师地位。"结果，他的一生中数度债台高筑，债务几乎达到他毕生无法还清的境地。幸运的是当时新登基的巴伐利亚国王路德维希二世给予他厚爱，替他偿还了所有的债务，给他以安定的生活环境从事创作。拜鲁特音乐节以专演他的音乐剧的富丽堂皇的剧院为中心。这个剧院也是经路德维希二世的支持而建立的。

奥地利的萨尔茨堡音乐节，是国际上十分著名的。1920 年，由诗人雨果、著名指挥沙尔克、著名作曲家施特劳斯等人促成而建立。1939 年一度中断，1942 年恢复。至今，这个音乐节仍是举世瞩目的乐坛盛事。

国际现代音乐协会音乐节，由维也纳青年作曲家发起，1923 年在萨尔茨堡始创，旨在培养新音乐的演奏与创作者。每年在各国轮流举行。

维也纳古典乐派

维也纳古典乐派形成于 17~18 世纪。那是欧洲封建主义制度逐渐崩溃、资本主义日益发展的历史转折时期，当时的市民阶层开始走上历史舞台，他们受资产阶级启蒙运动的影响，向往自由平等的生活，朝气蓬勃，乐观向上，敢于冲破历史樊篱，推动了资产阶级政治革命。当时的音乐家们也开始受到这种进步思想的影响。尽管在生活上仍然不得不受雇于封建领主，在音乐创作上却反映了资产阶级上升时期的精神面貌，充满乐观的情绪和向上的奋发精神。这是维也纳古典乐派的主要特色。

维也纳古典乐派的其他特色还有：

——逻辑紧密，结构严谨，崇尚理性，气势宏伟。

——在继承复调音乐的同时，过渡到主

海顿像

调韵，确立了主调音乐的地位。

——创造性地奠定了一系列的音乐体裁和形式，诸如：奏鸣曲式与奏鸣曲，交响乐、室内乐的器乐重奏，协奏曲等。

——发展了乐器、乐队和器乐演奏的技巧和规模。

——留下了一大批经典性的音乐作品。

所有这些，都为维也纳古典乐派确立了西洋音乐史上里程碑式的地位，其影响至今不衰。所有学习音乐的人，都以维也纳古典乐派为学习的楷模和基础。他们的经典性作品，成为音乐学习者的必修课，成为全人类宝贵的精神财富。

维也纳古典乐派始于海顿，经过莫扎特，到贝多芬发展到了顶峰。

浪漫主义音乐

19 世纪的欧洲，自 1815 年开始了封建复辟。欧洲文化艺术界对封建统治下黑暗的社会现实深感不满，同时又对法国 1848 年资产阶级革命的结果极为失望，因而看不到社会的前途，走向消极。表现在音乐上，新一代的作曲家们失去了对社会改革的热情，普遍表现出对社会重大题材及对理性的淡漠，他们转向表现个人的感情或远离现实的幻想，强调个人主观的体验，热衷于反映爱情生活以倾注个人强烈的情感，发泄孤独者的苦闷，作品在描绘自然和现实时带有主观色彩的印记。这就是浪漫主义音乐的思想特征。有些音乐文论曾把整个 19 世纪概括为"浪漫主义的世纪"，这个论断至少在 19 世纪的前半叶是准确的，因为自那时以后，民族的觉醒也曾唤起了民族主义音乐创作的激情，浪漫主义出现了许多分支。

浪漫主义作曲家对音乐也有许多建树。由于个人的感情抒发放在主要地位，而大量的短小音乐体裁应运而生，出现了各种单乐章的器乐曲，诸如即兴曲、练习曲、叙事曲、夜曲、前奏曲、幻想曲、谐谑曲、无词歌、船歌，各种特性舞曲、器乐小品以及大量的艺术抒情歌曲。在大型作品中，标题性多乐章的作品和单乐章的标题性交响乐诗成为重要的体裁。作曲家们十分注重旋律的歌唱性，同时又具有鲜明的个性特征。乐曲的节奏更加多样化、复杂化，和声表现手法也扩展了，转调更加频繁，不协和弦与半音的使用常常造成特殊的效果，色彩更加丰富。这是浪漫主义音乐作品的特色。

这一时期，优秀的音乐家星罗棋布，人才辈出。舒伯特有艺术歌曲之王的美称；舒曼则被尊为浪漫派的钢琴诗人；门德尔松、威伯的作品脍炙人口；肖邦的钢琴艺术和他的作品独树一帜，渗透着波兰乡土气息的爱国主义的激情；李斯特钢琴艺术的辉煌技巧和作品使人倾倒；瓦格纳的音乐剧结构庞大，场面壮观，主观感情的浓烈和交响乐队的丰富表现力，震撼了欧洲的舞台。

浪漫主义的音乐本身并不消极，时代赋予它以一个新辟的艺术园地，使音乐的形式、体裁、风格、技巧都向一个新的历史高度发展。

民族乐派

民族乐派主要是指始于 19 世纪 30 年代，在东欧和北欧一带兴起的音乐流派。它与浪漫主义乐派的兴起相距不过 20 年左右，两者长时间并行发展。它们在思想上和艺术上相互影响，相互交流，共同推进了整个欧洲音乐文化的繁荣。有些浪漫派音乐大师，像波兰的肖邦、匈牙利的李斯特，既是浪漫主义作曲家，也可以说是民族乐派的创始者。

东欧和北欧的一些国家，由于长期受外国统治，民族经济和民族文化受到压制和摧残，民族意识强烈，长时期地争取民族独立和复兴民族文化。民族主义音乐就是在这样的时代背景下形成的。在民族乐派队伍中，世界知名的代表性音乐家在波兰有肖邦和莫纽什卡；在匈牙利有李斯特和艾凯尔；在捷克有斯美塔那和德沃夏克；在挪威有格里格；在芬兰有西贝利乌斯；在俄罗斯有格林卡、

"强力集团"成员巴拉基列夫、鲍罗丁、穆索尔斯基和里姆斯基—科萨柯夫等。他们用富有民族性和艺术个性的优秀音乐树起了民族乐派的旗帜。

民族乐派的这些代表性作曲家在艺术上除了继承古典乐派和浪漫乐派的优秀成果外，特别强调采用民族题材，反映民族历史斗争和现实生活，描写民族的风土人情和民间传统。在音乐语言上注意汲取民间音乐遗产，努力探索民族音调、节奏等表现形式，具有鲜明的民族气质。特别是在感情上渗透着对民族命运的关怀，充分表达作曲家对民族、对故乡的热爱。

肖邦的钢琴曲大量采用波兰特性舞曲的体裁，如玛祖卡、波罗奈滋舞曲等。他的前期创作更富于浪漫主义气质，表现幸福、爱情、希望和幻想，随着流亡生活的痛苦磨炼，他的作品越来越多地带上民族危难的感情内涵：痛苦、孤寂、愤怒和反抗。舒曼曾称誉肖邦的音乐是"藏在花丛中的一尊大炮"，他的《革命练习曲》充满了战斗精神和爱国热情。德沃夏克的《新世纪交响乐》，也是怀念祖国之作。斯美塔那的交响套曲《我的祖国》第二首《伏尔塔瓦河》，对这条象征着民族生命之源的河流的描绘充满深情。被誉为"俄罗斯音乐之父"的格林卡，他的第一部歌剧《伊凡·苏萨宁》是爱国主义的杰作，却被贵族们讥讽为"马车夫的音乐"；第二部歌剧《鲁斯兰与柳德米拉》首演时，沙皇及其随从中途退席。他不得不避居国外。他有一句名言："让我每时每刻都和人民在一起，我要和人民同甘苦、共欢乐。"鲍罗丁的歌剧《伊戈尔王》和有"怪杰"之称的穆杰尔斯基的歌剧《鲍里斯·戈杜诺夫》也是爱国主义的好作品。穆索尔斯基的歌曲《跳蚤之歌》有强烈的讽刺统治阶层的意味，一直为人们所喜爱。挪威作曲家格里格曾专门为挪威著名戏剧家易卜生的诗剧《培尔·金特》精心地配写了 20 多段音乐，上演时大获成功，后来他选了其中的 8 段编成了两部管弦乐组曲，他

说过："无论祖国的前途如何，要把我和挪威分开，那就等于割掉我的手臂和双腿。"他的有名的抒情歌曲《索尔维格之歌》出自《培尔·金特》第二组曲，塑造了三位挪威少女纯洁天真、忠于爱情的动人形象，象征着挪威人民的善良品德。

音乐上的民族主义是一种真诚的爱国主义。民族乐派的作曲家们冲破了浪漫主义音乐的狭隘天地，从个人的苦闷与孤独中把目光转向社会、关心民族的命运，努力反映重大的社会题材，从历史的角度和现实的角度塑造了许多光辉的音乐形象，给人以鼓舞。

印象主义音乐

印象主义这个词，首先是作为一种绘画主张而提出的，其目的在于表达直接感受于事物的印象。1870 年，法国画家莫奈、诗人魏兰等人基于对旧画风的摆脱和对新的技艺的追寻，提出了他们的艺术主张：（1）要真实地再现；（2）注重色彩及光线的描绘；（3）尽力抓住事物瞬间的神韵，依照其原本的征候，不为任何形式所束缚地表现出来。这种艺术主张，很快为音乐界人士所接受。

19 世纪末至 20 世纪初，古典主义与浪漫主义尽管依然统治欧洲乐坛，但已不能满足人们对新的乐风的渴求，法国作曲家德彪西勇开先河，1892 年以新颖别致的《牧神午后》，确立了印象主义音乐的地位。这部根据象征主义诗人马拉美的诗歌写成的作品，以细腻的笔触，神奇的音响效果，渲染出朦胧的田野气氛，描写了一个牧神在炎热的太阳下昏昏欲睡时产生的幻觉。德彪西在他的歌剧《佩里阿斯与梅丽桑德》以及许多钢琴曲（如《意象集》《前奏曲》）和管弦乐曲（如《夜曲》《大海》）中都实践着印象主义的创作手法，乐曲给人一种朦胧、若隐若现的气氛和色调。

继续德彪西的路向，又有自己独特风格的是法国作曲家拉威尔。他的作品风格具有古典乐派的某些特征，但又有他自己性格上的热情和忧郁的特点。

德彪西立起了一个完完整整的印象主义流派，以后没有人能像他那样被人称为印象主义作曲家，而只能是某些作品和某一作品的某些部分具有印象主义特点。如法国的杜卡、英国的戴流士、意大利的列斯碧基，在这些人的作品中，都有明显的印象派印迹，但他们很难被称为纯粹的印象主义作曲家。

印象主义音乐的特点是：力求摆脱浪漫主义的主观情感表现，旋律偏向零散，在配器上力图精致纤细，强调音乐丰富的明暗层次和浓淡色彩，在朦胧的光色之中表现事物的气氛和情调，而且大量采用全音阶、教会调式及平行和弦，造成调性的扑朔迷离的效果。

新古典主义音乐

新古典主义音乐，是针对后期浪漫主义在音乐上的标题性、主观性而产生的一种创作思潮。它主张音乐创作不必去反映紊乱的社会和政治，应该回到"古典"中去，回到"离巴黎更远的时代"去。这种思潮在 20 世纪 20 年代末至 30 年代盛行一时。

新古典主义的一般倾向，是客观的、超俗的、节制的；其特点是重视对位法的纹理，减轻管弦乐的繁复，鄙弃标题音乐，恢复固有形式。

新古典主义作曲家，首推意大利的布索尼。他认为音乐应当保持严格的客观精神和中立态度。而古典的对位手法以及帕蒂塔、大协奏曲、托卡塔、帕萨卡里亚、里切尔卡列等古典形式是实践这种理论的最好途径。他对巴赫和莫扎特的"德意志精神"之狂热，以及对浪漫主义的憎恶，都在他的作品中反映出来，但他的作品过分地偏重理性，所以较难被人赏识。在这一流派中，影响最大的作曲家是俄国作曲家斯特拉文斯基。他在英国的音乐杂志上发表论文，提出"回到巴赫"的口号，这一口号影响了不少作曲家。斯特拉文斯基以不少作品奠定了新古典主义音乐的基础。比斯特拉文斯基更接近"巴赫精神"的，当推亨德米特。他以自己的四首协奏曲和钢琴练习曲等作品，系统地发展了一套深思熟虑的、符合逻辑的新对位法，而被公认为新古典主义作曲家。法国的奥涅格、米洛、普朗克，匈牙利的巴托克，苏联的普罗科菲耶夫和肖斯塔科维奇等都在一定时期内受其影响。

这个流派的典型作品是布索尼的《喜剧序曲》和斯特拉文斯基的《诗神阿波罗》《仙女之吻》《圣诗交响曲》《钢琴协奏曲》等。这些作品有的选自古代神话故事，有的采用中世纪宗教题材。在音乐创作上力求具有古典音乐风格，在创作手法上则用现代的技术，使这派的音乐成为名副其实的新古典主义。

油　画

油画在欧洲诸国已经有 600 多年的历史。初期的油画，采用油彩和蛋粉画结合起来的画法，即通常所谓的"坦泼拉"的画法，最后在画面上用薄如透明的油色罩在画上，形成和瓷器的色釉一般的效果，也即所谓的"格拉西"（glacis 有的译作加光术）。这类早期油画画面均匀，有光泽，看不见笔触，画面工细严谨，富有装饰趣味。据资料记载，相传 15 世纪尼德兰画家凡·爱克兄弟，被称作欧洲油画的创始人。他们在总结前人作画经验的基础上，经过反复试验，发现亚麻油和核桃油是比较理想的调和剂，颜色易于调和，便于运笔，同时又可层层敷设，画面透明鲜亮，使油画能进一步收到表现对象具有真实感的效果。用这种油调色作画，画面干燥的时间不快不慢，可以趁湿继续在已经画就的底层上加工绘制，干燥的时间也只要两三天，而无须像从前那样借助阳光晒或炭火烤。颜色干透后很牢固，附着力强，色彩既有光泽也不易褪色。从此，新材料和新技法便很快地流传全欧洲，油画这一独特而富于表现力的画种，逐渐地成为欧洲各国绘画的主要形式。

石版画

在 1796 年的时候，有个德国人叫施纳维尔特的，他为了帮他母亲记下洗衣服的账目，随手用蜡质的笔把账目记在一块石灰质的石板上，后来，当他要把账目擦去的时候，发现蜡笔写过的地方，油质已牢牢渗透石板里去了，怎么也擦不掉。这件事给了他很深刻的印象。他平时爱好音乐，喜欢作曲，也常要用五线谱来抄别人的曲子。那时他父亲死了，家境比较困难，无钱能供他去购买曲谱。于是他想起自己帮母亲记账的那回事，心想能否利用石板自己来印谱呢？经过许多次的试验，终于发明了石版印刷。这个方法被画家掌握了以后，石版画就产生了。

所以直至今天，石版画用的石板都还是从德国运来的，因为只有德国生产这种质地细腻、感油性能良好的石板。

印象派

1874 年 4 月 15 日，一群具有革新精神的法国画家举办了一个"无名艺术家展"，展出了 165 件新派绘画。其中画展组织者莫奈的油画《日出·印象》特别引人注目。这幅画体现了这次画展作品的共同特征：提倡绘画技法革新，注重在户外阳光下直接描绘景物，力求从光与色的变化中表现对象的整体感和氛围，常根据太阳光谱所呈现的七色反

莫奈，法国画家及雕塑家，19 世纪"印象派之父"，他的《日出·印象》是印象派得名之由来。

映出对自然界的瞬间印象。其代表作品有莫奈的《日出·印象》《睡莲》《花园里的女人们》；雷诺阿的《包厢》《舞会》《游船上的午餐》以及毕沙罗的《蒙马特尔大街》《红屋顶》和西斯莱的《塞纳河岸的乡村》等。

野兽派

野兽派是 20 世纪初期法国著名油画家亨利·马蒂斯发起的一个绘画运动。野兽主义一词，特指灿烂的、任性的、强烈的色彩和原色的、粗野的油画笔触。野兽派画家继浪漫主义和印象主义之后，把色彩革新运动推向一个新的阶段。它拒绝色彩上的自然主义，强调色彩对比，认为色彩关系是绘画的基本成分。艺术家应该根据自然独立自由地使用颜色，创造抽象的色彩形象和构图，用线勾绘出基本形体。著名作品有马蒂斯的《打开的窗户》、《科利乌尔》和《戴帽子的女人》等。

抽象派

又称"非具象派"，19 世纪末流行于西方。它不仅表现在绘画上，而且表现在雕塑等其他方面。抽象主义者认为：艺术的使命只是表现艺术家本人的本能、下意识的感受。他们的作品要么是杂乱无章的斑点和线条的结合，要么是大理石、金属、花岗石堆积的毫无意义的结构。在绘画中没有素描和构图，在雕塑中没有对象的自然客体和真实造型。俄国画家康丁斯基是公认的抽象画派创始者，代表作是《尖而安宁的玫瑰》。荷兰画家蒙德利安是早期抽象画派的主要代表，其代表作是《构图》。

超现实主义画派

超现实主义画派是 20 世纪 20 年代超现实主义文艺思潮中的重要组成部分。它反对艺术反映现实生活，反对美术上的一切传统。他们的作品荒诞不经、光怪陆离，给人以梦中之感。代表作主要有德国恩斯特的《红鸟》、西班牙米罗的《月墙画稿》、达利的《时间的消逝》等。超现实主义画派的目的是激发观者的共鸣反应，使欣赏者承认这些非理性的、在逻辑上费解的固有"感觉"。

浮世绘

浮世绘是日本江户时代（1603～1867）流行的一种描写风俗人情以及俳优、武士、游女、风景等的民间绘画。浮世，就是现世，是佛教用语，含有人生无常的意思。浮世绘色彩艳丽，线条流畅，表现手法细腻。其代表人物是喜多川歌麿，他绘制的美人画，蛾眉粉颈，体态婀娜，明艳华丽。江户末期，安藤广重所作的《东海道五十三驿站》，描绘了江户时代栩栩如生的生活与风景画面，留下了幕府末期的社会风貌。

❦ 历史文化 ❧

氏 族

氏族亦称氏族公社。它是人们以血缘关系结成的生产资料公有、共同居住、共同劳动、共同消费的原始社会的基本单位。人类进入旧石器时代晚期，由于生产的发展，不仅要求人类较为持久地结合，而且要求群体之间发生联系；同时人类又在实践中意识到血族群婚对人体质的危害，逐渐禁止群体内亲族间的通婚，而实行群体之间的通婚即族外婚。婚姻形式的演进，使原始群就组成为一个稳固而确定的女系血族集体。这样，人类社会的组织便由原始群转变到氏族。氏族公社的产生，人类社会进入了新的发展阶段。

起初的氏族是母权制氏族公社，妇女在氏族社会中占据主要地位。母权制氏族公社又可分为早期和发展期。在早期，妇女从事采集，男子狩猎；实行族外群婚，儿童知母而不知父，世系从母系计。到新石器时代，母权制氏族达到全盛阶段，氏族最高权力机关是氏族议事会，全体成年男女参加，他们都享有平等的表决权。年长的妇女担任氏族

氏族公社时期的床铺，床后的墙中是一个碗橱。

的首领。氏族间的男女群婚过渡到族外对偶婚（一男一女结合，男居女方，但不巩固），妇女经营原始农业，管理氏族事务和经济生活，世系与财产袭承仍从母系计。

在青铜器时代和早期铁器时代，母权制氏族转变到父权制氏族。男子代替了妇女在经济生活和氏族公社中的支配地位，对偶婚逐步过渡到一夫一妻制，形成了以男子为中心的家长制大家族；妻从夫居，世系与财产袭承以父系计。几个家长制大家族构成父系氏族公社。随着生产的进一步发展，以血缘关系和生产资料公有制为特征的氏族公社逐步瓦解，以地域关系结合起来的农村公社代之而起。

部 落

部落是原始社会的氏族联合组织，产生于旧石器时代中期或晚期。由互相通婚的几个氏族构成。通常有它的地域、名称、方言、宗教和习俗。摩尔根的《古代社会》详细记载了处于母权制阶段的易洛魁部落的情况，其管理公共事务的主要机构，为氏族酋长组成的部落会议。

部落组织盛行于新石器时代。原始社会的末期，因军事活动的增加，有些地区又由若干部落结成部落联盟。部落及其联盟组织随原始社会的解体而解体，逐渐为部族所代替。但其残迹长期存留于阶级社会中。

农村公社

农村公社是氏族制度向阶级社会过渡时期，由单个的独立的家庭联合组成的社会单

位。这种联合不是以血缘关系为基础，而是以地域关系为基础的。农村公社破坏了氏族组织的血缘关系及共同劳动、共同消费的原则，又承袭了氏族制度的许多惯例，因此具有两重性。它一方面保有公有制的残余，土地是公有的，定期分配给各家庭使用，同时草地、森林、牧场等也是公有的。另一方面，每个家庭都有自己的私有经济，如房屋、农具、牲畜以及房屋附近的小块菜园等都是家庭的私有财产。

随着私有制的发展，贫富分化日甚，村社定期重新分配土地的时间越来越延长，直到最后土地变为私有财产，农村公社便逐渐解体，人类进入了阶级社会。但是农村公社在某些民族（如古代东方）中长期滞留，甚至保留到奴隶社会和封建社会。

普那路亚群婚

"普那路亚"是夏威夷语，意思是"亲密的伙伴"。普那路亚群婚是借用来形容原始社会原始人的一种婚姻状态。

在远古时代，人类还没有婚姻的明确概念，原始人只是为了繁衍生存而出现婚姻形式。原始人第一种婚姻家庭形式是族内婚，就是亲族内同辈的男女既是兄弟和姐妹的关系，又是丈夫和妻子的关系。

随着文明的进一步发展，生活和劳动领域的开阔，同时也为了寻求人类自身的健康发展，族外婚出现了。族外婚也称"普那路亚"群婚。这种婚姻形式禁止了同亲族内人员之间的婚姻关系，实行族外通婚制，这样出现了父方和母方的概念，形成了夫方与妻方的新的称谓制度。普那路亚婚姻逐渐产生出了原始社会的氏族组织，即以血缘为联系的婚姻集团。在最初的母系社会，"普那路亚"仍属于群婚，后来随着生产力的不断发展，人类的婚姻形式也不断演变，普那路亚群婚逐渐向对偶婚转变，对偶婚又不断向个体婚变化，最后才演化为今天被广泛采用的一夫一妻制的婚姻形式。

欧洲旧石器时代

欧洲旧石器时代的考古工作开展得早，发现遗址多，研究也深入，19世纪以来已建立起旧石器文化分期的序列。欧洲旧石器时代早期文化可分为两大系统，一是手斧文化系统，包括阿布维利文化和阿舍利文化；一是没有手斧的石片石器文化系统，如克拉克当文化。两者大体是平行发展的。旧石器时代中期以莫斯特文化为代表，其主要特征是修理石核技术（勒瓦娄哇技术和盘状石核技术）有了很大的发展，典型器物是比较精致的刮削器和尖状器。旧石器时代晚期有奥瑞纳文化、梭鲁特文化和马格德林文化。这一时期的特点是石器主要用石叶制作，有端刮器、雕刻器和钝背刀等；骨角器很发达，出现了渔叉、骨针、标枪、投矛器等新工具；还出现了装饰品和绘画、雕塑等艺术品。

非洲旧石器时代

非洲旧石器时代考古在世界上占有重要地位。这里不仅发现了迄今为止年代最早的人类化石和石器文化，而且是世界上已知的人类各发展阶段没有缺环、年代前后相继的地区。迄今所知最早的石器发现于东非肯尼亚的科比福拉，以及埃塞俄比亚的奥莫和哈达尔地区，年代距今约 250 万 ~ 200 万年。旧石器时代早期在非洲存在两大石器文化传统：奥杜韦文化和阿舍利文化。旧石器时代中期，在北非有莫斯特文化和阿替林文化；在撒哈拉以南地区，有中非的石核斧类型文化，如山果文化和卢本巴文化，南非的彼得斯堡文化、奥兰治文化、斯蒂尔贝文化和班巴塔文化。旧石器时代晚期，非洲气候极为干旱，发现的遗存数少，在北非有与欧洲石叶文化相似的代拜文化，在撒哈拉以南地区则有奇托利文化等。

西亚旧石器时代

西亚是欧亚非三大洲的接触地带，地理

位置十分重要，早期人类可能正是通过西亚跨洲迁徙的。西亚与欧洲、非洲在文化上的关系很密切，石器的分类和命名多采用欧洲的标准。这一地区的旧石器时代早期文化以砾石砍研器和手斧为主要特征。有类似奥杜韦文化的类型和阿舍利文化。中期以石片石器文化为主要特征，广泛使用勒瓦娄哇技术，与欧洲莫斯特文化接近，称为勒瓦娄哇——莫斯特文化。晚期遗存主要是石叶文化，与欧洲的奥瑞纳文化和格拉韦特文化比较相似，最后出现了细石器。

东南亚旧石器时代

考古学家一般把东南亚地区的旧石器文化称为"砾石和石片石器传统"或"砍研器传统"。在这个传统之下，又可分出若干地方类型，如分布于缅甸伊洛瓦底江流域的安雅辛文化，分布于泰国西部芬诺河流域的芬诺伊文化，发现于马来西亚西北部霹雳河流域哥打淡地方的淡边文化，分布于印度尼西亚中爪哇南部海岸巴索卡河河谷的巴芝丹文化，分布于菲律宾巴拉望岛西南海岸的塔邦文化等。目前，这一地区的旧石器材料，虽然从早期到晚期都有，但很不完备，存在许多地区和时间上的空白，不少遗址缺乏可靠的年代学证据。人类化石的发现也不平衡，除印度尼西亚的爪哇岛外，其他地区十分稀少。

世界十大古文明

苏美尔文明：位于底格里斯河和幼发拉底河之间（现在伊拉克境内）。持续时间是公元前 3500 ~ 前 2000 年。主要成就是在公元前 3000 年以前最早发明楔形文字（写于泥块之上）。

埃及文明：位于尼罗河沿岸。持续时间是公元前 3100 ~ 前 525 年，主要成就是用石块建大庙宇和金字塔，发明象形文字。

巴比伦文明：位于底格里斯河和幼发拉底河之间（现在伊拉克境内），持续时间是公元前 1900 ~ 前 538 年。主要成就是制定法律，《汉谟拉比法典》是最古老的书面法律之一；最早以六十进制计算分和秒。

腓尼基文明：位于地中海东海岸。持续时间是公元前 1100 ~ 前 842 年。主要成就是发明一种字母系统（以后希腊字母即是根据腓尼基字母编成的）。

希伯来文明：位于现在以色列和约旦境内。持续时间是公元前 1000 ~ 前 587 年。主要成就是创造了伟大的文学，最重要的是《圣经》中的《旧约全书》，写于公元前 900 ~ 前 150 年。

亚述文明：位于现在伊拉克境内的底格里斯河流域，持续时间是公元前 800 ~ 前 612 年。主要成就就是组建使用铁器的最伟大军队。

希腊文明：位于现在希腊的南部地区。持续时间是公元前 800 ~ 前 197 年。主要成就是建造许多雄伟壮丽的建筑物；写出了许多伟大的诗歌和戏剧；产生了许多杰出的科学家和哲学家；首创民主概念。

波斯文明：位于从印度河到爱琴海这广阔地域（在帝国最强盛时期）。持续时间是公元前 700 ~ 前 331 年。主要成就是用泥、砖和石块建了许多雄伟的大宫殿；在他们的壁画品中出现了许多传说中的野兽；创立了用小马快递的邮政制度。主要城市是波斯波利斯。

埃及哈夫拉金字塔前的狮身人面像

罗马文明：位于从罗马往西到英格兰和往东到美索不达米亚这十分辽阔的土地上，在古罗马的鼎盛时期，罗马文化遍及地中海周围的所有国家，持续时间是公元前735～前476年。主要成就是培养出许多优秀的行政官员；首创从中心突破，从而控制周围地区的战略战术。

除了以上九大古文明，还包括中国古文明。

尼罗河流域文明

尼罗河流域文明是世界上发展较早和对世界文化影响较大的一个文明。每年，尼罗河水的泛滥，给河谷盖上一层厚厚的淤泥，使河谷区土地极其肥沃，庄稼可以一年三熟。从事农业生产就要准确地预测泛滥时间，所以尼罗河流域居民很早就能准确地观察、研究天文现象。从植物每年的死亡复生现象中产生了死而复活的神话。

尼罗河流域文化为人类制定了第一部每年365日的历法；发明了复活和末日审判的神话；创立了世界上第一个大帝国；建立了在几千年内都是世界上最高的人工建筑物——大金字塔；留下了不可计数的木乃伊和纸草书文献。

美洲古代文明

美洲是世界古文明的重要发祥地之一。美洲古代文明大致可分为三个时期：前古典时期（约前2000～约250），古典时期（约250～约900），后古典时期（约900～约1500）。

美洲古代印第安文明发展水平最高的为两大地区：一个在中部美洲，包括今墨西哥和中美洲国家，被称为"中部美洲文明"。另一个在南美洲安第斯高原及太平洋沿岸一带，被称为"安第斯文明"。在此基础上最后形成了三个主要文明中心：以现今墨西哥尤卡坦半岛和中美洲危地马拉、洪都拉斯等国为中心的古代玛雅文明；以墨西哥高原盆地为中心的古代阿兹特克文明和分布在南美洲安第斯地区的秘鲁、玻利维亚和厄瓜多尔等国广大地区的古代印加文明。

奥尔梅克文明

奥尔梅克文明是中北美洲公认的最早的文明。大约出现于公元前1500年左右，开始于紧靠墨西哥湾的维拉克鲁兹沼泽凹地的一群村落中。约公元前1200年，村落发展为大型聚落，聚落中建有市政建筑物，其侧面有礼仪中心，并建有住宅和商店。该文明的一个中心是拉文塔，位于海港附近，盛产农作物和盐，主要居民是渔民、农民、商人和能工巧匠。他们住在盖有支柱及遮盖的住房里，玉米、鱼类和海龟是他们的主要食物。

印加文明

印加文明分布在南美洲安第斯地区的秘鲁、玻利维亚和厄瓜多尔等国的广大地区，形成于13世纪，15世纪末是它的鼎盛时期，1532年西班牙殖民者侵入印加国，占领首都库斯科，1533年杀害印加王阿塔瓦尔帕，印加国灭亡。

印加王被称为"太阳之子"，国王在政治、宗教和军事上都拥有至高无上的权力，其下有贵族、祭司充任各级军政、宗教职务，组成严密的行政体系和统治机构。印加社会的基层结构是"艾柳"，相当于氏族公社。古

秘鲁印加文化遗迹马丘比丘。"马丘比丘"的意思是"古老的山峰"，它坐落于安第斯山脉地区两座险峻的山峰之间，是印加帝国的都城遗址。这座建于西班牙人入侵前100年的城堡，现已成为传奇般的印加文明最著名的遗迹。

代印加人有发达的农业，培育了玉米、马铃薯等40多种作物。印加人在深谷陡壁、气候干燥的安第斯山区修建了庞大的梯田系统和引水工程；用巨石建成雄伟的宫殿和城堡，石块之间结合紧密，以至刀片也难以插入。此外，在冶炼浇铸、纺织制陶、天文历法、外科医术、文学音乐等多个领域，印加人都取得了杰出的成就。印加人还创造了被称为"基普"的结绳记事法。

帕拉卡斯文化

公元前550～前200年，帕拉卡斯文化在秘鲁利马南部发展起来。帕拉卡斯人已掌握了不少耕种技术，能够种植玉米、豆类、花生、甘薯和丝兰等。在手工业方面，帕拉卡斯人是刺绣和织布的能手，使用了其他地方还不知道的先进技术。刺绣图案无所不包。在2000多年后发现于此地的衣服上，人们还可以分辨出大约100种颜色。帕拉卡斯人死后都被制成木乃伊。经过晾干和熏制处理的遗体，与纺织品、假头颅和陶器等一起被安置在墓中。

摩羯文化

公元100年左右，摩羯文化出现在南美洲培尔北部的广大土地上。当时这里的居民都是技术娴熟的农民。他们挖渠灌溉田地，用鸟粪作肥料。他们修建了金字塔式的建筑，称为"华卡"。其中最大的是华卡德尔索尔，高达41米以上，另有一个华卡修建在希班海岸。摩羯人还是伟大的艺术家，他们是南美最高明的陶工。他们印刻在陶器上的文字，与迄今为止所发现的任何一种文字都不相似。当时的金属冶炼技术也非常发达。

古代印第安文明

早在哥伦布发现新大陆之前的许多世纪，拉丁美洲辽阔的土地上繁衍生息着为数众多的各族印第安人。至15世纪形成了三个文化中心：玛雅文化（今洪都拉斯、危地马拉和尤卡坦半岛一带）、阿兹特克文化（今墨西哥中南部一带）以及印加文化（今秘鲁、玻利维亚和厄瓜多尔一带）。这些文化发达、人口集中的印第安民族，在西班牙征服者到来之前，已经创造了丰富的物质财富和精神文明，其中有多种形式的文学作品，如反映本民族历史的神话传说、颂扬英雄事迹的戏剧、敬神的诗歌和抒情诗等，但大多已经失传。这主要因为印第安人的语言种类纷繁，没有发展完备的文字，而西班牙入侵者对印第安文化又进行了摧残破坏。

阿兹特克文明

阿兹特克文明以墨西哥高原盆地为中心，它形成于14世纪初，1521年为西班牙人所毁灭。阿兹特克人有比较发达的农业，主要作物有玉米、豆类、南瓜、马铃薯、棉花、龙舌兰等。阿兹特克人利用特斯科科湖等湖泊发展人工灌溉系统。他们使用太阳历与圣年历，一年为365天，每逢闰年补加一天。医学方面，他们懂得利用各种草药治病，并已使用土法麻醉。阿兹特克人的陶器和绘画均极精致，建筑和艺术也达到相当高的水平。

玛雅文明

玛雅文明是世界上重要的古文明之一，更是美洲重大的古典文明。5000年前，玛雅人就出现在墨西哥合众国和中美洲危地马拉的太平洋海岸，在美洲远古的石器时代就开始了他们的生产活动，所以和世界上的其他人类一样，他们的古代史经历了采集、渔猎向农耕过渡的发展阶段。玛雅文明的孕育、起源和发展是在今墨西哥合众国的尤卡坦半岛、恰帕斯和塔帕斯科两州和中美洲的一些地方，包括今天的伯里兹、危地马拉的大部分地区、洪都拉斯西部地区和萨尔瓦的一些地方。这一地区的总面积达32.4万平方公里。

公元前 2000 年左右，玛雅人进入定点群居时期，并从采集、渔猎时期进入农耕时期。玛雅文明从此开始了。

如今研究玛雅文明的学者有很多，对玛雅文明比较公认的历史分期是：从公元前 1500 年到公元 317 年为玛雅文明发展的前古典时期，从公元 317 年到公元 889 年为古典时期，从公元 889 年到 1697 年为后古典时期，也被叫作早期阶段、中期阶段和晚期阶段。

前古典文明出现在危地马拉的太平洋沿岸和高原地带。这时，玛雅文明的主要特点是在出现的城市广场上建立了许多大型的石碑，石碑上雕刻有历朝历代的统治者形象。因为在公元 1 ～ 2 世纪时出现了象形文字，所以石碑上就有了记述统治者历史的文字。此外，城市里还出现了大型石料建筑物（如金字塔和城市的卫城）。大型石铺广场和堤道反映了这时候的建筑已有了一定的规模和水平。前古典时期的文明中心在中美洲的纳克贝和埃尔米拉多尔。古典时期文明发展的中心在危地马拉一带的蒂卡尔、帕伦克、博南帕克和科潘等地。这时的文化特征主要反映在建筑、雕刻和绘画上，其中博南帕克壁画是世界有名的艺术宝库。博南帕克壁画位于中美洲的玛雅古典文明中心，到 9 世纪时衰落了，原因不为人知。此后，玛雅文明北移到墨西哥合众国的尤卡坦半岛，在那里进入了后古典文明时期。玛雅的后古典文明有奇钦伊察、乌斯马尔和玛雅潘三大中心。

迈锡尼文明

迈锡尼文明是希腊青铜时代晚期的文明，它由伯罗奔尼撒半岛的迈锡尼城而得名。公元前 2000 年左右，希腊人开始在巴尔干半岛南端定居。从公元前 16 世纪上半叶起逐渐形成一些奴隶占有制国家，出现了迈锡尼文明。在伯罗奔尼撒半岛的迈锡尼、梯林斯、皮洛斯，中部希腊的忒拜、奥尔霍迈诺斯、格拉斯和雅典以及帖撒利亚的约尔科斯等地陆续出现过卫城、宫殿和规模宏大的圆顶墓；其

中尤以迈锡尼的这类建筑最为雄伟，它的卫城入口是著名的狮子门。

世界四大文明古国

四大文明古国是世界古代历史上最早进入文明社会的四个国家。依顺序分别为古巴比伦、古埃及、古代中国、古印度。

四大文明古国都是建立在适宜人类生存的河川附近，在北半球的两河流域、尼罗河、黄河和长江流域，以及印度河、恒河流域相继产生。

四大文明古国都有自己的历法，一年都分 12 个月并且有闰月。各个文明都创造了自己的文字。印度河、黄河、两河流域的文明都使用陶轮制陶，埃及和两河流域都计算了圆周率，巴比伦和中国都发现了勾股定理，印度则发明了阿拉伯数字。

古代埃及

古代埃及是非洲东北部尼罗河下游的奴隶制国家。远在 1 万年前，埃及人民就在尼罗河河谷两边高地生活。公元前 4000 年初，由于生产力的提高，灌溉农业、手工业和交换的发展，尼罗河流域的许多农村公社组成 40 个小型国家，称为"塞普"。每个"塞普"都有自己的世袭首领、军队和主神。

公元前 3000 年左右，上埃及国王美尼斯统一了全国，开始了埃及历史上的古王国时代（前 2686 ～ 前 2181）。在古王国时期，埃及确立了以法老（国王）为首的中央集权的奴隶主专政国家。法老为全国土地的最高所有者，具有政治、经济、军事、法律的最高权力。法老自称为太阳神的儿子，代天统治。法老专制政权的组织形式，分中央和地方两级。中央机关设许多部，由宰相掌管。宰相由法老任命，对法老负责。地方行政也由法老任命的州长掌管，为法老征收赋税、征集军队和劳役。以法老为首的贵族、官吏和僧侣所构成的统治阶级，依靠这个

专制主义政权剥削和压迫奴隶、农民和其他劳动人民，对外不断发动掠夺财富和奴隶的战争。

从公元前23世纪到公元前21世纪，由于地方势力增大，埃及陷于分裂。公元前2040年～前1786年为中王国时期。埃及再度统一，迁都底比斯，由于奴隶制的发展，贫富分化的加剧，导致约公元前1750年的农民、奴隶大起义；起义虽被镇压，但动摇了奴隶主的政权。公元前18世纪末，亚洲的游牧部落希克索斯人侵入埃及，统治了百余年。公元前1580年，埃及人民驱逐了希克索斯人后，埃及历史进入了新王国时期（前1570～前1085）。在这五百年中，埃及社会经济获得了较大的发展；同时，诸法老特别是图特摩斯三世发动了大规模的侵略战争，占领了大片土地，掠夺了大批财富和奴隶，使埃及奴隶制发展到空前的程度，形成了强大的军事帝国。然而，阶级矛盾和民族矛盾随之尖锐起来，埃及帝国在国内外人民的冲击下，急剧衰落。公元前671年以后，先后被亚述、波斯、希腊和罗马征服。古埃及奴隶制国家灭亡了。

埃及是四大文明古国之一，有着丰富的文化遗产。古埃及人民在科学文化上，对人类有过相当大的贡献。约在公元前3500年左右，埃及便有了象形文字，在古王国时期创造了一套字母，用来表示24个基本的音，并发明了供书写的纸草卷子。埃及人民在从事农业生产实践、和尼罗河河水作斗争过程中，积累了丰富的天文知识。埃及人不但能辨别行星和恒星，而且创造了历法。他们最初使用阴历，后来发明了太阳历：一年分成12个月，每月30天，年终加上5天节日，全年共365天，接近现在使用的阳历。

埃及人民在计算田地面积和兴修水利过程中，逐渐掌握了简单的数学原理：能求得出长方形、三角形、圆形的面积，推知圆周率为3.16，计数采用十进位法。古埃及人民在建筑和雕刻方面也有很高的成就。

巴比伦王国

巴比伦王国是古代东方的奴隶制国家，位于幼发拉底河和底格里斯河流域，大致位于今天的伊拉克地区。古代两河流域，是人类文明的发祥地之一。在公元前3000年初形成了许多奴隶制城邦，其中的阿卡德王国第一次统一了两河流域。约公元前2189年，阿卡德王国灭亡，乌尔兴起，建立了乌尔第三王朝。至公元前19世纪初，以巴比伦城为首都建立了古巴比伦王国。在第一王朝第六代国王汉谟拉比（前1792～前1750）时，建立了一个奴隶制的中央集权国家。国王总揽全国的立法、司法、行政和军事大权，中央设大臣辅佐朝政，地方委派总督治理，中央和地方官吏都直接听命于国王。全国土地控制在国王手里，作为中央集权的经济基础。宗教，特别是"君权神授"的说教，是国王的精神支柱。

汉谟拉比为了巩固巴比伦王国的奴隶制度，加强中央集权，废除了原来各城邦的法律、法令、制定了一部全国统一的法典，史称《汉谟拉比法典》。法典原文刻在一个大石柱上，它包括序言、本文和结语三部分。法典原文282条，内容包括诉讼手续、盗窃处理、租佃、亲属关系、伤害、债务奴隶、买卖奴隶、惩罚奴隶等方面。这是一部道地的奴隶制法典，它强烈保护奴隶主贵族、僧侣、大商人和高利贷者的私有财产，维护这些阶级和阶层对广大奴隶及下层平民残酷的经济剥削和政治压迫。公元前1595年，

汉谟拉比头像。公元前18世纪中期在位的伟大的古巴比伦国王，曾将整个美索不达米亚都置于他的统治之下。

古巴比伦王国在内部阶级斗争激烈的情况下为赫梯人所灭。赫梯人退出后，亚述人占领两河流域。公元前 7 世纪末，迦勒底人据巴比伦城独立，其首领那波勃来萨于公元前 626 年建立了新巴比伦王国。国王尼布甲尼撒二世在位时，其版图由两河流域扩张到叙利亚和巴勒斯坦。奴隶制商品经济也有很大的发展，出现了一批奴隶制的工商业城市。各重要城市的神庙往往是手工业、商业和高利贷活动的中心。尼布甲尼撒二世死后，僧侣集团屡次发动政变，新巴比伦王国很快衰落下去，公元前 538 年底被波斯所灭。

在古代世界文化中，巴比伦文化占有重要的地位。在数学方面，计数采用十进位和六十进位法，能解含有三个未知数的方程式。在天文方面，巴比伦人最早观测天体的运行，能够区别恒星和 5 个行星，预测日食和月食。根据对月亮圆缺的预测，巴比伦人创造了太阴历，把一年划分为 12 个月，每月 4 周，一昼夜 12 时辰，每个时辰 2 小时，每小时 60 分。此外，巴比伦人在建筑、造型艺术、物理学、化学、地理学、生物学以及医学方面都取得了一定的成就。巴比伦给后世留下了宝贵的文化遗产。

古代印度

印度是世界四大文明古国之一。据考古发掘，公元前 2500 年，印度人就在印度河和恒河流域使用铜和青铜工具，从事农业和手工业生产，创造了古印度的哈拉巴文化。

公元前 1500 年左右，雅利安人从中亚高地南下，征服了印度河流域的土民，后来又向东推进，占领恒河流域。雅利安人把被征服的土民变成奴隶，建立了一些奴隶制小国。公元前 6 世纪初，在恒河流域有十六国，其中的摩揭陀王国逐渐强盛，到公元前 4 世纪，先后征服印度北部和中部各小国，形成了以摩揭陀王国为中心的统一国家。在恒河流域奴隶制国家形成过程中，产生了种姓制度，把社会划分为四个种姓：婆罗门、刹帝利、吠舍、首陀罗，即四个等级。公元前 6 世纪，在广泛的反对种姓制度和婆罗门教专横统治的阶级斗争形势下，又产生了佛教。到公元前 3 世纪，摩揭陀国孔雀王朝的阿育王把佛教定为国教。

孔雀王朝（前 324～前 185）统一了印度的大部分地区，是古代印度奴隶制经济和文化的繁盛时期。此时，铁器工具普遍使用，灌溉农业进一步发展，棉纺织业和造船业也很著名，商业兴盛。社会经济的发展需要更多的奴隶劳动力，而统治者恃其强大的军事力量经常进行侵略战争，掳掠了大批俘虏变为奴隶。除战俘奴隶外，还有自卖奴、家生奴、债务奴隶、购买的或赠予的奴隶，以及由于犯罪而被罚为奴隶的等。奴隶不仅被用作家仆，而且被用于手工业和商业，使用奴隶最多的是国王、寺院和贵族的农庄、手工业作坊和矿山。奴隶制关系已深入社会经济各个部门。孔雀王朝时期的土地，除王室和奴隶主贵族占有地外，为农村公社所有。古代印度每一个农村是一个农村公社，每个公社有一个村长总管村社的事务。农村公社的耕地定期分配给各家使用，牧场、森林和水源则为共同使用。村社有各种手工业者，如铁匠、木匠、陶工等，是一个自给自足的自然经济。

孔雀王朝为了对奴隶和广大村农民进行剥削以及对外扩张，建立了印度历史上完备的奴隶主专制的国家机器，国王掌握军事、行政、司法等最高权力，下设贵族会议和行政、军事长官，并有密使遍布各地。同时，还编有《摩奴法典》，作为奴隶主统治人民的根据。孔雀王朝瓦解后，先后有几批外族侵入印度西北部，公元 1 世纪时，大月氏人在印度建立了强大的贵霜帝国。

古代印度有发达的文化，早在公元前 3000 年就有了象形文字，后来创造了梵文。公元前 1000 年，印度已有相当精确的历法，一年分为 12 个月，每月 30 天，5 年闰一个月。在数学方面也取得很大成就，他们发明了表达数学的 10 个符号，即零、一至十。这是古代印度人民的伟大创造。后来这个数字系统由阿拉伯人加以改变，形成阿拉伯数字，通行于全世界。

英美常见人名的起源

亚历山大——起源于希腊，其含意为"人类的慰藉"。

艾米——起源于法兰西，含意为"亲爱的人"。

安德鲁——起源于希腊，含意为"刚强气概"。

安妮——起源于希伯来，含意为"高雅"。

安东尼——起源于拉丁，含意为"无比可贵"。

巴巴拉——起源于希腊，含意为"新来者"。

查尔斯——起源于条顿，含意为"大丈夫"。

卡尔——起源于条顿，含意为"大丈夫"。

凯瑟琳——起源于希腊，含意为"纯洁"。

克里斯托弗——起源于希腊，含意为"基督的人"。

德博拉——起源于希伯来，含意为"蜜蜂"。

丹尼斯——起源于希腊，含意为"酒神之子"。

多萝西——起源于希腊，含意为"神之赐"。

道格拉斯——起源于凯尔特，含意为"幽深的水"。

爱德华——起源于条顿，含意为"财富守护者"。

埃伦——起源于希腊，含意为"光明"。

伊丽莎白——起源于希伯来，含意为"神的誓言"。

埃米莉——起源于拉丁，含意为"勤劳"。

弗朗西斯——起源于条顿，含意为"自由"。

弗兰克——起源于条顿，含意为"自由"。

弗雷德里克——起源于条顿，含意为"爱和平的统治者"。

乔治——起源于希腊，含意为"耕作者"。

杰拉尔德——起源于条顿，含意为"武士"。

海伦——起源于希腊，含意为"光明"。

亨利——起源于条顿，含意为"家乡的统治者"。

詹姆斯——起源于希伯来，含意为"愿神保佑"。

简·珍妮特——起源于希伯来，含意为"神之赐"。

杰弗里——起源于条顿，含意为"天赐安宁"。

詹尼弗——起源于希伯来，含意为"神的恩赐"。

约瑟夫——起源于希伯来，含意为"主将助之"。

朱迪——起源于希伯来，含意为"珍宝"。

朱莉亚——起源于拉丁，含意为"秀颜"。

卡伦——起源于希腊，含意为"纯洁"。

玛格丽特——起源于希腊，含意为"战神之子"。

玛丽——起源于希伯来，含意为"辛劳"。

马修——起源于希伯来，含意为"神之赐"。

迈克尔——起源于希伯来，含意为"神之宠"。

南希——起源于希伯来，含意为"高雅"。

帕特里夏——起源于拉丁，含意为"贵胄"。

保罗——起源于拉丁，含意为"小"。

菲利普——起源于希腊，含意为"爱马者"。

雷切尔——起源于希伯来，含意为"母羊"。

理查德——起源于条顿，含意为"明亮的火焰"。

罗纳德——起源于条顿，含意为"忠告""权力"。

塞缪尔——起源于希伯来，含意为"上达神听"。

苏珊——起源于希伯来，含意为"百合花"。

西奥多——起源于希腊，含意为"神之赐"。

托马斯——起源于条顿，含意为"强有力的统治者"。

威廉——起源于条顿，含意为"意志""头盔"。

日本人的姓氏

在一百多年以前，日本只有少数武士、大商人、大地主才有姓和名，至于平民百姓，就只有名字而无姓氏，一般人都按所干的工作作为称呼。如你在一个叫青木的大地主家当用人，那么大家就叫你"青木的用人"，如是守桥的人，就叫"守大桥的人"。

明治三年（1870），日本政府公布《平民必称姓氏名字义务令》，把有姓作为国民义务，谁没有姓就要受到处罚，意在解决户籍登记、身份注册上的混乱。在政令之下，许多没有姓的人就纷纷起姓。他们大多去找僧侣、村吏或有文化的起姓，有的干脆就自己瞎编一个。有的去问政府官员："我姓啥？"官员就问他现住在什么地方，如果家靠山，就姓"山口"，如果家门口有棵松树，就姓"松下"……这就形成了今天日本人的姓。现在，日本姓佐藤、田中、松下、中村、渡边、井上的人很多，盖源于此。这样轰然而起的起姓运动，使日本的姓氏猛增到 10.3 万个之多，也称得上世界之最。

英格兰人

英国人口占多数的民族，属欧罗巴人种，大多为大西洋波罗的海类型。有 5100 万人，占全国人口 83%。主要分布在英格兰和威尔士。使用英语，属印欧语系日耳曼语族。多信基督教新教，属英国国教派。英格兰民族工业发达，农业人口仅占 5% 左右。农业

英格兰步兵绘像

以畜牧业为主。

公元前 3000～前 2000 年左右，在不列颠岛上居住着来自比利牛斯半岛的伊比利亚人，他们以巨石文化著称。公元前 6～前 1 世纪，大批克尔特部落从今法国和比利时沿海地区来到不列颠。其中主要有不列颠人，还有别尔格人。他们成为英格兰民族最早的基础。公元 5 世纪初，来自日德兰半岛南部和易北河口至莱茵河口沿海一带的盎格鲁人和撒克逊人，另外还有朱特人和弗里斯人相互结合，共同形成盎格鲁－撒克逊人。他们居住的地方称作"英格兰"，他们的语言，即古英语，是后来英格兰民族语言的基础。

法兰西人

在今天的法国地域，最初的居民是克尔特人部落，罗马人称他们为高卢人。高卢此人被罗马人征服后，逐渐向罗马移民。后来，日耳曼人的一支法兰克人征服了大部分高卢，建立了法兰克王国。一部分日耳曼人逐渐被高卢罗马人同化，构成现代法兰西人的基础。9 世纪中叶，进入法国西北的诺曼人也被同化，成为法兰西民族中的一员。查理曼帝国分裂后，莱茵河以西的罗语地区大部分划归西法兰克王国统辖，并开始称为"法兰西"。这是第一次在语言和地域上把法兰西和德意志分开。法国大革命是法兰西现代民族最终形成的阶段。人口约 5850 万人。

法兰西人是文化极为发达的民族，他们

拥有许多优秀的作家，思想家和艺术家。伟大的雨果、伏尔泰、卢梭、孟德斯鸠、罗丹等为世界人民所敬仰。法兰西人的建筑很富有艺术性，著名的凡尔赛宫是一座艺术宫殿，埃菲尔铁塔闻名世界。法兰西是一个充满浪漫气息的民族，其时装、香水、化妆品等蜚声世界。

德意志人

德意志人多属欧罗巴人种北欧类型，部分属阿尔卑斯类型。多信基督教新教。人口约 8220 万人。主要分布在德意志联邦共和国，另外分布在美国约 450 万人，俄罗斯约 190 万人，加拿大约 120 万人，巴西约 70 万人。德语属印欧语日耳曼语族。

德意志人是文化、教育水准极高的民族，对欧洲和世界文化有着重要影响。马丁·路德、弗洛伊德、康德、黑格尔、费尔巴哈、马克思、恩格斯等大思想家都是德意志人，因此，德意志人有欧洲的"思想家"之称。莱辛、歌德、海涅的文学作品享誉全球。

希腊人

希腊人属欧罗巴人种，有中欧、迪纳拉和地中海等类型。系由古希腊人与其他民族混合而成。是西南欧巴尔干半岛国家希腊的主体民族。人口约 1050 万人。

希腊人建立著名的雅典、斯巴达等奴隶制城邦国家，是在公元前 8 ~ 前 6 世纪。前 5 世纪形成高度古代文明。前 8 世纪起，古希腊文明广泛传播。18 ~ 19 世纪随着资本主义发展和反对奥斯曼帝国的斗争，各民族和文化因素相融合，形成现代民族。1832 年建立希腊王国。第一次世界大战中参加协约国。第二次世界大战中被德军占领。1974 年确立共和制政体。古希腊文明对欧洲文化影响深远。

意大利人

意大利人是欧洲南部意大利的主体民

意大利中世纪诗人

族。说意大利语，属印欧语系罗曼语族。通行多种方言，有文字。属欧罗巴人种地中海类型和阿尔卑斯类型。人口约 5720 万人。

意大利人由古代罗马人同化其他许多民族而成。至今仍存在西西里人、撒丁人等支。14 世纪文艺复兴中，意大利人在托斯卡方言基础上形成统一的语言文字，并产生了但丁、薄伽丘、彼德拉克等伟人。16 世纪起，处于分裂状况。1861 年成立意大利王国。1870 年形成意大利现代民族。1922 年墨索里尼上台后实行法西斯统治，在第二次世界大战中战败投降。

意大利以古罗马文明和文艺复兴时期的文学、艺术、建筑等享誉世界。

西班牙人

西班牙人是南欧西班牙的主体民族。操西班牙语，属印欧语系罗曼语族。多属欧罗巴人种地中海类型。16 世纪曾大量向海外移民，成为构成拉丁美洲现代民族的族源之一。人口约 3970 万人。

西班牙人的先民为比利牛斯半岛上的古老居民伊比利亚人，公元初逐渐罗马化。

1479 年合并为西班牙，1492 年伊比利亚人收复全部国土。尔后以卡斯蒂尔语为基础，形成统一的语言，并开始形成西班牙人。16 世纪成为海上强国。西班牙人在 1873 年建立第一共和国，次年王朝复辟。1931 年建立第二共和国。1939 年佛朗哥成立政府，在第二次世界大战中与法西斯德国结成军事同盟。1947 年宪法规定实行议会君主制。斗牛为西班牙人民间喜爱的传统娱乐。

葡萄牙人

西南欧民族之一。约 1200 万人，有 992 万人住在葡萄牙，约 214 万人主要分布在法国、美国、巴西和加拿大。多信天主教。文字用拉丁字母拼写。使用葡萄牙语，属印欧语系罗曼语族。属欧罗巴人种地中海类型。

公元前 1000 年，腓尼基人、希腊人和迦太基人先后来到伊比利亚半岛沿海，与伊比利亚人混杂居住，互通婚姻，成为葡萄牙人的始祖。15 ~ 16 世纪葡萄牙成为海上强国和殖民帝国。1974 年确立多党民主制政体。

奥地利人

奥地利人属欧罗巴人种阿尔卑斯类型。系由阿勒曼尼人、巴伐利亚人、法兰克人等古代日耳曼人与斯拉夫人及当地罗马化土著结合而成。是欧洲中部奥地利的主体民族。人口约 820 万人。

奥地利人的国语为德语，属印欧语系日耳曼语族。

匈牙利人

匈牙利人属欧罗巴人种阿尔卑斯类型。又称马扎尔人，说匈牙利语，属乌拉尔语系芬兰—乌戈尔语族乌戈尔语支。是东欧匈牙利的主体民族。人口约 1021 万人。

匈牙利人的先民系来自乌拉尔山和伏尔加河之间的马扎尔游牧部落，1000 年建立封建制匈牙利王国。1526 年后分属奥斯曼帝国和奥地利。1867 年与奥地利组成奥匈帝国。1918 年帝国解体，再次建立资产阶级共和国。第二次世界大战中加入轴心国，1945 年获得解放。1946 年建立匈牙利共和国。

匈牙利人的男子穿粗麻布做的宽袖窄上衣，白色裤子，长筒皮靴；女子穿宽袖上衣、裙子、长筒皮靴，围绣花围裙。匈牙利人以酿制葡萄酒著称。

捷克人

捷克人属欧罗巴人种阿尔卑斯类型。使用捷克语，属印欧语系斯拉夫语族西支。有统一的拉丁化字母的拼音文字。捷克人中的大多数信奉天主教。人口 1033 万人。

捷克人的先民为西斯拉夫人，13 世纪欧洲强国之一。1526 年后成为奥地利帝国的一部分，1918 年与斯洛伐克人共同建立资产阶级的捷克斯洛伐克共和国，1939 年被德国法西斯占领，1945 年建立捷克斯洛伐克共和国。1968 年成立捷克社会主义共和国，并与斯洛伐克社会主义共和国共同组成联邦性质的社会主义共和国。1992 年，捷克社会主义共和国分为两个独立国家：捷克和斯洛伐克。

罗马尼亚人

罗马尼亚人是罗马尼亚的主体民族。操罗马尼亚语，属印欧语系罗曼语族。用拉丁字母的拼音文字。属欧罗巴人种巴尔干类型。

罗马尼亚人在公元前 70 年建立达契亚。公元 106 年被罗马帝国征服，后形成罗马尼亚人。14 世纪建立两个公国：瓦拉几亚和摩尔多瓦。1600 年罗马尼亚人的公国曾一度实现统一，后又分别受奥斯曼帝国、哈布斯堡王朝和沙皇俄国的统治或控制。1877 年通过独立战争赢得独立。1918 年特兰西瓦尼亚、布科维纳等地区与罗马尼亚合并而形成统一的民族国家。1947 年建立罗马尼亚社会主义共和国，1989 年 12 月改称罗马尼亚。

俄罗斯人

俄罗斯人约有83％居住在俄罗斯联邦。属欧罗巴人种，使用俄罗斯语，分南北两大方言，以莫斯科方言为标准语，属印欧语系斯拉夫语族。文字采用斯拉夫字母。俄罗斯人约14770万人。

俄罗斯人的民间创作丰富多彩。雕刻、彩画、陶瓷、绣花以及金属制品的艺术加工独具风格。口头创作有歌颂英雄的诗歌、历史题材的民歌、故事、传说等。俄罗斯音乐舞蹈具有十分浓郁的民族色彩。俄罗斯也是一个音乐家辈出的国度，著名的柴科夫斯基就出生于这里。芭蕾舞以其独特的民族性和高超的艺术性闻名于天下。

闪米特人

闪米特人又称哈姆人。是非洲之角、北非及东非部分地区使用闪米特语言各族的总称。主要分布在埃塞俄比亚、索马里、吉布提和苏丹、埃及、肯尼亚及坦桑尼亚等国。

闪米特一词表示北非和东北非有某些共同特征的语言，包括柏柏尔语、古埃及语、科普特语和库希特语。实际上并不存在统一的闪米特语族，使用这些语言的各族也不构成统一的种族，他们分属于欧罗巴人种地中海类型和埃塞俄比亚人种。闪米特人北支指柏柏尔人，东支指古埃及人、科普特人和库希特人。

摩洛哥人

摩洛哥人属欧罗巴人种印度地中海类型。又称摩洛哥阿拉伯人。摩洛哥人多信奉伊斯兰教，属逊尼派。按父系续谱、居住和继承财产。

公元7～12世纪，阿拉伯人相继迁入摩洛哥境内，他们逐渐同化当地土柏柏尔人以及少数外来的伊比利亚人和犹太人的历史进化过程中形成了现代摩洛哥人。

自15世纪起，摩洛哥人先后受西班牙、法国、英国等国殖民者入侵，被分割和奴役。摩洛哥人经过艰苦的斗争终于在1956年获得独立，翌年定国名为摩洛哥王国，人口约2750万人。

马夸人

马夸人又称瓦夸人等，是非洲东南部民族。主要分布在莫桑比克北半部和坦桑尼亚。操马夸语，属尼日尔——科尔多凡语系尼日尔——刚果语族，有自己的文字。他们实行一夫多妻制，各妻室独居。马夸人按母系续谱、居住和继承财产。多住圆锥形茅屋。男子披两块单色布，一块缠身，自腋下至膝；另一块斜披于肩。马夸人属尼格罗人种班图类型。支系甚多，分马夸人、隆韦人、奇瓦博人等。

马夸人的族源与非洲北部的恩金多人、马孔德人等相近。马夸人的一部分于中世纪被作为奴隶贩卖到马达加斯加岛，在那里定居下来，其后裔仍称马夸人。

澳大利亚人

长时期来，人们都认为澳大利亚的土著民族来自斯里兰卡和印度，然而经过多年研究，澳大利亚科学家们发现，这个大洲上的远古居民来自中国。他们是经过印度尼西亚渡海来到澳大利亚的。

一个重要的证据是：澳大利亚土著民族祖先的头骨形状与爪哇人（前50万）及北京人（前40万～前30万）的头骨惊人地相似。大约在公元前6万年时，澳大利亚土著民族的祖先就来到这块大陆上。

今天，在澳大利亚仍生活着将近28000个土著人，其中一部分仍过着像石器时代他们的祖先那样的生活。

❧ 哲学思想 ❧

哲 学

哲学是关于世界观的理论形式，是关于自然界、社会和人类思维及其发展的最一般规律的学问，是社会意识形态之一。"哲学"一词来源于古希腊文，原由 phileo（爱）和 sophia（智）两字所组成。在汉语中，"哲学"被理解为"智慧""知识""贤明"等。故哲学有"智慧之友"或"爱智慧"之意。哲学是理论化、系统化的世界观。它靠理论论证和逻辑分析系统地回答世界最一般的问题，因而区别于宗教世界观和朴素的自发的世界观。宗教世界观以对超自然力量的盲目信仰为基础，朴素的自发的世界观则不是系统的理论。

哲学和具体科学也有区别。具体科学虽然也各有一定的理论体系，但它们只是关于物质世界某一领域特殊规律的科学。哲学则是从总体上把握世界的最一般规律，是关于自然知识、社会知识和思维知识的概括和总结。哲学又是以最一般的概念、范畴等逻辑形式反映并反作用于社会存在的一种特殊的社会意识形态。哲学具有其他社会意识形态的共同点，但也存在着不同点，即哲学离经济基础较远，是属于恩格斯所说的"更高地悬浮于空中的思想领域"。哲学既是世界观又是方法论。作为对世界图景的描写和最一般规律的反映，它是世界观；而从其对研究与处理问题的指导作用来说则是方法论。

本体论

表述哲学理论的术语。本体一词在拉丁文中包含有存在、有、是及存在物之意。在西方哲学史中，本体论指关于存在及其本质和规律的学说。17 世纪的德国经院学者郭克兰纽在其著作中第一次使用了"本体论"一词，将其界定为研究超感性存在的学说，实际上是形而上学的同义语。本体论就其研究的课题来说，经历了长期的演变过程。在古希腊罗马哲学中，本体论的研究主要是探究世界的本原或基质，关于存在的研究成为这一时期的主题。亚里士多德把本体论的研究向前推进了一步，认为哲学研究的对象是实体，即关于本质、共相和个体事物的问题。

在西方近代哲学中，德国哲学家莱布尼茨及其继承者沃尔夫试图通过抽象的途径，建立起独立的本体论体系。康德认为建立抽象本体论，形而上学是不可能的。黑格尔则以唯心主义的形式提出了本体论、逻辑学和认识论统一的思想，在中国哲学中，本体论叫作"本根论"，指探究天地万物产生、存

康德像

在、发展变化根本原因和根本依据的学说。唯物主义哲学家往往把世界的本根归结为气，而唯心主义哲学家把世界的本根归结为"理"和心。

怀疑论

对客观世界和客观真理是否存在、能否怀疑的哲学学说。古希腊哲学家皮浪是怀疑论的创始人。他认为，对任何事物都没有确定的认识，认识的每个命题都有一个对立的相等命题；所以，一切事物都是不可认识的。人们对一切事物，不能作出任何判断和表示任何态度。古代怀疑论揭示了认识中的矛盾，批判了独断论，在认识史上有一定的积极意义。欧洲文艺复兴时期，怀疑论被用来抨击教会和封建制，批判中世纪的经院哲学和形而上学，从而为法国的唯物论和无神论奠定了基础。

18世纪，怀疑论以不可知论的形式出现，其主要代表人物是英国的休谟和德国的康德。休谟认为，在感觉之外是否存在客观物质实体和精神实体，这是不可知的。康德为人的认识能力划定界限，否定人能够认识"物自体"。怀疑论长期以来都受到旧唯物主义和彻底唯心主义哲学家的批判。但是，只有辩证唯物主义用实践的观点才对怀疑论作出了令人信服的驳斥。

不可知论

否认认识世界的可能性或者否认彻底认识世界的可能性的哲学理论。不可知论者认为，人们只能认识感觉或现象，事物的本质及其规律是不可能认识的。英国著名的生物学家、不可知论者赫胥黎在1869年首先正式提出了"不可知论"这个术语。不可知论思想因素早在古代怀疑论者那里就已经有了，但作为一种系统的哲学理论则出现于18世纪的欧洲，其著名的代表是英国的休谟和德国的康德。休谟认为，人们只知道自己的感觉，在感觉之外是否有物质实体或精神实体存在的问题是不可知的，康德承认感觉之外有物自体存在，但又认为刺激人们的感官而引起感觉的物自体的本来面貌是不可认识的。

不可知论在哲学史上曾起过一定的积极作用，但它把感觉看作意识和外部世界隔绝的屏障，用人类认识界限的相对性论证人类认识能力的绝对界限，因而在根本上是错误的。辩证唯物主义用实践的观点彻底粉碎了不可知论。世界上只存在着尚未被认识的事物，而不存在不可认识的事物，随着实践的发展，尚未被认识的事物会不断转化为被认识的事物。

唯物主义

哲学上的两个基本派别之一，是同唯心主义对立的理论体系。唯物主义认为，物质是第一性的，精神是第二性的，世界的本原是物质，精神是物质的产物和反映。唯物主义思想早已有之，唯物主义概念的形成却经历了一个相当长的过程。

欧洲18世纪法国唯物主义者开始明确使用唯物主义这一概念，并以它来称呼自己的哲学。唯物主义在历史上主要经历了三种形态：古代的朴素唯物主义、近代的机械唯物主义和马克思主义的唯物主义。古代朴素的唯物主义认为，世界上一切事物都是由某些原初的物质变化发展而来的，万事万物又可以还原为这些原初的物质。它往往和朴素辩证法结合在一起，但又带有直观朴素性质，缺乏科学的论证。近代的机械唯物主义，亦称形而上学唯物主义，是在近代实验科学发展基础上建立起来的，克服了古代朴素唯物主义直观的、朴素的性质。它包含某些辩证法因素，但机械性、形而上学性是其主要特点，而且在社会历史领域里仍然是持唯心主义观点。

马克思主义的唯物主义，亦称辩证唯物主义和历史唯物主义，是关于自然界、人类社会和思维发展的最一般规律的科学，是自然科学、社会科学和思维科学的概括和总结，是马克思主义全部学说的理论基础，是无产阶级的世界观和方法论，它把唯物主义和辩证法有机地统一起来，克服了机械唯物主义的机械性、形而上学性；它把唯物主义推广于研究社会历史，创立了历史唯物主义，从而把辩证唯物主义与历史唯物主义有机地统一起来，克服了机械唯物主义的不彻底性，马克思主义哲学唯物主义的产生是哲学史上的伟大的变革。

机械唯物主义

亦称形而上学的唯物主义，是唯物主义发展的第二种形态。它是适应资本主义发展的需要，伴随着近代自然科学的产生而出现的。与 17 世纪的英国资产阶级革命相适应，出现了一批以培根、霍布斯、洛克为代表的英国唯物主义者。培根概括了观察、实验和归纳等认识自然界的实验方法。霍布斯第一个系统阐述了机械唯物主义的思想，他把一切运动归结为机械运动，认为世界是一部大的机器，而人体不过是一部精妙的小机器，甚至连情感活动也是纯粹机械原因引起的。18 世纪法国唯物主义是形而上学唯物主义发展的顶峰，它虽然有些辩证法因素，但未能摆脱机械性。其主要代表人物有拉美特里、狄德罗、霍尔巴赫、爱尔维修。

18 世纪 40 年代，费尔巴哈适应德国资产阶级革命的需要，创立了他的人本学的唯物主义。机械性、形而上学性和社会历史领域里的唯心主义，是形而上学唯物主义的主要特点。19 世纪中叶，在欧洲还流行一种用生理学的观点去解释人的精神现象的庸俗唯物主义，它把意识和物质等同起来，抹杀了唯物主义和唯心主义的对立，使唯物主义庸俗化、肤浅化。

辩证唯物主义

辩证唯物主义是马克思和恩格斯创立的唯物主义和辩证法相统一的无产阶级的世界

马克思像

观和方法论，即关于自然界、社会和人类思维发展的最一般规律的科学。它是哲学史上唯物主义发展的最高形态。"辩证唯物主义"这一术语最早见于德国工人哲学家狄慈根所著的《一个社会主义者在哲学领域中的漫游》一书之中。他用这一概念表述马克思主义世界观，俄国的普列汉诺夫也是这样表述的。列宁、斯大林、毛泽东在谈到马克思主义世界观时，还用过"完备的唯物主义""唯物辩证法"等概念。

在马克思主义世界观中，唯物主义和辩证法是互相渗透、密不可分的，它们的有机统一构成了马克思主义的哲学理论基础，辩证唯物主义是彻底的唯物主义，是客观世界的最一般规律的自觉反映。它看到物质的原因是自然和社会一切现象的基础，世界的统一性在于它的物质性；认为意识是物质世界长期发展的产物，是人脑这一高度组织的物质的机能，是人脑对客观世界的能动的反映，辩证唯物主义又是彻底的辩证法，是最完整深刻而无片面弊病的关于发展的学说。它揭示了事物内部矛盾双方的相互联系和相互斗争是事物发展的内在原因，是一切现象自我运动的根据的客观真理。

唯心主义

哲学上的两个基本派别之一，是同唯物主义对立的理论体系。唯心主义认为，精神是第一性的，物质是第二性的；世界统一于精神，物质有赖于精神而存在，物质是精神的产物。

"唯心主义"一词来源于希腊文，意为"观念"，旧译观念论。哲学唯心主义是在生产力的发展造成了剥削阶级和被剥削阶级、脑力劳动和体力劳动的对立，剥削阶级中的一部分人有闲暇专门从事智力活动的时候同哲学唯物主义一起产生的。

唯心主义有两种基本形式：主观唯心主义和客观唯心主义。唯心主义能够长期存在有它的认识根源和社会根源。在复杂的认识过程中，如果只抓住其中的某一方面，加以主观片面地歪曲和夸大，就会导致唯心主义。在阶级社会中，阶级利益对哲学的存在和发展起着极其重要的作用，在大多数情况下，唯心主义是反动阶级的精神支柱，反映了剥削阶级的利益。这是唯心主义产生和存在的社会根源。

客观唯心主义

唯心主义哲学的基本形式之一，指把世界的本原归结为某种离开物质世界、不依赖于个人意识而存在的精神实体的学说。客观唯心主义认为，万物的创造者不是个人的主观精神，而是某种"客观"精神（如上帝、理念、绝对精神等）；"客观精神"是第一性的，客观物质世界则是第二性的。其代表人物有中国的董仲舒、王弼、朱熹，古希腊的柏拉图，欧洲中世纪的托马斯·阿奎那，德国古典哲学中的黑格尔。董仲舒的神学目的论是系统的客观唯心主义体系。魏晋玄学把神秘的精神实体作为万物的本原。朱熹认为"理"是天地万物的创造主。柏拉图的"理念论"是西方最早的客观唯心主义体系，它认为"理念者"是世界的唯一真实存在，由具体事物构成的"感性世界"是由"理念"派生出来的。

近代的客观唯心主义代表是黑格尔，他认为"绝对精神"是宇宙的本原和基础，自然界、人类社会和思维现象都是"绝对精神"在自我实现、自我认识过程中的外部表现。

主观唯心主义

唯心主义哲学的基本形式之一，指把世界本原归结为个人的主观感觉或意识的学说。它认为，个人的主观精神（心灵、感觉、言语、观念、意志等）是世界的本原，它产生万事万物，是第一性的；而物质世界则是个人精神的产物，是第二性的。其代表人物有中国的陆九渊、王守仁，英国的克莱和德国的费希特。陆九渊认为："宇宙便是吾心，吾心即是宇宙。"王守仁认为："心者，天地万物之主也。"贝克莱认为，物质是"观念的集合"或"感觉的组合"，"对象和感觉是同一个东西"，"存在就是被感知"。费希特认为"自我"是自身的原因和世界的本原，"自我"周围的现实世界是"自我"创造的"非我"。

19世纪30年代以后，主观唯心主义和唯物主义的对立，以"经验""要素""事件""心理的东西和物理的东西"等"中立"的名词取代物质和意识的科学概念，自称为超越唯物主义与唯心主义之上的"新"哲学，如实证主义、新康德主义、马赫主义、实用主义、新实在论等，还有一些主观唯心主义学派把意志、情感说成第一性的东西，宣扬非理性主义，如唯意志论、柏格森主义（即直觉主义）、新黑格尔主义和存在主义。

唯我论

认为世界的一切事物及他人均为"我"的表象或"我"的创造物的哲学观点。这是极端的主观唯心主义的逻辑结论。主观唯心主义者从个人的感觉经验或精神活动出发，把世界和世界上的一切事物都看作个人感觉经验的结果或个人精神创造的产物。根据这个逻辑，最后必然得出结论：只有我和我的意识才是唯一的真实存在的实体。

18 世纪英国的贝克莱是唯我论的典型代表。他宣称物是"感觉的组合"或"观念的集合"，"存在就是被感知"。由于唯我论的荒谬显而易见，不证自明，所以主观唯心主义者一般都尽力设法加以逃避。贝克莱就为逃避唯我论的结论而求助于上帝，结果从主观唯心论又转向客观唯心论。但也有的哲学家将主观唯心主义的原则贯彻到底，公开宣扬唯我论，如 19 世纪德国的施蒂纳在其《唯一者及其所有物》中主张"唯一者"即"我"是最高的存在，它是世界的核心、万物的尺度、真理的标准。

一元论

把世界万物归结为一种本原的哲学学说。一元论是与二元论和多元论相对立的。"一元论"一词是德国唯心主义哲学家沃尔夫首创的。19 世纪末德国动物学家、哲学家海克尔开始将它作为哲学用语。他把基于物种保存原则和进化论的世界观称作一元论，并著有《作为宗教和科学之间的纽带的一元论》一书，还创立了"一元论者协会"。

依据解决哲学基本问题的立场不同，有唯物主义一元论和唯心主义一元论之分。唯物主义一元论认为，物质是世界的本原，世界的统一性在于它的物质性，世界上千差万别、形形色色的事物和现象，都是物质的各种表现形态，精神是物质的反映。唯心主义一元论认为，世界统一于精神，世界上的各种事物都是精神的产物和表现。在马克思主义产生以前，所有的唯物主义者的社会历史观实质上都是唯心主义的，因而他们的唯物主义一元论是不彻底的。只有马克思主义哲学才是彻底的科学的一元论。

二元论

主张世界有精神和物质两个独立的本原

的哲学学说。它和一元论相对立。17 世纪德国唯心主义哲学家沃尔夫首次提出"二元论"这个术语，他把承认存在有物质实体和精神实体的人称作"二元论者"。17 世纪法国的哲学家笛卡尔是哲学史上典型的二元论者。他认为，世界存在着两个互不依赖、各自独立的实体，即具有广延性的物质实体和具有思维属性的精神实体。

哲学史上反倒有一些哲学家的思想体系中包含有二元论的因素。例如，17 世纪荷兰哲学家斯宾诺莎认为，"神"即自然，是世界的唯一实体，它有无限多的属性，其中可以为人类所知的只有广袤（物质性）和思维（精神性）两种，两者绝对独立，不能互相影响。二元论把物质的派生物精神当作完全脱离物质而独立的东西，既不能科学地解决世界的本原问题，又根本歪曲了客观事实。二元论表面上动摇于唯物主义和唯心主义之间，但其结果必然导向唯心主义。

多元论

主张世界是由多种本原构成的哲学学说。多元论实质是一元论的不同表述形式。它有唯物主义的多元论与唯心主义的多元论之分。

凡是把世界归结为多种物质本原的学说，是唯物主义的多元论。例如，古希腊恩培多勒用水、火、土、气的结合与分离说明万物的和生灭；阿那克萨戈拉用无限多异质的"种子"解释万物的差异。中国古代哲学家将万物的本原归结为"五行"，即金、木、水、火、土。凡是把世界归结为多种精神本原的学说，就是唯心主义的多元论。例如，近代德国的莱布尼茨认为，世界由无数独立的精神性的"单子"所组成，是无数单子的和谐的体系。现代西方哲学中的实用主义也是多元论。实用主义的创始人之一的威廉·詹姆斯，把世界看作许多仅仅在外表不相互联系的独立部分。他还否定客观真理的学说，提出真理的多元性的理论，说："有用

莱布尼茨像

即理。"马克思主义哲学否定多元论，坚持唯物主义一元论。

辩证法

关于自然、社会和思维发展的最一般规律的科学。它是与形而上学根本对立的科学的世界方法论。"辩证法"一词是从古希腊语中"谈话""论战"演化而来，其本意是指在论辩时揭露对方议论中的矛盾并克服这些矛盾的方法。在古希腊哲学中，"辩证法"一词最早出现在柏拉图的著作《理念论》中。"辩证法"这个术语在哲学上，曾在不同意义上被使用。在古希腊，苏格拉底把通过对立意见的争论而发现真理的艺术看作辩证法，而在智者派那里，辩证法则为一种据理论证的艺术而广泛运用。智者派后期演变成为诡辩论者。

从亚里士多德开始，"辩证法"经常在逻辑学的意义上使用。黑格尔是哲学史上第一个明确地在宇宙观意义上使用"辩证法"概念的人。辩证法在历史发展中经历了三种基本形式：古代的辩证法、德国古典哲学中的唯心主义辩证法、马克思主义唯物辩证法。古代辩证法是在当时历史条件下产生的一种自发的、朴素的辩证法。德国古典哲学辩证法的主要代表是黑格尔，他第一个全面地有意识地叙述了辩证法的一般运动形式，但他的辩证法是彻底唯心主义。马克思和恩格斯在19世纪40年代，总结了无产阶级斗争的历史经验，批判地继承了人类优秀的文化成果和辩证法的传统，特别是黑格尔辩证法中的"合理内核"，创立了唯物辩证法，从而实现了人类认识史上的空前变革。

形而上学

形而上学是哲学术语，通常有两种含义：（1）指与辩证法相对立的反科学的世界观、方法论。（2）指一种研究超经验的东西的哲学。马克思主义哲学通常在前一种意义上使用它。"形而上学"一词最早是亚里士多德一部著作的名称，意思是"物理学之后"。此书传入中国后，曾被译为《玄学》。后来，严复根据中国《周易·系辞》中"形而上者谓之道，形而下者谓之器"之说，把"物理学之后"译为"形而上学"。在德国古典哲学中，黑格尔除了用"形而上学"一词指研究经验以外对象的哲学外，又用"形而上学"一词专指非辩证的思维方法，在哲学上第一次赋予"形而上学"一词以新含义。形而上学思维方法把事物看成彼此孤立、绝对静止、凝固不变的，它只看到一个一个的事物，忘记了它的产生和消灭；看到某一物的存在，忘记了它的产生和消灭；看到了事物的静止，忘记了它们的运动。它只见树木，不见森林。这种方法虽然古已有之，但作为比较完整的思想体系和思维方式则是近代的产物。

15世纪后半期到18世纪末的自然科学比较完善的只有力学，自然科学总的来说还处于搜集材料的阶段。自然科学虽然孤立地、静止地考察问题的方法被培根和洛克等人带入哲学领域，形成了形而上学的思维方法，使这一时期的唯物主义哲学带有机械的和形而上学的性质。

相对主义

割裂相对与绝对的辩证关系，否认事物本身及对事物认识的稳定性、客观性的一种形而上学观点和思维方法。它的基本特征是片面强调事物的变动性和相对性，否定事物的确定性和绝对性，其结果必然否定事物在一定的界限内的质的稳定性，抹杀事物之间的确定界限，把事物看作瞬息万变、不可捉摸的东西，从而否认事物的客观存在。在认识论上，相对主义只承认认识的相对性，根本否认认识的绝对性，这就必然否定客观真理，从而滑向唯心主义。相对主义作为一种理论观点和思维方法在古代哲学就已存在了。

古希腊的赫拉克利特认为，人不能一次踏进同一条河流，万物只是一阵风。中国在庄子提出"方生方死，方死方生"等相对主义观点。在近代哲学中，马赫主义、实用主义等都以承认知识的相对性为名，片面夸大知识界限的可变性，否定认识的客观源泉和客观真理。在现代资产阶级哲学中，相对主义被广泛采用来同唯物主义作斗争的工具。

绝对主义

割裂绝对与相对的辩证关系，把事物及认识绝对化的形而上学观点和思维方法。它的基本特点是片面夸大事物的认识的绝对性，根本否认它们的相对性，把绝对同相对截然分开，认为绝对就是绝对，排斥任何相对。在认识论上，它否认认识的相对性，不承认认识是一个不断完善、不断深化的永无止境的过程，看不到人们对真理的获得是一个辩证的发展过程，把真理看作一成不变的"绝对真理"。绝对主义在思维方法上，主要表现为绝对肯定和绝对否定两种形式。这种形而上学的思维方式，对复杂的事物不愿作深入细致的具体分析，爱作肯定一切和否定一切的简单结论。

近代形而上学唯物主义就是一种绝对主义。它否认事物和认识的发展变化，把事物的静止绝对化，认为一切事物都是永远不变的。人们的认识是一次完成、一成不变的。唯物辩证法坚持绝对与相对的辩证统一，认为事物的绝对静止中包含着绝对运动，绝对存在于相对之中。

目的论

用目的或目的因解释世界的哲学学说。在如何解释世界的事物和现象以及它们之间的关系的问题上，目的论认为某种观念的目的是预先规定事物、现象存在和发展以及它们之间关系的原因和根据。目的论的基本特征是把自然过程拟人化，把目的这个只为人的活动强加给自然界。目的主要的表现形式：外在的目的论和内在的目的论。外在的目的论是用神的目的来解释自然界的事物和现象的学说。这是目的论的最典型表现。

古希腊的苏格拉底和柏拉图都宣扬这种目的论。欧洲中世纪宗教神学的核心思想就是外在目的论。内在的目的论是认为事物本身的必然性中存在着目的性的学说。亚里士多德把目的规定为自然事物本身的内在决定性。17 世纪德国的莱兹认为事物有动力因，也有目的因。黑格尔发挥了关于内在目的性的观点，他把目的理解为事物的内在规定，认为它存在于事物的必然性的历程里。马克思主义以前的唯物主义用决定论原则同唯物主义哲学彻底驳斥了目的论观点，并为合理解释生物有机体的目的性、人类活动的自觉目的，奠定了科学的哲学基础。

诡辩论

形而上学和主观主义的思想形式之一。

一切脱离实际、违背逻辑规则而做的似是而非的推理和论证的思维方式的总称。诡辩，指为明显的谬说或与公认的合理观念相对立的谬见提供论据的似是而非的推理和论断。诡辩所使用的论证手法称作诡辩术。在古希腊，有一批传授知识、教人以论辩和演说技巧的职业教师被称为"智者"。他们的观点和方法中包含了一些导致感觉主义、怀疑论、主观主义和相对主义的因素。在他们的论辩方法中表现主观随意性、片面性、违反逻辑规则等错误。这些缺点、错误被一些片面追求雄辩术的智者们进一步扩大，变成了可以用来为任何说法辩护，形成诡辩论。诡辩论思想方法的实质是主观主义和形而上学。但是诡辩论常常利用客观事物和概念普遍具有辩证矛盾这一特性，冒充辩证法或同辩证法相互掺杂地表现出来。

诡辩论的基本特征是：形式主义和主观地应用概念，用概念的联系取代、掩盖事物真实的联系；否认相对之中有绝对性，片面强调事物的流动性和相对性。

逻辑实证主义

这个流派出现于20世纪20年代奥地利的维也纳，又名"维也纳学派"。第二次世界大战初，它的中心转移到美国，后来广泛流行于整个西方世界，并对自然科学界有相当大的影响。著名的逻辑学家、哲学家罗素和维特根斯坦是这个学派的先驱者，石里克是它的创始人，主要代表人物有卡尔纳普、纽拉特、莱欣巴哈和艾耶尔等人。他们中有不少人对数理逻辑有过一定贡献。

逻辑实证主义的基本原则是"证实"原则。这个原则规定：知识必须依据经验，任何命题只有能为经验所证实或否证才有意义，否则就没有意义。如"玫瑰花是香的""窗外在下雨"等一类命题都能用经验判别其真伪，所以它们是有意义的；而另一类命题，如经验之外是否有物质和规律存在，以及它们与精神的关系如何等，即传统的哲学命题，由于其内容超越于经验范围之外，无法用经验判别其真伪，因而都是没有意义的、"虚假"的"废话"。逻辑实证主义者据此宣称：传统的唯物主义和唯心主义都是"形而上学"（玄学），而他们的哲学才是"科学的哲学"。

逻辑实证主义者否认事实真理的必然性，却肯定逻辑真理的必然性和绝对性。他们认为，一切逻辑真理，比如"2+2=4"，"单身汉是没有妻子的人"等命题，都是永远正确的绝对真理。它们之所以如此，并不是由于反映了经验事实中的必然性，而是与经验事实绝对无关的。它们都是一些"重言式"的命题，即同义词的反复。如"2+2"是"4"的同义词，说"2+2=4"无异于说"4=4"；"单身汉"是"没有妻子的人"的同义词，说"单身汉是没有妻子的人"无异于说"没有妻子的人是没有妻子的人"。在这里，只是在形式上作了同义词的替换，而没有告诉人们任何新知识，也不可能告诉人们任何新知识。

逻辑实证主义者指出：要保证获得逻辑真理就必须严格遵守逻辑的法则。但是他们否认逻辑法则的客观性，而把它们说成人们主观上任意约定的东西，就像赌博规则是赌博者们主观任意约定的东西一样。在逻辑实证主义者看来，"科学的哲学"并不是超于科学之上的世界观，而仅是服务于科学的方法，即科学的"逻辑分析"的方法。因此，它的任务仅仅在于分析科学语言的逻辑关系，以清除科学体系中的各种逻辑混乱，特别是清除系中的一切"形而上学"（即承认客观物质世界）的表述。

自20世纪40年代以后，逻辑实证主义开始演进到语义哲学阶段，即主张对科学进行逻辑分析，而且进行语义分析。但是它的基本哲学观点，并没有多大变化。

普通语义哲学

语义哲学是当前西方资产阶级的重要哲学思潮。它可分为学院语义学派和普通语义学派。学院语义学派是从逻辑实证主义演变而成的；而普通语义学派则直接来源于对语言学的歪曲。波兰裔美国哲学家、逻辑学家柯日布斯基等是这个流派的创始人，其他重要代表人物有切斯、早川一荣等。

普通语义党派认为，人的思想根本不能反映现实。他们的主要根据是：

1.认识必先根据感觉，但感觉是因人而

异的。对同一物，不同的人可有不同感觉，因而它只是"感官接受外界世界的符号"。2.认识必须运用抽象思维，而抽象思维的本性是对经验事物（感觉）的背离和歪曲。切斯提出了认识的"五级抽象"。感官给对象以符号（感觉）是第一级抽象，理性给符号以名称是第二级抽象，把各种名称任意联结成为判断是第三级抽象，把各种判断任意联结成为推理是第四级抽象，从一连串推理中任意得出结论是第五级抽象，等等。总之，思维的抽象不是认识事物的深入，而是对事实的背离。因而他们的最终结论是："名称不是事物，事物是没有名称并不可言说的。"

那么语词的意义是从哪里来的呢？他们的回答是人们任意捏造的。在他们看来，一些抽象名词，特别是那些有关哲学和社会的基本概念，都是人们凭空捏造，因而是没有意义的。如切斯说："现实中并没有与'正义'、'民主'、'法西斯主义'、'资本主义'相当的东西，……它们都是语言进入我们头脑中捏造出来的，并通过语言都使它们实物化了。"因而他说："即使你使用最高倍的显微镜，也不能发现它们。"

普通语义学派认为资本主义社会的许多矛盾和弊端，都是人们滥用语言的结果。他们说："经济危机"是不存在的，只是由于"人们随便地制造了这个名称"，从而引起了人们的"心理恐惧"；"'失业'不是事物，而只是一个词，你根本无法证明它是否实际存在"；等等。

因此，要根除社会的种种矛盾和弊端，他们认为，不是社会的制度的变革，而是语言的变革；而要做到这一点，就必须广泛宣传"普通语义学"。切斯说："如果能大力普及语义学知识，使人人都认识到语言传达可能造成的误解，那么像法西斯主义与共产主义之间的战争之类灾祸就不会再发生了。"因此，柯日布斯基称他的语义不是唯一"安定神经系统的科学"。切斯则把普通语义学的出现，视为产业革命后的又一场大革命。

法兰克福学派

法兰克福学派产生于20世纪30年代，发源于德国法兰市的法兰克福大学，第二次世界大战初转移到美国，并在那里开始流行，战后在西德复兴，60年代末70年代初，随着西方"新左派"有运动的发展，广泛流行于资本主义世界。它的创始人是德国的霍克海默尔，主要成员有阿多尔诺、弗罗姆、马尔库斯、哈贝马斯、施密特、韦默尔、奥菲等人。其代表性著作有阿多尔诺的《否定的辩证法》，马尔库斯的《理性与革命》《爱欲与文明》，哈贝马斯的《"意识形态"是技术和科学》等。

法兰克福学派内部有左翼和右翼之分，其主张互有差异，但基本论点是相同的。大体说来，包括唯心主义的人本主义、主观"辩证法"以及它的"社会批判理论"。

法兰克福学派的基本哲学观点是唯心主义的人本主义。它的一些重要成员的人本主义思想是与弗洛伊德主义密切联系的。弗洛伊德主义是心理学中的一种学说，它认为，人天生有一种纯粹与物质无关的"下意识"，即欲望的冲动，其核心是性欲的冲动，它受着后天的道德、宗教等约束；而每个人的自我意识就是对这种欲望冲动与社会意识冲突的调节；并认为，开发社会文明都是对冲动的抑制，它是产生各种社会弊害的根源。法兰克福学派有的一些成员认为，马克思主义对社会现象的分析有"片面性"：过分强调了人的经济与政治因素，忽略了人的心理因素——欲望冲动的满足，因而主张必须用弗洛伊德主义，使马克思主义人本主义化。为此有人称这种理论为"弗洛伊德主义的马克思主义"。

法兰克福学派宣扬主观"辩证法"。它认为，辩证法不存在于自然界，因为自然界里没有矛盾，它只是一种纯粹心理的东西，即个人内心欲望冲动与社会意识相冲突的产物。

法兰克福学派的"社会批判理论"的主要内容是：革命主要不是生产关系或社会制度的变革，而是"心理的变革"，人的解放，归根到底不是经济和政治的解放，而是"人性的解放"，即欲望冲动的解放。因此，他们所追求的理想社会——"社会主义"，是"自由和自发性"的社会，即能无约束地寻求和完全地满足爱欲和快感的社会。

他们认为，阻碍这种理想社会实现的是抑制个人欲望冲动的"社会意识"，并把社会文化和包括在"社会意识"之中，说"文化……本质上是对幸福的压制"，"科学技术……是对人的统治"等等。他们对于当前资本主义社会的许多弊病作了揭发和批判：个人的自由、创造性和天性受到了严重损害摧残和压制，人变成了"机器"，人与人的关系变成了"机械的"关系，等等。但是他们把这些灾难和罪恶，归源于社会文化和科学技术的进步。

结构主义

结构主义是当代风行于欧美的重要哲学流派之一。瑞士语言学家索绪尔是它的先驱者，法国的莱维·施特劳斯、福科、拉康和瑞士的皮亚瑞等人是这个流派的主要代表人物。它的代表性著作有莱维·施特劳斯的《野蛮人的思想》、福科的《词与物》和皮亚瑞的《结构主义》等。

结构主义哲学思想的核心是"结构"的概念。结构主义认为，人的理性有一种先天的构造能力，它在无意识中支配着人的行为，一切由人类行为构成的社会现象，表面上看来似乎杂乱无章，其实内蕴着一定的"结构"，这种结构支配并决定着一切社会现象的性质和变化。因此，他们主张，是主观的先验理性结构决定事物的性质和变化。乔姆斯基主张，不同的民族语言各有其不同的语法结构，这是语言的"表层结构"；具有同一的"深层结构"是不同民族语言所以能互

相翻译的原因所在；把某一种民族语言的所特有的"表层结构"转换成共同的"深层结构"，再转换成另一种民族语言的"表层结构"，这就是语言翻译的"转换"过程。而人类所共有的语言的"深层结构"，是先验地存在于人的理性即语言能力之中的。他认为，每一个人的言语活动，都受着这种先验"结构"的支配而不自觉。后来，莱维·施特劳斯把这种观点移植于人类学，福科把它移植于文化史，拉康把它移植于精神分析，巴特把它移植于文学艺术，等等。于是一个不仅流行于社会人文科学，还广泛影响数学、物理学等自然科学领域的庞大哲学思潮终于形成。

结构主义从上述结构理论出发，在方法论上一般强调如下几点。

结构主义强调性的研究，反对独立的局部性的研究。结构主义认为，任何现象都是由许多部分（元素）构成的，各部分又不是各自孤立，而是互相联系的；总体的结构规定着各个部分之间的联系和性质，而各个部分如离开整体的联系就没有自身的独立的性质，这正如每一个词只有在语言的上下文的联结（语境）中才能判定它的真正意义一样。因此，结构主义认为，考察事物必须从整体性出发，应着相联系所构成的复杂网络，反对把整体分解为各个部分而独立加以研究的分析方法。

结构主义强调认识事物内部的结构，反对单纯地研究外部现象。它认为，现象看来杂乱无章，其实受其内容结构的统一支配和规定，因此，研究事物不能像新实证主义者那样满足于表面现象的罗列和描述，而应透过现象深入事物内部，寻找并把握其内在的"结构"，只有从事物的内在结构出发，才能对事物的各个方面作出正确的理解和说明。

结构主义强调不以人的意志为转移的"结构"的"客观"作用，而忽视或否定人的主观能动作用。它认为，一切社会现象有性质的变化，都早已为先验的结构所"命定"，

人的一切行为都受着"结构"的支配，他们只能体现"结构"的作用，而不能改变"结构"的作用；因此，社会历史的"主体"不是人，而是先验的"结构"。

法国哲学家阿尔图塞等人主张把结构主义与马克思主义"结合"起来，主张用结构主义的观点理解、解释马克思的著作，并用它来进一步建立"马克思主义"的"哲学体系"。据此，人们将他们的理论称为"结构主义的马克思主义"。

马赫主义

马赫主义又称经验批判主义，因其创始人是马赫而得名。是 19 世纪 70 年代至 20 世纪初产生并流行的唯心主义哲学流派。

马赫主义强调经验的重要性，把感觉经验看作认识的界限和世界的基础，认为作为世界第一性的东西既不是物质也不是精神，而是感觉经验。从这一立场出发，强调一切科学理论都不过是假说，它们只有方便与否之分，没有正确与错误之别。

苏格拉底

苏格拉底（前 469 ~ 前 399），出生于雅典一个普通公民的家庭，他早年继承父业，从事雕刻石像的工作，后来研究哲学。在欧洲文化史上，他一直被看作为追求真理而死的圣人，几乎与孔子在中国思想史上所占的地位相同。

苏格拉底可以说是古代希腊哲学的一个分水岭。在他之前，古代希腊的哲学家都偏重对宇宙起源和万物本体的研究，如泰勒斯、毕达哥拉斯等，对于人生并不多加注意。苏格拉底扩大了哲学研究的范围，他将哲学引到对人心灵的关注上来。他引用德菲尔阿波罗神庙所镌刻的那句神谕来呼吁世人"认识自己"，旨在希望人们能通过对心灵的思考关怀而追求德行。可以说，苏格拉底把哲学的领域扩展了，对后来的西方哲学和宗教，乃至社会和民主制度的发展产生了不可

绘有柏拉图与他的学生亚里士多德像的彩陶画

磨灭的影响，也为基督教的欧洲化奠定了人文基础。

亚里士多德

亚里士多德（前 384 ~ 前 322），古希腊思想家。马克思和恩格斯曾称他为"最博学的人物""古代最伟大的思想家"。他在柏拉图的学院里潜心学习了 20 年，在吸收和批判了苏格拉底和自己的导师柏拉图的思想基础上，形成了自己的理论体系。

代表作有《工具论》《物理论》《形而上学》《伦理学》《政治学》等。

伊壁鸠鲁

伊壁鸠鲁（前 341 ~ 前 270），古希腊哲学家、无神论者，伊壁鸠鲁学派的创始人。伊壁鸠鲁从小就对世界的起源有着浓厚的兴趣，一生致力于探求世界的本原。他认为，世界上不存在混沌或者虚无的东西，世界是由原子组成的，而原子是不能被分裂成更小粒子的物质性微粒。宇宙中除了我们这个世界外还存在着其他世界，那些世界和地球一样，也有着自己美丽的大海和高山，有着自己的人类和飞禽走兽。

西塞罗

西塞罗（前 106 ~ 前 43），古罗马著名政治家、雄辩家和哲学家。出身于古罗马的奴隶主骑士家庭，从事过律师工作，后进入政界。从政开始时期倾向平民派，以后成为

贵族派。

他的哲学主张综合各派的学说，因此被认为是古代折中主义最典型的代表。在政治上，他认为国家是人民的事务，是人们在正义的原则和求得共同福利的合作下结成的集体；君主、贵族和民主三种政体都是单一政体，理想的政体应是"混合政体"，即以当时罗马元老院为首的奴隶主贵族共和国。

奥古斯丁

奥古斯丁（354～430），古罗马帝国时期基督教思想家，欧洲中世纪基督教神学、教父哲学的重要代表人物。

奥古斯丁生于罗马帝国，幼年时即加入基督教。387年复活节，他接受安布罗斯洗礼，正式加入基督教。395年升任主教。在任职期间，他以极大的精力从事著述、讲经布道、组织修会等活动。其思想体现在《忏悔录》《上帝之城》等著作之中。

奥古斯丁把哲学用在基督教义上，使哲学与宗教结合，创立了基督教哲学，后来成为经院哲学依据的权威。

爱留根纳

爱留根纳（约800～877），爱尔兰人，是"加洛林朝文化复兴"时期最著名的学者，经院哲学的先驱，他建立了中世纪第一个完整的唯心主义体系，为经院哲学全盘时期的到来奠定了基础，被尊为"中世纪哲学之父"。黑格尔认为，这个时期真正的哲学是从爱留根纳开始的。

爱留根纳是基督教内部第一个明确指出信仰应该服从理性的哲学家。他主张信仰与理性的统一，神学与哲学的统一；认为启示和理性都是真理的来源，宗教和哲学具有同等的权威，理性和启示不可能互相矛盾。但他认为理性和启示一旦出现了矛盾，那就应当采取理性。

爱留根纳对中世纪哲学产生了深远影响，他关于理念是万物的原形、事物是理念的实在化的观点，后来发展为经院哲学中的实在论。而他的泛神论，如崇尚理性、反对权威的思想，则成了后来反正统经院哲学思潮的一个重要理论来源。

哥白尼

哥白尼（1473～1543），出生于波兰维斯杜拉河畔的托伦市一个富裕家庭。他从小丧父，由担任教士的舅父抚育长大。1506年，哥白尼大学毕业回国，被批准加入了教士团。这使他享有了一定的社会地位和物质保障，并获得充裕的时间来从事自己最喜欢的天文学研究。在长期的科学观测和研究过程中，哥白尼发现了教会所宣扬的"地心说"（即地球是整个宇宙的中心）存在着无法解释的疑问。他用了大量时间来进行科学实践活动，并整理自己的研究成果，终于写成了长达6卷的天文学巨著——《天体运行论》，大胆地提出，地球是围绕太阳转动的，太阳才是宇宙的中心。这就是著名的"日心说"。

哥白尼的学说不仅改变了那个时代人类对宇宙的认识，而且从根本上动摇了欧洲中世纪宗教神学的理论基础。正如恩格斯所说的，"从此自然科学便开始从神学中解放出来"，"科学的发展从此便大踏步前进"。

布鲁诺

布鲁诺（1548～1600），意大利思想家。他出生于那不勒斯附近的诺拉镇。17岁进入圣多米尼加修道院，但他非常拥护哥白尼的"天体运行论"。28岁时，因反对罗马列教会的腐朽制度而离开修道院，流亡西欧，曾用演讲、讲课、文章等不同形式反对"地心说"，宣扬新思想。他认为："为真理而斗争是人生最大的乐趣。"1592年，布鲁诺被骗到威尼斯并遭逮捕，在囚室八年中他英勇不屈。据1599年10月21日的档案记载，布鲁诺宣布无可招供，他没有做任何可以反悔的事情。他说："在真理面前，我半步也不退让！"最后以"异端分子和异端分子的老师"的罪名，于 1600 年 2 月 17 日被烧死在罗马鲜花广场。后人为纪念这位坚强不屈的学者，于 1889 年在鲜花广场上塑起布鲁诺铜像。

培　根

弗朗西斯·培根（1561 ~ 1626），近代英国唯物主义哲学家。培根出生于伦敦一个新贵族家庭，12 岁时便进入剑桥大学学习，学业完成后被任命为英国驻法使馆随员。1582 年，培根在获得律师职务的同时被选为国会议员，此后又接连担任副检察长、检察长、掌玺大臣等职。由于被指控受贿，他不得不辞职，随后致力于哲学与科学研究。培根研究的主要内容是认识论，在唯物主义基础上，他创立了经验论，提出了经验论的基本原则和方法，对科学研究的发展产生了很大的影响。被马克思称为"英国唯物主义和整个现代实验科学的真正始祖"。

霍布斯

霍布斯（1588 ~ 1679），早期著名的启蒙思想家，代表了英国资产阶级革命期间资产阶级上层的利益。他认为世界上本没有神，宗教不过是人类无知和恐惧的产物，但有助于维持社会秩序。

霍布斯的代表作是《利维坦》，开宗明义地宣布了彻底唯物主义自然观，声称宇宙是由物质的微粒构成，物体是独立的客观存在，物质永恒存在，既非人所创造，也非人所能消灭，一切物质都处于运动状态中。

约翰·洛克

约翰·洛克（1632 ~ 1704）是英国经验主义的创始人，同时也是第一个全面阐述宪政民主思想的人。

洛克认为世界是由物质构成的，人类所有的思想和观念都来自或反映了人类的感官体验，主张感官的性质可分为"主性质"和"次性质"。

洛克的哲学思想对后来的哲学家产生很大的影响，贝克莱、休谟等人继续发展了他的理论，使其成为欧洲的主流哲学思想。

斯宾诺莎

斯宾诺莎（1632 ~ 1677），荷兰哲学家，西方近代哲学史重要的理性主义者。

斯宾诺莎认为宇宙间只有一种实体，即作为整体的宇宙本身，而上帝和宇宙就是一回事。因此，斯宾诺莎提出我们应该"在永恒的相下"看事情。

在伦理学上，他认为，一个人只要和上帝达成一致，就能获得相对的自由，从而摆脱恐惧，否则就要受制于外在的影响，处于奴役状态。同时他还主张无知是一切罪恶的根源。代表作是《几何伦理学》（即《伦理学》）。

孟德斯鸠

孟德斯鸠（1689 ~ 1755），出生于法国波尔多附近的拉伯烈德庄园的贵族世家。不仅是 18 世纪法国启蒙时代的著名思想家，也是近代欧洲国家比较早的系统研究古代东方社会与法律文化的学者之一。1728 年任法兰西文学院院士。

孟德斯鸠的哲学思想承认物质世界的存在与运动有其自身的规律，它既不以人的意志为转移，也不受上帝的干预。但他又认为

孟德斯鸠像

上帝是物质运动的最后根源。在政治思想上，他提出"三权分立"学说，主张开明的君主立宪制与信仰自由，要求宗教改革，对封建制度和天主教会进行了激烈批判。他还提出地理环境决定政治制度的理论。代表作有《波斯人的信札》《论法的精神》。尤其是《论法的精神》这部集大成的著作，奠定了近代西方政治与法律理论发展的基础。

伏尔泰

伏尔泰（1694～1778），法国启蒙思想家、哲学家，有"法兰西思想之王""法兰西最优秀的诗人""欧洲的良心"之称。他提倡天赋人权，认为人生来就是自由和平等的，人人都具有追求生存、追求幸福的权利，这种权利是天赋予的，不能被剥夺，这就是天赋人权思想。雨果曾评价说："伏尔泰的名字所代表的不是一个人，而是整整一个时代。"代表作有《哲学辞典》《形而上学论》等。

休 谟

休谟（1711～1776），18世纪英国哲学家。休谟的哲学受到经验主义者约翰·洛克和乔治·贝克莱的深刻影响，首倡近代不可知论，对感觉之外的任何存在持怀疑态度，对外部世界的客观规律性和因果必然性持否定态度。在伦理观上，主张功利主义，认为快乐和利益是一致的。代表著作有《人性论》等。

卢 梭

卢梭（1712～1778），法国著名启蒙思想家、哲学家、教育家、文学家，是18世纪法国大革命的思想先驱，启蒙运动最卓越的代表人物之一。在哲学上，卢梭主张感觉是认识的来源，坚持"自然神论"的观点；强调人性本善，信仰高于理性。在社会观上，卢梭坚持社会契约论，主张建立资产阶级的"理性王国"；主张自由平等，反对大

私有制及其压迫；提出"天赋人权说"，反对专制和暴政。在教育上，他主张教育的目的在于培养自然人；反对封建教育戕害、轻视儿童，要求提高儿童在教育中的地位；主张改革教育内容和方法，顺应儿童的本性，让他们的身心自由发展，反映了资产阶级和广大劳动人民从封建专制主义下解放出来的要求。主要著作有《论人类不平等的起源和基础》《社会契约论》《爱弥儿》《忏悔录》等。

狄德罗

狄德罗（1713～1784），18世纪法国唯物主义哲学家，百科全书派代表。

狄德罗把世界设想为一个大系统，认为其中存在的只有时间、空间与物质；物质本身具有活力，能够自行运动，不需要它以外的神秘力量参与。同时强调感觉论，认识出现在理智之中的，必然首先导源于感性认识，主张感性认识与理性认识两条轨道相辅相成，共同推进人类认识。其代表作有《哲学思想录》《论盲人书简》等。

康 德

伊曼努尔·康德（1724～1804），启蒙运动时期最重要的思想家之一，德国古典哲学创始人，著有一系列涉及广阔领域的有独创性的伟大著作，如《纯粹理性批判》《实践理性批判》《判断力批判》等。

在《判断力批判》中，康德把人理解为"完整的生命"，并由此出发把人的"理论理性"和"实践理性"通过审美判断联结起来。在审美鉴赏中，"事物自身"向鉴赏者"显现"出"自己"的意义，鉴赏者在"现象"中"看"到"本质"，从经验中的"有"中"看"到了"无"，召唤那个"无—本体—事物自身"到我们面前来。"无—非存在"并非人主观强加给"自然"的，"世界"作为"整体"存在于"作为整体的自然"之中，世界有一个"无""在"。哲学正是在"整体"尚

未"完成"时，"看"到了"整体"，提前进入"整体"。"整体论"可以理解为哲学的目的论，它使世界万物有始有终，有"自己"。"理性"将"自然"作为人们"生活世界"的有机组成部分，使它不仅是我们的工具，而且将其"评鉴"为"事物自己"。"自己"就是"自由"，"自由"的意义只向"人""开显"。人必须是理性者，是自由者，是目的。

费希特

费希特（1762 ~ 1814），德国唯心主义哲学的主要奠基人之一。

在《自然法学基础》中，他认为自我意识是一种社会现象。任何客体的自我意识，其必要条件是所有其他理性的客体存在。这些客体共同影响并召唤起每个单个个体其自身的自我意识。这一观点最终发展成了费希特绝对自我，自我设定自己本身的认识论。

黑格尔

黑格尔（1770 ~ 1831），德国著名哲学家，古典唯心主义哲学的最杰出代表。黑格尔在康德哲学思想的基础上，发扬并创立了庞大的客观唯心主义哲学体系。

他的哲学体系第一次对辩证法的基本内容进行了全面系统的阐述，其中以矛盾学说为核心。他认为辩证法贯穿于每一个研究领域，并认为整个自然、历史和精神的世界为一个过程。在这种学说的基础上，最后得出了逻辑学、认识论和辩证法三者统一的基本结论。黑格尔以"绝对精神"为标准，将哲学分为逻辑阶段、自然阶段和精神阶段三个由浅入深的阶段，认为它是一个肯定、否定、否定之否定的辩证发展过程，这种理论成为黑格尔哲学的顶点。

黑格尔一生著述颇丰，其代表作品有《精神现象学》《逻辑学》《哲学全书》《法哲学原理》《哲学史讲演录》《历史哲学》《美学》等。

谢 林

谢林（1775 ~ 1854），德国古典哲学的主要代表。在早期，谢林把康德与费希特的主观唯心主义转变为客观唯心主义，把他们的主观辩证法推广到外部世界，为黑格尔哲学体系的建立创造了条件；晚期的思想则走向天主教神学。

代表作《自然哲学体系初稿》《先验唯心论体系》，作为"同一哲学"的两个部分，确立了他作为德国古典哲学改造者的历史地位。

叔本华

叔本华（1788 ~ 1860），悲观主义代表，诞生于德国但泽。1819 年发表重要哲学著作《作为意志和表象的世界》。

叔本华在《作为意志和表象的世界》一书中，开篇就宣称："世界是我的表象。"这是一个真理，是对于任何一个生活着和认识着的生物都有效的真理；不过只有人能够将它纳入反省的、抽象的意识。他认为人们不能把精神归于物质，只能通过精神认识物质。人类不能靠先考察物质，再考察思想来发现现实的奥秘。人类绝不能从外面得到事物的真正本质，只能得到印象和名称。探索心灵的深处，才可能获得开启外部世界的钥匙。因为凡已属于和能属于这个世界的一切，都无可避免地带有以主体为条件的性质，并且也只是为主体而存在。世界即是表象。

费尔巴哈

费尔巴哈（1804 ~ 1872），德国旧唯物主义哲学家。费尔巴哈批判了康德的不可知论和黑格尔的唯心主义，恢复了唯物主义的权威；肯定自然离开人的意识而独立存在，时间、空间是物质的存在形式，人能够认识客观世界。他认为，认识的唯一对象是自然界，认识就是思维对客观对象的反映。主张思维与存在具有同一性，客观世界是可知的。

在感性认识与理性认识关系上，认识始于感觉，但不能停留在感觉上，而必须从感觉上升到理性思维，但他又未区分开感性与理性之间质的差别。

尼 采

尼采（1844～1900），德国著名哲学家。西方现代哲学的开创者。他最早开始批判西方现代社会，然而他的学说在当时没有引起人们重视，直到20世纪，才激起深远的、调门各异的回声。后来的生命哲学、存在主义、弗洛伊德主义、后现代主义都以各自的形式回应尼采的哲学思想。其代表作有《查拉图斯特拉如是说》《权力意志》《悲剧的诞生》等。

《悲剧的诞生》是尼采第一部较为系统的美学和哲学著作，写于1870～1871年。从书名来看，本书是对作为文学形式之一的悲剧的探讨，但实际上包含着比较丰富的内容，阐述了作者的许多哲学思想，因而可说是他的哲学的诞生地，是一本值得重视的著作。

《悲剧的诞生》一书的主要目的不在于对悲剧进行纯理论的探讨，而是从人生哲学的角度探讨了悲剧与人生的关系，提倡一种审美的人生态度，建立起一种悲剧人生观。

尼采像

杜 威

杜威（1859～1952），近代美国教育思想家、实用主义哲学家。他的思想，不仅形成了美国继实用主义之后兴起的实验主义哲学体系，而且间接影响到进步主义教育的实施与理论。同时杜威积极推动社会改革，倡言民主政治理想。

罗 素

罗素（1872～1970），20世纪英国最有影响力的哲学家、数学家和逻辑学家之一，同时也是活跃的政治活动家，并致力于哲学的大众化、普及化。他在多方面的建树深刻地影响了西方哲学。

在数理逻辑方面，罗素提出了罗素悖论，1910年，他和老师怀海德一起发表的《数学原理》，对这一概念做了初步的系统整理。

哲学上罗素最大的贡献是与摩尔、弗雷格、维特根斯坦和怀特海一起创立了分析哲学。分析哲学始终强调现代逻辑学和科学的重要性，批判唯心论。

维特根斯坦

路德维希·维特根斯坦（1889～1951），出生于奥地利，后入英国籍。哲学家、数理逻辑学家。20世纪最有影响的哲学家之一。

维特根斯坦1911年到剑桥，跟随罗素学逻辑。在罗素的推荐下，他的《逻辑哲学论》于1919年出版，在哲学界引起轰动。1928年他重返剑桥任教。

维特根斯坦的哲学主要是研究语言，他主张哲学的本质就是语言。他想揭示当人们交流时，表达自己的时候到底发生了什么。他认为语言是人类思想的表达，是整个文明的基础，哲学的本质只能在语言中寻找。他的主要著作是《逻辑哲学论》和《哲学研究》。

❧ 政治法律 ❧

议会制

议会制又称"国会制"或"代议制"，它是资产阶级国家的一种政治制度和资产阶级专政的一种政权形式，是资产阶级反对封建主义君主制的产物。

议会制有一院制与两院制，一院制即议会，不分上下两院，但一院的名称在各国也有所不同，有的国家叫作议会（如丹麦、希腊）；有的国家叫作立法会议（如芬兰）；有的国家叫作众议院（如卢森堡）；有的国家叫作国民大会（如葡萄牙）；有的国家叫作国民议会（如土耳其）。多数国家是两院制，即议会由上下两院构成。两院在不同的国家有不同的名称；下院在有的国家叫作众议院（如英、美等），有的国家叫国民议会（如英国），有的国家叫作民族院（如瑞士）；上院在有的国家叫作贵族院（如英国）或共和国参议会（如法国），有的国家叫作联邦议会（如奥地利）或联邦院（如瑞典）。两院制首先在英国形成，随后几乎在所有资本主义国家内广泛流行。

议会在名义上是国家的最高权力机关。政府由议会选举中占多数席位的政党或政党联盟组成，并对议会负责，议会有行使立法和监督政府的权力。因此资产阶级把议会说成表达"全民意志"的代议机构、实现民主政治的标志。实际上，在议会形式下，全部政权集中在资产阶级手中，议会权力的大小，是由资产阶级根据它的利益来决定的，随着资本主义进入帝国主义阶段，议会权力逐渐缩小，行政权力逐渐扩大，立法权实际掌握在政府手中，议会只是资产阶级专政的装饰品和工具。

两党制和多党制

"两党制"，是由两个政党交替组织政府的制度。按照这种制度的要求，资本主义国家几年举行一次竞选，由在选举中取得多数议席或当选总统的政党组织政府叫作"执政党"；在竞选中失败的党叫作"在野党"或称"反对党"，在台下牵制和监督执政党的活动。

在资本主义社会发展的前期，"两党制"主要反映了资产阶级和地主、贵族的矛盾。19 世纪中期以前，英国的辉格党与托利党的斗争、美国南北战争时期共和党和民主党的斗争，都具有这样的性质。19 世纪中期以后，随着资本主义的发展，地主、贵族越来越资产阶级化，"两党制"所表现的已经不是地主、贵族与自由资产阶级的矛盾，而是各个资产阶级集团之间互相争夺、互相制约的关系，19 世纪 60 年代以后，英国的保守党和自由党的关系、美国的民主党和共和党的关系，就反映了这种变化的趋势。20 世纪初，特别是第一次世界大战以后，由于帝国主义危机的加深和工人运动的发展，有些国家的资产阶级的"两党制"由原来的资产阶级政党轮流执政，改变为由一个资产阶级政党和一个资产阶级化了的工人政党轮流执政。在英国，原来是保守党和自由党轮流掌握政权，到了 20 年代，自由党急剧衰落，工党的地位迅速增强，出现了保守党和工党轮流执政的局面。

以法国为代表的几个政党轮流执政的形式，以及在德国和意大利等国出现的几个政党联合执政的形式，这就是所谓的"多党制"。所谓"两党制""一党制""多党制"，是由各国的具体历史条件形成的。

内阁制

内阁制是资本主义国家的一种政权组织形式。18世纪初始于英国。其特点是：（1）内阁（即政府）一般由议会中占多数席位的政党组成，有的也由几个政党联合组成。在共和制国家，内阁首脑叫总理、阁员叫部长；在君主立宪制国家，内阁首脑叫首相，阁员叫大臣。有些国家，内阁不包括所有部长（大臣），如英国只有外交、财政、内政、殖民、国防等大臣才参加内阁。（2）内阁总揽一切行政权力，通常只对议会（国家最高立法机关）负责，当议会对内阁提出不信任案时，内阁必须全体辞职，或提请国家元首下令解散议会，进行改选，以待新议会决定内阁去留。（3）元首不论是世袭君主或选举产生的总统，有的不负实际政治责任，一切政治上的政策与行为均由内阁负责。

影子内阁

影子内阁是由英国保守党于1907年提出的。在英国议会的下院获得多数席位的政党组成内阁，上台执政。在议会下院获得次多数议席的政党，就成为"国王陛下忠诚的反对党"，即法定反对党。这个反对党可以任命一套相当于政府各部大臣的班子，以宣传在野党的各项政策，同时为将来上台做好准备。这套班子就叫作"影子内阁"，也称"预备内阁"或"在野内阁"，起着"后备政府"的作用。

三权分立

关于国家权力的分配和国家机关相互关系原则的学说和制度，即立法、行政、司法三项国家权力，分别由三个不同的机关独立行使，三项权力互相制约的制度。在资产阶级革命初期，由英国的洛克首创，然后由法国的孟德斯鸠加以发展。这个学说和制度的主要内容是：由议会行使立法权，君主掌握行政权，法院专管司法权。资产阶级取得政权后，把这一原则规定在资产阶级国家宪法中，作为国家一般的政治制度。

上议院

资本主义国家两院制议会的组成部分。源于英国的贵族院，后为许多资本主义国家所仿效，但名称不同，如美国、法国、日本称"参议院"，荷兰称"第一院"等。与下议院比较，上议院一般具有较大的保守性，议员的当选资格也有较多的限制。通常为国家元首按特定条件（如贵族等）所指定，任期较长；有的国家由选举产生，定期轮番改选其中的一部分；也有的国家是终身制或世袭制。一般上议院有权否决下议院所通过的法案。

下议院

资本主义国家两院制议会的组成部分。源于英国的平民院，后为许多资本主义国家所仿效，但名称不同，如美国、日本称"众议院"，法国称"国民议会"，荷兰称"第二院"。议员通常按人口比例由选民分选区选举产生，定期改选，有一定的年龄、居住年限、教育程度、财产等限制。根据法律规定，下议院一般享有立法和监督政府、监督财政等权力。尤其在议会制国家，下议院通常被赋予较多的权力，居于比上议院优越的地位，但实际上往往受内阁的操纵和上议院的牵制。

大公国

以大公为国家元首的国家。大公是世袭的国家元首，掌握国家最高权力。出现于中世纪欧洲封建割据时期，如14世纪的立陶宛大公国。现代的卢森堡大公国是君主立宪的资产阶级国家。

专 政

专政是统治阶级对被统治阶级实行的政治统治。即一定阶级掌握和行使国家权力，对敌对阶级实行强力统治，以保障本阶级的政治、经济利益。该词源于拉丁文，音译为"狄克推多"，是古罗马的最高独裁者。

专政的作用一般分为两方面：一是镇压国内敌对阶级的反抗；二是防御国外敌人的侵略。专政的机关有军队、警察、法庭、监狱等。

乌托邦

拉丁文 utopia 的音译。源出希腊文，"乌"（ｏ ú）即"没有"，"托邦"即"地方"；"乌托邦"意即"乌有之乡"。英国托·莫尔在 1516 年出版的《关于最完美的国家制度和乌托邦新岛的有益又有趣的全书》一书中虚构的理想的社会组织的名称。此后"乌托邦"一词成为"空想"的同义语，指不能实现、不切实际的愿望和计划。

五角大楼

美国国防部所在地。位于弗吉尼亚州阿林顿，邻近首都华盛顿。1941 年 9 月始建，1943 年 1 月竣工。占地面积 34 英亩，为世界最大的办公楼之一。五角大楼由五座五层同轴楼组成，由十条走廊相连。从空中俯瞰可见整座大楼呈正五边形，中央院落也呈现正五边形，故名。

楼内包括美国军方四大部门：陆军部、海军部、空军部和国防部的办公室，有 2000 多名工作人员，其中一半是军人。楼内设有餐厅、银行、邮局、诊所以及广播电台和电视台。四大草坪和可容纳 1 万辆汽车的停车场。在新闻报道中，常作为美国国防部的代称。2001 年 9 月 11 日，曾遭受恐怖分子袭击，部分楼体损坏。

中央情报局

中央情报局是美国在国外进行间谍特务活动和颠覆活动的指挥中心，是美国庞大的情报系统的总协调机关。该局成立于 1947 年，直属美国国家安全委员会，总部设在华盛顿。它在国内外设有许多分支机构，组成了一个庞大的间谍网。

1971 年 11 月，改组了美国情报系统，将国务院、国防部、司法部、财政部和原子能委员会的各情报机关统一由美国情报委员会进行协调，并由中央情报局局长任该委员会的主席。通过这次改组，中央情报局正式取得了对美国各个情报机构的"监督和协调"的职权。

中央情报局的人员主要由两大类组成：一类是从事秘密活动以搜集情报，包括大批在国内外活动的间谍、特务，形形色色的别动队，以及监听站、间谍卫星和电信设施的人员。另一类是从事搜集和汇编公开情报的人员以及大批情报分析人员。

联邦调查局

联邦调查局是直属美国司法部的一个庞大的特务机构，建立于 1908 年，当时叫司法部调查局，1924 年改为现名。

联邦调查局的司法权限规定得非常广泛，除了根据有关立法或其他情况而归其他机构管辖者外，它有权调查一切所谓违反联邦法律的事件。它有权调查的事项约达一百八十五类之多，其中主要有：间谍、怠工、叛国以及其他颠覆活动，形形色色的偷盗、娼赌、暗杀、抢劫、诈骗、勒索之类的案件，还有袭击或暗杀高级官员的案件等。它在全国各地有 52 个分局，约有 19000 多名正式人员，此外，它还雇用了大批不公开的告密者和特务。为了培养特务，从 1953 年起，联邦调查局还在华盛顿办了一所警察学院。

克格勃

克格勃是苏联的情报机构——国家安全委员会。克格勃是由 Komnter Rocyn apct

behhou Beonacrocrn 的缩写 DRB 的译音，译意即国家安全委员会。该组织于 1954 年由苏联内务部分出来组成的，由苏共中央政治局直接领导，其总部设在莫斯科，下设四个总局（军事反情报总局、边防军总局、押送部队总局、经济总局）和若干独立的局和处（如秘密政治局、外事局、反间谍局、保卫局、特别监视调查局、特别行动局、游击队局、原子能安全局、合法活动局、恐怖与策反活动特别处、非法文件制作特别处、电子侦听特别处等），它的下属人员约有 40 多万人（其中干部约 9 万人），是世界上最庞大的情报组织。

克格勃在各加盟共和国和各州普遍设有下级组织，在内务部和军队里也有分支机构。它们不受地方所在单位的领导，只服从自己的特殊系统管理。其成员遍及各行各业各单位，他们使用各种手段从事侦察、监视等活动。克格勃在国内掌握秘密警察，搜集各种情报，管辖边防军。在国外，经常有大量的成员活动着。天上有他们的间谍卫星，海上有他们的间谍船。他们常常以外交官、记者、船员、专家、旅游者的身份，到各国搞搜集情报等活动。

盖世太保

盖世太保是德语 Geheime Staatspolizei 的缩写字 Gestapo 的音译，意译即秘密国家警察。

1933 年 4 月 26 日，赫尔曼·戈林（法西斯德国首要战犯之一，也是纳粹党的头目之一）首先在普鲁士州建立盖世太保，作为该州秘密警察，后发展到全国。

1936 年 6 月 16 日，盖世太保与纳粹党卫军合并，成为德国国家保安警察部队，领导人改为希姆莱。盖世太保是希特勒维持纳粹政权对德国人民和被占领国人民进行恐怖统治的工具。1946 年纽伦堡国际军事法庭宣布它为犯罪组织。

法西斯

"法西斯"一词最早出现于古罗马时代，系由拉丁文"FASCES"音译而来。那时，贵族出游，仆从常举着一束中间插着一把突出的斧头，周围用红条紧系的棍棒，这棍棒叫作"法西斯"，是贵族权力的标志，意味着有权把别人处以鞭笞或死刑。

法西斯独裁统治者希特勒

1890～1891 年，一种新的社会主义思想从意大利北方传到南方。生活贫困的西西里岛的工人和农民，联合起来建立西西里"劳动者法西斯"，反对资产阶级霸占耕地，反对政府的苛捐杂税。当时在意大利语中，"法西斯"一词的本意是联盟、协会。所以，"法西斯"一词最初是革命的代名词。

第一次世界大战爆发后，意大利的垄断资产阶级和民族沙文主义者极力主张参战，妄想借机对外扩张，建立所谓"大意大利帝国"。其中有些人为了标榜"革命"，就用"法西斯"来命名。

1914 年 10 月 5 日比昂基和罗西等十人，在意大利的米兰市建立所谓"国际行动革命法西斯"的组织。与此同时，部分议员也组织了"议员法西斯"，以推动议会支持参战。

11 月，墨索里尼又在米兰市筹建了一个名为"革命行动法西斯"的组织……随着墨索里尼等人政治上的飞黄腾达，"法西斯"一词终于成为极端沙文主义和最富有侵略性的恐怖独裁的同义词。

天 皇

天皇是日本皇帝的称号。公元 645 年，日本古代社会发生过一次著名的政治经济改革，即"大化改新"，推翻了当权豪族苏我氏，拥立孝德天皇即位，改元大化。这一改革促进了封建制经济的发展，并形成以天皇为首的中央集权国家。但从 1192 年到 1868 年，日本是个封建割据国家，天皇没有实权，最高政权实际掌握在以"将军"为首的"幕府"手中，古代天皇制逐渐削弱和瓦解。

1868 年，日本发生了明治维新运动，推翻了"幕府"，归政天皇，并且在明治宪法上，明确指出天皇是"神"的后裔，从"神"那里继承统治国家的人权，具有无上的权威。日本天皇制由此形成。

沙 皇

俄罗斯帝王的称号。14 世纪后，东斯拉夫人在第聂伯河和伏尔加河流域所建立的大小封建公国，随着经济的发展开始趋向统一。其中，莫斯科公国势力发展最快。到了 15 世纪下半叶，莫斯科公国大公伊凡三世凭借实力征服了各小公国，最后又摆脱了蒙古钦察汗国的控制，建立起一个统一的俄罗斯中央集权国家。为了名正言顺地进行进一步的向外扩张，伊凡三世娶了拜占庭帝国末代皇帝的侄女巴列奥罗格为妻。拜占庭帝国于 1453 年灭亡后，伊凡三世自封为继承人，妄想建立一个"第三罗马帝国"，并开始自称"沙皇"。

"沙皇"的直译为"恺撒大帝"。"沙"是"恺"的俄语音变。"恺撒"是古罗马显赫一时的大独裁者，实为没有加冕的皇帝。伊凡三世就是要步其后尘，但并未正式加冕称"沙皇"。直到 1547 年，伊凡四世才举行隆重仪式，正式加冕为"沙皇"。伊凡四世称"沙皇"，更为明确地表明，他要像恺撒那样：进军罗马，出兵西班牙，移师巴尔干半岛，驻兵埃及，征服小亚细亚和北非。这一梦想，传给了俄国历代统治者。因此，俄国历代封建君主大都袭称"沙皇"。十月革命胜利后，俄国沙皇君主制才被送进了坟墓。

总 统

总统是共和制国家（即共和国）的元首名称之一。总统制源于美国。1787 年，刚获得独立的美利坚合众国 13 个州的代表 55 人，在费城独立厅召开了制宪会议，制定了宪法。宪法规定：国家行政大权赋予总统，总统任期四年，由各州选举的总统候选人选出；总统为最高的行政首长，又是武装部队的总司令；总统经参议院同意，有权任命部长、外交使节、最高法院法官以及政府其他官员；有权批准或否决国会通过的法案。1789 年 1 月，美国举行大选，独立战争的杰出领导人华盛顿当选为第一任总统，也是世界上第一位总统。

《独立宣言》

《独立宣言》是 18 世纪北美 13 个殖民地的人民反对英国殖民统治、进行独立战争的政治纲领。哥伦布发现美洲大陆后，从 16 世纪开始，欧洲各国纷纷移民北美，但以英国为最。至 18 世纪，英国在北美建立了 13

华盛顿铜像

个殖民地。殖民地人民为了赶走英国统治者，获得独立和自由，进行了不屈不挠的斗争。1776年5月，北美13个殖民地在费城召开会议，并于7月4日通过了《独立宣言》。马克思称之为"第一个人权宣言"。

《独立宣言》一开始概括地叙述了资产阶级革命时期新兴资产阶级的一些最激进的政治原则。它呼吁所有的人都是生而平等的，都具有上天赋予的人权，每个人都享有追求自由和幸福的权利。为了保障这些权利，人民才设立了政府，政府的权力来自被统治者的同意。如果政府损害人民的权利，人民就有权来改变它，或者干脆废除它，重新成立新政府。宣言列举了英国殖民统治的罪状，最后庄严地宣告美国脱离英国而独立，成为"自由独立的合众国"。因此，每年7月4日成为美国的国庆节。

《独立宣言》不仅明确宣告了美国的独立，而且表明了新生的美国是一个民主共和国。《独立宣言》不仅有力地推动了美国独立战争走向胜利，而且有力地推动了欧洲各国的资产阶级革命。

美国星条旗

美国的国旗常常被人叫作"星条旗"。旗的左上方蓝底上排列着50颗白色的星，6颗一排与5颗一排相间；旗的其余部分是13道红白相间的条子。

美国国旗的图案象征着行政区的划分。原来美国全国分50个州和一个直属区（即首都所在地哥伦比亚区）。每一颗星就代表着一个州。13道红白条象征着当初从英国统治下争取独立的13个殖民地，也就是现在东部的13个州。

美国国旗的图案是不断变化的，它上面的白星越来越多，如现在远离美国本土的第四十九州阿拉斯加，是1867年向沙皇俄国买来的。现在太平洋中的第五十州夏威夷群岛，是在1898年吞并来的。这两个州以前是殖民地，直到1959年才作为两颗白星缀列在美国

国旗上。

美国共和党

美国共和党是美国轮流执政的两大政党之一。1854年成立，由从民主党中分裂出来的辉格党、自由土壤党、北部民主党人和废奴主义者组成，代表工业资产阶级的利益，反对南方的奴隶制。

1860年该党领袖林肯当选为总统。林肯政府颁布了解放奴隶宣言，平息了南方奴隶主叛乱，胜利结束了南北战争，自此共和党在美国连续执政24年。

1884年由于民主党在竞选中获胜，从此开始了美国两大政党轮流执政的历史。

1888年至1892年共和党人哈里逊执政，1892年后又让位于民主党。

1896年共和党麦金莱上台，再度开始共和党连续执政16年时期。这一时期美国完成了自由资本主义向垄断资本主义的过渡，该党几届政府对内加强国家权力，加强军备建设，实行保护关税政策，实行金本位货币制。巩固和加强资奉主义制度；对外实行侵略扩张政策，1898年夺取西班牙殖民地菲律宾、波多黎各和关岛，吞并夏威夷群岛。

1899年提出对中国的"门户开放"政策。1900年参加八国联军侵略中国，镇压义和团运动。

1903年攫取修筑和控制巴拿马运河的权利。塔夫脱政府提出了以资本输出为辅助手段的"金元外交"侵略政策等。

1912年至1920年民主党上台。第一次世界大战后，共和党哈定任总统，美国经济处于"黄金时代"。接着共和党柯立芝上台，推行资本主义"合理化"运动。

1928年胡佛上台，提出"巩固和延长繁荣"的口号。

1929年世界性经济危机首先在美国爆发，阶级矛盾尖锐化，资本主义制度面临危机。

1932年大选，民主党推出主张社会改

良的罗斯福当政，自此开始了民主党执政20年（1932～1952）的政治局面。共和党在野20年后将艾森豪威尔推举上台。艾森豪威尔反对扩大社会福利计划，反对工会提高工资的要求，实行私有化。将墨西哥湾浅滩油田和国有水电站、森林、公园等转让给私人资本家经营。对外被迫在朝鲜停战协定上签字。但艾森豪威尔政府极力维护美国的世界霸主地位，实行所谓"实力政策""战争边缘"政策和大规模报复战略，1957年提出"艾森豪威尔主义"。力图在中东取英、法而代之。艾森豪威尔在位8年。

1969年至1970年共和党先后由尼克松、福特任总统。尼克松对内为克服经济危机提出"新经济政策"未能奏效，对外被迫结束侵越战争，并于1972年签署《中美联合公报》。为保持日益衰落的美国霸权地位，提出了"尼克松主义"。后因发生"水门事件"而被迫辞职，由福特接任。

1981年里根上台。里根抛弃了民主党信奉的凯恩斯主义的经济政策，实行紧缩的货币政策，对外提出"恢复经济和军事实力""重振国威"的口号，推行"以实力求和平"的方针，在加强实力地位的基础上同苏联谈判。里根在位8年，美国经济在1982年经济危机之后，曾于1984年出现过强劲的回升，但接着经济增长速度明显衰退，外贸逆差增大，1986年预算赤字上升为2200亿美元，1985年成为世界上最大的净债务国。继里根之后，该党布什（老布什）接任美国总统。布什对外提出超越遏制战略，对社会主义国家继续推行和平演变战略。

美国民主党

美国民主党是美国轮流执政的两大政党之一。其前身是1792年杰斐逊成立的民主共和党。该党成立之始代表中、小资本家，南部某些种植园主以及广大小农的利益。主张分权，使地方得到较多的权利。1800年，杰斐逊当选为总统，该党连续执政24年。

18世纪末19世纪初，随着美国北方雇佣制和南方奴隶制矛盾的加剧，民主党分裂为两派：一派是青少年共和党，后演变为辉格党；另一派是民主党。民主党实行维护南部奴隶主利益的政策。而辉格党的主张则反映了北部工业资产阶级和南部种植园主的利益。

1856年堪萨斯内战以后，代表北部工业资产阶级利益的人组成了共和党，民主党成为南部奴隶主利益的代表。南北战争后，民主党由于其维护奴隶主利益的立场，在群众中的威信丧失而一蹶不振。

自1860年起，在美国出现了共和党连续执政24年的政治局面。1884年民主党人竞选获胜，从此开始两党轮流执政。南北战争后，美国资本主义发展迅速，民主党也转而成为代表资产阶级利益的政党。

19世纪末20世纪初，美国经济和政治完成了由自由资本主义向垄断资本主义的过渡。1929年世界经济危机首先在美国爆发，无产阶级和资产阶级之间的矛盾激化，民主党为摆脱危机，挽救资本主义制度，走上改良主义道路。

1932年，民主党人罗斯福提出"新政"竞选获胜。罗斯福任总统后，实行通货膨胀和赤字财政政策，在工业中开展"公开竞争"，在农村中实行减耕减种，大办公共工程，缓和商品过剩，同时实行保障生活，以工代赈等改良主义措施，缓和了矛盾促进了国家垄断资本主义的发展。同时，罗斯福参与领导了第二次世界大战，打败了德、意、日法西斯，确立了美国的世界霸主地位，从而在美国破例四次当选为总统。

1945年罗斯福逝世，该党的杜鲁门继任。杜鲁门提出"公平施政"对外推行杜鲁门主义、马歇尔计划和"第四点计划"，签署一系列军事条约，大力推行侵略扩张政策，以巩固其霸主地位。

1952年杜鲁门下台，共和党的艾森豪威尔执政。

1961年民主党推出肯尼迪参加竞选,提出"新边疆"口号。

1963年肯尼迪遇刺,由该党约翰逊继任。约翰逊提出"伟大的社会"口号,实行社会福利立法,企图通过通货膨胀、增加财政开支等来刺激经济,扩大社会福利,保证资本主义的繁荣。约翰逊对外继续实行扩军备战、侵略他国的政策,尤其是1961年出兵侵略越南,遭到国内外人民的反对。在内外交困中,约翰逊于1968年下台。民主党所提出的"公平施政""新边疆""伟大的社会"等口号实则是罗斯福"新政"的继续。

1976年民主党卡特上台,时值美国第六次经济危机,卡特政府虽然采取了一些对策,但收效甚微。1980年美国再次发生经济危机。加以在国际上的霸主地位动摇,卡特让位于共和党的里根。

美国自1884年两党制确立到1980年的96年中,前48年(1884~1992)中,共和党人当总统32年,民主党人当总统16年;后48年(1983~1980)中,民主党人当总统32年,共和党人当总统16年,两党轮流执政,在其内、外政策上基本一致,民主党和共和党一样没有固定的纲领,只有竞选纲领。只有极少数职业党员有相对固定的组织关系,这类党员的党籍也是随时可以变动的。至于普通党员只是在大选时登记为党员,表示将投这个党的票,同意其纲领决议。选举结束他就什么也不是。下一次大选,他也可能成为另一个党的党员,甚至登记为民主党的党员,在选举进程中,由于各种原因而投其他政党的票。因此普通党员对该党既不承担任何责任与义务,也未享有任何权利。

英国保守党

英国保守党1912年与国家统一党合并,称保守统一党,简称"保守党"。1783年至1830年代表土地贵族利益的托利党是主要执政党。1868年始,与自由党轮流执政,逐步演变为代表垄断资产阶级、大地主和贵族利益的保守主义政党。第一次世界大战期间,同自由党组成联合政府,持续到1922年。之后,曾与工党形成轮流执政制度。1945年7月大选前,除工党两度短期执政外,较长时间由保守党执政,由波那一劳、鲍尔沮、张伯伦、丘吉尔先后任首相。

保守党成立于1679年,原来是个保皇党,1883年采用现在的名字。刚成立时,它的政敌骂它"托利"(意思是"歹徒"),所以又叫托利党。保守党主张维持现行的资本主义制度,主张欧洲联合,主张以实用主义方式处理政治问题,反对社会主义,只赞成社会改革。

1951年至1964年再度执政,由丘吉尔、艾登、麦克米伦、道格拉斯·霍姆先后任首相。1964年至1970年又处于在野地位。1970年大选获胜,由希思任首相。1974年在两次大选中均遭挫败,又成为反对党。1975年2月,该党选举玛格丽特·撒切尔夫人为领袖。1979年5月大选中,该党获得绝对多数议席,由撒切尔夫人任首相,从此结束了议会中少数党执政的不稳定局面。1983年6月蝉联首相。

该党执政后,改变历届政府所奉行的凯恩斯主义经济政策,推行以货币主义为主的经济政策。通过严格控制货币供应量和减少公共开支等措施来压低通货膨胀。同时采取刺激消费的措施来促使经济回升。实行国有企业"非国有化"措施,主张限制工会权利,加强"法律"和"秩序"。对外主张加强欧洲共同体和北大西洋公约组织,建立强大防务,谋求改善东西方关系。其组织机构,由领袖、总部、全国联盟、议会党团等部分组成。领袖掌握最高领导权,不受党的任何组织机构的约束。该党总部直接由党的领袖控制,是进行组织工作和政策研究工作的机构。全国联盟是全国保守主义与统一主义协会联盟的简称,是党的从事议会外宣传和组织工作的机构。议会党团由下院全体保守党议员组成,由它组织内阁或影子内阁,实施保守党的各项政策，其活动不受下院外保守党组织的约束。它还设有专门的财务机构，称为中央筹划委员会，负责筹集党的活动经费。领导人中大多是资本家、企业老板、经理、农场主，受到英国雇主联合会的支持。

保守党领袖、内阁首相撒切尔夫人曾多次访华。1982 年访华，同邓小平会见，揭开了中英香港问题谈判的序幕。1984 年 12 月访华，同中国政府正式签署了中英两国政府关于香港问题的联合声明，确认英国将于1997 年 7 月 1 日把香港主权交还中国。

保守党的领袖玛格丽特·撒切尔连任首相近 12 年，直到 1990 年 11 月辞职，创造了任期最长的纪录。20 世纪 80 年代初，保守党约有党员 200 万人，其中工人党员约占党员总数的 20%。

英国工党

英国工党原名"劳工代表委员会"，1900年 2 月在伦敦成立。1906 年更名为工党。从1906 年至 1914 年，该党在议会中依附于自由党，反对保守党。第一次世界大战爆发后，支持英国政府的战争政策，并加入自由党的联合内阁。后来逐渐取代自由党在两党制政治体制中的地位，成为英国轮流执政的两大政党之一。1924 年和 1929 年在自由党支持下上台执政，麦克唐纳先后出任第一届和第二届工党政府的首相兼外交大臣。1945 年至 1951 年由该党克莱门特·艾德礼任首相。1964 年至 1970 年由威尔逊任首相，1974 年至 1979 年先后由威尔逊和卡拉汉任首相。在1979 年大选中，工党受挫，导致党内派别斗争加剧，削弱了力量。1981 年 3 月 26 日，党内部分右翼分子退党，另组社会民主党。在 1983 年 6 月大选中，成为在野党。以代表人物迈克尔·富特为领袖的工党，惨遭失败，公开表示辞职。同年 10 月 2 日至 7 日、工党举行第 82 届年会，总结了大选中失败的教训，讨论了如何振兴工党的问题，并对欧洲共同体的政策作了较大修改，不再谋求英国

退出共同体。选举左翼人士尼尔·金诺克为领袖。工党以费边社会主义为指导思想，在政治上主张改革国家机器，废除贵族院，建立"民主国家"；经济上实行凯恩斯主义的政策，主张扩大国家企业局，通过增加公共开支和对国有化企业的投资，减少税收和控制进口等措施，以促进生产的发展和增加就业。对外主张缓和与裁军，改善同苏联、东欧以及中国的关系。

1954 年 8 月应中国外交学会邀请，工党领袖艾德礼曾率团访华。1980 年 5 月，工党领袖卡拉汉及总书记罗恩·海沃德率团访华，并同中国外交部负责人举行了会谈，1982 年9 月，应工党邀请，中国共产党派代表参加其年会。工党的最高权力机构是全国代表大会，简称"年会"。最高常设机构是全国执行委员会。行政机构是总部。下院全体工党议员组成一个议会党团。各选区都有工党组织，有党员 660 多万人。党报是《劳工周刊》，理论刊物是《新社会主义者》。

法国保卫共和联盟

法国保卫共和联盟亦称"戴高乐党"，前身是 1947 年 4 月戴高乐创立的"法兰西人民联盟"。其内部由于发生分裂，于 1953 年解散。联盟解散后，1958 年 10 月由原联盟成员分别组成的"社会共和党""法兰西复兴联盟"和"共和国民会议"等三个组织，合并为保卫新共和联盟。属法国第一大党。罗歇·弗雷任该党总书记。1967 年同"劳工民主联盟"合并，称"第五共和国民主人士联盟"。由罗贝尔·布热德任总书记，蓬皮杜为公认领袖。1968 年以"保卫共和国联盟"的名称参加竞选。同年又改称"共和国民主人士联盟"。1969 年 4 月，戴高乐辞职后开始衰落。1976 年举行特别大会改为现名。

法国社会党

法国社会党于 1902 年 3 月，由"独立社会党人联盟""社会主义工人联合会"（可

能派）和"革命社会主义工人党"等合并而成。1905 年同法兰西社会党合并，仍称"法国社会党"。其成员是各社会主义党和团体的成员。在 1920 年 12 月都尔代表大会上，该党发生分裂，多数派组成法国共产党，而以莱昂·勃鲁姆为首的少数派退出大会，成立了一个独立的政党，仍用法国社会党这个旧名称。1935 年 7 月，与法国激进社会党等组成反法西斯人民阵线。翌年大选获胜，建立以勃鲁姆为总理的人民阵线政府。第二次世界大战期间，不少党员和领导人参加抵抗运动。1944 年参加戴高乐临时政府。第四共和国时期，始终参与执政，不少党员出任总统、总理和部长。

1947 年 5 月，社会党人总理拉马迪埃将法共排挤出政府。1951 年 6 月参与创建社会党国际。1958 年 5 月支持戴高乐重返政坛。同年 9 月，由于对第五共和国宪法认识不一

1946 年 6 月 14 日，戴高乐在贝叶的讲话中，提出了一个新宪法的纲要，为建立新政权奠定基础。

党内发生分裂，1959 年成为在野党，组织逐渐分裂，党员减少。1965 年接受民主与社会主义抵抗联盟主席弗朗索瓦·密特朗建议，与其他党派合组为民主与社会主义左翼联盟，密特朗任主席并作为该联盟候选人竞选总统失利。1968 年联盟破裂。1969 年推举加斯东·德费尔竞选总统，负于蓬皮杜。同年 7 月，同其他几个社会主义派别合组为新的法国社会党，阿兰·萨瓦里任第一书记。1971 年 6 月力促几个左翼政党合并为新的社会党，密特朗当选为第一书记。1972 年 6 月，与法共、左翼激进党签订《共同施政纲领》，结为左翼联盟。1974 年密特朗再次竞选总统失利。1978 年左翼联盟破裂。

1981 年 5 月大选获胜，成为主要执政党，密特朗当选为法国第二十一届总统；6 月，取得国民议会多数议席。该党执政后，吸收法共入阁，主张多党制，权力下放，改革社会结构，建立"自治管理"的法国式社会主义。提倡扩大国有化并制定必要的计划。重申该党重视马克思的理论，但不是马克思主义政党。坚决维护法国的独立和利益，支持欧洲联合，忠于"大西洋联盟"，反对超级大国的霸权主义，主张世界"多级平衡"。强调维护与法语非洲的"特殊关系"，重视第三世界，赞成"南北对话"。1983 年后在各类选举中该党得票率下降，右翼势力抬头。1985 年 10 月，在田卢兹举行年会，确定了迎接 1986 年议会选举的战略，对党章做了部分修改，选出了新的全国领导委员会，若斯潘仍任第一书记。中国共产党派代表参加了此次年会。该党对苏联主张"友谊合作"，同时保持警惕；主张对美国恢复"亲密"关系，反对其控制。曾支持中法建交和恢复中国在联合国的合法席位。领导人多次访问中国。

1981 年密特朗访华，同中国共产党建立了党的关系。党的决策机构是全国代表大会，每年举行一次。有党员 20 多万人，多为职员、官员、工程技术人员、教师等。出版

《团结》周刊和理论刊物《社会主义新论语》。该党是社会党国际和欧洲共同体联盟，失去保持 16 年之久的总统职务，但仍属执政党之列。1976 年雅克·希拉克辞去总理职务后益发不振。同年 12 月该联盟在巴黎举行特别大会，更称"保卫共和联盟"，雅克·希拉克当选为主席。1981 年 5 月大选失利，成为在野党。同年 6 月，在国民议会选举中获 88 个议席，只占 17%。

1983 年至 1985 年该联盟参加各类选举活动，取得进展，但不同极右组织国民阵线合作。1985 年 4 月反对政府所提修改选举法草案。

该联盟忠于戴高乐主义原则，强调维护法国独立和捍卫第五共和国的体制。主张以"共和制自由理想"来代替"假人道的社会主义"。要求缩短总统任期。对外坚持法国民族独立，赞成优先发展本国核威慑力量，主张欧洲联合，维护北大西洋公约组织，但反对超国家的欧洲；对苏联，继续执行戴高乐制定的"缓和、谅解与合作"政策，指责其扩张主义；同美国保持联盟关系，同时强调法国独立行动的自由。党员成分大多是政府官员、自由职业者和商人，也有工人和农民，约有 30 万人。每年召开一次全国代表大会。领导机构是中央委员会、执行局，其中有前总理、前部长多人。参加国际民主联盟和欧洲民主联盟。在欧洲议会中属于欧洲进步民主党团。

印度国大党

印度的政党不下十个，有印度国民大会党、人民党、印度人民党、被压迫工农党、印度共产党，等等。最大的政党是印度国民大会党，1947 年印度独立后，主要是这个党执政。

印度国民大会党成立于 1885 年 12 月，简称国大党。被尊称为"圣雄"的甘地，生前一直是这个党的领袖，他领导国大党开展与英国殖民者的"不合作运动"。1947

年独立后，印度著名政治家尼赫鲁领导这个党，并且担任印度总理到 1964 年逝世。后来尼赫鲁的女儿英·甘地又担任了国大党的领袖，长期担任总理。1984 年 10 月，英·甘地被她的锡克族卫兵刺杀身亡，她的儿子拉吉夫·甘地出任该党领袖，并担任印度总理（1989 年卸任），1991 年 5 月 21 日又遭暗杀。

国大党声称坚持"民族主义、世俗主义、民主主义、社会主义"四项原则。对内强调团结统一，教派和睦；经济上主张"混合经济"和"计划经济"，突出改革和发展；外交上，主张和平共处五项原则。

日本自民党

日本自由民主党简称"自民党"。1955 年 11 月由日本自由党和民主党合并而成，鸠山一郎等 4 人担任总裁代行委员。1958 年 4 月，鸠山一郎任自民党第一位总裁。该党在 20 世纪 50 年代后半期和 60 年代一直控制着参众两院的多数席位。70 年代在参众两院的势力有所衰落，出现了执政党和在野党势力敌的局面。在 1980 年的参众两院同时选举中，该党一度恢复稳定的过半数，但在 1983 年的众议院选举中仅得 250 席，未能达到 511 席的半数，后因 8 名无党派人士加入该党才略过半数。

该党内派系众多，最多时（佐藤内阁时期）竟达 12 派。

1977 年 3 月底，各主要派系先后宣布解散，但不久又恢复活动，并涌现出一批新的"政策集团"。有中曾根派、福田派、河本派、田中派、铃木派等五大派。该党主张实行自由主义、民主主义、和平主义，排斥共产主义和社会主义。主张"以自由企业为基本"，维护资本主义政治经济社会体制。对外推行以"日美为基轴"的外交政策。1972 年田中角荣任该党总裁和内阁总理大臣时，恢复了日中邦交，从此历届自民党政府对中国采取友好态度，领导人多次访问中国。

1985 年 8 月起，该党政府领导人多次以公职身份参拜"靖国神社"，在国内外引起强烈不满。该党党刊为《自由民主》，党报为《自由新报》。

联合国

"联合国"一词最早是由时任美国总统的罗斯福提出来的。1942 年 1 月 1 日，美、苏、中、英等 26 个国家为了建成统一战线，共同打败德、意、日法西斯，聚会华盛顿，签署发表了一个共同宣言。根据罗斯福的提议，称为《联合国宣言》。到了 1944 年 8 月，英、美、苏三国代表在华盛顿举行会议，起草关于建立战后国际组织的具体方案。在谈到这个国际组织的名称时，三国同意沿用 1942 年的《联合国宣言》所用的"联合国"一词，把未来的国际组织命名为"联合国"。这个提议后来获得了旧金山制宪会议的批准。

1945 年 6 月 26 日，参加制宪会议的五十一国代表签署了联合国宪章，同年 10 月 24 日生效，宣告联合国成立。

联合国大会俯瞰图

联合国的徽章图案

联合国的徽章，是一个以北极为中心，方位角等距离的世界地图投影平面图。地图的陆地为淡蓝色，水域为白色，其 8 条经线延伸至南纬 600，纬线由 5 个同心圆表示。整个图案由两根交叉的金色橄榄树枝组成的花环相托，象征着世界和平。

这个徽章图案，原是美国战略服务处为 1945 年 4 月在旧金山召开的"联合国国际组织会议"的徽章设计的。1946 年 12 月 7 日，在纽约举行的第一届联合国会议通过决议，将上述图案定为联合国徽章图案，并要求各会员国在未经联合国秘书长许可的情况下，不得使用联合国的徽章、名称。联合国的徽章是根据联合国维持国际和平与安全，发展国际友好关系，促进经济、社会、文化及人类福利等方面的合作这一宗旨设计的。现在的联合国的文件、书报、刊物、信封以及它所颁发的护照等，均以联合国的徽章作标志。1947 年 10 月，在第二届联合国大会上还决定，将联合国的白色徽章置于浅蓝色底旗的正中，作为联合国的旗帜。

三八线

1945 年日本投降前夕，美苏两国商定以朝鲜国土上北纬 38° 线作为一条临时分界线，其北部为苏军对日军事行动和受降区，通称"三八线"。

1948 年 9 月朝鲜民主主义人民共和国成立后，苏军撤出朝鲜北部地区。1948 年 8 月以李承晚为首的"大韩民国"在美军占领下的朝鲜南部地区成立。翌年 6 月美国宣布"撤军"后，仍留下庞大的"军事顾问团"。1950 年 6 月朝鲜战争爆发后，中国志愿军赴朝参战。

1953 年 7 月 27 日签订停战协定，重新确认"三八线"为临时军事分界线，双方各由此后退 2 公里，以建立非军事区。

最早的成文"法典"

世界上最早的一部成文法典，是古代巴比伦王国的《汉谟拉比法典》。

公元前 18 世纪，即距今 3700 多年以前，位于幼发拉底河中游东岸的巴比伦国王汉谟拉比，统一底格里斯河和幼发拉底河两河流域，建立起一个高度中央集权的奴隶制国家。为了强化中央集权和镇压奴隶反抗，消除当时国内司法上的混乱现象，汉谟拉比制定了一部统一的法典，即《汉谟拉比法典》。

这部法典分绪言、正文和结语 3 个部分。仅正文部分就有 282 条目。法典规定，奴隶违令者，割耳、割手；逃亡者，均处死刑；奴隶可任人打骂，不得还手，如被打死，凶手无须偿命。法典还规定，租种奴隶主的土地，必须缴纳收成的 1 / 3 ~ 1 / 2 给奴隶主。可见，这部法典完全是一部维护奴隶制度的法典。

《汉谟拉比法典》原文镌刻在一块高 2.5 米，直径约 1.5 米的玄武岩椭圆石碑上，系楔形文字。1901 年，法国考古学家在伊朗一个叫苏撒的地方发现这块石碑，后窃夺至巴黎，陈列在卢浮宫博物馆里。

汉谟拉比法典。石柱顶部浮雕图为国王站在太阳神（正义之神）沙马什面前听授法典，正文用楔形文字书写。

《十二铜表法》

古罗马时期，是西方奴隶制最为发达的时期。古罗马的奴隶制法对后世法律影响巨大。古罗马从公元前 7 世纪至公元 6 世纪经历了王政时代、共和时代和帝国时代三个不同的历史阶段。王政时期，构成罗马法的有人民大会的法律和平民大会的法律。共和时期，元老院的决议也成为公众必须遵守的法律。共和时代末期，元老院的决议逐渐取代了人民大会和平民大会的法律。

共和时代的公元前 454 年，元老院被迫承认人民大会制定法典的决议，设置法典编纂委员 10 人，并派人赴希腊考察法制，至公元前 451 年制定法律十表，第二年又补充二表。这就是著名的《十二表法》。由于各表都用青铜铸成，所以习惯上称为《十二铜表法》。

《十二铜表法》是古罗马第一部成文法典。它详细规定了民事和刑事方面的各种法律规范，不仅包括实体法，而且含有程序法。它的许多概念和原则成为后世资本主义国家立法的渊源。《十二铜表法》颁布 60 年后，公元前 390 年，高卢人侵入罗马，铜表全部被毁，原文散佚。今天我们只能从古代其他文献典籍中略见其梗概。

《查士丁尼民法大全》

古罗马由共和时代到帝国时代，立法大权逐渐从元老院、人民大会和公民大会归入皇帝手中，法律、法令均采用皇帝敕令的形式。查士丁尼大帝时期，编纂的法典包括《查士丁尼法典》《学说汇纂》《法学阶梯》，以法学为其主要内容。《新律》包括从公元 534 年直到查士丁尼逝世时的法律。《查士丁尼法律》是拜占庭帝国的第一部法典。以上四个部分，从 12 世纪开始，被人们总称为《查士丁尼民法大全》。

《查士丁尼法典》由一个以 10 名法学专家组成的委员会从公元 528 年开始编纂，于公元 529 年完成。他们汇集当时的有效敕令，加以删除和修改，编成 10 卷。后来又做过修改，于公元 534 年正式颁布。《学说阶梯》以公元 2 世纪著名法学家盖尤斯的同名著作作为蓝本，由三名法学教授编成，作为法律专业学生学习法律的教材。

《查士丁尼民法大全》的前三部分，是由著名法学家特里波尼亚努斯主持，由查士丁尼皇帝选任的法学专家编纂而成的。《新律》也全部由法学家汇集查士丁尼执政期内所颁发的敕令，编辑整理成书的。所以，无论从法律规范方面，还是从法学研究方面来看，《查士丁尼民法大全》都达到了极高的水平。这也是它后来影响世界法律的一个重要原因。

《摩奴法典》

古代印度居住着不同种族、不同风俗习惯和不同宗教信仰的人民，政治上经常处于不统一状态，因而法律也是分散的、多种多样的，但又具有其共同点，即与宗教、道德规范和哲学密切相连。印度古代法大体可分为佛教分支和婆罗门教分支，相互兴替。婆罗门教法律把古老的文献《吠陀》奉为经典，其中的《法经》起着法典作用，以后由各学派编辑成各种汇编，作为规范人们日常行为的法律规范。

公元前 10 世纪中期有《乔达摩法经》，末期有《阿跋斯檀巴法经》。公元前 2 世纪至公元 2 世纪之间又有一部法律汇编行世。后人假托这是由天神之子摩奴制定的，所以称为《摩奴法典》。《摩奴法典》共 12 章，采用诗歌体裁，包括宗教、道德、哲学和法律规范等方面的内容，是当时流行最广、后世研究最多、最具有代表性的古代印度法典。《摩奴法典》并没有像古巴比伦《汉谟拉比法典》等古代法律那样由国王明令颁布，它之所以有效力，是因为其中包含着实际生活中通行的习惯法和宗教戒律。

《摩奴法典》肯定了王权无限的君主专制制度，宣布国王是具有人形的伟大的神，其光辉凌驾于一切生物之上。《摩奴法典》还核定了古印度社会奴隶制的种族等级制度，公开规定了不同等级的不同法律地位。在土地法、债权法、家庭法、继承法、刑法等方面，都贯穿着各种姓之间的不平等。

18 世纪末，英国法学家 W．琼斯将《摩奴法典》从梵文翻译成英文，《摩奴法典》便成为世界各地了解印度古代法律制度的重要参考资料。

自由大宪章

12 世纪末 13 世纪初，英国正是封建专制的诺曼王朝统治时期。当时英王约翰因干涉教会选举，侵占附庸土地，干预领主法庭，滥征苛捐杂税以及连年对外征战失利，引起原来支持王室的既得利益阶层的强烈不满。1215 年，约翰在封建领主、教士、骑士和城市市民的联合压力下，签署了一个法律性文件。这就是《大宪章》。《大宪章》全文共 63 条，主要是规定封建阶级内部权力再分配的文件，内容包括：承认教会自由不受侵犯；保障领主和骑士的采邑继承权，不再征收额外继承税或其他贡金、代役税；归还原侵占的领主土地、抵押物和契据；尊重领主法庭的管辖权，国王和官吏不任意受理诉讼，不任意逮捕、监禁自由民；承认伦敦和其他城市原有的自由和风俗习惯；统一国内度量衡，保障商贾自由。同时，还规定由领主推举 25 人负责监督宪章的实施。《大宪章》对农奴的权利只字未提，事实上是封建阶级的宪章，而且不久即被约翰王撕毁，失去效力。

17 世纪，英国资产阶级革命胜利后，资产阶级对宪章内容做了新的解释，作为要求

这幅画表现的是 1842 年，人们列队把有 300 多万人签名的宪章请愿书送往国会的情景。

公民权利、商业自由和法治的法律依据，因而又被英国学者称为"自由大宪章"。

《拿破仑法典》

《拿破仑法典》，即《法国民法典》，是 1789 年法国资产阶级大革命的产物，是资产阶级国家最早的一部民法典。

法国大革命之前，法国的民法是不统一的，南部是成文法地区，施行罗马法的《查士丁尼民法大全》；勒克司部是习惯法地区，施行渊源于法国的传统法律而经官方文件认可的一般习惯和地方习惯。由于当时的民法分歧，不便于适用，因此，需要制定一部适用于整个法国的民法典。当时，1789 年的法国大革命推翻了封建专制制度，建立了资产阶级共和国。取得革命胜利的资产阶级为了巩固革命成果，发展资本主义，也须制定一部内容广泛的新的民法典。

1799 年，执政官制度在法国确立后，即开始了《法国民法典》的草拟和制定。1800 年，任命了以法学家组成的四人委员会，赋

《拿破仑法典》封面

予他们起草民法典的任务。他们分别是著名法学家波塔利斯、特龙谢、普雷阿梅讷和马尔维尔。1801 年，四人委员会起草了全部民法典的初稿。第一执政者拿破仑亲自参加了该法典的制定。草案经过枢密院的仔细审议外，送交法国各法院征求意见，然后逐步分为 36 个单行法，并得到法国议会的通议。法兰西帝国建立以后，这些单行法经过综合，成为《法国民法典》，于 1804 年 3 月 21 日最后通过并公布施行。它的名称曾几次变更，最初定名为《法国民法典》，1807 年改称《拿破仑法典》，1816 年又改称《民法典》，1852 年再度改称为《拿破仑法典》。1870 年以后，习惯上一直称为《民法典》，但人们有时仍然称为《拿破仑法典》。

《法国民法典》除总则外，分为三编，共 2281 条。它采用自由和平等原则、所有权原则、契约自治原则，对民事主体、民事客体、所有权和债权等做了详细的规定。

纽伦堡审判第二次世界大战结束后，反法西斯联盟建立了国际军事法庭，对德、意、日法西斯头子及战争罪犯进行审判。1945 年至 1946 年，欧洲国际军事法庭在德国纽伦堡对作为首要战犯的前纳粹领导人进行控告和审判。历史上称为"纽伦堡审判"。

欧洲国际军事法庭是根据 1945 年 8 月 8 日美、苏、英、法四国在伦敦签订协定中的《欧洲国际军事法庭宪章》设立的，后来又有 19 个国家参加这项协定。欧洲国际军事法庭由英、苏、美、法四国各派一名法官和一名预备法官组成。1945 年 10 月 18 日，第一次审判在柏林举行，由苏联基钦科将军主持。自 1945 年 11 月 20 日开始，每次开庭都在纽伦堡兴行，由英国代表劳伦斯大法官主持。起诉书包括以下几个方面：第一，反和平罪，即破坏国际条约和国际协定，策划、发动和进行侵略战争；第二，反人道罪，即杀害、驱逐和灭绝种族；第三，战争罪，即破坏战争法规的罪行。1946 年 10 月 1 日，经过 216 次开庭，对原来的 24 名被告中的 22 名判决：

3 名被宣告无罪，12 名被判处绞刑，3 名被判处无期徒刑，4 名被判有期徒刑。

大陆法系

大陆法系，又称民法法系、罗马—日耳曼法系或成文法系，指包括欧洲大陆大部分国家从 19 世纪初以罗马为基础建立起来的，以 1804 年《法国民法典》和 1896 年《德国民法典》为代表的法律制度，以及其他国家或地区仿效这种制度而建立的法律制度。它是西方国家中与英美法系并列的、渊源久远和影响较大的法系。

大陆法系明确立法和司法的分工，强调成文法典的权威性；在程序法上强调国家的干预和法制的统一。它重视法律的理论概括，强调法典总则部分的作用、概念的明确性和语言的精确凝练。大陆法系是相对于英美法系而言的，但在发展的过程中不断吸收英美法系的一些原则，有相互融合的趋势。

随着欧洲国家向外扩张，大陆法系的法律原则和法律制度也逐渐向外传播。拉丁美洲、非洲、亚洲等地的一些曾受殖民统治的国家也建立了类似大陆法系的法律制度。

由于源流不同，大陆法系大致可分为法、德两个支系。法国支系包括法国、比利时、荷兰、意大利、西班牙和拉丁美洲的一些国家，德国支系包括德国、奥地利、瑞士和日本等国。

英美法系

英美法系，又称普通法系、英国法系和判例法系，指英国从 11 世纪起主要以源于日耳曼习惯法的普通法为基础，逐渐形成的一种独特的法律制度以及仿效英国的其他一些国家和地区的法律制度。它是西方国家中与大陆法系并列的一种历史悠久和影响较大的法系。

11 世纪以前，英国各地施行的是盎格鲁—撒克逊的习惯法。1066 年诺曼底公爵威廉征服英国，建立了以王权为中心的封建土地制度，逐步形成王权专制国家，在历史上第一次设立权威极大的御前会议，以其判例作为普通法适用于全国，并由国王派出的巡回法官在各地宣传和施行这些法律。这些法律就被称为判例法。

英国判例法中还包括它所特有的衡平法。这是从 14 世纪开始形成并和判例法同时施行的主要适用于民事纠纷的法律原则和诉讼程序。由于民事关系的发展，传统的普通法（即判例法）的严格限制有时无法适应需要，国王便允许臣民在无法适应需要、无法从普通法法院获得公平处理时，由大法官以衡平原则予以处理，可以停止执行普通法法院的判决，命令或禁止民事诉讼的被告人从事一定的行为。后来，又设立了衡平法院，发展了一套抽象的衡平法准则。衡平法院的法官称为大法官，由僧侣担任，实际上大多按照教会法和罗马法的某些原则来审决案件。

英国法律中也有制定法。英王很早便发布过一些具有实体法或程序法内容的敕令。近两个世纪以来，议会更通过大量立法来调整和规范各种社会关系。但英国的制定法不同于大陆法系国家的制定法，不论民事法律还是刑事法律，不管实体法还是程序法，它都没有统一的法典。虽然制定了些特定问题的单行法，但往往民刑不分，实体法和程序法混杂。有的法令内容重复，甚至前后规定不一。因此，法律制度主要还是由判例法构成的。

从 17 世纪起，随着英国的对外扩张，英国法也传播和移植到殖民地附属国。这些国家在独立后大都根据英国法的原则和体系，按照其各自的特点和习惯，建立了自己的法律制度。这些法律制度在西方法学家的著作中被称为英美法系，与大陆法系相区别。属于英美法系的国家包括英国、美国、大部分英联邦国家以及一些原属英国殖民地或附属国的亚洲、非洲、大洋洲和加勒比海地区的。许多国家对英美法系都作了或多或少的改动。改动最大的是美国，其原属法国的路易斯安那州则仍保持着大陆法系的某些特点。加拿大的魁北克省也保留了法国法的特点。

国际法院

国际法院也叫作"海牙国际法庭"，它是联合国主要的司法机关。1946 年 2 月根据《联合国宪章》和《国际法院规约》在荷兰海牙成立。法院由联合国大会和安全理事会分别投票选出 15 名法官组成；设有正、副院长各一人，由法官中推选，法官不代表任何国家，其中不得有两人属于同一国籍；任期为 9 年，每三年改选 5 名，可以连选连任。按惯例，中、苏、美、英、法五国应有人被选为法官。

根据《国际法院规约》规定，联合国的会员国都是国际法院的当事国，一些非会员国经过安理会建议，并取得大会同意，也可作为当事国，如瑞士、圣马力诺和列支敦士登等国。法院的管辖包括各当事国提交的国家之间的一切案件，和《联合国宪章》或现行条约、协约中所特定的案件。但只有在当事国同意的原则下，才能对诉讼案件行使管辖权。此外，它对联合国大会、安全理事会以及大会授权的联合国其他机关和专门机关提交的任何法律问题，发表咨询性意见。

不告不理

不告不理，指对未经起诉的事情法院不予受理的原则。即刑事案件必须有自诉人或公诉人起诉，民事案件必须有原告人提出诉讼请示，法院才给予受理。并且在审理中，法院只对起诉书提出的诉讼进行审查和判决，不审理诉讼请示范围以外的问题。

不告不理最早见于古罗马时期。当时，每个公民只要得到最高裁判官的许可，便可以作为告诉人提起控诉，法院即根据其控诉的内容进行审理。如果开庭审理时告诉人不到，法院则撤销诉讼。

不告不理的原则，在近代资产阶级法律制度中得到了继承和发展。在刑事方面，法律规定，对任何人未经法定程序起诉，法院不得判刑。在民事方面，法律规定，只有当事人向有关机关提出诉讼请求，法院才予受理。资产阶级革命胜利后，英法等国均相继采用了不告不理的原则。

中国在清朝末年开始采用不告不理原则。最早的规定见于 1907 年制定的《各级审判厅试办章程》。中华人民共和国成立后，刑事诉讼和民事诉讼也以起诉作为审判的前提。但是，人民法院在审判中可以发挥积极主动的作用，不消极地受起诉范围的限制。

不记名投票

不记名投票一词是外来语，出自意大利语 ballot，是"球"的意思。

古希腊、罗马在公元 5 世纪时曾采用以球代替选票的方法进行投票。投票时选民们将小球投入一个特制的箱内，并事先约定，球分两色：白色表示同意，黑色表示反对。

1884 年后，美国也开始使用这种投票法，但不拘泥于小球，也有用蚕豆或玉米粒代替的。随着社会的进步以及纸张文字的应用，不记名投票的方法走向世界，并演化为现在的用文字在选票上写上被选举人的名字而不署选举人自己名字这种形式。由于不记名投票不受其他因素的干扰，选举人可以自由地表达自己的意愿，因此很受重视。世界上许多政治、经济、文化事务的选举活动一般均采用无记名投票的方式。

不间断原则

不间断原则，指法庭在审理案件时，应在不更换审判人员的条例下连续进行，不得中断审理的诉讼原则。如果由于特殊原因而中断案件的审理，那么下次开庭时应该重新开始审理。审理完毕，审判人员应该立即进行法庭评议，做出裁判。

欧洲中世纪时，神学统治着法学，宗教控制着法庭，教会及封建专制统治者可以任意施加权力，干涉法庭的审判。17～18世纪资产阶级革命时期，为了反对封建司法专横，资产阶级法学家们提出了审判不间断的原则。资产阶级革命胜利后，这一原则便被确认下来，并相继出现在各国的法律中，法国1808年《刑事诉讼法典》规定：审理和辩论一经开始，就应该继续进行下去，并与各方面断绝往来，直到陪审员提出评议为止。许多国家的现行诉讼法也都规定了不间断原则。

陪审制度

陪审制度，是指国家审判机关吸收非职业法官或非职业审判员为官或陪审员参加审判刑事、民事案件的制度。

陪审制度起源于古希腊与罗马时期。雅典每年由执政官用抽签方法从30岁以上的公民中选出6000名陪审官，组成陪审法院。每个案件由500名陪审官共同审理。罗马由最高裁判官从元老院的贵族、骑士和奴隶主中挑选300～450人组成陪审法院，称为常设刑事法，每件案子由抽签决定的30～40名陪审官审理。雅典和罗马的陪审制度只适用于奴隶主和自由民，奴隶不受法律保护。随着雅典民主制的衰落和罗马共和制被帝制所取代，陪审制度也逐渐消亡。

封建社会，专制的统治采用纠问式诉讼，陪审制度几乎不存在。

资产阶级革命时期，为了反对封建暴政，资产阶级及其启蒙思想家提出实行陪审制度的进步主张。英国的李尔本要求"由人民自由选举陪审官"。法国的孟德斯鸠主张以陪审官取代职业法官。一些国家的资产阶级夺取政权后，先后在法律上确立了陪审制度。

在我国，清代以前没有陪审制度。国民党统治时期曾颁布关于政治案件的陪审法规。新民主主义革命时期，各革命根据地都颁布过有关陪审制度的法规。陪审员由工会、农会、妇女会、青年会等群众团体选出，有的案件还临时邀请群众代表陪审。陪审员与审判员有同等的权利。

审判独立

审判独立源于法国资产阶级思想家孟德斯鸠等人的三权分立学说。孟德斯鸠认为，国家权力应划分为立法权、行政权和司法权三个部分，分别由不同的机关和人员掌握，各个部分相对独立、相互制约、相互促进，才能形成事实上的民主政治。他说："如果司法权不同立法权、行政权分立，就根本不存在自由。"

1787年的美国宪法把司法独立以法律的形式固定了下来。随后世界各资本主义国家都把司法独立作为自己的宪法原则。法国、苏联、罗马尼亚等国都规定了法官和法院的审判独立。

独立审判是保证人民法院依法正确处理案件的必要的前提条件。只有这样，才能保护人民的利益，保护国家的利益，维护社会主义法制的尊严。

审判公开

审判公开，是指法院在审理和判决诉讼案件时，除法律有特别规定的以外，都应在法庭公开进行，允许公众旁听。审判公开，是现代国家法制工作的一项原则。

审判公开是意大利法学家贝长里亚在其法学著作《论犯罪和刑罚》中提出来的。他认为，审判应当是公开的，因为只有这样，暴力和私欲才能在社会舆论的监督下被制止。资产阶级革命胜利后，各国相继规定了审判公开的原则。1791年美国宪法修正案规定刑事案件应公开审理。后来，日本、德国、苏联、朝鲜、南斯拉夫等国也都实行了法院审判公开的制度。

专利制度

专利，是指国家授予技术发明人或技术拥有者在一定期限内使用和处理该技术的独占权。一般说来，专利分为发明专利、实用新型专利和外观设计专利。凡具备实用性、创造性、新颖性的发明创造，都可以通过申请而获得专利。在专利有效期限内，专利权人享有该项技术，并可禁止他人模仿、抄袭和使用。任何人要利用该项专利，都必须事先征得专利权人的同意，并支付一定的费用。

专利制度起源于 13 ～ 14 世纪。当时，欧洲一些国家的君主，曾给予某些商人以制造和专卖某种产品的权利。1236 年，英国王室就曾给波尔多一个市民制造和出售色布 15 年的垄断权。到了 17 世纪，欧洲发生了产业革命，蒸汽机的发明使大机器生产代替了手工业作坊。为了鼓励发明创造、保护发明人的利益，1617 年英国决定建立专利制度，并于 1624 年颁布了垄断法。从此，现代专利制度开始在欧洲确立。专利制度从保护专卖脱胎为有限期地保护发明人的利益，以公开技术为条件换取国家对技术发明的保护，从而促进技术进步。1790 年，美国颁布了专利法规，1791 年，法国颁布了专利法规。到 19 世纪，欧洲和美洲的大多数国家都颁布了专利法。专利制度是随着资本主义制度而发展起来的，随着科学技术的日新月异，它越来越受到社会的重视。美国总统林肯说："专利制度给天才之火浇上了利益之油。"专利制度一方面保护专利权人对发明创造的独占权，另一方面促进专利权人将发明创造公之于众，对科学技术的发展起着积极的作用。

断头机

1789 年，法国人吉约坦有感于死刑犯在行刑时遭受到巨大的身心痛苦，主张在执行死刑时，应该让犯人在一瞬间、没有感觉到痛苦时身首分家。不久，便有人按照吉约坦的想法设计出断头机。所以，在法国，断头机也称为吉约坦。

1791 年，法国国王签署了一项法律，批准用断头机作为执行死刑的工具。具有讽刺意味的是，18 个月后，批准使用断头机的路易十六自己却成为断头机的鬼魂。1794 年，法国大革命家丹东和罗伯斯庇尔也相继被送上了断头台。据统计，断头机一共使用过 4600 多次。

1939 年，法国取消了公开处决犯人的做法。1981 年 5 月，社会党领袖密特朗当选为法国总统，他主张废除一切死刑。1981 年 9 月，法国国民议会以多数通过了废除死刑的议案。1981 年 10 月，仅保存下来的两架断头机中的一架被选入巴黎博物馆。

宪法

世界上每个国家都有自己的法律，而"宪法"是最重要、最根本的法律，所以称"宪法"为根本大法。宪法和普通法律在阶级本质上是一致的，都是统治阶级意志的体现。

"宪法"这个词来源于拉丁文，是组织、建立的意思。古代罗马帝国用它来表示皇帝的各种建制和皇帝所颁布的"诏令""谕旨"之类的文件，以区别于市民会议通过的法律文件。欧洲封建时代，用它来表示日常立法中对国家制度基本原则的确立，含有组织的意思。英国从中世纪以后，建立了代议制度。人们把这种代议制度的法律称为"宪法"。英国最早的宪法性文献，是 1215 年的《自由大宪章》，但这仅仅是宪法性法律，是不成文宪法。1787 年美国宪法和 1791 年法国宪法的颁布，才产生了资产阶级成文宪法。

日本古代的"宪"，是指法令、制度。18 世纪德川时代的《宪法部类》《宪法类集》，都是一般法规的汇编。19 世纪 60 年代明治维新时期，随着西方立宪政治概念的传入，才出现了相当"宪法"的概念，称"建国法"，或称"政治法则""国宪""根本律法"等。明治十五年（1882）伊藤博文出使欧洲，调查各国实行立宪政治情况后，正式使用了"宪法"一词。明治 22 年颁布了《大日本帝国宪法》。

"宪"字在我国古代典籍中与"法"字

同义。《尚书》中的"鉴于先王成宪",这里的"宪",泛指典章制度和法令。《史记·屈原列传》中的"怀王使屈原造为宪令",《汉书·萧望之传》的"作宪垂法,为无穷之规"及《国语·晋语》中的"赏善罚奸,国之宪法",都与现代"宪法"一词含义不同。19世纪80年代,中国近代改良主义思想家郑观应提出立宪与实行议院政治的主张。他在《盛世危言》一书中,首次使用"宪法"一词,要求清廷"立宪法""开议院",实行君主立宪。

1898年,戊戌变法时,有的维新派人士也要求清廷制定宪法,实行立宪政治。1908年清政府为了敷衍民意,颁布了《钦定宪法大纲》。从此,"宪法"在中国也就成为特定的法律用语。

民　法

"民法"一词来源于古罗马的市民法。公元6世纪罗马帝国皇帝查士丁尼在位时,进一步汇总整理编成法典,到12世纪称为《查士丁尼民法大全》,它是世界上最早的较完备的民法典。仿效罗马法制订的1804年《拿破仑法典》是第一部资产阶级民法典。

中国古代法律文献原无"民法"一词,有关钱、债、田、土、户、婚等法律规范,都收在各个朝代的律、例之中。清朝末年至中华民国时期曾制订"民律"草案,后经修订于1921年至1930年分编陆续公布时改称"民法",这是中国法律历史文献上对"民法"一词的第一次正式使用。

新中国成立后,在20世纪50年代便开始民法草拟工作。1986年4月12日全国六届人大第四次会议通过和颁布了《中华人民共和国民法通则》。它的颁布,标志着我国社会主义法律建设进入一个新的阶段。

版权法

版权,即著作权,表示在法律上承认著作者有权支配著作,或者有权从其著作中获得利益。15世纪中期,法国人古登堡在欧洲运用活字印刷之后,为保护出版者的利益,就出现了有关保护出版者的法律。当时的所谓著作权,是国王以缴纳特权费为条件授予商人的一种垄断的印刷权,作者本人并没有得到任何益处。1710年4月14日,英国议会通过了安娜女王法令,确立作者是版权法的主体,并规定作者拥有21年的重印独占权。这是世界上第一部版权法,它对世界各国的版权立法产生了重大影响。1790年,美国以安娜法令为模式,制定了联邦著作权法。1793年,法国通过了著作权立法,后来,该法成为大陆法系国家著作权立法的典范。现在,全世界已有150多个国家和地区制定了版权法,建立了版权制度。

随着产业革命和通信、印刷技术的发展,1852年,法国首先把保护著作权扩展到外国作者的著作。1886年9月9日,欧洲14国通过了《保护文学和艺术伯尔尼公约》,根据公约建立了"伯尔尼联盟",将版权保护扩大到国际范围。1952年,以美国为首的一些国家在日内瓦又缔结了《世界版权公约》。《保护文学和艺术伯尔尼公约》和《世界版权公约》虽有一些分歧,但在许多方面则是共同的,因此许多国家同时参加了两个公约。

环境保护法

环境保护法,是指为保护环境和自然资源、防治污染和其他公害而制定的法律规范。

18世纪末19世纪初,资本主义世界爆发了产生革命,大机器的运用使得社会生产力获得了巨大的发展。同时,也使环境污染和破坏日趋严重。当时主要有煤烟尘、二氧化硫造成的大气污染,冶金、制碱造成的水污染。20世纪20年代以后,化学工业和石油工业的发展对环境的污染更加严重。一些发达的工业化国家,发生了一系列由环境污染造成的公害事件,震惊世界。比如,比利时的马斯河谷烟雾事件、英国伦敦的烟雾事件、日本的水俣汞毒事件、美国洛杉矶的光化学烟雾事件和多诺拉烟雾事件，等等。这些事件，造成许多人死亡，致使更多的人染上了疾病，引起了各国的普遍关注。环境立法势在必行。

一些国家先后采取了一些立法措施。由地区性的立法发展为全国性的立法，由仅防治工业污染发展为全国的环境保护立法。

今天，环境保护已经成为世界性的问题，许多国家联合起来，制定了国际性的大气、海洋等环境保护的国际条约。

破产法

破产法，是在债务人不能清偿其所负债务的情况下适用的关于宣告债务人破产，并对其财产进行清理、分配或和解等方面的法律规范的总称。

早在远古时期，债权债务产生的最初，债务人是以人身为其债务担保的。债务人在不能清偿债务的时候，债权人可以终身奴役债务人。3700 多年前，世界上最古老的法典《汉谟拉比法典》第一次对债的履行做了明确规定。法典第 96 条规定："自由民向商人借了谷物或银钱，而无谷物或银钱还债时，可将自己果园中的枣子摘下，按照契约规定偿还商人的本息，园中剩余的枣子仍归债务人所有。"这是破产制度的萌芽。到了古罗马时期，法律中规定，债权人有权要求扣押和出售债务人的资产。中世纪时，在意大利的许多城市，法律对那些躲债潜逃或伪装无力偿债的债务人都规定了处置办法。这些债务人不仅要受到严厉的刑罚处罚，而且要被清算全部资产。当时，西欧各国大都以意大利城市的法律为典，处置那些潜逃的或伪装无力偿债的债务人。后来，为了避免使债务人因破产而遭到悲惨的惩罚，有些法律便采用了一些补救方法，规定债务人可以同大多数债权人达成协议，以延期偿还或适当减少其债务。

1673 年，法国国王路易十四正式把破产法列入商事敕令中。1807 年，《法国商法典》又沿袭了下来。此后，其他各国相继订立破产法。许多国家都承认破产法的实行有助于国家对经济的整顿和调控。

在我国，1906 年清政府制定了第一部《破产律》，1934 年中华民国政府颁布了《商人债务清理暂行条例》，1935 年公布了《破产法》，新中国成立后，我国一直没有破产法规，随着改革开放的不断深化，建立破产制度势在必行。1988 年 11 月 1 日，《中华人民共和国企业破产法（试行）》正式开始生效。

青少年法

青少年法是针对青少年犯罪问题制订的法则，源于美国。1899 年，美国伊利诺伊州针对青少年犯罪不断增多的问题，考虑青少年不同于成年人的特殊性，制订了世界上第一部青少年法则。此后，一些西欧国家立刻效仿。

青少年法院

为了根据青少年的生理心理特征和青少年犯罪的特殊性而进行审理青少年犯罪案件，许多国家设立了青少年法院。世界上最早的青少年法院是美国芝加哥科克郡的少年法院。1899 年 7 月 1 日，该院进行了第一次公开审判。1910 年 1 月 4 日下午，英国的 6 所青少年法院同时开庭进行第一次审判。青少年法院审判的内容包括：乞讨、赌博、在街头玩球、放鞭炮、侮人行为、投钱游戏、伤人、盗窃、非法侵入等。

经济法

"经济法"一词是 1755 年法国空想共产主义者摩莱里在《自然法典》中最先提出来的，该书第四篇以《合乎自然意图的蓝本为名的法律草案》，共 12 类、117 条，其中一类称为"分配法或经济法"，有 12 条，主要是规定社会产品的分配制度。1843 年，法国空想社会主义者德萨米在《公有法典》一书中，第三章名为《分配法和经济法》，内容主要论述社会产品的平均分配和经济管理是最理想、最节约的制度。德萨米和摩莱里两人都是从自己设想的公有制度来提出"经济法"的。

1906年，德国学者莱特在《世界经济年鉴》上使用了"经济法"一词，用来说明与世界经济有关的法规。1919年，德国颁布了《煤炭经济法》，在法规中使用了"经济法"这个词。1964年，捷克斯洛伐克颁布了《捷克斯洛伐克社会主义共和国经济法典》，这是世界上第一部经济法典。

戒烟法

戒烟法即为保护人类健康而制定的禁止吸烟的法律，源于英国。15世纪末，哥伦布从美洲把烟草带回欧洲，推广种植，从此，吸烟便逐渐成为许多人的嗜好。由于吸烟对人体危害很大，所以很早就有人提出戒烟的主张。1604年，英国国王詹姆斯撰写了《扫除烟害运动》一书，指出："你应抛弃这污秽的玩意儿，接受它是不可饶恕的愚蠢，用它是大大的罪过，它伤目刺鼻，害脑戕肺，好似地狱入口处的黑烟。"英国政府颁布法令，宣布对吸烟者加重处罚，并将烟草的进口税提高4000倍，以阻止烟害蔓延。

在我国，明崇祯皇帝曾下诏严禁种烟和吸烟，但未能奏效。清乾隆皇帝也曾颁布戒烟令，亦未发挥作用。

科技教育

天文学

天文学是研究天体的位置、分布、运动形态、结构、化学组成、物理状态和演化的科学。是自然科学的一个基础部门。

天文学是一门最古老的学科。在远古时代，游牧民族和农业民族为了确定季节，就开始了对天象的观察。古代埃及、古代中国和古代希腊等都各自建立了自己的天文学。天文学的发展对于人类的自然观发生过重大的影响。

16 世纪上半叶哥白尼的日心说，使天文学从整个自然科学中解放出来。18 世纪下半叶康德—拉普拉斯星云说，则给当时的形而上学自然观打开了第一个缺口。随着天文学的发展，人类对宇宙认识也产生了两次飞跃。第一次飞跃是由于牛顿发现万有引力定律，并创立了天体力学而出现的。

天体力学的创立，使天文学从单纯描述天体几何关系进入研究天体之间相互作用的阶段。即从单纯研究天体运动的状况，进入研究造成这些运动的原因，这次大飞跃对人类社会产生了深刻的影响。第二次大飞跃是 19 世纪中叶天体物理学的诞生而引起的。天体物理学的诞生，标志着现代天文学的起点，它不仅使人类对天体的认识超越了天体力学所单纯考虑的机械运动的范围，深入问题本质（如研究天体的化学组成），而且使天文学的观测进入了一个新的阶段。大型望远镜的出现，使人类的视野从太阳系、银河系扩展到银河系以外遥远的河外星系；特别是近 30 多年来射电天文学和空间天文学的相继诞生，使天文观测领域扩展到了整个电磁波段，进入全波段观测的新阶段，又一次带来了以往难以预计的重大发现，如在 20 世纪 60 年代发现了类星体、脉冲星、微波背景辐射和星际（有机）分子等。

近年来，天文学又取得了长足的进步；如发现了 SS433 型奇异天体；在银河系中心处发现一个射电源，首次发现银河系外存在着水，表明在外层空间可能存在着生命等；在太阳系中，通过发射宇宙飞船对木星、土星、火星以及金星大气进行探测，也有一系列重要发现。很明显，我们的时代正经历着一次新的巨大飞跃，这不仅大大丰富我们对宇宙的认识，而且必然推动整个科学技术的迅速发展，对人类社会产生不可估量的影响。

天文学一般分为天体测量学、天体力学、天体物理学、天体演化学以及射电天文

哥白尼在做出"太阳中心说"后，被当时的社会视为洪水猛兽。

学、空间天文学等分科。

地心说

地心说即地球宇宙中心说，是公元 2 世纪古希腊亚历山大城的天文学家和地理学家托勒密（90～168）创立的。他认为地球位居宇宙中心，故名地心说。当时所谓的宇宙，实际上是指今天的太阳系。

托勒密地心说认为：太阳、月亮和当时已观察到的 5 颗行星（水星、金星、火星、木星、土星）都围绕静止的地球在圆形轨道上转动；按照转动的顺序，天分为 8 个不同的层次，即月亮天、水星天、金星天、太阳天、火星天、木星天、土星天、恒星天。

所有的恒星都分布在恒星天上，为了解释地球上所观察到的行星运动中的顺行（由西向东）、逆行（由东向西）和留（暂停不动）等不规则现象，托勒密继承前人关于"本轮"和"均轮"的学说，认为行星绕地球旋转是沿着"本轮"（小圆）运动和沿着均轮（大圆）运动的合成。

这虽然能解释行星运动的一些不规则现象，但随着观测水平的提高，日益同事实不符。

在中世纪，教会利用托勒密地心说中地球居于宇宙中心的说法，并对它进行了篡改，将原体系八层天配备了 8 个"天使"，并且在"恒星天"之外，又加上了"晶莹天""最高天""净火天"，作为上帝和天上诸神居住场所，以此论证上帝创世说，将篡改了的托勒密地心说捧为仅次于《圣经》的权威，使其在天文学领域占统治地位达 1000 多年之久。直到 16 世纪哥白尼日心说诞生后，经过长期斗争，地心说才被日心说推翻。

托勒密地心说从总体来说是错误的，这是因为把现象当作了本质。但这个学说保存了古代天文学的一些资料，其中也有合理因素，如认为地球是圆形的，代表了人类对太阳系结构认识发展的一个阶段。

日心说

日心说即太阳中心说。是 16 世纪波兰伟大的天文学家、近代天文学的奠基人哥白尼创立的，日心说不仅是天文学发展史上的一个里程碑，而且引起了宇宙观的深刻变革。

哥白尼在大学毕业后到意大利求学，了解到古希腊人阿利斯塔克等曾有过地球绕太阳转动的学说，很受启发。他详细分析托勒密地心说与日益观测事实不符的原因，认为这是把天体运行现象当作本质所造成的。他从物体相对运动出发，认为太阳是宇宙的中心，而地球等行星围绕太阳运行，创立了"日心说"，在解释行星的"顺行""逆行""留"等不规则运动现象上，比起托勒密地心说正确而且简单多了。

哥白尼日心说的最大功绩，就在于依照太阳系结构本来的面目来描述太阳系，即把太阳系运动由以地球为中心移到以太阳为中心。这是向神学的挑战，引起了教会的不满，遭到攻击。哥白尼的后继者布鲁诺被教廷判处火刑，伽利略则被判处终身囚禁。直到 1846 年，根据哥白尼日心说所提供的数据，发现了一颗未知的新行星——海王星时，哥白尼日心说才取得重大胜利，被证实为真理。哥白尼学说沉重地打击了宗教神学，使自然科学从神学中解放出来，并大踏步地向前发展。

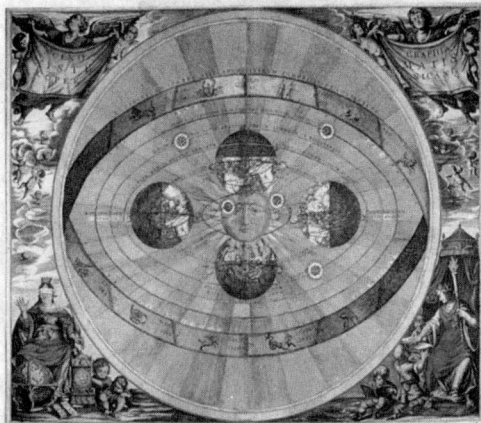

有关哥白尼的《天体运行论》的描述

哥白尼学说基本上是正确的，但由于实践及认识水平的限制，也有一些局限性，如认为太阳位于宇宙的中心，这会导致宇宙有限的结论；又如行星运行轨道仍沿用的是托勒密地心说的圆形轨道，仍不能精确解释行星运动的"不规则"现象，后来德国天文学家开普勒正确指出行星绕日运动的轨道应是椭圆形。

公历的前身——太阳历

沙漠占去埃及国土面积的 90%以上。农业只能主要依靠从南到北宽 3 ~ 16 千米的狭长的尼罗河谷地和三角洲。

在埃及，就连地中海沿岸，年平均降水量也只有 50 ~ 200 毫米，也就是全年基本上不下雨。在这里，靠天吃饭、依赖雨水种地根本不可能。著名的古希腊历史学家希罗多德（前 484 ~ 前 425）说得好：

"埃及是尼罗河的礼品。"没有尼罗河，就没有埃及的农业，也就没有埃及的一切。

尼罗河不仅给埃及提供了乳汁般可贵的水，而且是一座无比庞大的免费化肥厂。尼罗河是世界上最长的河流之一。全长 6670 千

恺撒像

米，最后在埃及境内奔流 1200 千米注入地中海。一年一度的洪水泛滥在埃及留下从上游带来的厚厚的淤泥，等于给两岸农田扎扎实实地上了一次肥料。再加上温暖的气候和充足的阳光，使得埃及成为古代驰名的粮仓。难怪它成为世界文明的曙光最早照临的国家之一了。

正是由于尼罗河洪水的泛滥对农业生产至关重要，因此古埃及人别出心裁地创造出一种奇特的太阳历，来预报尼罗河水的涨落。有人认为，这种历法早在公元前 4241 年就开始使用。这种历法把尼罗河开始泛滥的时间定为一年的开始。在下埃及，这一天正好是太阳和天狼星同时出现在地平线上的日子。定出 365 天成为一年；一年分为三个季，就是"泛滥季""作物生长季"和"收割季"：每季 4 个月，每月 30 天；一年又分为 36 旬，每旬 10 天；年终加 5 天为节日。

古罗马的统治者儒略·恺撒（前 100 ~ 前 44），采纳了天文学家索西琴尼的建议，在古埃及太阳历的基础上制定新历，名叫"儒略历"，于公元前 46 年颁行。到公元前 8 年，他的侄子奥古斯都加以调整。后来的罗马教皇哥列高里十三世又加以修订，新历于 1582 年颁行，称为"哥列高里历"。它今天已经成为世界上大多数国家采用的公历。我们每天看到日历，是否会想起古埃及人对它的重大贡献呢？

金字塔

提起埃及，人们就会不由自主地联想到那巍峨壮观的金字塔之群。

金字塔一词，在古埃及原意是"高"，而在英文里有角锥体的意思。真正的金字塔的确是一个高大的角锥体，它们的基座呈正方形，四面是四个两两相接的全等的等腰三角形。因为它的造型近似汉字"金"字，所以中文译为"金字塔"。

在世界上，金字塔并不是埃及独有。苏丹、埃塞俄比亚、西亚各国、希腊、塞浦路

古埃及墓室壁画复原图。此图描绘的是埃及的一次家庭聚会，左首的夫妻正在接受儿女们奉上的各种食物。

斯、意大利、印度、泰国、墨西哥、南美各国和一些太平洋岛屿都曾经建有金字塔。但埃及的金字塔最为有名罢了。各个国家和地区的金字塔造型有所区别，功能也不尽相同。古埃及的金字塔是巨型的墓葬建筑，被列为古代世界七大奇观之首。

埃及的金字塔并非一开始就是建成四角锥形的。古王国第三王朝的第二位法老左塞（乔塞尔），聘请伊姆霍泰普当建筑师，在开罗以南32千米的萨卡拉，建成第一座金字塔，是6层逐层缩小的矩形平台，台的4个斜面呈梯形，称为"阶梯式金字塔"。第四王朝的第一位法老斯奈弗鲁，在开罗以南90千米的美杜姆建成一座有8层台阶的阶梯式砖石金字塔。后来将每一层台阶用石头填实成斜面，才呈现方角锥形外廓。再后来才有一开始就按方角锥体设计的金字塔。

埃及现存金字塔80多座，仅在尼罗河下游西岸、开罗西南大约10千米的吉萨城南郊，就集中了70多座。其中以古王国第四王朝第二位法老胡夫（古希腊名"切奥普斯"，约公元前2589～前2566在位）建造的金字塔规模最大，高146.5米（现在已比初建的时候下沉9米），底面每边长230米，由230万块、每块平均重2.5吨的巨石砌成。塔内有阶梯、走廊、墓室，装饰着绘画和雕刻艺术品。据说在建造过程中经常有10万人在现场劳动，历时30年才大功告成。从开罗驱车通过尼罗河上的大桥，20分钟就可以抵达吉

萨南郊，一睹各大金字塔的风貌。

建造胡夫大金字塔所用的巨石，大部分采自吉萨附近的石灰石场，细腻的贴面石采自上游东岸不远的图拉皇家采石场；而大金字塔内部墓室所用的花岗石，却采自往南800多千米的阿斯旺。

可想而知，开采、运送和加工、砌筑这些巨石，该是多么艰苦而细致的劳动呀！据研究，古埃及民工们在采石的时候，将采石场上石矿钻洞，插进木棍，不断地给木棍上水，使它受泡发胀而将石块胀裂，容易采石。接着，将采下的石料放在橇和滚轴上拖运到工地。古埃及人付出沉重的代价，出色地建成了壮丽的大金字塔之林。有人说，埃及的金字塔是外星人所造，这是完全没有依据的。

木乃伊

木乃伊是涂抹防腐油膏、保持完好的干尸。制作和保存木乃伊的习俗，在古埃及十分流行。古埃及人认为，人死了，他的灵魂离开人体而独立；一旦灵魂回到肉体，人就会复活。因此，古埃及人千方百计地设法保存尸体，主要办法是把尸体做成木乃伊下葬。考古学家们已经在金字塔和其他墓葬里发现大量木乃伊，陈列在世界各国的著名博物馆中。

在极端干燥的埃及气候条件下，尸体不经过化学防腐处理，也可能成为木乃伊。这是天然木乃伊，出现的可能性当然也少得多。人们特别感兴趣的人工木乃伊。它是怎样做成的呢？

古希腊历史学家希罗多德认为，古埃及采用三种制作木乃伊的方法，一种比一种便宜，大概适用于不同社会地位的人；而普通农民的尸体根本不抹油膏，只能听任气候的摆布了。

美国考古学家 C. W. 克星姆认为，木乃伊的制作过程大致是这样的。

先用金属钩子将尸体的脑髓从鼻孔挖出来，再用石刀剖开肚子取出内脏，或者将内

脏从肛门拉出来。把这些东西存放在一种大瓶中，心脏里放进一颗雕琢着圣甲虫的宝石。男尸头发一般要剪短，女尸可以不剪掉。将尸体彻底清洗干净。在盐水里浸泡 1 个多月，再取出来弄干。

为了防腐，尸体内部用石灰、沙子、树脂、锯末、亚麻球等填塞起来；有时填塞物中还有香料或洋葱。女尸的乳房都用东西衬垫起来。尸体两手交叉放在胸前或大腿上部，也可以分开放在身体两侧。再用亚麻布和带子将尸体缠紧捆实，在布上大量浇洒沥青（"木乃伊"一词原文意思就是"沥青"）。最后将尸体以向后靠的姿势，安放在一组雕刻成人形的木质套棺的最里边的一个。这些套棺再放在巨型石棺里。

木乃伊是迷信的产物，但是它们是古埃及医药水平的见证。

古埃及的医生们已经有了一些专业分工，例如眼科、牙科、外科、胃科等。名医有伊姆霍泰普科。医生们知道心脏、脉搏的意义，能够治疗骨折。出现了头一部《药物录》。考古学家们发现了古埃及公元前 2000年和前 1600 年的纸莎草书各一卷，都记载着医药论文。古埃及的解剖学知识比较丰富，这与制作木乃伊有关。

最早的铜、铁冶炼者

古西亚人是最出色的早期金属冶炼能手。

在伊拉克北部与土耳其相近的杜威彻米中石器时代末期遗址（前 9217 ~ 前 8935），就曾发现过用天然铜制作的装饰品。这是世界上最早的铜器。在伊朗南部的阿里柯什新石器时代晚期遗址（前 6500 ~ 约前 6000），也曾发现过用天然铜锻造的工具。

到哈苏那文明时期（前 5750 ~ 前 5350），人们才学会采掘铜矿石，并且从中炼出铜来。这是世界上最早的人工冶炼成的铜。从此，西亚就进入早期的铜石并用时代。哈苏那在今伊拉克尼尼微省摩苏尔以南。

起初的铜器一般是红铜铸成。红铜是直接从铜矿石冶炼出来的，虽然其中含有不少杂质，但是并非有意炼成的合金。它新炼出来的时候相当美观，然而质地柔软，不太适宜制作工具，而且会很快锈蚀变暗。后来人们发明了青铜。青铜是铜锡合金，比红铜坚硬，熔点却比较低，容易熔化和铸造。苏美尔人早在公元前 2500 年就造出青铜，但是要到乌尔第三王朝（前 2113 ~ 前 2006）才普遍使用，使社会生产力大大提高。

青铜性能虽然优良，但是配制材料铜和锡的资源不多。因此，人类又发明了炼铁。铁的资源要比铜、锡丰富得多。起初炼出的铁性能还不如青铜。后来发明炼钢，才使青铜性能瞠乎其后。

世界上最早发明炼铁的是西亚古国赫梯（前 17 ~ 前 12 世纪）。赫梯位于小亚细亚东部，在哈里斯河（今土耳其克泽尔河）中上游一带。这是一个四面多山的高原地区，雨量又少，不怎么适宜农耕，可是银、铁、铜等金属矿藏相当丰富，所以赫梯人在冶金上施展才华。原住居民哈梯人语言与苏美尔语相近。

约公元前 2000 年，大量迁入赫梯人，他们讲的话属于印欧语系。赫梯人同化了哈梯人，于公元前 17 世纪创建了统一的奴隶制国家，建都哈图萨斯（今波加兹刻尔）。赫梯人曾于公元前 1596 年一举攻灭古巴比伦王国。公元前 14 世纪，赫梯人发明了炼铁，在世界上最早使用铁器。这使赫梯国势日益兴盛，成为西亚军事强国，公元前 10 世纪，两河流域也进入铁器时代。

由于冶金业相当先进，西亚的器械制造相当精良。苏美尔人就能制造车、船。古巴比伦人造出一种比较完善的扬水器，发明播种器具——耧。亚述人在战争中使用冲城器和投石机，每次进攻敌国城池，都要用投石机向城里发射石弹和燃烧着的油罐，又将冲城器推到城下进行猛烈冲击，打开缺口。

美索不达米亚的琉璃砖和玻璃烧制以及珍宝琢磨加工，也是远近闻名的。最有意思的是，1845 年，英国籍的法兰西考古学家奥斯丁·亨利·莱尔德，在亚述帝国陪都卡拉（今伊拉克国尼姆鲁德，在尼尼微省摩苏尔以南）西苏尔纳西拔二世（前 883 年～前 859 年在位）的宫殿遗址，出土了一片一面平、一面凸的水晶，直径 3.81 厘米。它显然是一个平凸透镜，焦距为 10.16 厘米，可能是取火用的。

最早提出原子论的人

古代原子论的创立者是米利都的留基伯（Leucippus，约前 500 ～前 440），他认为原子是不可分割的粒子。雅典的阿那克萨哥拉（Anaxgoras，前 488 ～前 428）认为物质可以分割成许多无限小

伊壁鸠鲁像

"同类的部分"或"种子"，万物的产生或消灭都是这些"种子"的结合或分离。被马克思、恩格斯誉为"经验的自然科学家和希腊人中第一个百科全书式的学者"的德谟克利特（Democritus，前 460 ～前 370），继承和发展了前人的思想成果，认为"原子"是组成一切物质的基本单位，是最后的不可再分的物质微粒，它没有性质上的不同，只有形状、次序和位置的不同。"空虚"是原子运动的场所和必要条件。原子在空虚中急剧而零乱地运动，互相碰撞，互相结合而形成世界万物。

希腊化时期的伊壁鸠鲁（Epicurus，前 341 ～前 270）又把德谟克利特的思想向前推进了一大步。他认为原子不但形状、大小不同，而且重量也不同。原子不仅由于重量而直线下落，而且由于内部原因会离开直线

轨道作偏斜运动，因而才有可能相互碰撞结合而生成万物。恩格斯指出，伊壁鸠鲁"已经按照自己的方式知道原子量和原子体积了"。

阿基米德的力学

古希腊伟大的科学家阿基米德对静力学研究做出了很大贡献。他在科学研究中把数学、自然科学和工程技术有机地结合起来。他以实验为依据，运用数学方法和演绎推导，以精密的定量公式提出杠杆原理和浮力原理。他首先推出密度、比重、质量中心、力的平衡和液体压力等概念，他推翻了前人关于物体的重量同它的体积成比例的错误观念。值得指出的是，他用静力学方法求出几何图形的面积、体积，借助于求几何图形的面积去求物体的重心。阿基米德解决"王冠之谜"的故事，至今读来脍炙人口。古罗马著名建筑学家维特鲁维斯（Vitmrius，前 1 世纪初）在其《论建筑》中叙述了这样一个故事：据传说，阿基米德从这个发现（即把物体放进水里以后，会排出和它的体积同样多的水）得到启发，就试着按下面的办法去做：首先拿一块纯金，称一下它的重量；其次，取重量与它相等的银，做成一银块。然后把银块放进一个盛满水的容器中，看有多少水排出来。接着对金块也做了同样的试验。他发现，虽然金块和银块一样重，可是银块排出的水却多得多。于是，阿基米德拿与王冠重量相等的纯金块放进盛满水的容器里，看有多少水排出；再把王冠放进盛满水的容器里，结果发现王冠排出的水比纯金块排出的水多得多。这样，他就清楚地知道该王冠不是用纯金做的，由此发现了浮力原理。

阿基米德不仅是一个科学家，而且是一个发明家。他把数学知识和力学知识应用到技术中去，做了一个紧贴圆筒壁旋转的螺旋推进器。螺旋一转，水就抽上来。这个发明可用于农田灌溉和船舱排水。这就是后来轮船螺旋桨的起源。他还发明了复滑轮（起重

机）、多种天文仪器如行星仪等。他又以军事机械的发明而闻名于世。传说，罗马人战船驶近城下时，他利用大镜反射日光，纵火焚舟。叙拉古人利用他发明的作战机械和投石炮把罗马士兵拒之于门外达三年之久，他因此被罗马人绰号为"数学魔王"。当叙拉古城被攻破后，他还蹲在海边沙旁（一说书房）画几何图。一个罗马士兵执利剑冲到他跟前，他大叫："别碰我这些图！"那个士兵用剑杀害了他。

微积分思想的萌芽

巴门尼德（Parmenides，前 520 ~ 前 450）和芝诺（Zeno，前 495 ~ 前 435）提出阿基里斯与龟赛跑，飞矢不动、二人论法等有关时空和数的悖论，包含着微积分思想的最早萌芽。

如阿基里斯追龟的故事。阿基里斯（Alhilles）是古希腊传说中善跑英雄。他的速度是龟的十倍，他先让龟走了全程的 1 / 10，然后开始追龟，当他追到 1 / 10 处时，龟前进了 1 / 100；当他追到 1 / 100 处时，龟又前进了 1 / 1000，当他追到 1 / 1000 处时，龟又前进了 1 / 10000，以此类推，阿基里斯永远追不上龟。这一悖论实际上是求极限的问题。后来欧多克斯（Eudoxus，前 409 ~ 前 356）把比例论推广到不可通量上，总结出了"穷竭法"。

公元前 4 世纪，德谟克里特学派用"原子论"方法去计算面积和体积，一个线段、一个面积或一人体积被设想为由不可分的"原子"所组成。

希腊最伟大的物理学家和数学家阿基米德在数学、力学和天文学方面都有重要贡献。他早年曾在当时的科学中心亚历山大求学，是亚历山大时期的三大数学家之一。他利用他人所创"穷竭法"和"原子论"方法，求得"一个抛物线弓形的面积是底边相等、顶点相同的三角形的 4 / 3"。以此类推，他又求得圆的面积、半圆及物线弓形的重心，球

体、抛物体、圆锥体的体积和重心，特别是他用"穷竭法"使内接阶梯形与外接阶梯形可以任意接近圆锥体，由此得出：外接柱体与圆锥体的体积之比不能大于也不能小于 3，而等于 3，即圆锥体等于 1 / 3 外接柱体。他证明圆面积等于以周长为底，半径为高的三角形的面积。他还发现了被称为阿基米德螺线的极坐标方程，即 $P = \alpha\theta$。

亚历山大时期另一个著名数学家是阿波罗尼乌斯（Pollonius，前 262 ~ 前 190），他把欧几里得及其前人关于圆锥曲线的知识搜集起来，加以总结提高，著有八本《圆锥曲线论》，从而把几何学大大推进了一步。他与阿基米德两人，被称为近代几何学研究中两大思潮的发源人。阿波罗尼乌斯的圆锥曲线论，对以后的开普勒和牛顿理论有很大帮助。他的理论是微积分思想的来源之一。

总的说来，古希腊几何学先进，代数计算落后，而古代东方国家（如中国、阿拉伯、印度）的代数则获得高度发展。

几何学

"几何学"英文写作 geometry，是"测地学"的意思，拉丁文也是这个意思。

为什么"几何学"与"测地学"有联系呢？相传古代埃及的尼罗河流域，每年洪水泛滥，冲毁了两岸的庄稼、房屋，并带来大量泥沙。每当洪水退后，泥沙把原来的田地冲平，各家田地边界没有了，人们为了重新勘定划分田地，遇到许多复杂地形地势。如何计算这些复杂地形面积，解决这些实际问题？在生产实践中人们想尽各种方法来计算测量，于是就产生了最早的测地学。

约公元前 300 年，古希腊数学家欧几里得对前人积累的几何知识经验进行了总结和整理。利用自己的聪明才智，创造性地编成了著名的几何学经典著作——《几何原本》。明代万历三十五年（1607），我国科学家徐光启与意大利传教士利玛窦又合作翻译了《几何原本》的前六卷。徐光启利

用 geometry 的字头 geo 音译为"几何",而汉文"几何"的意义是"多少",这个译名与原名的音与义都很贴切,译得很好。于是"几何学"开始在我国广泛应用。

代数学

"代数学"一词来自拉丁文 algebra,而拉丁文又是从阿拉伯文来的。

公元 7 世纪,阿拉伯统一后建立了跨欧、亚、非三洲的大食国。大食国善于吸收被征服国家的文化,把重要的书籍译成阿拉伯文,并设置了许多学校、图书馆和观象台。公元 820 年左右,在今乌兹别克斯坦有一个叫阿尔·花剌子模的人,著了一本《代数学》。1140 年左右《代数学》被译成拉丁文。

在我国,"代数学"是从 1859 年开始正式使用的。原始译名不叫"代数学",而叫阿尔热巴拉(这是拉丁文音译),我国在 17 世纪末 18 世纪初,有一本不题作者名的《阿尔热巴拉新法二卷》中说:"假如将一线作大小两份,各份用一记号,如以大份为甲,以小份为乙,则甲乙之两记号即可以代凡有两字之数。"这就是我国最早出现的"代数"二字。

1859 年,我国清代的数学家李善兰和美国人伟烈亚力合译美国德·摩布根的 *Elements of Algebra*,正式定名为"代数学",这是我国的第一本代数学书,也是"代数学"的来源。

解析几何

解析几何是由法国数学家勒奈·笛卡尔创立的。

有一次,他病了躺在床上,望着天花板。他看见一只蜘蛛正忙着在墙角落上结网。它把笛卡尔吸引住了。他想,这只悬在半空中的蜘蛛,能不能用两面墙的交线以及墙和地面的交线,来确定它的空间位置呢?他在纸上画了三条互相垂直的直线,分别表示墙与墙的交线和墙与地面的交线。用 P 点来表示空间的蜘蛛,由 P 点到墙的距离为 X 和 Y,到地面的距离为 Z。这样,蜘蛛在空中的位置就可以准确地标出来了。由这三条互相垂直的线(X、Y、Z)组成的坐标,叫笛卡尔坐标。从此,笛卡尔便创立了一门新的数学分支——解析几何。

黄金分割

分已知线段为两部分,使其中一部分是全线段与另一部分的比例中项。这就是黄金分割问题。该部分与全线段之比称为黄金比或黄金分割数,其值为 0.6180339……,它有很多奇妙的性质。这种分割通常叫作黄金分割,或者说将线段分成中末比、中外比或外内比。对中末比做系统的研究,最早是希腊数学家欧多克索斯。中世纪以后,中末比被披上神秘的外衣,帕乔利(约 1445 ~ 1517,意大利人)称为神对比例。天文学家 J. 开普勒称之为神圣分割,并说"勾股定理和中末比是几何中的双宝,前者好比黄金,后者有如珠玉"。

19 世纪以后,黄金分割之名才逐渐通行起来。中末比的严格论述,最早见于欧几里得的《几何原本》。黄金分割的实际应用,最著名的例子是优选学中的黄金分割法或 0.618 法。1970 年以后在中国推广,取得很

开普勒像

大的成绩。

克 拉

"克拉"（carat），是宝石的计量单位。最初，一克拉是指一粒稻子豆的重量。

远在纪元前，地中海沿岸尤其是东部一带，交通发达，商业繁荣，金银珠宝的买卖十分兴旺。当时，迫切需要一种东西做计量的标准。这一带有一种角豆树，希腊人称作"克拉洛夫"，在英语中则称为"克罗"树。它的种子——"稻子豆"有个特点：几乎粒粒重量相同。于是，稻子豆便被选作为计量的单位。

到了中古时代，地中海沿岸的人们，为了使衡量更准确，求出稻子豆的平均重量，把平均重量的单位叫"克拉"。

用稻子豆计量豆重量，由于稻子豆干鲜不一等原因，各国计算起来很难统一。1871年，英、法、荷三国的珠宝商达成协议，以 205 毫克作为一克拉，当时称为"国际克拉"，但这个标准没有被普遍接受。到 20 世纪初，金刚石和各种宝石产量明显增长，制定克拉的统一标准更显迫切。因此，1905 年有人提出把一克拉的重量定为 200 毫克，命名为"米制克拉"，又名"国际通用克拉"。1913 年，各国在美国开会通过这个新标准。

此外，"开"是计算黄金成色和纯度的单位。为了在使用中不致发生混乱，人们将"克拉"改为"K"，中文称"开"。黄金的成色分为 24 份，一份即一开。纯金为 24 开。

米 尺

1790 年，法国政府要制订新的度量衡制度，邀请各国政府派专家到巴黎开会商议。会上确定：以地球的子午线为基准。具体规定：以通过巴黎连接南北极的子午线的全长的四千万分之一为一个长度单位，叫"米突"（Meter 或 Metre）。科学家用铂铱合金做一支标准的"米尺"（是个凹槽模型，在一米的两端刻上标准线）。这是因为铂铱合金受温度影响较小，而且规定以摄氏零度时的长度为标准。后来又订出一个标准，用一种化学元素"氪 86"，在真空中发射出来的橙黄色光波的长短，乘上 1650763.73 倍，叫作一米。这就更加准确了。

我国自 1920 年开始采用标准制，当时叫公尺制。1959 年 6 月 25 日国务院命令公布统一公制计量单位中文名称方案，废除"公尺"等单位名称，采用"米"等单位。

这就是"米尺"的由来。

英制尺寸

英尺在英文中是"脚"（foot）的意思，原来一英尺就是一个成年男子一只脚的长度。在整个欧洲大陆，人们差不多都是用这种长度单位。可是人脚的长度是因人而异的，必须规定一个标准的脚长才好，这件事是德国人在 16 世纪完成的。方法非常简单，他们在一个礼拜天把那些从教堂里走出来的 16 个男子留下来，令他们站在一起，然后把这些人左脚的长度加在一起，再用 16 去除，求得一个平均的脚长，这就是"标准合法英尺"。

英寸在荷兰语中是"大拇指"的意思，它的长度等于一节大拇指的长度。不过人的大拇指同样也是长短不一的，也要规定一个"标准合法英寸"才好。这件工作是 14 世纪由英皇爱德华二世颁布的。它的规定就更简单了，是从大麦穗中间选择三粒最大的麦粒并依次排列成一行的长度。

码的定义更为具体，它是从英王亨利一世的鼻尖到他的食指尖之间的长度。

对世界长度计量有很大影响的英制尺寸就是这样随便定义下来的。

麻醉术的由来

现代麻醉术源于美国，最先应用于牙科领域。1844 年，美国化学家考尔顿在研究了笑气（氧化亚氮）对人体的催眠作用后，带着笑气到各地演讲，并做笑气催眠的示范表演。这给在场观看表演的一位观众威尔士留下了深刻的印象。威尔士是一位牙科医生，当时他正为如何减轻病人拔牙时的痛苦而绞尽脑汁。"催眠"表演引发了他对氧化亚氮可能具有麻醉作用的假想。经过几次试验后，1845 年 1 月，威尔士在美国波士顿一家医院里公开演示在麻醉下进行无痛拔牙手术。由于麻醉不足，演示失败。

但是，了解他全部试验过程的青年助手、医学院牙科学生摩顿仍然相信麻醉可以暂时消除疼痛。摩顿仔细分析了威尔士的整个试验过程，发现氧化亚氮虽然具有麻醉作用，但效力较小。后来采用乙醚进行麻醉，经多次试验，最终取得满意的效果。

手术服为什么是绿色的

手术服为什么是绿色的？这是有科学道理的。

人眼在长时间内观看一种色彩时，视神经易受刺激而疲劳。为了减轻这种疲劳，视神经便会诱发出一种补色作自我调节。例如，若长时间地盯着一张用鲜红的颜色在白纸上绘制的表格后转向另一张空白纸，你会发现这张白纸上出现了一幅和刚才一样的表格，只不过它的颜色变成了浅绿色，因此说红色的补色是浅绿色。

医生在手术过程中，眼睛看到的总是鲜红的血迹。时间一长，偶尔把视线转移到同伴的白大褂上时就会看到斑斑点点的"绿色血迹"，使视觉产生混乱而影响手术效果。采用浅绿色的衣料做手术服，就可以消除绿色错觉，确保手术的顺利进行。

阿司匹林

阿司匹林的发明起源于随处可见的柳树。柳树皮具有解热镇痛的神奇功效，在缺医少药的年代里，人们常常将它作为治疗发烧的"良药"。在许多偏远的地方，产妇生育时，人们也往往让她咀嚼柳树皮，作为镇痛的药物。

人们一直不知道柳树皮里究竟含有什么物质而使其具有这样神奇的功效，直至 1800 年，科学家才从柳树皮中提炼出了具有解热镇痛作用的有效成分——水杨酸。1898 年，德国化学家霍夫曼用水杨酸与醋酐反应，合成了乙酰水杨酸，1899 年，德国拜耳药厂正式生产这种药品，取商品名为 Aspirin，这就是后来常用的药物——阿司匹林。

青霉素

青霉素是抗生素的一种，是从青霉菌培养液中提制的药物，是第一种能够治疗人类疾病的抗生素。

青霉素是由英国细菌学家弗莱明发现的。1928 年的一天，弗莱明在他的一间简陋的实验室里研究导致人体发热的葡萄球菌。由于盖子没有盖好，他发觉培养细菌用的琼脂上附了一层青霉菌。这是从楼上的一位研究青霉菌的学者的窗口飘落进来的。使弗莱明感到惊讶的是，在青霉菌的近旁，葡萄球菌不见了。这个偶然的发现深深吸引了他，他设法培养这种霉菌进行多次试验，证明青霉素可以在几小时内将葡萄球菌全部杀死。弗莱明据此发明了葡萄球菌的克星——青霉素。

1935 年，英国牛津大学生物化学家钱恩和物理学家弗罗里对弗莱明的发现大感兴趣。钱恩负责青霉菌的培养和青霉素的分离、提纯和强化，使其抗菌力提高了几千倍，弗罗里负责对动物观察试验。至此，青霉素的功效得到了证明。青霉素的发现与研究成功，成为医学史的一项奇迹。

胰岛素

19 世纪末，生理学家发现切掉狗的胰腺可以使狗得糖尿病，由此证明胰腺里含有一种能够维持血糖浓度正常的物质。以后，许多科学家都想把这种物质从胰腺里提出来，但是都以失败告终。

1920 年，来自加拿大的外科医生班廷偶然在一本外科杂志上看到一篇文章，阐述结扎胰导管可以使分泌胰酶的细胞萎缩，而胰岛细胞却不受影响。这篇文章给了班廷很大启发，他在笔记本上写道："结扎狗的胰导管，等候 6～8 个星期使胰腺萎缩，然后切下胰腺进行抽提。"他决心大胆尝试。当时加拿大只有多伦多大学的生理系具备做这种实验的条件。经过他再三请求，一位教授才勉强同意给他几只狗，允许他在暑假期间借用一间简陋的实验室工作 8 个星期。由于班廷本人缺乏化学方面的训练，这位教授便让即将毕业的医学院学生斯特做他的助手。1921 年 5 月 17 日，29 岁的班廷和 22 岁的斯特开始工作。他们一直奋战了两个多月，7 月 30 日午夜，他们给一只患糖尿病的狗注射了 5 毫升从狗的胰腺里提取出来的宝贵的胰腺抽提液，狗的血糖浓度迅速下降，一项伟大的工作完成了。班廷由于这一贡献获得了诺贝尔奖。1922 年，胰岛素已经在临床上应用。1926 年，纯化的胰岛素已经能做成结晶。从 1945 年到 1955 年，英国的桑格又经过 10 年不懈的努力，终于搞清楚了胰岛素的全部化学结构，这就为胰岛素的人工合成以及胰岛素分子结构与功能关系的研究奠定了基础。桑格也由于他的这项贡献获得了诺贝尔奖。

胰岛素的发现，是 20 世纪生物医学界的一项重大发现，它对挽救千百万糖尿病人具有深刻的意义。

激 素

激素亦称荷尔蒙，希腊文原意为"奋起活动"，是内分泌腺分泌的物质。激素随血液运行到全身，对肌体的代谢、生长、发育和繁殖等起着重要的调节作用。

激素是英国人首先发现的。20 世纪初，英国生理学家斯塔林和贝利斯在长期的观察和实验中发现，狗进食后，在胃里把食物磨碎，当食物进入小肠时，胃后边的胰腺马上会分泌出胰液，并立刻送到小肠，和磨碎的食物混合起来进行消化活动。那么，食物达到小肠的消息，胰腺是怎样得到的呢？起初，他们以为这个信息是通过神经系统来传递的，但实验结果却否定了这一猜想。

在实验时，尽管切除了动物体内的一切通向胰腺的神经，胰腺仍能按时把胰腺液送到小肠。经过两年的仔细观察和研究，他们终于发现了谜底。原来，在正常情况下，当食物进入小肠时，由于食物与肠壁摩擦，小肠黏膜就分泌出一种数量极少的物质进入血液，流送到胰腺，并把有食物进入小肠的消息传递到胰腺，胰腺接到消息后，就立刻分泌出胰液来。于是，他们把这种物质提取出来，并注入哺乳动物的血液中，结果发现即使这一动物不吃东西，胰腺也会立刻分泌出胰液来。于是，他们便把这种物质称为"促胰液素"。后来他们又给这一类数量极少但有特殊生理作用、可激起动物体内器官巨大反应的物质起了一个形象生动的名字——激素。

雷 达

1924 年，英国和美国运用电磁波的反射探测电离层，后来，英、美、德等国都对军用雷达进行了研究。英国航空部了解到飞机反射无线电波这一事实以后，在 1931 年建立由蒂译德等三名科学家组成的研究委员会，开始了开发雷达的研究。在蒂译德委员会的支持下，瓦特于 1935 年发明了探测飞机的第一个实用的雷达，他基本上解决了雷达的所有的问题。

1935 年以后，英国海军部也参加研究，兰达尔等人把当时发明出来的磁控管谐振器原理结合起来进行研究，获得了雷达所需要的高输出功率的厘米波。于是雷达开始用于实践，发挥威力。

无负载电缆通信

长距离电缆通信，途中的信号衰减严重，为了解决这个问题，美国哥伦比亚大学教授普茄于 1900 年发明了负载线圈式电缆，但此种负载电缆通信有不少缺点，信号的畸变大，回声也大。最重要的是因为把传递信号控制在一定频率以下，限制了多路通信。

1932 年日本通信省工务局松前重义等人分析了负载电缆缺点，提出了无负载电缆设想。他们完全改变了电缆的构造，对来往线路被行静电磁性屏蔽，进而解决了各线路间的漏话问题，且当时制造电子管放大器和滤波器性能比以前有了明显提高，于是在 1932 年公布了无负载电缆通信的发明和这种装置的全部内容。1933 年在朝鲜海峡设置了世界上第一个无负载电缆通信线路，通信获得成功。现在这种无负载方法通信仍被世界各地广泛采用。

电子管

发明电子管的前提是"发明大王"爱迪生在 1883 年确立的爱迪生效应：置于真空中加热的灯丝会发射电子，而且电流只单方向地向另一金属极板流动。由此，英国的 J.A. 弗莱明于 1904 年发明了二极管，当时正是无线通信的兴盛期，很快就在检波整流器上得到应用。1906 年，福斯特发明了三极管，

弗莱明在工作

又使得二极管相形见绌。他在阴极和阳极之间设置了栅极，只要在栅极上铁加电压，从阴极流向阳极的电流就会发生很大变化。

自从三极管发明之后，电子学迅速发展。电子管又有四极管、五极管，以及后来造出的超小型电子管，还有磁近管、低温管等。工作在超高频（特别用于雷达）的特种电子管也发明出来了。而这一切的基础，都是爱迪生效应和二极管的发明。

晶体管

1948 年 6 月 23 日美国贝尔电话研究所进行了重大的宣布和公开了实验结果，内容是：发表一种叫作"晶体管"的小部件——像电子管一样不需要加热的、矿物构成的放大元件。今天，晶体管在社会上占有非凡地位。晶体管的发明同其他发明一样，是从"偶然"中产生的。

贝尔电话研究所的三名研究人员肖克利、巴丁、布拉顿在研究锗的表面时，偶然发现了放大现象。特别是布拉顿发现，向实验中的锗的底面接以电极，往另一面插上细针并通以电流，然后使另外一根细针昼接近并使少量电流通过，原来的电流则变动较大。

肖克利对这种现象进行了可靠的理论分析，他提出了"空穴"这一完全崭新的概念。由于点接触的制造困难，他考虑了非点接触方式，那就是"PN 接合型"晶体管。它利用半导体中的电子和空穴而工作，是现在半导体的基本形式。

静电复制

现代可以说是复制的年代。而静电复印机是其中具有优秀性能的复制机械，它是由卡尔森发明的。

卡尔森毕业于美国加利福尼亚大学物理专业，1930 年进入贝尔电话研究所，后学习了法律，因对发明和专利非常感兴趣，作为专利代办人进入了马罗礼公司。从这时起，他就想研究新的复制方法。在约四年的时间

里，他坚持不懈地去纽约公共图书馆，查阅了过去有关复制技术的文献，于是确定了两个研究方向：一是"光电效应"，二是"电解效应"。后者困难较大，因为要用很多的电力。

卡尔森认为，低电压大电流的电解效果可以向着高电压低电流的放电效果转变，他吸收了过去一切技术成果，到 1937 年，提出了电子摄影法的基本方案，在美国获得了三项专利。

因此，他把自己的方案委托巴特尔研究所去实现，结果巴特尔研究所产生了两项重大发明，即涂硒的高真空技术和电晕放电线，为静电复制的实现开辟了道路。1946 年，哈罗德公司注意到了这个新复制方法，从卡尔森和巴特尔研究所接收了一切专利，继续研究，1960 年终于制成了商品，出现在市场上，这种商品叫静电复印机—914。

计算机

计算机的早期基本形式就是算盘，真正的算盘出现于中国宋朝。后为计算机的发展分为两大方向：一种是作模拟计算的计算尺；另一种是做数字计算的计算机械。计算尺最先是由苏格兰的 J. 纳波尔在 1594 年发明的。

另一方面，法国的帕斯卡发明了数字计算机械。他的父亲是一个税务官，必须进行繁杂的计算，帕斯卡也必须帮很多忙。因此帕斯卡就设想能否用机械计算。1642 年 19 岁的帕斯卡成功地发明了计算机，重要的是这种计算机原理也适用于现代的计算机。帕斯卡当时试制了 50 台计算机，但还是不能进行更为复杂的计算，因为制作的精度太低，进位时阻力太大，不能联动。后来莱布尼茨对帕斯卡的计算机进行了彻底的改进，使它也能很简单地进行乘除计算。到了 1820 年，制作技术大大提高，托马斯研制出了实用计算机。这大概是人类历史上第一台实用的自动计算机。

电子计算机

第二次世界大战后期，美国军队为充分发挥野战炮的作用，需解决弹道计算的准确度与速度问题。因为影响弹道的体系是一个包括射角、气温、风向、风速等的多元体系，计算一次需要 200 个步骤。即使一个训练有素的数学家，使用当时最先进的台式计算器计算一条弹道也需要 7 ~ 20 个小时。缓慢的数字计算和紧急的战事需要发生了严重矛盾，于是便开始研制新的计算工具——电子计算机。

1946 年，美国宾夕法尼亚大学莫尔电工学院的莫斯莱担任总体设计，24 岁的研究生埃克特担任总工程师，研制成功了世界上第一台电子计算机。机上装有 1.8 万个电子管、1500 个继电器、几千个其他电子元件和电器、7 英里长的铜导线和 50 万个焊接头，该机耗电量为 150 千瓦，计算速度比以往的一般计算机要快 1000 倍，达每秒钟 5000 次，开创了计算机历史的新纪元。

机器人

在世界范围新的技术革命浪潮中，随着电脑的惊人发展，工业发达国家普遍重视机器人产业。据估计，全世界现有机器人 10 万多台，其中日本最多，4.4 万台；其次是美国，1.3 万台。人们对机器人的幻想，已持续 2000 多年。至少 1000 多年前，我国就有"木牛流马"的传说。13 世纪，德国科学家曾试制过能替工人开门的机器人。16 世纪，捷克斯洛伐克有人试制过帮助人劈柴打水的机器人。不过，这种种幻想、传说和试验，当时都不叫机器人。而机器人这一名词，最早见于 1920 年捷克斯洛伐克作家卡雷尔·恰培克写的寓言剧《罗松的万能机器人》。

这一幻想真正变为现实，是最近几十年的事情。1954 年，美国工程师乔治·迪波尔成为世界上第一家机器人制造公司的创办者，并且经过七年努力，于 1961 年制造出世界上第一台实用的工业机器人。1969年，日本川崎公司制造出日本第一批机器人。从那以后，其他国家竞相效法，一个制造、使用机器人的热潮席卷全球。机器人产量的急剧增加和广泛使用是从1979年开始的，因此，这一年被称为"机器人元年"。

X射线

1895年11月8日，德国物理学家、50岁的伦琴在自己的实验室里埋头工作，研究一个关于电的问题。他在实验室的阴极射线放电管附近放了一包密封在黑纸里的、未经显影的照相底片。第二天，他发现底片已经漏了光。他抓住这个偶然的发现，认真分析起来。结果他发现在桌子上有一张涂着铂氰酸钡的纸，发出荧荧的磷光。只要用强烈的光线照射铂氰酸钡，它就会发射出磷光的物质。他把一本书放在真空管与屏幕之间，接通电源，这时真空管的屏幕同时发出了亮光。他又试验了多次，试验了不同物体，结果证明这种射线能穿透许多种物体。

1895年12月28日，伦琴在德国维尔茨堡大学做了一次X射线的学术报告，不久就震动了整个世界。为了祝贺伦琴的这一重大发现，有人建议将这种射线命名为"伦琴射线"，伦琴却说："我还没有彻底解释这种射线的发生现象，还是把它称为X射线最恰当。"

郎之万炮弹

这个词出自郎之万作的一个假设。郎之万是法国科学家，在巴黎大学教授物理。

物理学中有一种理论叫"相对论"。这种理论极不容易理解。为说明相对论中时间、空间概念，郎之万做过一个十分生动的比喻。他假设，把一位旅行家装在一个能够接近光速的炮弹飞船里，发射到宇宙中去旅行。离开地球一年以后再往回飞，一来一回是两年。这样，这位旅行家回到地球时，年龄大了两岁。可是，由于炮弹的速度和光速差不多，这位旅行家在作宇宙旅行期间，地球上可不是两年，而是已经过了200年了。如果在他出发前有一个不满周岁的儿子，那当他返回地球时，他儿子早就去世了，欢迎他的将是他从不相识的曾孙子。这说明时间、空间概念是与物质、运动紧密相关的。

这是一个大胆而富有创造性的想象，后来科学家们就把这个生动的比喻叫作"郎之万炮弹"，在解释相对论时候常引用它。

元素周期表

俄罗斯化学家德米特里·伊凡诺维奇·门捷列夫在大学期间，为探索自然界中各种元素之间的内在联系而苦苦思索。

1869年以前，人们对化学元素的认识还是比较孤立的、肤浅的，更谈不上对未知元素的预测。门捷列夫决心揭开元素间内在联系的秘密。当时人们已发现了63种化学元素，其中金属元素48种、非金属元素15种。为看清这些元素之间的关系，门捷列夫作了63张方形卡片，卡片上记载着元素的名称、性质和原子量。然后，他就"玩"起这些纸牌来。像打扑克牌一样，他不断调换桌子上纸牌的位置。可总是排不好。后来，又经过多次反复研究和推敲，元素周期律终于被发

伦琴像

现了。根据这个规律，门捷列夫把当时化学家已经知道的 63 个元素排列在一张表里，这张表就叫作元素周期表。

两年后，门捷列夫发表了一篇论文，文中他举出了世界上还未被发现物质的详细特征。科学家们进行试验，寻找那些未知元素，不久一批新元素终于被科学家一一发现了。

酸碱指示剂

酸碱指示剂是由英国化学家和物理学家波义耳发现的。

有一次，波义耳正在做实验。他偶然把一滴盐酸洒到一朵紫罗兰的花瓣上，他赶紧把花放进水杯里去冲洗，不一会儿，紫罗兰的颜色竟然由紫变红了。这一偶然发现，使波义耳感到十分惊奇，他又用其他酸做了同样试验，结果发现，其他各种酸同样能使紫罗兰由紫变红。为了验证碱是否能使紫罗兰改变颜色，波义耳又做了一系列试验，结果发现，碱同样能使紫罗兰改变颜色。波义耳又用不同的花朵、药草、树皮等泡出不同浸液，一一进行试验。结果发现有一种从石蕊苔藓提取的紫色浸液对酸碱的反应最为有趣：它遇到酸会变红色；遇到碱会变蓝色。波义耳想，如果用纸在这种浸液里浸泡一下，然后拿出来烘干，不就可以用它来测试酸性或碱性了吗？于是鉴别酸与碱的指示剂就由此诞生了。

光谱分析法

早在 1758 年，科学家们就注意到，在火焰上撒些钠盐，火头立刻蹿起明亮的黄色；撒钾盐则为紫色，其他金属盐类在火上灼烧也会使火焰"染上"不同的颜色。

过了半个世纪，德国著名化学家本生由此现象而受到启发，是否能够通过观察物质在火焰上的颜色来判断为何种元素呢？于是他不断实验，终于掌握了各种金属及其盐类在火焰中特有的颜色：钾使火焰呈紫色，钠使火焰呈黄色，钡盐是黄绿色……可是，当

本生用此方法鉴别物质成分时，却遇到了困难，多种元素组成的物质在火焰中呈多种颜色，混在一起，难以区分。

后来，德国物理学家基尔霍夫告诉他，三棱镜能将颜色分开，于是二人密切合作，发现每种元素的色线都按一定的顺序排列在固定位置上，如一条条谱线，此结果使本生兴奋不已。根据元素光谱，来分析物质成分的方法很快问世了，这就是光谱分析法。

喷气发动机

发明喷气式发动机的是英国人 S.惠特尔。他在 1929 年毕业于英国航空军官学校，以后在中央飞行学校研究航空器的推进方法。他设想的第一步是驱动螺旋桨的燃气轮机。这一研究过程中，他结合喷气推进的设想，发明了不用螺旋桨的喷气发动机，并在 1930 年获得这项专利。在别人的资助下，建立了一个"动力喷气公司"，1937 年，最初的喷气发动机试运转成功了。1941 年 5 月，第一架喷气式战斗机"格洛斯特"号进行了第一次试飞。

纺纱机

日本人民在棉纺织领域里有着重要的发明，在 19 世纪 70 年代产生过与欧美完全不同的纺织技术，那就是卧云辰致发明的嘎拉纺。

卧云辰致 1847 年生于日本信州安郡。他完全不知道欧美近代纺织法。他想：难道就没有办法把手工纺纱改为机械纺纱吗？

他的设想非常出色，用白铁皮制成直径 4 厘米、深 20 厘米的筒，中间填上弹过的棉花，然后一边旋转铁筒，一边拉起筒中棉花的一小部分，就纺成了纱。

如果被曳拉的棉花过多，线粗了怎么办呢？卧云辰致设计了一种自动控制装置，铁筒可上可下，纱一粗，筒向上，拉着它旋转的销钉就脱落，不再捻纱。用这种装置确保纱细。

1876年卧云辰致发明的这种嘎拉纺纱机，在翌年第一届日本劝业博览会上获得了最佳产品证书，而且立即在三河等产棉区普及。由于当时还没有专利制度，卧云辰致非常贫困地度过了一生。

轧棉机

产业革命时期，英国产业革命中纺织工业上的新发明和新生产方法在美国得到广泛应用，为棉花种植开辟了广阔前景。但在美国佐治亚地区，能长好的只有一种短纤维、有着绿色棉籽的棉花。坚硬的小棉籽牢固地黏在棉花里，手工从籽棉中剥出棉花效率很低。

这个现象引起了美国康涅狄格州的爱利·惠特尼的注意，他当时正在佐治亚州做家庭教师。他一方面上课，一方面刻苦钻研机械，经过艰苦努力，1793年，他终于发明了轧棉机，他用十来天时间制出了机器的模型，这种机器效率抵得上人工的10倍，它能迅速顺利地把棉籽从棉花中剥离出来。这种轧棉机装有铁丝钩子的滚筒，能把棉花从棉籽上撕下来，棉籽则掉入斗中，机上有刷子把钩子上的棉花加以清除，然后打包。惠特尼的第一台轧棉机是用手操作的，后来，他设计了一种以水力为动力的轧棉机，效率大大提高了。

电 梯

古罗马尼禄王朝（54～68），就有了升降器。尼禄为了看角斗士和野兽搏斗，就坐升降器到高处。这种升降器是用绳子吊拉着木板往上升，要用16个奴隶来发动。

18世纪中期在俄国农村和莫斯科近郊的库科沃庄园里，建造了俄国第一批载客升降机，1793年，库利宾在冬宫安装了一架升降器。

1880年德国制成第一部电梯，是用电动机带动钢索系统的乘坐箱。这种电梯，在我国旧式建筑里还能看到。

19世纪末叶，汉堡制造了一部罐笼式电梯。它是由几个乘坐箱组成，各个乘坐箱向一个方向运动，不停止运行，到了哪层楼乘客就自动进出，因为它的速度不快，乘客可以从容离开或搭乘。

现代电梯越造越精巧了。如压缩空气开动的电梯。

望远镜

15世纪时，在荷兰米德尔堡市有个镜匠，他的名字叫普尔斯哈依。

普尔斯哈依终日起早贪黑，埋头于工作和研究，看到他精心制作的一块块透明闪亮的镜片和一副副精致、漂亮的镜架，人们总是带着惊羡的眼光，交口赞誉。在他的影响下，他的孩子们也都爱上了眼镜制作这一行。

有一天，普尔斯哈依的几个孩子又拿出好几块镜片，上楼玩弄起来。这时候，有一个孩子别出心裁地问："我在想，一块镜片能把眼前的东西变得很大。那么，要是把两块镜片重叠起来，眼前的东西又会变得怎么样呢？"于是，他们很快把几块镜片重叠起来进行观察。果然，镜下的东西迅速变了模样。他们又推开窗户，拿着镜片进行远视。这一瞧非同小可，但见远方的树木、河流、教堂、别墅等自然景物和建筑群一下子就在自己的眼皮底下。他们立即伸手去摸，却是空空的一片。这时，孩子们似乎已明白自己发现了什么，禁不住高兴地叫喊起来。

普尔斯哈依听到喊声，立即敏感地放下手中的活计，疾步奔上楼去。他取过镜片注视着前方。"啊！"他突然惊叫起来，身子似乎也站立不住，险些失足从楼上掉下去。"孩子们，你们真了不起啊！要知道，这一发现的意义太大了，可帮了我的大忙。我真不知道应该用什么语言来夸奖你们，感激你们！"

打这以后，普尔斯哈依像着了魔似的研究起这些重叠的镜片来，不久以后发明了世界上第一架望远镜。

显微镜

显微镜诞生于 17 世纪的荷兰，荷兰在当时眼镜业很发达。有一个年轻人，他叫列文虎克，经常到他工作的杂货店隔壁的眼镜店里去看磨眼镜片。从而知道了透过磨制的玻璃镜片，可以看到微小的东西。日久天长，他学会了磨制镜片的技巧。他就白天工作，晚上精心磨制镜片。他下决心制造一架高度放大的仪器，用来观察肉眼看不见的微小的东西，以揭开自然界的奥秘。他经过努力，终于磨制出了高精度的镜片。后来，他把镜片固定在一块金属板上，还安装了调节镜片的螺旋杆。世界上第一台显微镜就这样饱含着列文虎克的巨大心血诞生了。这架显微镜可以放大 300 倍，是当时最精良的显微镜。

电 灯

美国科学家爱迪生在发明留声机后，受世界上发明电灯的热潮所感染，立即着手了电灯的研究。

首先他采用德国人修布伦格发明的真空泵解决了灯泡内的真空问题，接着他集中研究所的全部力量，开始采用各种东西烧制

爱迪生像

362

碳丝都不成功，然后转向金属，仍毫无进展。一次爱迪生用碳化棉丝进行实验，实际记录本上记着："1879 年 10 月 21 日，进行第 7895 次实验，灯丝材料为碳化棉丝……"于是第一只白炽灯诞生了。

后来爱迪生和其助手们又继续研究，使灯泡发光的时间更长。而这一年，爱迪生为普及电灯照明，又发明了火力发电机。

安全灯

大化学家戴维承担了研制矿井用安全灯的任务。他在助手法拉第的帮助下，对瓦斯进行了反复研究，试来试去，他发现细的管子火焰不能通过，而外部的空气却能自由进入，可怎样才能用细管组成一个灯罩呢？将细管细密排列，一点一点去薄后观察它的作用，直到薄成一个纱网，它的作用仍然不变。

"原来铁丝网也是一种细管的集合体！"他用铁丝网做了一个圆筒形的灯罩，火焰在灯罩内发着光，通过在人造的瓦斯环境里实验，证明简单的灯具非常可靠。

于是安全的灯——安全灯问世了。它又叫"戴维灯"。

荧光灯

人们很早就知道放电管能发出紫外线，也知道某些物质在紫外线照射下会发出荧光。因此早在 1859 年贝克勒耳就用放电管和荧光物质造出了荧光灯。当然，那时的荧光灯效率很低，不实用，有许多不足尚待改进。

20 世纪初，美国的梅沃德才研制出可以组装成各种荧光物质的低压水银放电管。

美国通用电气公司紧紧抓住了荧光灯这个新事物。他们从一开始就预见到荧光灯最终将取代白炽灯，因此投入全力开发研制。这时是 1927 年，他们采用热电极作为荧光灯的放电电极，设计出了实用性强、寿命长的灯形。又从种类繁多的荧光物质中选出了最适于荧光灯的硅酸盐和钨酸盐等，从此荧光

灯就作为性能十分可靠、比白炽灯先进得多的照明灯具出现在市场上了。推动这项研制开发工作的，先后有哈尔博士和英曼博士。

打字机

是谁第一个提出打字机原理的？这很难说。有的说是 18 世纪英国人亨利·米尔，但根据不足。确切的说法是 1820～1840 年首先揭开了打字机的序幕。

德国的多里斯男爵、美国的巴特和沙巴、法国人普鲁金等在同一时期里，逐步设计、改进和制造了打字机。

19 世纪后半期，打字机逐渐完善。有代表性的是 1855 年，意大利人拉必查设计了叫作"策姆巴洛·斯利珀"的打字机。1856 年美国的毕奇发明移动打字的机器。随后，从 1864 年起，几年之间，澳大利亚的木匠米塔假法发明了简便型打字机，并进行了试制。

可以说，打字机所必需的技术，是由拉必查、毕奇和米塔假法三人在 19 世纪中叶发明而获得解决的。

玻璃

相传有一艘腓尼基商船满载碱块，航行在地中海上，中途遇到强烈的飓风，被迫驶入贝勒斯（Belus）河湾里暂避。一群水手纷纷上岸，想砌起炉灶生火做饭；但是河边尽是沙滩，根本找不到石头来支锅，只得从船上搬下几块纯碱（碳酸钠）充当石头砌炉灶。次日风平浪静，水手们想把碱块搬回船上准备起航。想不到炉灰中出现了一些亮晶晶的小块，这些小块就是人类从未见过的东西——玻璃。水手中有一位洞察力非凡的人，他认识到这些东西是白砂加纯碱烧成的，回家后照此办法发明了玻璃。这是公元 1 世纪的古罗马著名学者普利尼厄斯（Pliniusi）讲述的发明玻璃的故事。他把发明玻璃的荣誉归于腓尼基人。

腓尼基原是地中海东岸的古国，约当今西亚黎巴嫩和叙利亚沿海一带。腓尼基人种族与古埃及、古巴比伦人相近。公元前 2000 年初，他们在此建立若干城邦，但是从未形成统一的国家。腓尼基人以航海、经商和贩运奴隶闻名。后来发展成地中海西部强国，以迦太基（今突尼斯境内）为中心。

科学技术史记载，最古老的玻璃制品于公元前约 2500 年出现在美索不达米亚和埃及，那是一些串珠。在新王国第 18 王朝初年（前 1580），古埃及已经大规模生产玻璃。在亚历山大和开罗两城之间，至今尚遗留这个王朝中叶（前 1465）的玻璃作坊遗址，可以看出当时的玻璃制造工艺已经达到很高的水平。古埃及人能够造出紫、黑、蓝、绿、乳白、黄等各种颜色的玻璃。工匠们显然已经知道赋予玻璃各种颜色的赋色剂，它们是一些金属氧化物。

有些赋色剂来自遥远的国外，例如炼制深蓝色玻璃所必需的赋色剂氧化钴，是从高加索和波斯（伊朗的古称）一带千里迢迢运来的。埃及气候干燥，雨水较少，水分蒸发非常强烈，各地的盐湖往往干涸，有的盛产天然纯碱，为玻璃工业提供技术基础。当时许多古埃及大手工业，为玻璃工业提供技术基础。当时许多古埃及人从事各种手工业，例如制陶、纺织、建筑、矿冶、酿酒（包括啤酒）以及车船和杂器制造等，玻璃熔炼是其中十分引人注意的行业。玻璃在人们的生活、生产和科学研究中，都起着别的材料难以取代的重要作用。

橡胶

天然橡胶是橡树的浆汁加进醋酸凝成的。把橡树的树皮割破，就会有乳白色胶汁滴出。

1492 年，意大利航海家哥伦布得到西班牙女王伊萨伯拉的赞助，率领三艘大船，渡过大西洋，发现了新大陆（即现在的西印度群岛和南美洲）。一些水手和士兵登上美洲大陆，发现了橡胶，他们把橡胶树种带回西班牙，以后又传遍了欧洲。后来，又传到了东南亚。没有经过加工的天然橡胶，叫作生胶。橡胶的用途越来越广，除天然橡胶外，科学家们分析了橡胶的成分，已经能用化学方法合成人造橡胶了。

塑　料

大约 100 年前，美国珠宝界悬赏征集象牙的代替品，应征的哈伊阿特经过苦心思索，于 1869 年发明了赛璐珞。赛璐珞是在硝化纤维素里掺上樟脑制成的，它是塑料的前身。赛璐珞后来成为制作盒子、纽扣等各种物品的原材料。

1906 年，美国的贝克莱后来把石碳酸和福尔马林（甲醛水）结合起来，发明了酸醛塑料（又称电木）。它遇热能变软，可随心所欲地塑造出各种形状的东西，冷却后又变得很坚硬，所以人们用它来制作饭具和盒子。

1919 年，奥地利的勃拉克在尿素里加入福尔马林制成了尿素树脂。由于电木是黑色的，而尿素树脂掺上无色透明的染料就可制成各种花花绿绿的颜色。因此，多用它做文具和室内装饰品。塑料还具有电绝缘性质，因此，它被广泛地应用在电工器材上。

塑料具有软巧、结实、耐药品、易加工等优点。现在塑料用品的品种逐年增加，数量也越来越多。

化　纤

早在 1664 年，英国著名学者胡克就已指出："人工合成类似桑蚕作茧的胶体物质应该是可能的。"又过了 100 多年，瑞士化学家舍恩拜内才认识到同蚕黏液最为相似的原料是纤维素。直到 1855 年，瑞士的另一位化学家奥德马斯才在酒精和乙醚混合液溶解硝酸纤维素制成的黏液中，捞起了第一根人造丝。

1889 年，法国人夏尔多内在巴黎博览会上展出了第一台人造纤维纺织机，同时还展出了第一批用人造纤维制成的布匹。次年，在法国的贝藏松郊外，诞生了世界上第一家人造纤维工厂，每天生产人造丝 50 公斤。但是，真正使化纤生产突飞猛进的，是 1920 年德国人施陶丁格尔教授发现了纤维素天然纤维的结构，并且证实它在一定条件下，小分子会聚合成纤维，这便是合成纤维的由来。施陶丁格尔的发现，获得了 1953 年诺贝尔奖。从此，人们迎来了化纤工业的崭新时代。

尼　龙

1930 年左右，美国的卡罗塞尔斯开始专门研究人造纤维。当时，所谓人造纤维指的是 1884 年法国霞尔多年发明的人造丝，这种人造丝的原料是从植物纤维里提出来的纤维素，而卡罗塞尔斯发明的人造纤维却并不依赖植物，而是由矿物纤维制成的。

卡罗塞尔斯花费了五年时间，终于在 1934 年发明了以石碳酸、硝酸、氨、氢等为原料的新纤维。这种纤维就命名为尼龙。

有的人在推销尼龙时，吹嘘尼龙是空气、水、煤做成的，说什么尼龙丝比蜘蛛网还细，比钢铁还结实是不应该的，实际上尼龙只是各种化学物质合成的。尼龙是合成纤维的始祖。

漂白粉

1754 年，英国农艺化学家霍姆发明了用稀硫酸漂白的新技术。1774 年，32 岁的瑞典化学家卡尔·威廉·舍勒经过一番努力，证明王水制造出的奇怪气体是氯；1785 年，法国的染料技师贝尔特勒在实验中发现，氯具有漂白作用，然而有剧毒，需用钾溶液处理后才无害。

1799 年，英国的一个开设漂白工厂的梯南特综合前人的研究，利用熟石灰和氯作用而发明了漂白粉。漂白粉用法简单，漂白时间大大缩短，更不需要曝晒。

缝纫机

缝纫机的发明人是美国的何奥，他生于 1810 年，至今在美国华盛顿国家博物馆还保存着他早年生产的第一架缝纫机。

他的发明，最初不为美国政府承认，所以只有去英国寻找出路。果然，英国一位服装商威廉·托马斯看中它，并以1250美元的代价买去。可是，当何奥把技术传授完毕之后，托马斯无情地把他一脚踢开，他只好携带一家老小，重返故乡——美国。

又一个名叫埃利克斯·胜家的人剽窃了何奥的全部技术后，又做了一些重要的改进，其中改进的一个项目是把水平走向的车针改为上下走向，使被缝衣料能向前送，其次是设计一个自动送衣料的轮子和把手摇改为脚踏板，可腾出双手做整理工作。

由胜家改进的机器已开始成批生产，并在市场销售。这种产品，不仅可供生产衣料和鞋帽的专业工厂使用，也进入家庭。但知道缝纫机真正发明者的人甚少，幸好何奥在他好朋友菲希尔的帮助下，向美国法院起诉胜家侵犯自己专利权的行为，最后胜家败诉，答应与何奥分享利润。

录音机

录音机技术的诞生，至今已有100多年的历史。1886年首先由美国的史密斯提出磁性录音的设想，1898年由丹麦科学家波尔逊将设想变成了现实，发明了世界上第一台钢丝录音机。

20世纪20年代后，随着放大技术的发展和高频偏磁的利用，钢丝录音机正式成为商品，并开始用于广播、有声电影、电信传递等方面。30年代又出现了纸基和塑料基的磁性录音带，并开始采用环形磁头。到了40年代，磁性录音技术开始成熟。50年代前后，磁性记录从录音发展到录码的新领域，并进一步开拓了录像的新技术。

随着半导体技术和集成电路、薄膜电路的应用，录音机的体积大为缩小。1963年发明的盒式录音机，克服盘式磁带录音机的缺点，深受用户的欢迎，并很快在全世界发展起来。后又发展成微型盒式录音机和大盒式录音机，还涌现出许多新颖的立体声录音机及收录两用机。

唱 片

唱片的发明距今已有近百年的历史了。最初的蜡筒唱片是爱迪生发明的，但这种唱片一问世，就被埃米尔·贝尔利纳发明的圆盘压制唱片所取代。20世纪初，录音灌片成为时尚。第一位以灌唱片出名的是意大利男高音歌唱家卡鲁索。

那时的录音技术相当落后。主要制作方法是用漏斗状的传音装置将声音的振动集中起来，传到唱片模片上进行再发。用这种办法录音，不仅操作困难，而且音质难听、失真。到了二三十年代，随着无线电技术的兴起，唱片技术得到了重大的发展。1925年随着"麦克风"在录音技术的运用以及电子管、新型扬声器的出现，使唱片的音质发生了根本性的变化。这时的唱片第一次放出了清晰、洪亮和逼真的独唱、交响乐及合唱。

1948年第一张慢转纹唱片问世，给唱片业带来了巨大的生气。在这以前，一张78转的快速唱片一面只能录三四分钟的节目，听一首交响乐就得站在留声机旁，随时准备翻面。那时出版的一套贝多芬第九交响乐唱片，就一共录了16面。这么多的唱片，不仅听起来麻烦，而且重量沉，极易摔碎。

从五六十年代开始，人们又把对唱片技术革命的兴趣转移到录音技术的改革上。逐渐地，普通的单声道唱片被新型的双声道立体声唱片所代替。这种唱片，通过立体声唱机，乐声就会从左右两个声道输出，所以人们听起来层次分明，富有空间感。

20世纪80年代，一项新录音技术的问世，改变了传统的录音原理，这就是"数码录音"。简单说，它是将音波通过特别设计的手工电脑而转变成数码，然后用磁带录下来。这种数码唱片，声音更加清晰、细致。如果闭上眼睛，就如同置身剧场，身临其境。随后，又出现激光唱片、录影唱片，这就使唱片技术的发展进入了一个崭新的纪元。

电话机

电话机的问世，距今已有 100 多年的历史了。1875 年，苏格兰青年亚·贝尔发明了世界上第一台电话机。贝尔 22 岁时被聘为美国波士顿大学的语言教授。有一天，贝尔在实验时，意外地发现一个有趣的现象：当电流导通和截止时，螺旋线圈发出噪声。贝尔是个有心人，他马上重复几次，结果

1915 年科学家贝尔发明的电话，并在第一次世界大战中大派用场。

都一样。一个大胆的设想在贝尔脑海中出现："在讲话时，如果我能使电流强度的变化模拟声波的变化，那么用电传送语言不就能实现了吗？"这个思想后来成了贝尔设计电话的理论基础。他决计去求教当时大物理学家约瑟夫·亨利，后者热情地支持他。

两年过去了，贝尔与助手沃特森经过无数次的试验都失败了。有一天，贝尔正在沉思时，隐隐传来一阵吉他的曲调，吉他的共鸣启发了聪明的年轻人。贝尔马上改装了机器。一切准备就绪后，贝尔在实验室里，将门关闭，沃特森在隔着几个房间的另一端，贝尔对着送话器呼唤起来："听见了吗？沃特森。"沃特森喜不自禁，急呼"贝尔！我听见了！听见了！"这两位青年克服了重重困难，终于把电话变成了现实。

回归教育

回归教育，是在世界新技术革命浪潮中应运而生的。如今已成为普遍接受的国际教育思潮。回归教育是把基础教育以后的一切教育都包括在内的一种教育战略。它主张把教育分散在人的一生中，把教育与劳动交替进行。从而打破了传统的、连续的学校教育方式。它的目标是建立教育—劳动—教育—劳动的循环模式。具体地说，就是人们在接受基础教育以后，不必连续升学，而是去参加工作或劳动。过一段时间后，再根据需要到学校学习。学一段时间再回到工作岗位中去。这样循环往复，劳动和教育交替进行，直到退休。回归教育的好处是可以及时更新已经陈旧的知识和技术，以适应科学技术迅速发展的需要。

哈佛大学

建于 1636 年，比美国作为独立国家的建立几乎要早一个半世纪。当年，移民们以英国的剑桥大学为蓝本，于马萨诸塞州的坎布里奇市建立了这所美国历史上最早的高等学校，始称剑桥学校。1639 年，为了纪念主要创办人和捐献者哈佛，学校更名为哈佛学院，1780 年扩建为哈佛大学。全校共有 13 所学院，其中本科生院两所、研究生院 11 所。哈佛年度总收入超过 9.5 亿美元，主要来自广泛的募捐和捐赠。

哈佛大学具有举世公认的世界一流的学术和教育水平，在多数的评比中，哈佛都在众多的大学中脱颖而出，独占鳌头。到目前为止，哈佛大学共出 6 位美国总统、33 名诺贝尔奖获得者、32 名普利策奖获得者。美国前国务卿亨利·基辛格亦出身哈佛，而我国的许多学者如林语堂、梁实秋、陈寅恪也曾负笈于此。

斯坦福大学

1885 年，参议员李兰德·斯坦福为了纪念自己的独生子小李兰德·斯坦福，在地处加利福尼亚州旧金山半岛圣·弗朗西斯科城南约 30 英里的地方建立了这所后来闻名遐迩的大学。

斯坦福大学校园面积约8180英亩，其中1951年建立的"斯坦福研究园"占地660亩。校园内，还有绵延约3.2公里长的直线加速器中心，是高能物理的世界级研究中心。

斯坦福大学以其世界一流的科研水平著称于世，它是美国硅谷的一个重要中心。在各类评比中，斯坦福大学曾一度在1985、1987年名列全美第一，1990年名列第二，1991年位居第三。有12位诺贝尔获奖者出身斯坦福大学，美国第31届总统胡佛也是斯坦福大学校友。目前，斯坦福大学正以执美国科研牛耳的姿态来迎接新时代的到来。

耶鲁大学

耶鲁大学最初是由以詹姆斯·皮尔庞特牧师为首的康涅狄格州公理会牧师发起创建的，这发生在1701年。到了1718年，为了感谢英国商人耶鲁的慷慨捐赠，学校改名为耶鲁学院，1887年学校升格为耶鲁大学。

耶鲁大学校园占地200英亩，住宿学院占地20英亩，运动场占地100英亩，高尔夫球场、禁猎区占地500英亩，共820英亩。另外它还在其他地方拥有大量的土地。

耶鲁现有12个学院。它有别于其他高校的是它的住宿学院体制。耶鲁以它一流的人文科学研究享誉世界，它是美国高等教育界人文科学研究中心，是全美最优秀的文科大学。另外，它也有一流的科研人员，共有13名诺贝尔奖获得者供职于此。

麻省理工学院

麻省理工学院的理工科的科研水平的在美国是一流的。它的师资质量和水平都是公认一流的。它有93位教师任国家工程科学院院士，90位国家科学院的成员，209位美国艺术科学研究的成员。

依靠这一支杰出的教师队伍，学校培养出大批的优秀人才，其科研能力举世瞩目。麻省理工学院另一个有特色之处在于

它是为数不多的给美国提供ROTC计划的大学之一。

牛津大学

牛津大学是英国乃至欧洲最古老的大学之一。早在12世纪，许多学者就曾聚集牛津城讲学，后来不断发展衍变，牛津大学成为英国以及欧洲乃至全世界都屈指可数的明星大学。

目前，牛津拥有358个学院、6个准学院（各个宗教教派所办）。院规模不等，但都在500人以下。各学院在管理上实行自治，每个学院都拥有自己的土地、产业、基金。

牛津在教育上最大的特色就是导师制。每所学院都有一大批旨在帮助学生自学的导师。另外，牛津拥有英国第二大图书馆——博德利图书馆，藏书600万册。牛津出版社更是举世闻名，作为世界上最大的大学出版社，它的《牛津英语词典》风行全球、享誉各地。牛津大学在英国教育史上有着极其重要的作用，现代英国政府要员及大多科技人才都出自牛津，共有29位首相、1位总统、1位挪威国王、21位诺贝尔奖获得者。

牛津大学校景

剑桥大学

剑桥大学是1209年由从牛津脱离出来的部分学者创办，因校址在剑桥而得名。

目前，剑桥大学共有31所学院，其中著名的有三一学院、卡莱尔学院和基督学院。与牛津一样，剑桥的学院也有独立性。在教育上，也实行导师制度。

剑桥的科研水平和文化科研能力一直在

世界上负有盛名。其中 1871 年筹建的卡文迪许实验室一直是物理学研究的世界中心之一，仅这个中心就已培养出 30 人左右的诺贝尔奖获得者。

剑桥大学在多次各种机构的大学排名中一直位居前三名，长久以来，它一直是各国学子向往的世界一流学府之一。与牛津大学一样，剑桥大学在英国和世界许多地方都有深远影响。

马太效应与反马太效应

在当今社会上，对于已有相当声誉的人才所作出的成绩，常会给予越来越多的荣誉，而未出名的人才的成绩则是难得到承认。1973 年，美国人默顿将这种社会现象概括称为"马太效应"。它源自《圣经·马太福音》第 25 章中的一段话："凡有的，还要加给他，叫他多余。没有的，连他所有的，也要夺过来。"从总体看，"马太效应"的存在不利于人才的成长。为此，有人提出"反马太效应"，鼓励社会要为人才的成长创造好的环境；而人才要想得到社会的承认则必须自强不息，克服马太效应所造成的阻力和障碍。

SOS 儿童村

这是一个专门收养孤儿的国际性民间慈善机构。本来，"SOS"是一个国际通行的海上遇难时发出的紧急求救信号。1912 年，在伦敦召开的国际无线电通信大会上，确定选用美国电报发明者莫尔斯电码中三点三横三点作为国际救难信号，在莫尔斯电码中，S 的代号是三点，O 是三横，这就是"SOS"代号的来历。儿童村取名"SOS"，意思是尽快地来拯救那些孤儿或因其他原因被家庭遗弃的孩子。第一个 SOS 儿童村于 1949 年由一名医学博士在奥地利创办。

1960 年，国际 SOS 儿童村组织成立，总部设在奥地利首都维也纳。目前，这个组织已在近 80 个国家成立了 100 多个 SOS 儿童村。我国于 1985 年在天津和烟台建立了 SOS 儿童村。

体育娱乐

田径比赛

"田径比赛"是"田赛"和"径赛"的简称，是一种大型的综合性的体育运动，包含有40多个单项比赛项目，内容丰富多彩。那么，什么叫"田赛"，什么叫"径赛"呢？要了解这个问题，就必须追溯田赛与径赛的起源。

很久以前，举行跳跃和投掷项目的比赛，都是在田地上进行的；而赛跑项目的竞赛却是在一段平坦的小路上举行。顾名思义，在田地上进行的比赛称之为"田赛"，在路径上举行的比赛称之为"径赛"。后来，随着田径场地的改进和发展，到现在，我们看到的田径运动会都是在标准半圆式的场地上举行的，而各项比赛也是按原始比赛布局进行的，即：在跑道上举行的比赛叫"径赛"；在跑道内侧与外侧的空旷场地上举行的比赛项目叫"田赛"。现在，人们把凡是用时间计算成绩的项目称为"径赛"，用距离来计算成绩的项目称为"田赛"，用评分办法来计算成绩的项目叫作"全能运动"。

田径比赛中40多个项目可以划分为三大类别，其中短跑、跨栏跑、中长跑、障碍跑，接力赛跑、竞走以及马拉松赛跑都统统称为径赛；跳高、跳远、三级跳远、撑竿跳高、铅球、铁饼、标枪、链球都称为田赛；而全能运动目前大多只举行男子十项全能与女子七项全能。

铅 球

铅球我们大家都非常熟悉，但是追根溯源，它的历史演变过程却是那样漫长。

最早的铅球运动用的是石块，德国著名史诗《尼伯龙根之歌》中，就有当地日耳曼人推石块游戏的情景。美洲的土著居民印第安人也曾经盛行过投石块游戏的比赛。在英格兰，农民在集市上闲着无事时，常常用掷秤砣来打发时间，后来竟吸引了许多的大力士来到集市以显示他们的力量。到了14世纪，欧洲军队中出现了炮兵，当时的炮弹是用铁铸成的一种圆铁球，重达16磅。炮兵们在打仗时需要迅速地装填炮弹，这需要很强的臂力，他们平常就很注意锻炼臂力，所以一有时间，就把与炮弹重量相近的铁球推来掷去进行训练。有时还举行这种训练的比赛，这就是铅球运动的最原始形态。

后来，人们又觉得铁球体积不够大，一只手推的时候不好掌握，便想出把铅灌进空心铁球中，并规定它的重量为16磅（合7.257千克），球的直径为11～13厘米。

铅球的比赛规则也是经过一番演变才形成的。起初，铅球比赛也像举重比赛那样按体重来分级别。但是，后来人们发现，有很多体重轻的人也能推出很远的距离，由此证明了推铅球距离的远近与推铅球人的体重并不成正比，所以就取消了按体重级别进行比赛的规定。

现在，推铅球时要在一个规定的圆圈内进行，最初的时候并不是这样，而是在场地上画一条横线，运动员可以采用助跑的方式来推球，只要在横线内推出球就可以。这样一来，弊病百出，对参加比赛的运动员的实际水平不能做出一个平等的衡量。于是，规则又有了新的变化，规定必须在直径为 2.135 米的圆圈内推球，而且限制了球落地的有效范围，必须在 90° 的扇形区内才能有效。后来大型的国际比赛又规定在 40° 的扇形区内有效。这样，铅球运动就正式成为体育比赛的一个项目。

1896 年举行的第一届现代奥运会上，铅球被列为奥运会的正式比赛项目。

链　球

看上去，链球与铅球形状、大小、重量基本上是相同的，只是比铅球多了一条铁链。由此而知，链球一定与铅球有着某种联系。

链球运动的起源是非常有趣的。

在中世纪，苏格兰的矿工们在闲暇时，为了比试谁的力量大，就玩一种扔铁锤的游戏，看谁能把带木柄的大铁锤扔得更远，这就是如今链球运动的最早起源。后来，人们受铅球运动的启发，对大铁锤进行了改造，将大铁锤改成球体，又把木柄改为拉力很强的钢丝链条，在木柄上加上把手，逐渐形成了现在的链球。

铁饼与标枪

要说起铁饼运动的来历，最引人注目的是公元前 500 年古希腊的雕塑家米隆创作的杰出雕像——《掷铁饼者》。这尊塑像一直流传到今天，它是健美与力量的巧妙结合，恰当而精妙地表现了掷铁饼的艺术造型。

远古时代的铁饼并不是用生铁制造的。因为那时候，人们还没有发现铁，就更不用说制造铁饼了。当时人们用来投掷的是一块圆形的石盘，我们可以称作石饼。那时的人们为了生存，常常需要追打野兽，在弓箭没有发明之前，人们就用石头做成的各种工具来攻击野兽，所以，这种类似铁饼的圆形石饼就是由那时的武器演化而来的。

最初掷铁饼的方式也和现在不一样，当时的比赛根本没有什么严格的限制，石饼的大小轻重也不统一，连抛掷铁饼的姿势都是

各式各样的。唯一的要求是投掷者必须在一个石头做的石台上投出石饼，在石饼投出的前方要画一个圆圈或者挖一个坑，石饼必须投在圆圈或坑里，并且在石饼落地的地方用木钉子或小石子或者小木板做个记号。所以掷石饼必须掷得远而准确才能取胜。后来，逐步统一了比赛规则，规定投掷者必须在直径为 2.5 米的圆圈里掷出，铁饼落在前方 40° 的扇形区域内才为有效。与此同时，在投掷圈的后面装了坚固的牢笼，这样可以保证观众的安全。

投掷标枪是人类一项古老的技能，这种运动并不是为了消遣和娱乐，而是当时人们在与自然界斗争以求生存的过程中产生的。那时，人们常把比较锋利的尖形石头夹在树枝上投向野兽。到了后来，人们生产出了铜、铁等金属，由于金属的刀刃比石头更为锋利和坚硬，所以，金属枪尖就逐渐取代了尖石。另外，在战争中士兵也常常使用长枪来进行战斗。人们受长枪武器的启发，又给长枪加上了用金属制造的枪尖，这样，标枪就形成了。人们常常用标枪来比试力量，标枪运动也就兴起了。标枪运动在古希腊的奥运会上

掷铁饼者 公元前 5 世纪 米隆

就曾经出现过。1906 年，掷标枪被列入了奥运会的正式比赛项目。

跳 高

田径比赛中，对跳高有一个共同的特殊要求：即在任何一个高度上，凡是连续跳三次失败后，就失去了比赛的资格。这样一来，跳高比赛总是以失败告终的。所以跳高被戏称为"以失败告终的运动"。

跳高来源于跳跃运动。而跳跃是人类原始生活中的基本技能，可以说跳跃是随时随地都需要的。中世纪时，跳高成了训练"骑士"的手段。现代跳高是从体操项目中派生出来的，18 世纪，在英国和德国盛行跳高，当时比赛者都采用"蹲踞式"，要求从下面助跑，跳起后屈腿，蜷身越过一定高度的绳子，它是现代跳高的最初形态。1864 年英国把跳高列入了田径比赛项目，那时不但没有沙坑，而且没有跳高架，只是在草坪上竖立起两根柱子，拉上一根绳子，绳子前面放置一块木制的踏板，参赛者要踩踏板起跳。后来把绳子改为横竿，取消了踏板。

最原始的跳高姿势是"蹲踞式"，后来才有了"跨越式""剪式"等。20 世纪 60 年代末，美国运动员福斯贝里首次在奥运会上采用了"背越式"。

撑竿跳高

撑竿跳高渊源悠久。从前，比利时的蓝德斯地区和法国的诺曼底地区的村民，在跋涉途中，常常借助随身携带的棒竿，一端支地，纵身跃过泥潭沼泽。在英国，每逢民俗节庆，撑竿子跳越田间的小沟，是男女老少十分喜爱的一种节日助兴娱乐。

最早的撑竿跳高比赛是在中世纪的节日庆典活动上和骑士比武的赛场上开始形成的。世界上第一个有记载的撑竿跳高的成绩是 1.83 米。这个纪录由一个名叫蒲茨的德国人于 1789 年创造的。

19 世纪，撑竿跳高已被列为一项专门的体育运动。1866 年，英国选手麦切尔跳过 3.21 米高度。不过，那时候撑竿跳高用的撑竿，同我们现在田径比赛中的撑竿截然不同。当时所谓的"撑竿"，其实只有一根又粗又重的松树树干。后来经过人们不断改造，撑竿才逐渐变得细圆轻巧起来。1924 年，挪威运动员托夫用这种轻巧的木制撑竿，第一次跳过 4.25 米的高度，夺得冠军。

撑竿跳高的比赛规则历来如此，几乎没有什么大的修改。

在 1904 年的奥运会上，评判委员会对撑竿跳高做出补充规定：撑竿跳高时，运动员不得交替使用双手抓握撑竿。这条临时宣布的规则后来就一直沿用至今。

跳 远

"跳远"是一项有着悠久历史的传统体育运动项目。有资料证明，在古代奥运会的五项主要运动中，已经有跳远这一运动项目。在第一届现代奥运会上它就被列为正式比赛项目。

在古希腊运动会上举行的跳远比赛，既没有沙坑，也没有起跳板。只是在比赛时把地面的土挖松一些，然后摆上一块类似"门槛"的木条，运动员就踏在这块高于地面的门槛上起跳。在跳远落地的地方画一条横线，跳过横线而且保持姿势优美的就是优胜者。另外，还规定运动员落地的时候身体不但不能向后退，而且手里要握着石头或者金属一类的东西。

最初，参加跳远比赛的运动员都是模仿猴子跳跃的动作，以"蹲踞式"起跳的。后来，有人发明了"挺身式""走步式"等起跳方法。1968 年 10 月，美国黑人运动员比蒙在墨西哥举行的奥运会上跳出了 8.90 米的惊人成绩。1991 年，迈克·鲍威尔以 8.95 米的成绩打破比赛的世界纪录。

马拉松赛跑

在现代大型体育运动会上，"马拉松赛

跑"是一项特别引人注目的竞赛项目。

"马拉松赛跑"的起因是这样的：公元前 490 年，波斯人入侵雅典，双方在亚提加半岛东北部的马拉松平原发生战斗，因力量对比悬殊，雅典急派士兵斐力庇第斯跑向斯巴达求援。斯巴达当时正逢宗教节日，决绝前去援救。雅典军队在统帅米勒狄的指挥下，以少胜多，于 8 月 10 日大败波斯军于马拉松，歼敌 6400 多人，迫使波斯军队撤回西亚。在战斗即将胜利时，斐力庇第斯又从马拉松平原一气跑到雅典向国民议会报告这一胜利喜讯，他以几小时的工夫跑了 26 英里 385 码的距离，到达雅典议会，高喊"我们胜利了"，便因疲劳过度当即死亡。

为了纪念历史上这一事迹，1896 年在希腊雅典举行的近代第一届世界性奥林匹克运动会上，便将斐力庇第斯当年跑的距离，合计 41.531 千米，作为一个竞赛项目，定名为"马拉松赛跑"。现今马拉松赛跑的距离为 42.195 千米。

足 球

足球是以脚为主支配球的一项球类运动。现代足球运动是世界上开展得最广泛、影响最大的运动项目，有人称它为"世界第一运动"。足球运动的对抗性很强，运动员在比赛中采用合乎规则的各种动作，包括奔跑、急停、转身、倒地、跳跃、冲撞等，同对手进行激烈的争夺。一场足球比赛用时之长、场地之大、参观人数之多，都是其他运动项目所不及的。足球运动的技术战术比较复杂，难度也大。这项运动能有效地提高人体的力量、速度、灵敏、耐力等素质，增强中枢神经系统、心血管系统、呼吸系统等内脏器官的功能，培养人们勇敢顽强、机智果断等优良品质和团结协作的集体主义精神。

相传古希腊就有人踢球，后被罗马人继承下来，但遭到了罗马皇帝的取缔。10 世纪以后，法国，意大利，英国等一些国家有了足球游戏。不过，这时各国对于这种游戏

的称呼并不相同。到 15 世纪末人们才称为"football"（足球），并逐渐发展成现代的足球运动。1863 年 10 月 26 日，英国人在伦敦成立了世界上第一个足球运动组织——英国足球协会，并统一了足球规则。人们把这一天当作现代足球诞生日。英国人这次制定的第一个足球规则共 14 条，它是现今足球规则的基础。这个协会把这项运动称之为"协会足球"，但在当时英国的学校则习惯称为"soccer"，现今国际上也都称之为"soccer"。1904 年 5 月 21 日，法国、比利时、西班牙、荷兰、丹麦、瑞典、瑞士等七个国家足球协会的代表在巴黎召开会议，成立了足球的国际性组织——国际足球联合会。从此，现代足球运动日益发展，特别是在欧洲和拉丁美洲，足球已成为人们最喜爱、参加活动和参观比赛人数最多的一项运动。这项运动在其他地区也发展和提高得很快。

中国古代用脚踢球叫"蹴鞠"。"蹴鞠"这项活动早在春秋战国时代就出现了。《史记·苏秦列传》中述及战国时期齐国都城临淄居民开展各种文化活动的情况，其中就曾提到"蹋鞠"。"蹋"也是用脚踢的意思；到汉代，有了"鞠城"。鞠城是专供比赛蹴鞠的场地，是东西向的长方形，两端各有六个鞠室，呈月洞形，互相对称，场地四周有围墙。唐代是蹴鞠活动的昌盛时期，当时有两项重大发展，一是用灌气的球代替了过去的毛发之物充填的球，二是用球代替了鞠室。唐代的女子蹴鞠游戏也很盛行，而且传到了日本，宋代又进一步使"蹴鞠"的规则更加完善了。

篮 球

篮球是用球向悬在高处的目标进行投准比赛的球类运动。由于最初是用装水果的篮筐作投掷目标，故名"篮球"。现代篮球运动已经发展成为一项具有灵活巧妙的技术和变化多端的战术相结合的竞赛活动。从事篮球运动能促使人体的力量、速度、耐久力、灵活性等素质全面发展，并能提高内脏器官、

感觉器官和神经中枢的功能：它对培养勇敢、机智、集体主义和组织纪律性等品质都有很大益处。

篮球是 1891 年由美国马萨诸塞州斯普林菲尔德（旧译春田）市基督教青年会训练学校体育教师 J. 奈史密斯博士创造的。起初，他将两只桃篮分别钉在健身房内看台的栏杆上，桃篮上沿距离地面 3.05 米，用足球作比赛工具，向篮投掷。投球入篮得 1 分，按得分多少决定胜负。每次投球进篮后，要爬梯子将球取出再重新开始比赛。以后逐步将竹篮改为活底的铁篮，再改为铁圈下面挂网。到 1893 年，形成近似现代的篮板、篮圈和篮网。

最初的篮球比赛，对上场人数、场地大小、比赛时间均无严格限制，只规定双方参加比赛的人数必须相等。比赛开始，双方队员分别站在两端线外，裁判员鸣哨并将球掷向球场中间，双方跑向场内抢球，开始比赛。持球者可以抱着球跑向篮下投篮，首先达到预定分数者为胜。1892 年，J. 奈史密斯制定了 13 条比赛规则，主要规定是不准持球跑，不准有粗野动作，不准用拳击球，否则即判犯规；连续 3 次犯规判负 1 分；比赛时间规定为上、下半时，各 15 分钟；对场地大小也做了规定。上场比赛人数逐步缩减为每队 10 人、9 人、7 人，1893 年定为每队上场 5 人。1904 年在第三届奥林匹克运动会上第一次进行了篮球表演赛。1908 年美国制定了全国统一的篮球规则，并用多种文字出版，发行于全世界，这样，篮球运动逐渐传遍美洲、欧洲和亚洲，成为世界性的运动项目。

1936 年第 11 届奥运会将男子篮球列为正式比赛项目，并统一了世界篮球竞赛规则。此后，到 1948 年的 10 多年间，规则曾多次修改，与现行规则有关的重要变化是：将得分后的中圈跳球，改为失分队在后场端线外掷界外球继续比赛；进攻队必须在 10 秒钟内把球推进到前场；球进前场后不得再回后场；进攻队员不得在"限制区"内停留 3 秒钟；投篮队员被侵犯时，投中罚球 1 次，投不中罚球 2 次等。1952 年和 1956 年第十五、第十六届奥运会的篮球比赛中，出现了身高 2 米以上的队员多人，国际业余篮球联合会曾两次扩大篮球场地的"限制区"（也叫"3 秒区"）；还规定，一个队控制球后，必须在 30 秒内投篮出手。20 世纪 60 年代初有关 10 秒球回后场的规定，一度因 1960 年第 17 届奥运会后取消了中场线改画边线的中点而中止。1964 年第 18 届奥运会后，又恢复了中场线，这些规定又继续执行。1977 年增加了每队满 10 次犯规后，在防守犯规时罚球两次，防投篮时犯规两罚有一次不中再加罚一次的规定。1981 年又将 10 次犯规后罚球的规定缩减到 8 次。

很明显，人员的变化和技术、战术的发展引起了规则的改变，而规则的改变又促进了人员和技术、战术的进一步发展变化。特别是 50 年代后期以来，规则的改变对篮球比赛的攻守速度，对运动员的身体、技术、战术以及意志、作风等各方面都不断提出新的更高的要求，促进了篮球技术水平的迅速提高。女子篮球是 1976 年第 21 届奥运会上才列为正式比赛项目的。

排 球

两队对抗，每队 6 人分两排站位，以中间球网为界，用手击球过网以决胜负的一项球类运动。排球运动既可在球场比赛，也可作为男女老少一起托球、击球的游戏。作为竞赛项目，它的对抗性、技巧性、集体性很强。参加排球运动的比赛与训练，能促进人体各器官系统的正常发育，使身体得到匀称的发展；使人动作灵活，反应迅速，增强弹跳力；能培养勇敢、坚毅、机智、果断和集体主义等优良品质。

现行排球运动始于 19 世纪末。1895 年美国马萨诸塞州霍利奥克城一位叫 W. C. 摩根的体育指导员认为篮球运动过于剧烈，打算创造一种比较温和、活动量适度、男女老少都可参加的室内球类游戏。于是他在室内挂起约 2 米高的球网，以篮球胆为球，同别人一起用手将球在网上拍来拍去，不使落地。以后又把篮球胆改为现在用的排球。因为这种球是在空中打来打去，故称为 "volleyball"，即击空中球的意思。这项运动最初每边各 5 人，后来定为 6 人。

1895 ~ 1948 年，美国的排球规则有过多次变动。每局比分从 21 分改为 15 分。最初的规则，曾允许在网前 4 英尺（1.2192 米）之内球可以落地一次，后来取消了这一规定。场地的中线也是后来加上的。1938 年规定了可以两人同时拦网。1941 年又规定胸以上身体各部分都可击球。1948 年新增的规定是，一人拦网触球后不能再击球；但两人以上拦网时，不论触球人与未触球人都可以再击球一次。

女子排球规则是 1924 年才有的，那时规定：每队 8 人，网高为 7 英尺 6 英寸（2.286 米）。比赛按时间计，分上下两个半场，每半场 15 分钟，中间休息 5 分钟。但这种比赛方法并未广泛传播。以后几经变化，才逐渐形成了现代国际通用的 6 人制排球规则。

第二次世界大战后，苏联和东欧国家排球技术有较大提高。1947 年国际排球联合会在法国巴黎成立。1949 年举办了第 1 届世界男子排球锦标赛。第 1 届世界女子排球锦标赛是 1952 年举行的。1964 年，排球被列为奥林匹克运动会正式比赛项目。1965 年举办第 1 届世界杯男子排球赛；1973 年举办第 1 届世界杯女子排球赛。1977 年又举办了第 1 届世界青年男女排球锦标赛。以上世界性的排球比赛均为每 4 年举行 1 次。

网　球

网球是 2 人或 4 人在中隔一网的场地上，用球拍往返拍击一个有弹性的橡胶小球的球类运动。

网球运动的起源可以追溯到 12 ~ 13 世纪法国传教士在教堂回廊里用手掌击球的游戏。这种游戏法语叫 "jeu de poume"，就是以手掌击球的意思。后来才发展成现在这样的网球运动。英语网球 "tennis" 是从法语 "tenez"（运动员发球时提醒对方注意的感叹词）演变而来。14 世纪中叶，这种供贵族消遣的室内活动从法国传入英国，法国王储曾送网球给英王亨利五世。16 ~ 17 世纪，是法国和英国宫廷从事网球活动的兴盛时期。1873 年英国人 M. 温菲尔德把早期的网球打法改进，变成夏天在草坪上的娱乐，名为草地网球，同年出版了一本以《草地网球》为题的小册子。1874 年，又进一步确定了场地大小和网子的高低。1875 年英国的板球俱乐部制定了网球比赛规则。1877 年 7 月在温布尔顿由全英板球俱乐部举办了第一次草地网球冠军赛。后来这个组织把网球场改为长方形（23.77 米 × 8.23 米），每局采用 15、30、40 等记分法，球网中央的高度为 99 厘米。1884 年由英国伦敦玛丽勒本板球俱乐部把球网中央高度改定为 91.4 厘米。

1912 年 3 月 1 日，澳大利亚、英国、法国等 12 个国家的网协代表在巴黎召开会议，成立了国际网球联合会，总部设在伦敦。该会现在已发展为 60 多个正式会员国和 30 多个非正式会员国的国际组织。1980 年，中国网球协会被接纳为该会正式会员。

羽毛球

羽毛球是一项在室内外均可进行的小型球类运动。比赛时，一人或两人为一方，中隔一网，用球拍经网上往返击球，使球落在对方场地上或使对方击球失误而得分。羽毛球是以软木托插 14 ~ 16 根羽毛制成。球拍拍面为弦网，一般重量为 120 克。这项运动器材设备简单，便于开展，男女老少都能参加。羽毛球又是一项较剧烈的竞赛项目。击球时，球的飞翔有快慢、轻重、高低、远近、狠巧、飘转等变化，这就要求运动员具有较好的力量、速度和耐力，而且步法要灵活，反应要敏捷，技术要全面。

从珍藏在意大利佛罗伦萨乌菲奇美术馆内的一幅古画上可以看出，在18世纪或更早就已有类似现在流行的羽毛球运动。这幅画是18世纪法国著名画家J.S.夏尔丹所作，题名为《羽毛球》(The Shuttlecock)。画面上，是一个少女左手拿羽毛球，右手握有弦网拍面的球拍，球和球拍的形状都和现在的基本相同，只是体积较大。现代的羽毛球运动始于英国。19世纪60年代，一批退役的英国军官把印度孟买的"普那"(Poona，一种类似羽毛球运动的游戏)带回英国，加以改进，成为现代的羽毛球运动，只是当时的场地中间较狭窄。1877年，第一次成文的羽毛球比赛规则在英国出版。1887年，英国的巴斯羽毛球俱乐部成立时，修改和统一了羽毛球规则，其中不少条文至今仍被采用。1893年英国羽毛球协会创立。1899年，英国羽毛球协会举办了"全英羽毛球锦标赛"，这个传统性的非正式国际羽毛球锦标赛每年举办一次，一直沿袭至今。20世纪初，羽毛球运动从不列颠诸岛流传到斯堪的纳维亚及英联邦各国。随后又流传到美洲、亚洲、大洋洲各国，最后传到非洲。

乒乓球

乒乓球始于欧洲。最早的乒乓球是用象牙做的，因为造价昂贵，所以只有那些豪门贵族才能玩。

然而，世界上最早玩"弹性球"的并不是欧洲人，而是南美洲的印第安人。他们利用天然橡胶树的液汁做成实心球，男女老幼都特别爱玩。哥伦布和以后到达南关注的探险家对此都惊讶不已，把它当作珍品带回欧洲，并逐渐传开。直到1839年，美国的古德意发明了橡胶的硫化技术以后，才出现了空心的橡皮乒乓球。

1869年，有人出1万美元的奖金征求更好的乒乓球代用品。美国的海亚特被这一消息所激奋，他得知帕克斯将没有酯化的纤维素溶于乙醇或乙醚等有机溶剂中，除去溶剂后能得到一种富有弹性的物质，经过反复研究，改进了帕克斯的方法，制出了一种性能很好的、被称作"赛璐珞"做的乒乓球。这种乒乓球的制作法一直沿用到现在。

水 球

游泳运动在公元前2000多年就已问世了，水球却到19世纪60年代才诞生，最早是在英国兴起的。

约在100多年前，英国就普遍开展了足球运动。在一个炎热的夏天，足球迷们偶然把足球掷入水中，在水里互相传递，倒也十分有趣，不过当时没有球门，也没有统一的规则。直到1911年国际游泳联合会才颁布了正式的水球竞赛规则。

1900年在巴黎的奥运会上举行了第一次水球比赛，但只有三个国家的四个俱乐部参加，英国的"阿斯波尔"俱乐部(曼彻斯特)获得冠军。这时期，水球运动迅速传入西欧各国。同时俄国也有了水球运动，在彼得堡城外的"苏沃洛夫"竞技游泳学校里，水球成为教学的主要内容之一。

水球运动是7人制的(锋3人、卫3人、守门员1人)，运动员在20米宽、30米长的深水池里做各种复杂的动作。通过水球运动的锻炼，人们的各种身体素养都能得到很好的发展。

高尔夫球

高尔夫球简称高球，是一种高雅的球类游戏。"高尔夫"在英文中的含义很有意思，可译作"在绿地和新鲜氧气中的美好生活"。目前，一些发达国家很注意此项活动的开展。与我国面积相差无几的美国，拥有1万个高尔夫球场；而面积较小的日本和英国，也有五六千个较标准的高尔夫球场。

像任何体育比赛项目的发展史一样，高尔夫球也是起源于民间。据说始于欧洲牧羊人之手。由牧羊人用驱羊棍击石子比远比准而萌发了高尔夫球运动。有史料记载，在我国2000多年前的西汉时期，皇宫里盛行一种马球游戏。宫娥们经常骑在马背或驴背上，用顶端弯曲（酷似今天的高尔夫球杆）的球杆争夺地上滚动的球。这种举动常逗惹得皇帝和后妃们捧腹大笑。有些皇帝贵族们也经常举行此类活动，后来广传于民间。到盛唐时期，已经小有规模。有大打——骑马，中打——骑驴和小打——徒步进行的说法。以徒步持杆击球而言，便与今天的高尔夫球有许多类似之处。

曲棍球

曲棍球是一项历史悠久的运动项目，分为长曲棍球和草地曲棍球。

曲棍球运动起源于美国印第安人，始于部落之间一种名叫"巴加塔汇"的民间游戏。后来这一运动于1867年引进英国，1892年创建了英国长曲棍球联合会。在1928年和1948年的奥运会上，长曲棍球被列为表演项目。

草地曲棍球则起源于公元前2050年左右，即埃及的鼎盛时期。在尼罗河流域的贝尼·合桑第十七号墓壁上就刻有二人持棍争球的雕像。

英格兰也是这项运动的发祥地，1852年出版了曲棍球的正式比赛规则，为今天的规则奠定了基础。1861年英国创建了最早的曲棍球俱乐部——"黑石南"。1887年在英国的萨里组成了最早的女子曲棍球俱乐部——"东莫尔西"俱乐部。

1908年7月，在英国伦敦举行的第四届奥运会上，由于英国曲棍球协会的积极倡议，曲棍球被列为正式比赛项目，英格兰队一举夺魁。1924年在巴黎举行的第八届奥运会上，成立了国际曲棍球联合会。

台 球

台球的发源地及其年代有种种不同的说法，就连史学家们也无法详细说明。有人认为台球最先起源于法国，也有人认为最先起源于英国，还有人认为最先起源于西班牙和意大利，因为证据都不太有说服力，所以至今还没有一个国家可以自称是这项运动的绝对创始者。但有一个比较普遍的说法是：台球是在14～15世纪由欧洲人发明的一项室内运动。

台球运动最早风行是在18世纪的法国。1775年，法国国王路易十四的御医要求国王每日晚餐后都要打台球，以便在睡觉前做一些适当的锻炼，保持身体的健康。当时，路易十四的球伴伟勒笛（Vilerdi）公爵和夏弥拉（Chamillard）先生在贵族社会里积极倡导这项活动，由此，台球运动就在法国流行起来。

早期的台球是用黄铜和木材制造的，后来改用象牙。一颗象牙平均可制造5个球，当时仅这方面每年就需要上万只大象，而且制造出来的球还需要挑选重量和大小相同的，因此象牙球的价格十分昂贵，这自然就使得台球仅成为贵族或有钱人的娱乐。

美国台球运动最早是由西班牙人于1540年从北美东海岸的佛罗里达带入的，1607年，移居到弗吉尼亚州的英国人也带来了此项运动，当时这些移民只是将台球顺便携来，并没有加以发展，这块新大陆台球运动的成长，直至1800年才开始繁盛起来。

1868年，从事印刷业的美国人海亚特（John Wesley Hyam），立志降低台球成本，使之大众化，研制出一种用硝化纤维素樟脑、酒精等化工原料混合而成的化学台球。1920年又出现了一种由石碳酸树脂铸成的台球，这种球在品质和色彩上比以前的球更胜一筹。

台球发展到了19世纪，在技术上和球台工艺上都迈进了一大步。绿色台布下原来是木质台面，从1827年改为今天所用的石板台面。到了1835年，弹性优良的橡胶台边取代了弹性差的木质台边，现在球杆前端所使用的皮革杆头，也是由当时的法国人米加（Mingaud）发明的。

在球技上，当时最杰出的台球手英国人卡尔（John Carr）造了一种"塞球"，他的这项发明开辟了台球球艺的新天地，使台球更加吸引人了。

1860 年，美国举行了一次职业性的台球比赛。1865 年，纽约举行了国际性的"法式开伦"台球大赛。1948 年 1 月，"美国台球协会"成立。它是美国各种台球运动规则、台球手及举行台球比赛等的最高统辖机构。

"英式比例"和"英式斯诺克"台球的最高组织机构为"英国台球联合会"，成立于 1919 年。后改名"英国落袋和斯诺克管理委员会。"

国际"开伦"台球的最高组织机构称为"世界台联盟"，成立于 1940 年。

台球自产生以后，就一直以它独有的魅力吸引着世界各国的台球爱好者。开始时只是一种供贵族及有钱人享受的游戏，经过演变逐渐成为大众的娱乐。由于每个国家地理环境喜好习惯及所受影响的不同，英国和以前为英属地的国家对斯诺克及比列台球开展较为普通；开伦台球则在日本、法国、比利时、西班牙等国较为流行。随着亚洲各地的经济发展，台球在亚洲发展较快。最早在亚洲发展起来的国家是马来西亚。与马来西亚邻近的新加坡，也许是受了马来西亚的影响在台球方面也有突飞猛进的发展，国内有许多台球协会和水平比较高的球手。至于泰国，近几十年的发展也较迅速，涌现了不少台球好手，而这些好手也经常在亚洲区的比赛中取得殊荣。所以，台球在整个亚洲，东南亚一带发展较快，而在亚洲北部相对来说较慢一些。但亚洲北部的中国及日本，近几年台球也得到相当迅速的发展。

保龄球

早在距今约 7200 年前的古埃及就已经出现类似保龄球的玩意儿，考古学家在一个埃及古墓里，发现 9 个石瓶及 1 个石球。因此，保龄球被誉为人类历史上最为悠久的运动。

古时在太平洋的波利尼西亚群岛，有一种名叫乌拉勒卡的游戏，与现代 10 个瓶子的保龄球玩法十分相似，而且发球地点距离瓶子摆放处刚好是 18.29 米。

德国作家佩利在有关保龄球运动的文章中提到保龄球起源于公元 3 ~ 4 世纪的德国。当时德国的天主教徒，在教堂走廊放置木柱（象征着叛教徒和邪恶），然后用石球滚地击它。他们认为击倒木柱，可以为自己消灾、赎罪，击不中则更虔诚地信仰上帝。后来，这种娱乐方式渐渐流传到法国、英国、荷兰等国。

早期的保龄球运动并没有一定的规则，在欧洲一些国家曾被大力推广，也曾被禁止。宗教改革之后，九柱游戏（Skittle）及 9 个瓶的保龄球在 16 世纪的欧洲非常流行，德国和荷兰流行九瓶式保龄球时，在英国流行草坪滚球。

16 世纪，荷兰移民又把保龄球传入美国，演变成为现代十瓶式的保龄球运动。在国际上广泛开展。在社交场合、酒馆及大型宴会上，人们喜欢放置 9 ~ 15 个瓶在长廊或空旷地方，用球击之。有些人以此作为赌博，这就是保龄球曾被禁止的原因。

1800 年在美国非常流行九瓶式保龄球，1841 年在纽约州的古利尼占镇上，设立了最早的保龄球馆。18 世纪末，美国人对保龄球进行了改进，增加了一个瓶，形成了延续至今的十瓶制保龄球，活动从室外移到室内，并制定了统一规则。从而使之作为一项运动发展起来，很多美国大城市纷纷设立室内保龄球场。在 1875 年，美国纽约地区 9 个保龄球俱乐部的 27 名代表组成了第一个保龄球协会。这个组织的寿命虽短，但在保龄球历史上却做出了有益的贡献。它决定了两件大事：一是规定了球道的距离；二是决定了柱子的大小。从此，形形色色的保龄球得到了统一，为以后的技术交流和发展奠定了基础。1890 年，美国保龄球公司开始批量出品木制保龄球和球瓶。

1946 年 AMF 公司研制出全自动置瓶机，将保龄球运动推向新纪元。当时由美国机械及制造公司组装的两台重且声音嘈杂的机电装置，被运抵位于纽约布法罗的美国保龄球协会锦标赛赛场时，美国保龄球协会官员却不允许这两台机器在比赛大楼内陈列：制造者只好在附近一座停车房的后面租了一个地方，用以展示这两个玩意儿。这两台高达 2.7 米、由 6000 个部件组成、重 2 吨的机器，就这样在 2 条常规长度的木道尽头静静地伫立，注视着比赛大楼里世界保龄球高手们的角逐。

但是，在以后的六个星期里，5 万多名保龄球爱好者冒着刺骨的寒风和纷飞的大雪，赶来观赏这两台奇妙的机器。

《纽约时报》《华尔街日报》也纷纷以《全新机器人瓶童不再疲劳》《全自动检瓶机在保龄球协会大受欢迎》为题，详细予以介绍。这两台奇妙的机器便是 AMF 发明的世界第一台全自动置瓶机。世界保龄球运动的新纪元亦由此起步。

由于保龄球玩法简单，规则容易掌握，而且不受年龄、性别限制，所以逐渐普及。

相　扑

相扑是两人徒手较量，以把对方摔倒或推出界外为胜的一项竞技运动。

中国和日本两国在历史上都有相扑。从一些出土文物看，中国秦汉时期的角抵形象同日本现在流行的相扑很相似。至迟在西晋初年，中国已有相扑的名称。唐宋元明清各代，相扑活动一直盛行。到了清代中叶，相扑的名称才逐渐消失。

日本《相扑之始》一书说，日本的相扑最早出现于公元前 23 年。日本体育百科全书记载："日本的相扑与中国的角抵和拳法有相互关系。"日本历史考古学家池内宏和梅原末治合著的《通沟》一书也说，日本的相扑同中国吉林省集安市出土的公元 3 ~ 5 世纪古墓壁上的角抵图极相像；同中国唐宋时代的相扑比赛形式和规则也近似。从 17 世纪起，日本各地兴起职业性相扑，称为"大相扑"。18 世纪开始形成现代的相扑。到 20 世纪初期，相扑作为日本的"国技"广泛开展起来。

至今日本的相扑比赛每年都要举行 6 次，分为一月场、三月场、五月场、七月场、九月场和十一月场，成为群众最喜爱的运动项目之一。下面介绍的是当前日本流行的相扑的技术要求、比赛规则等。

相扑运动员不仅要有气力，而且要有熟练的技巧，技巧是决定比赛胜负的关键。技术大致分为推、摔、捉、拉、闪、按、使绊等。运动员主要用颈、肩、手、臂、胸、腹、腰、膝、脚等部位，灵活运用各种技术相互进攻。运动员（日本称为力士）按运动成绩分为十级：序之口、序二段、三段、幕下、十两、前头、小结、关胁、大关及横纲。横纲是运动员的最高级称号，也是终身荣誉称号。十两以上 6 级运动员的发型和腰带的质量与幕下以下 4 级不同。十两以上 6 级运动员比赛时，有入场式，穿化妆围裙。相扑裁判员（日本称为行司），按年限也分为十级。相扑裁判的等级叫作"格"，"横纲格"是裁判员的最高级称号。他们的等级用指挥扇上的缨带颜色为标志。裁判用以指挥的扇子称为"军配"，扇子指向的一方为胜者。

相扑比赛在 40 ~ 60 厘米高、727 厘米见方、四边斜度 40° ~ 50° 的土台（日本称为"土镶"）上进行，土台中央比赛场地是圆形的，直径为 455 厘米，场地北面为正面。场上有顶篷，四角悬挂黑（西北）、蓝（东北）、红（东南）、白（西南）4 种颜色的彩布，象征四季。赛前，需要进行体格检查，20 岁以上者身高要超过 1.75 米，体重在 75 公斤以上；20 岁以下者身高要超过 1.70 米，

相扑

体重在70公斤以上。运动员梳好发髻（3段以下的运动员不结发髻），系好腰带和兜裆（运动员裸身，只系宽大的腰带和兜裆），在台子东西两侧专门放置的水桶内取"力水"漱口、润喉，意思是水能增加力量，所以称为"力水"。然后用"力纸"擦拭身上的污秽、象征着清净心灵上的污点。抓些盐撒在比赛场上，以便使场地清洁，皮肤擦伤不易感染，并祭祀天地，祈求安全。在裁判员鼓打香尺，号召相扑力士出场比赛后，双方上台，走到中央相距60厘米处，相对站立，各自做抬腿踏脚，搓手拍掌等准备活动。再两手接触地面，调节呼吸，准备进入比赛。

运动员在比赛时可以互相抓腰带，握抱头颈、躯干和四肢，可以用腿使绊，可以拍打对方胸部，但不许踢对方胸腹，不许抓兜裆和生殖器，不许抓头发、击双耳、卡咽喉，不许伤害对方眼睛、胃门等要害处，不许用拳头打人或使用反关节动作。

比赛时，能使对方身体任何一部分着地（除两脚掌外）即为胜利。能使对方身体任何部分（包括手、脚）触及界外地面亦为胜利。比赛没有时间限制，如果双方经过长时间角斗，筋疲力尽而胜负未分时，裁判员可以宣布比赛暂停，休息后再重新开始比赛，直至决出胜负。

空手道

空手道是日本的一种拳术，是手足并用战胜对方的格斗技术。但是这种格斗动作在比赛时不能击中对方身体，必须在触及对方前的一瞬间停止，否则为犯规。

14世纪中叶，中国少林拳传到琉球群岛，后传至日本各地。1429年尚巴志王完成了琉球的统一，下令禁止人们携带武器；1609年以后，在岛津藩统治琉球时期又实行禁武政策。在这种情况下，琉球人民应用少林拳中不使用器械的拳术来强身自卫，后来结合琉球固有的技法逐渐发展成空手道。

1922年，在日本第一届体育博览会上，出生于冲绳的船越义珍公开表演了空手道，向来自日本各地的与会者介绍了这项运动。20世纪30年代，日本成立了空手道研究会。以大学为中心开展空手道，逐渐普及全国。第二次世界大战后，曾一度衰落。到1955年再度兴盛起来，在日本成立了许多空手道组织，如"全日本实业团体空手道联盟""全日本自卫队空手道联合会""全日本空手道刚柔会"等。1966年由这些组织组成"全日本空手道联盟"。由于一些爱好者积极向世界各国推广空手道，美、英、德、法、巴西等国家也在迅速地开展空手道运动。1970年成立了世界空手道联盟，并举行了第一届世界空手道锦标赛。

空手道的基本进攻技术主要分手技和足技。手技是击、打。足技是踢。击又分为拳击、平拳击、指示和掌底击。打分为拳打、掌劈、平掌打和臂打等。踢分为脚尖踢、脚掌踢、脚踵踢、脚外侧踢和膝撞等。另外还有头击、肩击等技术。运动员根据对方身体姿势和动作变化，应用上述基本进攻技术，向对方头部、颜面、颈、胸、腹、背等部位进攻，但不准直接击触到对方身体。此外，击和踢还可采用直线、螺旋和弧形等进攻形式。击还有单手击、双手击，踢也有单脚踢、双脚起飞踢等方式。把这些复杂的击、打、踢动作交织在一起，就构成了巧妙的进攻技术。针对上述各种进攻方法有各种不同的防守方法，如弧形防、旋形防、合掌防、掌劈防、交叉防等。防守者尽可能应用闪躲动作来破坏对方的进攻，从而采取便于还击的身体姿势。

柔 道

柔道是两人徒手较量的竞技运动。柔道能最有效地发挥身心能力，由于攻击防守的对练和以柔克刚、刚柔相济的技术特点，可使身体的敏捷性、灵活性、力量性和精神品质都得到锻炼和发展。

中国明代有关于柔术的记载。明末清初

浙江人陈元赟于 1638 年去日本帮助创建柔术。现代柔道起源于日本。1882 年日本的嘉纳治五郎综合当时流行的各派柔术的精华，剔除其容易伤害对方的动作，规定出练习的戒律，创立了柔道，同时创建了训练柔道运动员的讲道馆。1893 年讲道馆开始训练女子柔道运动员。在日本，讲道馆是柔道的训练中心。1900 年讲道馆又制定了比赛规则，在日本全国学校、企业、军队、警察、政府中广泛推广柔道，现在柔道是日本大、中、小学的体育教材内容之一。1949 年成立了"全日本柔道联盟"。欧洲柔道联盟于 1951 年成立，1952 年初又改称为"国际柔道联合会"，其本部设在日本东京。1956 年和 1958 年在东京举行了第一届和第二届世界柔道锦标赛。当时比赛不分级别，日本运动员获得两届冠军。1961 年在巴黎举行了第三届世界柔道锦标赛，荷兰运动员获得冠军。1965 年第四届世界柔道锦标赛开始分四个级别进行比赛。自此，规定每两年举行一次世界柔道锦标赛。1964 年第 18 届奥林匹克运动会开始把柔道列为正式比赛项目。

拳 击

拳击的历史非常悠久。古希腊人为了在战场上博斗，非常重视这种运动，他们常在露天场地观众围绕下进行比赛，当时的比赛不计回合，直至一方承认被击败为止。公元前 688 年，第二十三届古代奥林匹克运动会上，拳击被列为正式比赛项目。第四十一届古代奥运会又增加了青年拳击比赛。当时参加比赛的运动员不分体重级别，主要以身体高矮和力量大小为标准。公元 1 世纪时，罗马的贵族为了寻欢取乐，训练奴隶学习拳击，并强迫他们在圆形广场上做你死我活的残酷拳斗。直至罗马帝国衰落以后，这种凶残的搏斗才停止。

早期的职业拳击比赛不戴手套。比赛时除用拳击外，还可兼用摔跤。由于没有规则限制，往往将一方击倒在地后还继续进行攻击。英国著名拳击家 J. 布劳顿于 1743 年针对拳击比赛的混乱局面，曾制定出最早的一份拳击规则。其中规定："在比赛过程中，如一方被击倒在地，经 30 秒钟仍不能起立，即判为失败。当一方倒地后，对方不得再继续进行攻击。"布劳顿于 1747 年设计了拳击手套，对近代拳击运动的开展做出了贡献。1839 年英国颁布了新的伦敦拳击锦标赛规则。1853 年进行修改，禁止用足踢、头撞、牙咬和低击等动作。规定拳击台四周用绳围起。1867 年英国记者 J.C. 钱伯斯编写了新的拳击规则，强调拳击中的战术和技巧，规则规定："参加比赛的运动员必须戴拳套；每个回合 3 分钟，回合之间休息 1 分钟；摔跤判为犯规；被击倒在地的运动员，必须在 10 秒钟内自行起立，否则即判为被击败。"1880 年伦敦成立了英国业余拳击协会，翌年举行了第一次锦标赛。1888 年美国也成立了业余拳击运动协会。1904 年第 3 届奥运会上，拳击被列为正式比赛项目。1924 年第 8 届奥运会前夕成立了国际业余拳击联合会，第二次世界大战期间停止工作。直到 1946 年在英国伦敦举行的二十四国代表大会上才又重新成立了国际业余拳击联合会。

跆拳道

跆拳道是起源于 1500 年前的韩国民间武术。由韩国的花郎道、中国的武术、日本的空手道融汇而成。公元 688 年新罗王国统一韩国，跆拳道得到大力推广。第二次世界大战后，逐渐在世界各国广泛开展。1973 年起举办世界跆拳道锦标赛。比赛场地为 12 米 × 12 米，可铺设高出地面 50～60 厘米的软垫。比赛采用三回合制，每个回合 3 分钟，回合之间休息 1 分钟。

跆拳道属于有直接身体碰撞的激烈对抗性项目，运动员比赛时必须穿戴护头、护身、护裆、护臂和护腿。以拳的正面、踝关节以下部位进攻对手髋骨以下、锁骨以下被护具保护和躯干部位，以及以两耳为基准的头部和颈部的前面部分。以得分判定名次，得分多者名次列前。按体重分级别进行比赛。1988年被列为奥运会表演项目，1992年成为奥运会比赛项目。

花样滑冰

花样滑冰是世界各国人民所喜爱的一种运动项目，被誉为世界上最优美的运动。它是在音乐之都维也纳发展起来的。

花样滑冰包括单人、双人和冰上舞蹈，它是将滑冰表演同芭蕾舞姿相结合并配以圆舞曲，在滑行中，做出各种姿势的跳跃和旋转，给人以一种飘逸、潇洒、优雅的感受，令人神往。

据载，花样滑冰已有100多年的历史，它的创始人被认为是"美国滑冰大王"杰克逊·海恩斯。1908年在英国伦敦举行的第4届奥林匹克运动会上，花样滑冰被首次列为竞赛项目。花样滑冰在每年的世界滑冰赛中都要举行，也是冬季奥运会扣人心弦的比赛项目之一。

滑 雪

雪，曾经给生活在寒带地区的人们的生活和行动带来了诸多不便，但正是这种不便激发了人们的想象力来克服这种困难。根据欧洲和日本的有关资料记载，人们为了解决在雪中行走下陷的问题，把长条木板绑在脚下，不仅战胜了难题，而且可以在雪上滑行走动，这就是滑雪运动最初产生的历史过程。根据欧洲资料记载，滑雪始于北欧的挪威，距今约4000年前，那里是世界滑雪的故乡，但日本札幌冬季运动博物馆的资料则称我国新疆阿勒泰一带是世界滑雪运动的发源地，在我国的史料中也有类似的记载。

据考证，早在4500年前，北欧已有人滑雪。在挪威境内北极圈附近，曾发现4000年前的化石上画有两个人滑雪打猎的简单图案。在11世纪左右的石碑上刻有手持弓箭乘雪板的猎人。现在英国的海尔福德大教堂内

高山滑雪

有一幅1280年的古画，画中画着一个站在雪板上的挪威人和一个驾驭马车的中国人。

挪威是将滑雪用于战争的最早国家，他们在1917年成立了第一支滑雪部队，1918年瑞典的部队由于不会滑雪在向挪威进军的过程中，被挪威的滑雪部队消灭在雪地上。第一次世界大战期间，滑雪受到了欧洲各国的高度重视，如法国、德国、奥地利、英国都成立了滑雪部队，在战争中发挥了重要作用。

滑雪作为民间比赛是在1843年挪威的特伦木松举行的越野滑雪赛。

1883年，挪威正式成立了国家组织——挪威滑雪联合会，这是世界上最早的国家滑雪组织机构。

1889年挪威人27岁的青年弗利乔夫·南森单身一人历时40多天，滑雪横跨格陵兰岛北极圈并于1891年出版了《格陵兰岛探险记》，各国青年读了该书后，纷纷参加滑雪运动。南森后来成为挪威的外交官，并为和平而奔走。1922年光荣地获得诺贝尔和平奖。

1876年著名的奥地利人玛其阿斯·茨达斯基受到挪威人南森的影响，在阿尔卑斯山麓小屋中，埋头六年研究与改进了雪板与固定器，并创造了一套高山滑雪术"利利安费尔德滑雪术"。

中国的滑雪历史也很悠久，唐代李延寿在《北史》一书中写道，中国北方"气候严寒，雪深没马，地高积雪，惧陷坑阱（井），

骑木而行"即为防止行走时脚陷入雪中，人们脚下踏着木板走路。在《新唐书》和《山海经》中也记载着，中国的东北和西北新疆等地区，气候比较寒冷，多数时间冬季雪期很长，生息于当时的少数民族如蒙古、鄂伦春、赫哲、鄂温克、哈萨克、维吾尔等民族，他们世世代代相传，用兽皮覆在木板上制成的雪板，借滑雪从事狩猎活动和生产劳动。在漫长的冬天里滑雪是他们主要的交通工具和手段。

自 20 世纪 30 年代开始，随着俄国人的流入和日本的入侵，现代滑雪技术传入中国东北地区，现代滑雪开始起步，当时在吉林、通化、阿城、牡丹江等地有一些学生及滑雪爱好者们参加滑雪运动，组织滑雪赛会等，但参加者多数为日本人，中国人占少数。

近代滑雪技术传入中国后，特别是 1949 年中华人民共和国成立后，党和政府非常重视滑雪运动，使中国滑雪运动发生了质的飞跃。滑雪的器材、装备进行了变革，修建起滑雪场，滑雪运动的组织也相继建立。

蹦 极

蹦极起源于太平洋的瓦努阿图群岛，是当地土著人的成年礼：男子满 18 岁时，必须用藤捆住自己从 20 米高的筑台跳下去，才可以成为真正的男人。现在它已成为一种挑战人类意志极限的现代体育运动，又称"高空弹跳"，风行于欧美及亚太地区，也被引进中国。

"蹦极"就是跳跃者站在约 40 米以上（相当于 10 层楼高）高度的桥梁、塔顶、高楼、热气球上，把一端固定的一根长长的橡皮条绑在踝关节处，然后两臂伸开，双腿并拢跳下去。绑在跳跃者踝部的橡皮条很长，足以使跳跃者在空中享受几秒钟的"自由落体"。在距地面一定距离时，橡皮绳被拉开、绷紧，阻止人体继续下落，当到达最低点时，橡皮绳被拉起，随后又落下，这样反复多次直到橡皮绳的弹性消失为止，这就是蹦极的全过程。

按跳法分类：

一、绑腰后跃式

此跳法为绑腰者站于跳台上采用后跃的方式跳下，此跳法为弹跳，初学者的第一个感觉是仿佛掉入无底洞，整个心脏皆跳出，约 3 秒钟时突然往上反弹，反弹持续 3 ~ 5 次，自己已安全悬挂于半空中，整个过程约 5 秒钟，真是紧张又刺激。

二、绑腰前扑式

此跳法为绑腰者站于跳台上前扑的方式跃下。此种跳法近似于绑腰后跃式，但弹跳者为面朝下，真正感受到视觉上的恐怖与跳绳停止，反弹时能真正享受重生的欣喜。

三、绑脚高空跳水式

此跳法为弹跳者表现英姿最酷的跳法，此种跳法为将装备绑于脚踝上，弹跳者站于跳台如奥运选手跳水时的神气风情，弹跳者于倒数"5、4、3、2、1"后即展开双臂，向下俯冲，气概非凡。

四、绑脚后空翻式

此种跳法是弹跳跳法中难度最大，但也最神气的跳法。此种跳法为将装备绑于脚踝上，弹跳时背朝后，弹跳者于倒数"5、4、3、2、1"后即展开双臂，向后空翻，此种跳法需要充足的勇气。

五、绑背弹跳

此种跳法被喻为最接近死亡的感受，弹跳者将装备绑于背上，于倒数"5、4、3、2、1"后抱胸双脚往下悬空一踩，仿佛由高空坠落，顿时感觉大地旋转，地面事物由小变大，与死神打交道，真是刺激。

六、双人跳

这种跳法是一对恋人互相示爱的最高境界，双人于空中反弹时，弹跳绳将靠一起，此时是许下诺言的最佳时刻，当然，这样做必须要求其中一方有弹跳经验方可。

按地点分类大约可分为三种。

桥梁蹦极：在桥梁上伸出一个跳台，或在悬崖绝壁上伸出一个跳台。

塔式蹦极：主要是在广场上建造一个斜塔，然后在塔上伸出一个跳台。

火箭蹦极：顾名思义，将人像火箭一样向上弹起，然后上下弹跃。

按蹦极技巧和人数还可分为：自由式、前滚翻、后滚翻、单人跳、双人跳等。

世界最高的蹦极点位于南非东开普省齐齐卡马山中一座名为布劳克朗斯的大桥上。高度为216米，1997年12月开始正式接待游人100人次，最小的只有9岁，最长者则是84岁的老人。

第二高的蹦极点位于瑞士的一个风景点的缆车上，高度为160米。

第三高的蹦极点位于津巴布韦与赞比亚交界的维多利亚瀑布的一座桥上，高度为111米。

旱 冰

旱冰运动不受季节变化影响，场地设施也不复杂。它不但可以培养人的健美和性格，又有速度和技巧，而且花样变化无穷，富有娱乐性。因此，这项运动深受青少年的欢迎。

但是，旱冰运动初创时期名声很不好。因为它的发明者是一个唯利是图、专搞歪门邪道的人。

1935年，世界经济处于大萧条时期。美国芝加哥城一个名叫里奥·萨尔塞的"浪荡儿"在舞场发现，开办富于刺激性的舞会可以发横财，于是灵机一动，发起了轰动一时的马拉松跳舞竞赛。萨尔塞由此大捞了一把。他欲壑难填，进而又想出了"四轮旱冰对抗赛"新招，果然又获暴利。这是一种野蛮的暴力竞赛。比赛双方穿着四轮旱冰鞋在场上互相阻止对方通过，抓、撞、掀、咬、拳打脚踢都可以，比拳击还厉害。这项运动一开始就受到正直的运动员的抵制，被排斥在正统运动会之外。

后来，有的运动员对该项运动加以改造，摒弃其暴力，发扬其优点，形成了风格独特的旱冰运动，1960年，美国掀起了旱冰运动的热潮。从此，这项运动便在世界推广开来。

国际象棋

国际象棋是由64个黑白相间的小方格组成正方形棋盘，有黑白棋子各16个，分别置于棋盘两端的小方格上，黑白双方各有1王、1枚后、2枚车、2枚象、2枚马和8个兵。按规则，白方先走，先后轮流走子，以把对方的王吃掉为胜。若不能吃掉或出现"长将"，一方无子可动，并重复出现三次，则视为和局面。

国际象棋最早出现在印度，据说在距今2000年左右的一个炎热夏季，古印度爆发了一场激烈的战斗，成千上万的士兵在战争中负伤，一位智者目睹惨状，为警示人类不要相互残杀，制作了一块一尺见方的64格的棋盘，用不同颜色的棋子代替戴盔甲的将士在棋盘上厮杀，其用意是把勇武善战的所罗门贵族王公的兴趣引到棋盘上来，用棋盘的攻杀代替战场上的征战。

国际象棋6世纪传入西亚和阿拉伯地区，以后又由阿拉伯地区传入西欧国家，国际象棋传入我国的历史也相当悠久，在发掘的汉代出土文物中，就发现了一幅国际象棋棋盘的图案。

1924年成立了国际象棋联合会，它是一个世界性的组织，现拥有近120个成员协会。目前最重要的比赛是国际象棋奥林匹克赛，为世界团体赛，每两年举办一次，1927年在伦敦举办了第一届，1957年起增加了女子团体赛。国际象棋的棋手等级称号有国际特级大师、国际大师和棋联大师三种。

桥 牌

桥牌是一种从纸牌游戏中发展起来的牌艺活动，最早起源于英国。"桥牌"这一名称的来历，还得从一段小故事讲起。

玩纸牌者 塞尚

这幅作品描绘了两个正在玩纸牌的农民形象。

据说在很早的时候，英国有两个对纸牌非常着迷的人，他们几乎天天都与纸牌打交道，甚至连走路的时候也在玩纸牌，英国的道路延伸之处常常有桥与之相连，所以他们每次在路上玩牌，总要经过好几座桥。于是，他们为了显示自己纸牌游戏与别人的不同，就称它为"桥牌"。

提起桥牌，人们就会很自然地想到 52 张纸牌，纸牌的来源追溯起来就会更早。据历史记载，我国的唐朝曾有一种称为"叶子戏"的纸牌游戏。它长约 8 厘米，宽 2.5 厘米，外面用绸纸裱好，可以看作现代纸牌的雏形。元朝时，意大利著名旅行家马可·波罗将这种纸牌带到意大利，后又被航海家哥伦布带到了美洲。

纸牌最早的形式是一种叫"惠斯脱"的纸牌游戏，这种游戏在 16 世纪的英国就非常盛行。四个人在一起玩牌，不记分，也不分组，主打人是发牌人。任意翻一张牌，此牌的花式即为将牌的花式，这种游戏在现在看来非常简单而幼稚，却流行了将近 300 年，到了 19 世纪初，才被"惠斯脱"桥牌代替了。

"惠斯脱"桥牌的打法比"惠斯脱"纸牌有所进步，发牌人主打，但双方组成一对，将牌也不是以盲目翻牌来定，而是发牌人根据手中的牌型叫，也可让对方同伴来叫。

20 多年后，这种玩法又一次改进了，改进的桥牌称为"拍卖式"桥牌或"竞叫式"桥牌，它的不同之处在于四家都可以叫，谁叫得高，谁为主打。把牌分为有花式和无花式叫牌的时候，就像拍卖行叫价那样激烈，所以称为"拍卖式"桥牌。

现在，世界上普遍流行的"定约"桥牌，这是由美国的一位船主哈罗德·范德比于 1925 年创造的。以后又经过一位桥牌专家卡拍逊的努力推广，创造了桥牌的叫牌法。它最大的特点是，通过这种叫牌的方法，可以推测每个人手中持有牌牌型、张数。这样就使双方打牌都心中有数，而不会去乱撞瞎碰，提高了桥牌的科学性和竞争时的趣味性。

桥牌是一项非常有趣的智力活动，可以提高人的分析能力、理解力、推理能力，并能增强记忆力，它也不受年龄、场地的限制，而且桥牌十分讲究道德修养，比赛时，双方不许打暗号，更不准大叫大喊，是人们公认的一种高尚的娱乐活动。第二次世界大战后，西方有很多的青少年道德下降，吸毒成风，于是很多国家都由政府专项拨款创办桥牌学校，不但推广了桥牌活动，而且也有效地抑制了青少年的许多不良行为，收到很好的效果。

世界桥牌比赛从 1960 年开始举行，每四年举行一次。百慕大桥牌锦标赛水平最高，还有一项世界性的奥林匹克桥牌锦标赛是与奥林匹克运动会同年举行的。

我国的桥牌活动开展得较晚，以前只在大城市的一些知识阶层中开展。一直到 20 世纪 70 年代末，我国部分省、市开始成立桥牌协会，参加桥牌活动的人才逐渐增多。

奥林匹克运动会

在古代，奥林匹克运动会即是全希腊的竞技会。它起源于希腊南部伯罗奔尼撒半岛伊斯地匹的奥林匹亚竞技会，因此而得名。

由于城邦之间经常性的战争，需要体魄强健的士兵。古希腊人非常重视体育运动，很早就有在祭祀神灵时举行竞技比赛的传统。这种竞技会，后来发展成为全希腊人共同信仰的宙斯神的祭祀大典仪式，公元前776年，希腊各城邦第一次在奥林匹亚的宙斯神庙联合举行竞技会，这就是古代奥林匹克运动会的开始。当时各城邦共同规定，在运动会期间停止城邦之间的一切战争，违者受罚，因此奥林匹克运动一开始就有象征和平的意义。

古代奥运会的程序，是先向宙斯神献祭，然后运动员经传令官点名、宣誓，接着进行比赛。优胜者获得橄榄和鲜花编成的花环，授奖者将它戴在优胜者的头上。随后是优胜者向神谢祭、举行宴会，运动会至此结束。竞赛的优胜者也受到人们的尊敬，有的还为他们在奥林匹亚或本城邦竖立雕像，同时受到诸如免役、免税的优待。然而，参加竞赛者必须是城邦的男性公民，女性、奴隶和非希腊血统的人是不能参赛的，特别是妇女还不准观看，违者处以死刑。

古代希腊奥林匹克运动会历时1170年，共举行293届。在狄奥多西为罗马帝国皇帝时（377～395），于公元392年下令禁止举行。使这一运动会停开了1500年之久。1894年，国际体育大会决定世界规模的综合性运动会称为奥林匹克运动会。1896年，在希腊的雅典举行了现代奥林匹克运动会第一届大会，之合每4年举行一次，一直延续到现在。

❧ 出版传媒 ❧

纸草书

纸草书也称"纸草书卷""纸草纸书"。

纸草是埃及沼泽地区的一种高秆植物，茎部富有纤维，将其剖成薄片长条，再用树胶粘连起来，即可成为很好的书写材料。埃及文字除象形字多用于铭刻外，祭司体和民书体字一般写在纸草上。在上埃及地区发现的纸草书内容包括公文、宗教、文学、医学和数学等。

纸草不但是古埃及人使用的纸张，随后也成为地中海东部地区通用的纸张，许多古代文献都是以纸草书的形式保留下来的。

在公元前 8 世纪前后，纸草书卷的制作方法由巴比伦传到古代希腊和罗马。古罗马人改进了纸草书卷。

泥版书

泥版书是用一种木制硬笔在泥土板上刻写的，书成后经过焙烧或晒干，就成为坚硬的泥版书。泥版书起源于西亚，后来传到希腊克里特岛、迈锡尼等地，刻写于上的文字也分为楔形文字和线形文字，因此又分为楔形文泥版文书和线形文泥版文书。

羊皮书卷

羊皮书卷是指用羊皮或羊羔皮为材料制成的最原始的一种图书。它是由帕加马人发明的。在帕加马帝国欧迈尼斯二世时期（前 197 ~ 前 159），由于埃及人停止供应纸莎草，帕加马人没有了制书的原料，被迫发明了用羊皮作为原料的羊皮书。

现在所知最早的羊皮书是公元前 4 世纪

阿契美尼德王朝末期编写的《波斯古经》，共有 21 卷、35 万字。

蜡版书

蜡版书是世界上最早的、可重复使用的记事簿，也是最原始的一种图书。

蜡版书产生的年代尚待考证。公元前 8 世纪，中东地区的亚述人已用它作为文字的载体。当时，它主要作为可重复使用的记事簿。

它的制作方法是将薄木板表面的中间部分掏空，把融化的蜡注入其内，在蜡未完全硬化之时用来刻写文字，将刻写后的蜡版打孔后穿绳，即制成蜡版书。重复使用时，只需将蜡木版烤热，使蜡变软即可。

西方古版书

古版书是指西方活版印刷术创始时期印刷的出版物。该词来源于拉丁语"襁褓"或"摇篮"。1639 年，文艺复兴时期的人文主义学者首先用以称述 1450 ~ 1500 年的印刷出版物。

古版书以哥特体的拉丁文宗教著作为主。最著名的古版书是 J. 谷登堡印刷的《四十二行圣经》和《万灵药》。据统计，在 1450 ~ 1500 年的这 50 年期间印刷的出版物有 3.5 万种、900 万册，但流传下来的极少。古版书已成为图书馆和书籍收藏者搜寻的珍版书籍。

世界十大百科全书

《中国大百科全书》是中国第一部现代大型综合百科全书。

《不列颠百科全书》是西方 ABC 三大百科全书之 B。

《布洛克豪斯百科全书》是德国大型综合百科全书。

《拉普斯百科全书》是法国综合性大百科全书。

《美国百科全书》是标准型综合性百科全书。

《苏联大百科全书》是苏联大型综合性百科全书。

《世界大百科事典》是日本标准型综合性百科全书。

《科里尔百科全书》是美国 20 世纪大型综合性百科全书。

《插图欧美大百科全书》，共 80 卷，全书以国际人物和地名条目为多。

《意大利科学、文化与艺术百科全书》，全书以人文科学、艺术内容及装帧和插图特点而驰名。

《吉尼斯世界纪录》

《吉尼斯世界纪录》是一部专门记载各种奇异的世界之最的书。

《吉尼斯世界纪录》的创刊人是英国吉尼斯啤酒公司总经理休·比佛爵士。1951 年，吉尼斯啤酒公司的总经理休·比佛就金是否世界上飞得最快的鸟与他人展开争论，为了弥补这项知识的空白，他决定由自己的公司出版一本记录这种"世界之最"的书。

1954 年 9 月 12 日，经别人推荐，比佛会晤了诺里斯·麦克沃特和罗斯·麦克沃特孪生兄弟，希望他俩在伦敦的统计机构能够帮助他收集部分材料，主持编纂这本书。1955 年 8 月 27 日，印刷厂完成了第一本《吉尼斯世界纪录大全》的装订工作。

这部仅有 198 页的小册子，当年便夺得了第一畅销书的桂冠。之后，其销售量始终名列前茅。每年都要重版和增补新的纪录。如今该书在世界上 140 多个国家畅销，被翻译成 30 多种文字。

"雷克拉姆世界文库"

世界著名的丛书。1867 年由 A.P. 雷克拉姆与 H.H. 雷克拉姆父子在德国莱比锡创办。丛书的范围包括德国文学、世界文学和哲学三个领域。

雷克拉姆父子出版这套丛书的宗旨，是让它起到家庭图书馆的作用。丛书出版后，受到广大读者欢迎。1945 年，该丛书已连续出版 7600 种，总印数达 2.8 亿册。1948 年之后，这套丛书由小菲利普·雷克拉姆出版社（莱比锡）和小菲利普·雷克拉姆出版公司（斯图加特）各自连续出版。

《伯尔尼公约》

19 世纪，西欧尤其是法国涌现出许多大文学家、大艺术家，他们创作的大量脍炙人口的作品流传到世界各地，相应地，这些国家开始重视版权的国际保护。1878 年，巴黎召开了一次重要的文学大会，建立了一个国际文学艺术协会。1883 年，该协会将一份经过多次讨论的国际公约草案交给瑞士政府。瑞士政府予以通过，并定名为《保护文学和艺术作品伯尔尼公约》，简称《伯尔尼公约》。原始签字国有英国、法国、德国、意大利、瑞士、比利时、西班牙、利比里亚、海地和突尼斯十国，1887 年 9 月 5 日签字国互换批准书（只有利比里亚没有批准），公约于三个月后生效（1887 年 12 月），这是世界上第一个国际版权公约。

《安妮女王法令》

《安妮女王法令》英国第一部关于版权的法令，也是世界上第一部现代意义的版权法，简称《安妮法令》，1710 年颁布。

17 世纪末，非法翻印图书的行为迅速蔓延。建立图书保护制度成为亟待解决的问题。在印刷出版商不断向国会寻求法律保护的过程中，1709 年 1 月 11 日，英国下院收到一项法案，要求在一定期限内把图书的印制权授予印本的作者或买主以鼓励学术活动。这项法案于1710年4月10日由议会通过，即《安妮法令》。

《安妮法令》关于保护主体、权利期限、登记注册和缴纳样本制度，以及侵权惩罚等方面的规定，确立了现代版权立法的基本模式，影响和启发了后来的版权立法。1790年，美国颁布的联邦版权法便是仿照《安妮法令》制定的。

报纸溯源

国外报纸的出现，可追溯到古罗马帝国时期。古罗马帝国杰出的政治家和军事家恺撒大帝为了便于管理国家和进行征战，出版过一种"每日记闻"，借以颁布各项政令和战报，报道贵族院里的选举情况，刊登贵族院议会记录，另外还发布宗教生活和世俗生活等消息。

《华盛顿邮报》

《华盛顿邮报》是美国最有影响的日报。它于1877年创刊，由华盛顿邮报公司在华盛顿出版。1933年，因为经营不善，销售不景气，该报负债累累，只好由监管人代为管理。在此期间，金融家尤金·迈耶将其收购。由于迈耶经营有方，并确立了明智稳妥而独立的编辑方针，很快就提高了报纸的声誉。后来，该报先后收购了《华盛顿先驱时报》《新闻周刊》等，从而成为享有国际声誉的报纸，现已成为美国发行量最大的报纸之一。

《华尔街日报》

《华尔街日报》是美国实业界的政治经济日报。1889年在美国纽约创刊，由道琼斯公司出版。

1882年，一位名叫查尔斯·道的经济金融记者与同僚爱德华·琼斯成立了道琼斯公司，收集并定期向股票经纪人发售有关行情的消息。由于生意兴隆，他们又在这个基础上创办了《华尔街日报》。该报从1889年7月8日起，登载道琼斯公司发布的经济消息和股票指数，延续至今未中断过。

该报以刊登财政、金融和贸易新闻为主，但是重大国际动态也无一遗漏，并有自己的评论。它不直接采用通讯社的消息，而是在世界各大城市驻有自己的记者。1976年，开始利用人造卫星转发稿子。《华尔街日报》每周出版5期，一般是40余页，分三个部分，即要闻、市场消息、金融与投资。

《华尔街日报》的报道风格以严肃见长。在编辑上始终采用传统的黑白灰三种配色，直到1991年才在广告部分出现过少量的色彩。《华尔街日报》报纸上绝大部分为文字报道，图片新闻很少，始终是美国最高端的报纸之一。

《泰晤士报》

《泰晤士报》是英国历史最悠久的一家大报。约翰·沃特于1785年1月1日创刊，最初名为《每日环球记录报》，1788年改名为《泰晤士报》。泰晤士即"TIME"的音译，是"时报"的意思。

《泰晤士报》的实际奠基者是约翰·沃特二世，他一反其父的做法，不再受领政府的政治津贴而去攻击某些皇亲国戚，他以承办商业广告来维持报社。他任用了不畏强暴、敢于抨击时弊的巴恩斯为主编，授以编辑全权，还物色了一批能干的记者。

《泰晤士报》是第一份采用机械式印刷机印刷的报纸，使报纸的消息传播速度超过皇家信使，因此在18世纪、19世纪之交，其发行量远远超过其他所有日报的总和。

《每日新闻》

《每日新闻》原名《东京日日新闻》，1872年2月21日创刊于东京。1911年3月1日与《大阪每日新闻》合并，1932年又和《时事新报》合并，1943年1月改用现名出版。该报在日本国内的东京、大阪设有本社，北海道设有支社，国内总局设在福冈，其他地方设有支局 81 个。在国外，华盛顿设有北美总局，伦敦设有欧洲总局，并在北京、纽约、巴黎、莫斯科、华盛顿、伦敦、日内瓦等地设有 14 个支局。此外还发行英文版《每日新闻》《经济学人》《每日年鉴》《每日画报》等 15 种刊物。

《读卖新闻》

《读卖新闻》是日本发行数最多的一家报纸。据 1980 年统计，早刊日销 838 万余份，夕刊日销 490 万余份。该报创刊于 1874 年 11 月 2 日，开始只是一家销路不大的晚报，1924 年以后，它先后合并了《山阴新闻》《九州日报》等 9 家中小报纸而一跃成为日本全国性大报。《读卖新闻》在东京、大阪等地设有本社，在北海道、北陆设有支社，在东北和名古屋设总局，国内共有 35 个支局和 205 个通讯部。在国外设欧洲总局（伦敦）和亚洲总局（新加坡），还有 24 个支局分布在世界各地，《读卖新闻》还与 25 个国外新闻机构有着特约通讯联系。除早、夕刊外，该报还出版有《读卖周刊》《读卖年鉴》等 10 多种杂志。

《朝日新闻》

《朝日新闻》1879 年 1 月 25 日创刊于大阪，1888 年 7 月 20 日出东京版。设有东京、大阪、名古屋、北九州 4 个本社和北海道支社，各社独自编辑和发行早刊和夕刊。在国外设有 4 个总局、20 个支局，与 12 个国内外通讯社、5 家外国报纸和 2 家外国杂志建立了合同关系。该报现有职工近 9000 人。早、夕刊的日发行量，据 1980 年统计，早刊 750 万份，夕刊 470 万份。此外还出版英文版《朝日晚报》《朝日周刊》《日本季刊》《朝日年鉴》等 20 种期刊。

"便士报"

在西方国家，有一种售价低廉的报纸，因为每份报纸售价仅一便士，所以叫作"便士报"（"便士"是英国最小的货币单位）。

便士报的特点是面向广大市民读者，大量刊登社会新闻，颇有人情味；经营模式为多登广告，扩大发行——报社成为赢利企业。

便士报于 1830 年最早出现于美国费城。以《一分钱报》为开端，以后在欧洲盛行。如法国记者日拉丹于 1836 年创办的《新闻报》，英国人北岩于 1896 年创办的《每日邮报》等。美国报刊史上曾有三大著名的"便士报"，即 1833 年出版的《纽约太阳报》、1835 年出版的《纽约先驱报》和 1841 年出版的《纽约论坛报》。

"便士报"的出现，使报纸不再局限于上层社会和知识阶层，而遍布于大街小巷，深入市民家庭。

杂 志

"杂志"一词源自法语"mgaasin"，本义是"仓库"。

"杂志"这个词第一次被用以称谓刊物，是 1931 年在伦敦出版的《绅士杂志》，后来就正式被沿用为杂志的通称。在最初，杂志

图为一本新闻杂志的封面，描绘了高尔基流亡归来的情形。1921 年，高尔基看到革命对俄国传统文化产生了消极影响，十分悲观，于是流亡海外。1927 年，高尔基又回到苏联，要用艺术为革命服务。

和报纸的形式差不多，极易混淆。后来，报纸逐渐趋向于刊载有时间性的新闻，杂志则专刊小说、游记和娱乐性文章，在内容的区别上越来越明显。早期英国的杂志内容，包括小品、诗、论文和其他各式各样体裁的文章，可以说包罗万象。在形式上，报纸的版面越来越大，开本为对折，而杂志则经装订、加封面，成了书的形式。此后，杂志和报纸在人们的观念中才具体地分开。

中国最早的杂志为德国汉学家郭实腊 1833 年 7 月在广州创办的《东西洋考每月统记传》。发行时间延续 5 年多，版式采用中国传统书本样式，刊期使用清代皇帝年号纪年。

《读者文摘》

《读者文摘》在美国是家喻户晓、影响深远的刊物，是德维特·华莱士和莉拉·华莱士夫妇在 1922 年 2 月创办的。

华莱士因为家境贫寒，没有念完大学就走上社会，但他酷爱看书，凡接触到的各类出版物和印刷品，他都如饥似渴地阅读，连意大利的药品说明，他也要逐行读下去。他有个习惯，就是凡阅读过的东西总要把要点记在常备的小纸条上，有时甚至把精彩的段落抄下来。在长期的实践中，他逐渐形成了一个想法：现有的报纸内容过于简单粗糙，印刷极差；而书籍又过于冗长烦琐，读起来浪费时间，如能克服上述缺点，将两者的精华部分经过最完美的压缩和聚合，那就可以成为读者乐于接受的期刊。

于是，华莱士夫妇把油印的数千份《读者文摘》试刊寄给教师、教授、传教士、医护人员等，并附上信件和预订单，说明先预付 3 美元，若发现《读者文摘》不值一读，可退订。出乎他们的意料，有 500 名读者寄来了预订费 1500 美元，这足够付两期《读者文摘》的印刷费用。于是丈夫跑图书馆编稿，妻子负责后勤事务，一本 64 页像书一样大小的刊物很快就正式诞生了，并且一直影响至今。

广　播

世界上第一个做无线电广播的人，是出生在加拿大的芬斯顿。这位发明家经过六年的努力，终于在 1906 年圣诞节前夕试验成功。这天晚上 20 时左右，新英格兰海岸外的轮船上，少数无线电电报员正在紧张地工作着，准备接收电码讯号。突然从耳机中听到有人读《圣经》中的圣诞故事，接着又听到小提琴演奏和亨德尔的《舒缓曲》唱片，最后听到了亲切的祝福声。几分钟后，耳机中又传出了那听惯了的电码声。这就是世界上第一次无线电广播的情景。

1907 年，美国物理学家福莱斯特发明了一种可以传播声音的无线电真空管——三极管。不久，三极管即被采用到工业生产上来，成为无线电收音机标准真空管。当时，福莱斯特在日记里激动地写道："我发明了一个看不见的空中帝国。"

美联社

美联社于 1848 年成立于纽约，是世界上最大的通讯社。作为当今世界新闻资讯系统的中枢、世界上最古老和最庞大的新闻组织之一，它在世界各地一共设有 240 多个分社，每天为 10 亿多人提供新闻、照片、图表、音频和视频等方面的服务。在美国国内，美联社为 5000 多家电台、电视台和 1700 多家报纸提供新闻。

法新社

法新社是目前世界上历史最长的新闻机构，它创建于 1835 年，其创建人查尔斯·路易斯·哈瓦斯被尊为全球新闻业之父。今天，法新社已经发展成为一个集电台、电视台、报社和公司为一身的综合性新闻机构，在世界各地设有分社。

路透社

路透社是英国创办最早的通讯社。1850 年由保罗·朱利叶斯·路透在德国亚琛创办，

1851 年迁址到伦敦。创办人路透原为德国人，后加入英国籍。1865 年，路透把他的私人通讯社扩展成为一家大公司。

塔斯社

塔斯社是一个国际性的信息搜集和分派组织，其前身是苏联的塔斯社。它拥有强大的记者阵容，这些记者都曾经受过严格的专业训练，不仅能从正常的渠道获取新闻，而且善于通过各种途径获得秘密和独家消息。

共同社

共同通讯社，简称共同社，是代表日本的国际性通讯社。它独立于政府，报道发生在世界各地的各种新闻，并将之提供给日本全国各报社、民营电视台以及 NHK 等新闻机构，同时，共同社还将日本动态提供给世界上其他各新闻机构。共同社总社设在东京。

BBC

英国广播公司（British Broadcast Corporation），简称 BBC，成立于 1922 年，是英国最大的新闻广播机构，也是世界最大的新闻广播机构之一。

BBC 虽然是接受英国政府财政资助的公营媒体，其管理却是由一个独立于政府以外的 12 人监管委员会负责，并且通过皇家宪章保障其独立性。监管委员以公众利益的信托人的身份管理 BBC，他们都是社会上有名望的人士，包括苏格兰、威尔斯、北爱尔兰和英格兰的首长。监管委员由英国首相提名，英女皇委任。

无冕之王

"无冕之王"的提法最早出现在 19 世纪的英国。当时，《泰晤士报》被称为英国上流社会的舆论权威，主笔辞职后常被内阁吸收为阁员，地位很高。人们就称这些报纸主笔是"无冕之王"。后来，西方新闻界泛指记者为"无冕之王"，认为记者享有凌驾于社会众人之上的特殊地位。

世界上最早的职业记者

16 世纪的威尼斯是欧洲的经济中心，商业活动频繁，各国商人纷纷来到这里进行商业竞争。他们聚集在城里，迫切需要了解和掌握涉及切身利益的各类信息。有些人投其所好，专门采集有关政治事件、物价、船舶起航等方面的消息，或手书成单篇新闻，或刊刻成报纸，然后公开出售。人们根据他们工作的特点，分别称呼他们为报告记者、新闻记者、报纸记者。这些专以采集和出卖新闻为生的人，就是世界上最早的职业记者。

节目主持人

"节目主持人"一词最早出现于 1952 年。1952 年是美国第 34 届总统大选之年。美国哥伦比亚广播公司新闻节目负责人米克尔森挑选了具有丰富经验的沃尔特·克朗凯特报道这一年的美国两党代表大会。米克尔森和制片人唐·休伊特认为，为了更好地报道这次大会，应让最有能力的记者在最后把所有的报道串接起来，然后高度概括一番。休伊特把他的这一设想比作体育运动中接力赛跑的最后一棒，他把接最后一棒的人叫作"节目主持人"，"主持人"就是主要持棒之人。于是，克朗凯特便成了世界上第一个节目主持人。

普利策奖

普利策奖是 1917 年根据美国报业巨头约瑟夫·普利策的遗愿设立，20 世纪七八十年代已经发展成为美国新闻界的一项最高荣誉奖。

普利策奖分为两类：新闻界和创作界。新闻界的获奖者不受国籍限制，但是获奖作品必须在美国周报（或日报）中发表的。创作界获得者必须是美国公民，唯一例外是历史类创作，只要是关于美国历史的书都可获奖，作者不必是美国人。

金眼奖

金眼奖是世界新闻摄影荷兰基金会颁发的年度奖。该基金会于 1956 年由荷兰三位摄影家发起创立。1957 年起每年在阿姆斯特丹举行世界新闻摄影比赛和展览，并编辑出版《世界新闻摄影》年鉴。每项比赛各设一、二、三等奖。一等奖授予"金眼"奖杯；二、三等奖授予"金眼"奖章。在各项一等奖作品中评选一幅年度最佳新闻照片，授予"首奖"。此外，还常有临时增设的特别奖。

世界图书和版权日

世界图书和版权日始于 1995 年，目的是推动阅读和写作、宣传跟阅读关系密切的版权意识。

4 月 23 日对于世界文学领域是一个特殊的日子，因为塞万提斯和莎士比亚都在 1616 年的这一天去世。此外，4 月 23 日也是另一些著名作家出生或去世的日子，如莫里斯·德律恩、拉克斯内斯、佛拉吉米尔·纳博科夫、约瑟·普拉和曼努埃尔·梅希亚·巴列霍。因此，1995 年 11 月，联合国教科文组织第 28 次大会通过决议，宣布每年 4 月 23 日为世界图书和版权日。联合国教科文组织大会选择这一天向全世界的书籍和作者表示敬意；鼓励人们，尤其是年轻人，去发现阅读的快乐，并表达对那些为促进人类的社会和文化进步作出无以替代的贡献的人们的尊敬。

法兰克福图书博览会

法兰克福图书博览会是世界上规模最大的国际图书博览会。1949 年创办。宗旨是介绍图书、交流信息、互通印书计划、促进图书交易。每年 10 月上旬在德国法兰克福举行，为期 7 天。组织者是德国书业协会。每两届确定一次博览会主题，展出各门类图书。参展者的主要活动是展出图书、洽谈版权交易、洽商合作出版业务等。每届颁发一次德国书商和平奖。

伦敦图书博览会

伦敦图书博览会是英国举办的国际性图书博览会。1971 年创办。每年 4 月份在伦敦举行，为期三天。组织者是英国工业与贸易博览会公司。展出各门类图书，属版权型。

博洛尼亚儿童图书博览会

博洛尼亚儿童图书博览会是意大利举办的国际性图书博览会，它是世界上规模最大的儿童图书博览会。1964 年创办，每年 4 月在博洛尼亚举行，为期四天。组织者是博洛尼亚博览会公司。该图书博览会只展出儿童图书，属版权型，不对公众开放。

邮政的起源

古代波斯和罗马政府设有专门传送官方文件的送信机构。中古时期，有些商业机构、社会团体和大学设有传送人员传送信件。

16 世纪，开始出现政府设立的邮务机构。政府设立邮务机构，其目的有三：一是便于检查可疑的信件；二是增加国库的收入；三是便利大众。

亨利三世时，英国设立邮务社，其规模不大，后来的几位国王不断地加以发展。1609 年，英国政府发布一道命令：除政府授权的信差以外，不准任何人传递信件。

1680 年，英国政府曾授权一位商人承办邮政业务，但不成功，1801 年政府收回公营。1840 年，英国对邮政系统做了一番改革，同时发行邮票，从而使邮政业务得到普及。

邮政编码

邮政编码源于英国。20 世纪 50 年代初，为了更快地分拣信件，英国就开始研究邮政编码，并于 1959 年在英国诺威治邮区试行，引起了许多国家的注意。联邦德国于 1961 年正式公布 4 位数的邮政编码，成为世界上第一个在全国范围内推行邮政编码的国家。紧接着，美、英、法、澳、瑞士等国家陆续在全国推行。

1965 年后，随着机械设备在邮政部门的广泛应用，邮政编码的优越性更加凸显出来。20 世纪 80 年代中期，中国邮电部也开始在全国推行邮政编码制度。

邮筒的由来

相传在 1488 年，葡萄牙著名航海家迪亚士率领的船队在海上遇险，除他本人乘坐的那艘船得以幸免外，其余船只全部覆没，一些船员下落不明。迪亚士返航前命令部下给可能生还的同胞写了一封信，放在一只靴子里，挂在海边一枯树枝上。一年以后，葡萄牙的另一位航海家途经此地，意外地收到了"邮筒"里的那封信。于是，便在当地修建了一座小教堂，纪念遇难同胞。

随着时间的推移，小教堂附近兴起了一个村镇，靴子"邮筒"的故事被传为佳话。此后，利用邮筒投寄信件这一形式也被传了下来。

世界上最早的"邮箱"

在苏伊士运河开凿之前，从英国到印度的航船必须绕过好望角，航程风急浪险，耗时六个月左右。由于航行的时间比较长，海员们都希望给亲人捎回平安家信，但是难得碰到返回英国的船舶。于是，他们约定在好望角的一块巨石上刻上"请在下面找信件"的字样。这样，所有前往印度方向去的船都在这里停靠，海员们把家信放在石头下面，而所有驶回英国方向去的船也派人在这里上岸，把石头下面的信件取走捎回英国。

后来，人们就把这块巨石命名为世界上最早的"邮箱"。这块巨石现存放在开普敦博物馆里，作为历史纪念物。

邮 戳

邮戳起源于英国，世界上第一个有日期的邮戳，是英国亨利·比绍普 1661 年创制和使用的。他设计的邮戳是一个小圆戳，分为

1952 年，波兰为纪念获诺贝尔文学奖的显克微支而发行的邮票。

上下两格：上格写月，下格写日，整个邮戳表示几月几日收或寄。这个邮戳，最先用于收寄伦敦的信件。17 世纪末，爱丁堡和都柏林也开始使用。18 世纪后被普遍使用。

纸信封

世界上最早的纸信封是英国发明的。1820 年，英国商人布鲁尔在海滨度假时，发现很多女士喜欢写信，但又怕信中内容被别人偷看。他灵机一动，便趁机设计了一些纸袋，用来将信件装起来，而不被别人看到。

之后，信封为英国当局所承认，这批信封就成了世界上第一批纸质信封。1844 年，伦敦出现了制造信封的机器，从此纸质信封作为一种新的邮政产品被全球采纳。

明信片

明信片的问世，距今已有 100 多年的历史。

据史籍记载，1865 年 10 月的一天，有位德国画家在硬卡纸上画了一幅极为精美的画，准备寄给他的朋友作为结婚纪念品。但是他到邮局邮寄时，邮局出售的信封没有一个能将画片装下。

画家正为难时，一位邮局职员建议画家将收件人地址、姓名等一起写在画片背面寄出，果然，这张没有信封的"画片"如同信

法国工人党发行的明信片

函一样寄到了朋友手里，世界上第一张自制"明信片"就这样诞生了。

1869 年，奥地利一位博士发表文章建议，应该开发明信片，并将其列为印刷品邮件，以降低邮费价格。奥地利邮政部采纳了他的建议，同年 10 月 1 日，明信片在维也纳邮局正式发行。因此奥地利成为世界上发行明信片最早的国家。

首日封

所谓首日封，是指新邮票发行的当天，贴用新发行的邮票，并用当天的日戳或用特制的纪念邮戳盖销邮票的信封。

早在 1840 年世界上第一枚邮票发行时，就有了首日封。但直到 20 世纪 20 年代时，国外才开始专门印刷和收藏精美的首日封。1933 年 9 月，美国发行总统沃伦·哈丁的纪念邮票时，商人乔治·林设计制作了专门的信封，并在左下角印上文字，售出后得到了集邮爱好者的欢迎。

1957 年 11 月 7 日，中国发行了第一套首日封，名为《伟大的十月社会主义革命四十周年》。

电 报

电报是一项对世界具有重大影响的发明，它是由美国发明家莫尔斯发明的。莫尔斯偶然观看了一次电磁实验，当电流流过电磁线圈时，电磁铁产生的磁力将旁边放置的弹簧片吸了过来。电流被切断后，磁力就消失了，弹簧片又回到原来的位置。莫尔斯由此联想到，如果使用一个电键，断断续续地接通或切断电源，弹簧片就会时吸时放。他考虑到，若以弹簧片被吸的次数来表示信号，就可以制出精确的电报机。莫尔斯从此投身于电报机的研制。1835 年，莫尔斯的有线电报机在实验室架设成功。为了解决远距离通信时信号衰减的问题，莫尔斯又发明了继电器。1838年，莫尔斯终于制成了实用型的单线电磁式电报机，并向美国专利局申请了专利。

传真机

1883 年，在英国一所大学读书的保尔·尼勃科夫产生了一个强烈的愿望：能不能发明一种传送图像，并在远方能够留下这种图像的装置呢？

一天课余时间，尼勃科夫看见两位同学正在做一种游戏：他们各自在桌上放一张大小相同的纸，纸上写一个字，然后按一定的顺序告诉对方哪一个小格是黑的，哪一个小格是白的；对方同学将全部小方格按指令处理后，纸上便出现了与另一位同学所写的相同的字。

一直在琢磨设计一种传真装置的尼勃科夫看着看着，不禁脱口而出："太妙了！"

"任何图像都是由许多黑点子组成的，如果把要传送的图像分解成许多细小的点子，借助科学手段把这些点子变成电信号，并传送出去，而接收的地方只要把电信号再转化为点子，并把点子留在纸上，不就实现了图像的传真吗？"

经过长期的研制，尼勃科夫做成了一台圆盘式的传输装置，并申请了专利。

❧ 名胜古迹 ❧

埃及金字塔

埃及人相信灵魂不灭，所以制干尸、修陵墓之风盛行。大约从第三王朝起，法老（国王）开始为自己修建金字塔形的陵墓，到第四王朝时就出现了胡夫、哈夫拉和孟考拉三大金字塔。

金字塔不仅外观巍峨雄伟，而且内部结构复杂，并饰以雕刻、绘画等艺术品，宛如巨大的"永久宫殿"。金字塔所用的全部石块没有使用任何灰浆粘连，完全靠石块本身的结构堆砌在一起，这是世界古代建筑史上的奇迹。

狮身人面像

埃及的狮身人面像离胡夫金字塔约350米远，坐落在哈夫拉金字塔（胡夫之子哈夫拉的陵墓）的东侧，似乎是陵墓的守护者，但更可能是死后与太阳神结为一体的哈夫拉王的象征。它高约20米，长为57米，如果把匍匐在地的两只前爪计算在内，共有73.5米长。它的耳、鼻长度超过一个普通人的身长。其胡须据说全长4米，重约30吨。千百年来，这座半人半兽的怪物不断引起人们的遐想，认为它的形象很可能象征着人的智慧和狮子的勇敢的结合，象征着国王凛然不可侵犯和凌驾一切的权威。它表现了古代埃及人的伟大智慧和创造力。

亚历山大灯塔

世界公认的古代七大奇迹有两个在埃及，一个是名列七大奇迹之首的吉萨金字塔，另一个就是名列第七位的亚历山大灯塔。亚历山大灯塔不带有任何宗教色彩，纯粹为人民实际生活而建，它的烛光在晚上照耀着整个亚历山大港，保护着海上的船只，另外，它亦是当时世上最高的建筑物。亚历山大灯塔的遗址在埃及亚历山大城边的法洛斯岛上。公元前330年，不可一世的马其顿国王亚历山大大帝攻占了埃及，并在尼罗河三角洲西北端即地中海南岸，建立了一座以他名字命名的城市。这是一座战略地位十分重要的城市，在以后的100年间，它成了埃及的首都，是世界上最繁华的城市之一，也是整个地中海世界和中东地区最大最重要的一个国际转运港。

帕特农神庙

帕特农神庙建于公元5世纪，是为雅典城邦守护神雅典娜而建造的祭殿。神庙背面朝东，长近100米，宽约30米，耸立在3层台阶之上。整座庙宇由46根有雕槽的巨大石柱环绕，柱间大理石砌成的92堵殿墙上，雕刻着栩栩如生的各种神像和奇珍异兽。神庙主殿是祭殿和女神殿。其中女神殿中墙上雕有智慧女神雅典娜从宇宙之王宙斯头颅里诞生的情景和雅典娜与海神波塞冬争当雅典守护神的场面。

神庙里原来供奉着一尊高12米、由黄金宝石制成的雅典娜女神像，后遭劫遗失。神庙几经天灾人祸，如今庙顶已坍塌，雕像荡然无存，浮雕剥蚀严重，但从巍然屹立的柱廊中，还可以看出神庙当年的风姿。

雅典卫城遗址

雅典奴隶制城邦在一系列扩张战争中取胜后，于公元前5世纪初确立了霸主地位，此后，其经济飞速发展，社会财富迅速增加。在一片繁盛的社会景象中，奴隶主集团制定了雄心勃勃的城邦发展规划，雅典卫城在这样的背景下应运而生。

卫城的建筑开始于公元前 448 年。它坐落于雅典城中心的一个山冈上。东西长约 280 米，南北宽约 130 米。卫城中的建筑物有四种：山门、胜利女神尼开神庙、伊瑞克提翁神庙和帕特农神庙。

在卫城广场上，矗立着一尊高大的雅典娜像，这是一个全副武装的女战神形象。雕像高 9 米，女神手持长矛，头戴钢盔，沉着而威严地注视着她脚下的城市。

雅典卫城是希腊古典建筑艺术的顶峰之作。遗憾的是，雅典卫城后来毁于战火之中，现在留下的只是杂草丛生的废墟。

古罗马角斗场

古罗马角斗场位于意大利首都罗马的威尼斯广场南面，是古罗马建筑的典型代表，也是古罗马帝国的象征。

角斗场又名斗兽场、露天竞技场。因它建于弗拉维王朝（69～96）时期，故又称弗拉维露天剧场。

这座椭圆形的建筑物是由维斯帕西安皇帝于 72 年开始修建，其子提图斯皇帝于 80 年隆重揭幕。公元 3 世纪和 5 世纪时将其重加修葺。

角斗场是斗兽、赛马、竞技、阅兵、歌舞等的场所，用淡黄色巨石垒砌，外观为椭圆形，占地 2 万平方米，外部高 48.5 米，周长 527 米，椭圆长径 188 米，短径 155 米，四周可容观众 5 万人。分为四层，一、二、三层有半露圆柱装饰，每两根半露圆柱之间即为一座拱门。第四层由长方形窗户和长方形半露方柱构成。场中心的竞技和斗兽处，也呈椭圆形，长、宽分别为 86 米和 57 米。当初为观赏水中斗兽情景，还采用了引湖淹灌的办法。后来在台下改建成许多地窖，供角斗士化装准备搏斗和关闭猛兽之用。据记载，角斗场

竣工后，各种表演持续了 100 天，动用了 5000 头狮子、老虎和其他猛兽，还有 3000 名由奴隶、俘虏、罪犯和基督徒组成的角斗士。

经历了 2000 年风雨侵袭的圆形角斗场，其围墙已有半壁倒塌。角斗士和猛兽生死搏斗的场地，也已破残不堪，当年建成的地窖也露出地面。然而其四周的看台还保存得相当完整。

庞贝古城

在意大利那不勒斯附近的维苏威火山脚下，有座著名的古罗马城市庞贝。它始建于公元前 8 世纪，曾拥有 2.5 万人口，后来成为古罗马帝国的重要行政中心。庞贝城之所以闻名于世，是因为它曾被突然喷发的维苏威火山的灰尘埋在地下十几个世纪，从而成为一座真正的死城。经历了尘封土埋的漫长岁月以后，庞贝城已经变成一座地地道道的"化石城"。城内有 4 条交叉成"井"字形的主要街道，将全城分成 9 个区。街道用石板铺筑，街石的上面留有两道深深的车辙印。庞贝城当年城内有政府机构、法庭、太阳神庙、女神庙、公共浴室、角斗场、商店、酒店等。在一家小酒店的遗址上，火山喷发那天老板记账的营业额和一些顾客赊欠的数目依稀可辨。一个面包房的烤炉中还有一块印有面包商名字的烤熟的面包……这些场景作为庞贝城末日的瞬间凝固于历史长河。

比萨斜塔

比萨斜塔位于意大利托斯卡纳省比萨城北面的奇迹广场上。广场的大片草坪上散布着一组宗教建筑，它们是大教堂（建造于 1063 年至 13 世纪）、洗礼堂（建造于 1153 年至 14 世纪）、钟楼（即比萨斜塔）和墓园（建造于 1174），它们的外墙面均为乳白色大理石砌成，各自相对独立但又形成统一罗马式建筑风格。比萨斜塔位于比萨大教堂的后面。

比萨斜塔始建于 1173 年，设计为垂直建造，但是在工程开始后不久（1178）便由

于地基不均匀和土层松软而倾斜，1372年完工，塔身倾斜向东南。

比萨斜塔是比萨城的标志，1987年它和相邻的大教堂、洗礼堂、墓园一起，因对11~14世纪意大利建筑艺术产生了巨大影响，而被联合国教育科学文化组织评选为世界遗产。

米兰大教堂

米兰大教堂又名"多姆大教堂""圣母降生教堂"，位于意大利米兰市中心，是世界上最大和最有气派的教堂之一。

米兰大教堂始建于1368年，直到19世纪才告竣工。主教堂呈拉丁十字架形，长约168米，宽92米，全部由白色大理石构成。离地面100多米的尖塔之巅，是裹以金叶的圣母玛利亚的塑像。教堂顶上有135个尖塔直指苍穹，每个尖塔上都有和真人一般大小的雕像。堂内大厅有四根巨大的圆柱，它同62根小圆柱一起，支撑着沉重的拱形屋顶。

教堂共有五扇铜门，左边第一个铜门于1948年完成，表现的是君士坦丁皇帝的法令；第二个铜门是1950年所作，讲述的是圣·安布罗吉奥的生平；第三个最大的铜门是1906年完成，描绘的是圣母玛利亚的一生；第四个铜门是在1950年完成的，讲的是从德国皇帝腓特烈二世灭亡到莱尼亚诺战役期间米兰的历史；第五个铜门1965年完成，表现的是从圣·卡罗·波罗梅奥时代以来大教堂的历史。

神秘的巨石阵

巨石阵又称索尔兹伯里石环、环状列石等，是欧洲著名的史前时代文化神庙遗址，位于英格兰威尔特郡索尔兹伯里平原，约建于公元前4000~前2000年，属新石器时代末期至青铜时代。

这个巨大的石建筑群位于一个空旷的原野上，占地大约11公顷，由许多整块的蓝砂岩组成，每块约重50吨。巨石阵的主轴线、通往石柱的古道和夏至日早晨初升的太阳在同一条线上。另外，其中还有两块石头的连线指向冬至日落的方向。

巨石阵的主体由几十块巨大的石柱组成，这些石柱排成几个完整的同心圆，巨石阵的外围是直径约90米的环形土沟与土岗，内侧紧挨着的是56个圆形坑，由于这一些坑是由英国考古学家约翰·奥布里发现的，因此又叫"奥布里坑"。

巨石阵最不可思议的是石阵中心的巨石，这些巨石最高的有8米，平均重量近30吨，而且有不少重达7吨的巨石是横架在两根竖着的石柱上的。

早在20世纪50年代，考古工作者就推断，巨石阵至少已有几千年的历史。几个世纪以来，没有人知道巨石阵的真正用途，也没有人知道是谁建造了巨石阵，而古老的传说和人们的种种推测，更为巨石阵增加了神秘的氛围。

圣保罗大教堂

圣保罗大教堂一直是伦敦主教堂所在地，并以伦敦的保护神——圣保罗的名字命名。圣保罗大教堂在是世界第三高的教堂，以其悠久的历史、壮观的外形和别具一格的建筑特色而闻名于世。

圣保罗大教堂最早建于604年，1666年遭遇大火后被重建，1710年最后完工。其主体建筑是两座长150米、宽39米的两层十字形大楼。十字楼的中间，拱卫着一座高达111米穹隆的穹隆圆顶建筑。穹隆顶盖的上端，安放着一个镀金大十字架。教堂的正门朝西，门外不远处有个广场，门前还有一条由6对高大圆柱组成的走廊。教堂正面建筑的两端，有一对互相对称的钟楼，其中西南角的钟楼里吊着一具重达17吨的大铜钟，是英格兰最大的铜钟。

大英博物馆

大英博物馆位于英国伦敦新牛津大街北面的大罗素广场。1753年，英国博物学家汉斯·斯洛安爵士将自己收藏的 8 万件珍稀古董和书画捐献给国家，要求国家建造博物馆。1756 年，英国政府购买了蒙塔古宫作为馆址，建立了大英博物馆，并于 1759 年 1 月 15 日正式开馆。大英博物馆是世界上历史最悠久、规模最宏伟的综合性博物馆，也是世界上规模最大、最著名的博物馆之一。其与纽约的大都会艺术博物馆、巴黎的卢浮宫同列为世界三大博物馆。

大英博物馆划分为埃及文物馆、东方文物馆、西亚文物馆、希腊罗马文物馆、英国文物馆、钱币和徽章馆、书籍绘画馆等。收藏了世界各地的许多文物和图书珍品，藏品之丰富、种类之繁多为全世界博物馆所罕见。

巴黎凯旋门

巴黎凯旋门位于法国巴黎爱丽舍田园大街西角，是拿破仑一世为纪念他在奥斯特利茨战役中大败奥俄联军的功绩，于 1806 年 2 月下令兴建的。它是欧洲 100 多座凯旋门中最大的一座。

凯旋门全部由石材建成，高约 50 米，宽约 45 米，厚约 22 米。四面各有一门，中心拱门宽 14.6 米，门上有许多精美的雕刻。内壁刻的是曾经跟随拿破仑东征西讨的数百名将军的名字和宣扬拿破仑赫赫战功的上百次胜利战役的浮雕。

所有雕像各具特色，同门楣上花饰浮雕构成一个有机的整体，俨然一件精美动人的艺术品。正面有四幅浮雕——《马赛曲》《胜利》《抵抗》《和平》。这其中最吸引人的是刻在右侧（面向田园大街）石柱上的"1792 年志愿军出发远征"，即《马赛曲》的浮雕，是世界美术史上的不朽艺术杰作。

卢浮宫

卢浮宫是世界上最古老、最大、最著名的博物馆之一。位于法国巴黎塞纳河畔，是一组非常宏伟壮丽的宫殿建筑群。其旧址原为中世纪一个城堡，16 世纪改建为皇宫。

1793 年法国大革命中，卢浮宫改为国立美术博物馆，是世界上最大的美术博物馆。占地 19.8 公顷，全长 680 米。

藏品中有被誉为世界三宝的《维纳斯》雕像、《蒙娜丽莎》油画和《胜利女神》石雕，更有大量来自希腊、罗马、埃及及东方各国的古董，还有法国、意大利的远古遗物。陈列面积 5.5 万平方米，藏品 2.5 万件。

凡尔赛宫

凡尔赛宫位于法国巴黎凡尔赛镇，是欧洲大陆上最宽大、最辉煌的皇家宫苑，始建于 1661 年。

1660 年，法王路易十四参观财政大臣富凯的沃子爵城堡，为其房屋与花园的宏伟壮丽所折服。当时，王室在巴黎郊外的行宫等无一可以与其相比。于是，路易十四以贪污罪将富凯投入巴士底狱，并命令沃子爵城堡的设计师勒诺特和著名建筑师勒沃为其设计新的行宫，即现在的凡尔赛宫。

凡尔赛宫长 580 米，气势磅礴，结构严谨协调。外墙雕塑着许多大理石人物像，栩栩如生。500 多间大殿小厅内，处处金碧辉煌，内壁装饰以雕刻、巨幅油画及挂毯为主，配有 17～18 世纪名贵家具精品。宫内还有许多长廊，其中最负盛名的是镜廊，长 76 米，宽 10 米，长廊一面是朝花园而开的 17 扇巨大的窗门，另一面与窗门相对的是 17 面镜子，廊顶是伦勃朗的巨幅油画。宫外有面积 100 万平方米的"法兰式"大花园，花园内有草地、花坛、喷泉和雕像等，景色绚丽。

埃菲尔铁塔

埃菲尔铁塔位于法国巴黎市塞纳河南岸，是法国最高的建筑，也是巴黎的标志之一。

1884 年，法国政府为了纪念 1789 年法国资产阶级大革命 100 周年，决定举办万国博览会，并修建一座纪念塔，评选会最后选择了著名建筑家居斯塔夫·埃菲尔的设计方案。

埃菲尔铁塔高 327.7 米，相当于 100 层楼高。塔身全部是钢铁，重达9000吨，由1.2万个金属构件焊接而成。塔上有上、中、下三个瞭望台，可同时容纳1万人。从地面到塔顶有电梯，人们也可以沿着1710个台阶步行登上塔顶。最高层瞭望台离地276米，面积350平方米；中层台离地115米。从塔上望去，整个巴黎尽收眼底。

埃菲尔铁塔历时26.5个月，花费了80多万金法郎，于1889年3月完工。它的设计非常精确、严密、周到。在两年多的工程施工中，从来没有发生过任何伤亡事故。在组调部件时，钻眼都能准确合上，这在建筑史上是一个了不起的奇迹。

巴黎圣母院

巴黎圣母院是一座哥特式的教堂，是古老巴黎的象征。它矗立在塞纳河中西岱岛的东南端，位于整个巴黎城的中心。为欧洲早期哥特式建筑和雕刻艺术的代表。集宗教、文化、建筑艺术于一身的巴黎圣母院，原为纪念罗马主神朱庇特而建造，随着岁月的

巴黎圣母院全景

流逝，逐渐成为巴黎圣母院早期基督教的教堂。它的地位、历史价值无与伦比，是历史上最为辉煌的建筑之一。

巴黎圣母院是一座石头建筑，在世界建筑史上，被誉为由巨大的石头组成的交响乐。虽然这是一幢宗教建筑，但它闪烁着法国人民的智慧，反映了人们对美好生活的追求与向往。

科隆大教堂

科隆大教堂位于德国科隆市中心、莱茵河畔，始建于1248年，直到1880年才全部建成。科隆大教堂是欧洲北部最大的教堂，它以法国兰斯主教堂和亚眠主教堂为范本，是德国第一座完全按照法国哥特盛期样式建造的教堂。

科隆大教堂以轻盈、雅致著称于世，是中世纪欧洲哥特式建筑艺术的代表作，也可以说是世界上最完美的哥特式教堂建筑。它与巴黎圣母院和罗马圣彼得大教堂并称为欧洲三大宗教建筑。

科隆大教堂教堂东西长145米，南北宽86米，占地8000平方米。教堂中央的两座双尖塔楼，高达161米，像两把锋利的宝剑，直插苍穹。中央大礼拜堂穹顶高达43.35米。教堂钟楼上装有引口巨钟，最重的圣彼得钟，重达24吨。整个教堂内有十个礼拜堂，全部由磨光石砌成，四壁上方有总数达1万多平方米的窗户，彩色玻璃上均绘有《圣经》中的人物，在阳光反射下，绚丽多彩。教堂内还收藏着许多珍贵的艺术品。

自由女神像

自由女神像是1884年7月6日法国人民赠给美国人民的礼物，她是自由的象征。女神像高46米，连同底座总高约100米，是当时世界上最高的纪念性建筑，其全称为"自由女神铜像国家纪念碑"，正式名称是"照耀世界的自由女神"。

创造这一艺术杰作的是法国雕塑家巴特尔迪，女神的形象源于他在17岁时目睹的激

动人心的一幕：1851 年，路易·波拿巴发动了推翻法兰西第二共和国的政变。一天，一群共和国党人在街头筑起防御公事，与政变者展开巷战。暮色时分，一位忠于共和政权的年轻姑娘，手持燃烧的火炬，跃过障碍物，高呼"前进"的口号向敌人冲去，不幸中弹牺牲。从此，这位高擎火炬的勇敢姑娘就成了雕塑家心中追求自由的象征。

女神双唇紧闭，戴光芒四射的冠冕，身着罗马式宽松长袍，右手高擎象征自由的几米长的火炬，左手紧握一铜板，上面用罗马数字刻着《美国独立宣言》发表的日期——1776 年 7 月 4 日。女神脚上散落着已断裂的锁链，右脚跟抬起作行进状，整体为挣脱枷锁、挺身前行的反抗者形象。女神气宇轩昂、神态刚毅，给人以凛然不可侵犯之感。而其端庄丰盈的体态又似一位古希腊美女，使人感到亲切而自然。

圣彼得教堂

1506 年，教皇朱利奥二世下令拆毁始建于 4 世纪 20 年代的旧圣彼得大教堂后，委任布拉曼特为总建筑师重建圣彼得堡大教堂，先后参加设计和主持建造的有帕鲁齐、米开朗基罗等人。教堂于 1626 年完工。圣彼得大教堂是现在世界上最大的教堂，总面积 2.2 万平方米，主体建筑高 45.4 米，长约 211 米，最多可容纳近 6 万人同时祈祷。教堂保存有米开朗基罗、拉斐尔、贝尔尼尼等文艺复兴时期著名艺术大师的大量壁画和雕刻。

克里姆林宫

享有"世界第八奇景"美誉的克里姆林宫位于俄罗斯首都莫斯科，曾是俄国历代沙皇的宫殿，自 1917 年十月革命胜利后，便成为国家党政领导机关所在地。

克里姆林宫包括寺院教堂、皇宫、钟楼和办公大楼。700 年前，这里还是一座城堡。相传，伊凡三世企图以莫斯科取代土耳其的君士坦丁堡，成为东正教的中心，不惜重金聘请意大利巨匠设计。宫墙为三角形，上有 20 座塔楼，其中斯巴斯基塔最漂亮，塔尖镶着红色五角星，下面有直径 6 米的大钟，字盘以黄金铸成，每一刻报时一次，12 时鸣奏鸣曲。西大门的托洛尼兹雅塔高 80 米，被誉为俄国的"凯旋门"。

宫内教堂广场四周绕有四座教堂：十二使教堂、圣母升天堂、天使报喜堂及圣弥额尔堂。最美的教堂是与斯巴斯基塔相对的华西罗·伯拉仁内教堂，它有"石头描绘的童话"之称。

悉尼歌剧院

歌剧院位于澳大利亚悉尼大桥附近的奔尼浪岛上，是悉尼港的标志。歌剧院建在距海面 19 米的花岗岩基座上，占地 1.8 公顷，最高的壳顶距海面 60 米，总建筑面积 8800 平方米。

悉尼歌剧院的外观为三组巨大的壳片，耸立在南北长 186 米、东西最宽处为 97 米的现浇钢筋混凝土结构的基座上。第一组壳片在地段西侧，四对壳片成串排列，三对朝北，一对朝南，内部是大音乐厅。第二组在地段东侧，与第一组大致平行，形式相同而规模略小，内部是歌剧厅。第三组在它们的西南方，规模最小，由两对壳片组成，里面是餐厅。其他房间都巧妙地布置在基座内。

悉尼歌剧院坐落在悉尼港湾，三面临水，环境开阔，以特色的建筑设计闻名于世，它的外形像三个三角形翘首于河边，屋顶是白色的形状犹如贝壳，因而有"翘首遐观的恬静修女"之美称。

歌剧院由丹麦建筑师伍重设计，1959 年破土动工，历时 17 年建成，耗资为原估价的 14 倍。歌剧院落成时，英国女王伊丽莎白二世专程来此揭幕。现在，歌剧院不仅是表演艺术中心，也是著名游览胜地。

吴哥窟

吴哥窟（又称吴哥寺）修建于柬埔寨吴哥上朝苏耶跋摩二世（1113 ~ 1150）在位

时，位于今柬埔寨北部暹粒市。

吴哥窟是高棉古典建筑艺术的高峰，它结合了高棉寺庙建筑学的两个基本的布局：祭坛和回廊。祭坛由三层长方形有回廊环绕须弥台组成，一层比一层高，象征印度神话中位于世界中心的须弥山。在祭坛顶部矗立着按五点梅花式排列的五座宝塔，象征须弥山的五座山峰。寺庙外围环绕一道护城河，象征环绕须弥山的咸海。

吴哥窟建筑构思巧妙、布局匀称、雕刻精细，寺内的浮雕艺术既富有印度色彩，又具有民族特色，雕刻技艺精湛绝伦，是石结构建筑和石刻浮雕的艺术宝库。被誉为东方四大建筑奇迹之一。

复活节岛石像

复活节岛是南太平洋上一个面积仅 117 平方公里的三角形小岛。

在复活节岛的四周海岸边，屹立着 600 多尊巨人石像。这些石像一般高 7～10 米，重 50～60 吨，有的重达 90 吨。石像竖立在 100 多座石台上，石台由巨大的石块砌成，最大的高 4 米左右，长 90 米，每座石台一般安放 4～6 尊石像，最多的放了 15 尊。石像的头部都有用红色岩石雕刻的重达几吨的圆柱形帽子，可以戴上去，也可以卸下来。

另外，在小岛东南部的山里，横七竖八地躺着 300 多个未完工的石像，其中最高大的达 22 米，重 400 多吨，看上去整个工作像是在匆忙中突然停顿下来。从山里通向海边的路上，还零零散散地乱放着几十个已完工的石像，不知为什么，这些成品没有运到目的地，就被抛弃在途中。

石像虽然不太合乎比例，但有一种粗犷质朴的美。经过长年的风雨侵蚀，石雕的脸形有些模糊，但仍不失其诱人的魅力：长脸、高鼻、长耳垂肩、嘴唇紧闭、下巴有点突出，双臂平放在腹部。每尊石像都以独特的方式表达着各种情感：高傲、愤怒、快乐、忧伤、自在。

这些神秘的石雕像是什么人创作的，为什么目的而作？石像又代表什么？对于这些疑问可谓众说纷纭，谁也没有确切的答案。

❀ 民俗文化 ❀

圣诞节

在欧美各国，大概没有一个节日像圣诞节那样重大神圣，那样包含着深刻久远的宗教因素。

圣诞节在每年的 12 月 25 日，是耶稣基督诞生的纪念日。

现在圣诞节已不仅是宗教节日，而是很普及的世俗节日。世界上有 140 多个国家和地区庆祝圣诞节，节期从 12 月 24 日到来年 1 月 6 日，是全世界持续时间最长、流传最广泛、庆祝最为隆重的节日。

12 月 24 日是节日的开始。这些国家的城市、街道、商店等公共场所都布置得五光十色。各家各户也都准备了丰富的节日礼物。圣诞夜庄严神圣而又热烈欢腾。无论是灯火辉煌的大厅或是乡村安宁的农舍，都摆满了特制的圣诞蜡烛、蛋糕、糖果、饼干、金色胡桃、苹果、小玩偶、金铃，以及象征吉祥如意、生命永恒的圣诞树等。圣诞夜是传统的家庭团聚之夜。全家围坐在树旁共进圣诞晚餐，互赠礼品。餐桌上往往多设一个座位，据说是为"主的使者"或是为一个需要帮助的过路人而准备的。餐后，全家在圣诞树前唱歌跳舞，娱乐场所也有各种艺术表演。

圣诞树是圣诞夜的必需之物。圣诞树一般用小枞树或松树，树枝上挂着各种玩具、礼品、五光十色的圆球、绚丽多彩的灯泡。树顶往往要装饰一颗明亮的星，以指示"东方三王"赴伯利恒朝拜圣婴的道路。关于它的来历，有种种传说。有说它首先出现于德国，是天使发送的礼品。有说它源于中古的

德国圣经古迹剧。剧中有一棵挂满苹果的棕树象征伊甸园，表示"生命之树"。也有说，日耳曼人当年奉橡树为圣树，他们盛行以儿子献神的风俗。每年冬天，一名志愿献祭的小英雄蒙头跪在橡树前，有人用棒子猛击他的头，直至头破血流。他们认为此时灵魂已走向神的面前。一位叫温弗烈的英国传教士在德国见到这种情形后，立志要帮助人们铲除这种恶俗。圣诞节前夕，他用斧子将橡树砍倒，并指着一棵松树说："让我们以这棵松树为快乐树吧！"从此以后，每年到了那一夜，人们便把小松树打扮得五光十色。还有说，过圣诞节摆在德国人的家庭中流行，那是因为德国宗教改革家马丁·路德有一次圣诞节夜从一个小城回家，为了让人们了解山林夜景的美丽，将一棵小松树上点缀了一些烛光代表星星。以后，每到圣诞节，信徒们便学他的样子，在屋里布置一株圣诞树。后来，这种风俗传遍了世界。

圣诞节的另一重要角色是圣诞老人。千百年来人们都相信，圣诞节会有一位白须红袍的老人穿着大皮靴、背着大红包袱，乘坐由两只鹿驾驶的雪橇自北方来，从烟囱进入每个有孩子的家庭，把玩具、礼品装进孩子们的袜子。因此，孩子们入睡前都要把袜子放在壁炉旁，并给圣诞老人留些好吃的食物，作为他的夜餐。在盛大隆重的圣诞节活动中，圣诞老人是最受欢迎的人物。

除此以外，各地也都还有一些其他有特色的活动。如"平原寂寂，雪花纷纷"这首流传全世界的圣歌的发源地奥地利，有圣歌队夜报捷音活动。圣诞节午夜，盛行

由儿童装扮成的"三王"，唱着圣歌到每家门前通报基督降生的喜讯。每到一家，人们就把糕饼、胡桃、甜食、糖果等分赠给他们。"三王"也即在门额上用粉笔书写19+K+M+B+87字样，三个字母即"三王"卡斯帕、梅尔修和巴达萨名字的缩写。四个阿拉伯数字则是随年变化，1987年即写1987。这种带有符咒性质的门额题字，据说可保护各家免遭灾祸。

子夜时分，教堂举行隆重的"子夜弥撒"，庆祝圣诞节的黎明和上午还要隆重举行两次弥撒，并演出耶稣诞生的戏剧，演唱圣诗。

在节日期间，各国各民族都以富有特色的活动，予以庆祝，其热烈程度不亚于我国的春节。

愚人节

4月1日是西方的愚人节，是个开玩笑的日子。它盛行于西方许多国家，而且已有几百年的历史了。根据传统风俗，在这一天人们可以任意开玩笑，报纸、电台也可以报道假新闻，甚至玩弄恶作剧。在1987年的愚人节里，法国一家地方报纸报道，在法国东部的一个游泳池里藏有三颗大钻石，结果使成千上万的人前往游泳池，潜入水中寻找这笔财富；英国一家日报也发表一张"独家新闻"照片，上面是英国首相撒切尔夫人在公园的一条长凳上同苏联领导人戈尔巴乔夫接吻。在这一天，西方报纸报道的新闻，有不少是开玩笑的，人们要谨防上当。

愚人节的起源不详，根据史书记载，它与其他节日有关，如与古罗马的嬉乐节和印度的欢悦节有相似之处。其时间的选择，似与春分有关，这时天气变化突然，似乎是大自然在愚弄人类。

中世纪欧洲也曾有个愚人节，定在1月1日或此日前后，特别盛行于法兰西，庆祝内容包括推选假主教或假教皇，模拟教会礼仪和上下级官员互相易位。这种习俗可能起源于农神节，后被禁止，16世纪绝迹。

美国的万圣节

"万圣节"俗称"鬼节"。公元835年，罗马天主教将11月1日定为"万圣节"，以纪念宗教的先驱者。10月31日晚便称为"万圣节前夜"。

这一夜，人们点燃篝火，以吓跑鬼怪；戴着假面具同"魔鬼"作战；带着贡品请求上苍赐予好收成。女孩子们则在午夜将大麻种子撒在耕耘的土地上，口念咒语："我已经播下大麻种子。谁要成为我的丈夫，就请来刈草吧。"经过一千多年的演变，现在的"万圣节前夜"成了儿童与青少年的狂欢之夜。

"万圣节"作为一个节日从欧洲传到美国，是在1840年。此后，每年刚进入10月，美国各大商场就开始推出五花八门的"万圣节"化装品。通常是妖、魔、鬼、怪的狰狞面具，也有供化装成西部牛仔、印第安人、警察、强盗、米老鼠等形象的用具，任由孩子们挑选。

10月31日晚，家家户户门口摆上一个挖空了的老南瓜，雕成一个鬼脸，里面点上蜡烛。据说，那是用来吓唬鬼的。然后摆好糖果、点心之类，准备招待小客人。晚饭过后，兴高采烈的孩子们就戴着鬼脸，化装得奇形怪状，在大人陪伴下到各家串门。每到一户人家，主人一定笑脸相迎，让他们随意吃、任意拿。否则，孩子们就要闹个不休。因此，这个节目叫作"要恶作剧还是出来招待"。

在华盛顿，"万圣节"不仅是儿童的节日，也是青年人的狂欢之夜。入夜，成千上万的青年化装得千奇百怪，从首都的各个角落涌向位于市西北的乔治城，在那里尽情狂欢直至深夜。纽约曼哈顿区的格林尼治村是各种思潮、流派的人都愿意在那儿"表现"一番的地方。10月31日晚，这里也成为"鬼节"的活动中心。因为几乎所有的参加者都化了装，所以看上去酷似一场"魔鬼的盛会"。

现在，人们在"万圣节"前夜狂欢，只不过拿"鬼"取乐而已。不过，"万圣节"的欢乐，都确实有过许多辛酸的故事。

那雕刻着鬼脸的南瓜，是巫婆的象征。据传说，巫婆每年有两个晚上可以出来尽情欢乐：4 月 30 日和 10 月 31 日晚。在这两个晚上，巫婆带着黑猫、癞蛤蟆、蝙蝠、猫头鹰等，相聚在一起取乐。在历史上，巫婆不光指女人，也指男人。中世纪时，人们对庄稼歉收、死亡、疾病流行、自然灾害等现象无法做出解释，便认为是"巫婆作祟"，于是就把不顺眼的人视为"巫婆"处死。17 世纪末，当这股狂热达到高潮时，欧洲有数以万计的人被视为"巫婆"而处死。在美洲这片新大陆上，这种狂热在 1692 年达到顶峰。据说那时，曾有 150 名男女被抓。其中 20 人被当作巫婆而处死。其实，当时的"巫婆"是愚昧无知和黑暗的宗教势力的牺牲品。

巴西狂欢节

巴西狂欢节，原意为"谢肉节"，是巴西最为隆重和快乐的盛大节日。虽然这个节日是由葡萄牙人从欧洲传来的，但经过百余年的历史演变，已成为具有巴西民族独特风格的传统节日了。

狂欢节在每年的 2 月中旬或下旬举行。全国各城市都装饰一新，各主要街道两旁都搭上牌楼和看台。节日里，人们穿上新装，男女老幼倾城而出，尽情狂欢。在街道上通宵达旦地举行游艺会、舞会、节目表演，鼓乐齐鸣，载歌载舞。全国各地狂欢节表演最为壮观和具有特色的，往往要算"狂欢节之都"里约热内卢和巴伊亚州、累西腓城了。

在狂欢节中，最为热闹的是来自各方面的游行表演队伍。有化装成国王、王后、王子和宫廷贵妇的演员，在彩车上表演各种有趣民间传说和神话故事的节目。有一批一批化装跳桑巴舞的人群，他们都是桑巴舞学校培养的舞蹈演员，据说圣保罗市有 48 所桑巴

舞学校，有 4 万名学员。里约热内卢有 12 所这样的学校，一个单位参加演出的表演者竟达万人。桑巴舞是巴西最流行的舞蹈，据说它起源于非洲，传入巴西后，吸收了葡萄牙和印第安人的舞蹈艺术而成。这种舞蹈的特点是紧张、欢快、兴奋、激动，伴着音乐节奏跳起舞来，舞者的腰、腹、臀部都扭动和抖动，几乎每一块肌肉都在跳动。在表演队伍中或在广场上，有音乐家表演专门为狂欢节创作的舞曲、进行曲、抒情歌曲等，通过广播送到人群之中。巴西的黑人表演往往是扮演风神、雨神、雷神、海神和爱神等，以善神战胜恶神，以善良战胜邪恶。还有群众自行组成的狂欢群，他们自带乐器，化成各种装束，也有人穿平日衣着，男女老幼一起，边走边唱，边奏边舞。除此以外，在俱乐部、体育馆、饭店、旅社、歌剧院等室内举行的舞会，也有服装比赛等，应有尽有，热闹非凡。

每年狂欢节都要举行评选活动，由旅游部门、各俱乐部和桑巴舞学校选出代表，组成评奖委员会，评选优秀的乐曲、歌词、舞蹈、节目及歌舞队伍，并颁发集体和个人奖。获奖者要在规定的日子，为群众再举行一次街头演出。巴西狂欢节也吸引了无数的外国游客，他们不远万里前来观光，把巴西称为"狂欢节之乡"。

墨西哥"面包节"

墨西哥米却肯州和格雷罗州的农牧民，每年要举行一次别开生面的"面包节"，又叫圣·安东尼奥节，是为表彰给当地做过好事而受到尊敬的人们规定的日子。因此，举行面包节的时间、日期并不固定，一般以受表彰者的诞生日决定。受表彰者被称为"节神"，由各村庄和牧场的代表共同协商产生。

节日那天，到处喜气洋洋，披红戴绿的人们纵情歌舞，节日的"供品"散发着诱人的香味，吸引着欢乐的人们同"节神"共同分享。当节日的高潮到来时，一对对妇女

儿童抬着盛满面包的篮子来到舞场，他们往"节神"脖子上套着面包圈，直到"节神"胸前被遮满为止，象征着纯洁的农牧民对"节神"的忠诚和爱戴。为此，人们把这个节日叫作"面包节"。

仪式之后，"节神"把面包圈套入盛有巧克力糖球的大礼盒中，由妇女代表送给"节神"指定的人，妇女代表也可将其中的一部分带给丈夫或亲人。

在欧洲的匈牙利，每年8月20日，人们也要庆祝面包节。因为此时正值小麦丰收、农民在节日里用新小麦烤出第一炉面包，分享劳动的硕果，祈求来年得到更大的丰收。

秘鲁雅瓦尔节

雅瓦尔节是兀鹰斗牛的活动，每年7月下旬举行，历时10天，到7月28日秘鲁国庆节时达到高潮。

"雅瓦尔"意思是"血"，故又称"血的节日"或"血的狂欢节"，是当地印第安人的一种古老习俗，并富有政治、宗教色彩的庄严而隆重的活动。

兀鹰，体大性猛，尖嘴利爪，展翅长达3米，重10余公斤，是安第斯山麓中的鸟王，在秘鲁南部库斯科的印第安人心目中视为"英雄"，近二百多年来又成为他们复仇的精神寄托。1532年西班牙殖民主义者皮萨罗征服了印加帝国，次年绞死了印加最后一个皇帝阿塔瓦尔帕，从此秘鲁印第安人长期遭到西班牙殖民者的奴役。印第安人虽多次反抗，均遭血腥镇压。1780年以著名先知图帕克·阿马鲁领导的印第安人武装起义失败后，印第安人便把复仇的精神，寄托在兀鹰斗牛的雅瓦尔节。他们以大兀鹰代表英勇不屈的印第安人民，而把壮牛当作殖民主义的化身，以兀鹰斗牛的胜利，来表现印第安人不屈不挠的斗争意志和斗争必胜的信心。

每年"雅瓦尔节"之前，他们派熟悉兀鹰生活习惯、胆大心细、敢于冒险的人，到安第斯山脉4500米的高山上，想方设法捕捉到一只兀鹰。同时，挑选一头最壮实、野性子的大公牛，将其双角磨利。为兀鹰斗牛做好准备。

斗牛当天，兀鹰披上红色斗篷，壮牛身披蓝色缎子织物，由打扮成西班牙斗牛士模样的捕鹰手带领入场。绕场一周后，人们给兀鹰和壮牛饮足白酒，然后用绳子把兀鹰系在牛的腰背部。大兀鹰骑在牛背上，用两只利爪紧紧抓住牛脊梁的皮肤，用尖嘴狠狠地啄牛的身体。这样。牛吼叫、蹦跳、尥蹶子，向前冲，在场上打圈子。牛越挣扎，兀鹰啄得越凶。牛疼得打颤，怒得发疯，顿足、奔跳不停，直至兀鹰把牛啄得血肉横飞，支持不住，倒在地上。此时，猎鹰手进场，解开捆绑兀鹰的绳索，释放兀鹰高飞，人群在管乐声中跳起集体舞，晚上举行宴会，庆祝斗牛的胜利。

威尼斯赛船节

每年9月的第一个星期日，意大利水乡威尼斯都要在贯穿城市的大运河上举行划船比赛。这个历史悠久的赛船节，被称为"历史性的雷加塔"。"雷加塔"的意思是木桨船比赛。在历史上有文字记载的最早一次"雷加塔"，是公元1247年9月15日。古代威尼斯人举行的"雷加塔"，是由附近一些小岛上的菜农清晨送菜去大运河边的菜市途中的竞赛演变而来的；也有说是地方执政官为了鼓励青年们日后从军率领船队去征服他地而发起的。这种划船比赛，年复一年，一直延续至今，成了每年必办的古老传统。

"历史性的雷加塔"有两部分节目。首先是体育队船只和化妆的古船队表演，然后是正式的划船比赛。参加体育船队表演的桨手，身穿各种颜色的运动衫和白色运动裤，以整齐的划桨动作驾驶船只前进，海水飞溅，舟行似箭。古船队装扮得五彩缤纷，船上有的坐着达官贵人，有的载着外国的国王和皇后，有的桨手穿着外国的民族服饰，有的船化妆成孔雀，有的化妆成海豚。

船队表演过后，是正式的划船比赛。划船比赛共分四组：青年组、妇女组、"卡奥利纳"组、"小贡多拉"组。各组都有9条船参加比赛，船的颜色有黄、紫、蓝、白、红、绿、橘黄、粉红、棕色等，经过选拔的桨手们所穿戴的服装和头巾、腰带的颜色同船色一致。四组船除"卡奥利纳"船组各船有6名桨手外，其他三组各船都只有两名桨手，各桨手都只有一桨。青年组和妇女组的赛程约6公里多，"卡奥利纳"和"小贡多拉"两组的赛程达7公里多。四组中"小贡多拉"船组最为重要，往往被列在最后比赛。获得这项比赛冠军者，不仅得到最高奖金，而且其名字将载人威尼斯的地方史册。如果连续五次获得这项比赛冠军则被命名为"桨王"，并被授予"桂冠"。

面 包

世界上每个民族几乎都有自己独特的面包，其形状和大小千差万别，味道各异，其质地也不一样。

现在所知，面包大约起源于新石器时代的瑞士湖畔。在八百多年以前，当地居民就用捣碎的谷物和上水，贴在烧热的石头上烤成扁平的饼。世界上最早出现发酵面包的地方是在埃及。公元前3000年，可能是天然酵母菌进入生面团里，使埃及人制作了第一个发酵面包。到炉灶发明后，埃及人已掌握了烤面包的手艺，能制作多达50个品种的面包了。后来，希伯来人把埃及制面包的手艺带到了叙利亚、巴勒斯坦地区，到公元前后，那里已有出售面包的作坊了。在希腊，大约在公元前600年出现了发酵面包。此后，希腊人成了做面包的能手，他们做出了72种面包。古罗马时，制作面包的技术进一步改善和发展，出现了新工艺，还发明了水力磨麦，第一次使用了马和驴拉的机械搅面机。到中世纪的欧洲，面包成了人们每日的主食，不过当时的面包是又粗又黑的，白面包只是出现在上层社会的宴席上，面包的洁白程度成

了判断一个人社会地位的尺度。到18世纪，英格兰有个名叫约翰·蒙塔古的贵族，即桑德威治伯爵，为了能在赌场上边吃边玩，叫侍者把肉夹在两片面包之间，无意中改进了面包的吃法。后来这种吃法传开了，人们称这种夹肉面包为"三明治"（桑德威治译音）。美洲的土著居民以玉米为食，到殖民者把麦子和制面包的技术带到美洲后，人们才开始以面包为食。

饼 干

关于饼干的起源，有一个有趣的传说。大约在1831年，一艘大不列颠的帆船在法国附近的比斯开湾因台风袭击而触礁沉没。船员们被困在一个荒无人烟的小岛，没有任何可供充饥的东西。饿极了的船员想到沉船上装载的面粉、砂糖和奶油，便潜入水中把这些食物打捞上来。但这些食物已混合在一起，而且湿透了。他们只好将面粉、砂糖和奶油拌匀，捏成一个薄薄的小片，贴在炽热的岩石上。没料到这种混合面不仅发酵了，而且松脆可口。船员们就是依靠这种食品度过了近一个月。

船员们把这种食品叫作"比斯开小饼"。当他们回到英国后，还用同样的方法烤了许多"比斯开小饼"来招待客人。从此，这种酥松香脆且略带碱味的小饼不胫而走，很快风靡整个欧洲，继而传遍全世界。直至今日，还有许多国家沿用"比斯开小饼"的名称。

但也有人认为，饼干在中国的唐朝就已出现。公元743年，鉴真和尚的日本之行，所携食物就有"饼干"。

咖 啡

1615年左右，在意大利的港口城市威尼斯建立了世界上第一家咖啡馆，从此，饮用咖啡之风在世界上广泛传播开来。

结红色果实的咖啡树最早是在非洲埃塞俄比亚的伽法镇发现的。一个阿拉伯牧羊

人发现他放牧的羊到了傍晚仍精神振奋，欢叫不止，怎么也不肯宿圈，他留心观察羊群白天的行动，结果弄清不肯歇宿的羊是在灌木丛中吃了一种红色浆果，他好奇地摘下红果，放在锅里煮熟，亲口尝试，但味道苦涩，难以下咽，只好倒掉。可巧煮过的浆果掉到火堆里，顿时一股浓郁的香气扑鼻而来。于是，他和伙伴将浆果烤熟后再煮，饮用时清香微苦，提神解倦，饮后精神焕发，气力大增。这个消息像长了翅膀，很快在阿拉伯人中传播开来。于是阿拉伯人开始人工种植这种灌木，并用伽法镇的名字给灌木起名叫"咖啡树"，红色浆果就是"咖啡豆"。用咖啡豆加工成的饮料被称作 gahwah，即咖啡。

阿拉伯人不仅是咖啡最早的发现者、种植者，而且是最早的传播者。公元 890 年，阿拉伯商人把咖啡带到也门。16 世纪初，咖啡传入土耳其、希腊，17 世纪初传入意大利。

咖啡刚刚传播到欧洲时，并未被多数人所认识，不少人怀疑它有毒、危害人体健康。在瑞典，古斯塔夫三世国王想验证咖啡是否有毒，决定让监牢中判死刑的两兄弟做试验，并答应他们每天饮几杯咖啡就可以免于极刑。结果两兄弟身体健康，精神爽朗，不但免于死刑，而且长寿，活到八十多岁高龄。从此，瑞典成了欧洲最早饮用咖啡的国家之一。

时至今日，咖啡已成为许多国家人民日常生活中不可缺少的饮料。咖啡成为国际市场的大宗商品。

汉堡包

汉堡包历史悠久。最初是鞑靼人把吃生牛肉的习惯传入巴尔干半岛，后来又传入德国汉堡。德国人做的"汉堡肉饼"是把牛里脊拍成圆饼，或剁成肉泥后加上调料而成，生吃或熟吃均可。因为汉堡肉饼味道鲜美，很快闻名全国。

1884 年"汉堡肉饼"传入美国，1903 年起简称"汉堡"。1912 年，有人把牛肉饼夹在撒有芝麻的小圆面包中，然后将它剖成两半，"汉堡包"因而得名。后来，"汉堡包"发展成"汉堡加配菜"的三明治，除肉饼外，还涂有黄油、番茄酱、芥末，并夹上洋葱片、酸黄瓜、番茄片等。另有一种奶酪汉堡包，是将融化的奶酪涂在肉饼上，而肉饼馅用剁碎的洋葱、香料或面包屑调味。

20 世纪 30 年代，汉堡包开始推广，目前已形成三大汉堡包联号公司，即 40 年代就闻名于世的"麦克唐纳"、50 年代一度领先的"汉堡大王"，还有后来居上的"闻滴"汉堡包公司。

口香糖

口香糖上百年来一直是流行世界的一种时髦小食品，尤其是欧美青年口中的宠物。它也被称为泡泡糖、胶姆糖或橡皮糖，尽管它小到很不起眼，但它问世至今少说也有 150 年，而且它的经历非常曲折有趣。

1837 年前后，美国商人亚当斯发现纽约一些药店出售石蜡供人嚼用时，想起了印第安人喜嚼的墨西哥森林中生长的人心果树的树胶。灵机一动，就同几个儿子一起将人心果树的树胶经过加工制成了圆球状的口嚼物。由于它柔软耐嚼，又没有异味，于是刚一出售就很畅销，并被称为"亚当斯的口香糖"，这也是世界上最早、最正规的口香糖。到了 1875 年，约翰·科尔甘制成了一种芳香型的口香糖。5 年后，口香糖又加进了薄荷，具有了清凉爽口的特色。

在第二次世界大战期间，前线官兵都喜嚼口香糖，使得口香糖摇身一变为军需物品。由于战事吃紧，树胶的采割和运输都受到了影响，于是用一种用聚乙烯醋酸脂人工合成的树脂代替树胶，大量生产成本低、质量好的口香糖。有趣的是，有的人嚼口香糖嚼成了富翁，威廉·怀特就是很典型的一例，其实他是一个爆米花的小贩，一次他误将玉米糖浆与树脂混杂，竟制出了风味独特的上好口香糖。怀特因此而发迹，盖上了庄园，摇身变成财主，还当上了议员。

口香糖的大量生产和嚼用给社会就业提供了不少的机会。纽约因此有了专门的口香糖清洁工，仅在地铁中心，每天就要清除7磅口香糖黏胶残渣，周末可达14磅。

巧克力

巧克力又名朱古力，是用可可豆制成的食品。古人称巧克力为"神的食物"，现今则称它为"能源食品"。

巧克力起源于古代的墨西哥。据传说，当地的阿斯特克人经常在丛林中围着一种名叫卡卡岛特的树举行祭礼，并献上祭品，祈求一尊名叫"巧克力"的善神来保佑风调雨顺，果食丰收。他们崇拜这种树，并把树上的果实——可可豆摘下来，提取一种奇特的饮料。这种饮料以神的名字"巧克力"来命名。

墨西哥的阿斯特克人常常将炒过的可可豆碾成粉，然后加入玉米粉或辣椒粉煮成红褐色的糊来食用。这种苦味的饮料能增强体力，防治各种虚弱病症，成为阿斯特克宫廷中最受欢迎的饮料。

1519年西班牙冒险家科尔蒂斯到达墨西哥，并将阿斯特克人制造巧克力的原始配方引进西班牙，从而使巧克力驰名世界，并迅速占领了全世界的消费市场。

古老的巧克力味苦而辣，开始并不太受欧洲人喜爱，可是在加入蔗糖之后，它变得非常可口，颇合欧洲人的口味。西班牙人对这种食品的制作方法守口如瓶，近100年后才传入法国。

法国国王路易十四的妻子玛利亚是西班牙公主，她首先将食用巧克力的习惯传入法国宫廷。然后，红衣主教马萨林于1659年把国王签署的特许证书发给了一位巴黎商人，授权他独家经营。于是，巧克力在法国广泛流传了。

随后，伦敦、阿姆斯特丹和一些欧洲国家的首都出现了巧克力饮料馆，有的后来发展成著名的夜总会。约1700年，英国人开始往巧克力里加牛奶，之后市场上又出现了香草巧克力、蛋白巧克力、巧克力小面包等。

到1876年，一名叫丹尼尔·彼得的瑞士商人别出心裁地在甜巧克力中加进炼乳，这才完成了现代巧克力创制的全过程。

巧克力制作在北美殖民地始于1765年，爱尔兰移民约翰·哈南办起了第一家巧克力制造厂，以后也自行生产出固体巧克力和奶油巧克力。

美国和俄罗斯是世界上可可豆加工量最多的国家，而瑞士则是巧克力消费水平最高的国家。

巧克力糖果香甜可口，富于营养和热量，能使人精神兴奋，这就是古代阿斯特克人把它称为"神的食品"的缘由。据说，拿破仑对巧克力能增强体力的奇特功效深信不疑，因此他在出征时总要带着它。伏尔泰有每日喝12杯巧克力饮料的习惯。时至今日，在宇航员和世界各国运动员的饮食中，巧克力常常是必备食品。

威士忌

威士忌是利用麦芽发酵酿造的蒸馏酒。它是英国苏格兰与爱尔兰的产物。苏格兰威士忌，是用红色花岗岩缝涌出的清泉水和从泥炭地带采集的泥炭苔等相互作用而成的，具有独特的风味。这些地区究竟从何时开始酿造威士忌，至今无法确知。现知最早的文字记载，是1494年苏格兰财政部的档案记录："修道士约翰克尔为酿造威士忌，用了八碗大麦。"其实，在11世纪苏格兰和爱尔兰，就有用大麦芽酿酒再蒸馏出威士忌的技术了。

"威士忌"一词是从拉丁语演变来的，原意是"生命之水"。塞尔特语把它写成"威士加巴"，再由"威士加巴"变成"威士忌巴"，最后缩写成"威士忌"。

伏特加

伏特加最早出现于俄罗斯，来源于俄语的"伏达"一词，意为"水"。

俄罗斯酿制的伏特加酒选用一些特殊的谷物作原料，特别是冬麦，然后加以清纯的冰川水（苏联北部湖泊上的冰川），最后蒸馏，酒精含度很高，再通过木炭过滤清洁。大多数历史学家认为伏特加诞生于14世纪。

啤 酒

因为日耳曼民族嗜饮啤酒，所以不少人以为德国是啤酒的故乡，其实啤酒起源于地中海沿岸，早在几千年前，巴比伦人、亚述人就用大麦酿制啤酒了。后来由希腊人、罗马人传入欧洲各地，18世纪传入东方各国。

啤酒又叫麦酒，用大麦芽及啤酒花为主要原料。由于它含氨基酸丰富，发热量大，营养成分易被吸收，且味道甘洌清爽的缘故，1972年7月在墨西哥举行的世界营养食品会议上被宣布为营养食品。

啤酒按颜色可分为黄色、黑色、褐色三种，还有柏林的白啤酒、比利时的法罗啤酒；按发酵情况分生、熟两种，亦即鲜啤酒和贮藏啤酒。

日耳曼民族饮啤酒成癖。德国的慕尼黑每年10月举行为期半月的啤酒节。

和 服

和服是日本传统的民族服装，在日本称"着物"。

和服是仿照我国隋唐服式改制的。公元8～9世纪，日本一度盛行"唐风"服装。以后才逐渐改变单纯模仿而形成日本独特的风格。

妇女和服的款式和花色差别是区别年龄和结婚与否的标志。如未婚的姑娘穿宽袖外服，已婚妇女穿紧袖外服；梳"岛田"式发型（呈钵状）、穿红领衬衣的是姑娘，梳圆发髻、穿素色衬衣的是主妇。

腰带是妇女表现服装美的重要手段。和服不用纽扣，起初腰带仅起固定的作用，到江户时代逐渐发展成为一种装饰品。腰带起初只有2寸宽、6.5尺长，以后不断变宽变长，到江户末期，竟发展到9寸宽、1.2丈长。腰带质料及花样也不断变化。腰带的打结方法很多，如比较广泛使用的"太鼓结"（为纪念1813年江户太鼓桥建成而命名），在后腰打结处的腰带内垫有一个纸或布做的芯子，看去像个方盒。由于打结很费事，战后又出现了备有现成结的"改良带"和"文化带"。

和服同日本人民生活习惯紧密相连，它的特点是：这些衣服用一整块布做成，没有线条；衣服腰身宽大，不贴身，袖子短而宽，领口大。尽管散热性好，但冬天御寒保

宫川长春 风俗画卷（局部）日本传统艺术浮世绘作品

409

暖性差。

明治以后，西服逐渐取代公共场所的和服。现在日本男子在家休息时、中青年妇女时逢纪念喜庆时也穿和服。

纱 丽

纱丽是印度妇女的传统服装，具有鲜明的民族特色。它并不是经过剪裁、精工制作的衣服，而只是一块衣料。不过这块衣料多为五彩缤纷的丝织品，缀有精美的刺绣并用金线镶边，有的还嵌上珠宝，光彩夺目。

印度妇女穿纱丽时，上身一般先穿件紧身短衣罩住胸部。然后，将纱丽的一端围在腰上，边缠边缀褶，螺旋上绕，直到肩上。平时，纱丽两端搭在左肩后。天冷或遇生人时，便将上端顺势前拉，蒙到头上，将半个脸和口鼻遮住。这样既可挡风，又可免生人窥见其芳容。

一般是已婚女子外出或参加社会活动时穿着纱丽，以示庄重。未成年的女孩不穿纱丽；南部地区的妇女和北部山区的妇女也不穿，而多以一块布遮掩下身，上身则完全裸露；城市中的妇女一般是穿西装或上身紧身衣，也不穿纱丽。

牛仔裤

19世纪50年代，正值美国淘金热方兴未艾的时候，德国巴伐利亚州的一位名叫勒维·斯特劳斯的青年人只身一人来到美国淘金者的必经之地——旧金山，并在那里落脚开始经营帐篷布的小店。面对布店生意无人问津的局面，他决定把仓库里的帐篷布全部做成裤子出售。由于这种布做的裤子结实耐穿，深受淘金者的喜爱，布店一下子变得门庭若市。后来，有一个名叫诺伯的人建议在裤子的腰部和臀部的口袋上装了几个铜钉、铁扣，使裤子新颖独特，别具一格。它如同工装裤，但又区别于普通工装裤。随着时间的推移，这种样式的裤子在美国社会慢慢传播开来。尤其是在20世纪50年代，美国著

名影星詹姆斯·迪安和马龙·白兰度穿上牛仔裤主演影片以后，它便更成为一种青年人追求的时尚及时髦商品。

到了20世纪60年代，牛仔裤在美国已成为一种区别人们政治观点的标志。那些政府的反对派和不赞成侵略越南的人都喜欢穿牛仔裤以示自己与政府分道扬镳。那些提倡妇女解放运动的积极分子也狂热仿效，穿着牛仔裤上街游行。他们喜欢那些裤管破旧不堪的牛仔裤，正是为了迎合这种胃口，生产商将布匹弄旧、弄脏，他们用坚硬的刷子洗刷裤料，或在石头上搓洗，然后把它制成裤子。

20世纪70年代，牛仔裤的政治色彩基本消失。学者名流、政界人物都竞相穿起了牛仔裤。

帽 子

帽子几乎和人类文明同时诞生。御寒、防晒、装饰、礼仪等，都离不开帽子。

古代男子大都戴无边帽和兜帽。古代欧洲和小亚细亚农民，习惯戴用植物纤维、芦苇做的帽子，还戴家庭制作的草帽。古代希腊、罗马的手艺人常戴椭圆形的毡帽。罗马人把这种帽子作为庶民阶层的标记，当奴隶获得自由时就同时得到一顶这样的帽子。罗马的上层社会人士一般不戴帽子，只有在打猎或旅行时才戴系带的平顶小方帽。古代埃及人常戴便帽和饰有标记的钢盔帽。整个中世纪的年轻女性只饰头巾不戴帽，唯有年长女子戴兜帽，这种不束紧的兜帽在年长男性中也很流行。海狸皮帽源于14世纪的弗兰德斯，后流传到法、英等国。在17世纪的欧洲，帽子极为盛行，人们无论居家或外出都戴帽子。

近代帽子更为普遍。英国流行圆顶礼帽，威尔士的烟囱帽成为这一地区的一种标志。这里的女人常戴一种黑色圆筒的帽子，就像工厂的烟囱，年轻姑娘戴这种帽子参加音乐会，小女孩戴烟囱帽嬉闹玩耍，模仿大

人的动作。

无独有偶。在德国西南的黑森林地区，少女喜戴深红色的烟囱帽度礼拜。远远看去，无数"烟囱"矗立，别有情趣。

澳大利亚也曾流行烟囱帽。每当一年一度的赛马季节，还要举行帽子比赛（又称"高帽集会"），参加者只限于姑娘和警卫人员。

在德国，女性习惯戴白色太阳帽，少女的帽子上装饰着红色或黄色的绒球，而已婚女子的绒球则是黑色或灰色的。对芬兰人来说，五月一日是学生的传统节日"白帽节"。这一天，学生一律要戴学校统一发的白帽，这是他们完成学业的标志。一些老年人也往往把几十年前学生时代的白帽戴在头上，以唤起美好的回忆。

北欧的拉普人喜戴红色小帽子，帽子外表呈星状，有四个角。这种帽子的颜色和塞满鸭绒的四个角都可以帮助抵御北极的严寒。在热带地区，人们则常戴软木盔以抵御酷暑。

在地中海东、南岸国家，男子戴圆锥形帽，平顶、无边、以红毡制成，具有一绺流苏，它的故乡是威尼斯。

在拉丁美洲和美国西部流行的铜边帽，又称巴拿马帽，这是一种世界性的帽子，故乡在厄瓜多尔。因1914年巴拿马运河修通后，这里戴铜边帽的人很多，故称为巴拿马帽。

在印尼婆罗洲岛，农村妇女戴着比锅盖还大的帽子。一条小船上只需两个戴这种帽子的人，就能把整个船舱盖得严严实实。这大概是世界上最大的帽子了！

领 带

领带的兴起最早可以追溯到公元前后的罗马帝国。据记载，1660年为法国雇用的南斯拉夫克罗地亚骑兵部队身着制服，脖颈上系一根红色布条，这就是今天领带的雏形，人们称它为"克罗瓦达"，后来又叫它"克尔马达"。1692年，法国和荷兰交战时，以它作为战场上辨认敌我士兵的标志。

继法国之后，英国军队的军礼服也使用这种"领带"作为装饰品。同时，它也进入了上层社会，成为进行社交活动的礼仪象征和区别社会地位高低的标志。它越来越接近今天的领带了。

20世纪四五十年代是领带的黄金时代。进入了70年代后，世界领带市场一度萧条，到80年代又开始复苏、发展。目前西装领带已风靡全球。

有人认为，领带是象征男性的一种服饰。也有人认为，领带具有表现社会内容的意义。戴领带者，会给人一种庄重、高雅、富有理性和生活上比较宽裕的印象，但必须注意领带的色彩、图案、质料美以及佩戴得体。

一个具良好习惯的人，他的领结头的大小和领带的宽度要和西装的翻领成比例，领带的花色和图案，一定要和西装的颜色协调。一般人在系上领带后，就不再佩戴其他饰物，如再佩戴反会显得俗气。西方国家只有西班牙人在系上领带之后佩戴别针作为装饰，所以是出售领带别针最多的国家。

世界上，每个民族对领带都有自己的见解，每个人对领带的爱好也不尽相同。一般来说，法国人从不戴红、蓝、白三种颜色相间的领带，荷兰人忌讳戴橙色领带。

手 套

手套最早曾是君王权威和圣职的象征。对手套最古老的记载，国外见于荷马史诗。古罗马和希腊人进餐戴着手套抓食。公元7世纪，第一次把手套列为宗教仪式中用的物品，视白手套为圣洁的服饰之一。中世纪时，手套又同法律仪式联系起来，授予财产封地时，必须授予手套才能生效。国王下达命令，也往往给予一支手杖和一副手套。如果一个骑士抽打另一个骑士，就是向对方提出"决斗"，"扔下手套"表示挑战，"捡起手套"表示应战，这种风气一直持续到19世纪。

11 ～ 12 世纪，西方贵妇人中丝绸和皮革手套盛行，成为重要的装饰和馈赠物品。16 世纪欧洲盛行香味手套，西班牙骑士竞技头等奖就是 40 副香味手套。

有一个时期，男用手套逐渐失去装饰价值。一度曾用宽能遮手的袖口花边代替。但 18 世纪，手套又回到男人手上。

19 世纪有不少手套商，他们请最有名的画家在特制的手套背上绘制精美的图画，并签署姓名和日期，犹如一幅小油画或一件雕刻品。那时还出现了精致的黑色网织手套，后又有长及肘弯的黑缎子手套。

时髦人物戴手套的习惯一直沿袭到 20 世纪。手套虽不失为美的标志，但因世俗的变化和工业的发展，保护手的实用价值日渐明显。第一次世界大战后，开始大量生产工作用手套，最初的原料是羊毛和棉线，50 年代后又有了化纤手套。

自古至今，手套素有装饰价值，但今天人们更多注重的已是它的实用性。

手 帕

据说人们日常用的手帕，是英国国王理查德二世（1367 ～ 1460）发明的。根据伦敦王室文书保管所的记录，理查德二世曾命令："准备好可以随时携带的、需要时即可把鼻子擦干净的小布片。"

在日本，使用手帕较普遍，特别是有的地方利用手帕可随身携带和经常使用的特点，制成写有外语单词的手帕，用手帕时就可复习一遍外语单词。这种手帕颇受一些青年学生和学习外语者的欢迎。

在美国，无花手帕最受欢迎。手帕还经常作为男女青年之间爱情的象征物彼此互赠，它也是圣诞节的礼品。

在英国，经常把制作精致的麻织手帕放在西装左上方口袋里，并且略微露出一个小角，当作一种装饰。西班牙的一家报纸，把每周新闻印在手帕上，人们阅读完新闻就可把手帕上的字洗掉，又成为一块可用的手帕。

集中营的孩子们绣的手帕，表明了他们对同盟国和自由法国所抱的希望。

袜 子

在古代，罗马城的妇女就在脚和腿上缠着细带子，这也许是我们发现的最古老的袜子。后来，男人们也效法使用袜子，大约到中世纪中叶，穿袜子的习惯在欧洲广泛流传开来，而且用布片取代了细带子。

19 世纪下半叶，人们开始使用亚麻、棉、羊毛直接制造袜子，后来采用手工针织制作。这种针织袜是英国人吉列尔莫·黑德尔在 1564 年发明的。到 17 世纪，另一位叫吉列尔莫·李的英国人发明制作长筒袜的机器，并把它作为对其情人的一种爱情表示。

在法国路易十四王朝时，按照当时工业大臣科尔贝尔的命令，一个名叫胡安·因德雷特的机械师来到英国，他在英国获得了制袜的秘密。回国后，他在马德里斯堡建起一个制袜作坊，这便是法国长筒袜的发源地。

在袜子的发展历程中，在穿着方面经历了一些变化。在路易十六时，它穿在裤子的外面，束着引人注目的松紧带，而在 17 世纪的英国人中，使用毛线制长筒袜业已风行。另外，欧洲在裤装热潮时，袜子曾一度受人冷落。直到 1938 年，美国杜邦公司卡罗瑟斯博士发明了尼龙后，袜子市场发生了彻底的变化。在欧洲，第一批尼龙袜是 1945 投入市场的。

鞋

最早的鞋根本谈不上什么式样，它只不过是些用草编的，用动物皮系成的或者是把平整的木板用绳子绑在脚底下起保护作用的鞋，其形状、式样都非常简陋，且左右不分。古代西欧、埃及、希腊、罗马等国，人们所穿的鞋子都是属于系带鞋的一种。在埃及发现的一只世界上最古老的鞋子，是用纸莎草编织的，距今约有 4000 年的历史了。到希腊时，才制作分左右脚的鞋。后来，罗马人为了使鞋子既防寒又起装饰作用，便将系带鞋上边的带子改成了鞋面，把脚的两侧和脚面部分都遮盖起来，与现在我们的拖鞋相似。可见，从最早的鞋子产生到现在，其发展过程是先由系带鞋变成带鞋面的鞋或者拖鞋，由拖鞋变化到短靴，再由短靴变化到长筒靴。

在中世纪，分成供长途跋涉的耐穿鞋、室内轻便的拖鞋和盛装时的短筒靴等不同的种类。长筒靴从 15 世纪后半期作为骑士的鞋子已相当普遍。文艺复兴时期，人们穿着的是鞋尖扁平的鞋子，以示"荣华富贵"。

鞋跟的出现可以追溯到中世纪。长筒靴出现后跟的时间大约是在 16 世纪后半期。今天的高跟鞋的原型又叫路易跟，因为路易十五的妻子曾穿过这种式样的高跟靴。18 世纪末，在一些爱美的男性中也流行起高跟鞋。

19 世纪以前，鞋子全部是手工缝制。自从发明了缝纫机，1858 年在美国就开始用缝纫机制作鞋子，尤其是 19 世纪末期改进了机针，用弯针缝鞋，省工省时，从而使制鞋业飞快发展。

拉 链

拉链是现在人们常用的生活用品，关于它的诞生，有着一段有趣的过程。

1893 年，美国芝加哥的一位发明家威特库姆·贾德森做了一项他自称"用一次连续性的滑动，使一连串钩子自动咬合和分离"的设计。这项设计包括两根链条，每条上装有交错的链环和钩子。当滑动部件在链条上滑动时，链条上的钩子和另一链条上的链环就咬合在一起。

起初，这种拉链只直接装在男女穿的鞋子上，而且拉拉链时，显得笨拙又不平滑。后来，贾德森经过多年的努力，对拉链作了一些改进，他把所有的钩子都装在拉链的一边，而把全部链环都装在另一边，再把它们安在线带上。但这种拉链拉上后，也常常崩开，使用户难堪。

之后，贾德森同一位律师兼国民警卫军上校华克合作，共同为拉链的改进努力。不久，产生了"自动风纪扣"拉链新产品。但仍不理想。1907 年，在圣德贝克工程师的努力下，对贾德森发明的拉链又做了一些改革。经过改进的拉链远看起来像一排牙齿，近看好像一小鸟巢，杯状的部件互相联结在一起，上面装有一个拉件，能自由滑动。这些小的部件用金属一次压制而成。华克、贾德森和圣德贝克还精心设计、制造了一批专用机器，开始大批生产高质量的拉链。

第一次世界大战期间，美国海军为了节约扣纽扣的时间，在军装上采用拉链，从而使拉链生产日益兴隆，大大推动了拉链的生产。

不久，美国服装商开始广泛使用拉链，并设计生产了拉链衫、拉链裤、拉链高尔夫球衫、消防员拉链衣、拉链靴子、妇女拉链紧身褡，以及各种使用拉链的皮制睡袋、乐器袋等，拉链的用途越来越广了。

拉链这个词，是美国人沃克于 1922 年创造的。

纽 扣

早在公元前 4000 年，波斯人就已将小石块加工后制成纽扣。公元前 2000 多年的埃及人则已将纽扣固定在领圈的四周作为装饰，他们的纽扣常是金银质的。

纽扣是从近东引入欧洲的。古希腊人用纽扣系结他们长达膝盖的紧身衣。罗马人虽然使用别针的时间很长，但到13世纪，别针也被纽扣代替了。在中世纪的欧洲，男人对纽扣的态度格外积极，甚至在他们中出现了一股罕见的纽扣热。当时男式服装上的纽扣多得不可胜数，有的从肩膀到袖口都缀满了纽扣，以致衣服的重量成倍增加。纽扣也成了贫贱富贵的标志，达官贵人以穿上缀满金银或钻石纽扣的衣服为荣。据说，在16世纪上半叶，沉湎于宫廷生活的法国国王法兰西斯一世曾从一名珠宝商人那里购得136000枚小金扣，用来装点自己的一件天鹅绒宫廷袍服。

18世纪末期，欧洲出现了最早的玻璃纽扣。19世纪上半期，珠宝纽扣、兽骨纽扣相继问世，专门从事纽扣生产的手工工场也在这个时期应运而生。

机制纽扣的出现，是18世纪中叶工业革命才开始的。

迄今所发现的最古老的纽扣，是1865年在丹麦的一块泥炭田中发现的。这是铁器时代的遗物。

古代的俄罗斯，最早的一种纽扣为带耳朵的圆珠形，以后被"小茶碗"纽扣所取代。

法国资产阶级革命期间，出现了宣传革命的"爱国纽扣"，有的印有革命者的头像，有的再现了革命的历史镜头。

进入现代社会后，纽扣的样式和品种更加丰富多彩。20世纪20年代，美国出现了一种上面有宣传画和政治口号的纽扣，还出现了成套出售的"连环画纽扣"。到60年代又出现了为提倡某一特定社会活动而设计的"职业纽扣"。

后来，美国出现了磁性纽扣，使用者只需穿上磁性纤维织物的衣服，这种纽扣就能自己紧贴在衣服上。法国的"音乐纽扣"更令人称奇，使用者按照一定顺序按压纽扣，就会听到优美动听的歌曲。

戒　指

自古以来，人们都有戴指环的习俗。最早的指环是作为一种普通的装饰而问世的，而且因地而异、迥然不同。有的地方是用草棉或木头制作的，有的地方则是用皮革或象牙制作的。直到古罗马时代，为了使男女婚姻神圣化，人们将指环作为信物。从此以后，指环被称为婚戒指。古罗马人以指环作为订婚的信物，颇似中国古代通婚纳聘时的玉璧和钗钿。

婚戒指也有一个变化的过程。在古代，铁也是贵重金属，在早期的罗马，铁与黄金同等重要，因此戒指多是铁制的。到公元2世纪时，黄金才成为女人们喜爱的金属，戒指用料基本被黄金取代，还有白银与镀金的戒指也很流行。此外，还有玻璃戒指、白金戒指和镶宝石的钻戒。

到了"文艺复兴"之前的100年间，是戴戒指的鼎盛时期，包括武士也戴，借以炫耀自己的功勋。在古代东方的许多国家，戒指又被作为君权的象征和授权的标志，如古代埃及和波斯。

戴戒指有许多讲究。在西方，人们把戒指戴在哪个手指上所含的意义是不同的。这是一种沉默的语言或标志。所以戴时不能疏忽大意，否则弄出笑话。

戴在食指上：想结婚，即示求婚。

戴在中指上：已在恋爱中。

戴在无名指上：已订婚或结婚。

戴在小指上：表示独身。

大拇指一般不戴戒指。

结婚戒指不能用合金制造，必须用纯金、白金或银制成，表示爱情是纯洁的。双方的姓名一定要刻在戒指上，因为这是永久性的纪念物。

蜜　月

人们把新婚的头一个月称作"蜜月"。"蜜月"起源于6世纪初一个美丽的民间故事。当时，英国的爱尔兰居住着克尔特部落。部落首领女儿爱丽丝长得十分动人，并喜欢吃蜜糖。邻国的王子便带着许多上等蜂蜜向她求婚。爱丽丝结婚时，就用蜂蜜酿成又香又甜的酒招待来宾。但蜜酒一下子喝不完，因此新婚夫妇就将剩下的酒足足喝了一个月，同时款待亲朋好友。于是，当地人们结婚都仿效着饮蜜酒，并称新婚的第一个月为"蜜月"。在这一个月内，新婚夫妇偕同旅行，叫"度蜜月"。

1747年，法国作家伏尔泰在小说《查第格的命运》第三章中写有："查第格体验到，结婚的头一个月是蜜月，而第二个月是艾月。"从此，"蜜月"的说法相继进入许多民族的语言。

现在，"蜜月"一词，除了专指结婚后的第一个月，还比喻事物开始时美好的阶段，这时，表面看来一切如意、没有矛盾，但同时预示着随之而来的将是失望和痛苦。

婚 纱

如今新婚的伴侣，喜欢男着西装，女披婚纱，拍一张合影纪念。这种结婚礼服却不是中国的传统方式，它起源于欧洲的服饰习惯。

新娘所穿的连衣裙款式，下摆曳地的白纱礼服，原来是天主教徒的典礼服。在古代欧洲一些政教合一的国家，人们结婚必须到教堂接受神父或牧师的祈祷和祝福，这样才算合法婚姻。新娘穿白纱礼服是向神主表示虔诚与纯洁。

新郎的礼装款式来源于欧洲19世纪骑马所穿的外套，进入20世纪后才逐渐被作为正式礼服来穿用，它采用黑颜色以示高贵和严肃。近年来，这种男礼服已被黑西服套装代替了。

骑士风尚

骑士是中世纪西欧封建统治阶级中的最低阶层，以服骑兵军役为条件，获得国王和领主的采邑。

由于中世纪欧洲封建领主的主要职责是打仗，因此，贵族子弟从小都要经过骑士的训练。从14岁起，他们要在有权势的或者富有的领主家中充当扈从（即预备骑士），服侍女主人或千金用餐，学习各种礼节，吟唱爱情诗，培养讨好女主人的本领，并为她看管武器，学习打仗。21岁时，他们才够资格经过"授甲仪式"而成为一名真正的骑士。在授甲仪式上，将要成为骑士的年轻人，要在礼拜堂通宵达旦地看守他的盔甲和武器，并做祈祷。翌日向主人行宣誓仪式，要以单膝跪在主人面前，宣誓忠于主人、保护宗教和妇女、行侠仗义扶弱济贫。

宣誓之后，主人把一支剑挂在他身边，并用另一支出鞘的剑背在他的后背轻敲两下，以示承认。

骑士作为职业军人，以攻城略地为主，以舞刀弄剑为乐，凶狠好斗是他们的习俗和特点。他们以勇于作战，遵守诺言，不说谎话为信条。如果有人对骑士的勇敢忠诚和说话表示怀疑，那便是对他莫大的侮辱，定要进行决斗，拼个你死我活，以正名誉。

对贵妇保持勇敢和忠诚也是骑士的一个重要信条。因为贵妇人在骑士年轻时扮演了教育者与指导者的角色，所以骑士对她们有一种特殊的感情。他必须听从主妇的命令，甘愿冒一切危险，甘愿受种种折磨。她永远是他最尊敬最爱慕的偶像。因为这种风尚还产生了一种规范化的骑士风度，即把贵妇人看作人上人，向她们做种种

骑士像

415

尊敬的表示：在她们面前鞠躬低头，吻她们的手，在社交场合让她们入上座，出入时请她们先行……这种对妇女的尊敬，后来逐渐成为欧洲"上流社会"的一种交际礼俗。

决斗风尚

决斗盛行于中世纪的欧洲，尽管各国君主先后严加禁止，但这种蛮风一直延续到20世纪初，才在欧美各国消失。

欧洲的决斗风尚由来已久。早在欧洲中世纪初期，决斗成为法官办案时判明是非而获取证据的手段之一。公元501年，勃艮第国王耿多巴德以争讼双方决斗的胜负进行裁决，决斗胜者为胜诉，因为他认为上帝会庇护说真话的人，说真话者在决斗中一定会取得胜利。此后，欧洲各国开始普遍采用这种决斗取证的方式。不但争讼双方可以决斗，而且双方证人之间、证人和对方当事人之间亦可决斗。在有些国家，败诉者还可要求同法官决斗。决斗败者被认为是撒谎者，若决斗未死，也要受裂肢、断头、绞杀等酷刑。这种司法决斗，在欧洲一直延续了一千多年，直到16世纪初才被取消。

司法决斗被禁止以后，为名誉而进行的私人决斗又蔓延欧洲，成为欧洲中世纪后期的社会风尚。约定俗成的决斗方式是：挑战者可以草拟一份挑战书，也可以当面发出口头挑战，有时双方什么也不说，只由一方脱下一只手套，扔在对方脚下，如果对方接受挑战，便进一步明确决斗事宜。

斗牛习俗

世界上许多国家都有斗牛的习俗。这些斗牛习俗大多来源于古代宗教活动，或者是出于人们娱乐兴趣而逐渐演变形成的。虽然同是斗牛或戏牛，但在各国的具体情况并不一样，各有特色。

最著名的可算是西班牙的斗牛了，以至人们把它称为"斗牛之国"。西班牙的斗牛习俗形成于16世纪，目前全国有斗牛场400余处，每年举行的斗牛次数达5000场以上，吸引着成千上万的观众。斗牛表演开始，凶暴的公牛进场，十几个斗牛士挥动红绿两面的斗篷挑逗公牛，刺激公牛凶悍、残暴的野性。接着有两名斗牛士骑马进场，刺杀公牛背部，目的是使公牛更加暴躁、疯狂。然后，身穿红衣的斗牛士，将三对投枪插到牛背上，使牛在场上狂奔乱窜，这时真正的斗牛士上场，用一支长剑猛插牛的心脏，把牛杀死。这是一项危险的活动，斗牛士经常身受重伤，甚至丧生。因此，近年来人们呼吁废止这种残忍的斗牛习俗。

葡萄牙的斗牛不同于西班牙，可说是一种娱乐。斗牛士与公牛的搏斗，不是要把牛杀死，也不致使牛伤害人命，所以人们称葡萄牙斗牛为"文明斗牛"。因为事先把牛角锯掉，并裹上柔软的东西。葡萄牙的斗牛形式多样：有斗牛士骑马手执长矛逗牛，使牛消耗体力而失败；有赤手空拳的斗牛士，紧握牛角或拉牛尾，或合力顶牛肚，直至把牛摔倒在地为止。

拉丁美洲的委内瑞拉也有斗牛习俗，不过它是节日的一种民间游戏。斗牛场上有三五头公牛，骑马的斗牛士寻找机会抓住牛尾，使劲拖拉，最后使公牛摔倒在地为胜。

在东方也有一些国家盛行斗牛风俗。素有"斗牛之岛"之称的印度尼西亚，可说是"真正的斗牛"，因为是以牛斗牛比赛。斗牛比赛开始，把经过挑选和打扮的公牛牵到场上，两牛决斗一场，观众从中取乐。在印尼的马都拉岛上，还有一种独特的牛赛跑的习俗。一般是30对牛参加赛跑。每两头牛套一个牛轭，牛主站在两车之间的架子上是为一对。比赛是两对牛一次，采取淘汰办法，最后取第一、二、三名为优胜者。故马都拉岛有"赛牛岛"之称。

泰国斗牛也是牛与牛斗。牛按体重分成若干等级，比赛在同等级间进行。比赛前，裁判要彻底刷洗参赛的牛，特别是牛的犄角，以杜绝种种"猫儿腻"。因为有的驯牛人为了取胜，往往把老虎的分泌液涂在牛身上，以使对方的牛嗅到老虎气味后不战自溃。刷洗之后，牛的面部和肩部都涂上香蕉以防擦伤。比赛开始后，两牛头部相抵，以决斗中的双方进退情况计算比分。直到一方无力搏斗，败下阵去，比赛方告结束。

美　容

在流传至今的三卷古埃及纸莎草文献中，已经有关于美容配方的记载。

古埃及人使用各种敷剂和油膏来滋润皮肤和防晒。这些制品是从牛、羊的油脂以及杏仁、芝麻、蓖麻和橄榄等植物油中提炼出来的。

美容艺术从埃及传到希腊，以后又传入罗马。"美容"一词来自希腊文，最初是由"条理"或"整理"意思的词构成的。

古罗马作家和科学家普林尼在《自然史》一书中记载了当时罗马流行的美容品，如染发皂、搽脸的铅粉、牛奶和杏仁配的润肤乳、用浮石和兽角磨成的牙粉等。他还介绍说，亚麻油和牛脚中脂肪制成的香膏可减少皱纹。此外，在罗马的美容商店里还有用以搽手、涂抹面颊、胸部和头发的香精油。

美容在中世纪盛极一时，在文艺复兴时期达到登峰造极。人们花费大量的时间和金钱来涂脂抹粉、搽口红、染发、卷发，用东方进口的麝香抹手和皮肤。

烫　发

烫发的历史可以追溯到两千多年前的古埃及。据说美女埃及艳后克娄奥帕特拉就将稀泥抹在头发上，然后再将头发卷在小棍上，晒干，弄掉泥土，头发就变成波浪形了。后来又有人用燃烧的钳子来烫发。这些是最为原始的烫发技术。

现代的烫发技术是在20世纪初出现的。1905年，法国人内斯拉发明了用碱液洗头，使头发变软之后，缠上小棍子，然后烘干。由于它能较长时间地使头发保持卷曲，被人们称为"永久鬈曲"。第一次世界大战期间，因为梳长发在战地救护中极不方便，所以在从军的女护士中烫发非常流行。她们将头发剪短，然后分成几绺，分别缠在小金属棍上，再利用碱和蒸汽的热使头发鬈曲。这极似今天我们所见的"冷烫"。

大约在1933年，法国出现了一种新的烫发方法，它是使用通电的卡子，先预热，待夹在头上时再切断电源，这样就避免了以往的事故，而且不必担心烧焦头发。目前，这种方法仍在不少国家流行。